construire ou rénover
sa maison

CONNAISSANCE & PRATIQUE

construire ou rénover
sa maison

DENOËL

Construire ou rénover sa maison

Ce livre est le n°5 de la collection
Connaissance et Pratique - Denoël
dirigée par **Janine Gardel**

Afin de faire bénéficier les lecteurs de la meilleure information en matière de maisons individuelles, l'éditeur s'est adressé pour l'élaboration de cet ouvrage à la société qui lui paraissait la plus qualifiée en ce domaine, **Socotec** (Société de contrôle technique).
Cette société occupe, en effet, une position prépondérante en matière de contrôle de bâtiment et participe, de ce fait, à l'établissement des règles techniques du « bien construire ».
Ainsi se trouvent mises à la disposition des lecteurs, de façon pratique, les connaissances et l'expérience acquises au cours d'un demi-siècle par une équipe composée de plus de 1 400 ingénieurs et techniciens.

Textes rédigés par :
Guy Bonnefond, ingénieur E.T.P. (coordination, conception, maçonnerie, couverture)
Dominique Desprès, ingénieur E.N.S.M.A. (isolation, chauffage, plomberie, électricité)
André Guilbert, ingénieur E.N.S.A.M. (aménagements intérieurs et extérieurs)
Jean Lacour, ingénieur E.C.P. (fondation, charpente, menuiserie)
Yves le Sellin, ingénieur E.T.P. (législation, financement)
Michel Pouvreau, ingénieur E.S.I.M. (rénovation, entretien)

Maquette : **Henri Deuil**
Illustration : **Antoine Parédes**
assisté de :
Maurice Béranger
Jean-François Lesenfans
Gérard Vandestoke
Grégoire Zbroszczyk

Jean-Pierre Morel (couverture et sommaire)
Pascale Boillot (mise en couleurs)
Alain Gouessant (mise en couleurs)
Fabienne Julien (mise en couleurs)
Claude Provent (mise en couleurs)
Alain Vacambas (mise en couleurs)

Secrétariat de rédaction : **Carole Brunel** et **Christiane Auroux** assistées de **Marie-Christine de Baleine, Alexandra Desbordes, Serge Hanesse, Chantal Kidd, Valérie Pinto, Odile Poujol, Claire Séchet, Catherine Vasquez.**

Photocomposition S.C.P. Bordeaux

© 1980, by Éditions Denoël, 73-75, rue Pascal, 75013 Paris
I.S.B.N. 2-207-22653-0
B 22653-2

Comment se servir de ce livre

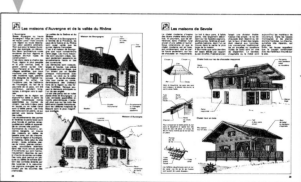

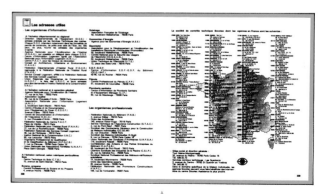

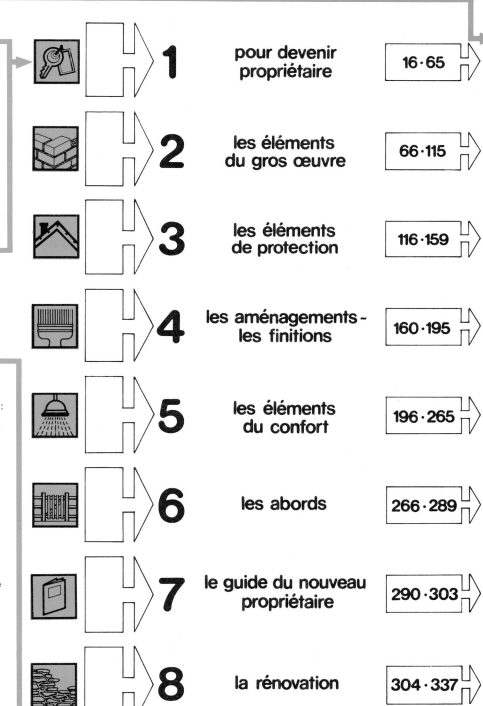

Cet ouvrage
se compose de 8 chapitres
divisés en fiches.
Chacune de ces 193 fiches
(dont le titre est précédé d'un logo
rappelant le chapitre où elle se trouve)
forme un tout
qui vous renseignera rapidement
et complètement
sur tout ce qui touche chaque sujet,
quelques points importants
seront indiqués dans l'ouvrage
par le signe 👁
A la suite de ces 8 chapitres,
vous trouverez des annexes page 338
(pages encadrées d'une bordure bleue)

Pour trouver rapidement un sujet donné,
vous pouvez procéder de plusieurs manières :
1. Soit chercher dans un des chapitres
qu'on repère à l'aide d'un des onglets bleus
qui se trouvent en marge.
2. Soit vous reporter
à la table des matières page 350.
qui dresse la liste des fiches
par ordre de présentation dans l'ouvrage.
3. Soit consulter l'index-lexique page 341.
où vous trouverez,
classés par ordre alphabétique,
non seulement les titres des fiches
mais aussi, et surtout,
les mots clefs du livre
pour lesquels seront rappelés
les numéros de pages
où l'on peut trouver une explication générale
ou une illustration,
sans parler des définitions
qui seront directement fournies
pour certains termes
peu courants.

1 pour devenir propriétaire 16·65

2 les éléments du gros œuvre 66·115

3 les éléments de protection 116·159

4 les aménagements - les finitions 160·195

5 les éléments du confort 196·265

6 les abords 266·289

7 le guide du nouveau propriétaire 290·303

8 la rénovation 304·337

Sommaire

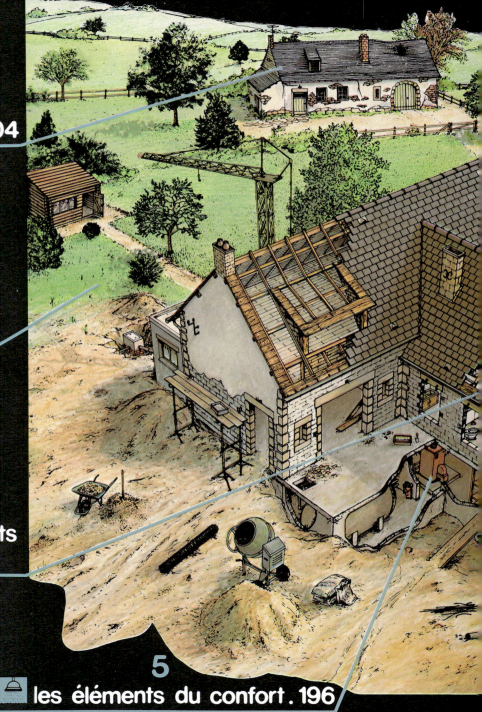

8 la rénovation . 304

6 les abords . 266

4 les aménagements les finitions . 160

5 les éléments du confort . 196

3
les éléments de protection . 116

1
pour devenir
propriétaire . 16

7
le guide
du nouveau
propriétaire . 290

2
les éléments
du gros œuvre . 66

Des options fondamentales

S'il n'est sans doute pas réaliste de chercher à bâtir la « maison idéale », il n'en demeure pas moins essentiel de s'attacher à atteindre une qualité authentique qui soit dans le meilleur rapport avec le coût global de la construction.

Aussi est-il particulièrement intéressant de savoir prendre la mesure de ce qui est susceptible d'amélioration ultérieure sans frais exagérés, en comparaison de ce qui doit être bien choisi au départ faute de pouvoir être modifié par la suite.

Dans ce sens, les options qui apparaissent les plus fondamentales sont celles dont dépendra la véritable qualité de base d'une maison, autrement dit celles qui détermineront de façon décisive son comportement dans le temps.

A propos du terrain

Le terrain est effectivement le premier élément à considérer, tant il est vrai que de sa configuration, de sa constructibilité et de sa situation géographique dépendront dans une très large mesure les caractéristiques, l'aspect et le comportement de la maison qui y sera édifiée.

Or, si les arguments de vente souvent avancés dans la commercialisation des terrains s'attachent bien à souligner des éléments importants tels que la proximité des commodités de transport et d'approvisionnement, ou les avantages d'une insertion dans un environnement agréable, il est, au contraire, bien rare que soient évoquées, même au cours des ultimes négociations, les difficultés que pourront éventuellement soulever les fondations ou encore la possibilité réelle de faire un sous-sol sans s'exposer à l'inondation permanente.

Par conséquent, il ne faut pas perdre de vue que si la valeur d'un terrain dépend surtout de son emplacement, ses caractéristiques en tant que sol de fondation peuvent remettre en question une décision d'achat. Il ne saurait donc être trop vivement conseillé de prendre l'avis d'un spécialiste pour s'assurer que le terrain choisi ne présente pas d'anomalie ou d'inconvénient notable pour l'assise d'une maison et sa bonne intégration au site.

Vide sanitaire ou terre-plein ?

Pour de multiples raisons, il n'est pas toujours envisagé de construire sa maison sur un sous-sol général. Se pose alors le problème important de la conception du plancher en rez-de-chaussée. Actuellement, les deux formules les plus couramment pratiquées consistent à créer soit un plancher sur vide sanitaire soit un dallage sur terre-plein. Chacune de ces solutions est techniquement acceptable, dans la mesure évidemment où la réalisation est correctement menée. Mais elles ne sont équivalentes ni pour le prix ni pour les avantages et inconvénients respectifs.

Le dallage sur terre-plein représente sans conteste une économie non négligeable par rapport au plancher sur vide sanitaire. Il permet aussi d'obtenir facilement une bonne isolation thermique. En contrepartie, son bon comportement dépend du soin apporté à l'exécution de la plate-forme qui le supporte et de la qualité du terrain sous cette plate-forme. D'un autre côté, les canalisations d'évacuation qui desservent la maison sont presque toujours posées sous le dallage et deviennent donc inaccessibles.

Le plancher sur vide sanitaire est au contraire appuyé sur les mêmes fondations que les parois porteuses et les autres planchers de la maison. Il apporte un effet de liaison efficace entre les murs extérieurs, tout en laissant les canalisations visitables pour peu que la hauteur du vide sanitaire soit suffisante. De surcroît, les murs de soubassement demeurent au contact de l'air entre le plancher et la terre, ce qui favorise l'élimination d'une bonne partie de l'humidité qui remonte du sol par capillarité. Ainsi, bien que son coût soit plus élevé, le plancher sur vide sanitaire constitue sans doute la formule à adopter de préférence dans la plupart des cas, en l'absence de sous-sol.

Les murs porteurs

S'il est une option fondamentale, c'est bien celle qui touche au choix des matériaux pour les murs porteurs. Un soin tout particulier doit donc être apporté à l'examen des propositions des constructeurs dans ce domaine. Mais il est bien difficile d'indiquer une solution qui serait applicable dans toutes les circonstances.

Sans doute, les murs de pierre représentent-ils la formule la plus probante et la mieux adaptée dans de nombreux cas. Cependant, le prix de ce type de construction la rend aujourd'hui exceptionnelle.

En dehors de la pierre, le béton sous forme de blocs agglomérés ou, mieux, coulé en place constitue certainement l'une des possibilités les plus intéressantes. La terre cuite convient également, mais il faut noter que ses propriétés peuvent subir certaines variations en fonction de sa provenance.

Le toit protecteur

Autre option essentielle, le choix du type de toiture concerne aussi bien les matériaux de couverture que l'ossature qui doit les supporter. Dans ce domaine, le souci d'une insertion harmonieuse dans un environnement donné limite déjà la gamme du possible. Mais un certain nombre de conseils peuvent toujours avoir leur valeur quel que soit le cadre régional.

Ainsi, les toitures les moins tourmentées présentent bien sûr les moindres risques en matière d'étanchéité et offrent l'avantage de l'entretien le plus facile. Cela ne va cependant pas jusqu'à l'apparente simplicité de la toiture-terrasse. La réalisation des terrasses plates relève en effet de la technique particulière des revêtements d'étanchéité qui demandent de grandes précautions de mise en œuvre. De ce fait, les toits pentus représentent sans doute des solutions préférables pour les maisons individuelles.

D'autre part, la visitabilité de la plus grande partie possible des combles constituera un élément très appréciable pour l'entretien général de la toiture.

Enfin, bien que les matériaux de couverture soient remplaçables, l'opération reste très coûteuse et mieux vaut choisir d'emblée ceux qui offrent les meilleures garanties de longévité.

Les économies d'énergie

Le confort immédiatement appréciable autant que l'économie de fonctionnement, voilà certainement ce qu'il faut garder présent à l'esprit en matière de chauffage et par conséquent d'isolation thermique. Mais l'évolution souvent déroutante des conditions de distribution de l'énergie oblige à la prudence. Aussi faut-il choisir la source d'énergie non seulement en tenant compte des dessertes existant à proximité du lieu de construction, mais aussi en fonction des possibilités de l'installation de chauffage vis-à-vis d'une éventuelle conversion énergétique.

Ainsi, une installation comportant des corps de chauffe alimentés par un réseau où circule de l'eau chauffée par une chaudière permettra, par le seul changement de celle-ci, d'adapter l'ensemble à une autre source d'énergie.

Par contre, un système de chauffage au moyen de convecteurs électriques, dont le côté pratique est indéniable, ne présente pas la même souplesse et requiert actuellement une isolation thermique très poussée.

Pour réussir : s'informer et prendre conseil

Qui n'a pas rêvé de construire ou de faire construire ? Posséder sa maison est un espoir que caressent les hommes sous toutes les latitudes et depuis toujours. Pour beaucoup, cela équivaut à affronter une des aventures les plus marquantes de l'existence.
En effet, une telle opération doit permettre à la famille de vivre et de s'épanouir en fonction de ses besoins et de ses goûts. Elle correspond, d'autre part, à un investissement financier très important. Enfin, bâtir est devenu complexe.
Si, autrefois, avec les matériaux découverts sur le site, avec des tours de main et des habitudes transmises, chacun pouvait bâtir sa demeure, aujourd'hui l'homme moderne doit s'adresser à des spécialistes. Les techniques et les matériaux de construction, les modes de vie, donc les plans de distribution intérieure, l'équipement et les éléments du confort, évoluent vite et se perfectionnent sans cesse.
Toute proportion gardée, construire ou faire construire une maison individuelle demande les mêmes soins, la même attention, la même technicité que pour élever un bâtiment ou un immeuble important. Or, ici, le maître d'ouvrage est en général un simple particulier affrontant un domaine technique nouveau pour lui et, par conséquent, souffrant bien souvent d'un manque d'informations.

S'informer

L'objet du présent livre est de combler cette lacune en rassemblant de façon inédite les principales données de base à connaître, tout en les rendant accessibles au non-spécialiste.
Certains lecteurs trouveront peut-être que cet ouvrage présente un aspect « technique » et qu'il se réfère souvent à une pathologie assez stricte de la construction ; d'autres, au contraire, pourront l'estimer incomplet. Tous voudront bien en excuser l'équipe de rédaction, qui a eu pour souci constant de faire comprendre le plus aisément possible les règles essentielles qui permettront à chacun de choisir au mieux ses solutions et surtout de pouvoir dialoguer sans complexe avec ses interlocuteurs professionnels.
On notera que ce livre n'aborde pas les travaux de bricolage, pour lesquels le lecteur se reportera aux revues et aux nombreux ouvrages traitant plus particulièrement de la question.

Les points clés de la construction

Pour réussir à bâtir une maison qui défiera les années et assurera la protection et le confort de ses habitants, il existe des points clés qui demandent plus d'attention que d'autres. Ils concernent :

• **Le gros œuvre, le clos et le couvert** : sur le dessin suivant, les numéros d'ordre correspondent aux priorités qu'il convient d'accorder aux points les plus sensibles de la construction.

• **La sécurité et le confort des occupants** : l'expérience montre qu'il convient d'attacher une importance toute particulière à la sécurité des occupants (incendie, explosion, électrocution), l'isolation thermique et l'installation de chauffage, l'installation électrique et l'isolation acoustique.

• **Les ouvrages extérieurs** : le plus délicat d'entre eux est la piscine.

• **La réception des travaux** : cette opération se révèle capitale car elle conditionne les recours possibles contre les divers constructeurs.

• **La rénovation d'une maison ancienne** : l'intervention la plus délicate concerne le diagnostic de l'état des lieux.

> **Prendre conseil**
> Au long des pages de ce livre tous ces « postes » essentiels sont évoqués ou traités. Dans le cas où ils impliquent une attention très poussée, le signal ci-après indique que les conseils de spécialistes tels que les ingénieurs et techniciens de Socotec peuvent être un atout maître dans le « grand jeu de la construction ».

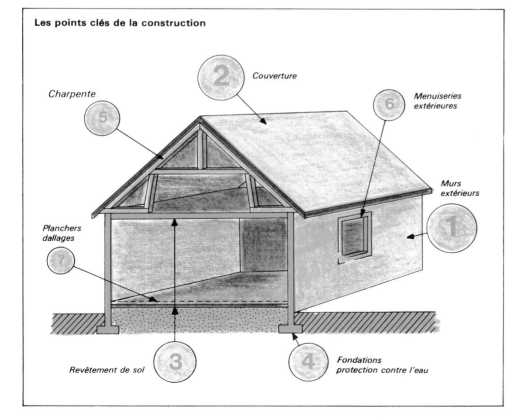

Les points clés de la construction

- Charpente — 5
- Couverture — 2
- Menuiseries extérieures — 6
- Murs extérieurs — 1
- Planchers dallages — 7
- Revêtement de sol — 3
- Fondations protection contre l'eau — 4

Une maison est un assemblage complexe

Par quoi commencer ? Comment opérer la dissection de ce tout cohérent, de cet assemblage complexe que constitue la maison individuelle.

La difficulté réside en fait dans le choix, qu'il faut bien faire, d'un découpage, d'une distinction en différents organes ou en diverses fonctions, alors que de multiples interdépendances caractérisent l'association de tous ces éléments.

A titre d'exemple, la conception d'un mur de façade va aussi bien faire intervenir des considérations touchant l'aspect extérieur que des notions relatives à l'étanchéité, à la solidité, à l'isolation thermique ou encore à l'isolation acoustique vis-à-vis des bruits produits par l'environnement.

Il importe donc de ne pas perdre de vue que chacune des rubriques qui figurent au sommaire ne peut résoudre intégralement à elle seule tous les problèmes pouvant interférer avec le sujet abordé en propre.

Une lecture d'ensemble s'impose ainsi en priorité pour se rendre compte de la diversité des questions qui se posent et des interactions possibles entre elles.

Par la suite, la consultation de l'une ou l'autre des fiches que renferme ce livre pourra s'appuyer sur le tableau suivant qui symbolise schématiquement les principales relations à ne pas oublier entre les points évoqués par des fiches différentes mais complémentaires.

Sans aller très loin dans le domaine de l'organisation du déroulement des travaux de construction, une meilleure compréhension de l'imbrication des données de toutes sortes qui entrent en jeu dans la conception d'une maison permettra sans doute aussi de mieux suivre la succession et l'enchaînement des diverses tâches à tous les stades de la réalisation.

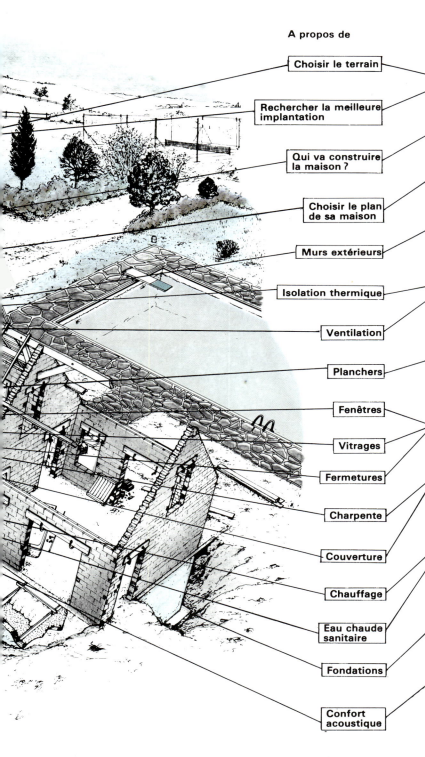

A propos de	Penser à
Choisir le terrain	*Intérêt de l'environnement • Implantation et plan de la maison • Exposition climatique et orientation • Longueur des branchements d'alimentation • Evacuation des eaux usées • Protection contre l'eau • Fondations • Servitudes générales et locales • Plan d'urbanisme*
Rechercher la meilleure implantation	*Etudes de devis • Organisation du financement • Mise au point du contrat • Démarches administratives*
Qui va construire la maison ?	*Adaptation aux besoins familiaux • Coût de l'opération • Disposition et emplacement du terrain • Orientation • Evacuation des eaux usées • Dépôt du permis de construire*
Choisir le plan de sa maison	*Aspect extérieur (intégration au site) • Adaptation au mode de fondation • Solidité • Protection contre l'eau • Isolation thermique • Liaison avec les planchers (en particulier pour les toitures-terrasses) • Liaisons avec la charpente*
Murs extérieurs	*Choix de l'énergie de chauffage (isolation spécialement renforcée pour le chauffage électrique) • Exposition climatique et orientation • Traitement de la toiture, des murs extérieurs, des fenêtres, des planchers donnant sur l'extérieur • Répercussion sur le confort acoustique*
Isolation thermique	
Ventilation	*Solidité • Pose des revêtements sur le sol • Protection contre l'eau pour un plancher terrasse et un dallage sur terre-plein • Isolation thermique pour un plancher donnant sur l'extérieur • Confort acoustique • Passage de l'escalier • Equilibrage des balcons*
Planchers	
Fenêtres	*Eclairage • Etanchéité à l'eau • Perméabilité à l'air • Isolation thermique • Confort acoustique • Protection contre le vol et l'effraction • Aération*
Vitrages	
Fermetures	*Etanchéité à l'eau • Report des efforts sur les murs extérieurs, les refends et les planchers • Isolation thermique • Création de lucarnes • Passage et sortie des conduits de fumée • Fixation des plafonds sous combles • Sécurité contre l'incendie • Aération • Protection contre les insectes et les champignons*
Charpente	
Couverture	*Choix de la source d'énergie • Isolation thermique (murs extérieurs, fenêtres, combles...) • Aération (en particulier permanente pour le chauffage électrique) • Stockage des combustibles • Evacuation des produits de combustion • Régulation • Passages des canalisations • Encombrement des corps de chauffe (plan de la maison)*
Chauffage	
Eau chaude sanitaire	*Nature du terrain • Adaptation aux murs extérieurs • Conception du plancher au rez-de-chaussée • Protection contre l'eau • Implantation et plan de la maison*
Fondations	*Choix des fenêtres et des vitrages • Disposition des entrées d'air en façades • Conception des coffres de volets roulants • Nature des revêtements de sol • Incidences des bruits d'équipements : plomberie, robinetterie, chauffage • Orientation des façades en fonction de l'environnement (choix du plan de la maison)*
Confort acoustique	

15

1. pour devenir propriétaire

20. Les maisons régionales d'aujourd'hui

34. Les servitudes du voisinage

54. Confier à d'autres la construction de sa maison

52. Assumer soi-même la construction de sa maison

56. Le permis de construire

61. Le permis de démolir et de transformer

46. Choisir le plan de sa maison

38. Les plans : images de la maison
39. Pour tracer une perspective à partir d'un plan
40. Le langage des plans
42. L'interprétation critique d'un plan

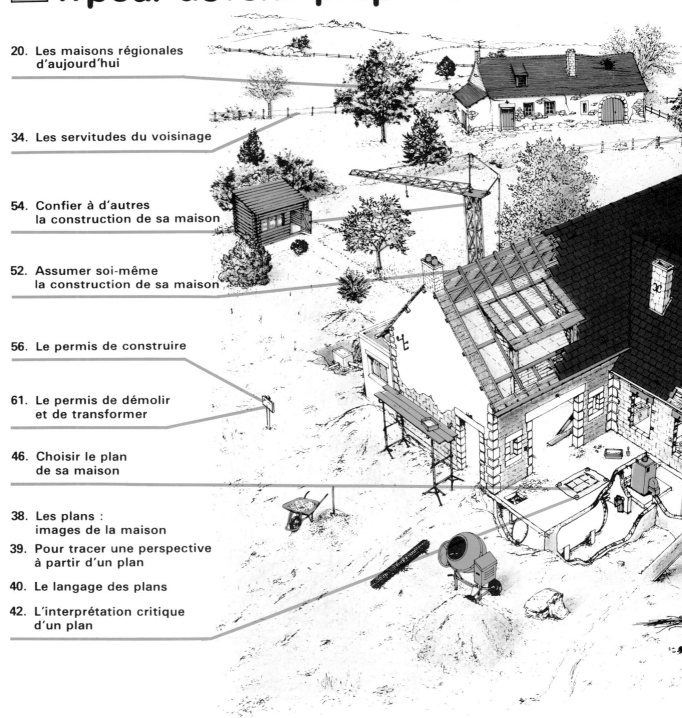

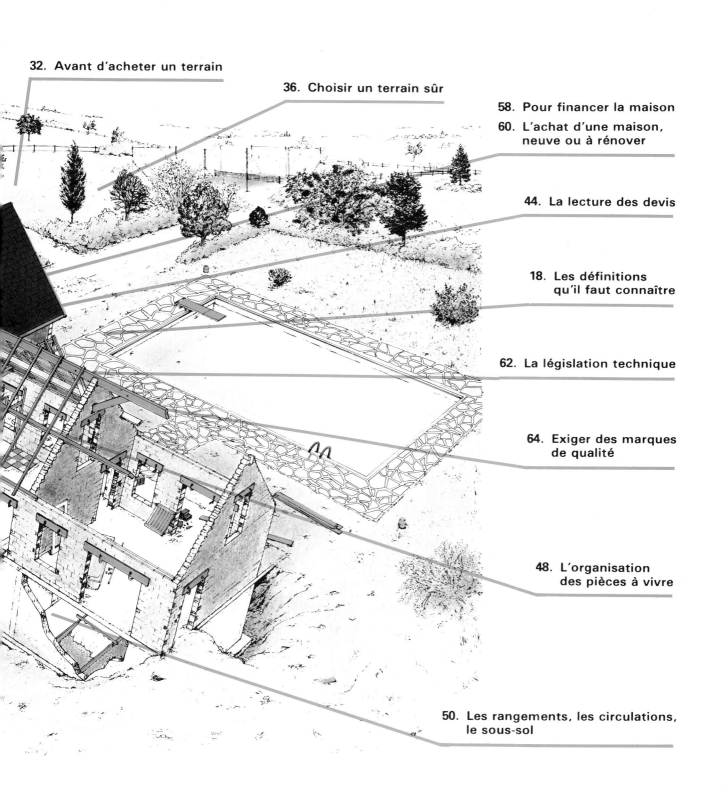

- 32. Avant d'acheter un terrain
- 36. Choisir un terrain sûr
- 58. Pour financer la maison
- 60. L'achat d'une maison, neuve ou à rénover
- 44. La lecture des devis
- 18. Les définitions qu'il faut connaître
- 62. La législation technique
- 64. Exiger des marques de qualité
- 48. L'organisation des pièces à vivre
- 50. Les rangements, les circulations, le sous-sol

Les définitions qu'il faut connaître

Les opérations immobilières possibles

Le terrain isolé
Avant d'acheter un terrain, on doit s'informer auprès du notaire, de la mairie, de la Direction départementale de l'Équipement et, éventuellement, d'un spécialiste en travaux de fondations pour connaître tout ce qui peut intéresser le terrain : servitudes, conditions d'accès et d'équipement, aléas inhérents au sol, etc.
En effet, de cet achat important dépend la construction de la maison. Le droit de propriété de ce terrain ne présente d'intérêt que s'il existe le moins possible de restrictions...

La parcelle dans un lotissement
Le terrain fait partie, dans ce cas, d'un ensemble sur lequel peuvent s'édifier un certain nombre de maisons.
La parcelle est vendue avec sa part de V.R.D., ainsi que tous les branchements ou raccordements aux équipements collectifs déjà réalisés (voirie, eau, tout-à-l'égout, électricité, etc.). En contrepartie, se trouvent imposées des règles d'urbanisme précises (style, nature des matériaux, hauteur des constructions, plantations, clôtures, etc.) et des charges collectives.

La maison individuelle
Immeuble d'habitation comportant au maximum un logement.

Maison individuelle isolée
En matière de construction, une maison est dite isolée lorsqu'elle fait à elle seule l'objet de l'opération de construction.
Dans cette catégorie, le futur propriétaire a le choix entre deux solutions :
• la maison au « coup par coup », conçue et réalisée en un seul exemplaire adapté aux besoins et aux goûts de l'acquéreur ;
• la maison « sur catalogue », choisie telle quelle parmi les différents modèles des « pavillonneurs » ou « constructeurs de maisons ».

Les maisons individuelles groupées
On dit que des maisons sont « groupées » lorsqu'elles font partie d'une même opération de construction.
Sur un même site ou « village », elles se trouvent systématiquement vendues sur catalogue par un seul promoteur.

Les principaux professionnels

Le vendeur du terrain
Ce peut être un simple particulier ou un lotisseur.

Le géomètre
C'est à lui que l'on s'adresse pour le relevé (en plan et en niveau) ainsi que pour le bornage du terrain.
Dans le cas d'un terrain isolé, les honoraires se négocient cas par cas. Ils sont généralement inclus dans le prix des parcelles de lotissement.

Le maître d'ouvrage
C'est la personne, physique (simple particulier) ou morale (société de construction), propriétaire du terrain pour le compte de laquelle est réalisée la construction.
C'est le maître d'ouvrage qui conclut avec les réalisateurs les contrats qui concernent la conception et l'exécution de la maison.

Le maître d'œuvre
C'est la personne, physique ou morale, chargée de la conception et/ou de la surveillance technique de l'opération de construction.
Dans le cas d'une maison individuelle, le simple particulier qui préfère se passer de maître d'œuvre va, sans le savoir, au-devant des difficultés. L'intervention d'un maître d'œuvre est, en effet, des plus utiles et ceci à bien des points de vue : conception, surveillance des travaux et des comptes, etc. De toute façon, la consultation d'un tel professionnel est maintenant rendue obligatoire pour l'établissement des plans de toute construction présentant une superficie de plancher d'au moins 170 m².

L'architecte diplômé
C'est « l'homme de l'art » par excellence, connaissant bien les problèmes du bâtiment, capable de concevoir avec originalité la maison que l'on désire et d'en diriger l'exécution.

L'agréé en architecture
C'est un professionnel qui a obtenu la qualité d'architecte par un agrément officiel bien que n'étant pas diplômé d'architecture.

Le bureau d'ingénierie
Il groupe, en général, des techniciens spécialisés qui contractent avec le maître d'ouvrage et prennent en charge la réalisation de toute l'opération depuis l'établissement des plans jusqu'à la fin des travaux. C'est le bureau d'ingénierie qui traite avec les entreprises.

L'entreprise
Il s'agit ici du professionnel ou de la société spécialisée avec qui est passé un marché de travaux qui lui attribue l'exécution d'une partie des travaux de l'opération de construction.
L'entreprise fait partie des « réalisateurs » de l'opération de construction. Elle est, en général, spécialisée dans une activité particulière et ses qualifications sont certifiées par des organismes professionnels dont le principal est l'O.P.Q.C.B. (voir p. 64). Pour les installateurs en électricité, l'association Qualifelec certifie la qualification.

L'entreprise générale
L'entreprise prend le nom d'entreprise générale lorsqu'elle est chargée d'une partie ou de l'ensemble des travaux couvrant plusieurs genres d'activités.
L'entreprise générale qui n'est pas qualifiée pour tous les travaux de construction doit faire appel à des entreprises sous-traitantes, elles-mêmes qualifiées pour exécuter les travaux de leur compétence.

L'artisan
C'est le professionnel qui effectue certains travaux avec l'aide de quelques ouvriers.
L'artisan n'a pas la qualité d'entrepreneur : son statut commercial, ses qualifications, les garanties qu'il offre font l'objet de règles particulières. Son entreprise compte 10 personnes au plus.

Le promoteur
C'est celui qui organise une ou des opérations de construction. Ce peut être le simple particulier qui fait construire. Mais on appelle plus souvent promoteur celui qui monte une opération immobilière en vue de la rétrocéder.

Le constructeur
Au terme de la loi du 4 janvier 1978 sur l'assurance construction, sont reconnus constructeurs :
• l'architecte, l'entrepreneur, le contrôleur technique, le technicien ou toute autre personne ayant reçu par contrat du maître de l'ouvrage une mission dans l'opération de construction ;
• toute personne qui vend après achèvement une construction qu'elle a réalisée ou fait réaliser.

Le contrôle technique
Il est effectué par un organisme spécialisé officiellement agréé qui, à la demande du maître de l'ouvrage, effectue le contrôle technique des études et des travaux correspondant à l'opération de construction. Ce contrôle peut d'ailleurs porter très ponctuellement sur les solutions envisagées, par exemple pour les fondations, certains éléments du clos et du

couvert, les dispositions touchant au confort thermique ou acoustique, etc.
En cas de besoin, le futur propriétaire dispose ainsi auprès du contrôleur technique d'un véritable service de consultation largement décentralisé.

Les principales autorités concernées par les démarches

La Direction départementale de l'Équipement (D.D.E.)
Composée d'architectes-conseils et de membres de l'administration (ministère de tutelle), la D.D.E. fixe les règles de la construction dans la région de sa compétence. Elle est destinataire d'un exemplaire des dossiers de demandes de permis de construire, et son avis est, dans certains cas, déterminant dans cette procédure. Elle intervient également dans la détermination éventuelle de la taxe locale d'équipement ainsi que dans la délivrance du certificat de conformité en fin de travaux.

La mairie
Détentrice du fichier des terrains à bâtir, elle peut renseigner sur les terrains disponibles. Elle délivre le permis de construire après avoir instruit le dossier, et pris, le cas échéant, l'avis de la D.D.E.

Le cadastre
Le registre du cadastre peut être consulté dans chaque mairie. Il précise sous forme de plans cotés les limites des propriétés foncières ; il est possible d'en obtenir une copie partielle pour le terrain que l'on envisage d'acheter.

Les concessionnaires
On désigne ainsi les services d'exploitation des réseaux V.R.D. Il convient de les consulter au sujet des possibilités puis des formalités de raccordement.

Le notaire
Cet officier ministériel authentifie les actes et intervient dans les prises d'hypothèques pour les prêts.

L'organisme de prêt
Banques ou organismes de crédits tels que Crédit foncier, Caisse d'épargne, etc. Ce sont eux qui peuvent faciliter l'accès à la propriété en prêtant l'argent nécessaire.
On doit toujours consulter plusieurs organismes et comparer leurs propositions sur des bases équivalentes (montant, durée, cadence de remboursement, taux d'intérêt, etc.).

Les informations administratives sur les terrains

Le plan d'occupation des sols (P.O.S.)
Etabli, en principe, par chaque commune, il précise notamment les zones réservées aux constructions des particuliers. Il convient donc de le consulter en mairie.

A défaut, on pourra se reporter au plan général d'urbanisme.

Le coefficient d'occupation du sol (C.O.S.)
Un coefficient de 0,30 signifie que, sur un terrain de 1 000 m^2, on peut construire au maximum 300 m^2 de plancher hors œuvre, c'est-à-dire 240 m^2 de surface habitable (surface habitable = 80 % de la surface hors œuvre).

Le certificat d'urbanisme
Il doit être demandé à la Direction départementale de l'Équipement avant tout achat de terrain. Ce document précise, en effet, s'il est possible de construire et, dans ce cas, les servitudes, le style à respecter, etc.

Les contraintes de prêts bancaires

L'hypothèque
La prise d'hypothèque pratiquée systématiquement par les organismes de prêt confère à ceux-ci un droit sur les immeubles tant que subsiste l'obligation de remboursement née du prêt. Cette formalité, qui entraîne évidemment des frais, ne permet la vente des biens hypothéqués que s'il y a eu « mainlevée ».

La mainlevée
Elle annule la prise d'hypothèque et se trouve effectuée par l'organisme de prêt dès que l'emprunt se trouve remboursé. Entre-temps, il est impossible au particulier de revendre le bien faisant l'objet de l'emprunt.

> **Les V.R.D.**
> Ces trois initiales désignent les voiries et réseaux divers, c'est-à-dire les équipements collectifs :
> • de communication : voirie, téléphone, éclairage public,
> • d'énergie : électricité, gaz,
> • d'eau potable,
> • d'assainissement : tout-à-l'égout.

Les maisons régionales d'aujourd'hui

Les maisons régionales d'aujourd'hui sont copiées sur les maisons rurales anciennes. Ces dernières bâties à la campagne par des artisans locaux ou par les paysans eux-mêmes qui appliquaient leur expérience, leur savoir-faire, leurs tours de main ont plus de cent ans. Elles sont en plus ou moins bon état de conservation, quand elles n'ont pas été restaurées avec beaucoup de soin. Certaines qui sont classées ou répertoriées font partie du patrimoine national. L'influence des coutumes et des pratiques de la région, le climat, un certain nombre de traditions transmises de génération en génération et leur destination à la fois familiale et économique (ferme, grange, atelier) ont donné à ces maisons une originalité qui permet de les différencier. Une maison bretonne ne ressemble guère à un chalet savoyard...

Aujourd'hui les goûts du public, l'influence du législateur qui veut protéger les sites du manque d'homogénéité architecturale font que les professionnels de la construction, quel que soit leur mode d'intervention, peuvent proposer des maisons dites « maisons régionales ». De la tradition ancienne, elles empruntent un certain style, quelques matériaux et une allure générale qui les caractérisent. Elles s'en différencient cependant très largement par les matériaux et les méthodes de construction, la distribution des pièces à l'intérieur et l'équipement général.

Dresser l'inventaire des vraies maisons régionales traditionnelles n'est pas possible ici. En effet, dans une région, on ne trouve pas un seul et unique type de construction, mais de très nombreux types et leurs variantes respectives. Pour prendre un exemple plus précis, nous rappellerons qu'il existe en Savoie trois grands types de maisons régionales : les maisons entièrement à base de pierre, les maisons à base de bois et de pierre, les maisons en bois enfin, dont le type le plus connu est évidemment ce chalet que l'on construit aujourd'hui un peu partout. Les variantes, nombreuses, associent les deux matériaux à des types de couverture différents, ce qui complique encore les possibilités de description.

C'est donc aux modèles les plus fréquemment proposés par les constructeurs et les plus proches des maisons rurales les plus répandues autrefois que nous nous sommes attachés ici. Le futur propriétaire qui veut savoir pour une région donnée quel était l'habitat rural ancien et ses variantes doit se référer à des monographies régionales spécialisées. Sur la carte ci-dessous, nous avons regroupé très arbitrairement certaines régions en fonction du style de leurs maisons — cela afin d'être simple, même si parfois nous nous sommes éloignés de la division historique des provinces.

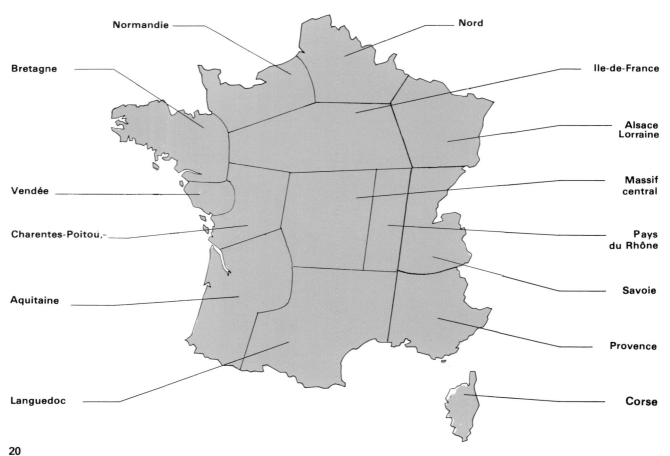

Les maisons du Nord

Flandre, Artois et Picardie constituent notre région du Nord. Dans les deux premières provinces, les murs sont élevés en petites briques pleines de 22 × 11 × 6 cm, assemblées à joints croisés et divisées en briques de montage et briques de parement. Dans certains cas, les façades reçoivent un mortier ou une couche hydrofuge de couleur claire, gris ou blanc cassé, qui rappelle les badigeons anciens au lait de chaux associé au goudron.

Les proportions sont solides, le volume généralement basé sur le carré ou le rectangle. Les pignons nus sont élevés et les toits très pentus sont couverts de tuiles dites « flamandes » ou « en S », ou encore « pannes du Nord », de couleur tirant sur l'orange. Influencés par les Flandres belges très proches et pour en rappeler les pignons découpés, les rives d'égout sont légèrement relevées par un redan de la charpente. Les souches des cheminées sont en petites briques et implantées soit sur la pente du toit pour les toits à deux pans, soit au milieu d'un pan de côté pour le toit à quatre pans, soit enfin en pignon.

La maison de Picardie était construite en torchis : entre des pans de bois reliés par des lattes, on remplissait de torchis mais on laissait apparaître les poteaux d'angle. Un mortier de chaux grasse servait d'enduit. La maison picarde d'aujourd'hui a donc conservé quelques pièces de bois apparentes : les angles, les sablières hautes et basses et les encadrements d'ouvertures. L'enduit blanc rappelle l'ancien lait de chaux passé sur les murs.

La maison picarde de plainpied est couverte de pannes du Nord. La maison à étage comporte un toit à quatre pans couvert en ardoise. Elle est parfois essentée[1] en ardoise sur toute la façade du premier étage. Les murs mixtes, c'est-à-dire à soubassement de petites briques et à élévation en matériaux enduits clairs, ne sont pas rares. Les pignons sont encore aujourd'hui entièrement en petites briques.

1. Essenter : recouvrir de planchettes en bois ou d'ardoises des pièces de charpente à nu.

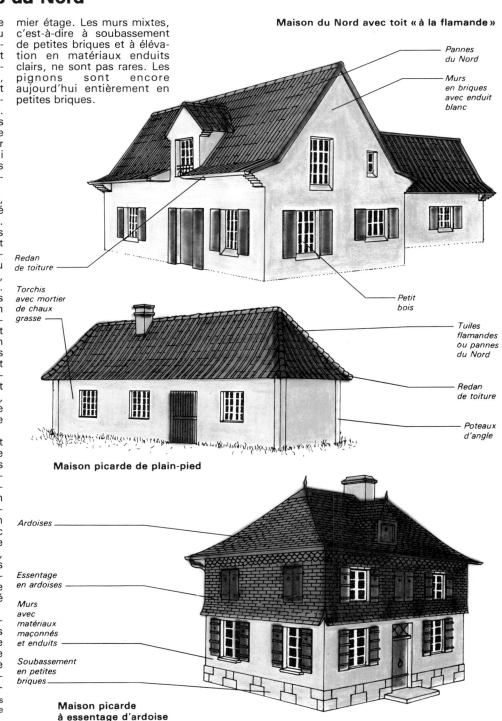

Maison du Nord avec toit « à la flamande »

- Pannes du Nord
- Murs en briques avec enduit blanc
- Redan de toiture
- Petit bois

Maison picarde de plain-pied

- Torchis avec mortier de chaux grasse
- Tuiles flamandes ou pannes du Nord
- Redan de toiture
- Poteaux d'angle

Maison picarde à essentage d'ardoise

- Ardoises
- Essentage en ardoises
- Murs avec matériaux maçonnés et enduits
- Soubassement en petites briques

Les maisons de Normandie

En Normandie se côtoient les maisons à colombages, plus localisées dans les campagnes, et les maisons en petites briques resserrées dans les bourgs.

Avec ou sans étage, la maison à colombages est donc à ossature bois remplie d'un hourdis aujourd'hui en parpaings ou briques creuses. Parfois, le soubassement est en pierres de taille ou petites briques apparentes. Le toit est en chaume avec faîtière à couvre-joints scellés au mortier... Très enveloppant, il reçoit aussi des tuiles plates petit moule. Il est à deux ou quatre pans avec croupes, dont une au moins surplombe un escalier extérieur.

La structure bien proportionnée est basée sur le rectangle. Une moitié était autrefois réservée à l'habitation, l'autre à la grange, l'étable ou le pressoir à cidre. Sur ce plan, la maison d'aujourd'hui offre de nombreuses pièces.

La maison en briques est plus bourgeoise. Elle compte souvent un étage et, sous les combles, des pièces éclairées par des lucarnes à la capucine. Les murs sont composites, c'est-à-dire ici en petites briques apparentes avec chaînages d'angles en pierres de taille en harpe. En pierres de taille également sont les encadrements d'ouvertures. Autrefois, le matériau des maisons normandes était celui du site. On trouve donc aussi des murs en moellons et silex taillés ou en moellons, silex et briques. La couverture des maisons maçonnées, par opposition aux maisons à colombages, est très souvent en ardoise.

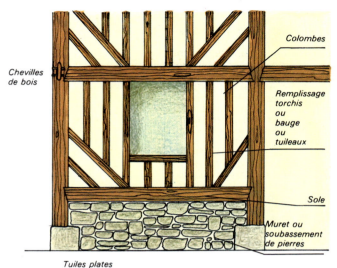

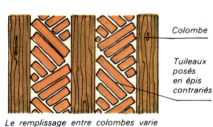

Le remplissage entre colombes varie

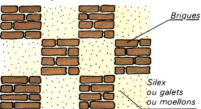

La maçonnerie des soubassements est composite surtout en Basse Normandie

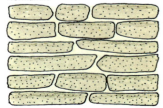

Les « plaquettes », moellons larges et plats, sont typiques de la région du Cotentin Est.

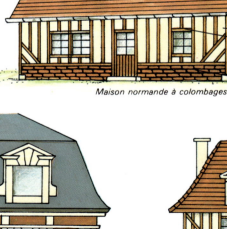

Maison normande à colombages

Encadrement en harpes par pierre de taille.

Maison normande en briques et moellons.

Les maisons de Bretagne

Ce sont des maisons très typées dont les caractéristiques tiennent en quelques mots : basses, solides, bien fermées aux vents et aux pluies. Le matériau également sert à reconnaître la région d'où elle est issue.

Là où le granit abonde, on trouvait la maison en pierres chaulées ou apparentes ; là où il est plus rare, la demeure était en pisé ou torchis d'argile, souvent crépie à la chaux : c'est la Bretagne des marais et des forêts. Les toits sur la côte sont en ardoise, ailleurs en chaume. Les pignons triangulaires sont aveugles et se terminent en souche de cheminée. Les murs exposés au sud sont percés d'ouvertures aussi réduites et peu nombreuses que possible pour laisser l'intérieur bien à l'abri. La demeure, toujours basse, avec un grenier très vaste en étage, dont l'unique ouverture signale la présence, comportait des pièces annexes, remise ou étable ; leur toit bas et leurs murs petits sont très typiques.

La maison bretonne d'aujourd'hui, quand elle n'est pas chaumière, se signale par le blanc de ses murs crépis, les encadrements des portes et fenêtres en granit, le toit d'ardoise et les appentis de dimensions plus modestes blottis contre la construction principale.

Les lucarnes rappellent les maisons riches d'autrefois avec chambres en étage.

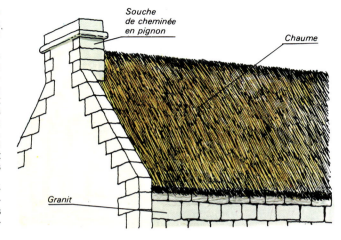

Mur pignon de Bretagne. La pente est donnée par la taille oblique des moellons. Les renforts d'angle sont en moellons taillés.

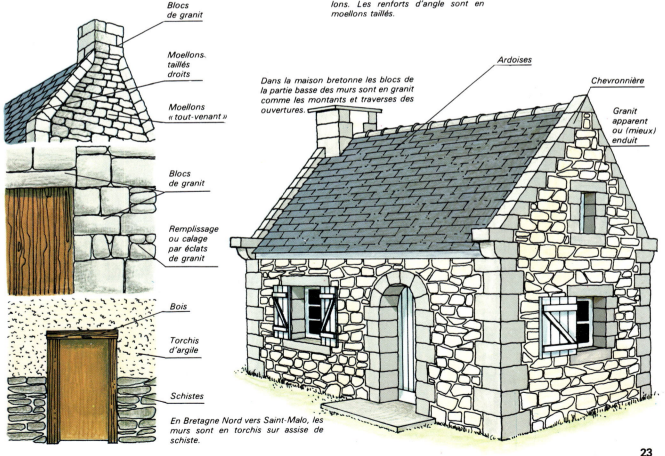

En Bretagne Nord vers Saint-Malo, les murs sont en torchis sur assise de schiste.

Les maisons de Vendée et des Charentes

La maison des marais vendéens ou « bourrine » était une demeure basse et rectangulaire qui comportait peu d'ouvertures. Les murs, réalisés en torchis d'argile ou en pierres, étaient chaulés. Le toit, à deux ou quatre pans, était épais et en roseaux. Très enveloppant, il débordait assez largement sur les pignons aveugles, cela afin d'éloigner l'eau de pluie des murs, compensation à la rusticité des rives. L'arêtier était un coulis façonné de ciment avec une souche de cheminée très peu haute.

Aujourd'hui, en Charente et en Vendée, les maisons s'inspirent de cette tradition. Cependant, à la construction basse, bien blanche sous son toit de chaume, s'opposent les maisons issues de la ferme charentaise en pierre de taille sous un toit de tuiles « canal ».

Ferme charentaise

Toit peu pentu en tuile canal

Portail sur cour

Pierre de taille

Bourrine de Vendée

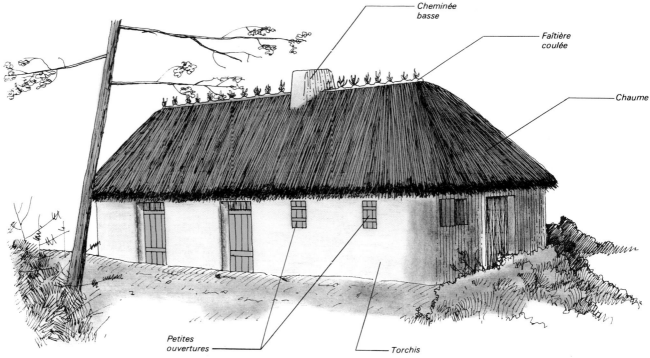

Cheminée basse

Faîtière coulée

Chaume

Petites ouvertures

Torchis

Les maisons d'Aquitaine

Béarn, Aquitaine, Pays basque : autant de provinces, autant de styles.

Néanmoins, Landes et Pays basque ont adopté, pour leurs maisons modernes, des caractéristiques communes. En premier lieu, les murs de façade sont des murs-pignons avec colombages. Très débordants, les pans du toit sont inégaux. L'un des deux descend parfois presque jusqu'au sol, constituant ainsi une sorte de remise ouverte. Les murs crépis de blanc portent de nombreuses et petites ouvertures qui se ferment par des volets de bois.

Dans le Béarn, les maisons de pierre et galet assemblés au mortier portent un toit très pointu à quatre pans avec lucarnes ; couvert d'ardoise, il s'adoucit dans le bas, un léger redan devant éloigner des murs l'eau de pluie.

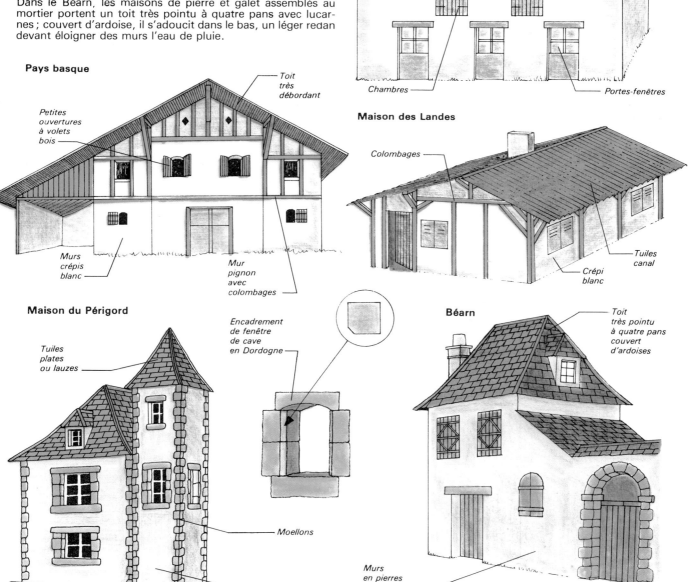

Les maisons du Languedoc

Ce fut une immense province qui s'étendait de l'ouest à l'est de la France et du sud de la Loire à la Méditerranée. Autant dire que les maisons régionales y abondent, comme y abondent les « langues d'oc » et les accents. La seule parenté entre les demeures de l'Albigeois, du Toulousain, du Narbonnais, de l'Agenais et de bien d'autres est peut-être la tuile romaine qui rappelle la civilisation ancienne qui fleurissait ici. Autre parenté, quelques tours carrées, puissants souvenirs de la villa romaine. Mais que de différences dans les matériaux ! A la brique d'Agen et de Toulouse succèdent les briques et les pierres du Languedoc méditerranéen. Aux ouvertures généreuses des pays de montagne répondent les ouvertures plus rares et étroites des pays de la mer et des basses plaines, qui s'abritent des cers, tramontane et vents marins.

Le Languedoc actuel, si l'on regarde une carte, est une vaste région qui s'étend entre Brive, Saint-Etienne, Nîmes, Narbonne, Toulouse et Tulle. Il englobe donc des pays très différents par le climat, la géographie économique et physique. On peut cependant y limiter l'étude de l'habitat à trois grandes zones : les Cévennes et les Causses, le Toulousain et le Languedoc méditerranéen.

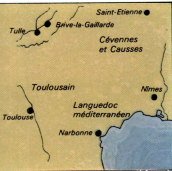

Le Languedoc des Cévennes et des Causses
Pays de la pierre, c'est donc la pierre qui en est le matériau de construction par excellence. Le calcaire en gros et petits moellons, en plaques (lauzes) sert pour les murs et les toitures, surtout dans les Causses. Dans les Cévennes, le schiste est roi. Accolée à la maison, la bergerie. La terrasse et le balcon sont tournés vers le sud, donnant à la façade-pignon son caractère.

Le Languedoc des pays toulousains
Ici c'est la région de la brique, extraite du sous-sol argileux, lequel donne à ce pays agricole de maïs et d'élevage une partie de sa richesse. La maison traditionnelle est bâtie en longueur. On y retrouve les mêmes pièces que dans tout le Languedoc : habitation, cave, bergerie, mais, au lieu de s'étager, elles se succèdent pour donner à ce bâtiment son caractère particulier, surmonté parfois d'un pigeonnier, longtemps privilège des nobles ou des bourgeois « arrivés ».

La génoise à un rang avec angle en tuiles est une caractéristique du Languedoc méditerranéen.

Le fronton avec génoise à deux rangs.

Le Languedoc de la mer
L'habitat y est simple mais, par l'harmonie des ouvertures, conserve quelque chose du style des maisons romaines. Généralement la maison « de maître » comporte deux parties. Sur la cave, où est travaillé et conservé le vin, se trouve le grenier à fourrage pour les chevaux il sert pour hisser la récolte que l'on introduit par le haut dans les cuves. C'est l'aile de travail. A côté, l'aile de l'habitation comporte un perron et, de part et d'autre d'un couloir, les pièces de jour, séjour et salle à manger. Au-dessus, les chambres.
La pierre enduite de blanc et le toit rose en tuiles canal donnent aux villages bien groupés cette couleur qui fait chanter le Midi vinicole.

Maison cévenole

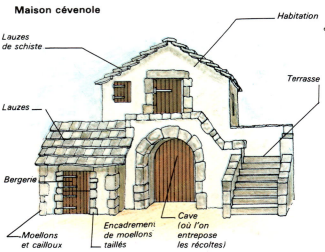

Languedoc des vignes — *Maison de maître en Languedoc maritime*

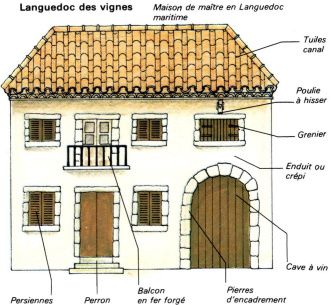

Les maisons de Provence

Qui ne saurait reconnaître un mas provençal ? Autrefois, comme aujourd'hui, il était d'abord une ferme que l'on bâtissait au fur et à mesure des disponibilités financières. On ne s'étonnera donc pas qu'il présente des toits de hauteurs différentes à un ou deux pans sur des murs qui s'accrochent les uns aux autres pour former soit un ensemble complexe à déploiement linéaire, maison d'un bloc, soit une maison à bâtiments entourant une cour. Dans les deux types, ce qui semble avoir été la maison initiale porte un étage. Cela rappelle la distribution ancienne : les animaux et les récoltes au rez-de-chaussée, les habitants à l'étage. Les toits sont évidemment peu pentus, 15° à 20° en tuiles romaines, avec ou sans génoises. Mas, bastides, cabanons ou bergeries sont en moellons ou pierres sèches ou galets assemblés au mortier.

L'enduit extérieur dépend des sables utilisés, roses ocres ou terre de Sienne. Avec le rose clair, tendre ou plus foncé des tuiles et les vives couleurs des volets et des portes : bleu, vert, marron, voire rose ou blanc, la polychromie constitue l'un des caractères essentiels de l'habitat provençal.

En général, un portail rond signale l'ancien chais. Les autres ouvertures peuvent être encadrées de pierres de taille. Tourelles et pigeonniers, escaliers extérieurs, terrasses couvertes, passages en ogives rondes, selon les régions, compliquent à l'extrême toute tentative de description des variantes possibles.

Village provençal

Mas provençal d'un bloc

Toits peu pentus — *Tuiles canal* — *Pigeonnier* — *Galets de la Crau*

Mas provençal avec cour

Tuile — *Pierres sèches* — *Entrée*

La Corse

Bien qu'il existe de nombreuses variétés régionales, on peut dire que la maison corse est bâtie en pierres du pays ou moellons de schiste ou granit, parfois en pierre sèche. La liaison est réalisée avec de l'argile ou du mortier de chaux. Le toit est couvert de tuiles canal, de dalles de schiste ou d'ardoises. La porcherie, la bergerie sont couvertes de lauzes, de dalles ou de schistes.

Maison corse d'Ajaccio

Pierres de calage — *Toit à deux pans égaux* — *Faîtière* — *Tuiles canal* — *Murs en moellons de granit en assises régulières* — *Assise de gros moellons de granit* — *Volets de bois à l'intérieur*

Les maisons d'Auvergne et de la vallée du Rhône

L'Auvergne
Basse Auvergne ou haute Auvergne ? Pays de Loire ou de haute Loire ? Voici encore une région où toute description peut paraître arbitraire. Rien que pour la basse Auvergne, par exemple, on dénombre dans l'architecture rurale ancienne dix-huit régions et quelque dix-huit types de construction !
C'est donc dans la chaîne des Puys, région la plus peuplée et la plus connue, avec le grand centre qu'est Clermont-Ferrand et les villes et villages satellites, que nous trouvons une maison régionale moderne type, parente très éloignée de l'habitat traditionnel. En effet, ne l'oublions pas, les habitants de l'Auvergne, du fait de la pauvreté de ce pays, ont été nombreux, pendant longtemps, à émigrer vers la capitale.
La maison de la région est aujourd'hui bâtie à partir de pierres volcaniques noires assemblées au mortier de ciment. Les toits à deux pans en lauzes ou en tuiles canal sont à faible pente. Les rives des toits sont en pierre, ce qui permet une bonne fixation des tuiles.
Les encadrements des portes et fenêtres (à petits bois) sont plus foncés et parfois remarquablement taillés et appareillés en cintres très pointus.
Survivance du « buron », ancienne bergerie, on trouve des maisons en dalles de basalte avec toit de chaume.
Suivant la région d'Auvergne, le matériau reste celui du site ancien : laves, schistes, pierres de Volvic, pierres volcaniques, pouzzolane alternent dans des murs stricts percés d'ouvertures qui sont harmonieusement réparties de part et d'autre de portes centrales.
Des toits plus pentus en plaques ou dalles de schiste abritent des combles éclairés par des lucarnes à la capucine.
Les pignons aveugles se terminent par les souches des cheminées.

La vallée de la Saône et du Rhône
Du Morvan à la Bourgogne et à l'entrée de la Provence, les pays de la Saône et du Rhône sont aussi variés que les autres régions françaises.
C'est à la maison de Bourgogne que nous consacrerons cette page. Les murs maçonnés sont souvent crépis, laissant seulement apparents les encadrements hauts et bas des ouvertures.
Les demeures sont cossues, larges et hautes. Les pièces principales sont en étage, que l'on atteint par un escalier presque monumental avec parois. La cave ou le cellier occupe le rez-de-chaussée. Une tour carrée ou ronde, réminiscence des châteaux forts de la région ou des fermes fortifiées, flanque souvent la demeure principale ou l'un de ses angles.
Le toit très pentu est en tuiles plates dites de Bourgogne. La tuile vernissée appareillée en motifs géométriques n'apparaît plus que sur les toits des bâtiments classés historiques, dont les célèbres hospices de Beaune sont le plus magnifique exemple.

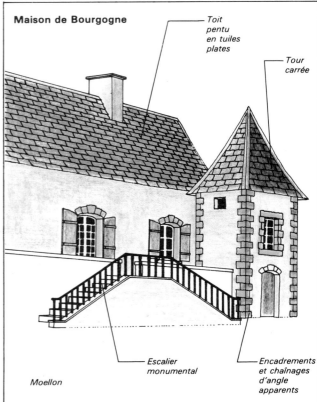

Maison de Bourgogne — Toit pentu en tuiles plates — Tour carrée — Escalier monumental — Encadrements et chaînages d'angle apparents — Moellon

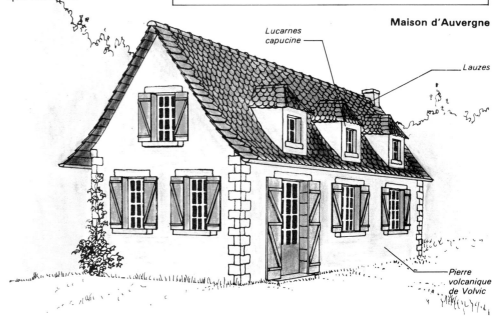

Maison d'Auvergne — Lucarnes capucine — Lauzes — Pierre volcanique de Volvic

Les maisons de Savoie

Le chalet moderne s'inspire des divers chalets bâtis autrefois. Et pourtant, que de différences dans l'habitat rural ancien d'une vallée à l'autre ! Nous retiendrons ici que le chalet moderne est en bois, soit entièrement, soit en partie haute seulement, sur rez-de-chaussée en maçonnerie.

Le toit à deux pans, à faible pente, très largement débordant sur les façades-pignons, abrite portes, fenêtres et quelquefois balcons, dont l'un se trouve dans la partie la plus large de la maison.
Il faut noter que cette dernière est assez élevée par rapport au sol. En effet, l'habitat ancien faisait une division étable-habitat très simple : le rez-de-chaussée était réservé au bétail, le haut, à l'abri des neiges, était réservé aux hommes. Les couvertures traditionnelles en ancelles ou tavaillons (tuiles de bois) sont en voie de disparition. Le bardeau d'asphalte ou le métal sont aujourd'hui les matériaux de couverture. Dans les basses montagnes et les plaines domine l'ardoise. Le chaume, autrefois très répandu, est plus rare.
Enfin, les lauzes rappellent que le paysan construisait avec les matériaux trouvés sur le site.

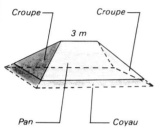

Dans le Dauphiné, les pans des toits sont inégaux, la faîtière très courte, la pente assez faible.

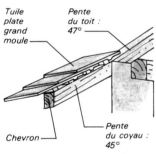

Pour compenser la faible pente du toit dans le Dauphiné et rejeter loin des murs les eaux de pluie, un coyau de 50 cm moins incliné que le toit est mis en place.

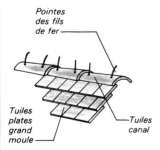

Les faîtières dauphinoises sont en tuiles canal. Les fils de fer de fixation sont autant de « poils dressés ».

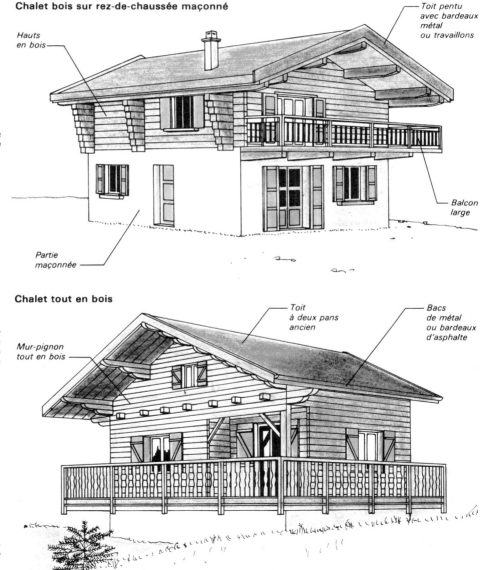

Chalet bois sur rez-de-chaussée maçonné

Chalet tout en bois

Les maisons d'Alsace et de Lorraine

Les maisons d'Alsace sont à ossature bois. Le remplissage en torchis est aujourd'hui remplacé par la brique et le parpaing, qui reçoivent un crépi. Seuls, les soubassements sont comme autrefois en pierres. La toiture à forte pente, 50° et plus, est en tuiles plates. Les arêtiers en tuiles rondes soulignent les croupes et pans inégaux reliés par des noues classiques.

Souvenir des maisons du Moyen Age, des balcons ouverts ou fermés s'avancent sous le toit débordant.

Très typés, les colombages d'Alsace diffèrent par leur composition des colombages de Normandie ou du Pays basque. Autrefois, les encadrements en bois des fenêtres étaient sculptés.

Il semble encore aujourd'hui que le charpentier soit le véritable maître d'œuvre des maisons d'Alsace inspirées de la plus pure tradition.

Maison des Vosges

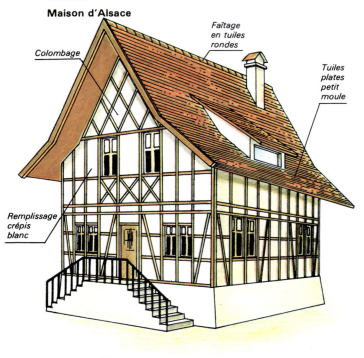

Maison d'Alsace

L'habitat lorrain diffère de celui d'Alsace. Dans les quatre départements, Meuse, Meurthe-et-Moselle, Moselle et Vosges, la maison lorraine présente deux caractères essentiels presque constants : le toit de grande surface très légèrement pentu en tuiles canal et la porte charretière qui dit bien que la maison traditionnelle était autrefois avant tout fonctionnelle abritant à la fois la ferme, la grange ou la cave de vigneron et la demeure de la famille. Une maison discrète cependant mais qui varie avec les régions de la Lorraine, à la fois en fonction du savoir-faire des anciens bâtisseurs et aussi des matériaux et du site. Maison de fonction elle s'étire en longueur pour le vigneron, s'élève sur deux étages (entresol et premier étage) dans la région de Metz où la ferme est plus bourgeoise, et devient chalet dans les Vosges. A noter qu'ici le toit est couvert de lauzes ou de travaillons.

Maison de la région de Nancy

Maison de la région de Metz
(à un étage)

Les maisons d'Ile-de-France

Ici que de sous-régions également, et que d'apports des autres régions! Et pourtant, la maison d'Ile-de-France se dégage avec un caractère particulier. En premier lieu, ici, régnait le plâtre.

Les murs sont donc blancs; les souches de cheminée, les raccords de toiture, les arêtiers, les noues quelquefois sont aussi soulignés en blanc.

Les matériaux sont très divers. A la pierre de taille succède le moellon, la petite brique ou le mur composite. Les murs sont hauts et abritent un ou deux étages. Les baies sont harmonieusement disposées de part et d'autre d'une porte d'entrée souvent centrale.

Le mur côté nord est presque toujours aveugle ou percé de petites ouvertures éclairant les pièces de service. Il n'est pas rare que, sur la façade principale, on trouve des portes-fenêtres avec des persiennes en bois et des fenêtres à petits bois.

Le toit, à deux ou quatre pans, peu pentu, est couvert d'ardoises, ou de tuiles plates. Plus pentu, il permet d'aménager des combles qu'éclairent chien assis, lucarnes rampantes ou lucarnes à la capucine. « A la Mansard », il coiffe des demeures cossues de bonnes dimensions. Demeures des bourgeois ou des seigneurs des villes, vastes fermes des pays de blé, modestes chaumières des forêts ont inspiré l'habitat en Ile-de-France. On ne s'étonnera ni de sa diversité ni de son charme.

Il émane des maisons d'Ile-de-France une impression de vivre en climat tempéré.

Une mention à part doit être faite de l'horrible pavillon de banlieue en pierres meulières, jointoyées de façon plutôt baroque et choquante, qui fleurissait dans les années 1930. Il ne s'apparente ni à un style ni à une région. Il est le mauvais exemple par excellence, bien qu'aujourd'hui on en dresse l'inventaire.

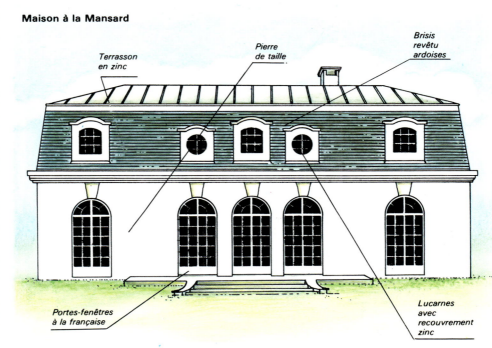

Maison à la Mansard
- Terrasson en zinc
- Pierre de taille
- Brisis revêtu ardoises
- Portes-fenêtres à la française
- Lucarnes avec recouvrement zinc

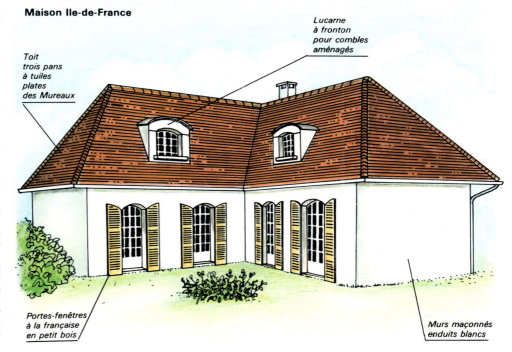

Maison Ile-de-France
- Toit trois pans à tuiles plates des Mureaux
- Lucarne à fronton pour combles aménagés
- Portes-fenêtres à la française en petit bois
- Murs maçonnés enduits blancs

Avant d'acheter un terrain

Après avoir consulté agents immobiliers, notaires, aménageurs de terrains (lotisseurs) ou municipalités, le futur propriétaire dispose d'un petit choix de terrains correspondant à la fois à ses possibilités financières, à l'implantation souhaitée pour la maison (surface, exposition, quartier) et à un environnement offrant des ressources suffisantes : établissements d'enseignement, lieux de culte, commerces, activités culturelles, sportives et de loisirs. Pour les terrains plus éloignés, il a réfléchi aux moyens de transport, publics ou privés, et à leur coût.
Mais avant toute décision définitive, il est indispensable de vérifier quelques données complémentaires d'ordre financier, juridique et technique. On pourra consulter à ce sujet un spécialiste.

Les données financières
Le prix au mètre carré du terrain, les droits d'enregistrement de l'acte d'achat et les frais de notaire ne seront pas les seules dépenses à programmer. Bien souvent s'y ajoutent :
- les frais de bornage ;
- les dépenses d'aménagement ou de réfection d'une voie d'accès, des branchements électricité, gaz et eau, des branchements réseaux d'évacuation ;
- le coût des clôtures ;
- les taxes de branchement, la taxe locale d'équipement et la T.V.A. à taux réduit si la construction est réalisée dans les 4 ans qui suivent l'achat. Toutes ces dépenses peuvent atteindre 15 à 20 % du prix de la construction. On doit donc s'en préoccuper très attentivement.
Si, pour construire, on doit obtenir un prêt, il est préférable de faire une demande globale de prêt pour l'achat du terrain et la construction. En effet, les prêts consentis pour la construction des maisons ont des taux d'intérêt plus faibles que ceux des prêts réservés à l'achat des terrains seuls.

Les données juridiques
Elles portent essentiellement sur les servitudes, c'est-à-dire les contraintes à respecter pour construire.
On distingue les servitudes de droit public et les servitudes de droit privé (pour ces dernières, se reporter aux pages 34-35).

Les servitudes d'urbanisme régissent l'utilisation du terrain en fonction de sa situation dans les diverses zones prévues par le plan d'occupation des sols. Elles précisent la surface des parcelles, la hauteur et la forme des constructions, la densité d'implantation, les dispositions techniques à respecter, les alignements de façade, etc.
Pour les connaître, on se procure simultanément auprès des services du maire de la localité et du directeur départemental de l'Urbanisme le certificat d'urbanisme.
Les imprimés nécessaires pour la demande sont délivrés à la mairie.
Actuellement, il est possible de construire une maison, par exemple :
- sur un terrain d'au moins 1 000 m^2 quand il est raccordé à la voie publique et à un réseau de distribution d'eau potable. La surface du logement doit être supérieure au dixième du terrain et inférieure à 250 m^2 ;
- sur un terrain d'au moins 4 000 m^2 quand il est raccordé à la voie publique. La surface du logement doit être inférieure aux 250 m^2 déjà évoqués ci-dessus.
De toute manière, il faut se référer à la réglementation.

Les servitudes de voirie
Elles concernent :
- la distance avec les routes (50 m jusqu'à une autoroute, 35 m jusqu'à une route à grande circulation, sauf dans les villes et autres agglomérations) ;
- la visibilité que les propriétés riveraines doivent ménager près des carrefours et des virages ;
- la distance entre divers ouvrages et les voies : pour les arbres et les haies au moins 1 m, mais pour toutes les distances inférieures à 6 m l'alignement est à demander au maire ; pour les puits et les citernes 5 m dans les villes et 10 m dans les autres cas, etc. ;
- la S.N.C.F. exige une distance d'au moins 6 m entre une plantation d'arbres et le bord extérieur d'une voie ferrée ; pour une haie cette distance est ramenée à 2 m ;

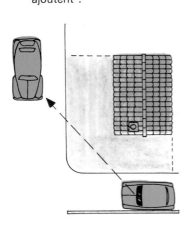

On doit éviter de créer un obstacle à la visibilité près d'un carrefour.

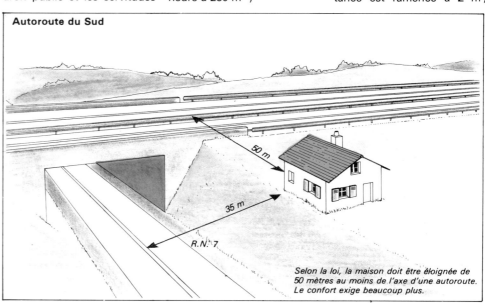

Selon la loi, la maison doit être éloignée de 50 mètres au moins de l'axe d'une autoroute. Le confort exige beaucoup plus.

• le long d'un cours d'eau la distance entre la rive et une clôture ou une plantation doit être d'au moins 9,75 m s'il existe un chemin de halage et de 3,25 m dans le cas contraire.

Comme dans le cas des servitudes d'urbanisme, il est bon de se renseigner auprès de la mairie pour connaître les dispositions qui peuvent s'appliquer à tel ou tel cas particulier.

Les données techniques

Les raccordements : le certificat d'urbanisme précise :
• la distance entre le terrain et les réseaux d'Electricité de France, de Gaz de France, d'adduction d'eau, des télécommunications ;
• l'existence ou non d'un réseau tout-à-l'égout : dans l'affirmative, il faut implanter la maison de façon que l'écoulement soit gravitaire, c'est-à-dire qu'il se fasse grâce à la pente sans que l'on soit obligé de faire appel à un système de pompage.

Il est toujours possible, sur le plan technique, d'amener l'eau, l'électricité ou le gaz jusqu'en limite de propriété, mais il faut faire attention au coût des travaux qui peut être très élevé à cause de l'éloignement ou de la nature du terrain.

Par contre, quand il n'y a pas de réseau tout-à-l'égout, il faut être très prudent en ce qui concerne l'évacuation des eaux usées, qui peut poser de gros problèmes techniques liés à la nature du sol. C'est le cas, par exemple, pour les terrains argileux.

Le sol : il faut tenir compte de la configuration et de la nature du sol de façon à éviter des surprises désagréables qui seraient génératrices de dépenses supplémentaires relativement importantes, au moment de l'exécution des fondations, ou, pis encore, de désordres toujours graves, qui n'apparaîtraient qu'une fois la maison terminée.

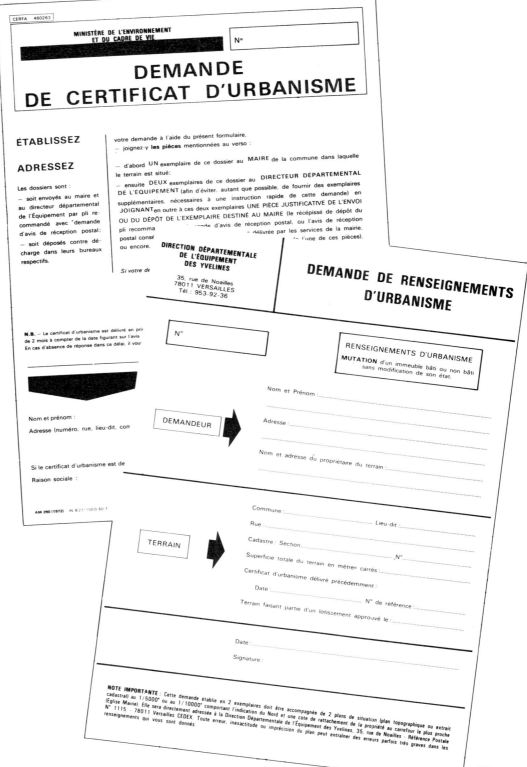

Les servitudes de voisinage

Les servitudes de droit privé sont régies par le Code civil et les usages. Elles concernent la mitoyenneté, les clôtures, les vues, les droits de passage et ne sont pas limitatives.

La mitoyenneté

Un mur séparant deux propriétés est mitoyen s'il appartient pour partie à chacun des deux propriétaires. Quand un mur sépare deux bâtiments de même hauteur et de même largeur, il est entièrement mitoyen. Si les deux bâtiments ne sont pas de même hauteur, la partie surélevée du mur appartient au propriétaire de la maison la plus haute.

Le long d'une cheminée maçonnée, le mur est mitoyen; comptent aussi dans la partie mitoyenne la surface du solin et la surface du pied d'aile. Quand un mur sépare deux terrains, s'il est coiffé d'un couronnement à double pente, il est présumé mitoyen. Si le couronnement est à une seule pente, le mur est présumé appartenir au propriétaire du terrain vers lequel s'abaisse la pente. Le propriétaire d'un mur mitoyen peut faire pousser des plantations basses contre le mur, il peut construire contre le mur et y encastrer des poutres. Cependant, avant tous travaux, les deux propriétaires doivent se mettre d'accord.

Les clôtures

La hauteur des murs de séparation entre propriétés voisines doit être d'au moins 3,20 m dans les villes de plus de 50 000 habitants et de 2,60 m dans les villes de moins de 50 000 habitants. Dans le cas où le terrain n'est pas au même niveau de part et d'autre du mur, la hauteur est comptée à partir du niveau le plus élevé. Il est bon de consulter la mairie pour savoir s'il existe une réglementation particulière à la commune.

Les plantations

La distance entre une plantation et une propriété voisine est celle qui sépare la ligne séparative ou l'axe du mur mitoyen du centre des arbres ou des haies. Si les deux propriétés sont séparées par un cours d'eau, la ligne séparative est au milieu du lit du cours d'eau.

La distance minimale entre la ligne séparative et une plantation dépassant 2 m de hauteur est de 2 m. Aucune branche ne doit dépasser la ligne séparative. Si la plantation ne dépasse pas 2 m de hauteur, la distance minimale est ramenée à 50 cm.

Les servitudes de hauteur ne concernent pas les arbres de plus de trente ans d'âge ou existant avant le morcellement du terrain.

Les vues et percement d'ouvertures

On ne peut percer d'ouverture dans un mur mitoyen sans l'accord du propriétaire voisin. Dans un mur non mitoyen, on peut percer des « jours de souffrance », à condition de respecter des conditions précises de hauteur.

Les ouvertures donnant des vues obliques ou des vues droites doivent être établies en respectant des distances minimales.

Il en va de même pour les balcons et les terrasses.

Dans le cas de façades donnant sur la voie publique, on peut pratiquer des ouvertures de part et d'autre du mur mitoyen sans qu'il y ait de distance minimale à respecter.

A noter que si un propriétaire bénéficie depuis plus de trente ans de vues non conformes à la loi, il peut les conserver.

Le droit de passage

Quand un terrain n'a pas accès sur la voie publique, son propriétaire peut exiger un droit de passage sur la propriété voisine : mais il ne devient pas propriétaire du passage. Il en va de même si l'accès trop exigu empêche l'utilisation normale du terrain. La largeur de l'accès sera déterminé en fonction de l'utilisation du terrain.

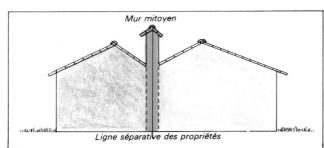
Un mur « entièrement mitoyen » sépare deux bâtiments de même hauteur et de même longueur.

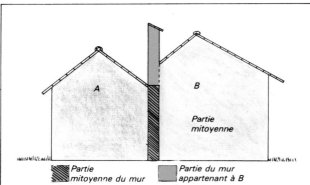
La partie surélevée du mur mitoyen séparant deux bâtiments de hauteurs différentes appartient au propriétaire du bâtiment le plus haut.

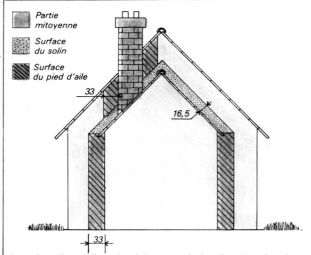
La surface d'appui d'une cheminée maçonnée, le solin et la surface du pied d'aile sont réputés mitoyens. Le solin est la surface d'une bande qui suit la pente du toit et mesure 0,165 m de large. La surface du pied d'aile est une bande de 0,33 m de largeur de chaque côté du conduit de fumée appuyé au mur le plus haut.

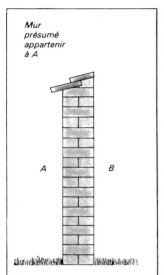

Si un mur porte un couronnement d'une seule pente, il est présumé appartenir au propriétaire du terrain sur lequel la pente déverse l'eau de ruissellement.

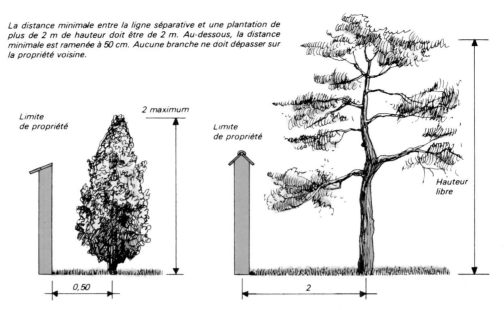

La distance minimale entre la ligne séparative et une plantation de plus de 2 m de hauteur doit être de 2 m. Au-dessous, la distance minimale est ramenée à 50 cm. Aucune branche ne doit dépasser sur la propriété voisine.

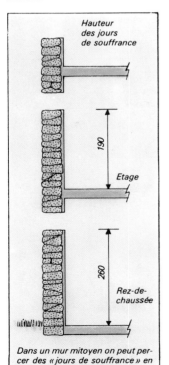

Dans un mur mitoyen on peut percer des « jours de souffrance » en respectant des hauteurs précises.

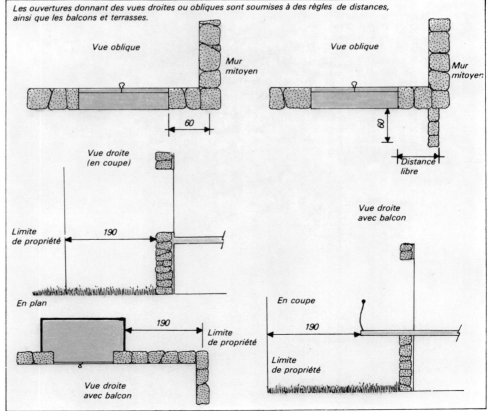

Les ouvertures donnant des vues droites ou obliques sont soumises à des règles de distances, ainsi que les balcons et terrasses.

Choisir un terrain sûr

Avant d'arrêter définitivement le choix du terrain, il faut penser aux éventuels problèmes de fondation ou d'implantation qui pourront se poser au moment de la construction et qui risquent d'entraîner des difficultés ou des dépenses complémentaires importantes. Le recours à l'avis d'un spécialiste est donc particulièrement recommandé.

Les risques d'inondation
En premier lieu, il faut s'assurer que le terrain n'est pas inondable et prendre garde à la rivière paisible et au ruisseau timide qui deviennent torrents après des précipitations importantes. Il faut aussi se méfier des terrains situés dans une zone qui paraît parfaitement plane, car ils peuvent se trouver en réalité dans un creux difficile à déceler.

On doit faire attention à la tranquille rivière ou au paisible ruisseau qui risquent de devenir torrents après les pluies.

Pour savoir si un terrain est inondable, on doit se renseigner auprès des municipalités, des directions de l'Equipement et aussi auprès des voisins.
Attention ! Le fait qu'il existe une maison à proximité d'un terrain que l'on projette d'acheter ne signifie pas que celui-ci n'est pas inondable, car une différence d'altitude de quelques mètres, peu perceptible à distance, peut tout changer.
A ce propos, les noms des lieux peuvent apporter des renseignements précieux : « le creux du canard » ou « la grenouillère » sont certainement des endroits ou l'eau s'est accumulée dans le passé et risque de s'accumuler à nouveau dans l'avenir.

On ne doit pas bâtir sans précaution sur un terrain faussement plat.

Les risques d'éboulements
Si le terrain est situé dans un pays montagneux, il peut y avoir des risques d'avalanches ou de chutes de blocs rocheux. Sur ce point aussi, on doit questionner les municipalités et les directions départementales de l'Equipement.

Attention aux risques d'avalanches et de chutes de rochers en pays de montagne.

Les risques de glissements
Dès que le terrain est en pente, surtout si le sol est argileux, il faut rechercher s'il n'existe pas un risque de glissements, phénomène complexe le plus souvent lié à la présence d'eau dans les sols fins. Le sol glisse sur lui-même, un creux se produit en partie haute et un bourrelet en partie basse.
Dans la nature, les indices sont rarement aussi nets que dans la théorie. Notons que, si un glissement récent s'est produit, les troncs d'arbres ne sont pas verticaux, des bourrelets plus ou moins nets peuvent être décelés en partie basse et des fissures en partie haute. Si le glissement est ancien, les fissures se sont rebouchées, les bourrelets peuvent ou non être encore perceptibles et les arbres se sont redressés dans la partie haute du tronc devenue verticale.
Bien entendu, plus la pente du terrain est forte et plus il y a risque de glissements, mais il ne faut pas croire qu'un terrain peu pentu est exempt de risque, car tout dépend de la nature du sol et de l'hydrologie du site.
Inutile d'insister sur les risques très graves qu'un glissement de terrain fait courir à une maison ! Si ces risques sont perceptibles, il vaut mieux reporter son choix sur un autre terrain.

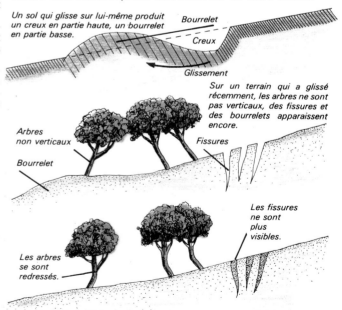

Un sol qui glisse sur lui-même produit un creux en partie haute, un bourrelet en partie basse.

Sur un terrain qui a glissé récemment, les arbres ne sont pas verticaux, des fissures et des bourrelets apparaissent encore.

Sur un terrain qui a glissé il y a longtemps, les arbres se sont redressés et les fissures et les bourrelets ont disparu.

Les glissements de terrain peuvent être très graves pour une construction.

Les risques d'affaissements miniers et de fontis

Dans certaines régions, des exploitations existent ou ont existé en profondeur. Or, les cavités creusées dans le sol pour en extraire des minerais ou des matériaux de construction peuvent être à l'origine de tassements et d'étirements très importants à la surface si les galeries n'ont pas été remblayées après exploitation.

Le sol se décomprime et la zone de décompression se propage progressivement jusqu'à la surface où elle se manifeste sous la forme d'un tassement et d'un étirement.

La situation est la même dans le cas d'une carrière souterraine quand les piliers ne sont pas assez résistants.

La zone atteinte est d'autant plus grande que les exploitations sont plus importantes et plus profondes.

Les tassements, quand ils se produisent d'une façon inégale sous une maison, peuvent provoquer une fissuration grave vis-à-vis de laquelle il est pratiquement impossible de se prémunir.

L'étirement du sol, se transmettant à l'infrastructure, peut lui aussi se trouver à l'origine de fissures importantes. On peut y remédier en partie en adoptant des fondations très rigides en béton fortement armé.

En tout état de cause, il vaut mieux éviter d'acheter un terrain susceptible d'être soumis à des perturbations minières.

Dans les régions où existent des exploitations souterraines, il faut donc se renseigner auprès des municipalités, des directions départementales de l'Equipement, des sociétés minières. Il faut aussi examiner les constructions voisines pour détecter les fissures dues à d'éventuels mouvements du sol.

Les fontis peuvent aussi être à l'origine de désordres très graves. Tout d'abord, une cavité, qui peut être importante, se forme dans le sol, en profondeur, à la suite de la dissolution par l'eau de matières solubles, comme du gypse. Peu à peu, des fragments se détachent de la voûte et tombent au fond de la cavité, qui s'élève ainsi progressivement et finit par venir crever à la surface comme une bulle.

Les zones où peuvent se produire les fontis sont connues : il en existe, par exemple, en région parisienne. Ici encore il faut se renseigner auprès des municipalités ou des directions de l'Equipement.

Les fontis, qui forment une cavité dans le sol, peuvent s'élever et crever en surface comme des bulles.

Les risques de tassements

Il convient aussi de rechercher si le terrain que l'on veut acheter n'est pas constitué par un remblai.

Même ancien, un remblai n'a pas la même compacité qu'un sol naturel, qui s'est formé lentement au rythme des temps géologiques. Il comporte donc une proportion de vides plus importants et il peut se tasser plus facilement.

Le fait qu'une maison n'apporte que des charges relativement faibles n'entre pas en ligne de compte, car un remblai peut se tasser sous son propre poids. De plus, les remblais récents peuvent comporter des matériaux très hétéroclites et n'en sont que plus dangereux.

Bien entendu, le tassement n'étant jamais absolument uniforme, il peut provoquer une fissuration de la maison.

Enfin, il faut éviter de choisir un terrain situé dans une zone humide, à proximité d'étangs ou d'estuaires, car il peut comporter dans son sous-sol des couches de tourbe.

La tourbe est constituée de débris végétaux contenant encore une forte proportion de matières organiques. Elle a une structure très lâche et peut subir des tassements importants même sous un surcroît de charge faible, du même ordre de grandeur que celui d'une maison individuelle.

D'autre part, ce type de terrain est à éviter car le sol est en général gorgé d'eau, ce qui peut conduire à des dépenses importantes, en particulier pour obtenir une étanchéité de l'infrastructure de la maison.

Le choix d'un terrain n'est pas une chose à prendre à la légère. Néanmoins, les difficultés évoquées ici sont relativement rares. Plus rare encore est leur accumulation. Les connaître, c'est éviter des déboires irrémédiables.

Les cavités souterraines, galeries de mines ou de carrières peuvent être à l'origine de tassements de plusieurs mètres.

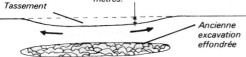

Une ancienne excavation non comblée peut s'effondrer. Une zone de décompression se propage jusqu'en surface et se traduit par étirements et tassements.

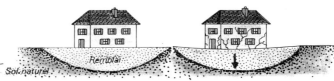

Un remblai même ancien ne peut pas avoir la même compacité qu'un terrain géologiquement ancien.

La tourbe est un sol constitué de débris végétaux qui peut se tasser même sous des charges légères telle une maison individuelle.

Les plans : images de la maison

Les plans d'architecte

Il est d'usage, avant de commencer la construction d'une maison, d'en dresser les plans, c'est-à-dire de représenter sous forme de dessins les différentes façades de l'édifice, telles qu'elles apparaîtront à un observateur extérieur, et les différentes coupes horizontales ou verticales montrant les dispositions intérieures.

Par convention, les coupes horizontales sont supposées situées à hauteur des ouvertures de fenêtres.

Ces plans, appelés « plans d'architecte », sont d'abord établis sous forme de croquis. Ils sont modifiés, en général plusieurs fois, avant de donner lieu à un tracé définitif tenant compte de tous les désirs du client ainsi que des impératifs techniques qui découlent du lieu d'implantation de la maison sur le terrain et de son orientation.

Ces plans d'architecte doivent figurer au dossier de demande du permis de construire.

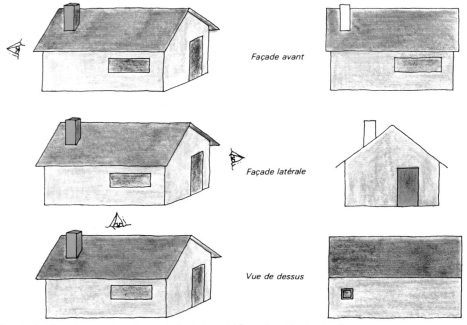

Les dessins d'architecte peuvent être modifiés plusieurs fois jusqu'à satisfaction du client.

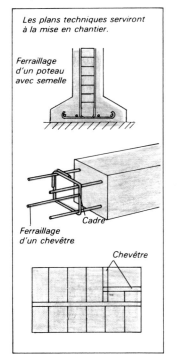

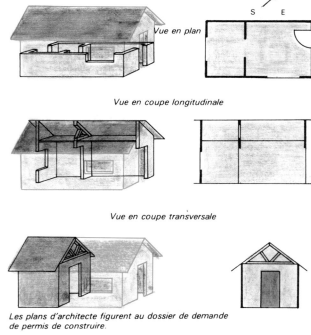

Les plans d'architecte figurent au dossier de demande de permis de construire.

Les plans techniques

Les plans d'architecte indiquent la disposition des murs, des portes, des appareils sanitaires, mais ne précisent pas les données nécessaires à l'entrepreneur pour leur mise en chantier.

C'est pourquoi, très souvent, les plans d'architecte sont complétés par des « plans techniques » (préparés par des bureaux d'études techniques ou B.E.T.) sur lesquels figurent tous les renseignements concernant l'équarissage des poutres, la disposition des armatures, l'emplacement des réservations pour le passage des gaines et canalisations, etc.

D'une façon générale, les plans techniques explicitent les exigences des règles de l'art dans la construction et les plans d'architecte expriment les désirs du client.

En cas de divergence, ces derniers font toujours référence.

Pour tracer une perspective à partir d'un plan

Pour ceux qui ne sont pas familiarisés avec la représentation en plan d'une maison, voici une méthode simple qui permet d'obtenir une image plus parlante :
 1° Reproduire sur un papier transparent la vue en plan en supprimant les indications relatives aux cotes ;
 2° Sur cette feuille, repérer par une lettre A, B, C, D, etc., chacun des angles du plan ;

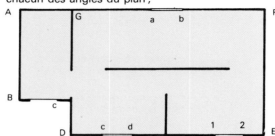

 3° Tracer à partir de A, B, C, D, etc., des droites inclinées à 45° ou 30° selon le type d'équerre dont on dispose ;
 4° A 4 cm de distance des points A, B, C, D, etc., placer les points A_1, B_1, C_1, D_1, etc ;

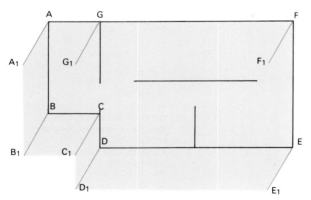

5° Joindre A_1, B_1, C_1, D_1, etc. ;

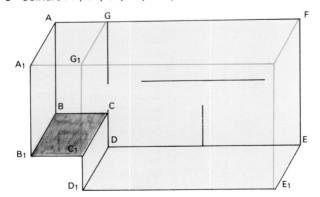

6° Repérer par des lettres a, b, c, d, la position des fenêtres ;
7° Par a, b, c, d, tracer des droites inclinées à 45° ou 30° comme il est dit en 3 ;
8° A 2 cm de distance, placer les points a_1, b_1, c_1, d_1, etc. ;
9° Joindre a_1, à b_1 puis c_1, à d_1, etc. ;

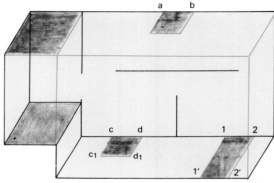

10° Repérer par des chiffres 1, 2, 3, 4, etc., la position des portes ;
11° Tracer à partir de 1, 2 des droites inclinées à 45° ou 30° comme pour le point 3 ;
12° Joindre 1' à 2', 3' à 4', etc. ;
13° Effectuer le même travail pour les différentes cloisons.

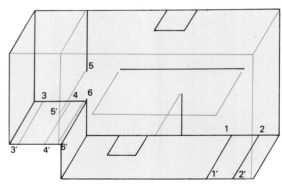

On obtient ainsi une perspective.

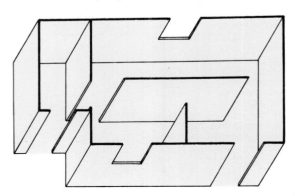

Le langage des plans

Pour lire un plan, il faut être familiarisé avec les règles usuelles de représentation concernant les échelles, l'indication des dimensions, les représentations simplifiées ou symboles des équipements et ameublements.

Les échelles
Les plans sont exécutés à échelle réduite. Les échelles sont généralement au 1/50 (2 cm pour 1 m) ou au 1/20 (5 cm pour 1 m).

Les cotes
Les dimensions ou cotes d'une pièce sont mesurées parallèlement à la paroi mesurée. Le relevé des cotes d'une pièce est effectué à partir de la droite de la porte d'entrée.

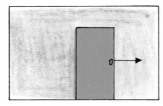

La représentation des portes et fenêtres
Portes : les cotes indiquent la largeur de passage. La dimension réelle d'une porte est supérieure de quelques centimètres à celle de la largeur de passage ; il faut en tenir compte lors de l'étude du débattement des portes. Le sens d'ouverture du vantail est indiqué par un arc de cercle à 90°.

Fenêtres : les cotes sont prises, en hauteur entre le nu du linteau et celui du rejingot de la pièce d'appui ; en largeur, entre les nus des tableaux à la dimension des baies finies. Pour les fenêtres avec ébrasement, les distances sont mesurées à l'intérieur et à l'extérieur.

La représentation des équipements et du mobilier
Elle s'effectue généralement à l'aide de symboles dont les principaux figurent sur le tableau ci-contre.

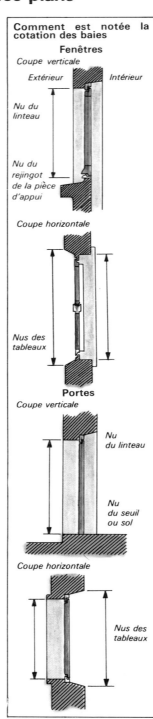

Comment est notée la cotation des baies

Fenêtres
Coupe verticale
Extérieur — Intérieur
Nu du linteau
Nu du rejingot de la pièce d'appui

Coupe horizontale
Nus des tableaux

Portes
Coupe verticale
Nu du linteau
Nu du seuil ou sol

Coupe horizontale
Nus des tableaux

Installation d'éclairage

 Prise de courant

 Prise de courant encastrée dans le sol

 Sortie de fil avec indications de hauteur et de puissance

 Interrupteur simple pour la commande depuis un seul point

 Interrupteur en va-et-vient pour la commande depuis deux points différents

 Rampe lumineuse

 Lampe mobile ou lampadaire

 Applique murale

 Sortie de fil en plafond

 Bouton de sonnerie

 Télérupteur pour la commande depuis 3 points différents ou plus

Permutateur pour la commande depuis 3 points différents

Electricité

 Compteur avec indication de puissance

 Horloge de changement de tarification

 Armoire à tableau de coupe-circuits

 Chauffe-eau à accumulation avec voltage, puissance et capacité

Moteur avec voltage et puissance

 Aérateur

 Lampe de signalisation

 Dispositif anti-parasite

 Sonnerie

 Antenne

 Prise de terre

Postes téléphoniques

 Réseau   Mixte

Chauffage

 Chaudière

 Radiateur mural

 Radiateur à éléments

 Radiateur à ailettes

 Cheminée à feu ouvert

Ventilation   Conduits

 de ventilation

 de gaz brûlés

 de fumée

Lettres précisant la fonction d'un conduit
A : air   Av : air vicié   A ex : air extrait
An : air neuf   Ac : air chaud   Gb : gaz brûlé
V : ventilation   F : fumée

 Collectif   Incorporé   Adossé

On indique le numéro correspondant de l'étage où le conduit débouche

Appareils sanitaires et ménagers

 Baignoire

 Lavabo

 Bidet

 Cuvette de w.-c.

 Receveur de douche

 Evier avec égouttoir

 Table de cuisson

Equipement mobilier

 Lit de deux personnes

 Lit d'une personne

 Chaise

 Fauteuil

 Meuble fixe

 Placard-penderie

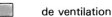 Rideaux

L'interprétation critique d'un plan

Le plan ci-contre correspond à la disposition du mobilier et des équipements sanitaires proposée par l'architecte. Sur ce plan figurent les principales cotes.

On constate que la maison présente une façade avant de 12,30 m et une façade arrière de 16 m, compte tenu de la présence d'un garage. Le pignon ou façade latérale mesure 8,30 m. On remarque que l'entrée se fait côté façade latérale par une porte de 0,80 m de largeur ; cette porte débouche sur un hall d'entrée mesurant 1,50 m de largeur sur 4,10 m de profondeur.

A droite, se trouve la cuisine, de 4 m × 2 m, équipée d'une cuisinière quatre feux, d'une table évier à deux bacs, d'une machine à laver et d'une chaudière. L'architecte a empiété sur la surface cuisine pour loger un placard contenant les compteurs électriques et fusibles accessibles côté cuisine et une penderie accessible côté hall d'entrée, lequel reste ainsi aussi spacieux que possible.

A gauche et en correspondance avec la porte de cuisine, on accède directement à la salle à manger (4,10 m × 3,60 m) et au séjour (4,70 m × 3,60 m).

Dans l'axe de la porte d'entrée, on accède par une porte à un dégagement desservant le coin nuit — sanitaires et chambres. Il est facile, connaissant les symboles, de vérifier les espaces qui restent disponibles entre les lits et les murs, où seront installés les tables de nuit, sièges, secrétaires, etc.

Toujours au moyen des symboles, l'architecte a précisé le nombre de points d'éclairage, d'interrupteurs, de prises de courant correspondant à chacune des pièces.

Il est certain que les emplacements ne sont indiqués que très approximativement. C'est précisément à partir de l'examen de ce plan qu'il faut, si l'on dispose déjà d'un mobilier, vérifier si les emplacements prévus par l'architecte sont judicieux. A ce stade, tout est encore possible. Après l'établissement des plans techniques, il sera trop tard.

A l'examen de ce plan, on constate qu'à part des rideaux devant les fenêtres des chambres, aucun type d'occultation n'a été prévu. La protection contre les effractions ou le rayonnement solaire n'est donc pas assurée par des volets. Le plan ne précise pas la nature des portes et des fenêtres. Il est probable que celle-ci est définie dans un document écrit appelé « devis descriptif », auquel il convient alors de se reporter.

Ce plan montre également les dispositions prévues pour les radiateurs ; là encore, c'est le moment d'examiner si cet emplacement convient, compte tenu du mobilier.

L'architecte n'a pas prévu de séparation entre la salle à manger et l'entrée ou le séjour. On remarque qu'il est possible de placer :
• soit une porte supplémentaire formant sas à l'alignement de la porte de la cuisine,
• soit une grille ou une porte vitrée pour, au contraire, isoler la salle à manger du séjour.

En revanche, il semble difficile d'isoler le séjour de la salle à manger sans modifier l'implantation du radiateur R.

Une maîtresse de maison avertie restera sans doute perplexe devant la position des éviers. Sans doute, si elle est ravie d'apercevoir par la fenêtre le jardin et les enfants qui jouent, elle peut craindre par contre la formation de buée sur les vitres. Pour éviter cet inconvénient, l'architecte a prévu à cet endroit un aérateur.

On remarque qu'il n'y a pas, sur le plan, de buanderie et de coin bricolage. On pourrait ajouter ces annexes très facilement en augmentant, par exemple, la profondeur du garage.

Il faut aussi examiner les vues en coupe pour apprécier la hauteur des prises de courant et des interrupteurs.

42

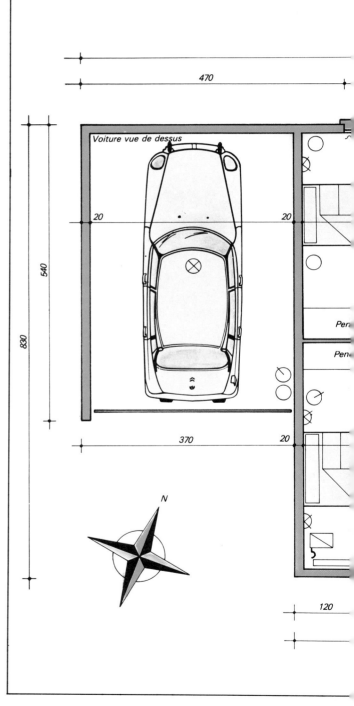

FAÇADE ARRIÈRE

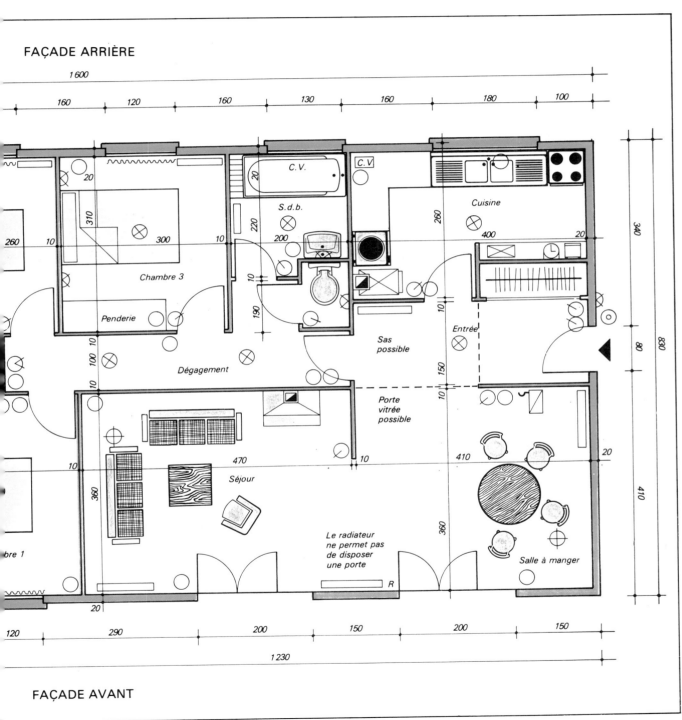

FAÇADE AVANT

43

La lecture des devis

Les différents devis

Il n'est pas possible de reporter sur un plan tous les renseignements nécessaires à la définition des matériaux de construction ou à celle des équipements.

Cette description détaillée est faite sur un document écrit appelé « descriptif » qui complète les documents graphiques que sont les plans. Dans le descriptif se trouve précisé tout ce qui est requis par l'architecte ou le client, depuis la qualité et la définition des maçonneries, mortier et béton, jusqu'à la dimension, la couleur des sanitaires, la marque de la robinetterie.

Lorsque le descriptif mentionne en plus les quantités relatives à chaque article énuméré, on dit alors qu'il s'agit d'un « devis quantitatif ».

Enfin, s'il mentionne les prix, on parle du « descriptif quantitatif estimatif ».

Selon sa complexité, un descriptif peut être rédigé sous la forme d'un seul document indiquant les quantités et les prix ou sous la forme de plusieurs cahiers. Dans ce cas, on aura, par exemple, un descriptif pur où chaque rubrique est référencée par un numéro, et un quantitatif estimatif reprenant pour chacune des rubriques numérotées les quantités, les prix unitaires et le prix total.

L'importance contractuelle des devis

Il faut garder présent à l'esprit que le descriptif va servir de pièce contractuelle pour la définition des matériaux et équipements, pour préciser les quantités nécessaires, et pour évaluer le coût des opérations.

Tout ce qui figure dans le descriptif doit être fourni par l'entrepreneur ou le constructeur. Tout ce qui n'est pas précisé ou qui ne l'est que partiellement peut devenir sujet à discussion et donner lieu à des suppléments de prix.

Rédiger un descriptif est du domaine du professionnel. Un futur propriétaire ne doit jamais craindre d'exiger l'inscription des précisions qu'il juge nécessaires et ne doit pas se contenter d'une simple promesse verbale.

En effet, en cas de litige grave, le descriptif étant opposable devant la justice, seul ce qui est écrit sera retenu soit en faveur du client, soit en faveur de l'entrepreneur. Il est d'ailleurs prudent de ne pas laisser commencer les travaux tant qu'il y a désaccord sur le descriptif car cela peut constituer aux yeux de la loi un accord tacite sur toutes les rubriques insuffisamment précisées, même s'il y a eu échanges d'accords verbaux.

D'une façon générale, que l'on achète une maison sur catalogue ou que l'on fasse construire individuellement, il est indispensable d'exiger la remise d'un devis descriptif précis avant la signature de tout contrat.

Le contenu d'un devis descriptif

Il existe un décret n° 72-1239 du 29 décembre 1972 qui fixe un modèle type de notice descriptive relatif au contrat de construction de maisons individuelles. Ce document modèle a été établi pour des marchés importants et est rarement utilisé par les entreprises ou les artisans ne réalisant qu'une seule maison.

Il reste cependant intéressant car on y trouve le rappel des caractéristiques à définir : par exemple, pour les baignoires, le type et la nature du matériau, les dimensions et les éléments qui les composent. Une rédaction du genre « fourniture et installation d'une baignoire avec robinetterie et douche » est notoirement insuffisante. En effet, s'agira-t-il d'une baignoire en fonte, en acier, en porcelaine vitrifiée, et quelles seront ses dimensions, sa forme, sa teinte ? Quant à la robinetterie, rien n'indique s'il s'agit d'une robinetterie ordinaire ou d'un mélangeur thermostatique dont les prix ne sont absolument pas comparables. Une telle phrase ne précise pas non plus si la robinetterie sera ou non en conformité avec la marque N.F.

Tous ces détails doivent être portés sur un descriptif. Le document modèle précise également pour chaque rubrique ce qui est compris ou n'est pas compris. Cela est important car il arrive fréquemment qu'un article nécessite l'intervention de plusieurs corps d'Etat : par exemple un chauffe-eau électrique implique le raccordement au réseau électricité et au réseau de distribution d'eau. Il faut donc définir la limite des prestations du plombier et de l'électricien.

Le contenu d'un devis estimatif

Ce type de document n'a de raison d'être que pour les constructions individualisées ou les travaux de rénovation. Dans ces deux cas en effet, il peut être nécessaire de procéder à une consultation et de recueillir l'engagement de chaque intervenant.

Pour être acceptable, un devis doit être rédigé sur un papier à en-tête précisant la raison sociale de l'entrepreneur, son nom et son adresse, et être daté et signé par un responsable.

Exemple de devis descriptif

07.253 - DANS LES SALLES DE BAINS
Fourniture et pose de :
- **Baignoire** Francémail 1,70 × 0,70, vidage Valentin 2012 P, robinetterie 582, ensemble de douche 612/9.

Note : Matériau résilient entre le sol et les pieds de baignoire. Prévoir flocage de la baignoire par plaques.

- **Lavabo** simple Concorde 5.123, colonne 194, choix U
Vidage 710-9, Siphon 732.7, Rob. 500.
- **Lavabo** double Cosmos 151, sur colonne 195
et simple Concorde S 123 suivant plans.
- **Bidet** Concorde choix 221-1, vidage 710.9, siphon 735-9, scellements 672/9, robinet 501.

Note : Les lavabos seront posés à 3,5 cm de la cloison ou du mur.

09.121 - SÉJOURS - CHAMBRES - ENTRÉES - DÉGAGEMENTS - PALIERS - RANGEMENTS (toutes pièces sèches)
- Sur plafonds :
Egrenage, rebouchage, enduit Prestonet et gouttelette (peinture glycéro 2 couches).
- Sur menuiserie bois (portes, plinthes, gaines, trappes, faces intérieures des menuiseries extérieures, etc.) et parties métalliques (tuyauteries) :
Peinture glycérophtalique 2 couches satinées après rebouchage et ponçage et enduit.

Note : Une reprise de l'antirouille est à prévoir sur les bâtis métalliques. Impression rebouchage, enduit et finition peinture glycéro satinée 2 couches.

Exemple de devis quantitatif estimatif

Désignation	U	Quant.	P.U. (H.T.)	Prix total H.T.
Salle de bains suivant article 07.253				
- Baignoire de L 170	U			
- Lavabo simple sur colonne	U			
- Lavabo double sur colonne	U			
- Bidet	U			
Pièces sèches article 09.121 du D.D.				
- Plafond béton, y compris sous-face escalier	m²			
- Plafond placo	m²			
- Murs Placoplâtre	m²			
Boiseries				
- Portes prépeintes	m²			
- Menuiseries extérieures	m²			
- Plinthes	m²			
- Huisseries métalliques	m²			
- Canalisations	m²			
Nettoyage usuel	ens			

Il doit en outre mentionner :
• le lieu où les travaux seront exécutés (rue, ville, département),
• la date prévisionnelle de début des travaux,
• leur durée probable.
Ces deux derniers points sont en général discutés par l'architecte lorsqu'il est chargé de la coordination des travaux ; il peut, par ailleurs, assortir ces engagements de pénalités pour retard.
Quant aux prix, il est prudent de vérifier que le devis porte mention des points suivants :
• quantités unitaires et prix unitaires hors taxes,
• montant des taxes,
• coût total de l'opération.
Enfin, tout devis doit indiquer clairement :
• la date de l'offre,
• la date limite de validité de l'offre, c'est-à-dire la date à laquelle l'entreprise n'est plus tenue à respecter son engagement sur les clauses du devis non encore accepté,
• les modalités de paiement, c'est-à-dire à quel stade des travaux les paiements partiels sont dus et sous quelle forme,
• la valeur de la retenue de garantie (5 % ou 10 %) et sa durée (6 mois ou 1 an) : le paiement des retenues de garantie ne s'effectue que si tous les travaux sont conformes et de qualité,
• la ou les formules de révision des prix ainsi que les indices de référence, et la période éventuelle de neutralisation de l'application de la révision des prix.

Les factures

Lorsqu'il s'agit d'une intervention de petite importance, l'établissement d'un devis préalable est souvent négligé au profit d'une facture finale qui est présentée par l'entrepreneur ou l'artisan.
Cette méthode est plus simple mais, comme pour les descriptifs, il convient que la facture porte une description complète des travaux, sinon toute contestation ultérieure, en cas de malfaçons, risque de se révéler impossible.

Extrait du modèle type de devis descriptif

DÉSIGNATION DES OUVRAGES ET FOURNITURES	INDICATIONS A DONNER	OUVRAGES ET FOURNITURES		COÛT DES OUVRAGES et fournitures
		Compris dans le prix convenu	Non compris dans le prix convenu	Non compris dans le prix convenu
2. Caractéristiques techniques de la construction				
2.1. Murs et cloisons				
2.1.1. Murs	Nature des matériaux			
	Epaisseur			
	Chaînage			
	Nature, épaisseur des revêtements extérieurs			
	Doublage éventuel par contre-mur			
	Nature et épaisseur de la cloison de doublage (ou contre-mur)			
2.1.2. Ossature	S'il y a lieu, épaisseur, nature des matériaux			
2.1.3. Cloisons	Nature des matériaux			
	Epaisseur de la cloison			
	Nature des enduits ou revêtements			
2.1.4. Isolation thermique	Valeur du coefft moyen K de transmission thermique des parois opaques extérieures			
2.2. Planchers	Pour chacun des niveaux, indiquer			
2.2.1. Constitution	Nature des matériaux, dimensions des agrégats de blocage dans le cas de terre-plein			
	Epaisseur			
	Aspect de surface			
2.2.2. Isolation thermique	Valeur du coefft K de transmission thermique pour le plancher bas seulement			
2.2.3. Plafonds	Nature et épaisseur des matériaux			
2.3. Escaliers	Emplacement (voir plans)			
	Nature des marches et des contre-marches			
	Nature du revêtement des marches			
	Rampes et mains courantes			
2.4. Toiture				
2.4.1. Charpente	Dimensions de la charpente (nature et dimensions des matériaux)			
	Traitement des bois, fongicide et insecticide			
2.4.1. bis ou terrasse	Système et nature du complexe d'étanchéité, épaisseur, protection superficielle			
2.4.2. Couverture	Nature et dimensions des matériaux			
	Dispositif mis en place pour assurer l'isolation thermique, coefft K de transmission thermique			
2.4.2. bis	Mode d'étanchéité, coefft K de transmission thermique			
2.4.3. Gouttières, tuyaux de descente	Emplacement et caractéristiques du système d'évacuation des eaux pluviales			
	Nature et dimensions des matériaux			
2.5. Menuiseries				
2.5.1. Menuiseries extérieures				
2.5.1.1. Menuiseries proprement dites	Nature et épaisseur des matériaux			
	Traitement des bois			
2.5.1.2. Vitrerie	Nature et épaisseur du vitrage			
2.5.2. Menuiseries intérieures				
2.5.2.1. Bâtis, huisseries	Nature et dimensions des matériaux			
2.5.2.2. Portes des pièces	Nature et dimensions des matériaux			
	Qualité, marque ou label			
	Aspect de surface			
2.5.3. Quincaillerie	Nombre, type, qualité des pièces			
2.5.4. Garde-corps et barre d'appui	Caractéristiques, dimensions, nature des matériaux			
2.6. Equipements				
2.6.1. Installation de cuisine				
2.6.1.1. Evier	Nature du matériau			
	Dimensions			
	Nature de la robinetterie (eau froide ou eau froide plus eau chaude)			
2.6.2. Installation de salle d'eau				
2.6.2.1. Lavabos	Nombre			
	Type, nature du matériau et dimensions			
	Nombre de robinets			
2.6.2.2. Douche ou baignoire	Type, nature du matériau, dimensions du receveur ou de la baignoire			
	Robinetterie mélangeuse			
	Colonne de douche complète			
	Douchette à main			

Choisir le plan de sa maison

Priorité au plan
Avant de construire ou de faire construire « sa maison », c'est-à-dire celle qui conviendra et s'adaptera à la famille tout entière et à chacun de ses membres en particulier, on commence par dessiner son plan.
Pour y parvenir, on peut :
• choisir un modèle de maison sur un catalogue de constructeur ;
• demander à un architecte d'étudier la future demeure puis d'en diriger éventuellement la construction selon les termes d'un contrat ;
• étudier soi-même un projet en liaison ou non avec l'entreprise générale ou les diverses entreprises à qui l'on confiera l'exécution des travaux.
Il est évident que les deux premières solutions sont celles qui, en apparence du moins, posent peu de problèmes puisque tout sera réalisé par des professionnels de la construction. La troisième possibilité est plus complexe. Elle impose au futur propriétaire de devenir en peu de temps un vrai professionnel et d'assimiler ce que d'autres ont acquis en plusieurs années de travail.
Si, dans les deux premiers cas, on doit s'entourer de toutes les garanties, la troisième option comporte des obstacles nombreux.
Quoi qu'il en soit, il est toujours difficile pour un futur propriétaire et sa famille de « penser » leur future maison en fonction de leurs goûts, du style régional et de leurs besoins véritables. Bien souvent, c'est à l'usage, mais trop tard hélas ! qu'on découvre les qualités et les défauts du plan adopté. Chaque famille, dans chaque milieu social et quelquefois dans chaque région, a ses besoins et ses habitudes de vie.
Les solutions passe-partout n'existent donc pas. Chaque cas est un cas particulier. Cependant, l'expérience des bâtisseurs (architectes, promoteurs, spécialistes divers et constructeurs) et des propriétaires permet de donner quelques règles et conseils à suivre pour éviter les déboires graves qui rendent une maison invivable ou peu agréable, ce qui est l'inverse du but recherché le jour où l'on décide « d'être chez soi ».

La maison en pièces
La maison n'est pas un cube destiné seulement à abriter une famille des intempéries. L'homme moderne a créé un style de vie dans lequel l'habitation occupe une place privilégiée. La maison d'aujourd'hui se compose de plusieurs pièces aux fonctions bien précises, dont les principales se résument ainsi : sommeil ; repas ordinaires, repas de fêtes, réceptions ; préparation des repas ; lavage, séchage, repassage du linge ; soins corporels ; w.-c. ; loisirs ; détente ; jeux des enfants ; travail ; courant scolaire ; bricolage ; débarras ; stockage ; entrée ; circulation ; garage.

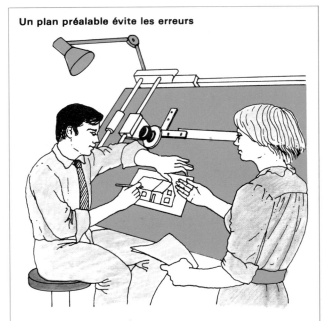

Un plan préalable évite les erreurs

Il est fondé sur les besoins, les goûts et le style régional, mais aussi sur le budget de la famille.

Une maison se compose de pièces aux fonctions bien précises :

Sommeil — Repas ordinaires — Repas de fêtes ou réceptions — Cuisson des repas

Lavage — Séchage du linge — Repassage — Soins corporels — W.-C.

Loisirs détente — Jeux des enfants — Travail scolaire — Bricolage — Travail courant

Débarras — Stockage — Entrée et vestibule — Garage — Circulations

Les bons compromis font les bons plans

Quelle surface ? Elle est évidemment fonction du budget que l'on peut consacrer à la construction. Malgré les sacrifices qu'il faut parfois consentir, il vaut mieux prévoir le plus grand possible. L'expérience montre en effet qu'au fil des ans les meubles et les bibelots se multiplient et qu'inversement la place diminue.
On évitera néanmoins de voir « trop grand » car les enfants grandissent, se marient et quittent la maison familiale, qui risque de devenir trop vaste et trop difficile ou coûteuse à entretenir.

Combien de niveaux ? On ne pourra dresser un plan définitif que lorsqu'on aura décidé du type de la maison : maison à un ou plusieurs niveaux ? Ce choix, qui dépend parfois des goûts et du style de la maison, peut être imposé par des impératifs de superficie, de topographie ou de nature du terrain sur lequel la maison s'élèvera. Ainsi, sur un sol rocheux ou inondable, on évitera de prévoir un sous-sol enterré. Dans un tel cas, si l'on désire rester dans le cadre d'un projet peu coûteux, il sera préférable de construire le sous-sol comme un rez-de-chaussée à demi enterré, autour duquel on remettra des remblais, ou comme un rez-de-chaussée normal.
La solution de combles aménagés ou d'une toiture « à la Mansard » est quelquefois plus économique qu'un projet de plain-pied, malgré la perte de volume habitable due à la présence de la cage d'escalier ou des pièces mansardées.

Une pièce pour chaque usage. Bien vivre dans sa maison, c'est aussi ne pas se gêner mutuellement. Les occupations des uns ne doivent pas troubler le bien-être des autres. Exemples : bricoler au milieu du séjour ou dans la cuisine, jouer et travailler dans le séjour, w.-c. dans la salle de bains…
Toutefois, certaines activités peuvent se révéler parfaitement compatibles dans une même pièce. Exemples : coin lecture ou couture dans le séjour, travail scolaire ou jeux dans la chambre des enfants…

Une pièce pour chacun. Chaque membre de la famille a

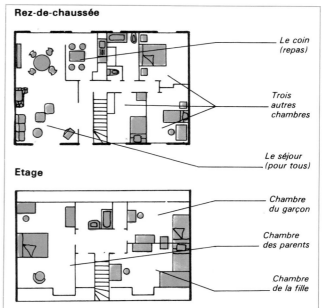

Il faut garantir l'indépendance de chacun. Ici la maison comporte un rez-de-chaussée, un étage et huit personnes peuvent l'occuper.

besoin d'indépendance et la famille tout entière doit pouvoir s'isoler des visiteurs éventuels. On prévoit donc : une entrée indépendante du reste du logement, une salle de séjour sans vue directe sur les plans de travail de la cuisine, des circulations desservant les différentes pièces.
En règle générale on admet qu'il est plus important d'avoir de nombreuses pièces que des pièces de grande surface.

Des pièces vraiment habitables. Les différentes pièces doivent avoir une surface habitable correcte, qui est toujours diminuée de la position des fenêtres que l'on ouvre vers l'intérieur, de la position des radiateurs, de l'encombrement des portes (débattement), de la dimension des meubles, et de la position des parties mansardées si la maison est ainsi conçue.

Combien de pièces ? Le problème est donc fonction du nombre des occupants, de l'indépendance réciproque dont ils souhaitent disposer, de l'usage qu'ils font des pièces qui leur sont réservées et de l'usage que fait la famille des pièces communes.

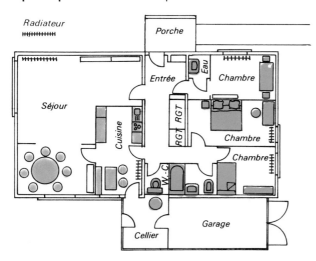

Les dimensions des pièces sont calculées en tenant compte des éléments de la construction « dévoreurs » de surface : radiateurs, battement des portes et des fenêtres, appareils sanitaires, et des meubles

Nombre de pièces

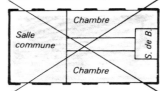 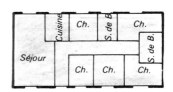

Le nombre de pièces dépend du nombre des membres de la famille, de leurs besoins et de leurs souhaits. Une règle : il vaut mieux de nombreuses pièces que de grandes pièces

47

L'organisation des pièces à vivre

La séparation des espaces « jour » et « nuit »
Afin de préserver le repos et l'intimité de chacun, on séparera nettement dans la maison l'espace consacré aux pièces « de jour » (entrée, cuisine, séjour, bureau, etc.) de celui consacré aux pièces « de nuit » (chambres, sanitaires et dégagements correspondants). C'est ainsi que dans un R + 1 l'espace jour est au rez-de-chaussée et l'espace nuit occupe le premier étage. Pour une maison de plain-pied, on répartit les pièces de jour et les pièces de nuit en les séparant par un cloisonnement efficace (voir le confort acoustique page 144-147).

La cuisine (ou le coin cuisine)
La maîtresse de maison, aidée des uns ou des autres, l'utilise plusieurs heures par jour. Parfois, c'est dans la cuisine que tout le monde prend petit déjeuner, déjeuner et dîner. Il est donc souhaitable que, de la cuisine, on puisse surveiller l'environnement de la maison : visiteurs inattendus, livreurs, jeux des enfants, etc. La cuisine est une pièce aux fonctions actives. Il faut l'aménager de façon rationnelle pour éviter pertes de temps et fatigue inutile. Ainsi, les différents éléments de rangement (vaisselle, ustensiles, petit appareillage, épicerie, etc.) seront disposés le plus près possible des lieux d'utilisation.
Les spécialistes préconisent des installations de longueurs linéaires variables suivant le nombre des membres de la famille ou des utilisateurs.
Les dimensions des appareils et des meubles ont une grande importance. Sur les plans ci-contre on trouve les cotes à respecter.

Le coin repas ou la salle à manger
Généralement, les repas de la famille se font à la bonne franquette dans une ambiance détendue. Mais il y a des jours de fête, des réceptions... Ces déjeuners ou ces dîners demandent une certaine solennité, un certain décorum. Il existe de nombreuses possibilités pour aménager l'endroit où l'on prend collations, déjeuners et dîners. Une bonne solution consiste à prévoir simultanément une cuisine avec coin repas et un séjour avec coin repas proche de la cuisine. De celle-ci on pourra voir sans être vu et du séjour il n'y aura pas de vue directe sur les plans de travail. Cette disposition facilite le service tout en préservant les « secrets » de l'office.

Les chambres
En règle générale on isole toujours les chambres des pièces communes, des pièces bruyantes (salle d'eau, cuisine, chaufferie, garage, etc.) et des zones de bruit (rue, etc.).
Cet isolement n'est possible que si le plan de la maison est judicieusement conçu, mais aussi si certaines précautions techniques sont adoptées (voir le confort acoustique page 144-147).

Il faut séparer les pièces « jour » des pièces « nuit » :

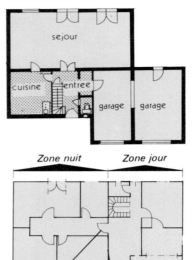

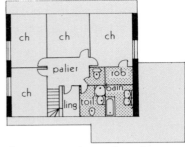

▲ 1er exemple : espaces « jour » et « nuit » sur deux niveaux distincts. L'étage est plus propice à l'isolement.

◀ 2e exemple : espaces « jour » et « nuit » dans une maison de plain-pied sont séparés par deux portes et une cloison isolante.

Quelques types d'aménagements des plans de travail dans une cuisine. La surface varie, le « périmètre utile » est toujours de 3 mètres. La solution n° 4 est la meilleure car tout est rassemblé, ce qui évite des déplacements.
▼

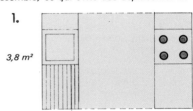

1.
3,8 m²

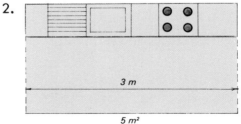

2.
3 m
5 m²

3.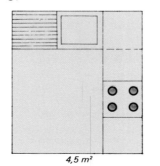
4,5 m²

4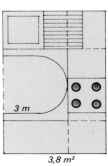
3 m
3,8 m²

48

La chambre des parents ou maîtres de maison doit être intime. On l'étudiera souvent en premier et on lui consacrera l'emplacement, l'orientation et les dimensions les meilleurs.

La chambre des enfants : pour les tout petits enfants, il n'y a pas de problème. Une bonne chambre aérée et ensoleillée, bien pourvue en mobilier spécialisé et située à proximité de la chambre des parents suffit.
Mais les enfants grandissent. Parmi les bonnes solutions connues citons :

Tableau des longueurs recommandées pour les installations de cuisine :

Linéaire disponible en mètres		Nombre d'occupants		
		3 à 4	5 à 6	7 et plus
	Total appareils + plans de travail	de 3,3 à 3,9	de 3,9 à 4,5	de 4,5 à 5,1
	Plans de travail	0,90 mini	1,20 mini	1,50 mini

Dimensions recommandées pour appareils et meubles de cuisine

a, b, c, d = multiples de 0,30 m

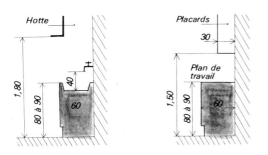

- la chambre pour deux enfants du même sexe, qui donne donc à chaque enfant un espace de travail et un espace de repos,
- et, l'idéal, la chambre pour chacun.

Les sanitaires
Pour ne pas se gêner, pour plus de commodité, on recommande la séparation w.-c.-salle d'eau, l'installation de lave-mains dans les w.-c. et l'installation de deux salles d'eau : l'une, normale, pour les parents, l'autre pour les enfants ou les invités.
Dans tous les cas, il existe des cotes à respecter pour installer les appareils sanitaires.

Une orientation utile et agréable
Le climat (ensoleillement, vents dominants, etc.), l'environnement (paysage, voisins, bruits, nuisances, etc.) conditionnent l'orientation des façades. Il faut cependant que la maîtresse de maison et les membres de la famille puissent voir ce qui se passe dehors (passage, arrivées, sorties...) et que les parents puissent contrôler les jeux des jeunes enfants.

Des voisins ? Oui, mais à bonne distance
Il est bon d'avoir des voisins. Mais il est bon également d'en être convenablement séparé. Voisinage ne veut pas dire promiscuité, entassement. Pour cela on respectera, au premier chef, les servitudes légales (voir les servitudes légales pages 34-35). En outre, du choix des clôtures, de l'orientation des façades, de l'emplacement des fenêtres dépendra pour une part importante l'intimité de la famille.
Dans le cas où des maisons sont contiguës, une isolation phonique soignée devient nécessaire. Elle repose à la fois sur une disposition judicieuse des pièces de chaque maison et sur des techniques de construction (voir pages 148-149).

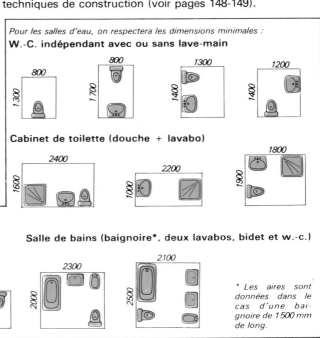

* Les aires sont données dans le cas d'une baignoire de 1500 mm de long.

49

Les rangements, les circulations, le sous-sol

Les rangements
Distribués en fonction des besoins dans les pièces et les circulations, les rangements, placards, penderies, vestiaires, débarras, etc. doivent mesurer 4 % de la surface totale de la maison, sans compter ceux de la cuisine. Leurs dimensions sont naturellement en rapport avec leur destination.

Une entrée accueillante
Elle doit permettre d'accueillir agréablement les visiteurs tout en préservant l'intimité du logement. De plus, dans les régions à climat rude, elle doit constituer une sorte de sas vis-à-vis de l'extérieur. Isolée par conséquent des autres pièces, l'entrée sera dotée si possible d'un vestiaire et d'un w.-c. avec lave-mains.
Dans le cas où la maison possède deux façades avec jardin et s'il est impossible de passer par les façades de côté (terrain trop petit, maisons mitoyennes, etc.), il faut prévoir deux entrées, généralement reliées par un couloir. L'une est l'entrée principale, l'autre l'entrée secondaire.

Les circulations
Leur rôle est de desservir les différentes pièces en ménageant une largeur minimale de passage de 0,80 à 1 mètre. On le voit, ces mesures limitent les dimensions des placards de rangement que l'on prévoit d'y installer.

Penderies
Beaucoup de rangements et de penderies mais de bonnes dimensions

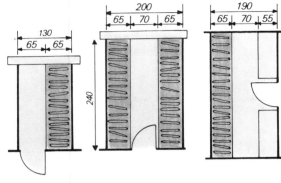

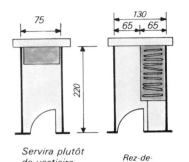

Servira plutôt de vestiaire — Rez-de-chaussée

De nombreux rangements

Les escaliers
Ils conduisent au sous-sol, à l'étage et aux combles. La place qu'occupera un escalier pose un problème important car son encombrement est pris sur la surface habitable. Les escaliers peuvent être droits, tournants, hélicoïdaux. Les modèles les plus simples sont du type « échelle de meunier » ou repliables pour accéder aux combles. Pour plus de détails voir page 100 et 101. Un escalier traité assez luxueusement ou de façon recherchée devient dans une entrée ou un séjour un élément architecturé participant à la décoration.

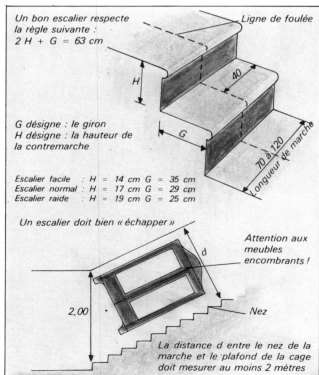

Un bon escalier respecte la règle suivante :
$2H + G = 63$ cm

G désigne : le giron
H désigne : la hauteur de la contremarche

Escalier facile : $H = 14$ cm $G = 35$ cm
Escalier normal : $H = 17$ cm $G = 29$ cm
Escalier raide : $H = 19$ cm $G = 25$ cm

Un escalier doit bien « échapper »

Attention aux meubles encombrants !

La distance d entre le nez de la marche et le plafond de la cage doit mesurer au moins 2 mètres.

Circulation

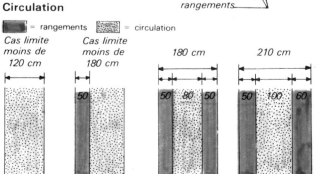

= rangements   = circulation

Cas limite moins de 120 cm | Cas limite moins de 180 cm | 180 cm | 210 cm

Un peu de luxe

Si on le peut, il est agréable de disposer de place pour des activités plus spécialisées. Il est évident que ces locaux supplémentaires augmentent le prix de la maison. Citons : l'atelier photographique, la salle de musique, la salle de jeux et de gymnastique, la lingerie.

Prévoir, en plus du séjour, un deuxième espace sans affectation spéciale, c'est se réserver un espace qui peut être utile un jour, en fonction des besoins, à l'équilibre indispensable de la famille.

Enfin, si la famille compte plusieurs enfants, un vrai « living enfants » que l'adulte présent au foyer peut surveiller du coin de l'œil, est un indéniable facteur de confort.

Les précieuses dépendances en sous-sol

La construction d'une maison sur sous-sol, malgré l'augmentation du coût total du projet que cela implique, constitue une option intéressante, en ce sens que :
— le logement proprement dit est mieux isolé du sol que dans le cas d'une construction avec dallage sur terre-plein, ou plancher sur vide sanitaire ;
— dans le sous-sol, on peut aménager commodément une chaufferie et d'autres annexes qui se révèlent très utiles dans une maison, par exemple :
- un cellier efficace pour les vins et denrées diverses,
- une buanderie,
- une salle de jeux pour les enfants,
- un atelier de bricolage,
- des volumes de rangement ou de stockage, • un garage.

Un bon sous-sol doit recevoir de l'air et de la lumière ; il ne doit donc pas être totalement enterré afin de pouvoir être équipé de soupiraux ou, mieux, de véritables fenêtres. Lorsque ces conditions sont satisfaites, certaines parties du sous-sol peuvent être affectées à usage de serre pour les plantes vivaces les plus fragiles, voire aménagées en jardin d'hiver. Les dispositions constructives doivent aussi être adaptées selon les cas. La chaufferie et le garage seront implantés, de préférence, sous l'espace « jour » du logement afin de limiter les nuisances dues aux bruits ; on s'efforcera également d'implanter la chaufferie sous une pièce facilitant la construction d'un conduit de fumée, par exemple sous la cuisine.

Le cellier et le garage au rez-de-chaussée

Lorsque ces pièces existent, on les regroupe, on les rend intercommunicantes et on les place près de la cuisine. Cela facilite accès, communications, chargements et déchargements divers, mais le cellier doit former sas entre garage et cuisine (gaz d'échappement).

La buanderie aura accès au côté jardin afin de profiter de celui-ci pour pouvoir étendre le linge. De même que la buanderie, l'atelier et la salle de jeux seront éclairés par des fenêtres hautes.

Un cellier sera aménagé dans une partie du sous-sol pour la conservation des vins et autres denrées. Son sol sera réalisé en terre battue et une ventilation permanente sera aménagée (soupiraux, porte à claire-voie, etc.).

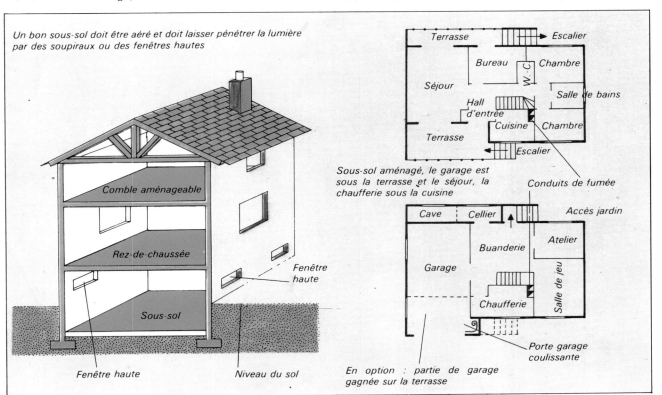

Un bon sous-sol doit être aéré et doit laisser pénétrer la lumière par des soupiraux ou des fenêtres hautes

Sous-sol aménagé, le garage est sous la terrasse et le séjour, la chaufferie sous la cuisine

Assumer soi-même la construction de sa maison

Il est rare qu'un futur propriétaire réalise seul sa maison. Mais si tel est le cas, toutes les responsabilités techniques et juridiques lui incombent. Il doit donc résoudre les problèmes techniques, demander le permis de construire, s'occuper des financements, choisir les matériaux, construire et obtenir en fin de travaux le certificat de conformité.

Le propriétaire qui décide de construire en employant lui-même des ouvriers spécialisés agira comme un entrepreneur général. L'ensemble des problèmes lui revient mais, en outre, il devient patron de ces ouvriers. Pour être en accord avec la réglementation et les lois du travail, il doit obtenir auprès de l'administration (Finances, Sécurité sociale, etc.) une autorisation spéciale qui fait de lui un employeur provisoire.

Le propriétaire qui confie la construction à une ou plusieurs entreprises ou à plusieurs artisans doit les choisir après consultation et mise en concurrence et signer suivant les cas le ou les contrats d'entreprises :

Contrat d'entreprise
L'A.F.N.O.R. a édité deux normes, N.F.P. 03-001 et N.F.P. 03-011, qui peuvent servir de modèle pour l'élaboration de ces contrats.

Précautions
Ne pas signer avant d'avoir obtenu le permis de construire et les prêts ; sinon, prévoir des clauses restrictives.
Vérifier la compétence, la qualification, la solvabilité, les garanties offertes.

Clauses
Elles doivent se trouver précisées par :
- le devis descriptif,
- les plans d'exécution,
- l'attestation d'assurance,
- le prix (choisir de préférence « ferme et définitif »),
- le délai,
- les modalités de paiement,
- la retenue de garantie (5 % par versement au maximum).

Réception
Elle se fait à la fin des travaux. Trois cas sont possibles :
- ouvrage parfait : acceptation sans réserve,
- vices apparents facilement réparables : acceptation avec réserves,
- ouvrage inachevé : refus de la réception.

Garanties
- retenue de garanties citées plus haut,
- garantie biennale,
- garantie décennale.

Coordination et suivi des travaux :
Après avoir accompli les démarches classiques du permis de construire et des crédits éventuels, le propriétaire devra assurer la coordination des travaux. C'est un travail de spécialiste, et toute la construction en dépend. On ne saurait donc trop conseiller aux futurs constructeurs de se faire assister par un architecte ou un agréé en architecture pour la conception et l'exécution des travaux.
Devant l'importance et la complexité du travail qui attend le propriétaire, les conseils et les avis d'un spécialiste du bâtiment seront aussi très précieux.

Voici quelques conseils pour ceux qui veulent assurer la coordination des travaux :
— s'assurer qu'on a bien reçu l'avis favorable sur la demande de permis de construire ;
— être sûr que le dossier financier est au point et que les crédits, si on en bénéficie, ont été débloqués ;
— vérifier que le contrat (ou les contrats) avec l'entreprise (ou les entreprises) est bien signé et enregistré ;
— faire démarrer les travaux.
Voici dans quel ordre doivent se succéder les opérations de construction et quelles vérifications il faut effectuer. Dans l'exemple choisi, il s'agit de construire une maison individuelle avec un sous-sol, un rez-de-chaussée et un étage.

SUIVI DES TRAVAUX

1 Implantation
Contrôler, au moins approximativement, l'implantation et les cotes altimétriques. En effet, outre les risques relatifs au refus de la conformité par la Direction départementale de l'Equipement (respect des servitudes, altitude du faîtage, etc.), une erreur sur les cotes peut entraîner une impossibilité de jouissance normale de la maison. Par exemple, à la suite d'une erreur sur les cotes, il peut être impossible de raccorder la maison à l'égout.

2 Terrassement, raccordement de l'eau et de l'électricité jusqu'à la limite du terrain
*Veiller à ce que la terre végétale soit stockée pour être réutilisée à la fin des travaux. Garder également suffisamment de terre pour remblayer autour de la maison.
Contrôler le niveau du fond de fouille avant coulage des fondations. Une erreur à ce stade peut encore être corrigée facilement.*

3 Fondations
Veiller à l'état du fond de fouille, à l'enrobage des armatures, à la qualité et la nature du béton.

4 Dallage en sous-sol
Il est intéressant de réaliser le dallage du sous-sol à ce moment-là car il est ainsi possible d'étayer de façon correcte et efficace le plancher du rez-de-chaussée.

5 Murs du sous-sol
Veiller à la qualité des joints de maçonnerie et à la bonne réalisation des chaînages.

6 Plancher du rez-de-chaussée
Veiller au bon appui des poutrelles préfabriquées sur la maçonnerie et à la réalisation du chaînage périphérique dans l'épaisseur du plancher.

7 Murs du rez-de-chaussée
Mêmes commentaires que pour le point 5. De plus, il est important à ce stade des travaux de vérifier la dimension des pièces et l'implantation des ouvertures.

8 Plancher de l'étage
Mêmes commentaires que pour le point 6.

9 Mur de l'étage
Mêmes commentaires que pour le point 7.

10 Escaliers du sous-sol et de l'étage

11 Charpente
Veiller à ce que le bois utilisé soit traité.

12 Couverture
La couverture doit suivre immédiatement les travaux de charpente. Une attention spéciale est à porter sur la réalisation des lucarnes et plus particulièrement des jouées de ces dernières. La chronologie des opérations est la suivante : tout d'abord, on monte la charpente de la lucarne, puis on met en œuvre le matériau de fermeture. On réalise ensuite la bande porte-solin qui recouvre le relevé en zinc de la couverture et enfin on dresse l'enduit sur la jouée. Bien entendu, il reste à isoler et à doubler intérieurement.

SUIVI DES TRAVAUX

13 Menuiseries extérieures
Veiller à leur bonne fixation dans le gros œuvre. Surveiller également leur calfeutrement.

14 Menuiseries intérieures

15 Isolation de toiture
Vérifier son épaisseur et sa fixation à la charpente.

16 Isolation des murs
Vérifier l'épaisseur.

17 Cloison de doublage et de distribution

18 Première phase électricité

19 Plâtrerie
Veiller tout spécialement à ce que l'artisan intervienne au moment prévu. C'est lui qui conditionne tous les autres corps d'État.

20 Chauffage
Veiller à ce que les matériels mis en place soient bien ceux qui étaient prévus.

21 Première phase plomberie

22 Deuxième phase électricité

23 Chape des sols
Penser au temps de séchage (3 semaines) avant la pose des moquettes.

24 Carrelage au sol
Veiller à l'emploi judicieux de la colle appropriée.

25 Faïence murale
Mêmes commentaires que pour le point 24.

26 Deuxième phase plomberie

27 Ravalement
Surveiller la compatibilité de la mise en œuvre de l'enduit avec les conditions atmosphériques existantes et l'état du support.

28 Occultations

29 Raccordements aux réseaux des concessionnaires (E.D.F., etc.).
Penser à déclencher ces actions en temps et en heure.

30 Raccordement tout-à-l'égout

31 Peintures extérieures

32 Peintures intérieures

33 Papiers peints

34 Clôtures

35 Plantations

Nota
Certaines de ces tâches étant simultanées, leur ordre d'intervention peut être inversé.

Les démarches administratives annexes

Bien que moins importantes, il est néanmoins indispensable de ne pas les négliger :
- la déclaration d'ouverture de chantier qui est envoyée à la Direction départementale de l'Equipement avant le démarrage des travaux : le formulaire est fourni au propriétaire en même temps que la réponse à la demande du permis de construire ;
- la déclaration de fin de travaux : un formulaire spécial est également fourni avec la réponse à la demande de permis de construire. Elle doit être transmise le moment venu au maire et à la Direction départementale de l'Equipement en recommandé avec accusé de réception ;
- les formalités de branchements d'eau, de gaz et d'électricité ;
- la mise en place des contrats d'assurances : un premier, dès la fin des travaux de couverture, en vue de couvrir les risques d'incendie uniquement, et un second, dès la fin de l'ensemble des travaux, qui est de portée générale.

A propos de la coordination des travaux

Il est indispensable dans l'évaluation des délais, de tenir compte des aléas dus aux intempéries d'hiver et aux retards assez fréquents dans les interventions des artisans. Il faut donc prévoir les délais larges. Les mois de juillet et d'août doivent pratiquement être sortis du planning. Le propriétaire qui ne tient pas compte de ces réalités risque de s'exposer à des mécomptes importants.
Le maire de la localité a envoyé au futur propriétaire son avis favorable sur la demande de permis de construire. Dès que le dossier financier est au point, le maître d'ouvrage avise son ou ses entreprises que les travaux peuvent démarrer. Le compte à rebours commence. En effet, lors de l'établissement du contrat, il est indispensable que le ou les entrepreneurs s'engagent à réaliser l'ouvrage dans un délai à compter de l'ordre de service. Ce délai est d'ailleurs assorti de pénalités par jour de retard. De même, des pénalités sont prévues pour le maître d'ouvrage (le propriétaire) qui ne paie pas les situations à leur échéance.

Confier à d'autres la construction de sa maison

Le choix du responsable de la construction d'une maison est très important. Si le propriétaire préfère s'adresser à des professionnels (architecte, entreprise générale, société spécialisée dans la construction, promoteur ou artisan), il devra accepter des descriptifs techniques et des devis, signer des contrats qui le lieront jusqu'à l'achèvement des travaux, c.-à-d. confier tout ou partie de son dossier (et de son argent!) à des tiers.
Il faut donc rassembler le maximum d'informations avant toute signature.
Il existe des professionnels, architectes, contrôleurs techniques, métreurs, qui peuvent utilement renseigner le candidat à la propriété. En les consultant, on évite les déconvenues.
Lorsque le propriétaire s'adresse à des professionnels pour construire sa maison, il dispose de plusieurs choix possibles. Suivant qu'il possède ou non un terrain, des plans, des devis, qu'il préfère une maison isolée, ou une villa dans un village de promoteur, le candidat à la propriété devra, d'après la loi, s'adresser à tel ou tel professionnel, signer tel ou tel contrat.

Propriétaire du terrain et des plans

Le futur propriétaire peut faire réaliser la maison par une entreprise générale ou une entreprise spécialisée dans la construction de maisons individuelles. Il signe un **contrat d'entreprise**. Comme le propriétaire-constructeur, il peut se faire assister, moyennant le paiement d'honoraires, par un architecte, un contrôleur technique ou un bureau d'études.

Propriétaire du terrain seulement

Il faut donc choisir sur un catalogue ou faire réaliser un plan. Pour cela, le propriétaire consulte un architecte, un bureau d'études, une entreprise générale ou une société spécialisée.

1. Il signe un **contrat de construction de maison individuelle sur plan** (article 45.1 de la loi 71-579 du 16 juillet 1971, loi 72-649 du 11 juillet 1972, décret 72-1239 du 29 décembre 1972 et arrêté du 30 avril 1973).

Contrat. Doivent figurer dans le dossier :
• la description précise et complète de la maison (plan, surface, nombre de pièces, dégagements, dépendances, éléments d'équipements intérieurs et extérieurs),
• la notice descriptive (modèle de l'arrêté ministériel du 30 avril 1973),
• l'affirmation que le projet est conforme aux règles de l'urbanisme et de l'habitation,
• la date de livraison,
• le prix total (y compris honoraires pour établissement de plans) : *choisir de préférence un prix ferme et définitif,*
• l'échelonnement des versements, où deux cas sont à considérer :
— Le constructeur est cautionné par un organisme extérieur (établissements financiers) : c'est ce que l'on appelle habituellement la « garantie extrinsèque ».
Dans cette hypothèse, les versements cumulés en fonction du prix total de la construction seront les suivants :
5 % à la signature du contrat,
15 % à l'obtention du permis,
20 % à la fin des fondations,
55 % à la mise hors d'eau,
95 % à l'achèvement des travaux d'équipement de plomberie, menuiserie, chauffage.
Le solde est versé à la réception des travaux, sauf dans le cas de réserves où ces 5 % sont consignés.
— Le constructeur n'est pas cautionné par un organisme extérieur : c'est la « garantie intrinsèque ».
Dans ce cas, et c'est normal, les versements cumulés sont plus réduits et serrent de près le déroulement des travaux :
3 % à la signature du contrat,
20 % à la fin des fondations,
45 % à la mise hors d'eau,
75 % à l'achèvement des travaux d'équipement de plomberie, menuiserie, chauffage.
Le solde est versé à la réception des travaux. En cas de réserves, 15 % pourront être consignés.

Réception. Elle se fait à la fin des travaux avec le constructeur. Les trois possibilités qui se présentent sont les mêmes que dans le cas du contrat d'entreprise.

Garanties. Elles doivent, bien entendu, figurer dans le contrat.
Si le permis de construire n'est pas accordé, une clause doit prévoir l'annulation du contrat et le remboursement des sommes versées.
Prévoir une clause permettant au futur propriétaire de résilier le contrat si le prix de fondations imprévues se révèle trop élevé.
• Garantie extrinsèque ou intrinsèque,
• retenue de garantie,
• garantie biennale,
• garantie décennale.

2. Il peut mandater un spécialiste ou une société qui signe en son nom. Dans ce cas il signe un **contrat de promotion immobilière** (régi par la loi 71-579 du 16 juillet 1971 modifiée par la loi 72-049 du 11 juillet 1972, décret 72-1238 du 29 décembre 1972). C'est le promoteur qui est mandaté pour accomplir toutes les opérations nécessaires à la construction (permis de construire, prêts, contrats avec les entrepreneurs). Il est responsable de la bonne fin des opérations.

Contrat. Les clauses suivantes doivent y figurer :
• la description exacte du terrain,
• la description détaillée de la maison,
• le délai des travaux,
• le prix convenu,
• l'échelonnement des versements cumulés en fonction du montant total : 15 % à l'achèvement des fondations, 70 % à la mise hors d'eau.
Le solde est versé à l'achèvement des travaux.
Avant le versement, le promoteur fournit la justification de l'état d'avancement.
• La rémunération du promoteur, répartie de façon cumulée comme suit : 25 % à la signature du contrat, 50 % à la mise hors d'eau, 70 % à l'achèvement des travaux d'équipement de plomberie, menuiserie, chauffage, 90 % à la livraison. Les 10 % restant seront versés au promoteur à l'achèvement de sa mission.

Réception. Voir contrat d'entreprise.

Fin de la mission du promoteur. Les trois conditions suivantes doivent être remplies :
• réception faite,
• comptes entre entreprises et promoteur arrêtés,
• comptes entre promoteur et maître d'ouvrage arrêtés.
Garanties. Le promoteur doit être cautionné par un organisme financier.
• Garantie biennale,
• garantie décennale.

Ni terrain ni plan

Le futur propriétaire peut opter pour une maison groupée, accolée ou isolée, construite avec d'autres dans un ensemble appelé « village » par les promoteurs. Il peut aussi acheter terrain et plan à des sociétés spécialisées vendant sur catalogue. Dans les deux cas, c'est le contrat de **vente d'immeuble à construire** qui régit l'opération : (régi par la loi 67-3 du 03-01-1967 modifiée par 67-547 du 07-07-1967, loi 71-579 du 16-07-1971 modifiée par 72-649 du 11-07-1972, décrets 67-1166 du 22-12-1967 et 72-489 du 13-06-1972, arrêté du 10-05-1968).

1. Contrat de réservation

Clauses. Elles comprennent : la description exacte et détaillée de la future maison, la description des matériaux (nature, qualité), la situation de la maison, le prix et sa révision éventuelle, la date de signature du contrat, le montant et les conditions de prêt.

Le dépôt de garantie. C'est le seul exigible et il est limité à 5 % du prix de vente. Il ne faut pas le remettre au vendeur mais à un notaire ou à un établissement financier. Il ne pourra pas être utilisé avant la signature du contrat.

Le dépôt de garantie peut être remboursé, après renoncement à la signature du contrat, dans les cas suivants :
• non-respect par le vendeur de la date prévue
• augmentation du prix supérieure à 5 %,
• montant des prêts inférieur de 10 % au montant prévu,
• non-concordance de la description du logement sur le contrat de vente et sur le contrat de réservation,
• non-fourniture d'un des équipements prévus.

2. Le contrat de vente

Le contrat se signe devant notaire, qui doit remettre au particulier le certificat d'urbanisme. Bien se renseigner sur les servitudes du terrain et du logement. S'assurer que le terrain et le logement ne sont grevés d'aucune hypothèque autre que celles garantissant le remboursement des prêts. Le contrat peut revêtir deux formes :
• **La vente en l'état futur d'achèvement** : dans ce cas, le particulier devient le propriétaire du sol et de ce qui est construit dès la signature. Il devient propriétaire du reste au fur et à mesure de son édification. Le vendeur reste néanmoins le maître d'ouvrage.
• **La vente à terme** : dans ce cas, le particulier ne devient propriétaire qu'à l'achèvement de la construction.

Néanmoins, en signant le contrat, le vendeur s'engage à livrer la maison dès son achèvement.

Clauses. Dans les deux cas, les clauses sont pratiquement les mêmes.
• Il faut une description exacte et détaillée de la maison au moyen d'une notice spéciale conforme à un modèle type agréé par arrêté ministériel. Si la maison fait partie d'un ensemble, le contrat doit en préciser la situation exacte. Consulter avant signature le règlement de copropriété.
• Préciser la date de livraison de la maison.
• Préciser le prix et les conditions de révision éventuelles.
• La possibilité de résilier le contrat si les prêts ne sont pas obtenus doit être insérée.
• L'échelonnement des versements cumulés en fonction du prix total : 35 % à la fin des fondations, 70 % à la mise hors d'eau, 95 % à la fin de la construction.
Le solde, soit 5 %, sera versé à la remise des clés.
Les paiements sont faits au vendeur dans le cas de contrat de vente en l'état futur d'achèvement et à un établissement financier dans le cas de contrat de vente à terme.

Réception. Voir contrat d'entreprise.
Elle est certifiée par écrit par un architecte ou une personne désignée par le tribunal, dans la vente en l'état futur d'achèvement. Elle doit être faite devant notaire dans le contrat de vente à terme.

Garanties. Dans le cas de la vente en l'état futur d'achèvement, il y a deux garanties possibles : la garantie d'achèvement par un établissement financier et la garantie de remboursement par un établissement financier.
Dans le cas de la vente à terme, la garantie est implicite car le vendeur ne pourra utiliser les sommes versées qu'à la livraison de la maison.

Conseils à propos des devis

Un devis descriptif doit absolument tout préciser, en association, bien entendu, avec les documents graphiques (vue, en plans coupes, détails explicatifs). Plus les plans définissant la construction et le devis descriptif qui y est joint sont précis, moins il y aura de discussions lors de l'exécution des travaux.
Tant que tous ces éléments ne sont pas définis clairement et sans ambiguïté, il ne faut pas contracter. Il y a un certain nombre de pièges à éviter :
• Le plus souvent, les tractations ont lieu avec le service commercial de la société. Il est donc très difficile d'obtenir des précisions. On ne doit pas se contenter de simples promesses verbales, seul ce qui est écrit reste.
• Il ne faut pas accepter, au sujet des matériaux ou des matériels, d'ouvrir la porte aux interprétations par la formule « ou similaire ». Il faut tout faire préciser, et pour cela, éventuellement, se faire conseiller.
• Attention aux terrassements et à l'aménagement des voies d'accès. Ils sont souvent l'objet de suppléments.
• Il faut définir à la charge de qui sont l'eau et l'électricité pendant le chantier.
• Avant de signer le contrat, il faut se renseigner sur la stabilité financière des constructeurs (entreprise ou société). Ces derniers n'hésitent pas à demander au futur propriétaire son plan de financement ; il ne faut pas hésiter non plus à leur demander leurs références bancaires.
• Avant de signer avec un constructeur, il faut lui demander également de visiter quelques-unes de ses réalisations. Cela permet d'avoir une idée sur la qualité du travail fourni, d'une part, mais aussi sur la nature des relations que le constructeur entretient avec son client, d'autre part. Bien entendu, il est aléatoire de conclure après une seule visite.

A propos des contrats

La maison étant définie, il faut maintenant mettre au point le contrat par lequel : le constructeur s'engage, pour un prix donné, à la réaliser ; le futur propriétaire s'engage à payer les travaux au fur et à mesure de leur réalisation. Tout cela doit être parfaitement codifié.
Quand tout se déroule bien, on ne consulte pas le contrat, mais dès qu'apparaissent des problèmes (travaux mal réalisés, retards, etc.) les deux parties s'y réfèrent.
Toutes les formes de contrat ont été définies réglementairement par des lois et des décrets d'application. Ils sont quelquefois très stricts vis-à-vis des obligations du maître d'ouvrage et/ou du constructeur. Ce n'est pas au futur propriétaire de les assouplir.

Qui fera les démarches administratives et financières ?				
Propriétaire client des professionnels				
Démarches	architecte	entreprise générale	promoteur ou société spécialisée	le propriétaire
Achat du terrain	•	•		•
Choix de l'entreprise	•		•	
Choix des sous-traitants	•	•	•	
Financement	•	•	•	•
Permis de construire	•	•	•	•
Contrats d'assurances				•
Signature du contrat				•
Déclaration d'ouverture du chantier	•	•	•	
Branchements	•	•	•	
Déclaration de fin de travaux	•	•	•	
Coordination	•	•	•	

Les permis de construire

C'est sous le règne d'Henri IV que les premiers textes généraux relatifs à l'urbanisme et à la construction sont apparus. Ces textes ont évolué sous le second Empire puis sous la Troisième République, mais c'est le gouvernement de Vichy (1940-1945) qui a généralisé l'obligation de la demande de permis de construire.

Cette formalité est obligatoire pour toutes les constructions neuves. En outre, si le terrain sur lequel la construction va être édifiée comporte un bâtiment vétuste à abattre, il est nécessaire de demander préalablement un permis de démolir.

Pour modifier extérieurement des constructions existantes, un permis de construire est également obligatoire.

Renseignements administratifs

Pour la construction d'une maison individuelle, il existe une formule simplifiée qu'il faut utiliser. Il s'agit d'un document qui peut être retiré à la mairie

Dans un premier paragraphe, le futur propriétaire, appelé « demandeur » par l'administration et « maître d'ouvrage » dans le langage juridique ou professionnel, doit préciser son identité.

Le deuxième paragraphe concerne le terrain. Les renseignements demandés figurent sur l'acte d'achat du terrain ou titre de propriété, signé devant notaire.

Le reste du document est consacré à la description des travaux, à la destination de la maison et à la densité de construction.

Ce dernier point est important. Appelé également C.O.S. (coefficient d'occupation du sol), il s'agit d'un chiffre qui s'obtient en divisant la surface totale mesurée hors œuvre[1] par la surface totale du terrain.

Dans certaines régions, le C.O.S. doit respecter la réglementation en vigueur. Avant tout projet, il est nécessaire de savoir ce que la loi impose ou autorise.

Le demandeur doit aussi indiquer qui est l'auteur du projet. Ce peut être le demandeur ou un professionnel (architecte, constructeur, entrepreneur), qui sont appelés « maîtres d'œuvre ».

Mais attention ! Lorsque la surface de plancher hors œuvre nette excède 170 m^2, l'auteur est obligatoirement un architecte ou un agréé en architecture

Extraits du code de l'urbanisme
R 112-2 : La surface de plancher hors œuvre brute d'une construction est égale à la somme des surfaces de plancher de chaque niveau de la construction.

La surface nette s'obtiendra en déduisant de la surface brute les surfaces de plancher hors œuvre des éléments suivants :
— combles et sous-sols non aménageables pour l'habitation ou pour des activités à caractère professionnel, artisanal, industriel ou commercial ;
— toitures-terrasses, balcons, loggias, ainsi que surfaces non closes au rez-de-chaussée ;
— bâtiments ou parties de bâtiments aménagés en vue du stationnement des véhicules.

Renseignements techniques

Pour être complet, le dossier de demande de permis de construire comportera les documents suivants :
• Un « plan de situation », qui définit la position du terrain dans la commune ou le lotissement avec orientation (points cardinaux), indication des voies de desserte, et leur dénomination et tous points de repères permettant de localiser le terrain. Si le terrain fait partie d'un lotissement, ce dernier doit être repéré dans la commune (plan à l'échelle de 1/5000 ou de 1/10000) ;

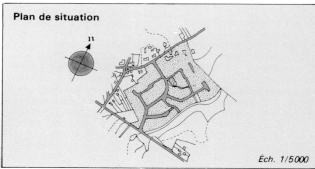

Plan de situation — Éch. 1/5000

• Un « plan de masse » de la construction coté en altitude et en plan à l'échelle de 1/100 ou de 1/500. Les renseignements suivants doivent y figurer : orientation du terrain et de la maison, limite du terrain, courbes de niveau (cotes d'altitude), implantation et hauteur de la construction projetée, éventuellement, implantation des bâtiments existants ou à démolir. Les plans du sous-sol éventuel, du rez-de-chaussée, de l'étage éventuel, des façades à l'échelle de 1/100, des niveaux des planchers, des détails architecturaux propres à la région (voir les styles régionaux).

1. Mesure hors œuvre : mesure prise de l'extérieur d'un mur à l'extérieur de l'autre. Une surface hors œuvre inclut l'épaisseur des murs, des enduits et autres revêtements.

Le délai normal pour l'étude de ce dossier par l'administration est de deux mois. Il peut être prolongé par l'autorité compétente, notamment lorsque la construction est édifiée en site classé.
Si aucune décision expresse n'a été prise avant la date limite indiquée dans la lettre d'accusé de réception du dossier, le permis de construire est censé être accordé.

Dans tous ces cas, après accord express ou tacite, le permis de construire n'est valable que dans l'année qui suit la date de la délivrance.
Dès la notification de l'arrêté de délivrance de permis, le bénéficiaire est tenu d'en assurer la publicité sur le terrain sous peine d'amende (panneau de chantier).
Si, pendant les travaux, des modifications sont apportées à la construction par rapport au projet initial, il est indispensable de faire une demande de permis de construire modifiée.

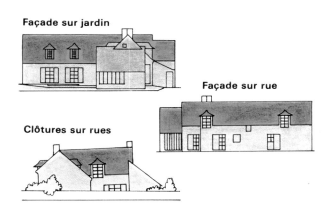

Façade sur jardin

Façade sur rue

Clôtures sur rues

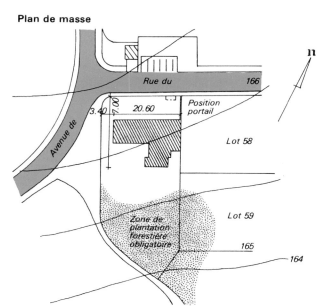

Plan de masse

La taxe locale d'équipement
Suivant la commune où la construction est projetée, cette taxe est applicable ou non. Pour le savoir, il suffit de consulter le certificat d'urbanisme relatif au terrain ou encore de s'adresser directement à la mairie ou à la D.D.E.
Lorsque cette taxe est applicable, il faut joindre à la demande de permis de construire la feuille de renseignements complémentaires qui permet d'en évaluer le montant à travers les surfaces hors œuvre de plancher qui y sont indiquées. Il est à noter que dans ce formulaire le maître d'ouvrage est appelé « constructeur ».
Cette taxe peut être élevée suivant la commune où l'on se trouve. Il faut donc s'en préoccuper dès le départ. Habituellement, elle est exigible en trois annuités, la première intervenant un an après la date de délivrance du permis de construire.

Servitudes particulières
Lorsque, par exemple, des servitudes de cour commune ou de minoration de densité existent, les contrats ou décisions relatifs à l'institution de ces dernières doivent être jointes à la demande de permis de construire.

Prime à la construction
Lorsque, pour le financement de l'opération, une prime à la construction est sollicitée, l'imprimé correspondant doit être joint à la demande de permis de construire.

Dérogation aux règles générales de construction
Il faut joindre dans ce cas la demande expresse accompagnée des plans descriptifs.

Procédure
Le dossier de permis de construire doit être établi en quatre exemplaires qui sont à déposer en un lieu unique : la mairie - c'est une simplification introduite depuis le 1er avril 1984 par les nouvelles dispositions législatives relatives au permis de construire (lois nos 83-8 du 07-01-1983 et 83-663 du 22-07-1983).
Dès son dépôt en mairie le dossier est affecté d'un numéro d'enregistrement qui sera son unique référence pour tous les traitements qu'il pourra subir ultérieurement.
Si la commune dispose d'un plan d'occupation des sols (P.O.S.) approuvé, c'est le maire qui instruit et délivre le permis au nom de la commune, par contre s'il n'y a pas de P.O.S. approuvé, le permis est délivré « au nom de l'Etat » selon les anciennes procédures qui ont cependant été simplifiées.

Après les travaux : le certificat de conformité
A la fin des travaux, le bénéficiaire du permis de construire doit, dans un délai de trente jours, adresser au maire une déclaration d'achèvement des travaux, en trois exemplaires. Dans un délai de trois mois à compter de la date de réception de la déclaration, le maire (ou le commissaire de la République s'il n'y a pas de P.O.S. approuvé) procède au contrôle de la conformité de la construction, en ce qui concerne :
- l'implantation,
- l'aspect extérieur,
- les dimensions,
- la destination,
- la nature,
- l'aménagement des abords.

En cas de non-conformité, le maire (ou le commissaire de la République) avise dans les trois mois le déclarant, du motif du refus et des sanctions qu'il encourt.

Pour financer la maison

Où trouver l'argent ? C'est un des premiers problèmes qui se posent quand on projette de faire construire une maison.
Il n'est pas toujours facile à résoudre, même si l'on est solvable et si l'on possède de solides économies.
En effet, les organismes susceptibles de consentir des prêts sont nombreux et les formules proposées sont multiples.
Les indications données ici sont donc nécessairement partielles et il est toujours possible que des modifications interviennent au niveau des modalités pratiques.
Le futur propriétaire a donc intérêt à recueillir un maximum d'informations par lui-même en utilisant les sources de renseignements pouvant exister dans l'entreprise où il travaille.
En règle générale, tout plan de financement est composé de prêts principaux et de prêts secondaires.
Il existe actuellement deux grandes catégories de financement pour les prêts principaux.
Il s'agit d'une part des prêts bancaires et d'autre part des prêts pour lesquels intervient l'aide de l'Etat. Ces derniers sont bien sûr les plus avantageux, encore faut-il pouvoir en bénéficier.

Le régime des prêts avec aide de l'Etat

Les caractéristiques principales des prêts explicitées ci-après sont résumées dans le tableau ci-contre :

	P.A.P. (Prêt aidé à l'accession à la propriété)	P.C. (Prêt conventionné)	A.P.L. (Aide personnalisée au logement)
CONDITIONS	• Plafond de ressources • Normes de surface • Résidence principale	• Normes de surface • Normes d'habitabilité • Prix par m² • Résidence principale	P.A.P. P.C.
MONTANT	70 à 80 % du coût de la construction	80 % maximum du coût de la construction	Variable en fonction des revenus
TAUX	Se renseigner, il est fixé chaque année au 1er juillet Très intéressant	Taux plafond fixé par les pouvoirs publics Très intéressant	Variable en fonction des revenus
AVANTAGES COMPLÉMENTAIRES	A.P.L. Prêt complémentaire	A.P.L. Certains prêts complémentaires	
DURÉE	15 - 18 - 20 ans	10 à 20 ans	
DEMANDES	Crédit Agricole Crédit Foncier de France H.L.M. Société de Crédit Immobilier	Banques et établissements financiers ayant conclu une convention avec le Crédit Foncier de France agissant pour le compte de l'État (Caisse de Crédit Agricole, etc.)	Caisse d'Allocations Familiales Caisse de Mutualité Sociale Agricole

Le régime des prêts s'articule autour de trois pivots :
• Les prêts aides à l'accession à la propriété (P.A.P.) : ils bénéficient des taux les plus faibles ;
• Les prêts conventionnés (nouveaux P.I.C.) : bien qu'un peu plus élevés, les taux de ces prêts sont néanmoins modérés ;
• L'aide personnalisée au logement (A.P.L.) : cette aide est dans l'esprit de l'allocation de logement, c'est-à-dire qu'elle permet de diminuer les dépenses de logement d'un ménage.
Elle ne peut cependant être attribuée que si le particulier bénéficie déjà d'un prêt aide à l'accession à la propriété (P.A.P.) ou d'un prêt conventionné (nouveau P.I.C.).

Les prêts « aides à l'accession à la propriété (P.A.P.) »
Ces prêts sont à la fois une aide « à la pierre », car l'Etat intervient pour abaisser les taux, et une aide « à la personne », car ils permettent d'obtenir une aide personnalisée au logement (A.P.L.).
A qui sont-ils destinés ? Ils sont destinés aux personnes physiques, mais peuvent également être attribués à des personnes morales (H.L.M., etc.), à condition que ces dernières en fassent bénéficier des particuliers.

Dans quelles conditions ?
• Terrains à bâtir et/ou maison destinée à l'habitation principale du particulier, de ses ascendants ou descendants et/ou ceux de son conjoint.
• Logements anciens à améliorer.
• Le revenu ne doit pas dépasser un plafond fixé chaque année, par arrêté, en fonction de la zone géographique et de la composition de la famille.
• Conditions de surfaces minimale et maximale en fonction de la famille.
Le montant : il peut atteindre 70 à 80 % du coût total et il est proportionnel à l'importance de la famille, à l'urbanisation de zone où l'on construit et aux ressources.
Apport personnel : au minimum de 10 %, il peut dans certaines conditions être ramené à 5 %. Les prêts complémentaires peuvent être utilisés.
Durée : le choix existe entre 15, 18 ou 20 ans.
Taux : il est très intéressant et est fixé chaque année au 1er juillet.
Le versement : les déblocages se font en fonction des appels de fonds réglementaires s'il s'agit d'un contrat de construction de maison individuelle ou d'une vente en l'état futur d'achèvement ; ils se font en fonction de l'avancement des travaux dans les autres cas.
Les garanties : le prêt aide à l'accession à la propriété (P.A.P.) est garanti par une hypothèque, c'est-à-dire que l'établissement prêteur a la possibilité de faire vendre par voie de justice le logement du particulier qui ne pourrait pas rembourser les sommes dues. L'emprunteur est tenu de souscrire une assurance décès-invalidité qui permet de rembourser la dette en cas de décès ou de survenance d'état d'incapacité.

Où faire la demande ? On peut s'adresser aux endroits suivants :
- Crédit agricole,
- Crédit foncier de France,
- Société de crédit immobilier,
- Société d'H.L.M.

Attention ! Le prêt est lié à l'octroi de décision favorable délivrée par la Direction départementale de l'Equipement.

Les nouveaux prêts conventionnés
Ce n'est pas une aide « à la pierre » mais une aide « à la personne », car ils permettent également d'obtenir une aide personnalisée au logement (A.P.L.).

A qui sont-ils destinés ? Comme le prêt aide à l'accession à la propriété (P.A.P.), ils sont destinés aux personnes physiques, mais ils peuvent également être attribués à des personnes morales.

Dans quelles conditions ?
- Acquisition de terrains destinés à la construction.
- Construction de logements neufs destinés à l'habitation principale du particulier ou de ses ascendants et descendants ainsi que ceux de son conjoint.
- Logements anciens à améliorer.
- La maison doit respecter des normes de prix.
- Conditions de surface minimale en fonction de la composition du logement.

Le montant : il peut atteindre 80 % du coût total.

Attention ! Le prêt conventionné est exclusif de tout autre prêt.

Apport personnel : les prêts complémentaires sont interdits sauf, toutefois, l'épargne logement, le 1 % patronal et les prêts des Caisses d'allocations familiales.

Durée : elle varie entre 10 et 20 ans.

Taux : contrairement au prêt aide à l'accession à la propriété (P.A.P.), il n'est pas fixé d'autorité par les pouvoirs publics ; ces derniers fixent simplement un taux plafond, et il est donc possible de recourir à la concurrence entre les établissements financiers.

Les garanties : ce sont les mêmes que pour le prêt aide à l'accession à la propriété (P.A.P.).

Où faire la demande ? On peut s'adresser aux endroits suivants :
- Crédit foncier de France,
- établissements financiers et banques ayant conclu une convention avec le Crédit foncier de France,
- établissements financiers et banques ayant accès au marché hypothécaire,
- Caisses de crédit agricole mutuel,
- Caisse de crédit mutuel,
- Caisse d'épargne.

Prêts divers.
Ces prêts sont très souvent complémentaires des prêts principaux évoqués précédemment.

PRÊTS DIVERS	DÉMARCHES
1 % patronal	Service social entreprise
Prêts aux fonctionnaires	Crédit foncier de France
Prêt caisse d'Allocat. famil.	Caisse d'Allocat. familiales
Prêt caisse des Cadres	Service social entreprise
Prêt collectivités locales	Mairie, préfecture
Prêt Séc. sociale aux jeunes ménag.	Caisse d'Allocat. familiales
Prêt caisse de Mutualité sociale	Caisse de Mutualité sociale
Prêt caisse de Mutualité agricole	Caisse de Mutualité agricole

Ces prêts sont spécifiques de chaque cas ; il faut donc se renseigner aux endroits indiqués.

Des faux frais bien réels
Lors de l'étude du financement, il est indispensable de penser à la couverture des frais annexes. Il faut faire attention car, très vite, ils peuvent devenir importants. On peut en donner rapidement une liste non exhaustive ; chacun de ces points étant développé aux pages correspondantes :
- taxe locale d'équipement,

L'aide personnalisée au logement
Cette aide peut être accordée à tout particulier qui occupe un logement dont il est propriétaire. Il faut, dans ce cas, que le financement soit assuré par un prêt aide à l'accession à la propriété (P.A.P.) ou un prêt conventionné (nouveau P.I.C.).

L'aide personnalisée au logement (A.P.L.) se calcule comme l'allocation de logement. Le droit à l'A.P.L. se calcule à partir du revenu net imposable de l'année civile précédant la période de paiement. Le revenu est corrigé en fonction des intérêts de l'emprunt contracté et des conditions familiales (nombre d'enfants, invalidité).

La demande d'A.P.L. est prise en charge par la Caisse d'allocations familiales ou, pour les ressortissants agricoles, par la Caisse de mutualité sociale agricole.

Avec ces deux prêts que sont le prêt aide à l'accession à la propriété (P.A.P.) et le prêt conventionné (nouveau P.I.C.), assortis l'un et l'autre de l'aide personnalisée au logement (A.P.L.), on peut dire que les nouvelles aides au logement ont, dans un souci de simplicité et d'efficacité, visé un triple but :
- s'adapter à la situation et au désir de chacun,
- fournir à chacun un habitat de qualité,
- faciliter l'accession à la propriété.

Plan et livret d'épargne logement
Dans l'ancien et le nouveau régime à la fois, il faut signaler également, comme bel exemple de longévité, les plans et livrets d'épargne logement.

		PLAN	LIVRET
CONDITIONS		Compte ouvert depuis 5 ans	Compte ouvert depuis 18 mois au moins
		Versement minimal à respecter mensuellement	Versement initial à respecter
DURÉE		15 ans	15 ans
MONTANT		Se renseigner	Se renseigner
TAUX		Variable : se renseigner - Intéressant	
AVANTAGES COMPLÉMENTAIRES		Cumul des comptes familiaux Prêts complémentaires	Prêts complémentaires
DÉMARCHES		Caisse d'épargne Banques	Caisse d'épargne Banques

Prêt principal sans l'aide de l'État.
Ce sont les prêts bancaires courants.

	BANQUES DE DÉPÔTS ET ÉTABLISSEMENTS FINANCIERS	CRÉDIT FONCIER DE FRANCE
DÉMARCHES	Banques Organismes financiers	Crédit foncier de France

Dans ce cas, bien sûr, les taux d'intérêts sont plus élevés, mais il existe toujours la possibilité de mettre ces organismes en concurrence.

- taxe de branchements,
- frais de branchements,
- frais notariés,
- terrassements supplémentaires éventuels,
- frais de clôtures (attention au certificat de conformité),
- travaux supplémentaires — toujours à prévoir,
- frais de raccordement,
- plantations souvent obligatoires par le certificat de conformité.

A propos des taxes, on ne doit pas oublier qu'à partir de l'achat d'un terrain à construire, on a quatre ans pour bâtir une maison. Passé ce délai, le propriétaire doit payer une taxe élevée (environ 20 % du coût du terrain).

L'achat d'une maison neuve ou d'une maison à rénover

L'achat d'une maison déjà construite est relativement simple.
Si elle est neuve, il suffit de signer un contrat de vente chez le notaire et de s'installer. Toutes les garanties, tous les contrats, toutes les servitudes sont en principe définis dans l'acte. Les professionnels avec lesquels on aura à traiter sont :
- Eventuellement, pour chercher la maison ou traiter avec le vendeur, un agent immobilier ; pour l'expertiser et l'évaluer : un architecte ou un contrôleur technique ou un métreur ;
- Dans tous les cas, pour signer l'acte et recevoir les règlements, un notaire.

L'achat d'une maison ancienne à remodeler ou à rééquiper voit intervenir les mêmes spécialistes, auxquels s'ajouteront les artisans qui participeront aux travaux.
Dans tous les cas d'achat d'une maison construite, on signe un Contrat de vente régi par le Code civil, articles 1582 et suivants.

Interlocuteur
C'est le propriétaire de la maison en vente qui est contacté directement ou par l'intermédiaire d'un agent immobilier. Les honoraires de cet agent sont fixés par décret et il ne faut absolument rien payer avant la signature d'un acte écrit. Il faut vérifier la réalité du mandat de l'agent immobilier.

Avant-contrat
C'est la pratique la plus courante dans ce type de contrat.

Cet avant-contrat engage les parties. Préalablement à la signature, il faut :

- consulter le certificat d'urbanisme,
- si la construction a été construite après 1940, vérifier qu'elle a bien fait l'objet d'un permis de construire et d'un certificat de conformité,
- consulter le règlement de copropriété éventuellement,
- faire l'état des lieux.

Cet avant-contrat peut avoir deux formes :

1. une promesse de vente : le futur propriétaire verse alors un acompte de 10 % qui est déposé chez le notaire ;
2. un compromis de vente qui comporte plus de risques. L'avant-contrat devra comporter au moins les clauses suivantes :

- l'état civil du vendeur et de l'acquéreur,
- l'origine de la propriété,
- la description exacte et précise du logement,
- les hypothèques,
- le prix exact et total ainsi que les modalités de versement,
- les clauses restrictives éventuelles,
- la régularisation de la vente.

Contrat de vente
Il est signé devant notaire. Il comprend les mêmes clauses que l'avant-contrat.

Garanties
- Si la construction n'a pas 2 ans : la garantie est biennale + bon fonctionnement.
- Si la construction n'a pas 10 ans : elle est décennale.
- Si la construction a plus de 10 ans : garantie du vendeur.

Les annonces des journaux quotidiens ou de la presse spécialisée

Toujours rédigées de façon largement abrégée, les petites annonces peuvent conduire à des erreurs d'interprétation et à des visites inutiles qu'une lecture plus attentive aurait permis d'éviter. La sélection des maisons susceptibles de correspondre à ce que l'on recherche doit donc se fonder sur une interprétation critique des renseignements fournis par les vendeurs particuliers ou par les agences immobilières.
Il faut aussi examiner la précision des éléments permettant d'apprécier le niveau de prix proposé.
Certes, une maison et son environnement ne peuvent se décrire en quelques mots, mais les indications suivantes, qui devraient au moins figurer dans toutes les annonces, permettant d'opérer une première sélection :

- situation géographique précise,
- qualité de l'environnement,
- surface au sol de la maison,
- surface habitable (l'idéal est bien sûr le plan coté), nombre et nature des pièces,
- surface du terrain,
- date de construction,
- nature des aménagements intérieurs : en chauffage, en sanitaires et le cas échéant pour la cuisine,
- exposition des pièces principales,
- surface du sous-sol ou des dépendances,
- état général intérieur et extérieur.

Les principaux éléments qui interviendront pour juger du prix concernent l'emplacement et la surface du terrain, les servitudes éventuelles de voisinage, la surface habitable de la maison, son équipement, la date de sa construction et son état général.
En ce qui concerne l'environnement, l'appréciation que peut indiquer le vendeur, par exemple « bien situé », dépend de critères qui lui sont propres et qui ne seront pas toujours obligatoirement ceux du futur acquéreur. Ainsi, une maison située près d'un centre commercial pourra être estimée bien placée par certains et très mal par d'autres, en toute bonne foi.
Les mêmes considérations s'appliquent bien sûr également aux annonces que l'on peut consulter dans une agence immobilière.
Pour estimer, lors de la visite d'une maison ancienne, l'importance des travaux à envisager, on se reportera au chapitre traitant de la rénovation.

Le permis de démolir et de transformer

Le permis de démolir
Il est toujours obligatoire. Cela peut paraître paradoxal, surtout s'il s'agit de détruire une bâtisse en ruine et sans intérêt. Mais l'administration impose cette procédure pour :
- sauvegarder le patrimoine immobilier bâti,
- protéger les occupants,
- sauvegarder le patrimoine historique, esthétique et culturel.

Les règles de présentation du permis de démolir s'inspirent des dispositions relatives au permis de construire. On se reportera donc à la procédure définie dans ce cas. Il est à noter cependant que le délai d'instruction est fixé à quatre mois, sans prorogation possible. Si aucune réponse n'est donnée dans le délai de quatre mois, le demandeur peut se prévaloir d'une autorisation tacite.

Le permis de transformer
Le même permis de construire est exigé pour les modifications extérieures apportées aux constructions existantes, sauf dans le cas des communes de moins de 2 000 habitants et hors des périmètres d'agglomération. L'aménagement des constructions existantes qui n'a pas pour but d'en modifier les volumes extérieurs n'est pas soumis à la délivrance d'un permis de construire.

Dans ces deux cas, la demande de permis de construire est remplacée par une déclaration préalable en mairie. Cette déclaration préalable, dont le modèle est à retirer à la mairie, contient les mêmes renseignements que la demande de permis de construire. Il en est de même pour le dossier technique accompagnant cette déclaration.

La déclaration doit rester affichée deux mois en mairie, mais les travaux peuvent commencer dès détention de l'avis de réception par le propriétaire.

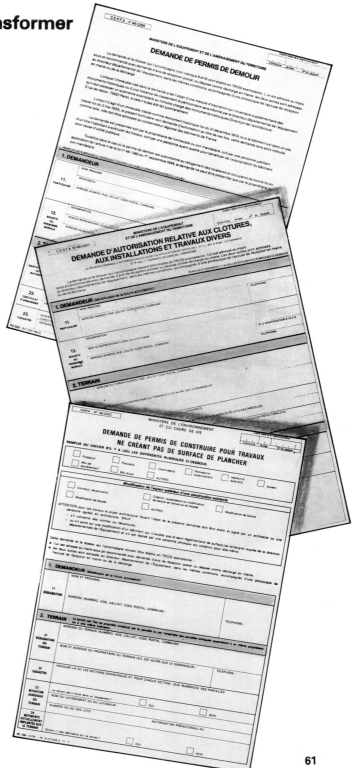

Etat initial

Il faut un permis de construire pour la restauration d'une maison ancienne avec modification de façade

Après transformation

La législation technique

Le futur propriétaire qui veut faire construire une maison sait que, pour obtenir son permis de construire, il va devoir satisfaire aux divers règlements d'urbanisme. Il ignore généralement qu'il va également devoir s'engager à respecter le « règlement de la construction », c'est-à-dire l'ensemble des textes législatifs et techniques relatifs à la construction et dont l'application est rendue obligatoire par la loi.

Ces textes, qu'il est hors de question d'exposer ici en détail, pourront, le cas échéant, apporter d'utiles précisions au profane et le guider dans ses choix. Ils seront donc évoqués succinctement.

Les textes réglementaires de base

La liste des principaux textes applicables se trouve précisée ci-dessous.

Règles générales de construction	Code de la construction et de l'habitation Articles L III - I à L 112 - 11 R III - I à R III - 28
Antenne de télévision	Arrêté du 25-11-1966
Conduits de fumée	Arrêté du 22-10-1969
Aération	Arrêtés du 24-3-1982 et du 28-10-1983
Installations électriques	Normes C 14-100 et C 15-100
Installations de gaz	Arrêté du 2-8-1977
Isolation acoustique	Arrêtés du 14-6-1969 et du 6-10-1978
Fosses septiques	Arrêté du 14-6-1969
Isolation thermique Réglage automatique chauffage	Décret et arrêtés du 24-3-1982
Installation de chauffage Alimentation eau chaude	Arrêté du 23-6-1978
Sécurité incendie	Arrêté du 13-6-1984
Règlement sanitaire départemental	
Garde-corps, fenêtres basses	Normes P 01-012

A cette liste des principaux textes législatifs, il convient d'ajouter les arrêtés préfectoraux et même municipaux applicables. Comme indiqué en préambule, cette liste est donnée à titre purement indicatif ; elle n'implique pas, fort heureusement, que le lecteur ait besoin d'étudier les différents documents cités ; elle a simplement pour but de lui permettre, en cas de litige, de se reporter au texte applicable.

Les textes techniques

Il existe de très nombreux textes techniques qui traitent de la nature et des propriétés que doivent présenter les matériaux ainsi que des dispositions techniques qui doivent être respectées pour leur mise en œuvre. Il n'est pas question ici de les exposer en détail, ni même d'en donner la liste complète, car ils représentent plusieurs dizaines de milliers de pages ! Il faut

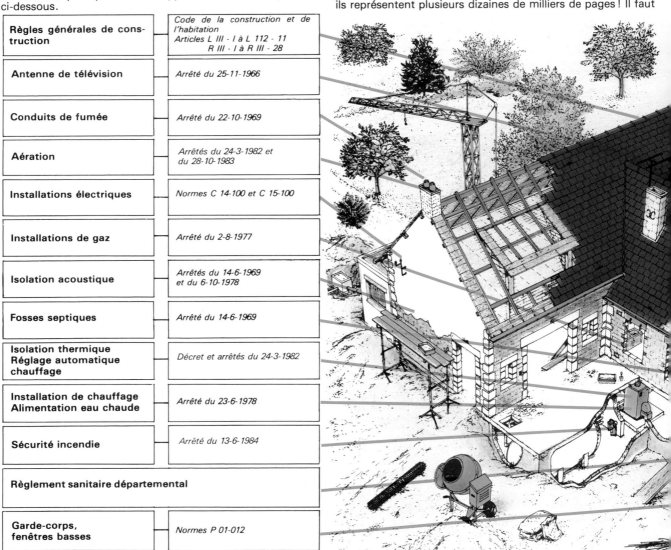

cependant savoir qu'ils existent afin de pouvoir s'y reporter le cas échéant pour tel ou tel problème particulier.

Il faut bien voir en effet que la conformité d'un matériau, d'un composant, d'un ouvrage ou d'une mise en œuvre au texte technique qui les concerne est un gage de sécurité et de qualité. Que le lecteur se rassure ! Il peut se dispenser de la lecture de ces textes arides pour lui : nous en avons, en effet, retenu l'essentiel dans les rubriques de ce livre.

Le tableau suivant définit les principaux textes relatifs aux techniques traditionnelles ou nouvelles.

Attention ! Le fait qu'une technique nouvelle bénéficie d'un avis technique ne signifie pas qu'elle puisse être adoptée sans précautions. En effet, la conclusion de l'avis technique peut être nuancée ou partiellement négative. Pour bien juger, il faut alors se reporter à la position adoptée par la Commission technique de l'assurance.

Cette commission, qui réunit des assureurs et des bureaux de contrôle tels que Socotec, analyse les avis techniques et décide si les procédés décrits seront, ou non, normalement couverts. Si l'avis de la Commission technique de l'assurance est négatif, il vaut mieux s'abstenir d'utiliser la technique concernée.

MATÉRIAU OU PROCÉDÉ	TEXTES DE BASE	ÉTABLIS PAR	ÉDITEUR
Matériaux traditionnels	Normes françaises	AFNOR	AFNOR
Mise en œuvre traditionnelle des matériaux traditionnels	D.T.U. Documents techniques unifiés	Le groupe de coordination des textes techniques	Variable suivant les cas
Techniques nouvelles	Avis techniques	Commission ministérielle	C.S.T.B.

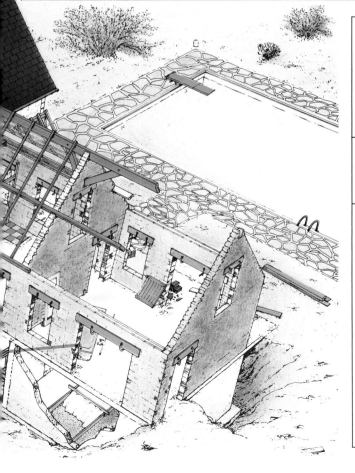

Exiger des marques de qualité

Pour mieux protéger le consommateur, il existe des attestations de qualité, des marques et des labels. En les connaissant, en les exigeant des fournisseurs, on est sûr de disposer de matériels ou de prestations qui ont fait leurs preuves.

Les attestations de qualité

Nous nous bornerons à citer ici les trois certifications de qualité de caractère général existant actuellement, à savoir :

- la qualification des entreprises,
- l'« indicateur Qualitel » attestant, après analyse sur dossiers, les performances de modèles particuliers de maisons,
- l'admission comme membre adhérent de l'Association Socotec Qualité qui est liée pour un constructeur à la validité de son organisation qualité.

La qualification des entreprises

Les certificats de qualification professionnelle délivrés par l'Organisme professionnel de qualification et de classification du bâtiment (O.P.Q.C.B.) apportent des renseignements précis sur :

- l'identité de l'entreprise,
- sa police d'assurance professionnelle,
- ses activités (qualification),
- son importance

Avant de traiter avec une entreprise, il est donc très naturel de lui demander de présenter son certificat de qualification.

La consultation de ce document permet au particulier de vérifier si le titulaire offre bien les garanties voulues au point de vue technique et s'il dispose des moyens nécessaires pour exécuter dans de bonnes conditions les travaux pour lesquels il est consulté.

Seul est valable le certificat délivré pour l'année en cours.

L'indicateur Qualitel

Dans le cas de maisons vendues « sur catalogue » (voir page 18), l'indicateur Qualitel met à la disposition de l'acquéreur une cotation objective des principaux éléments de qualité technique et de confort de sa future demeure. Il correspond à un examen approfondi du dossier de construction portant sur les points suivants :

- possibilité d'installation des équipements ménagers,
- revêtements de sols et revêtements muraux,
- plomberie sanitaire,
- électricité,
- isolation acoustique,
- confort thermique d'hiver et d'été,
- coût d'entretien des façades et toitures,
- coût d'entretien des espaces verts,
- coût d'exploitation du chauffage.

La cotation est exprimée au moyen des notes 1, 2, 3, 4, 5, correspondant aux appréciations suivantes : faible, moyen, bon, très bon, excellent.

L'indicateur Qualitel n'est pas un label de qualité : il ne comporte aucune appréciation globale, ni aucune exigence minimale de qualité. Il met à la disposition de l'acquéreur des informations qui lui permettront de comparer différents modèles de maisons individuelles et d'orienter ainsi son choix vers celui qui répond le mieux à ses besoins.

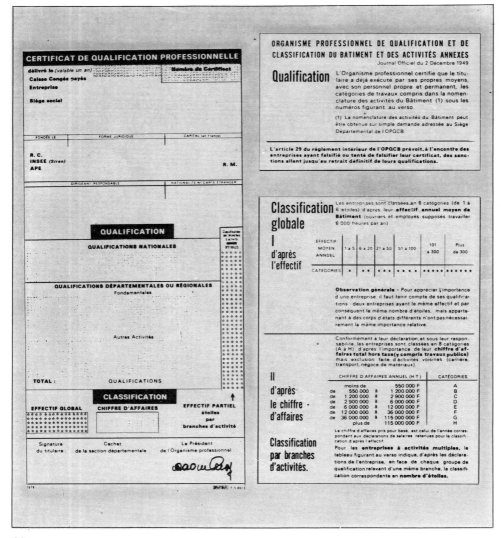

Indicateur Qualitel
Indicateur de qualités d'usage

	Faible	Moyen	Bon	Très Bon	Excellent
Possibilités d'installation des équipements ménagers					●
Revêtements de sols, revêtements muraux des pièces humides (cuisine, salle de bains...) et menuiseries intérieures			●		
Installation de plomberie sanitaire				●	
Installation électrique					●
Protection contre les bruits émis à l'intérieur du bâtiment					●
Protection contre les bruits émis à l'extérieur du bâtiment en zone I	●				
en zone II			●		
en zone III				●	

Indicateur de coûts de fonctionnement et d'entretien

	Coûteux	Assez Coûteux	Assez Économique	Économique	Très Économique
Façades et toitures				●	
Chauffage zone A		●			
zone B			●		
zone C				●	

L'Association Socotec Qualité

Cette association a pour objet la promotion de l'organisation de la qualité dans le bâtiment en particulier.

Le fait qu'un constructeur de maisons individuelles soit membre adhérent de l'Association Socotec Qualité signifie :
- qu'un système d'organisation de la qualité a été mis en place de façon concertée avec la Socotec en tenant compte de la technologie et des structures du constructeur considéré,
- que ce système fonctionne correctement, ce dont la Socotec s'assure par de multiples vérifications,
- qu'un service après-vente existe chez le constructeur. Le sérieux et l'efficacité du constructeur se trouvent ainsi portés à la connaissance des acquéreurs au moment où ils font leur choix.

Afin d'éviter toute équivoque, il convient ici de bien s'entendre sur le sens des mots.

La marque commerciale (exemple : ciment Lafarge) n'a d'intérêt que si le fabricant est réellement apprécié pour son sérieux ; de toute façon, elle ne correspond à aucune caractéristique précise.

La marque de qualité, ou le plus souvent **de conformité à la norme** ou à l'avis technique (exemple : ciment conforme à la norme N.F. P 15 301 de classe C.P.J.-45) est apposée par le fabricant sous sa seule responsabilité et après des opérations d'autocontrôle.

Dans l'exemple donné, le producteur atteste de façon assez précise la composition et la résistance du liant.

Le label (exemple ciment C.P.J.-45-V.P.) correspond à un certain niveau de qualité défini par une association professionnelle ou une administration ville de Paris et attestée après contrôle.

Le label est donc supérieur au simple marquage et il se différencie de lui par le sigle complémentaire de l'organisme qui se porte garant de ses caractéristiques et de ses qualités. Le label donne lieu à un marquage des produits. Mais il peut également s'appliquer à l'ensemble d'une installation ; il se trouve alors matérialisé par une attestation ou un panneau d'affichage (exemple : label « Promotelec », etc.).

Principaux exemples : dans les chapitres suivants, nous citerons plus en détail les marques et labels spécifiques des rubriques traitées. Leur liste s'établit comme suit :

MARQUES ET LABELS	RUBRIQUES OU FICHE
Marques de conformité aux normes, aux Avis techniques, etc.	Liants, matériaux de couverture, revêtements de sols, etc.
N.F. C.T.B.	portes
N.F. S.N.F.Q.	quincaillerie
N.F. groupe ... classe ...	robinetterie
N.F. U.S.E.	appareillage électrique
C.T.B.-X	contre-plaqués résistant à l'eau
C.T.B.-H	panneaux de particules résistant à l'eau
C.T.B.-CI	fermettes de charpente industrialisées
C.T.B.-fenêtres	classement A.E.V. des fenêtres
Acotherm	fenêtres et vitrages
A.V.I.C.Q. C.E.B.T.P.	vitrages isolants
Confort acoustique	confort acoustique
Promotelec	confort électrique
etc.	

2. les éléments du gros œuvre

110. Les maisons en bois

90. Des murs étanches

88. Des murs sans fissures

86. Les murs extérieurs : un choix essèntiel

92. Les planchers en béton armé

94. L'épaisseur d'un plancher en béton armé

96. Points singuliers des planchers à poutrelles en béton

70. Préparation et utilisation des mortiers

68. Le béton, le mortier, le plâtre

106. Les planchers en bois

100. Les escaliers intérieurs

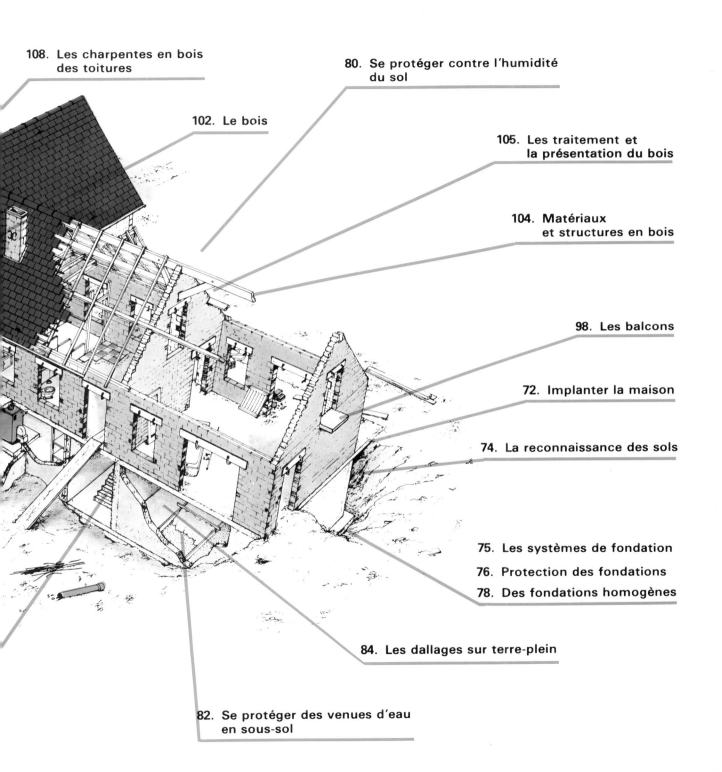

Le béton, le mortier et le plâtre

Principaux usages
Pour assembler de nombreux composants élémentaires employés dans la construction des maisons, on emploie très souvent le mortier ou le plâtre et, dans certains cas, pour les planchers par exemple, le béton.

Matériaux de liaisonnement, les mortiers et le plâtre servent également à recouvrir les maçonneries sous forme d'enduits offrant une surface apte à recevoir tous les types de revêtements de finition, tels que peintures, tapisseries ou carrelages.

Le béton est capable de constituer à lui seul tout ou partie du gros œuvre des constructions en raison de son principe de mise en place par coulage dans des moules ou coffrages et de la possibilité de lui associer des barres d'acier ou armatures qui augmentent dans de larges proportions sa résistance.

D'une façon générale, la préparation des mortiers, du plâtre et du béton consiste à additionner d'eau un liant qui peut, en fonction de sa nature et des caractéristiques recherchées, être utilisé pur ou avec du sable, ou avec du sable et du gravier.

Les liants
Parmi les liants les plus couramment utilisés figurent les ciments, la chaux naturelle ou artificielle et le plâtre. Ces matériaux sont issus de roches telles que les calcaires, les marnes et le gypse, qui après extraction en carrière subissent divers traitements : broyage, cuisson, etc.

Ils se présentent alors sous forme pulvérulente et possèdent la propriété caractéristique de « faire prise » et de durcir au contact de l'eau.

Les liants sont donc les constituants qui assurent la cohésion des mélanges auxquels ils sont incorporés. A ce titre, les précautions à prendre pour leur emploi revêtent une grande importance. Ainsi, en premier lieu, il est impératif de les conserver à l'abri de toute humidité, qui provoquerait des débuts de durcissement nuisibles à leurs qualités. En outre, ils ne doivent pas être utilisés trop « chauds », c'est-à-dire trop récemment fabriqués.

La réglementation exige, par le biais du respect des normes, que les fabricants testent régulièrement leur production et en garantissent les performances. Pour le consommateur, l'existence de ces prescriptions se traduit par un marquage d'identification apposé sur les emballages. Ainsi, en application des normes N.F. P 15 300 et N.F. P 15 301 relatives à la fabrication des ciments, les sacs utilisés pour la commercialisation doivent indiquer la catégorie de ciment qu'ils contiennent et sa classe de résistance. A titre d'exemple, l'un des ciments les plus couramment employés est le C.P.J. 45. Les lettres C.P.J. signifient qu'il s'agit d'un ciment Portland avec constituants secondaires tels que du laitier de haut fourneau ou des cendres volantes de centrale thermique, tandis que le nombre 45 indique celle des classes de résistance à laquelle il appartient.

L'eau, le sable, les graviers
L'eau nécessaire à la prise des liants doit être propre et surtout exempte de matières organiques en suspension. La même exigence de propreté s'applique aussi au sable et aux graviers en raison des défauts de résistance que pourraient entraîner des débris divers s'ils se trouvaient incorporés à un mortier ou à un béton. En outre, le sable ne doit pas contenir de particules trop fines : les grains les plus petits doivent se sentir au toucher et non donner l'impression d'une farine ; aucune trace blanchâtre ne doit subsister sur les doigts. Les graviers doivent être composés de granulats de tailles régulièrement étagées entre des grosseurs extrêmes assimilables à des billes d'un diamètre de 5 mm au moins et de 25 mm au plus.

A partir de diverses combinaisons de tous ces matériaux, eau, sable, graviers et liants, il est possible d'obtenir un certain nombre de mélanges aux propriétés assez différentes : mortiers, bétons, plâtres.

Le béton
Trés schématiquement, on peut dire que le béton des constructions actuelles se compose d'un liant additionné de

EMPLOIS COURANTS	CIMENTS PORTLAND ARTIFICIELS			CIMENTS PORTLAND COMPOSES				CIMENTS A HAUTE TENEUR EN LAITIER			CIMENTS PARTICULIERS			
	CPA 45	CPA 55	THR	CPJ 35	CPJ 45		CPJ 55	CHF 45	CHF 55	CLK 45	PMF 2	SUPER BLANC THR	FPL	XHA	HRC CPA 45 et 55
	R	R			R	R								
MAÇONNERIE				■	■	■					■			■	
BETON COURANT (non armé ou faiblement armé, remplissage, fondations, portées réduites, décoffrages différés).				■	■	■	■								
BETON ARME FORTEMENT SOLLICITE (structures porteuses, etc.).	■	■	■	■		■	■	■	■	■	■				■
BETON ARME DECOFFRAGE ACCELERE		■	■	■		.	.		■			■			
PRODUITS EN BETON NON ARME (Blocs, hourdis, etc.).	■	■	■	■		■	■								
ELEMENTS PREFABRIQUES EN BETON ARME (poutres, poutrelles, éléments de grande surface, etc.)		■	■	■	■									.	
STABILISATION DES SOLS ET GRAVES CIMENT	■			■	■	■		■	■	■		■		.	

sable et de graviers. Le liant le plus utilisé est le ciment, en raison des résistances élevées qui sont demandées au béton dans ses emplois les plus fréquents. Il sert en effet à faire des poutres, des planchers, des poteaux ou des murs pour ne citer que ses applications les plus répandues. La composition même du béton permet de le mouler dans des coffrages où sont généralement disposées des armatures en acier destinées à augmenter ses performances.

Les proportions à retenir pour préparer un béton ordinaire sont les suivantes : une part et demie de sable, deux parts et demie de graviers pour une part de ciment et une demi-part d'eau. L'eau est ajoutée lorsque les autres constituants sont intimement mélangés, le tout étant ensuite bien malaxé, de la même façon que pour les mortiers dont il sera question plus loin.

Le délai d'utilisation à observer pour le béton est de l'ordre de une heure et demie à deux heures, suivant les conditions atmosphériques.

Lorsque l'on envisage de couler des volumes non négligeables de béton, il peut être intéressant de faire appel au malaxage mécanique, en se servant par exemple d'une petite bétonnière électrique de 120 à 140 litres. Avec ce type d'appareil, il est préférable de mettre d'abord dans la cuve la quantité d'eau nécessaire, puis d'ajouter ensuite les graviers, le sable et enfin le ciment.

Pour des quantités de béton assez importantes, l'utilisation d'une bétonnière électrique est une solution très pratique pour un investissement peu élevé.

Avec ce type d'appareil, il vaut mieux mettre d'abord la quantité d'eau nécessaire, puis les graviers et le sable, enfin le ciment. Après quelques instants de malaxage, le béton est prêt à l'emploi.

Le marquage des sacs de ciment

Cette étiquette se lit :
CP j : ciment Portland avec constituants secondaires
45 moyenne : 45 indique la résistance moyenne garantie à 28 jours, en Méga Pascals
N.N. : abréviation de Nouvelle Norme
NF P 15301 : certifié conforme à cette Norme Française
VP : Ville de Paris. La qualité du ciment est sous surveillance du laboratoire de la ville de Paris. C'est une certitude de qualité.

Gâcher le plâtre

Verser l'eau dans une auge

Avec une truelle, répandre le plâtre dans l'eau, en observant la proportion d'un volume de plâtre pour un volume d'eau.

Mélanger, avec la truelle, le plâtre qui a alors la consistance d'un liquide épais. Attendre quelques minutes seulement avant de passer à l'application.

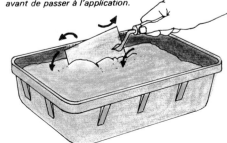

Le plâtre

La pratique du plâtre demande la maîtrise d'un tour de main que seule l'expérience permet d'acquérir. Mais ce matériau peut être employé sans trop de difficulté pour des rebouchages de faible importance.

A la différence des ciments et de la chaux, le plâtre est un liant qui ne nécessite pas d'autre constituant que l'eau indispensable à sa prise. Cependant, il est tout à fait possible de lui ajouter du sable, pour des garnissages de forte épaisseur par exemple.

Les proportions habituellement respectées pour un plâtre fin de construction (P.F.C.) se résument à une part de plâtre pour une part d'eau. Mais il est essentiel de verser le plâtre dans l'eau et non l'inverse, qui aurait pour conséquence de le « tuer ».

Le mélange ainsi préparé a la consistance d'un liquide épais qui commence à devenir pâteux au bout d'environ cinq minutes. Il faut l'utiliser dès ce moment car il durcit alors très vite. Si le plâtre doit servir à combler des vides importants, il est conseillé de diminuer un peu le dosage en eau.

> **Conseils**
> - Quand on utilise du mortier directement à la main, il est conseillé de mettre des gants de caoutchouc.
> - Pour nettoyer la cuve d'une bétonnière, on y verse un seau d'eau et un seau de gravier puis on laisse tourner le moteur pendant quelques instants.

La préparation et l'utilisation des mortiers

La composition des mortiers

Généralement employés pour « liaisonner » entre eux des éléments de format réduit tels que les moellons, les briques ou les blocs de béton aggloméré, les mortiers sont confectionnés soit avec du ciment, soit avec de la chaux ou encore avec un mélange des deux. En fait le choix du liant dépend des qualités principales demandées au mortier.

Le ciment confère des résistances assez élevées, mais rend les mortiers sensibles à la dessication et au retrait qui se manifeste parfois sous forme de fissures filiformes après durcissement.

La chaux, par contre, donne des mortiers moins résistants mais les rend plus « gras », autrement dit plus collants, même sur des supports poreux qui ont tendance à « griller » les mortiers, c'est-à-dire à les dessécher prématurément.
Une formule couramment pratiquée pour bénéficier autant que possible des qualités de ces deux liants consiste à les associer, souvent à parts égales, pour obtenir alors un mortier dit « bâtard ».

Mais, si les liants étaient gâchés, c'est-à-dire mélangés à l'eau sans apport de sable, ils présenteraient le double inconvénient de donner des mortiers d'un prix élevé et surtout d'une grande sensibilité au retrait, qui se traduirait par des fissures après séchage. L'ajout de sable a ainsi pour but de consommer moins de liant tout en procurant aux mortiers un meilleur comportement. Les proportions ordinairement retenues pour la préparation d'un mortier destiné à monter une maçonnerie sont les suivantes :

MORTIER DE CHAUX	MORTIER DE CIMENT	MORTIER BATARD
1 part de chaux pour 2 à 3 parts de sable	1 part de ciment pour 2 à 3 parts de sable	1/2 part de chaux + 1/2 part de ciment pour 2 à 3 parts de sable

La préparation des mortiers

Le gâchage proprement dit doit être effectué sur une surface propre, une plaque de tôle par exemple. Le sable, éventuellement tamisé, est préalablement étalé sur l'aire de travail, puis la quantité voulue de liant est répandue par-dessus. Le tout est ensuite intimement mélangé à l'aide d'une pelle avant d'être disposé en couronne à la façon d'un cratère de volcan. L'eau est alors versée dans ce cratère dont les bords sont progressivement éboulés à la pelle, vers le centre, en prenant soin de ne pas laisser l'eau s'échapper.
Lorsque cette phase de l'opération est achevée, il reste à malaxer énergiquement le mortier en remaniant le tas de son pourtour vers son milieu et en imprimant à la pelle de temps en temps, un mouvement alterné de haut en bas comme pour hacher la pâte ainsi obtenue.

A partir du moment où le mortier est gâché, le délai d'utilisation ne doit pas dépasser une heure et demie à deux heures suivant les conditions atmosphériques.
Dans le cas où un reste de mortier n'aurait pu être mis en œuvre avant son début de durcissement, il ne doit jamais être réhumidifié et récupéré. On prépare donc les quantités nécessaires au fur et à mesure.
En période froide, il est conseillé de ne pas préparer de mortier si la température est inférieure à 5 °C.

Gâchage du mortier sur aire

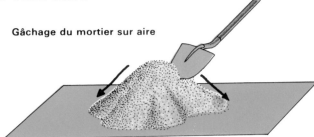
1. Disposer le sable sur l'aire de travail

2. Ajouter le ciment ou la chaux

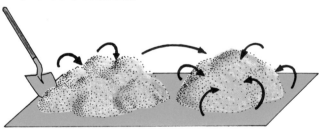
3. Bien retourner sable et liant avec une pelle pour obtenir un mélange de teinte uniforme

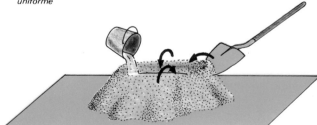
4. Former une cuvette et ajouter l'eau, puis ébouler les bords vers le centre sans laisser l'eau s'échapper

5. Malaxer énergiquement le mortier en tournant et retournant le tas avec la pelle, tout en le « hachant » de temps à autre

L'utilisation des mortiers

Lorsqu'il est destiné à monter ou « hourder » une maçonnerie d'éléments en terre cuite ou en béton aggloméré, le mortier, une fois gâché, s'applique à la truelle, soit sur deux tranches perpendiculaires de chaque élément à mettre en œuvre directement à l'emplacement que va venir occuper chaque nouvel élément. La première technique convient surtout pour les cloisons ou les murs minces tandis que la seconde est plus indiquée pour les maçonneries dont l'épaisseur dépasse 10 à 15 cm. Mais dans les deux cas, les blocs élémentaires sont toujours disposés en quinconce et bien humidifiés avant leur mise au contact du mortier. Les joints horizontaux et verticaux doivent avoir une largeur comprise entre 1 et 2 cm, ce qui s'obtient en prévoyant une surépaisseur du mortier de pose, que l'on fait refluer en frappant légèrement les blocs avec le manche de la truelle pour atteindre le résultat recherché.

Les mortiers peuvent aussi servir à enduire les maçonneries, à l'exception de celles qui auraient été hourdées au plâtre et qui ne peuvent être enduites qu'avec du plâtre.

L'exécution d'un enduit au mortier est une opération délicate qui se décompose en trois phases.

Une première couche, ou gobetis d'accrochage, doit être vigoureusement jetée à la truelle sur le support. Son épaisseur ne doit pas dépasser 5 mm et la teneur en liant doit être élevée : une part de liant pour deux de sable.

La seconde couche constitue ensuite le corps d'enduit, dont l'épaisseur est de l'ordre de 1 cm. Sa composition est voisine de celle d'un mortier ordinaire : une part de liant pour deux parts et demie de sable. Elle peut être soit jetée à la truelle et dressée à la taloche, soit appliquée directement à la taloche. Pour obtenir une surface suffisamment plane, il est conseillé de réaliser d'abord des guides verticaux constitués par des patins continus de mortier préalablement dressés avec des règles.

La troisième couche, qui est facultative mais conseillée, donne son fini à l'enduit. Elle est relativement mince, de l'ordre de 5 mm et se compose d'une part de liant pour trois parts de sable. L'application se fait, en général, à la taloche, le lissage à la truelle étant proscrit.

Il convient bien sûr d'observer un certain délai de séchage entre deux couches successives, au moins huit jours et si possible davantage.

Réalisation d'un enduit au mortier

L'exécution d'une maçonnerie

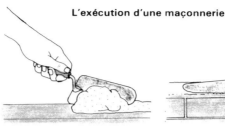

1. Etaler une couche de mortier au moyen d'une truelle à l'emplacement du mur à construire

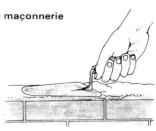

2. Egaliser chaque couche de mortier en lui donnant une épaisseur un peu supérieure à celle du joint terminé

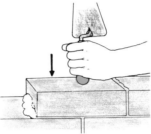

3. Tapoter les blocs avec le manche de la truelle pour atteindre une épaisseur de joint correcte (1 à 2 cm)

4. Vérifier au niveau à bulle et au fil à plomb, l'horizontalité des rangs et la verticalité du mur

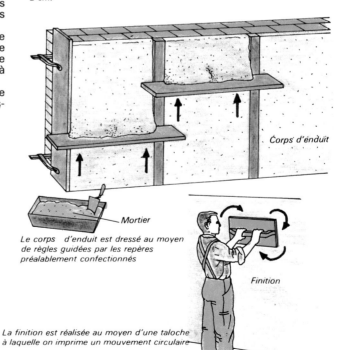

Corps d'enduit

Mortier

Le corps d'enduit est dressé au moyen de règles guidées par les repères préalablement confectionnés

Finition

La finition est réalisée au moyen d'une taloche à laquelle on imprime un mouvement circulaire

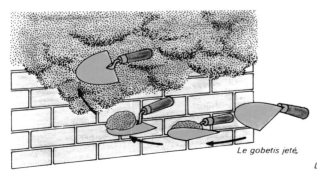

Le gobetis jeté.

Projeter avec vigueur et régularité un gobetis demande un tour de main difficile à maîtriser

Implanter la maison

Implanter une maison sur un terrain, c'est choisir son emplacement et son orientation. Si le terrain est de dimensions modestes, les solutions sont peu nombreuses. Si, au contraire, on dispose d'une assez grande propriété, on peut hésiter entre de nombreuses implantations possibles. Dans tous les cas, il faut éviter ces erreurs irréparables qui peuvent compromettre le confort des habitants de la demeure et quelquefois provoquent des dommages liés à l'action de l'eau. Choisir l'emplacement d'où la vue sur l'extérieur est la meilleure, dont l'orientation est idéale et sans faire courir à la construction de risques inutiles résulte toujours de compromis.

Une bonne orientation
L'orientation idéale est celle qui permet de profiter à la fois de l'ensoleillement maximal, de la vue extérieure la plus agréable, en évitant d'exposer la façade la plus vitrée aux vents dominants, aux bruits (routes, voies diverses) et aux regards indiscrets du voisinage. Les chambres sont les pièces que l'on s'efforce de protéger le plus possible, le séjour, celle que l'on ouvre le plus largement sur l'air et la lumière.

Un emplacement sûr
L'emplacement de la maison, qui doit permettre une orientation idéale, ne peut pas être décidé à la légère. De lui peut dépendre la solidité de la construction.
On évite de placer la maison dans le bas d'un terrain en pente au point de rencontre des eaux de ruissellement ; la maison, devenant un barrage, empêcherait leur écoulement et subirait des dommages graves.
Sur certains sites, les maisons sont accolées ou simplement voisines et forment des bandes continues de constructions souvent placées le long d'une ligne de même niveau, par exemple un bord de route au pied d'une colline ou au fond d'une vallée. Cette bande de maisons devient, en cas d'orage violent ou de fortes précipitations, un barrage important qui retiendra des eaux et des boues dont les forces conjuguées peuvent provoquer des dégâts.

Attention aux arbres !
Si le sol sur lequel sont assises les fondations est argileux, il faut éviter de placer la maison à proximité immédiate d'un arbre. De même, si l'on envisage de planter des arbres, il faut laisser un espace suffisant entre le tronc et les murs de façade.
Pour vivre, les arbres extraient l'eau du sol, d'autant plus vigoureusement et d'autant plus loin que la période est plus sèche et l'eau plus rare. L'argile desséchée par l'arbre se rétracte, diminue de volume et peut ainsi se trouver à l'origine d'un tassement

On ne construit pas une maison au point le plus bas d'un terrain en pente, là où se rejoignent les eaux de ruissellement.

Les maisons en bande au bas d'une colline risquent de devenir un vrai barrage de retenue des eaux de pluie.

Le danger couru par les maisons « barrages » est grand.

L'arbre trop près assèche les terres et les argiles, le sol devient instable.

générateur de fissures. La distance sur laquelle l'arbre peut faire sentir son influence varie en fonction de l'espèce et des circonstances locales. Pour éviter toute surprise, il est plus sage de s'inspirer des coutumes locales. En observant une garde minimale de 2 à 3 m entre les murs et les feuillages les plus avancés de l'arbre supposé adulte, on évite bien des risques.
Si le terrain est traversé par un réseau de drainage, on

éloigne la construction de toute canalisation qui peut provoquer, comme l'arbre, un assèchement important du terrain au niveau des fondations. Si en ce domaine également les sols argileux sont sensibles, les sols granuleux ne présentent guère de risques.

Des apparences trompeuses

Un terrain pratiquement plat peut en réalité constituer une cuvette indiscernable. La maison au centre de ce creux qu'on n'avait pas su voir devient vulnérable. Une précaution est donc de surélever la construction sur un terrain dont on doute de la planéité. Un géomètre saura détecter ce type de creux perfide. Le consulter est donc s'entourer de garanties.

Sur un sol érodable, ce qui est le cas des sols granuleux, tels les sables relativement purs, le moindre ruisseau est un danger. Les points les plus bas où peuvent se rassembler les eaux de ruissellement y sont particulièrement sensibles. Quelques travaux de protection peuvent évidemment éliminer tout danger.

Enfin, on doit éviter les zones où le terrain n'est pas homogène, ce qui arrive par exemple quand il y a affleurement de roches, ou présence de « lentilles » molles dans des couches dures.

Les mouvements de terre ou terrassements généraux

Pour les techniciens, ce sont tous les travaux qui consistent à décaper le terrain à un endroit et à le remblayer ailleurs pour lui donner la forme désirée. Creuser le sol pour aménager des sous-sols, un garage enterré ou une piscine, « paysager » le terrain pour lui donner un caractère particulier sont quelques-uns de ces travaux classiques, qui, réalisés avec précaution, ne peuvent entraîner de dommages.

Les plates-formes qui entourent éventuellement une maison doivent être réalisées avec une pente d'au moins 2 % qui éloigne les eaux de ruissellement.

Les terrassements dans les sols fins, limons, argiles, ne doivent pas être à l'origine d'un dessèchement sous les fondations qui peut provoquer fissures ou tassements. Quand le terrain est en pente, les terrassements ne doivent pas entraîner des glissements d'ensemble. Pour cela, on évite d'enlever une butée au pied d'une pente, de surcharger une pente et de modifier la circulation de l'eau dans le sol. Sur un tel terrain, il faut faire attention aux rochers fissurés. Sur les sols compressibles, on doit prohiber les remblais trop importants contre la maison.

Un tuyau de drainage trop proche assèche le terrain qui doit supporter la maison.

Un terrain plat peut être en réalité une cuvette qui se remplit par temps d'orage.

Sur un sol facilement érodable, petit ruisseau deviendra grand !

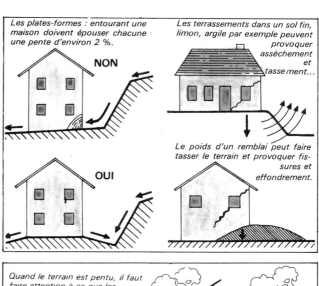

Les plates-formes : entourant une maison doivent épouser chacune une pente d'environ 2 %.

Les terrassements dans un sol fin, limon, argile par exemple peuvent provoquer assèchement et tassement...

Le poids d'un remblai peut faire tasser le terrain et provoquer fissures et effondrement.

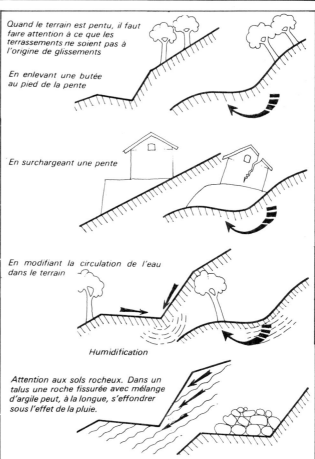

Quand le terrain est pentu, il faut faire attention à ce que les terrassements ne soient pas à l'origine de glissements

En enlevant une butée au pied de la pente

En surchargeant une pente

En modifiant la circulation de l'eau dans le terrain

Humidification

Attention aux sols rocheux. Dans un talus une roche fissurée avec mélange d'argile peut, à la longue, s'effondrer sous l'effet de la pluie.

La reconnaissance des sols

Les investigations nécessaires

La visite et l'examen du site, l'étude des cartes géologiques permettent au spécialiste de se faire une première idée de la nature des terrains. Cependant, ce n'est qu'en pratiquant des sondages que l'on peut porter une juste appréciation sur la qualité du sol. Mais il est bien difficile de donner des indications précises, notamment sur la profondeur à adopter pour les sondages.

En effet, tout dépend du site, et pour un même type de maison, l'on peut être conduit à adopter des profondeurs différentes ici ou là.

Il faut en conclure que seule une personne qualifiée est à même de définir correctement ce qu'il convient de faire en matière de reconnaissance des sols.

Les catégories de sols

L'examen des prélèvements faits dans les sondages permet de déterminer avec exactitude le type de sol auquel on a affaire.

Il appartient en général à l'une des catégories suivantes :
- **les sols rocheux** : ce sont les plus faciles à reconnaître et même si la roche est plus ou moins altérée ou fissurée, ils constituent une excellente assise pour les fondations ;

- **les sols granuleux** : ce sont des sols contenant des grains de diamètre plus ou moins grand, sables, graviers, cailloux ; ils peuvent contenir une certaine proportion de particules fines, limon ou argile, mais pas suffisamment pour empêcher les grains de sable ou de gravier de rester en contact ; il est facile de les reconnaître par le fait qu'ils crissent quand on les malaxe dans la main.
Ces sols tassent peu et constituent une bonne assise pour les fondations si toutes les précautions sont prises pour réduire les risques d'affouillement, c'est-à-dire l'érosion du sol par l'action de l'eau, en bordure d'un cours d'eau par exemple ;

- **les sols cohérents** : ce sont des sols fins, essentiellement des argiles ou des limons ; ils peuvent contenir des grains de sable ou de gravier mais ceux-ci sont séparés par les particules fines et n'ont pas de contact entre eux ; plus ces sols sont humides, plus leur consistance est molle ; quand ils sont dépourvus de grains de grande dimension, il est possible de les pétrir dans la main et de les rouler sous forme de bâtonnets.
Ces terrains sont d'autant plus résistants que leur consistance est plus ferme. Il faut savoir qu'ils peuvent présenter des tassements non négligeables. D'autre part, ils peuvent présenter l'inconvénient de subir des variations de volume en fonction des variations de leur teneur en eau.

Le terrain idéal et les autres

Le terrain idéal n'a pas de pente. En outre, il est constitué par un sol homogène, rocheux, granuleux ou cohérent, de consistance relativement ferme, et cela sur une épaisseur suffisante.

Mais le terrain idéal est rare, les phénomènes géologiques, et en particulier l'érosion, ou les interventions humaines, ont souvent modifié les sols qui peuvent :
- présenter une pente plus ou moins accusée,
- être hétérogènes en surface ou en profondeur,
- être constitués, au moins partiellement, par des remblais douteux,
- être inondables,
- receler une nappe d'eau à faible profondeur,
- être situés dans une zone de carrière ou de mines,
- être menacés par un glissement de terrain ou par des éboulis, etc.

Cela pose toute une série de problèmes particuliers que seul le spécialiste est à même de résoudre correctement. Cependant, il est nécessaire de bien connaître son terrain pour éviter les défauts de construction ou des dépenses importantes qui grèvent le budget initial.

Dans tous les cas, il faut donc s'assurer que le constructeur a consulté un spécialiste averti.

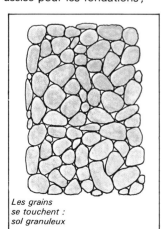

Les grains se touchent : sol granuleux

Les grains ne se touchent pas : sol cohérent

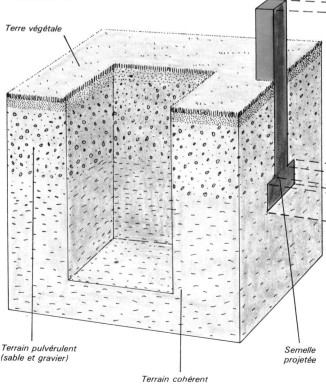

Exemple de puits de sondage avant de fonder une maison sur semelles filantes

Terre végétale

Terrain pulvérulent (sable et gravier)

Terrain cohérent (argile)

Semelle projetée

Les systèmes de fondation

Les fondations assurent la liaison de la construction avec le terrain. Elles supportent le poids de la maison et doivent résister aux efforts engendrés par le vent et par la déformation propre du sol.
Selon la nature des terrains, on réalise des fondations superficielles ou profondes.

Les fondations superficielles
Plus économiques et convenant le plus souvent aux maisons individuelles classiques, les fondations superficielles sont employées lorsque des terrains convenables sont rencontrés à proximité de la surface du sol. Il s'agit dans ce cas de semelles filantes en béton surmontées d'un mur de soubassement réalisé en maçonnerie ou également en béton coulé sur place.
Un autre système de fondation superficielle est le radier général. Il convient pour les terrains de faible portance ou pour les remblais compactés. Cette solution est particulièrement intéressante dans le cas des maisons dont le plancher bas du rez-de-chaussée est un dallage sur terre-plein.

Les fondations plus profondes
Elles sont utilisées quand les couches superficielles ne conviennent pas pour supporter la maison et qu'il faut faire reposer celle-ci sur des couches plus profondes. Il peut s'agir de :
- plots en béton, qui permettent d'approfondir les fondations sans trop de dépenses et qui sont reliés par des poutres horizontales appelées longrines sur lesquelles reposent les murs,
- puits creusés dans le sol jusqu'à la couche résistante comme les plots, et qui supportent aussi les maçonneries par l'intermédiaire de longrines,
- pieux qui, par rapport aux puits, ont une section transversale plus faible et qui peuvent être réalisés par toute une série de procédés particuliers. Ces pieux ne peuvent être exécutés que par des entreprises spécialisées, dûment qualifiées pour ce type d'activité. Les pieux supportent eux aussi des longrines comme les plots et les puits.

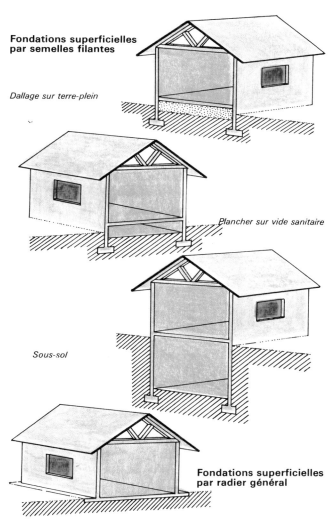

Fondations superficielles par semelles filantes

Dallage sur terre-plein

Plancher sur vide sanitaire

Sous-sol

Fondations superficielles par radier général

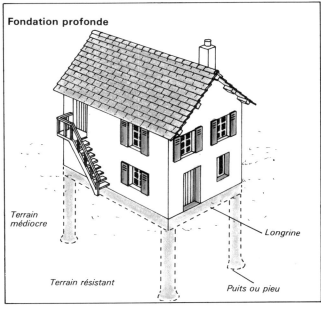

Fondation profonde

Terrain médiocre

Longrine

Terrain résistant

Puits ou pieu

Attention !
Il ne faut pas penser qu'il est plus facile d'étudier les fondations d'une maison individuelle que celles d'un grand immeuble. En effet, une maison individuelle, toujours construite selon des techniques légères, est plus sensible et résiste moins bien à des mouvements du sol qu'une construction plus importante dont l'ossature robuste procure une meilleure rigidité.
Ce fait se trouve d'ailleurs confirmé par l'expérience. Les insuffisances de fondations constituent, en effet, une des principales sources de désordres affectant les maisons individuelles.
Que faire pour se prémunir contre un tel risque ? Les problèmes rencontrés se révélant complexes, il y aura tout intérêt à consulter un spécialiste et donc à recueillir l'avis d'un ingénieur conseil, d'un architecte ou d'un bureau de contrôle.

La protection des fondations

Les affouillements

Ils sont provoqués soit par le travail lent mais continu des cours d'eau, souterrains ou non, soit par une action violente et subite de rivières ou torrents en crue, soit par des eaux de ruissellement.

Les affouillements sont surtout à craindre dans le cas des sols pulvérulents ou à faible cohésion.

La meilleure protection contre les risques d'affouillements est évidemment d'éloigner la maison des torrents ou rivières. A défaut, on adoptera une profondeur de fondation suffisante pour que l'action de l'eau ne puisse altérer le sol d'assise. L'examen des dispositions adoptées pour les constructions voisines peut être très instructif.

Les « affouillements » provoqués par l'érosion ou les eaux souterraines sont un des dangers des sols pulvérulents ou de faible cohésion

Le gel

Un sol est dit « gélif » quand il contient de l'eau et lorsque des remontées capillaires permettent à l'eau de parvenir dans les zones où la température est négative.

Certaines roches sont gélives, les sols granuleux propres sont peu sensibles, les sols cohérents sont les plus vulnérables. Les Ponts et Chaussées, qui posent les barrières de dégel, connaissent bien les sols gélifs.

Que se passe-t-il si des fondations reposent d'une façon trop superficielle sur un sol gélif ?

L'eau remonte par capillarité et en période de gel vient se solidifier sous forme de lentilles de glace en dessous des fondations. L'expansion de la glace peut alors provoquer la fissuration généralisée de la maison.

Quand la température s'élève, la glace fond en diminuant de volume et, si l'on est en présence d'un sol cohérent, celui-ci peut se liquéfier. Les fondations s'enfoncent alors légèrement et un nouveau réseau de fissures peut se développer.

Pour éviter ces inconvénients, on adopte pour les fondations une profondeur supérieure à un minimum que l'on appelle la « garde au gel ».

Une carte en donne les valeurs pour les différentes régions de France. Dans la plaine, la garde au gel varie de 0,25 m, pour les régions tempérées ou le littoral de la côte d'Azur, jusqu'à 0,90 m, en Alsace.

Au-dessus de 150 m d'altitude, la garde au gel doit être augmentée de 5 cm par tranche de 200 m d'altitude supplémentaire. Cette carte est valable quel que soit le type de sol.

L'expansion consécutive au gel provoque des fissures

Première phase : Formation de lentilles de glace

Deuxième phase : Liquéfaction du sol préalablement gelé

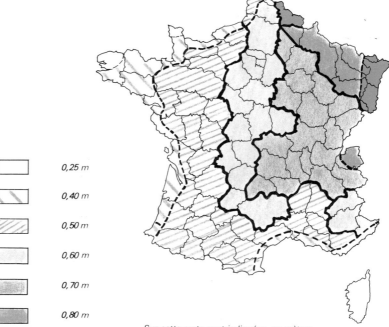

Sur cette carte sont indiquées, en mètres, les profondeurs dites « de garde au gel », recommandées en plaine pour les fondations

Le gonflement et le retrait des sols

Les variations de volume

Ils sont à considérer uniquement dans le cas des terrains cohérents. Quand la teneur en eau de ces sols augmente, ils ont généralement tendance à gonfler. Inversement, quand la teneur en eau diminue, ils se rétractent. De tels mouvements, lorsqu'ils se situent au niveau des fondations, peuvent provoquer d'importantes fissurations.

Les risques de retrait et de gonflement des terrains argileux

Si la maison a été construite en période sèche, le sol gonfle au moment des pluies sauf sous la maison où il est protégé des précipitations

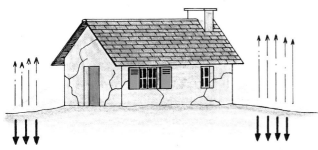

Si la maison a été construite en période humide c'est l'inverse qui se produit, le sol situé sous la maison étant protégé de l'évaporation

Si les fondations sont exécutées dans une période humide, quand le sol est à son volume maximal, celui-ci se rétractera par la suite quand sa teneur en eau diminuera, en période estivale.
Cette rétraction sera plus importante à la périphérie de la maison où le soleil peut assécher le sol et où l'évaporation de l'eau peut se faire normalement. Elle sera par contre moins forte au centre où la maison protège le sol du soleil et où elle empêche l'évaporation. Les bords ont alors tendance à s'affaisser par rapport au centre, d'où l'apparition de fissures.
Si les fondations sont exécutées en période sèche, c'est l'inverse qui se produit, le sol gonfle à la périphérie de la maison, sous l'action de la pluie, alors qu'au centre il est protégé.
Pour se prémunir contre ces phénomènes, la solution consiste à faire reposer les fondations à une profondeur telle que la teneur en eau reste pratiquement constante quelle que soit la saison.
Il est prudent de se guider sur les dispositions adoptées pour les constructions existantes voisines de celle que l'on projette de construire et qui ne présentent pas de désordre. Si les constructions voisines présentent des fissures non explicables par un défaut de construction, il sera prudent de consulter un spécialiste.

Les tassements

Ces précautions ne concernent, là encore, que les terrains cohérents quand il s'agit de construire une maison individuelle. En effet, les terrains rocheux ou granuleux, dans les mêmes conditions, ne présentent que des tassements négligeables. Les tassements sont différents des variations de volume qui viennent d'être examinées. Il s'agit en fait du léger enfoncement qui se produit sous l'effet des charges appliquées à la fondation : un peu comme le pied s'enfonce dans le sable de la plage sous le poids du corps.
Si les tassements ne sont pas uniformes sous une maison, certaines parties s'enfoncent plus que d'autres et des fissures parfois très importantes peuvent se former.
Les calculs de tassement sont complexes et, dès que l'on se trouve en présence d'un sol cohérent humide, il faut faire appel à un spécialiste. On retiendra toutefois les points suivants :
- éviter que toutes les semelles aient la même largeur alors qu'elles supportent des murs chargés de façon différente ;
- fonder plutôt la maison sur des plots calculés de façon que leurs tassements soient égaux ;
- réaliser le soubassement en béton armé de façon à obtenir une base rigide et résistante permettant de pallier les effets des tassements différentiels ;
- éviter d'exécuter des fondations différentes juxtaposées, par exemple une semelle isolée sous un poteau à côté de semelles filantes sous des murs ;
- éviter de poser la maison sur un dallage mince et souple (ce qui serait sans inconvénient dans le cas d'un sol granuleux).

Sur les sols cohérents compressibles, on évite les semelles de même largeur si les charges supportées sont différentes

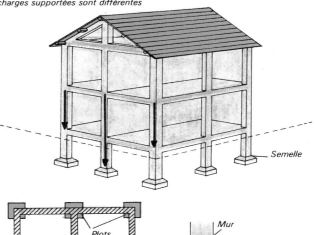

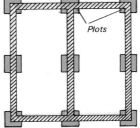

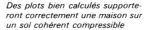

Des plots bien calculés supporteront correctement une maison sur un sol cohérent compressible

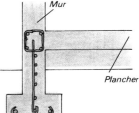

Un soubassement en béton armé limite les effets des tassements

Des fondations homogènes

Eviter les discontinuités
Des terrains non homogènes, des fondations implantées à des niveaux décalés, des fondations supportant des charges différentes, des maisons composées de parties d'importance inégale, constituent en matière de fondations des discontinuités, au même titre que d'accoler à un ancien bâtiment une construction nouvelle.

Chaque fois que l'on se trouve en présence d'une discontinuité dans la nature du sol, ou que l'on réalise des ouvrages d'importance ou d'âge différent, on se trouve confronté à un problème de fondation. On aura alors intérêt à consulter un spécialiste.

Discontinuités dans la nature du sol
Tous les sols n'ont pas des comportements identiques lorsqu'ils doivent supporter les charges transmises par les fondations ; à chargement égal, certains tassent plus que d'autres. Il n'est donc pas conseillé de fonder une maison sur deux sols différents.

Par exemple, si le terrain est en partie constitué en surface par du remblai, les fondations seront conçues de manière qu'elles reposent entièrement par approfondissement sur les couches homogènes et solides du terrain naturel ; de même, dans le cas où le terrain est un sol cohérent reposant sur la roche, les fondations seront descendues jusqu'à la roche saine.

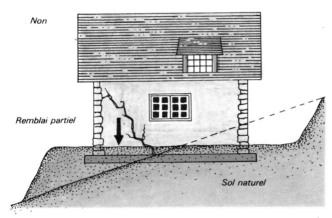

Pour un remblai partiel on continue les fondations jusqu'au sol naturel

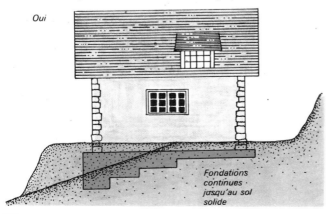

On voit que des discontinuités dans la nature des terrains peuvent nécessiter l'augmentation de la profondeur des fondations, et, par conséquent, leur coût.

Des fondations profondes peuvent coûter très cher ; aussi, pour réaliser des économies, il est parfois préférable de modifier l'implantation initialement choisie pour la maison.

Dans un sol cohérent sur de la roche on descend les fondations de façon homogène jusqu'à la roche

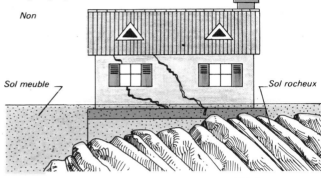

Discontinuités dans les niveaux des fondations
Même dans un sol relativement homogène, des fondations chargées de façon identique mais situées à des profondeurs différentes ne subiront pas un tassement de même importance. En effet, la compressibilité des sols varie avec la profondeur.

Il faut donc éviter les fondations présentant des discontinuités de niveau. Si cela n'est pas possible, on cherchera à atténuer les différences de tassement grâce à une série de redans, ou encore au moyen d'un soubassement conçu de façon à présenter une grande rigidité.

Sur sol adhérent on évite les fondations discontinues

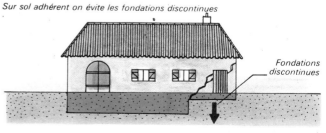

Discontinuités de forme de la maison

Les charges imposées aux fondations sont proportionnelles à l'importance de l'ouvrage qu'elles supportent. Si l'on juxtapose, par exemple, une partie comportant un ou deux étages avec une autre à simple rez-de-chaussée, les fondations situées sous le rez-de-chaussée seront moins chargées que celles situées sous la partie à étage.
Le sol situé sous les fondations, étant chargé différemment, ne tassera pas de la même façon sous les différentes parties de la construction et, si celle-ci n'est pas assez résistante, ce phénomène de tassement différentiel peut être à l'origine de fissurations importantes.
Ce risque peut être pallié par le fractionnement de la construction grâce à l'interposition de joints de désolidarisation entre les parties d'importance différente.

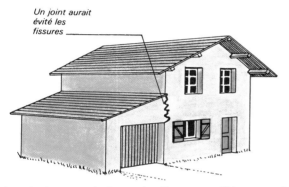

Pas de parties de construction juxtaposées d'importances différentes sans joints de construction

Discontinuités dans l'âge des ouvrages

Le tassement des terrains (ou leur gonflement dans certains cas) ne se produit pas instantanément. Il s'ensuit que le tassement d'un ouvrage reste associé à son ancienneté.
Quand on accole une partie neuve, qui n'a pas encore subi les mouvements du sol, à une partie ancienne qui a déjà eu le temps de tasser, il convient également de les désolidariser en prévoyant un joint entre la partie neuve et la partie ancienne. Il faut aussi être conscient que la construction de la partie neuve influencera le sol sous la partie ancienne qui peut elle aussi être entraînée dans un mouvement de tassement avec pour conséquence l'apparition de fissures.

Les fonds de fouilles propres et plats sont une garantie de fondations correctes

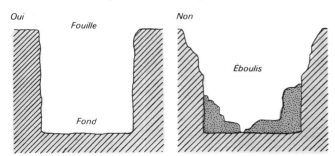

Conseils pour la bonne exécution des fondations

- Les fonds de fouilles doivent être relativement plats et propres et rester le moins longtemps possible exposés aux intempéries.
- Le béton ne doit pas être trop liquide pour éviter les fissurations et les risques d'attaque par corrosion des armatures, qui seront toujours bien enrobées et isolées de la terre.
- Dans le cas où l'eau contenue dans le sol est agressive (acide, corrosive, etc.), il faut choisir un ciment adapté.
- Il y a intérêt à réaliser si possible les soubassements en béton banché de façon à obtenir une base rigide et résistante permettant de pallier les effets des tassements différentiels éventuels.
- De toute façon, la mise en place d'armatures de chaînage est indispensable au niveau des semelles ainsi que du plancher bas du rez-de-chaussée.

Un béton trop liquide sera de qualité médiocre

Les fers d'armature du béton ne doivent jamais se trouver en contact avec la terre

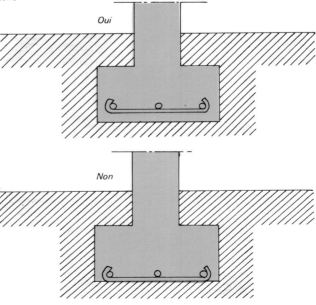

Se protéger contre l'humidité du sol

On appelle infrastructure d'une maison sa partie inférieure, sa base. Elle doit être protégée contre les remontées capillaires, la pénétration directe de l'eau de surface, le rejaillissement de l'eau de pluie et la pénétration de l'eau contenue dans le sol (sur ce dernier point, voir pages suivantes).

Sans ces précautions, il risque de régner dans les pièces du rez-de-chaussée une humidité qui est cause de dégradations et qui est malsaine pour les occupants.

Les remontées d'humidité par les murs

Les matériaux avec lesquels on construit les maçonneries, pierres, mortier, béton, blocs ou briques, sont tous plus ou moins poreux. L'eau peut donc les pénétrer et s'y propager.

On doit protéger une maison contre l'eau toujours présente dans le sol, en quantité plus ou moins importante selon la saison, et qui peut imprégner les parties enterrées comme les fondations et s'élever par capillarité. Pour cela, on préserve la base des murs par une coupure étanche réalisée :

• soit par un bitume armé type 40, matériau habituellement utilisé dans les techniques de couverture et qui se présente sous la forme d'une feuille souple, noire, constituée d'une matière bitumineuse renforcée par un tissu de verre ;

• soit par une couche de mortier dosé au moins à 500 kg de ciment par mètre cube de sable avec de préférence incorporation d'un hydrofuge de masse.

Un hydrofuge est un produit qui a la propriété de modifier les conditions de contact de l'eau avec un solide. Si le mortier est hydrofugé, l'eau ne peut plus pénétrer dans les pores et s'y élever par capillarité.

Les hydrofuges de masse se présentent le plus souvent sous la forme de liquides à mélanger avec l'eau de gâchage du mortier ou du béton. Il ne peut être question de juger directement de la qualité d'un hydrofuge, mais on peut vérifier que le produit utilisé a été agréé par la commission ministérielle créée à cet effet (COPLA).

Pour agir avec efficacité, une coupure étanche doit se trouver au-dessus du sol environnant.

Si la maison est bâtie sur vide sanitaire, la coupure étanche se trouvera donc au-dessous du plancher ; si la maison comporte un dallage sur terre-plein, elle ne doit pas se trouver au-dessus du niveau supérieur de ce terre-plein. En outre, dans ce cas, il ne faut pas négliger les remontées capillaires qui peuvent se faire directement dans le remblai sous dallage.

Les remontées d'humidité par les dallages

Si le sol est suffisamment perméable pour ne pas être saturé d'eau jusqu'en surface au moment des pluies, on peut procéder ainsi :

• enlever la terre végétale en surface pour atteindre le sol sain ;

• exécuter un remblai très perméable constitué de cailloux ou de gravier propre, de manière que les interstices restent vides, constituant ainsi une rupture de capillarité (des galets roulés conviennent très bien) ;

• entre le remblai et le dallage proprement dit, interposer une feuille plastique d'au moins 0,15 mm d'épaisseur raccordée avec la coupure étanche des murs ; pour exécuter le remblai, il faut donc éviter les cailloux coupants qui pourraient perforer la feuille étanche ;

• enfin, assurer la ventilation du remblai par des orifices donnant sur l'extérieur.

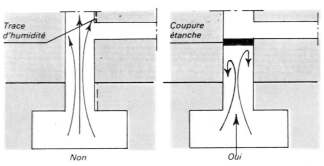
Une coupure étanche dans les murs empêche les remontées d'eau par capillarité

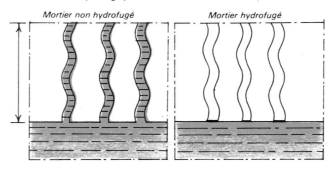
Un mortier rendu hydrofuge préserve contre les remontées capillaires

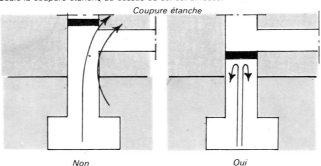
Seule la coupure étanche au-dessus du sol est efficace.

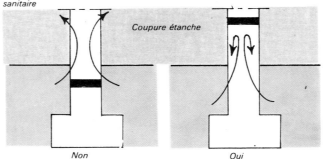
La coupure étanche doit être placée sous le plancher des maisons bâties sur vide sanitaire

La coupure étanche doit correspondre au-dessus des sols sur terre-plein.

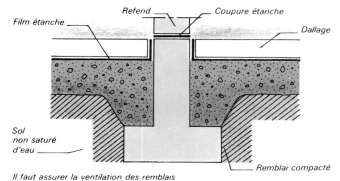

Il faut assurer la ventilation des remblais

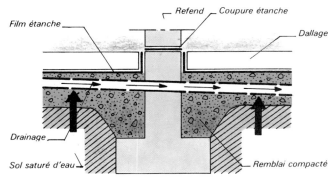

Sur un sol imperméable, relativement humide, on préférera un plancher sur vide sanitaire ventilé

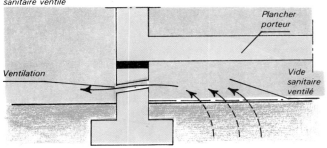

Un enduit lisse de protection est préférable à un enduit rustique pour lutter contre l'eau qui rejaillit

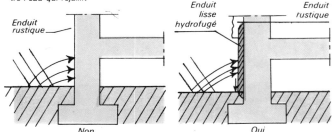

Si le sol est suffisamment perméable mais risque de se gorger d'eau au cours des pluies, il peut être bon de compléter ce système par un réseau de drainage disposé dans le remblai. Sur un sol imperméable relativement humide, il est meilleur d'adopter un plancher sur vide sanitaire ventilé.
Sur un terrain très humide, la surface totale des orifices de ventilation doit être au moins à un millième de celle du plancher. Si le terrain est relativement sain, la surface de ces orifices peut être diminuée.
La réalisation d'une bonne protection contre l'eau impose que la coupure étanche soit continue. Attention donc aux points singuliers, tels les seuils de porte d'entrée!
En outre, les remblais doivent être propres. Attention aux souillures qui peuvent favoriser les remontées d'humidité!
Si la feuille plastique à mettre sous le dallage est constituée de plusieurs lés juxtaposés, ils doivent se recouvrir d'au moins 30 cm.

Un réseau de drainage est parfois nécessaire sur des terrains qui se gorgent d'eau par temps de pluie

La pénétration directe de l'eau
Le simple bon sens suffit pour comprendre que les seuils des portes et portes-fenêtres doivent se situer un peu au-dessus du niveau du terrain environnant.
Si les portes sont précédées d'un trottoir accusant une légère pente vers l'extérieur, la marge peut être réduite.

Les seuils des portes au-dessus du sol évitent les entrées d'eau
Dans le cas d'un trottoir comportant une pente dirigée vers l'extérieur, la marge peut être réduite

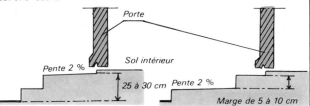

Le rejaillissement de l'eau
Un mur doit être protégé contre l'eau qui rejaillit par temps de pluie, sur une vingtaine de centimètres de hauteur quand la couverture comporte des gouttières ou des débords, sur quarante centimètres dans le cas contraire.
Si possible, il est recommandé de placer la coupure étanche au-dessus de la zone de rejaillissement. De même, il est préférable d'appliquer dans cette zone un enduit lissé car un enduit rustique retient l'eau et se salit plus vite.

Se protéger des venues d'eau en sous-sol

Les sous-sols et plus généralement les locaux partiellement enterrés doivent être protégés contre l'eau contenue dans le sol.
A priori, il n'est pas souhaitable de prévoir des pièces habitables en sous-sol, même si celui-ci n'est que partiellement enterré.

Les locaux non habitables

Il s'agit des caves, garages, débarras, etc. Ici, on peut accepter quelques traces d'humidité sur les murs ou sur le sol. Dans tous les cas, les parois en contact avec le sol doivent de plus pouvoir résister à la poussée des terres. On se content d'adopter des dispositions relativement simples.
On préfère donc les parois extérieures en béton ou en maçonnerie pleine ; à la rigueur en maçonnerie creuse.
Pour ce qui est de la protection spécifique contre l'eau, on considère les cas suivants :

Les terrains perméables sans nappe d'eau
Il s'agit, en fait, d'une situation assez rare. Il suffit de se protéger contre l'eau de pluie ou l'eau d'arrosage. La paroi extérieure est revêtue de peinture bitumineuse après avoir été enduite au mortier si elle est en maçonnerie, ou parfaitement ragréée si elle est en béton. Le remblai extérieur doit être perméable comme le sol.

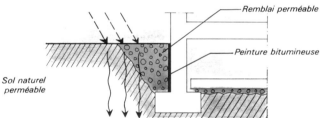

Un remblai extérieur perméable aidé à préserver la maison contre les causes d'infiltration

Terrain imperméable sans nappe d'eau
Les sous-sols peuvent être protégés par un drainage périphérique. Le remblai qui entoure le drain doit être perméable pour permettre le passage de l'eau jusqu'au drain. Celui-ci doit présenter une pente de 3 à 5 mm par mètre. Ceci impose une différence de niveau suffisante entre le dallage et la base des fondations puisque le drain doit se trouver dans cette zone.

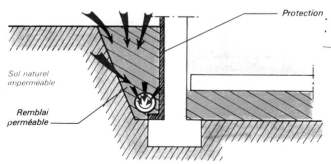

L'eau de pluie ou d'arrosage ne peut être évacuée par le sol imperméable ; on dispose donc, à cet effet, un drain en partie basse du remblai perméable.

Les terrains perméables avec nappe d'eau
Les précautions précédentes doivent être complétées par un « rabattement » de la nappe au moyen d'un réseau de drainage. Pour rabattre correctement le niveau de la nappe, on raccorde les drains à un collecteur qui peut évacuer l'eau. Cela impose que le terrain présente une certaine pente.

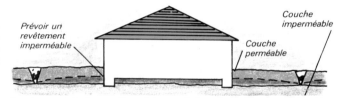

Si le sol perméable règne sur une épaisseur suffisante, on rabat la nappe d'eau en-dessous de la maison à l'aide de drains suffisamment profonds.

Dans le cas contraire, la nappe d'eau rabattue peut intéresser les soubassements de la maison et nécessiter un enduit imperméable extérieur.

On peut aussi envisager de procéder à l'exécution de sous-sols étanches en réalisant un « cuvelage ». Dans ce cas, le gros œuvre doit être réalisé obligatoirement en béton armé calculé en prenant des précautions spéciales. Le dallage doit être aussi en béton armé et relié aux murs. Murs et dallages sont alors dimensionnés pour résister à la poussée de l'eau.

Dans le cas d'un terrain perméable avec nappe d'eau on peut éviter le drainage extérieur en réalisant un cuvelage intérieur résistant à la sous-pression de l'eau, mais cette solution est de réalisation plus délicate.

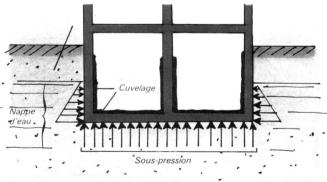

Terrain imperméable avec nappe d'eau
Sur un tel terrain, il faut surélever la construction pour éviter les locaux enterrés ou avoir recours à la technique du cuvelage.

Les principes de drainage

Il faut éviter le colmatage des drains. Les dessins ci-contre donnent des indications à ce sujet suivant que les terrains sont perméables ou peu perméables.

Chaque drain doit présenter une pente minimum d'écoulement et se jeter dans un collecteur qui évacue l'eau vers un réseau ou un exutoire. Au raccordement entre les canalisations, on ménage des regards qui permettent de vérifier que le drain fonctionne bien ou de le curer, si nécessaire.

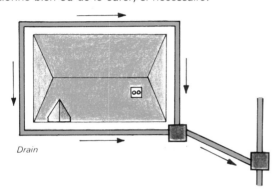

Drain

Quelques types de drains et leur protection contre le colmatage :

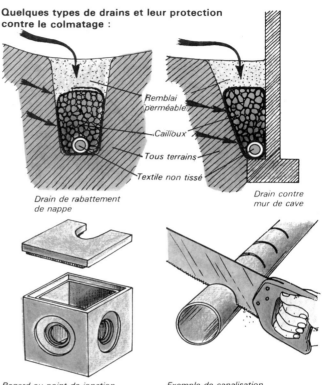

Drain de rabattement de nappe

Drain contre mur de cave

Regard au point de jonction entre plusieurs canalisations.

Exemple de canalisation de drainage en P.V.C. refendu.

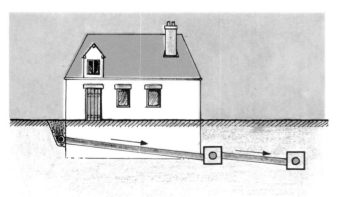

Une bonne solution applicable dans tous les cas constitue à disposer dans le fond des tranchées et sur leurs parois des nappes de textile synthétique non tissé (dénommé également écran anticontaminant) venant se rabattre autour du tuyau de drainage inférieur et du remplissage en cailloux qui le surmonte.

Cet écran, peu onéreux, joue le rôle de filtre et s'oppose au colmatage du drain. Bien entendu, les nappes doivent présenter entre elles des recouvrements suffisants. Par surcroît de précaution, on peut également en entourer les canalisations elles-mêmes.

Rien n'interdit de rapporter en haut de la tranchée du terrain d'origine.

Il convient d'apporter un soin particulier à ces opérations, faute de quoi, le réseau de drainage risque de perdre rapidement toute efficacité.

Une solution limite des locaux habitables en sous-sol

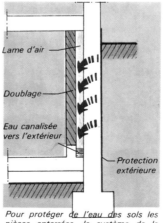

Pour protéger de l'eau des sols les pièces enterrées, le système de la double paroi avec lame d'air est la solution la plus intéressante

Si cette solution se révèle nécessaire, on ne peut pas accepter que les murs portent la moindre trace d'humidité. Pour cela, on prend des précautions plus importantes et on rejette la paroi simple au profit de la paroi double, qui comporte une lame d'air à partir de laquelle toute infiltration d'eau peut être recueillie et canalisée vers l'extérieur sans avoir pu atteindre l'intérieur des pièces.

Actuellement, il n'existe pas, à notre avis, de technique assez sûre pour réaliser des parois simples de pièces habitables semi-enterrées.

Les dallages sur terre-plein

Des précautions essentielles
La protection de la maison contre l'action de l'eau contenue dans le sol est une des précautions importantes. En ce qui concerne les dallages sur terre-plein, on se reportera aux pages 80 et 81 où cette question a été traitée.
D'autres précautions pour réaliser correctement un dallage parfait n'en sont pas moins importantes.

Le remblai sous dallage
Il n'y aura pas de risque de tassement si la totalité du remblai sous dallage est constituée par un matériau tel que ceux que nous avons recommandés : cailloux, galets, graviers sans sable ou limon.
Par contre, si la couche de cailloux ou de galets destinée à arrêter les remontées capillaires repose sur une couche de remblai en sol fin, celui-ci doit être soigneusement compacté, faute de quoi il y a risque de tassement et donc de fissuration des cloisons qu'il supporte.
Un sol fin ne se compacte correctement que s'il a, au moment du compactage, une teneur en eau bien déterminée, qui dépend de la forme et de la dimension des grains minuscules qui le constituent pour sa partie solide.
La détermination de la teneur en eau optimale se fait par des essais spéciaux que seuls des laboratoires spécialisés peuvent exécuter dans des conditions convenables.

Un dallage sur remblai compressible tasse et donne lieu à désordres

Aussi, le risque de tassement et de fissuration provoqué par un mauvais compactage étant très important, il est déconseillé d'utiliser un sol fin pour exécuter sous dallage un remblai de forte épaisseur.
Il peut arriver toutefois que, la maison étant fondée sur un sol résistant, il demeure en surface une couche compressible de consistance relativement molle sur laquelle devra reposer le dallage. On doit compacter cette couche molle.
Le constructeur fera appel à un spécialiste de la mécanique des sols pour déterminer les techniques de compactage à employer (il y en a de nombreuses) et les densités à obtenir. Dans un tel cas, le plus sage est cependant de préférer un plancher sur vide sanitaire à un dallage, car la différence de prix ne compense pas toujours le coût d'un compactage correctement exécuté.

La jonction entre dallage et fondations
Pour adopter les dispositions qui conviennent à une parfaite jonction entre le dallage et les fondations et plus généralement avec les autres parties de la structure, il faut se souvenir que :
• les murs peuvent supporter des charges plus importantes que celles qui sont appliquées au dallage ;
• le sol sur lequel reposent les fondations peut être plus compact et plus résistant que celui qui soutient le dallage.
Les tassements risquent donc de ne pas être du même ordre de grandeur sous les murs et sous le dallage. Il est donc impératif de prévoir un joint de rupture entre le dallage et les murs.

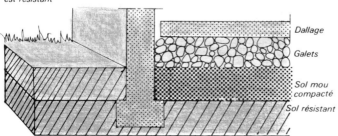

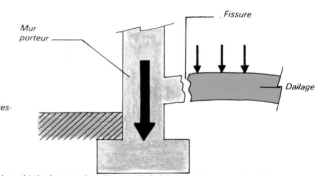

Le sol inégalement chargé tasse généralement moins sous les dallages que sous les murs porteurs ; d'où une fissuration entre ces deux parties de la construction

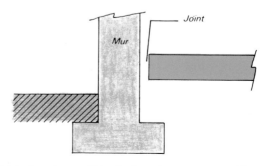

Un joint franc permet d'éviter les fissurations entre mur et dallage

L'isolation thermique périphérique

Toutes les parois extérieures de la maison doivent comporter une isolation thermique suffisante, sinon les déperditions deviennent trop importantes et le confort des occupants risque de s'en ressentir.

Cet impératif concerne en particulier les dallages sur terre-plein. Réalisés en béton sur remblai, ces dallages sont peu isolants par nature, aussi convient-il de les isoler en sous-face à leur périphérie comme indiqué ci-dessous, ainsi que page 141. On utilise à cet effet des plaques de mousse isolante, peu compressibles et protégées des remontées d'humidité, comme le dallage lui-même, par une feuille de polyéthylène.

Les déperditions thermiques se manifestent surtout à la périphérie du dallage

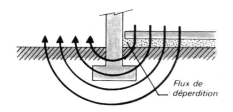

On les limite par une isolation elle-même périphérique

L'épaisseur et l'armature du dallage

Dans le cas le plus courant, où il est désolidarisé des murs périphériques ou intérieurs et des fondations par un joint de rupture, le dallage doit mesurer une épaisseur au moins égale à 10 cm (8 cm étant considéré comme la limite inférieure au-dessous de laquelle il ne faut pas descendre).

En outre, il doit être armé par un quadrillage de barres espacées d'environ 10 cm dans les deux sens.

Il existe des plaques de treillis soudés comportant des fils de 3 mm de diamètre qui conviennent très bien.

Quand le dallage devient fondation

Si la maison est de construction légère et ne comporte qu'un rez-de-chaussée surmonté éventuellement des combles et si le sol est de type granuleux donc peu compressible (graviers sableux par exemple), on peut envisager de faire reposer les murs sur le dallage.

Par construction légère, on entend non seulement les structures en bois ou à base de panneaux légers, mais aussi les maçonneries construites à partir d'éléments creux tels que des blocs creux de béton ou des briques creuses.

Dans un tel cas, si l'on fait reposer les murs sur le dallage, celui-ci fait office de « radier souple ». Il doit être spécialement conçu et renforcé.

Pour cela, on prévoit une nervure périphérique en béton armé et toutes les armatures nécessaires pour que la résistance de l'ouvrage soit suffisante.

Les armatures de renfort sont constituées de barres transversales basses sous les murs intermédiaires, et de barres façonnées en forme de U et disposées de façon à relier la nervure périphérique à la masse du dallage.

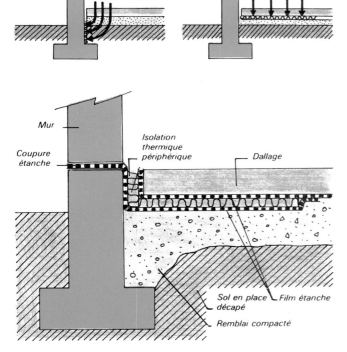

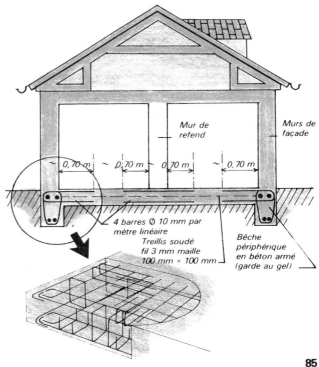

Les murs extérieurs : un choix essentiel

Le problème majeur de la construction
Il y a cinquante à cent ans, on ne notait pratiquement aucun problème dans cette partie essentielle de la construction, du fait du respect des dispositions générales suivantes :

- murs épais (0,35 à 0,50 m) en moellons hourdés au mortier de chaux,
- absence de planchers en béton armé,
- avancées notables des toitures,
- délais d'exécution importants.

Aujourd'hui, ces dispositions ont changé et le problème principal des maisons individuelles est celui de la fissuration très fréquente des murs de façade avec pénétration des eaux de pluie. Près de la moitié des désordres de gros œuvre dénombrés appartient à cette catégorie...

A priori, il n'existe pas de recette miracle pour éviter ces désordres. Faute de mieux, il convient, dans le cas général, de prendre toute une série de précautions. Pratiquement, il s'agit de surmonter deux difficultés successives :

- éviter la fissuration des murs extérieurs par un choix et une juxtaposition judicieuse des matériaux,
- s'opposer à la pénétration de l'eau de pluie en adoptant des dispositions constructives appropriées (épaisseur minimale des murs, mise en place de contre-cloisons, etc.).

On peut se dispenser de quelques-unes des solutions proposées ci-dessous si l'on adopte, pour la construction, des dispositions particulières, comme des avancées notables des toitures, des bardages extérieurs complémentaires, etc.

Mais, dans tous les cas, il convient aussi de tenir compte des facteurs régionaux : conditions particulières imposées aux constructions, conditions climatiques, etc.

Il est notamment très important de se préoccuper des effets du gel lorsque la construction se trouve dans des zones géographiques où sont observées de fréquentes baisses du thermomètre en dessous de 0 °C.

Le choix du type de mur
Ce choix s'avère capital en ce qui concerne la tenue dans le temps. Deux options sont possibles :

- **les murs en maçonneries traditionnelles,** qui peuvent être à base de moellons, de blocs creux de béton ordinaire, de blocs pleins de béton cellulaire, de briques pleines ou creuses ou encore de béton banché.

Les avantages ou les inconvénients respectifs de ces différents types de maçonnerie se trouvent précisés dans les pages qui suivent ainsi que les précautions complémentaires concernant les épaisseurs minimales à respecter, le parement extérieur et le doublage intérieur généralement nécessaires.

- **les murs par panneaux préfabriqués,** qui sont parfois proposés par certains constructeurs. Ces « composants » non traditionnels sont valables dans la mesure où ils ont fait l'objet d'un avis technique de la part du C.S.T.B. (voir pages 62 à 65). A leur sujet, on se reportera donc aux prescriptions particulières du document officiel correspondant.

Les points singuliers des murs de façades
Indépendamment du choix du type de mur, il convient d'attacher une attention particulière à tous les points singuliers que constituent dans les murs : les ouvertures, les pointes de pignons, etc.

Ces points singuliers devront donner lieu aux précautions essentielles énumérées ci-après :

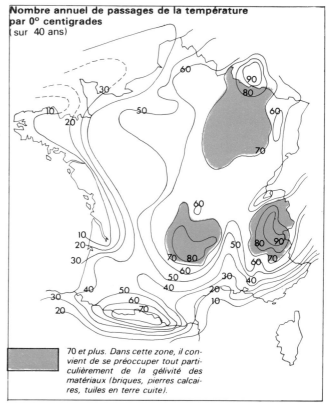

Nombre annuel de passages de la température par 0° centigrades (sur 40 ans)

70 et plus. Dans cette zone, il convient de se préoccuper tout particulièrement de la gélivité des matériaux (briques, pierres calcaires, tuiles en terre cuite).

Les linteaux de baies
Au-dessus de chaque ouverture de fenêtre ou de porte, on dispose une poutre dénommée « linteau » qui reporte les charges supérieures sur les maçonneries latérales.

Ces linteaux, généralement réalisés en béton armé, sont calculés en conséquence. Afin de limiter les effets de pont thermique ainsi que les risques de fissuration du mur, ils reçoivent un habillage extérieur de même nature que celui du mur en partie courante.

Signalons l'usage de plus en plus fréquent de « prélinteaux » préfabriqués facilitant les opérations de ferraillage, de coffrage et de bétonnage.

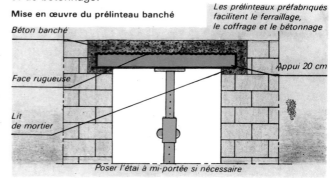

Mise en œuvre du prélinteau banché

Les prélinteaux préfabriqués facilitent le ferraillage, le coffrage et le bétonnage

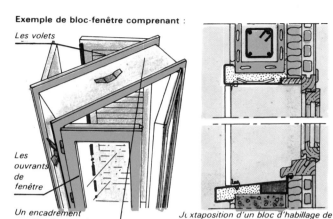

Exemple de bloc-fenêtre comprenant :
Les volets
Les ouvrants de fenêtre
Un encadrement en tôle d'acier galvanisé
Juxtaposition d'un bloc d'habillage de linteau dans le profilé supérieur d'un bloc-fenêtre

Les meneaux porteurs
On dénomme ainsi les piles étroites en maçonnerie subsistant entre deux baies rapprochées.
Ces piles nécessitent une attention particulière du fait des charges concentrées qui s'y trouvent appliquées. Elles doivent donc être réalisées :
• soit avec des blocs présentant une résistance suffisante à l'écrasement,
• soit, de préférence, avec des chaînages verticaux habillés comme on l'a vu plus avant et ferraillés en conséquence.

Les pointes de pignons
Elles nécessitent des précautions permettant de limiter les risques de fissuration avec pénétration d'eau (chaînages et enduits). Intéressant souvent des combles inaccessibles, elles sont alors réalisées au minimum en 20 cm d'épaisseur (15 cm déconseillé) et sans doublages.
Il importe de plus d'assurer le contreventement en phase provisoire par des étaiements suffisants. Rappelons à ce propos que les chutes de pignons en cours de construction ne sont malheureusement pas rares par fort vent.
Dans le cas particulier des pignons émergents (baptisés parfois « chevronnières »), les points sensibles aux infiltrations d'eau sont les dessus de murs et les raccords avec la couverture. En site exposé (bande côtière, etc.), il est impératif d'étancher spécialement ces dessus de murs, avec des bandes de résines armées par exemple.

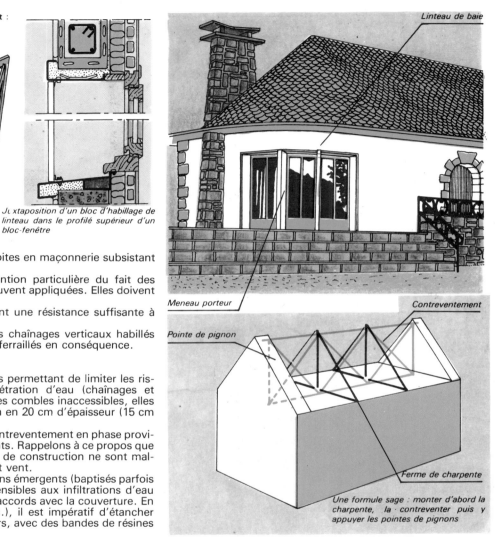

Linteau de baie
Meneau porteur
Contreventement
Pointe de pignon
Ferme de charpente
Une formule sage : monter d'abord la charpente, la contreventer puis y appuyer les pointes de pignons

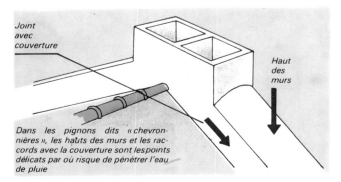

Joint avec couverture
Haut des murs
Dans les pignons dits « chevronnières », les hauts des murs et les raccords avec la couverture sont les points délicats par où risque de pénétrer l'eau de pluie

Faute de contreventement en phase provisoire, les pointes des pignons peuvent être renversées par le vent

Des murs sans fissures

Les fissurations ne sont pas seulement inesthétiques, elles sont aussi à l'origine de pénétrations d'eau provoquant d'autres dégradations. Les remarques suivantes permettront de limiter ces risques.

Connaître les phénomènes à maîtriser
Les fissurations sont provoquées par les variations dimensionnelles propres des maçonneries, dues souvent à plusieurs facteurs. Elles se développent de façon différente et parfois même opposée, selon les types de matériaux employés. Toutes les maçonneries, sous l'effet de la température, présentent des dilatations ou des retraits généralement similaires entre eux. Par ailleurs, tous les éléments à base de ciment, c'est-à-dire les ossatures et les planchers en béton armé ainsi que les murs en parpaings et surtout en blocs de béton cellulaire, se rétractent en séchant. Les effets de ce « retrait » sont particulièrement marqués durant les premières semaines, puis ils décroissent assez rapidement mais ne cessent pratiquement qu'au bout de plusieurs années.

A l'inverse des éléments à base de ciment, les briques creuses en terre cuite sont susceptibles de gonfler en reprenant de l'humidité dans le temps ; ce phénomène prend le nom de « gonflement potentiel ».

On voit donc que, par exemple, si l'on associe de la brique sujette à gonflement avec du parpaing trop frais, soumis par conséquent à un retrait différé, des désordres plus ou moins marqués seront presque inévitables.

Certaines catégories de moellons calcaires ou de briques sont sensibles au gel et peuvent donc se désagréger partiellement lorsque l'eau renfermée se transforme en glace. Les désordres sont fonction de la répétitivité du phénomène, donc du nombre de gels et de dégels observés durant l'hiver (voir p. 86).

Bien choisir les matériaux de base
Voici classés par ordre d'efficacité décroissante les matériaux employés dans la construction des murs extérieurs :
- **Les maçonneries de moellons** : elles ne présentent pratiquement aucun retrait différé ou gonflement et n'entraînent donc presque aucun risque de fissuration ; dans les zones les plus concernées par le froid, on doit seulement faire confirmer la qualité de la pierre par un procès-verbal d'essai de gélivité (*cf.* norme N.F. B 10 513).
- **Les murs en béton banché** : on peut les adopter sous réserve de combattre les effets du retrait par une armature de « peau » enrobée d'environ 3 cm vis-à-vis de l'extérieur, et des chaînages ainsi que des renforts armés au droit de toutes les ouvertures.
Ces murs se révèlent, par leur raideur, peu sensibles aux mouvements de fondation, et, par leur compacité, peu sujets aux reprises d'humidité en pied.
- **Les murs en blocs creux de béton** : moins coûteux que les précédents, ils se révèlent encore très acceptables, sous réserve que les blocs manufacturés présentent un séchage d'au moins 28 jours.
- **Les maçonneries en brique creuse** : elles sont acceptables, sous réserve que la terre cuite présente un « gonflement potentiel » limité à 0,6 mm par mètre, attesté par procès-verbal d'essai (*cf.* norme N.F. P 13 301) ; dans les régions froides, la non-gélivité doit être également attestée par un procès-verbal d'essai.
- **Les blocs de béton cellulaire** : plus isciants, ils sont également plus sujets au retrait différé ; ils doivent être étuvés en usine et impliquent de plus la mise en place de chaînages particulièrement efficaces comme indiqué plus loin.

Les principales maçonneries de murs

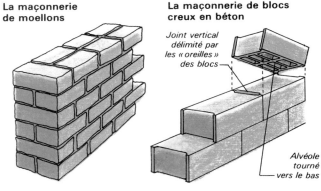

La maçonnerie de moellons

La maçonnerie de blocs creux en béton
Joint vertical délimité par les « oreilles » des blocs
Alvéole tourné vers le bas

La maçonnerie de blocs pleins de béton cellulaire

La maçonnerie de briques creuses

Le mur en béton banché

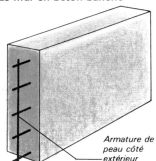

Armature de peau côté extérieur

Des parements extérieurs bien homogènes
Il convient à tout prix d'éviter d'associer en maçonnerie des matériaux différents, tels que :
- briques et parpaings ;
- béton armé avec briques ou parpaings.

Cela pose notamment un problème au droit des tranches de planchers, des linteaux de baies ou des poteaux. Afin de limiter les effets thermiques, ces tranches doivent être habillées extérieurement. Il est impératif que ces habillages soient réalisés à l'aide de blocs spéciaux de même nature que la maçonnerie en partie courante. C'est pourquoi il existe de tels blocs en terre cuite, en béton ordinaire ou en béton cellulaire.

Pour éviter d'associer des matériaux différents, notamment au droit des tranches de planchers, on réalise des habillages en blocs spéciaux de même nature que la maçonnerie courante

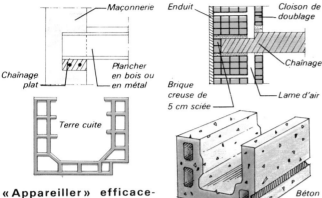

«Appareiller» efficacement les maçonneries

Afin d'améliorer les liaisons et d'éviter les lignes de rupture privilégiées, il convient :
• de monter les lits successifs à joints croisés,
• de «harper» entre elles les extrémités des murs perpendiculaires.

Dans le cas de briques pleines ou de moellons présentant une largeur inférieure à celle du mur, on disposera systématiquement certains de ces éléments perpendiculairement au plan du mur, c'est-à-dire en «boutisses», afin de solidariser les deux parements.

Les lits de maçonnerie croisés améliorent les liaisons et évitent les lignes de rupture

Des dispositions appropriées pour les planchers d'étage

Si de tels planchers sont prévus en béton armé, on doit adopter un système comportant le minimum de béton coulé en œuvre. On évite par conséquent les planchers en dalle pleine ou les planchers avec «table de compression» importante. De la sorte, les effets du retrait seront minimaux sur les murs extérieurs.

Par ailleurs, afin de limiter la déformation du plancher, et par conséquent les rotations sur appuis génératrices de fissures, on donne au plancher une épaisseur au moins égale au 1/25 de la portée.

Schéma d'un chaînage complet horizontal et vertical

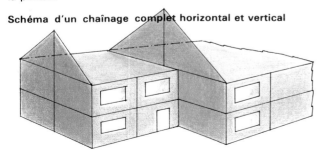

Le chaînage général des murs extérieurs

Ce chaînage a, en effet, pour but de lier les maçonneries et par conséquent de limiter au minimum les effets du retrait des parpaings ou du gonflement des briques. Il permet également «d'encaisser» l'effet de certains tassements différentiels du sol sous les fondations.

Dans toutes les nouvelles constructions, le chaînage des murs est réalisé en béton armé à l'aide d'aciers filants reliés par des épingles ou des cadres et disposés à l'intérieur de blocs spéciaux de même nature que celle des murs.

Les chaînages sont :

• horizontalement, au minimum au niveau de chaque plancher, et constitués par exemple de deux aciers à adhérence améliorée (T.O.R. ou similaire) de 10 mm de diamètre. Une solution à encourager consiste dans l'utilisation d'armatures façonnées en «échelles» plates, disposées dans les joints de maçonnerie. Ce système permet d'ailleurs d'armer facilement plusieurs lignes de joints par hauteur d'étage.
• verticalement, dans les blocs spéciaux disposés dans les angles ainsi que de façon intermédiaire tous les 5 à 7 m. Les armatures sont constituées par exemple par quatre aciers T.O.R. ou similaire de 8 mm de diamètre et reliés par des cadres. Au droit des appuis de fenêtres, il faut prévoir des renforts armés débordant de chaque côté des ouvertures, ce qui évite les fissurations à 45° naissant dans les angles.

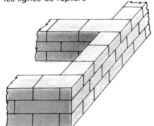

Les armatures façonnées en «échelles plates» permettent d'armer plusieurs lignes de joints

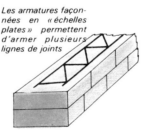

Blocs spéciaux coffrages pour chaînages verticaux

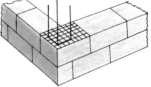

Exemples de blocs spéciaux d'angle

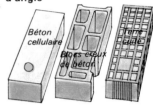

Fractionner les maçonneries

Afin de limiter les effets des variations de température, du retrait ou du gonflement ainsi que des tassements, on peut, si c'est possible, prévoir dans les maçonneries et tous les 10 m environ des joints verticaux.

Dans le cas de maisons accolées ou en bande, cela revient à encadrer chaque maison par deux joints. Une telle disposition présente, par ailleurs, des avantages phoniques intéressants.

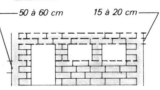

De toute façon, de tels joints sont à prévoir au maximum tous les 20 m.

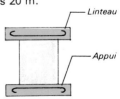

Les renforts armés au droit des appuis et des linteaux de fenêtres éviteraient les fissures

Des murs étanches

En plus des mesures à prendre pour limiter autant que possible les risques de fissuration des murs et éviter les infiltrations d'eau les plus gênantes, il faut encore respecter certaines dispositions complémentaires pour rendre les murs extérieurs vraiment étanches.

Des murs types
Cinq types de murs sont à distinguer (voir croquis) :
- le mur de type I : épais sans doublage intérieur,
- le mur de type II a : mince avec doublage intérieur mais sans lame d'air intercalaire,
- le mur de type II b : mince avec doublage intérieur et avec lame d'air intercalaire,
- le mur de type III : similaire au type II b, avec de plus exutoire pour les eaux infiltrées jusqu'à la lame d'air,
- le mur de type IV : avec bardage ou étanchéité extérieurs.

Vis-à-vis des risques de pénétration d'eau :
- les types I et II a sont équivalents,
- le type II b est supérieur aux types I et II a,
- le type III est supérieur aux types II b, II a et I,
- le type IV est supérieur aux types III, II b, II a et I.

En définitive, le type de mur doit donc être choisi en fonction du site. Ce peut être :
- à l'intérieur des terres : I, II a ou mieux II b,
- en zone littorale sauf front de mer : II a ou mieux II b et surtout III,
- en front de mer : II b ou mieux III et surtout IV.

A partir de là, l'épaisseur brute minimale du mur ne dépend plus que de la nature de la maçonnerie choisie. Elle est précisée dans le tableau ci-dessous :

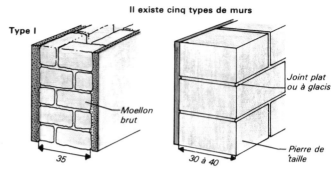

Il existe cinq types de murs

Murs du type I en moellons bruts : épaisseur minimale

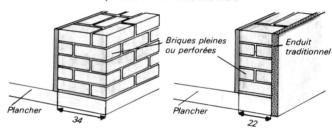

Epaisseurs minimales des murs

Nature de la maçonnerie	Épaisseur brute de mur en centimètres		
	Types de murs		
	I	II a, II b et III	IV
Pierres de taille assisées non enduites	30 à 40 [1]	20 à 30 [1]	
Moellons non assisés enduits	35	35	
Briques pleines ou perforées non enduites	34	22 [2]	
Briques pleines ou perforées enduites	22	22	
Parpaings pleins ou creux enduits	20	20	
Blocs de béton de granulats légers enduits	22,5	20	
Blocs de béton cellulaire autoclavés enduits	22,5	20	
Briques creuses enduites	22,5	20	
Béton banché non enduit	15	15	

1. Suivant coefficient de capillarité de la pierre.
2. Avec jointement soigné en parement extérieur.

Descendre en dessous de ces valeurs serait s'exposer à des risques non négligeables d'infiltration.
Les dispositions des murs de façades ainsi que leur épaisseur se trouvent donc déterminées par le site et la nature des maçonneries (pierre, parpaings, etc.).

Comme indiqué dans les pages qui précèdent, les murs extérieurs constituent le problème majeur de la construction. Pour plus de détails les concernant, le lecteur pourra se reporter très utilement au D.T.U. 20.11 publié par le C.S.T.B.

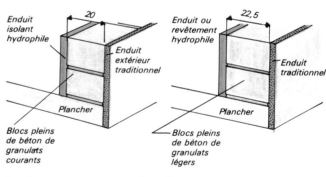

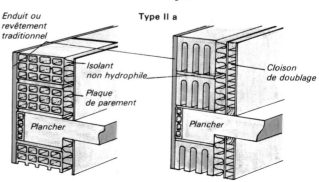

Type II a

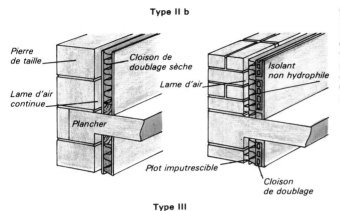

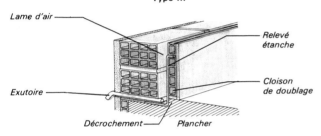

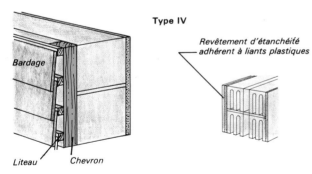

Employer des matériaux peu perméables
A priori, seul le granit, du fait de sa constitution microperméable, donne lieu assez fréquemment à des infiltrations d'eau. On évitera donc de l'employer ; sinon on prévoira un revêtement extérieur étanche et convenablement entretenu. Certains parements de pierre peuvent rester apparents s'ils présentent un faible coefficient de capillarité justifié par essai normalisé (norme N.F. B 10 513).

« Bourrer » correctement les joints
Le « bourrage » des joints est un élément indispensable à la bonne étanchéité des murs. On doit y veiller tout particulièrement pour les joints verticaux entre moellons ou blocs, ainsi qu'au droit des trous servant au maintien des coffrages.
D'une manière générale, avant application des enduits extérieurs, il ne doit subsister aucun interstice permettant de « voir à travers le mur ».

Choisir des doublages isolants ou isoler par l'extérieur
Les doublages doivent être non hydrophiles (non susceptibles d'absorber de l'eau) pour ne pas perdre leur pouvoir d'isolation thermique et favoriser le passage d'une éventuelle fuite. Les fortes épaisseurs actuellement nécessaires nuisent au bon comportement des murs extérieurs, car elles augmentent le risque de fissuration.
C'est pourquoi on s'oriente de plus en plus vers des systèmes d'isolation thermique par l'extérieur.

Choisir des parements extérieurs efficaces
Sauf dans le cas des maçonneries de pierres pouvant rester apparentes, ces parements peuvent être au choix :
• **Des enduits prêts à l'emploi.** Il convient de noter que ces enduits à base de liants hydrauliques (type Topral, Monocalit, etc.) demeurent en général relativement souples vis-à-vis des mouvements de leur support et s'appliquent dans des délais réduits. Leur emploi est donc à encourager. Par contre, ils nécessitent un matériel de projection manié par un personnel spécialisé.
Bien entendu, ces enduits doivent être appliqués conformément aux prescriptions d'un Avis technique ou, à défaut, à celles du Cahier des charges du fabricant, approuvé après enquête spécialisée par un organisme de contrôle tel que Socotec.
• **Des enduits traditionnels.** Ils nécessitent toute une série de précautions. Ils doivent être réalisés avec du sable ni trop gros ni trop fin (rêche), crissant lorsqu'il est sec et ne laissant aucun dépôt adhérant à la main (argile, impuretés, etc.).
Pour cela, on se réfère à des dosages dégressifs et on respecte les délais du tableau ci-dessous :

Couches	Dosages en liant (en kg/m³ de sable) Ciment	Chaux	Epaisseur	Délais entre couches
1re couche : Gobetis	500 à 600 Portland	✗	15 à 20 mm	3 à 5 j
	400 à 500	✗		
2e couche : Corps d'enduit	250 à 350	125 à 175		8 j
	Liant spécial 450 à 550			
3e couche : Finitions	300 à 400	✗	5 à 7 mm	
	200 à 250	150 à 250		
	✗	300 à 350		
	Liant spécial 400 à 500			

Bien entendu, si la première couche est simplement gobetée, la couche suivante (corps d'enduit) sera soigneusement serrée par talochage.
Il est possible de substituer à la couche de finition un enduit de parement plastique à base de liant spécial. On se conformera alors aux prescriptions données par l'Avis technique ou l'enquête spécialisée.

91

Les planchers en béton armé

En termes de construction, le mot plancher désigne d'une façon générale tous les ouvrages plans horizontaux qui supportent des charges : leur poids propre et le poids des revêtements de sol, des cloisons, des équipements, ainsi que les charges d'utilisation, et qui les transmettent aux murs porteurs ou plus généralement à la structure.

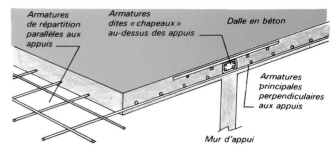

Les dalles pleines en béton armé coulé sur glace sont considérées comme traditionnelles

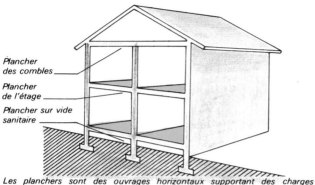

Les planchers sont des ouvrages horizontaux supportant des charges diverses : leur poids propre, celui des meubles et appareils, celui des habitants

Ils peuvent être réalisés en matériaux divers, tels le béton, la céramique et le bois (pour les planchers en bois, voir page 106).

Les points importants à considérer dans la conception des planchers concernent le type, la résistance, la déformabilité, l'étaiement et les diverses dispositions constructives à adopter.

Incidences sur les murs de façade

Comme indiqué page 89, afin de limiter les risques très préoccupants de fissuration des murs, il convient d'adopter en étage un type de plancher comportant le minimum de béton coulé en œuvre.

Au-dessus du rez-de-chaussée, on préférera donc les planchers à poutrelles préfabriquées plutôt que les dalles pleines. On pourra également utiliser des planchers en bois, voire des planchers à poutrelles métalliques, bien qu'ils soient moins répandus.

Les différents types de planchers en béton

Les dalles pleines obtenues en coulant du béton frais sur des coffrages, ne posent aucun problème ; elles sont considérées comme traditionnelles et sont armées en plaques de treillis.
Les dalles peuvent aussi être réalisées à partir de prédalles, c'est-à-dire de plaques minces en béton armé servant de coffrage. Ces prédalles comportent alors dans leur épaisseur les armatures nécessaires à la résistance du plancher fini.
Les prédalles sont maintenues par des étais rapprochés pendant le coulage. Elles sont considérées comme traditionnelles et ne posent pas non plus de problème particulier.
Leur épaisseur doit être de l'ordre de 5 à 6 cm et leur face supérieure doit être rugueuse pour favoriser l'accrochage du béton coulé en place.
Tant qu'elles ne sont pas incorporées au plancher fini, les prédalles sont relativement fragiles du fait de leur minceur. Elles devront être, par conséquent, manipulées avec soin au moment de leur fabrication et pendant leur transport.

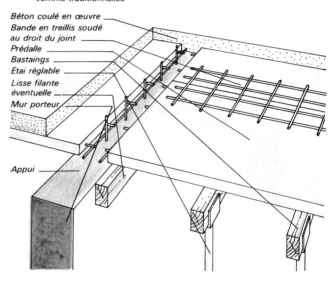

Les prédalles avec raidisseurs, qui comportent des nervures en treillis métalliques, ainsi que les prédalles précontraintes, ne sont pas traditionnelles et doivent faire l'objet d'un Avis technique favorable.

Les planchers à poutrelles préfabriquées se divisent en deux grandes familles :
• les planchers à poutrelles en béton armé,
• les planchers à poutrelles en béton précontraint ou en céramique précontrainte.
Il existe une très grande variété de types de poutrelles et d'entrevous.
Les planchers à poutrelles préfabriquées ne sont pas considérés comme traditionnels, ils relèvent donc de la procédure de l'Avis technique. Il est important de vérifier que le plancher proposé bénéficie d'un Avis technique favorable.
Celui-ci se décompose en deux parties :
• l'Avis technique « préalable de système » qui est relatif à la conception du plancher,
• l'Avis technique particulier à tel ou tel centre de fabrication, qui atteste la régularité de la fabrication en usine.

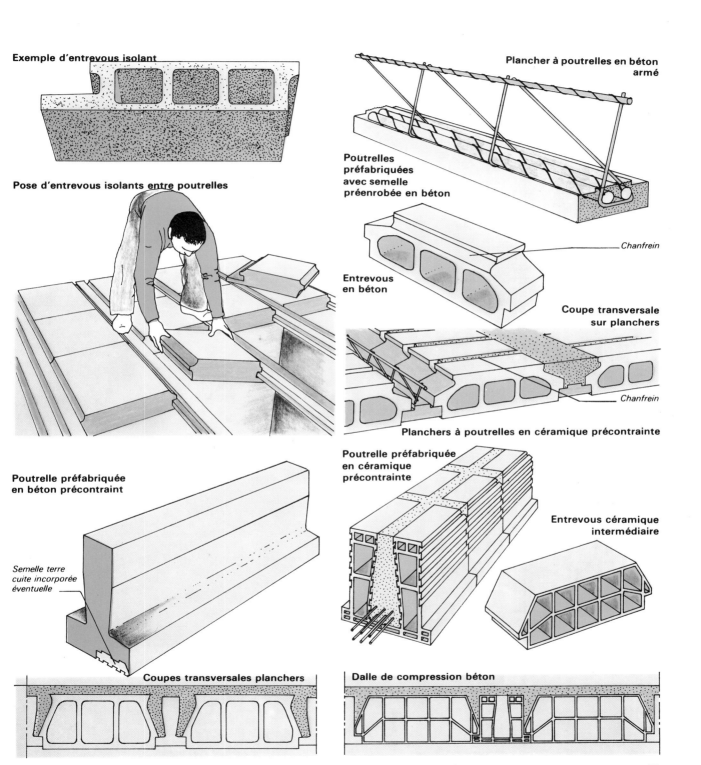

L'épaisseur d'un plancher en béton armé

La résistance du plancher
Le type de plancher ayant été choisi, il convient de déterminer les dimensions des divers éléments constitutifs pour obtenir une résistance satisfaisante qui tienne compte des conditions d'utilisation.
Ces dimensions découlent d'un calcul qui peut d'ailleurs être facilité par l'utilisation d'abaques ou de tableaux, mais reste du ressort du projeteur ou de l'ingénieur.
Dans le cas des dalles pleines en béton, c'est essentiellement la section d'armature et l'épaisseur de la dalle qu'il faut déterminer. Dans le cas des planchers à poutrelles, le choix porte sur la hauteur des poutrelles et des entrevous et sur la section des armatures des poutrelles.

La déformation du plancher
D'une façon générale, il est rare que les planchers en béton présentent des insuffisances caractérisées de résistance. Par contre, il est plus fréquent qu'ils soient trop flexibles.
En effet, tout plancher subit des déformations sous l'influence de son poids propre ainsi que des charges et surcharges qui lui sont appliquées. Ces déformations se traduisent par :
— des déplacements verticaux dénommés flèches,
— des rotations notamment sur appuis.
Si elles sont accentuées, ces déformations risquent à leur tour d'entraîner des désordres dans les parties contiguës de la construction. En particulier, des fissurations plus ou moins préjudiciables peuvent apparaître :
— dans les cloisons du fait des flèches des planchers qui les supportent,
— dans les murs porteurs par suite des rotations sur appuis des dalles ou des poutrelles.
Afin d'éviter de tels désordres, il y a donc intérêt à limiter au maximum les déformations des planchers. Ces déformations sont évidemment fonction des charges appliquées et des caractéristiques des éléments porteurs mais elles dépendent surtout :
— de l'épaisseur du plancher brut, c'est-à-dire revêtement de sol ou de plafond non compris,
— de la portée libre du plancher, c'est-à-dire de la distance entre les faces intérieures des murs porteurs ou des poutres principales.

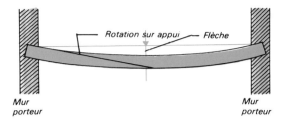
Un plancher trop mince s'avère flexible et entraîne des fissurations de cloison ; du fait de ses rotations sur appuis, d'autres fissurations apparaissent en façade

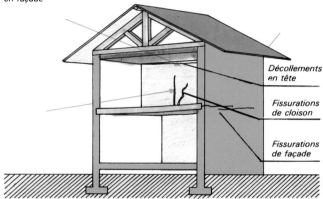

Les règles de calcul donnent des indications sur les limites que l'on peut admettre pour les flèches en fonction des portées. Malheureusement, les connaissances techniques actuelles ne sont pas suffisantes pour que l'on puisse prévoir à coup sûr l'effet d'une déformation donnée sur le comportement des cloisons.
Cependant, il est tout de même possible de limiter les risques en proportionnant l'épaisseur du plancher à sa portée.
Le tableau publié donne, en centimètres, l'épaisseur qu'il est souhaitable d'adopter pour un plancher portant sur deux d'appui.

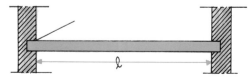
La portée d'un plancher se mesure de la face intérieure d'un appui à celle de l'autre

Comment on mesure pour les calculs la hauteur de divers types de planchers

Dalle pleine en béton armé — Plancher avec dalle de compression — Plancher sans dalle de compression

Nature du plancher	Portée			
	3 m	4 m	5 m	6 m
Dalle pleine en béton armé	12	14	17	20
Plancher à poutrelles en béton armé (entraxe de 0,60 m)	14	16	20	25

Si le plancher repose sur plusieurs murs d'appui successifs, les épaisseurs peuvent être réduites.
Les indications données dans le tableau sont des ordres de grandeur. Il est prudent de vérifier, pour les portées qui dépassent 4,50 m, que le constructeur a fait appel à un ingénieur conseil pour étudier les déformations.
Le plancher étant dimensionné d'une façon générale, il ne faut pas oublier de tenir compte des concentrations de charges

(cheminées, conduits de fumée, zone où les cloisons sont rapprochées), car il peut en effet être nécessaire de procéder à des renforcements locaux.
Dans les cas des planchers à poutrelles si la forme du bâtiment impose des éléments porteurs contigus de portées différentes, il faut prévoir des renforcements pour égaliser leurs flèches respectives. Deux solutions sont possibles :
— selon le type de plancher si l'épaisseur de béton à rapporter en œuvre est faible, il convient de doubler purement et simplement la dernière poutrelle la plus longue jouxtant la zone de portée réduite,
— s'il est, par contre, utilisé des éléments porteurs nécessitant un complément notable de béton coulé en place, on les solidarise transversalement par une nervure incorporée en béton armé.

L'isolation acoustique

Indépendamment des problèmes de résistance ou de déformation, l'épaisseur d'un plancher en béton a également une certaine importance vis-à-vis de l'isolation acoustique. En effet, plus l'épaisseur est grande, plus le poids au mètre carré est élevé, et par conséquent, plus les qualités acoustiques seront bonnes notamment dans les cas des dalles pleines qui présentent les meilleures performances de ce point de vue.
Bien que, en maison individuelle, les problèmes phoniques soient moins aigus qu'en habitat collectif, il peut, quand même, être souhaitable d'isoler phoniquement une partie jour au rez-de-chaussée, d'une partie nuit à l'étage, ou encore un sous-sol (chaufferie, etc.) d'une partie jour et nuit au rez-de-chaussée. On déterminera alors dans cette perspective la nature et l'épaisseur des planchers.

On renforce les poutrelles juxtaposées de longueurs différentes

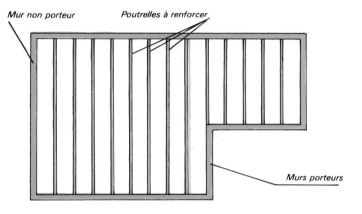

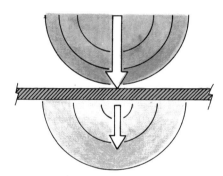

Un plancher léger (poids mort au m² de l'ordre de 200 à 300 kg/m²) isole médiocrement des bruits aériens entre étage.

Les raidisseurs sont toujours souhaitables, car les poutrelles de rive ont tendance à moins fléchir que les poutrelles médianes

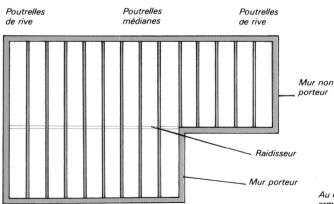

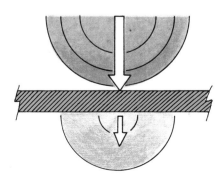

Au contraire, un plancher lourd réalisé, par exemple, en dalle pleine de béton armé de 0,15 m d'épaisseur (poids mort au m² voisin de 400 kg/m²) apporte un bon isolement aux bruits aériens entre étage.

Points singuliers des planchers à poutrelles

D'utilisation maintenant très répandue, les planchers préfabriqués à poutrelles en béton armé ou précontraint constituent une formule sûre et éprouvée.

Il faut cependant veiller à ce qu'un certain nombre de dispositions soient bien respectées pour obtenir une construction correcte.

Les poutrelles

Les poutrelles jouent un rôle essentiel dans ce type de plancher, puisqu'elles en forment les nervures porteuses. Elles doivent donc faire l'objet de soins particuliers.

Au niveau du stockage sur chantier, notamment, elles doivent être rangées en appui sur des cales de bois de façon qu'aucune fissuration ne puisse se produire.

En effet, les poutrelles en béton armé ou précontraint ne présentent qu'une très faible résistance lorsqu'elles sont soumises à des efforts appliqués en sens inverse de ceux pour lesquels elles sont prévues. En fait, la résistance maximale des poutrelles n'est acquise qu'après association avec le béton coulé en place.

Les poutrelles qui seraient fissurées, soit du fait du transport, soit en raison d'un mauvais stockage, ne doivent pas être utilisées.

De même, les entrevous fissurés sont à éliminer, car, bien qu'ils ne participent pas à la résistance générale du plancher, leurs défectuosités peuvent entraîner des incidents au coulage du béton d'apport, ainsi que des désordres pour les plâtres des plafonds.

Au moment de leur pose, on doit s'assurer que les poutrelles ont une longueur suffisante pour obtenir des profondeurs d'appui de 5 cm sur les murs porteurs et de 2 cm sur les poutres. La résistance au niveau des appuis est complétée par l'ancrage, dans les chaînages ou dans les poutres, des armatures, qui doivent dépasser d'au moins 10 cm aux extrémités des poutrelles.

Les ouvertures dans les planchers

Si le plancher comporte une ouverture importante (on dit une trémie) destinée, par exemple, à ménager le passage d'un escalier, il y a lieu de prévoir le renforcement de certaines poutrelles et la mise en place de chevêtres.

Le chevêtre est la pièce qui supporte les poutrelles interrompues pour ménager une ouverture. Les poutrelles renforcées doivent être calculées de façon à pouvoir résister aux charges supplémentaires dues au chevêtre et, éventuellement, à l'escalier lui-même.

Les chaînages

Sur tous les murs, qu'ils soient porteurs ou non porteurs, le plancher doit comporter des chaînages constitués d'armatures filantes, dont le rôle est de liaisonner les différentes parties de la construction. Pour que les chaînages remplissent leur fonction, il faut que les jonctions par recouvrement entre les barres, et en particulier dans les angles, soient satisfaisantes.

Les chaînages doivent comporter une section d'armature suffisante. Les minimums admissibles varient en fonction de la situation du plancher dans la construction, mais doivent être au moins équivalents à deux barres crantées de 10 mm de diamètre. Pour plus de précisions, il conviendra de se reporter au chapitre traitant des façades.

Une amélioration possible pour les planchers à poutrelles, surtout utile pour des dalles de grandes dimensions, consiste à y incorporer des chaînages intermédiaires ou raidisseurs, disposés en général à mi-portée.

Un stockage mal fait peut provoquer des fissures dans les poutrelles

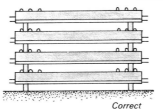
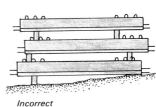

La forme de l'entrevous doit permettre au béton coulé d'enrober le haut de la poutrelle

Les armatures de « couture » permettent au béton coulé de bien saisir la poutrelle

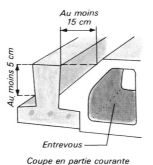
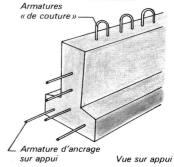

Pour le cas d'une ouverture dans le plancher ou trémie on prévoit des raidisseurs et des poutrelles renforcées

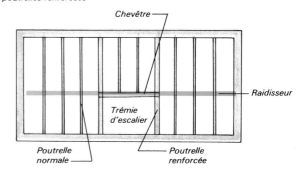

La réalisation de chevêtres peut être imposée par le passage des conduits de fumée, par exemple

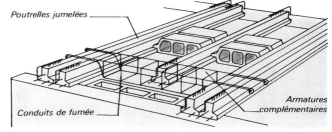

Sur tout mur, porteur ou non porteur, le plancher doit comporter des chaînages.

Chaînages

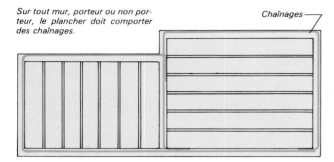

Un chaînage efficace doit être continu dans les angles

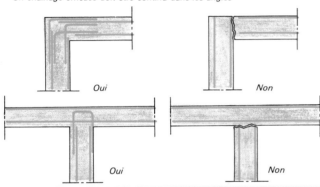

Oui — Non
Oui — Non

Attention
Après son exécution, un plancher à poutrelles en béton peut, sans certaines précautions, être endommagé par des travaux de percement ou de fixation apparemment inoffensifs.
Ainsi, une ou plusieurs réservations, sous forme de trou ou de fourreau peuvent avoir été oubliées au moment du coulage d'un plancher, pour l'évacuation d'un appareil sanitaire ou le passage de canalisations de chauffage. Il est alors nécessaire de recréer les ouvertures manquantes en perçant le plancher.
Ces opérations doivent être surveillées attentivement pour qu'aucune poutrelle ne soit détériorée. Au besoin, l'implantation des trous sera modifiée s'ils devaient se trouver à l'aplomb d'une poutrelle.
En contrepartie, le percement au droit des entrevous ne présente pas d'inconvénient, ceux-ci n'ayant aucun rôle essentiel dans la solidité du plancher.
Un autre risque de détérioration peut provenir de la fixation d'équipements en sous-face des planchers à poutrelles. En effet, la plupart des systèmes de fixation actuels font appel soit au chevillage, soit au clouage au pistolet. Le chevillage suppose le forage préalable d'un trou et, si on le réalise dans une poutrelle, on peut endommager son armature. Il faut donc exclure la pose de chevilles dans les poutrelles. Les fixations, elles, ne soulèvent aucune difficulté dans les entrevous. Il existe d'ailleurs des chevilles spécialement adaptées à cet usage qui donnent de très bons résultats.
Le clouage au pistolet est à exclure pour les poutrelles et pour les entrevous, qui se briseraient sous le choc.

L'étaiement des planchers à poutrelles
Les planchers doivent être étayés pendant leur exécution car ils n'atteignent leur force portante définitive que lorsque le béton coulé en place a suffisamment durci. Ainsi, les poutrelles sont soutenues par les étais et n'ont pas à supporter les charges correspondant à leur poids propre, aux entrevous et au béton coulé sur place. Les Avis techniques précisent dans quelles conditions tel ou tel type de poutrelle doit être étayé. Si les étais prévus ne sont pas mis en place, le plancher peut s'effondrer à l'exécution sous le poids des entrevous et du béton.
Dans le cas des planchers sur vide sanitaire, il peut être impossible d'étayer du fait du manque de place. Il faut alors impérativement utiliser des poutrelles calculées spécialement pour cet usage.
Il est essentiel d'appuyer les étais sur un terrain solide : un appui sur un mauvais terrain est équivalent à une absence d'étais.

On doit étayer les planchers pendant leur exécution et jusqu'à durcissement parfait du béton

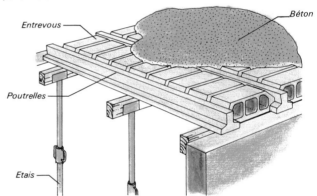

La dalle de compression
Indispensable lorsque les entrevous sont en mousse plastique isolante, la dalle de compression que l'on vient couler sur les planchers à poutrelles peut, dans certaines circonstances, être supprimée. Mais, à l'exception des planchers sous combles non habitables, il est vivement conseillé de la prévoir dans tous les autres cas.
En effet, la dalle de compression donne sa résistance maximale au plancher, tout en jouant un rôle de liaison et d'entretoisement général. On doit d'ailleurs l'armer avec des panneaux de treillis soudés comportant des fils d'au moins 3 mm de diamètre, espacés au plus de 30 cm dans un sens et de 15 cm dans l'autre. Les fils espacés de 15 cm doivent être disposés perpendiculairement aux poutrelles.

Les balcons
Lorsque des parties de plancher sont en porte-à-faux pour former des balcons, ces zones sont réalisées en dalle pleine de béton armé. Mais il ne faut pas oublier de lester le plancher à poutrelles sur une certaine longueur en arrière des balcons pour en équilibrer le poids.
Cela s'obtient en disposant des entrevous spéciaux sur une surface proportionnée à celle des balcons, pour pouvoir loger une épaisseur de béton suffisante comme indiqué aux pages 98 et 99.

Les balcons

La réalisation des balcons impose le respect de précautions essentielles. En effet, un balcon mal réalisé peut s'effondrer sous son propre poids ou lorsqu'une ou plusieurs personnes l'utilisent.
Les balcons en bois appartenant au domaine général des charpentes (voir page 106), nous allons donc examiner ici les balcons en béton armé.
En se reportant au schéma de principe, on peut voir comment un balcon résiste aux efforts qui sont engendrés par sa position en porte à faux : non seulement le mur doit supporter le poids du balcon, mais encore l'effet de porte-à-faux doit être contrebalancé par une traction sur les armatures placées en position supérieure et par une compression qui s'exerce en partie basse.

Schéma de principe de la résistance à l'effet de porte à faux

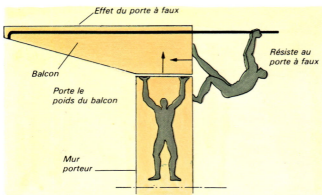

Tout cela impose que l'on apporte une attention particulière à l'équilibrage du balcon, à sa section et à la disposition des armatures. A cela s'ajoute la nécessité de minimiser les risques de fissures par retrait du béton et les entrées d'eau.

L'équilibrage
Pour qu'un balcon soit équilibré, il faut qu'il soit relié à une masse suffisante de plancher située de l'autre côté du mur porteur.
Si le plancher est constitué par une dalle pleine en béton armé, il suffira que les armatures pénètrent dans le plancher sur une longueur égale à celle du porte-à-faux.

Pour qu'un balcon résiste, il faut qu'il soit relié à une masse suffisante de plancher

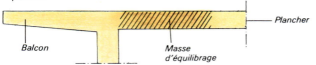

Pour un balcon et une dalle de plancher en béton, l'équilibrage est réalisé par des armatures prolongées d'une largeur égale à celle des armatures du balcon

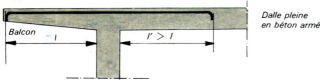

Si le plancher comporte des poutrelles préfabriquées perpendiculaires au mur qui supporte le balcon, ce mur est à la fois porteur du plancher et du balcon.
La longueur des armatures du balcon qui doivent pénétrer dans le plancher dépend de la nature de ce dernier et est déterminée par un calcul dans lequel il faut tenir compte des efforts dus au porte-à-faux.
Pour éviter que les efforts de compression en partie basse des poutrelles ne soient trop forts à l'appui, il peut être nécessaire de remplacer quelques rangées d'entrevous par du béton coulé en place, ce qui a pour avantage d'augmenter la masse du plancher et donc de mieux assurer l'équilibrage.

On coule du béton en place en supprimant quelques entrevous, ce qui peut augmenter la masse du plancher

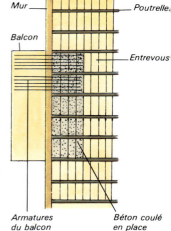

On peut remplacer les entrevous par de simples poutrelles de béton et couler du béton en place

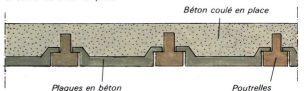

On peut aussi remplacer les entrevous par de simples plaques de béton et couler du béton par-dessus.
Dans le cas où les poutrelles sont parallèles au mur, celui-ci n'est pratiquement porteur que du balcon et les poutrelles ne participent pas directement à l'équilibrage. On est conduit alors à remplacer un certain nombre d'entrevous par du béton pour créer une masse suffisante.

Pour le cas de poutrelles parallèles au mur le béton coulé en place participe à l'équilibrage

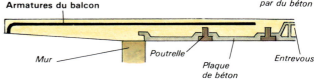

La disposition des armatures

Les armatures qui assurent la résistance du balcon doivent se trouver en partie supérieure, sinon on risque l'effondrement pur et simple.
Il est évident que, plus le balcon est mince, plus un petit déplacement vers le bas des armatures prend de l'importance. Il faut donc que le balcon ait au moins 12 cm d'épaisseur.
De même, plus leur diamètre est petit, plus les armatures sont déformables. Donc, quels que soient les résultats donnés par le calcul, il est préférable de ne pas descendre au-dessous d'un diamètre de 8 mm.
La détermination exacte du diamètre des armatures et de leur écartement ne peut découler que d'un calcul fait par un ingénieur ou un projeteur.
Attention! Il ne faut pas adopter sans précaution pour un balcon les mêmes armatures que l'on a vu utiliser pour un autre. Toutes choses égales, par ailleurs, la quantité d'armature doit être quadruplée quand le porte-à-faux est double.
Le renforcement des armatures peut être obtenu soit en augmentant leur diamètre, soit en diminuant leur écartement.
Quand il y a décalage en altitude entre le balcon et le plancher, il faut adopter des dispositions convenables pour les armatures (voir dessins).

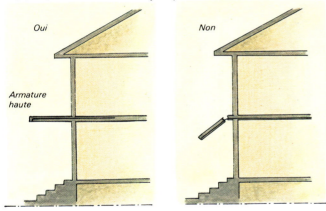

Les armatures de balcon sont toujours posées en haut

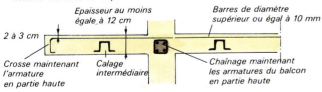

Résumé des conditions qui font les balcons solides...

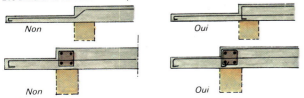

Les armatures de balcon bien « placées » éviteront les effondrements

La protection contre l'eau et la fissuration

Il est souhaitable qu'un balcon soit légèrement plus bas que le plancher de la pièce voisine. Cela facilite la réalisation des seuils au droit des portes-fenêtres et permet de surélever le premier joint de maçonnerie de façade. On évite ainsi efficacement les entrées d'eau.
Le larmier que l'on appelle aussi « goutte d'eau », situé à l'extrémité du balcon, évite que l'eau de pluie ne vienne ruisseler sous le balcon et vers le mur de façade.
Il faut enfin prendre des précautions pour minimiser les fissures de retrait, fissures ne présentant aucun caractère de gravité mais qui peuvent laisser passer l'eau et même la conduire à l'intérieur quand elles se prolongent à travers le chaînage.
Une première précaution consiste à armer le balcon à l'aide d'armatures longitudinales de répartition, qui ne participent pas à la résistance mais qui peuvent réduire et répartir la fissuration.
D'autre part, si la longueur du balcon excède 4 m, il faut le recouper par des joints transversaux. A l'emplacement des joints, le chaînage doit être renforcé par une section d'armature au moins égale à celle qui est coupée par les joints; ceux-ci doivent être bien entendu calfeutrés.

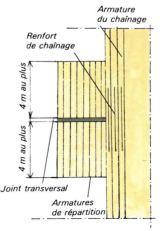

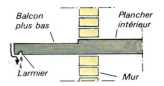

« Goutte d'eau » et balcon plus bas que la pièce évitent les problèmes de ruissellement et d'entrée d'eau

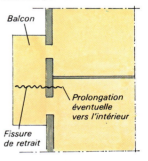

Les fissures de retrait peuvent se prolonger à l'intérieur, on doit donc les minimiser par des renforts

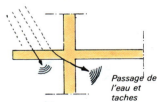

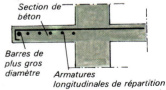

Pour lutter contre les fissures de retrait une solution passe par les armatures longitudinales

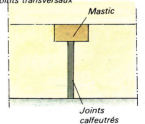

Un balcon de plus de 4 mètres de longueur doit être recoupé par un ou des joints transversaux

Les escaliers intérieurs

Circulation reliant deux niveaux superposés, l'escalier doit supporter le poids des personnes qui l'empruntent et celui des charges et des meubles qui transitent d'un endroit à l'autre.

Bien souvent, l'escalier est aussi un élément de l'architecture intérieure, à la fois par sa forme, les matériaux et l'emplacement qu'il occupe. Hélas, il prend sur la surface habitable. Ne pouvant donc toujours lui consacrer toute la surface souhaitable, on se contente d'un compromis qui ne nuise ni à l'esthétique ni au besoin de circuler.

Matériau le plus ancien pour la construction des escaliers, le bois reste le plus employé dans les maisons individuelles, bien que métal et béton permettent de belles réalisations. Le vocabulaire du bois et les modèles d'escaliers en bois s'appliquent donc à tous les matériaux modernes.

Quelles que soient la forme et la nature d'un escalier, il se compose de marches qui prennent appui sur un support.

La sécurité dans les escaliers

Les rampes évitent les chutes dont les conséquences peuvent être graves. Un escalier adossé à un mur comporte une seule rampe et éventuellement une main courante côté mur. Un escalier non adossé en comporte deux.

La rampe comprend, en général, un pilastre de départ, une main courante supportée par un barreaudage, parfois remplacé par des potelets ou des balustres. Les dimensions et espacements entre ces éléments sont normalisés (voir page 156).

La hauteur de la main courante doit être, par rapport à une marche, de 0,90 m, et par rapport à un palier, de 1 m.

Une marche doit pouvoir résister à une charge concentrée de 250 kg (capacité portante de la marche).

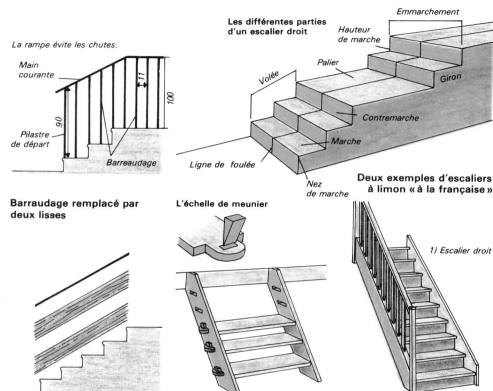

Les composants d'un escalier

La marche : elle se définit par deux dimensions, liées d'ailleurs entre elles par une relation (voir page 50), la largeur entre nez-de-marche ou giron et la hauteur séparant deux marches. La longueur d'une marche est appelée emmarchement.

La contremarche : paroi verticale placée éventuellement entre deux marches.

Le limon : pièce de section constante supportant les marches et éventuellement les contremarches.

La crémaillère : pièce découpée en « dents de scie » supportant les marches et éventuellement les contremarches.

Le noyau : appui central d'un escalier en forme d'hélice.

Comment porte un escalier

En fonction de la nature des supports (murs, limons, crémaillères) et de la façon dont les marches prennent appui sur eux, on distingue les principaux types suivants :

- **Echelle de meunier** : c'est l'escalier droit le plus simple ; les marches sont encastrées dans deux « limons ».
- **Escalier à limon dit « à la française »** : les marches sont fixées par une extrémité sur un limon ; l'autre extrémité est scellée dans le mur, fixée sur un autre limon, une crémaillère ou un noyau.
- **Escalier à crémaillère dit « à l'anglaise »** : les marches sont fixées par une extrémité sur une crémaillère, l'autre extrémité étant scellée dans le mur, fixée sur une seconde crémaillère ou un noyau.

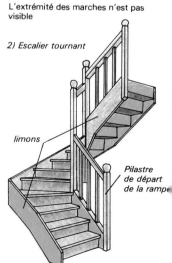

Le limon porte les marches et les contremarches

100

• **Escalier encloisonné** : dans ce cas, les marches sont soit scellées aux deux extrémités si les murs sont porteurs, soit fixées sur crémaillères ou limons si le ou les murs ne sont pas porteurs.

De même qu'une échelle, tout escalier doit être correctement buté en pied par un ancrage dans le gros œuvre.

Escalier à crémaillère « à l'anglaise »
La crémaillère porte les marches et les contremarches...

Escalier hélicoïdal
Le noyau ou centre d'un escalier hélicoïdal

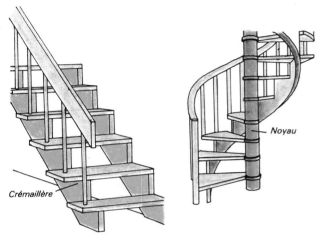

La ligne de foulée

Les formes d'escaliers

La ligne de foulée : la forme d'un escalier est définie par la ligne de foulée, qui peut être droite ou incurvée, selon l'emplacement dont on dispose pour implanter l'escalier. La ligne de foulée représente le chemin que suivrait un utilisateur qui resterait à 0,45 m de distance de l'extrémité la plus étroite de chacune des marches. Pour un escalier dont l'emmarchement est de 0,90 m, la ligne de foulée est donc située dans l'axe des marches.

D'une façon générale, un escalier peut être :
• droit si la ligne de foulée est située dans un seul plan vertical,
• à quartier tournant si la ligne de foulée est située dans plusieurs plans verticaux,
• tournant ou hélicoïdal si la ligne de foulée est située sur une surface cylindrique.

Les paliers : la longueur d'un palier est au minimum égale à l'emmarchement. On peut augmenter la surface d'un palier droit en décalant d'un quart de marche l'arrivée et le départ des demi-volées et d'une marche le départ de la demi-volée haute.

Le balancement : quand la ligne de foulée n'est pas rectiligne, mais curviligne, le « giron » varie considérablement entre les deux extrémités des marches situées dans la partie incurvée.

Sans entrer dans le détail des épures, il faut savoir que l'on peut augmenter le giron de la partie la plus étroite et diminuer celui de la partie la plus large. Cette opération s'appelle « balancer un escalier ». Le balancement a pour objet de rendre l'escalier mieux équilibré et le franchissement de la partie courbe plus aisé.

Autres types d'escaliers

Il n'est pas possible dans le cadre de cet ouvrage d'inventorier tous les types d'escaliers. Voici les plus courants utilisés dans les maisons individuelles.
• **Les escaliers en béton** : le plus classique est l'escalier sur paillasse, mais il existe des solutions préfabriquées qui font l'objet soit de Cahier des charges particulières, soit d'études spéciales ; c'est ainsi que l'on trouve dans le commerce des marches permettant de réaliser un escalier hélicoïdal.
• **Les escaliers métalliques** : ils sont ou entièrement métalliques comme les escaliers hélicoïdaux, ou mixtes, c'est-à-dire à limon métallique et marches en bois.
• **Les escaliers escamotables** : ils sont très utiles pour accéder à des combles non habitables ; les dimensions des trémies à prévoir varient entre 0,45 × 0,60 m et 0,75 × 1,50 m.

Les paliers — Leur largeur minimale est égale à l'emmarchement

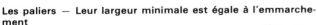

Le « balancement » équilibre les escaliers tournants

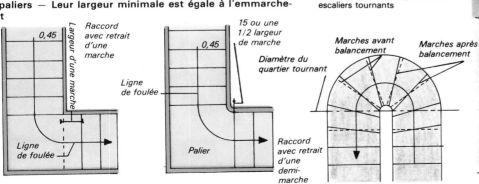

Escalier escamotable pour combles non habitables

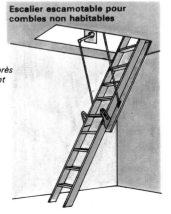

Le bois

Le bois est le matériau traditionnel par excellence pour la réalisation des charpentes des maisons individuelles. Il importe donc de connaître son vocabulaire particulier et sa technique d'emploi, même si, dans certaines constructions modernes, on réalise aujourd'hui ces parties de la maison à partir du métal ou du béton utilisés sous forme de poutrelles ou de panneaux préfabriqués.

Le sapin, l'épicéa, le pin sylvestre, le pin maritime et toutes espèces résineuses sont les plus employés pour les charpentes. Le chêne et le châtaignier, bien que possédant d'excellentes qualités de longévité et de résistance mécanique, sont plus chers, donc moins utilisés.

Les normes de la classe B qui régissent le bois sont très nombreuses. L'A.F.N.O.R. et le C.T.B. peuvent aider à résoudre les problèmes les plus complexes.

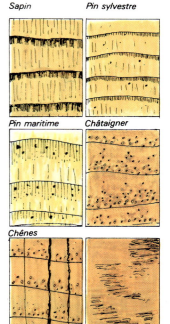

Sapin — *Pin sylvestre* — *Pin maritime* — *Châtaigner* — *Chênes*

Les défauts du bois

Le bois est un produit naturel, qui présente toujours quelques défauts, certains acceptables, d'autres non. En fonction de leur importance, les bois sont classés en trois catégories, numérotées de 1 à 3 par ordre de qualité décroissante, et qui correspondent à des emplois possibles.

Il faut donc connaître les principaux défauts pour juger de la catégorie dans laquelle on peut classer une pièce de bois donnée. Ces principaux défauts sont définis dans le tableau et les illustrations ci-contre.

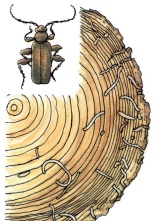

Capricorne des maisons (grossi 2,5 fois)

Exemples de pourritures

Pourriture cubique

Pourriture fibreuse

Pourriture alvéolaire

Oui

Absence de contact, nœud non adhérent — *Non*

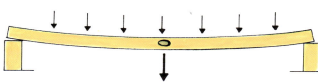
La brisure se produit à l'emplacement du nœud qui constitue un point faible

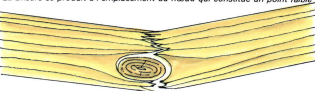

Les catégories de bois de charpente

CATÉGORIE I
Bois de choix, ne présentant aucune trace d'échauffure, ni de pourriture, aucun dégât d'insecte (sauf les piqûres noires qui peuvent être tolérées); sciés à vives arêtes, de droit fil (pente générale du fil sur une face : 7 % au maximum, ne pouvant excéder localement 10 %).
Les nœuds sains et adhérents non groupés, de 30 mm de diamètre au maximum, sont acceptés.
Quelques fentes superficielles aux extrémités sont tolérées.

Bois à accroissement faibles,
provenant de régions montagneuses,
Epaisseur moyenne des accroissements inférieure ou égale à .... 3 mm
Densité minimum à 20 % d'humidité............................ 0,500

CATÉGORIE II
Bois de choix ne présentant aucune trace d'échauffure, aucun dégât d'insecte (sauf les piqûres noires qui peuvent être tolérées); sciés à vives arêtes; pente générale du fil admise sur une face : 12 % au maximum, ne pouvant excéder 20 %.
Les nœuds sains et adhérents non groupés, de 40 mm de diamètre au maximum, sont acceptés.
Quelques fentes superficielles aux extrémités sont tolérées.

Bois à accroissements faibles,
Epaisseur moyenne des accroissements inférieure ou égale à .... 5 mm
Densité minimum à 20 % d'humidité............................ 0,450

CATÉGORIE III
Bois sains, ne présentant aucune trace d'échauffure, ni de pourriture, aucun dégât d'insecte (sauf les piqûres noires qui peuvent être tolérées). Sciés à vives arêtes. Pente générale du fil admise sur une face : 18 % au maximum ne pouvant excéder localement 25 %.
Les nœuds sains et adhérents sont acceptés.
Les fentes aux extrémités des pièces et les flaches accidentelles sont tolérées.
Epaisseur moyenne des accroissements inférieure à 10 mm.

Les principaux défauts des bois de charpente	
Défauts	Nature
Echauffure	Modification légère de la composition chimique du bois, provoquée par des champignons. Léger changement de consistance accompagné d'un changement de coloration. La résistance mécanique peut être sensiblement modifiée.
Pourriture	Attaque importante des champignons. La résistance mécanique peut être complètement annulée. On distingue pourriture cubique, fibreuse, alvéolaire.
Dégâts d'insectes	Attaque du bois par les insectes xylophages dans leur stade larvaire. La section d'une pièce peut être fortement diminuée.
Piqûres noires	Petites galeries creusées par des insectes dans des bois fraîchement coupés. Les parois des galeries sont tapissées par le mycélium des champignons.
Nœuds non adhérents	Nœuds dont le bois n'est pas au contact avec le bois environnant. Une absence de contact sur moins d'un quart du périmètre du nœud est tolérée.
Fente	Séparation dans le sens longitudinal entre des éléments contigus du bois.
Flache	Défaut de sciage interrompant la continuité d'une arête d'un bois équarri.
Pente du fil	Inclinaison des fibres du bois par rapport aux côtés d'une pièce découpée par sciage.

L'humidité du bois

On appelle humidité d'un bois la quantité d'eau qu'il renferme, exprimée en % de son poids à l'état totalement sec. Un bois sur pied ou fraîchement coupé peut avoir une humidité dépassant 100 % et un bois imbibé d'eau par immersion peut atteindre une humidité de 200 %. Dans le langage courant, on qualifie les bois en fonction de leur humidité.

Plus le bois est humide, plus sa résistance est faible. Les compressions de base admissibles sont établies pour une humidité de 15 %, c'est-à-dire pour un bois sec à l'air. Si l'humidité du bois atteint 27 % (bois mi-sec), ces valeurs sont réduites de moitié.

De même, plus le bois est humide et plus il est déformable. En fait, au moment de la mise en œuvre, un bois doit être dans l'état « sec à l'air » ou, au plus, dans l'état « commercialement sec ».

Degré d'humidité	Qualification
Au-delà du point de saturation	Vert
Du point de saturation à 23 %	Mi-sec
De 22 à 18 %	Commercialement sec
De 17 à 13 %	Sec à l'air
Au-dessous de 13 %	Desséché
A 0 %	Anhydre

Les dimensions d'une pièce de bois varient en fonction de son humidité. Un bois que l'on humidifie gonfle et un bois que l'on dessèche fait du retrait. C'est ce que l'on appelle, curieusement, le « travail » ou le « jeu » du bois.

Le bois n'ayant pas une structure homogène, ces variations de volume s'accompagnent de déformations diverses, voilement ou courbure de certaines pièces. Plus elles sont fortes et plus le bois est dit peu « nerveux ».

Comment sont découpés planches, poutres, litaux, bastaings dans un arbre (grume)

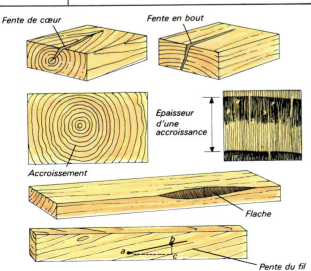

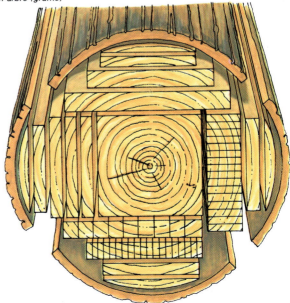

Les matériaux et les structures en bois

Les matériaux à base de bois

Ce sont essentiellement des panneaux à base de bois utilisés dans la construction en toiture ou en plancher.

• Le contre-plaqué est obtenu par collage entre elles de plusieurs feuilles de bois obtenues par déroulage. Les feuilles sont appelées des plis. On dit, par exemple, un « contre-plaqué 5 plis ».

• Les panneaux de particules sont obtenus en amalgamant entre elles des particules de bois au moyen d'une résine appropriée.

• Les isolants porteurs, c'est-à-dire ceux qui sont suffisamment résistants pour être posés sur un support discontinu, sont obtenus de la même manière.

La nature de la résine est très importante et conditionne largement la qualité des panneaux, surtout leur résistance à l'humidité.

Le C.T.B. publie la liste des fournisseurs et des produits bénéficiant des labels C.T.B.-X ou C.T.B.-H.

Les panneaux de contre-plaqué sont marqués de la façon suivante :

EXTÉRIEUR C.T.B. 38 X

Les panneaux de particules sont marqués à l'encre verte sur chant : C.T.B.-H N° . . . . . (numéro d'identification du fournisseur).

Pour les panneaux isolants porteurs, il faut se reporter aux avis techniques.

Les structures en bois

Les structures en bois, charpentes traditionnelles, charpentes industrialisées ou planchers, obéissent à un vocabulaire particulier qu'il faut connaître.

Le croquis d'une charpente traditionnelle permet de les situer aisément.

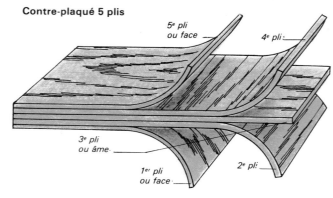

Contre-plaqué 5 plis

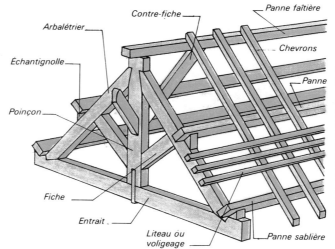

Dans la charpente industrialisée, les fermes comportant des pièces de section relativement importantes et qui reçoivent des pannes dont la portée peut atteindre 3 à 4 m dans les cas les plus courants sont remplacées par des « fermettes » exécutées à partir de planches assemblées. L'écartement courant est d'environ 60 cm.

Les pannes sont supprimées, les fermettes supportant directement les liteaux ou les panneaux.

Les planchers en bois sont formés d'une ossature porteuse constituée par des solives qui supportent en face supérieure des planches ou des panneaux porteurs destinés à recevoir le revêtement de sol et en face inférieure un plafond suspendu ou fixé.

Quand le plancher comporte une ouverture (passage d'un escalier ou d'une souche par exemple), certaines solives sont interrompues. Elles sont alors supportées par une pièce appelée chevêtre, qui transmet les charges aux solives voisines. Celles-ci sont maintenues par des pièces transversales qui s'opposent à leur basculement : ce sont les entretoises.

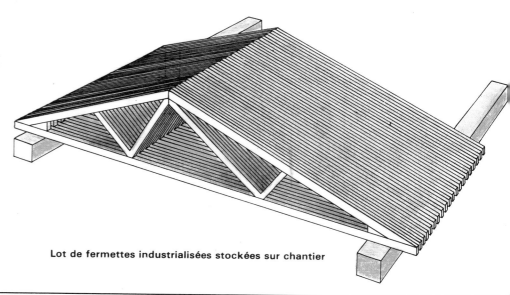

Lot de fermettes industrialisées stockées sur chantier

Le traitement et la préservation du bois

Le bois est un matériau naturel directement utilisable dans la construction. C'est l'un de ses avantages, mais son origine végétale le rend vulnérable aux attaques des insectes et des champignons. La vulnérabilité du bois est très variable d'une essence à l'autre et certaines variétés sont réputées insensibles à ces agressions.
Cependant, les essences les plus couramment utilisées doivent subir un traitement approprié pour conserver longtemps leurs propriétés.
Le traitement est indispensable lorsque les bois comportent de l'aubier, c'est-à-dire des parties plus tendres comprises entre le cœur et l'écorce, ou si l'humidité relative est en permanence supérieure à 22 %.
Contrairement à ce que l'on pourrait croire, les traitements les plus importants et les plus difficiles à réaliser concernent la préservation des bois vis-à-vis des attaques de champignons. Les traitements superficiels peuvent même être inopérants si des spores sont déjà présentes à l'intérieur du bois. La préservation contre les attaques des insectes est beaucoup plus facile et ne requiert en général qu'une imprégnation en surface.
Différentes techniques d'application des produits de préservation sont utilisées suivant les essences, et le résultat à obtenir. On peut ainsi traiter les bois par trempage, badigeonnage, pulvérisation, injection, etc.
Le choix du produit de traitement est sans doute le point le plus délicat. Il y a d'abord les produits préventifs et les produits curatifs, ces derniers étant à employer lorsque les attaques se sont développées.
Il y a ensuite la nature des principes actifs et la nature du solvant ou du milieu de dispersion. Le choix ne peut donc se faire qu'en se référant aux fiches techniques fournies par les fabricants dont on peut par ailleurs exiger des procès-verbaux d'essai qui attestent l'efficacité de leurs produits dans des conditions d'utilisation déterminées.

L'importance de la conception des ouvrages

Traiter les bois, c'est bien et c'est même souvent indispensable mais il est encore beaucoup plus important de bien concevoir les ouvrages dans lesquels ce matériau est mis en œuvre.
En effet, si le bois est préservé de l'humidité ou s'il peut sécher rapidement après avoir été mouillé, il y a peu ou pas de risque de voir se développer des attaques par les champignons. La préservation du bois commence donc dès la conception et les traitements ne devraient être que des précautions complémentaires.
Mais lorsque ces principes sont respectés, les constructions en bois présentent une durabilité parfois étonnante, les constructions du passé en témoignent. On réalise même des couvertures en bois dont la longévité est surprenante.

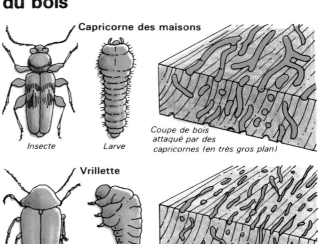
Capricorne des maisons — Insecte, Larve
Coupe de bois attaqué par des capricornes (en très gros plan)

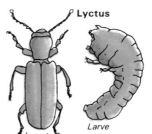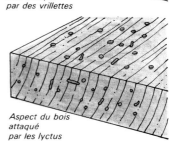
Vrillette — Insecte, Larve
Coupe d'un morceau de bois attaqué par des vrillettes

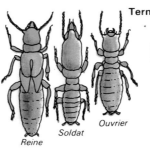
Lyctus — Insecte, Larve
Aspect du bois attaqué par les lyctus

Termites — Reine, Soldat, Ouvrier
Larves, soldats ou ouvriers... tous les termites se nourrissent de cellulose

Sirex ou guêpe du bois

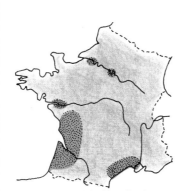
Zone où ont été détectés des termites

Les planchers en bois

Après bien des siècles d'utilisation pratiquement exclusive, les planchers en bois n'ont plus aujourd'hui que des applications assez limitées. L'apparition des poutrelles métalliques d'abord, puis l'élargissement de la gamme des produits en béton ont en effet conduit assez rapidement à délaisser le bois.
Mais les planchers en bois présentent toujours un certain nombre d'avantages, surtout lorsqu'ils sont associés à des charpentes ou à des ossatures également en bois.
Ainsi, on les retrouve souvent en tant que planchers intermédiaires des maisons en bois, ou comme supports de plafond sous combles non aménageables.
Cependant, ils restent largement handicapés par deux inconvénients majeurs.
Le premier dérive des exigences actuelles en matière de confort acoustique. Les planchers en bois sont en effet relativement légers et donc très perméables aux bruits.
Le second tient davantage à la nature même du bois, il s'agit de sa sensibilité à l'humidité et de sa vulnérabilité aux attaques des insectes et des champignons.
Si, sur ce dernier point, les produits de traitement actuels sont efficaces, l'isolation acoustique, par contre, est plus difficile à améliorer.

L'ossature d'un plancher en bois

Les éléments porteurs d'un plancher en bois sont constitués par des poutres et des solives.
Les poutres permettent en général d'offrir un appui intermédiaire aux solives lorsque le vide à franchir est trop important pour celles-ci. Ce sont donc des pièces de bois relativement massives dont la section est souvent une fois et demie plus haute que large : 30 cm × 20 cm par exemple.

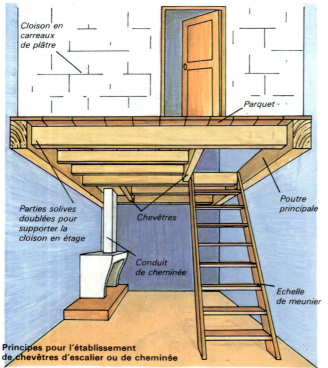

Principes pour l'établissement de chevêtres d'escalier ou de cheminée

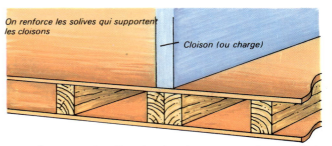

Les solives sont plus élancées, leur hauteur peut être trois fois plus grande que leur largeur : 24 cm × 8 cm par exemple. En fonction de leur portée et des charges appliquées, on les dispose suivant un écartement qui dépasse rarement 60 cm. Lorsque des charges importantes se trouvent localisées en des endroits bien définis, il est possible de doubler les solives, sous une cloison lourde par exemple.
Les assemblages entre solives et poutres peuvent être réalisés de diverses manières, avec ou sans pièces métalliques de renfort. Mais il est important d'organiser ces assemblages de façon à maintenir latéralement les solives.

Les chevêtres

Un certain nombre d'ouvertures ou trémies sont en général nécessaires pour permettre le passage d'équipements divers au travers des planchers. Le cas le plus courant et le plus important est celui des escaliers. En pareille circonstance, s'il n'existe pas de murs porteurs autour de l'ouverture, il faut placer une poutre appelée chevêtre qui a pour rôle de supporter les extrémités des solives interrompues au droit du vide d'un escalier.
Le chevêtre doit être lui-même appuyé sur deux poutres, parallèles aux solives, mais situées de part et d'autre de la trémie pour rejoindre un élément porteur. Ces deux poutres peuvent d'ailleurs être réalisées par jumelage de deux solives.
Outre le passage des escaliers, on prévoit aussi des chevêtres pour les conduits de fumée et plus généralement chaque fois qu'une ouverture oblige par sa taille ou son emplacement à interrompre une ou plusieurs solives.

Limiter les déformations

Un plancher, qu'il soit en bois ou en un autre matériau, subit sous son poids et sous l'effet des charges qu'il supporte une déformation de faible amplitude que l'on caractérise par sa flèche. Si cette déformation est importante par rapport à la portée du plancher, des ouvrages tels que des cloisons risquent de ne pouvoir s'y adapter sans se fissurer en raison de leur grande rigidité.
Il existe donc des limites fixées par la réglementation technique en fonction de la portée et de la nature des ouvrages supportés.
Par exemple, dans le cas d'un plancher recevant des cloisons en briques plâtrières ou en carreaux de plâtre, la flèche doit être inférieure à ce que l'on trouve en divisant la portée par 500. Cela jusqu'à 4 m de portée; au-delà, la valeur limite s'obtient en ajoutant 0,4 cm à ce que l'on trouve en divisant la portée par 1 000.
Autre exemple, si le plancher doit supporter un plafond suspendu en terre cuite, la flèche doit être également inférieure à la portée divisée par 500.
Mais, à ce propos, il vaut mieux consulter un spécialiste ou recueillir l'avis d'un contrôleur technique.

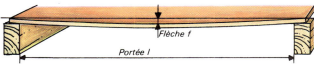
La « flèche » est la déformation d'un plancher sous le poids des charges

Les liaisons entre solives

Les liaisons entre solives d'un plancher intermédiaire sont réalisées par le biais du platelage, qui peut être un parquet ou des panneaux destinés à recevoir des revêtements de sol. Le platelage doit donc être correctement fixé sur toutes les solives du plancher. On peut aussi envisager le cas d'un parquet sur lambourdes et ce sont elles qui jouent alors un rôle de liaison entre solives.

Mais un simple platelage ne peut assurer un report de charges sur plusieurs solives si l'une d'entre elles est davantage sollicitée. Il faut donc renforcer les zones les plus chargées ou alors ajouter des entretoises de répartition à intervalles réguliers. Cette dernière solution, techniquement valable, peut présenter des inconvénients d'ordre esthétique si le plancher est destiné à rester apparent en sous-face.

En contrepartie, l'utilisation d'entretoises est très intéressante pour les planchers supports de plafonds sous combles non aménageables. Dans ce cas en effet, un entretoisement assez dense permet d'employer des solives de faible épaisseur et de grande hauteur car elles sont bien maintenues latéralement et ne risquent donc pas de se déverser.

Les platelages

En dehors des parquets sur lambourdes, les platelages des planchers en bois peuvent être réalisés à partir de panneaux de contre-plaqué ou de particules agglomérées. Il est alors préférable de n'utiliser que des panneaux ayant le label C.T.B.-X ou C.T.B.-H qui garantit une bonne tenue à l'humidité.

Pour constituer les plafonds en sous-face des planchers en bois, on peut aussi utiliser des panneaux dérivés du bois ou des plaques de plâtre enrobées de carton. Ces éléments sont alors fixés aux solives par l'intermédiaire d'un contre-lattage ou de fourrures spéciales qui présentent l'avantage de pouvoir compenser d'éventuelles irrégularités du solivage (voir page 183).

L'appui des planchers en bois sur les maçonneries

Les zones d'appui de solives ou de poutres en bois sur un mur en maçonnerie doivent être conçues de façon à assurer la transmission correcte des charges.

Il faut veiller en particulier aux surfaces réelles de contact entre bois et maçonnerie pour éviter une trop grande concentration d'efforts en certains points. Même si les efforts sont faibles, il faut prévoir une pénétration suffisante des poutres et des solives dans les murs.

Pour les solives, par exemple, la pénétration minimale est fixée à 5 cm pour éviter tout risque dû au retrait du bois lorsque son taux d'humidité diminue. En fait, il vaut mieux adopter une profondeur d'appui de l'ordre de 8 à 10 cm pour tenir compte des écarts inévitables qui existent toujours entre les dimensions prévues sur un plan et celles des ouvrages réels.

Une solive surchargée fléchit et n'est pas soulagée par les autres car les éléments du plancher sont minces et ne relient pas pour les solidariser les solives

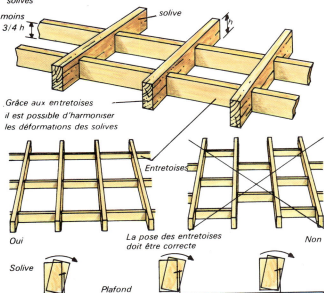
Grâce aux entretoises il est possible d'harmoniser les déformations des solives

La pose des entretoises doit être correcte

Les entretoises empêchent le déversement des solives des plafonds lourds suspendus comme ceux en terre cuite

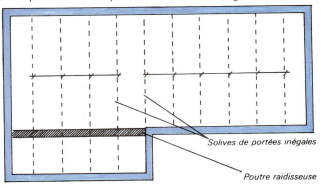
Solives de portées inégales
Poutre raidisseuse

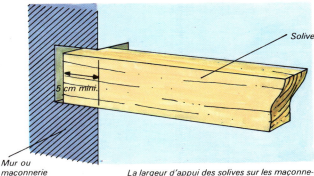
Mur ou maçonnerie porteuse
La largeur d'appui des solives sur les maçonneries porteuses doit mesurer au moins 5 cm.

107

Les charpentes en bois des toitures

Elément important de la maison, une charpente de toiture inadaptée peut entraîner des désordres dans la couverture et dans les murs sur lesquels elle prend appui.

Les fermes classiques

Principe de fonctionnement et règles de construction

Les fermes, qui représentent la partie essentielle de la charpente, sont généralement des systèmes dits « triangulés » parce que les différentes barres dessinent des triangles juxtaposés.

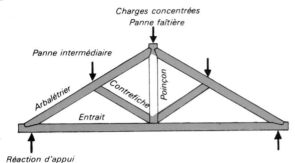

Dans de tels systèmes, les charges doivent être appliquées aux « nœuds », c'est-à-dire aux points où les barres se rejoignent. Les réactions d'appui, c'est-à-dire les actions qui s'exercent entre la ferme et les murs qui la supportent, sont importantes. Pour prévenir tout risque, on met en place des barres supplémentaires qui complètent la triangulation ou on calcule avec précision les efforts de flexion qui découlent des excentrements éventuels. On remplace alors les pièces fléchies par des pièces de dimensions plus fortes ou on prévoit, grâce au calcul, des pièces plus fortes là où des fléchissements sont à craindre.

La même prudence est nécessaire en ce qui concerne les charges que représentent les souches de cheminées ou celles qu'elles subissent du fait des vents.

Avec les fermes comportant un entrait, il n'y a pas de poussée horizontale due aux charges verticales. C'est l'entrait qui, sollicité en traction, résiste à cet effort.

S'il n'y a pas d'entrait, ce qui est le cas, par exemple, des toitures à plusieurs pentes quand certains arêtiers sont appuyés sur le plancher des combles et sur des maçonneries verticales, il faut que la fixation de la charpente soit suffisamment solide pour pouvoir transmettre la poussée et que les maçonneries (dalles de préférence) puissent la supporter sans désordre. Cela implique généralement la présence d'un plancher de combles capable de résister aux efforts de traction.

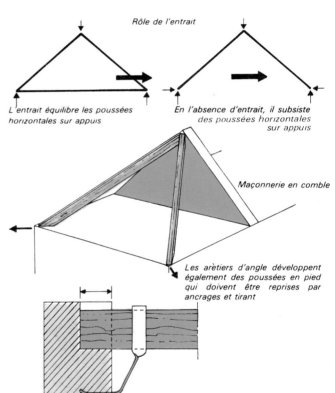

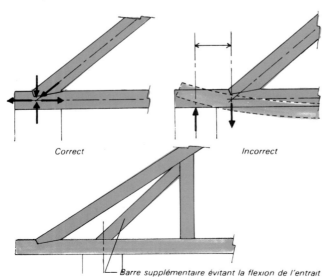

Il faut aussi porter une attention toute particulière aux scellements de la charpente, surtout dans le cas de couvertures légères.

En particulier, les pannes doivent être scellées dans une masse de maçonnerie suffisamment importante pour pouvoir contrebalancer l'effet du vent.

Un dernier point important concerne les dispositions adoptées au droit des souches. La distance entre la face intérieure du conduit de fumée et le bois de charpente le plus proche doit être au moins de 16 cm. D'autre part, il est bon que les dispositions adoptées pour le raccordement de la couverture et de la souche permettent un certain jeu.

Contreventement

Il faut vérifier que la charpente est « contreventée » dans son ensemble, c'est-à-dire qu'elle peut résister aux efforts horizontaux dus au vent ou provoqués par des faux aplombs.
Le contreventement peut être obtenu par le biais de la maçonnerie, les pointes des pignons calculées en conséquence empêchant le déversement de la charpente ou par des pièces de bois jouant le même rôle.

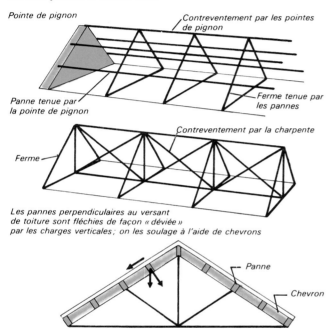

Les pannes perpendiculaires au versant de toiture sont fléchies de façon « déviée » par les charges verticales ; on les soulage à l'aide de chevrons

Déformation

La charpente étant stable, il faut ensuite se préoccuper de la déformation des pannes. Si celle-ci est trop importante, la couverture perd sa planéité, ce qui peut nuire à son étanchéité.
Si les pannes sont reliées efficacement entre elles et à la panne faîtière par l'intermédiaire des chevrons, la flexion se trouve réduite car elle ne peut se faire que perpendiculairement au versant.
Il importe donc que l'assemblage entre chevrons et pannes soit étudié en conséquence et il peut être nécessaire de renforcer la panne faîtière.

Les fermettes industrialisées

Règles de construction générales

Les règles de construction relatives aux transmissions des efforts sur les fermes traditionnelles s'appliquent aux fermettes.
Comme on l'a vu, les fermettes sont de petites fermes fabriquées industriellement à partir de planches de faible épaisseur agrafées à l'aide d'organes métalliques spéciaux, les connecteurs.
Il est important que les charges concentrées et, en particulier, les réactions d'appui soient appliquées aux nœuds de triangulation. Le cas peut se produire quand il y a débord de toiture.

Du fait de leur minceur, les fermettes n'ont aucune rigidité transversale. Il est donc absolument nécessaire de prévoir un contreventement soigné et efficace au moyen de barres formant une triangulation supplémentaire dans des plans verticaux perpendiculaires aux fermettes ou dans le plan des versants.
Si les pointes de pignon ne sont pas autostables, c'est-à-dire calculées pour résister aux efforts du vent, il faut en tenir compte pour calculer le contreventement de la charpente.
Les types de fermettes dépourvus d'entrait en partie basse provoquent des poussées. C'est, par exemple, le cas des fermettes dites « en A » du fait de leur forme et qui sont utilisées pour réaliser des combles aménageables.
Dans ce cas, le gros œuvre doit pouvoir résister aux poussées (dalle notamment).

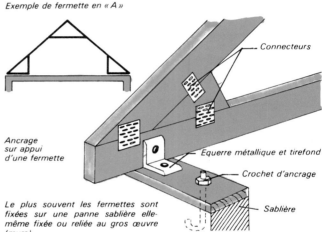

Le plus souvent les fermettes sont fixées sur une panne sablière elle-même fixée ou reliée au gros œuvre (murs)

Règles particulières de construction

Les fermettes mises en place sont toujours assez rapprochées. Pour installer des châssis de toiture, pour assurer le passage d'un conduit de fumée ou encore pour mettre en place un escalier d'accès à des combles habitables, il est parfois nécessaire de ménager des trémies, c'est-à-dire de scier sur une certaine largeur une ou plusieurs fermettes.
Dans ce cas, on adapte des chevêtres, qui transmettent les charges aux fermettes non coupées, qu'on renforce par doublement ou triplement de l'arbalétrier, par exemple.
Le bois utilisé pour la réalisation des fermettes doit appartenir au moins à la catégorie II (voir page 102).
Le Centre technique du bois délivre un label dit C.T.B.-C.I. pour les fermettes fabriquées industriellement, qui sont alors marquées d'un scellé métallique placé sur un arbalétrier.
Comme elles n'ont aucune rigidité transversale, les fermettes industrialisées doivent être manipulées et stockées debout.
Le traitement du bois des fermettes et l'emploi des panneaux en bois obéissent aux mêmes règles que celles prévues pour les charpentes traditionnelles.
Quand on emploie des panneaux de toiture, il est parfois nécessaire de doubler les arbalétriers par des fourrures qui offrent alors une largeur d'appui suffisante.
Enfin, le plus souvent, les fermettes sont fixées sur une panne sablière elle-même reliée au gros œuvre.

Les maisons en bois

Qu'est-ce qu'une maison en bois ?
On appelle maison en bois tous les modèles et les types de maisons individuelles dont l'ossature porteuse est en bois. Le chalet est, parmi d'autres, un type de maison en bois.
Dans un pays comme la France, le bois a toujours été employé comme matériau de construction. Economique, facile à travailler, presque à proximité de tout chantier de construction, c'est un matériau très ancien.

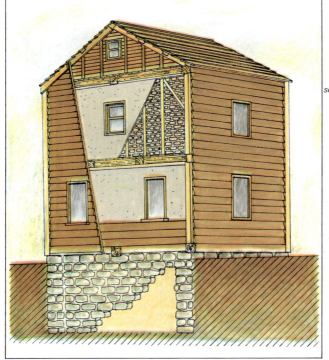

Les techniques modernes de construction et d'isolation permettent la construction de maisons en bois qui égalent en qualité et prix de revient les maisons traditionnelles en maçonnerie

Les bases d'une maison en bois (fondations, murs de soubassement, dalles de béton) sont le plus souvent en maçonnerie classique avec joint isolant

Selon les régions et les techniques de constructions utilisées, sont nés des styles de maisons en bois dont l'architecture fait l'admiration des connaisseurs les plus éclairés.
Aujourd'hui, bien que le bois ne soit plus aussi bon marché que par le passé, la maison en bois, qui a acquis ses lettres de noblesse, reste un procédé de construction plus ou moins économique. Comme dans toute construction, les différences de prix dépendent du choix des techniques.
Quant à la solidité et à la qualité des maisons en bois, elles ne sont plus à démontrer. A travers le monde, il existe des maisons en bois très anciennes et toujours habitées. Dans certains pays même, à cause des qualités isolantes du bois, on ne conçoit pratiquement pas autre chose que des maisons en bois : nous ne citerons ici que l'U.R.S.S., le Canada et certaines régions des Etats-Unis.

Un peu partout dans le monde et en France de vieilles maisons en bois démontrent la solidité du matériau. Cette maison bourgeoise date du XVIIe siècle. On peut la voir à Lyons-la-Forêt

Le plus souvent, indépendamment du type de construction envisagé, les ouvrages de fondation ainsi que les murs de soubassement et, selon les cas, la dalle en béton du rez-de-chaussée sont les mêmes que ceux qu'on réalise pour élever une maison en maçonnerie classique.
Pour isoler les pièces de bois de l'humidité qui pourrait remonter par les murs de fondation, on les isole en interposant un complexe d'étanchéité de la qualité recommandée par les D.T.U. (ex. Feutre bitumé : type 36 S).
Pour augmenter la durée de vie des bois neufs, on les traite comme les bois de charpente. Mais il est recommandé de choisir les essences conformément aux prescriptions d'organismes spécialisés comme l'A.F.N.O.R. et le C.T.B. Les normes et les D.T.U. classent les bois en fonction de leurs caractères physiques, mécaniques, technologiques et de leur durabilité naturelle.

Quel bois choisir ?

- Le bois de cœur du pin sylvestre, du pin maritime, du pin d'Oregon, du mélèze, du châtaignier, du chêne, de l'orme, et de certains bois exotiques, qui est naturellement résistant aux attaques d'insectes ;
- l'angélique, le doussié, le bubinga, l'azobé, l'iroko, qui résistent naturellement aux attaques de termites ;
- le châtaignier, le chêne, le red cedars, le séquoia, qui résistent aux champignons.

On utilise également des panneaux dérivés du bois :
- contre-plaqués qualité C.T.B.-X, dont la face exposée à l'humidité est exempte de défauts qui faciliteraient la pénétration de l'eau ;
- panneaux de particules de qualité C.T.B.-H mais possédant une bonne résistance aux champignons ;
- panneaux de fibres agglomérées au ciment Portland, mais seulement après essais attestant leur qualité physique et mécanique en milieu humide ainsi que leur compatibilité avec les autres matériaux.

Toutes les pièces en bois ou dérivées du bois doivent être au moins à 0,20 m au-dessus du sol (extérieur ou intérieur) ou à 0,30 m dans le cas de solivage sur vide sanitaire.

Les avantages du bois

La peur du feu et l'image horrifiante de l'incendie détruisant tout, font que certains futurs propriétaires refusent l'idée même d'une maison en bois. Or, en pratique, le bois massif se comporte mieux dans un incendie que bien d'autres matériaux. Il est difficile à enflammer et le phénomène de carbonisation en surface retarde sa combustion profonde. Il conserve donc ses propriétés mécaniques. Là où une poutre d'acier de forte section pliera et laissera s'écrouler tout ce qu'elle porte, une poutre de bois résistera longtemps.

Le bois présente également d'autres avantages. Isolant phonique et électrique de grande qualité, il est aussi insonore et s'oppose à la transmission des bruits de percussion, véritables fléaux qui traversent d'autres matériaux sans difficulté.

Enfin, la chaleur, la noblesse, la beauté du bois s'ajoutent à ces notions de confort que nous recherchons tous et qui sont si difficiles à définir.

> **Un conseil** : comme pour toute maison individuelle, il faut assurer une maison en bois contre l'incendie. Les primes varient selon les compagnies et les régions mais ne semblent pas plus élevées que celles des polices qui couvrent une demeure en maçonnerie. L'existence d'une piscine dans les régions où les incendies de forêt sont à craindre peut valoir certaines remises. On doit savoir que le risque dépend beaucoup de la nature des matériaux de couverture.

Maison traditionnelle en maçonnerie ou maison en bois ?

Le choix dépend des goûts des futurs propriétaires et, dans certaines régions (les Alpes par exemple), des règlements d'urbanisme. Pour ce qui est de la maison en bois de forme non classique et non imposée, tel le chalet, voici quelques éléments de comparaison :
- pour une même surface habitable, les techniques modernes appliquées à la construction en bois permettent de réaliser une maison entièrement finie (peintures et papiers peints en place) en moins de temps que pour une maison en maçonnerie traditionnelle, procédé qui implique un assez long délai de séchage des matériaux employés : plâtre, ciment, etc. ;
- un bon bricoleur peut se réserver quelques travaux de finition ou d'équipement pour économiser sur son budget (ces travaux complémentaires demandent beaucoup plus d'expérience dans une demeure en béton, parpaings ou briques) ;
- le coût de l'installation électrique peut se trouver réduit, car l'électricien peut intervenir en une seule fois, à l'abri des intempéries (dans une construction en maçonnerie, il interrompt le chantier car il ne peut souvent travailler qu'au fur et à mesure de l'avancement des travaux) ;
- la même remarque est valable pour la plomberie ;
- la maison en bois équipée de double vitrage est bien isolée en raison même des pouvoirs isolants du bois ; les installations de chauffage, calculées au plus juste, sont donc moins coûteuses et les dépenses en énergie sont réduites (petit inconvénient de cette isolation presque parfaite : l'été, la température a tendance à s'élever plus vite et la climatisation devient parfois nécessaire).

On ne peut comparer au plan des prix que des maisons comparables. Ainsi, le prix d'une maison en pierre de taille et toit d'ardoises peut-il être celui d'une maison en bois massif avec toit de tuiles plates ou de chaume. Mais un chalet en bois de grande qualité, sur sous-sol en maçonnerie, avec isolation renforcée et toit en tavaillons (tuiles régionales en bois taillées à la main), ou une maison normande à colombage coûteront beaucoup plus cher qu'une villa en parpaings, sans style et couverte de tuiles béton. En consultant architectes et constructeurs, on peut cependant trouver des maisons en bois très bien étudiées à des prix concurrentiels et proches de ceux de certaines maisons en maçonneries traditionnelles ou préfabriquées.

Un îlot préservé de vieilles maisons à pans de bois confère à cette rue un pittoresque indéniable

Les maisons à ossature porteuse habillée

Les plus connues sont les chalets de montagne, dont l'apparence est similaire à celle des maisons en bois massif, ce qui fait qu'il n'est pas toujours facile de les différencier.
La construction de l'ossature, le squelette, diffère peu de la technique utilisée pour l'ossature apparente. Toutefois, au lieu de remplir les vides entre les éléments, on procède à un habillage de la charpente et on dispose, en plus, une isolation thermique appropriée.

L'habillage en bois
A cet effet, on applique à l'extérieur un habillage assurant l'étanchéité à l'air et à l'eau. Ce parement peut être réalisé à partir de planches posées soit horizontalement, à « clins », soit horizontalement ou verticalement avec assemblage rainuré-bouveté ou en vé. On peut également utiliser la technique du bardage par tavaillons (voir page 126).
Afin de se protéger contre les risques d'infiltration au droit des joints, il est recommandé de disposer entre l'ossature bois et le parement extérieur des bandes de feutres bitumés disposées horizontalement et venant se recouvrement les unes sur les autres ; ces bandes sont parfois appliquées sur des panneaux dérivés du bois, eux-mêmes fixés sur l'ossature.

Maison individuelle habillée de red cedar posé à « clins »

La maison à ossature habillée, dont la plus classique est le moderne chalet des Alpes, comporte une ossature de bois revêtue de planches jointes à l'extérieur, d'un remplissage isolant et d'un revêtement intérieur (plâtre, bois ou panneaux de dérivés)

Maison individuelle habillée de tavaillons en red cedar

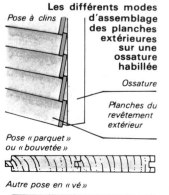

Les différents modes d'assemblage des planches extérieures sur une ossature habillée

Pose à clins
Ossature
Planches du revêtement extérieur

Pose « parquet » ou « bouvetée »

Autre pose en « vé »

L'habillage en maçonnerie
Lorsque le style chalet de montagne ne s'harmonise pas avec les constructions locales, il est possible d'utiliser, comme cela se pratique dans des pays voisins, la technique de l'ossature bois avec habillage en maçonnerie.
Comme il s'agit d'une technique qui s'éloigne des constructions courantes, il est recommandé de s'entourer des avis de techniciens avertis.
L'habillage peut être réalisé par un parement de briques ou de parpaings de 11 cm au minimum d'épaisseur. Dans ce cas, l'ossature bois et les remplissages intérieurs doivent être séparés du parement extérieur par une lame d'air continue, de 2 cm d'épaisseur et drainée en pied. Par ailleurs, la stabilité du parement doit être assurée par des liaisons avec l'ossature à raison d'au moins deux attaches par mètre carré.
Il existe aussi des techniques d'habillage utilisant des enduits en mortier de ciment projetés sur une armature tendue sur l'ossature bois ; ces techniques très particulières sont justiciables de la procédure de l'Avis technique.

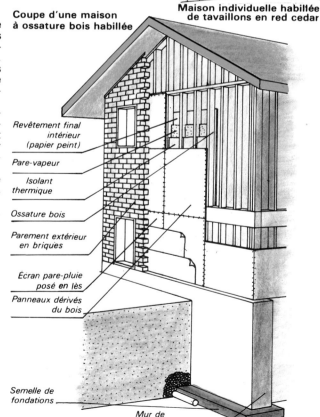

Coupe d'une maison à ossature bois habillée

Revêtement final intérieur (papier peint)
Pare-vapeur
Isolant thermique
Ossature bois
Parement extérieur en briques
Écran pare-pluie posé en lés
Panneaux dérivés du bois
Semelle de fondations
Mur de fondations

Les maisons à panneaux porteurs préassemblés

Elles sont préparées en usine et assemblées sur le terrain du futur propriétaire. Le principe est le même que dans le système précédent.

L'ossature construite en usine reçoit les revêtements extérieurs et intérieurs. Les panneaux ainsi obtenus, et dans lesquels sont souvent incorporées les portes et les fenêtres, sont transportés et assemblés. Les parements décoratifs, peinture, pierres, briques, etc. sont alors mis en place.

Ce procédé de préfabrication est plus rapide puisqu'il permet de réaliser en usine, donc à l'abri des intempéries, des opérations qui peuvent être, de plus, programmées en grande série selon des techniques industrielles.

Ce procédé est aussi plus économique car la productivité de la main-d'œuvre se trouve améliorée et son coût abaissé en conséquence. La seule main-d'œuvre nécessaire sur le site reste, en effet, celle qui doit réaliser les fondations et celle de l'équipe chargée d'assembler les différents panneaux.

Dans cette catégorie de maisons en bois, les techniques de mise en œuvre recherchées visent principalement à obtenir une grande rapidité de montage sans avoir recours à des grues.

Perfectionnant cette technique des panneaux préassemblés, certains constructeurs réalisent en usine des éléments tridimensionnels, véritables cubes ou parallélépipèdes qu'il ne reste qu'à assembler et à couvrir d'un toit.

La grandeur maximale de ces éléments tridimensionnels est limitée par le Code de la route, qui impose de respecter un gabarit, ainsi que par les dimensions des véhicules de transport et la capacité de levage des grues qui sont nécessaires pour les disposer sur les fondations.

D'une façon générale, la maison à panneaux préassemblés ou à éléments tridimensionnels n'est pas considérée comme traditionnelle ; elle est donc soumise à la procédure de l'Avis Technique, beaucoup plus d'ailleurs en raison des éléments de remplissage et d'habillage des parements extérieurs et intérieurs que de l'ossature bois qui est très souvent assimilable à du traditionnel. Dans ce cas, il est recommandé de demander au constructeur un exemplaire de l'Avis Technique afin de prendre connaissance des observations exprimées par les services officiels.

Les maisons à panneaux porteurs préassemblés sont « montées » sur le terrain élément par élément

Les maisons à éléments tridimensionnels sont une technique moderne limitée par le code de la route et les moyens de transport

Fondations prêtes pour recevoir les éléments préassemblés

Les panneaux-baies sont livrés sur le chantier entièrement vitrés

Les fermettes sont fixées sur les panneaux

Les maisons en bois massif

La maison à parois en bois massif
En France, on en trouve peu. Dans les vallées des Alpes et notamment en Haute-Savoie, ce fut longtemps la technique de construction des chalets, que l'on admire encore aujourd'hui comme maisons paysannes rustiques. C'est la maison type de certains pays comme la Suède, la Suisse et l'U.R.S.S.

Plus la paroi obtenue est lisse, plus son étanchéité sera bonne. L'assemblage des cloisons et autres parois intermédiaires est réalisé par des entailles en queue d'aronde ou par d'autres méthodes.
A ce procédé classique du bois massif, il existe une variante. Les madriers sont disposés verticalement, en chicane ou non, et reçoivent à l'intérieur et à l'extérieur un parement de plan-

Les maisons en bois massif sont construites par assemblage de poutres équarries ou brutes

Ce type d'assemblage empêche la pénétration de l'eau et compense le retrait du bois

Le chanfreinage est à prohiber, antinaturel, il provoque l'accumulation d'humidité et le pourrissement

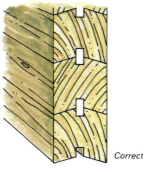
Correct

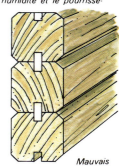
Mauvais

Mur en bois plein posé en chicane et revêtu à l'extérieur et à l'intérieur de panneaux ou de planches

Madriers pleins assemblés avec entaille

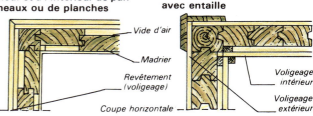

Les murs sont composés de pièces de bois massif non équarri ou équarri sur deux, trois ou quatre faces, empilées les unes sur les autres. Aux quatre angles de la maison, des assemblages assurent la tenue de l'ensemble. Les extrémités débordantes des pièces de bois assemblées donnent cet aspect rustique et massif caractéristique du procédé.
Mais le bois, en séchant, a tendance à faire du retrait. Pour pallier cet inconvénient, on y pratique des rainures garnies de languettes disposées dans le sens des fibres.
L'étanchéité, qui doit être continue sur toute la longueur des pièces, est assurée par divers procédés :
• un joint comprimé est intercalé dans les poutres,
• dans les intervalles, on enfonce de l'étoupe, de la corde goudronnée ou de la mousse,
• les pièces de bois sont taillées suivant un profil qui empêche les eaux de ruissellement (pluie) de pénétrer.

Dispositif débordant d'assemblage « à l'ancienne » caractéristique des maisons paysannes

ches de bois ou de panneaux dont l'ensemble constitue le voligeage. Les vides d'air ainsi réalisés contribuent encore à mieux isoler l'intérieur de la construction.

A l'extérieur, le voligeage en planches de bois peut être placé horizontalement ou verticalement, ce qui donne des effets architecturaux différents.

A l'intérieur, on utilise des planches assemblées comme les parquets traditionnels, des panneaux dérivés du bois ou des plaques de plâtre. Ces deux derniers doublages recevront alors une tapisserie, une peinture, un vernis ou un tissu d'ameublement.

La maison en bois massif nécessite un volume de bois important, ce qui, au coût actuel de ce matériau, implique un investissement non négligeable, et la recherche d'une main-d'œuvre qualifiée qui devient de plus en plus rare.

Ces assemblages de poutres constituant les murs assurent en façade des effets architecturaux

Assemblé par entaille en queue d'aronde

Assemblé par entaille passant en queue d'aronde

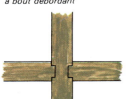

Assemblé par entaille à bout débordant

Superposition à extrémité débordante pour bois rond

Briques creuses hourdées (assemblées) au ciment

Colombage

Enduit mortier bâtard

Soubassement de pierres sur fondations classiques

La maison à ossature apparente

Le principe de construction est simple : à l'intérieur d'un squelette, constitué par l'ossature porteuse, est mis en place un matériau de remplissage qui forme les murs. Les maisons les plus caractéristiques de cette technique, donc les plus connues, sont les maisons alsaciennes et les maisons à colombages de Normandie.

Pour réaliser l'ossature bois, on dresse des poteaux verticaux, puis on les relie par des pièces horizontales appelées soles en bas et sablières en haut. Dans le cadre rectangulaire ainsi obtenu, on place des pièces de bois de section plus petite. Horizontales et verticales, elles contribuent au raidissement de pièces de bois élancées. Obliques, elles assurent la solidité du cadre, qui devient indéformable.

Dans les ossatures de maisons anciennes, les poteaux verticaux se dressent d'une pièce sur la hauteur des étages depuis le rez-de-chaussée jusqu'au toit, alors que, dans les ossatures plus récentes, les poteaux sont interrompus à chaque niveau.

Le squelette étant construit, il reste à combler les vides pour former les murs. Dans les anciennes constructions, on réalisait ce remplissage avec de la terre argileuse mêlée de paille (torchis), des moellons, des briques ou des tuileaux. Aujourd'hui, le remplissage est réalisé en briques creuses hourdées au ciment et recouvertes d'un enduit au mortier bâtard, à base de ciment blanc, qui produit un effet proche de celui du torchis.

Le principe de l'ossature bois, véritable squelette de la maison

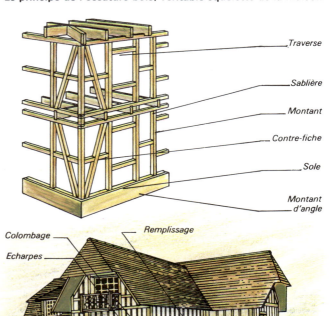

Traverse
Sablière
Montant
Contre-fiche
Sole
Montant d'angle

Colombage — *Remplissage*
Echarpes

Dans une maison normande à colombage, les pièces de bois apparentes maintiennent le remplissage

3. les éléments de protection

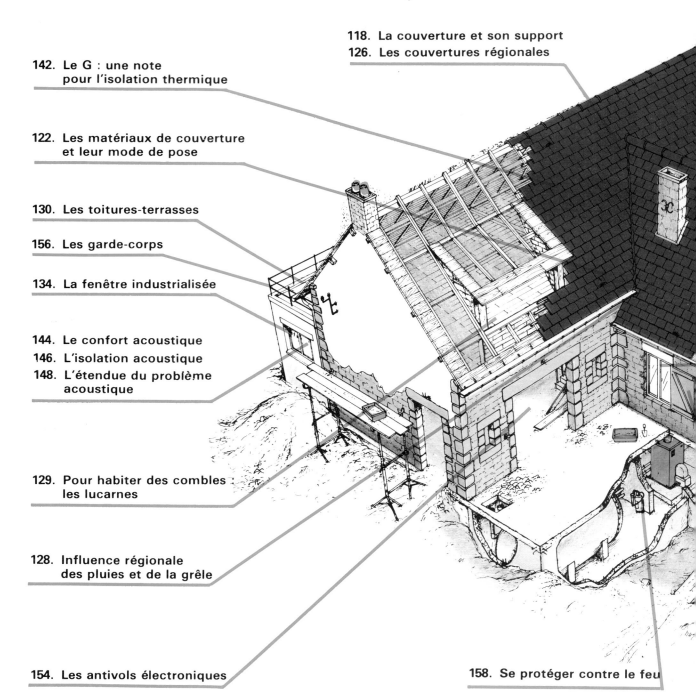

- 118. La couverture et son support
- 126. Les couvertures régionales
- 142. Le G : une note pour l'isolation thermique
- 122. Les matériaux de couverture et leur mode de pose
- 130. Les toitures-terrasses
- 156. Les garde-corps
- 134. La fenêtre industrialisée
- 144. Le confort acoustique
- 146. L'isolation acoustique
- 148. L'étendue du problème acoustique
- 129. Pour habiter des combles : les lucarnes
- 128. Influence régionale des pluies et de la grêle
- 154. Les antivols électroniques
- 158. Se protéger contre le feu

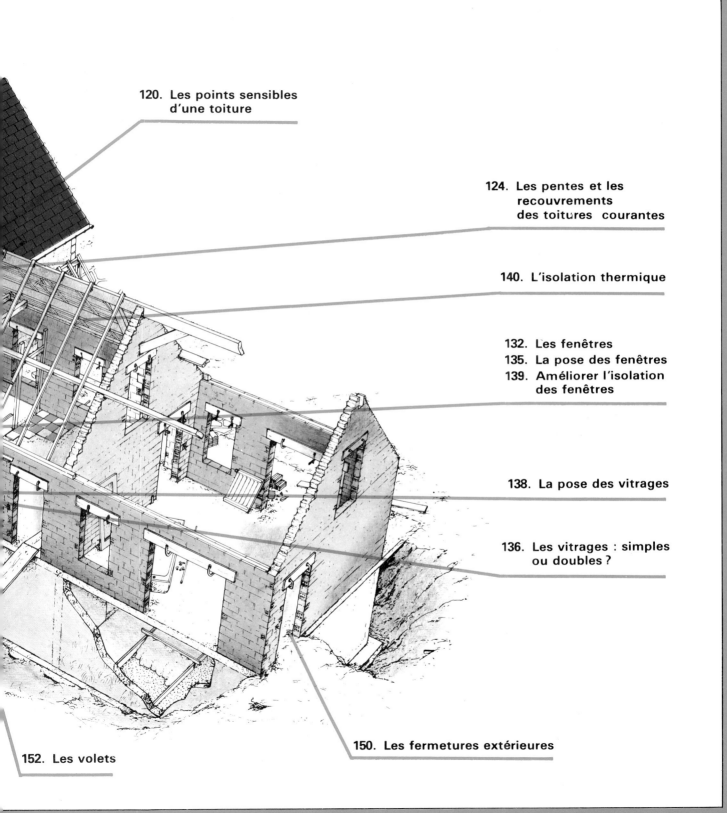

120. Les points sensibles d'une toiture

124. Les pentes et les recouvrements des toitures courantes

140. L'isolation thermique

132. Les fenêtres
135. La pose des fenêtres
139. Améliorer l'isolation des fenêtres

138. La pose des vitrages

136. Les vitrages : simples ou doubles ?

150. Les fermetures extérieures

152. Les volets

La couverture et son support

Surmontant la charpente, la couverture protège la maison. Complétant donc l'enveloppe que forment les murs pour abriter une famille, elle doit être réalisée avec soin.
L'expérience montre d'ailleurs que les couvertures donnent lieu à 10 % de l'ensemble des sinistres affectant les maisons individuelles.

Choisir la couverture

Le plus souvent le certificat d'urbanisme, les usages ou les règlements locaux imposent un type bien défini de couverture (par exemple l'ardoise en Bretagne). Mais certains critères techniques sont à prendre en compte.

La fiabilité
Seules les couvertures de types « courants » présentent une fiabilité certaine ; en effet, elles doivent normalement être réalisées selon des règles bien définies (D.T.U.) et par des entreprises dûment qualifiées.
Les couvertures régionales, en revanche, ne peuvent être exécutées que par des artisans travaillant sur leur seule réputation locale et selon des techniques non codifiées.

La durée
Suivant les cas, la durée d'une couverture peut égaler celle de la maison qu'elle abrite ou ne pas excéder dix à vingt ans. En fait, elle dépend principalement du type adopté. Par ordre décroissant de durée probable, voici les principaux types courants de couverture :
- ardoises d'Angers avec crochets inox,
- tuiles en terre cuite,
- tuiles en béton,
- autres ardoises avec crochets galvanisés,
- tuiles sur amiante-ciment,
- bardeaux « vertuile » posés au crochet sur volige,
- bardeaux sur panneaux en bois.

La qualité du matériau de couverture
En ce qui concerne les couvertures les plus courantes, il est à noter que les tuiles en céramique peuvent être gélives ou trop perméables, que les tuiles en béton peuvent se décolorer et que les ardoises peuvent se percer au droit de leurs impuretés (pyrites).
Afin de se prémunir contre ces risques non négligeables, il convient d'exiger des matériaux présentant un marquage de conformité à la norme ou une attestation équivalente du fournisseur.

La souplesse de mise en place
Ardoises, tuiles plates, bardeaux et tavaillons épousent presque toutes les formes de charpente. Un peu moins souples à utiliser sont les tuiles à emboîtement et les tuiles canal. Enfin, les plaques ondulées, le chaume (à cause de contraintes qui lui sont particulières) et les lauzes sont peu souples.

Le poids au mètre carré de versant
Il a une incidence sur le prix de la charpente.
- Bardeaux .... 10 kg/m²
- Plaques ondulées .... 15 kg/m²
- Ardoises courantes, tavaillons .... 30 kg/m²
- Tuiles à emboîtement, canalit .... 45 kg/m²
- Tuiles plates, tuiles canal pose à sec ...... 60 kg/m²
- Chaume .... 70 kg/m²
- Tuiles canal scellées .... 140 kg/m²
- Lauzes .... 150 à 200 kg/m²

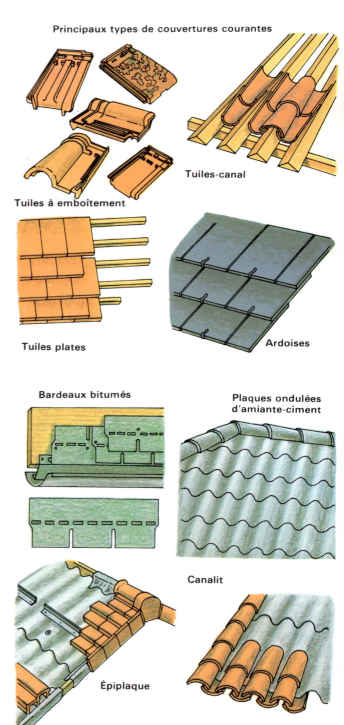
Principaux types de couvertures courantes — Tuiles à emboîtement — Tuiles-canal — Tuiles plates — Ardoises — Bardeaux bitumés — Plaques ondulées d'amiante-ciment — Canalit — Épiplaque

Un support adapté et de qualité

Le poids des matériaux, la pente à respecter qui est fixée par des règles de construction, les ouvertures réalisées en toiture et les détails techniques de mise en place variant avec les types de couverture imposent une charpente adaptée et une bonne coordination entre charpente et couverture.
Suivant les cas, le support peut comprendre à la fois :
• des pannes reliant horizontalement les fermes classiques,
• des chevrons s'appuyant sur les pannes et disposés de façon intermédiaire entre les fermes classiques,
• des liteaux parallèles aux pannes et s'appuyant sur les chevrons,
• un voligeage (ou platelage en panneaux) remplaçant, dans certains cas, les liteaux.
Il convient de noter que, dans le cas de fermettes rapprochées (entraxe de l'ordre de 0,60 m), les pannes et les chevrons deviennent inutiles ; seuls demeurent les liteaux ou le voligeage s'appuyant directement sur les fermettes. Selon le type de couverture, la constitution du support se trouve précisée (voir pages 122 à 126).

Bien entendu, les entraxes des différents éléments du support doivent être parfaitement compatibles avec les cotes des éléments de couverture qu'ils supportent ; en particulier, l'écartement du lattis doit correspondre à un recouvrement normal des tuiles ou des ardoises (voir pages 122 et 123).

La qualité des bois
Un traitement insecticide et fongicide protégera longtemps les liteaux ou voligeages en bois. Dans le cas d'autres types de supports (platelages), on exigera, au choix, du contre-plaqué de très bonne qualité (C.T.B.-X) ou des panneaux de particules traités (C.T.B.-H).
Afin de se prémunir contre des déformations excessives, les sections devront être compatibles avec les portées.

L'isolation
Elle dépend de l'utilisation du comble : simple grenier ou pièce à vivre (voir page 143).

La ventilation
La ventilation des sous-toitures est impérative afin d'éviter les condensations et l'échauffement des charpentes. Trois cas sont à distinguer :
• **Couverture simple** : on dispose des entrées et sorties d'air (ou « chatières ») en parties haute et basse de la couverture telles que, pour ardoises ou tuiles : surfaces totales entrées + sorties d'air = 1/5 000 de la surface couverte.
• **Couverture associée à film d'étanchéité complémentaire** :
le film en polyéthylène ou en feutre Fel-X est nécessaire lorsqu'il y a insuffisance de pente ou risque de neige poudreuse ; il convient alors que l'air puisse circuler entre les liteaux ; la meilleure solution consiste à tendre le film sur les chevrons en relevant le niveau d'appui des liteaux par une contre-latte ; on peut également disposer l'écran sur les chevrons sans le tendre, et, dans ce cas, pour ardoises ou tuiles : surface totale ventilation entre couverture et film = 1/3 000 de la surface couverte, et surface totale ventilation sous film = 1/500 de la surface couverte.
• **Couverture associée à film d'étanchéité et isolation de versant** : on respectera les mêmes surfaces totales de ventilation.

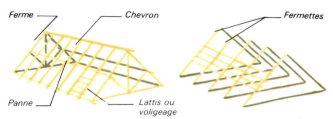

L'isolation du toit dépend de l'usage qui sera fait des combles

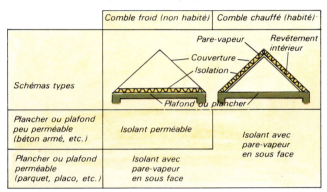

Les « chatières » placées en haut ou en bas du toit assurent la ventilation

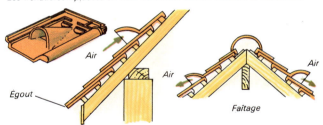

Un film d'étanchéité protégera les toits à faible pente

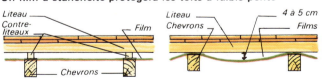

Coupe horizontale sur charpente en fermettes
Un film d'étanchéité et un isolant assurent avec la couverture une protection parfaite

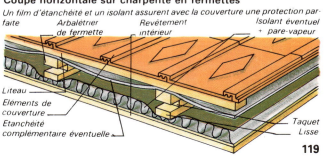

119

Les points sensibles d'une toiture

Les différentes parties d'un toit autres que les versants sont des points délicats

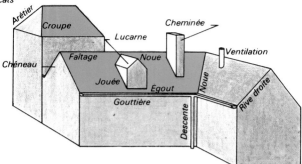

Une toiture n'est jamais uniformément plane. On y trouve des cheminées, des lucarnes, un sommet, (le faîte du toit,) des bordures ou rives, etc. Poser la couverture sur les versants proprement dits n'entraîne généralement pas de problèmes.
Mais il convient d'attacher une attention spéciale à toutes les parties de couverture recueillant les eaux (noues, gouttières, chéneaux, descentes) ou risquant de perturber son écoulement en amont (arêtiers, rives droites et surtout biaises, lucarnes, cheminées, ventilations, etc.). C'est pourquoi on préférera les toits aux formes le plus simple possible.

Les faîtages
Dans le cas de couvertures en tuiles, ils sont réalisés, de façon homogène, par des éléments en terre cuite (tuiles faîtières ou tuiles canal selon le cas). On doit réduire au minimum les parties apparentes des scellements au mortier car elles vieillissent mal et nécessitent des révisions assez fréquentes. Dans le cas de l'ardoise (naturelle ou en amiante-ciment), on emploie des tuiles faîtières, ou des pièces de zinc spécialement façonnées. Avec les bardeaux, on utilise des pièces de zinc ou des bardeaux découpés.

Les arêtiers
Les arêtiers des tuiles à emboîtement sont réalisés avec les mêmes éléments que pour les faîtages. Dans le cas de tuiles plates, on utilise de préférence soit des éléments « corniers » en céramique, soit des « noquets » (équerres) en zinc. Pour des raisons d'entretien, on évitera les simples cordons en mortier.

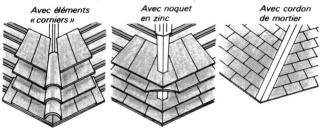

Les rives latérales
Avec les tuiles plates ou à emboîtement, on utilise des éléments à « rabat » ou un habillage en zinc et on évite les « ruellées » en mortier, qui vieillissent mal. Les rives des toitures en ardoise reçoivent un habillage en zinc constitué côté ardoises par des noquets, côté extérieur par des bandes de rive. L'ensemble est coiffé par un couvre-joint. Avec les tuiles canal, on utilise de préférence, en débord, des « bardelis » ou de simples tuiles placées à cheval sur une planche de rive. On évite, dans toute la mesure du possible, les rives biaises recueillant les eaux d'une partie de la couverture et nécessitant un façonnage spécial, ou on les traite comme des noues.

Rives latérales des toits en tuiles

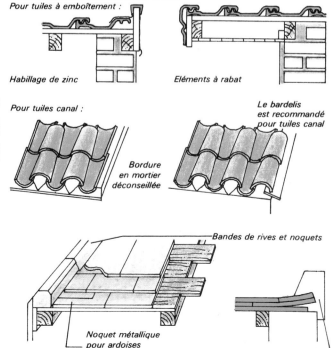

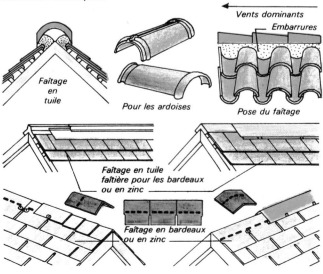

Le faîtage dépend du matériau choisi

Les noues
Dans le cas des tuiles et des ardoises, on les réalise de préférence en zinc avec des fractionnements à recouvrement permettant la dilatation du métal. Avec les tuiles plates et les ardoises, on peut également utiliser des noquets en zinc.

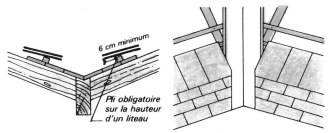

Les « noues » en zinc pour ardoises et tuiles

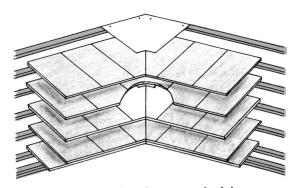

Les égouts et l'évacuation des eaux pluviales
Pour de malencontreuses recherches d'économie, on supprime parfois gouttières et descentes. Seules les couvertures en tuiles canal bordées d'une « génoise » permettent cette suppression. Dans tous les autres cas, on préférera la solution avec gouttière « pendante » extérieure aux murs.
En égout ou en noue, les gouttières et chéneaux doivent suivre une pente d'au moins 5 mm par mètre et présenter une section de 1 à 2 cm² par mètre carré de couverture en plan. La section des descentes est d'au moins 1 cm² par mètre carré de cette même surface de couverture.

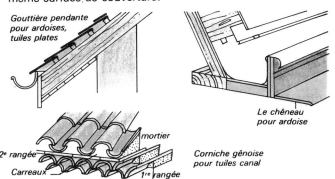

Pour évacuer les eaux de pluie ou de fonte des neiges

Les débords de toiture
On prévoit des débords de toiture aussi larges que possible en égout et en rives latérales. En effet, la couverture doit abriter la construction des précipitations directes, des eaux de ruissellement sur les façades et des eaux qui rejaillissent en bas sur le sol. Cette règle de bon sens, respectée par le passé, se trouve malheureusement de plus en plus transgressée par souci d'économie mal comprise et même par certaines récentes réglementations régionales de permis de construire.
On s'efforcera d'adopter un débord minimal en façade de 30 cm pour un simple rez-de-chaussée et de 40 cm pour un étage.
Par ailleurs, afin de bien tenir compte de l'action très importante du vent sur les avancées de toit, celles-ci comporteront un voligeage jointif et une fixation renforcée des éléments de couverture.

Les émergences de murs
On préférera des habillages métalliques, si possible à noquets. En effet, les garnitures en mortier se fissurent dans le temps et nécessitent des révisions périodiques.

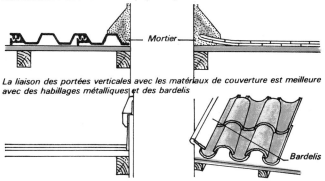

La liaison des portées verticales avec les matériaux de couverture est meilleure avec des habillages métalliques et des bardelis

Les cas particuliers: cheminées et lanterneaux
Comme pour toutes les émergences, on relève, de préférence, la couverture par des habillages en zinc (noquets et bandes porte-solin). Un renvoi d'eau est mis en place en amont.

Les sorties de ventilation isolées
Elles nécessitent la pose de tuiles spéciales ou d'un raccord en métal.

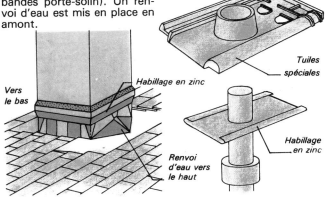

Liaison de la couverture et de la cheminée

Les matériaux courants de couverture et leur mode de pose

On pose toujours les matériaux à partir des rives d'égout, c'est-à-dire des bords horizontaux du toit.

Les tuiles à emboîtement
Elles existent en deux catégories :
• format grand moule, comportant 13 à 15 tuiles au m^2 ;
• format petit moule, comportant 21 à 23 tuiles au m^2.
Le fournisseur doit remettre sur demande une attestation de conformité à la norme N.F. P 31 301 (imperméabilité et insensibilité au gel).
Suivant la catégorie des tuiles, la région où l'on se trouve et le site où l'on bâtit, on ne doit pas descendre en dessous de certaines pentes.
L'espacement des liteaux supportant le « talon » supérieur des tuiles doit correspondre à la longueur moyenne du « pureau », c'est-à-dire de la partie visible de chaque tuile.
En site abrité ou normal, les tuiles se trouvent simplement accrochées aux liteaux par le talon qu'elles comportent en partie haute. En site venté ou exposé, elles sont fixées, à raison d'une sur cinq, par des attaches en fil galvanisé clouées sur les liteaux. Ce « pannetonnage » devient général en débord de toiture, en site exposé, ou si la pente se révèle importante. Le D.T.U. 40.21 précise les conditions de pose des tuiles à emboîtement.

Les tuiles canal
Comme les tuiles à emboîtement, les tuiles canal doivent comporter un marquage, bénéficier d'une attestation de conformité à la norme N.F. P 31 301 et, suivant la région et le site où l'on se trouve, être posées selon des pentes et des recouvrements recommandés.
Sur voligeage, les tuiles de dessous peuvent être posées à sec (calage à l'aide de tuileaux ou de tasseaux) ou reposer aux deux extrémités sur un petit lit de mortier maigre. Elles sont alignées au cordeau suivant la ligne de plus grande pente, leur partie large vers le haut.
Les tuiles de dessus sont posées à cheval sur les précédentes avec le même recouvrement. Leur partie large est dirigée vers le bas, à l'inverse des tuiles de dessous.
Posées sur des chevrons triangulaires, les tuiles de dessous sont placées directement entre chevrons sans voligeage. Le D.T.U. 40.2 précise les conditions de pose.

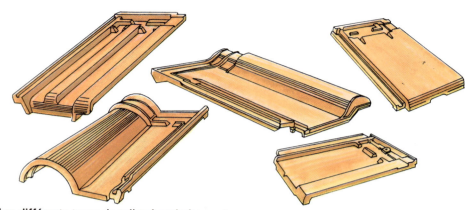

Les différents types de tuiles à emboîtement

Les tuiles plates
Marquage et attestation de conformité à la norme N.F. P 31 306 et D.T.U. 40.23 précisent les bonnes conditions d'emploi des tuiles. Pour elles aussi la région et le site influent sur les pentes possibles.
La pose s'effectue sur liteaux dont l'écartement correspond impérativement à la longueur du « pureau », (partie restant visible de chaque tuile). Les discontinuités que constituent les joints latéraux entre tuiles se trouvent compensées en décalant chaque rang de moitié par rapport au précédent.
En site abrité ou normal, les tuiles se trouvent simplement accrochées aux liteaux par le talon qu'elles comportent en partie haute. En site venté, elles sont fixées aux liteaux, à raison d'une sur dix, par un clou traversant leur talon. Cette fixation devient générale en débord de toiture ou si la pente se révèle importante, ainsi qu'en site exposé.

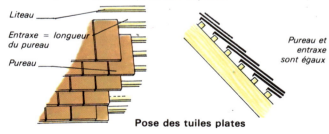

Pose des tuiles plates

Comment on fixe les tuiles d'emboîtement sur un site venté

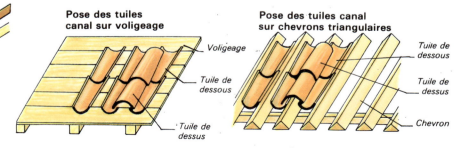

Pose des tuiles canal sur voligeage

Pose des tuiles canal sur chevrons triangulaires

Les ardoises naturelles

De forme régulière et bien calibrée, elles sont obtenues par tranchage de blocs de schistes facilement feuilletables. Elles peuvent toutefois, contenir des impuretés nuisibles (pyrites). Quelle que soit l'origine (France ou Etranger) on exigera donc du fournisseur un certificat de conformité à la norme N.F. P 32 301. Comme pour les tuiles plates, la pose s'effectue en décalant chaque rang de moitié par rapport au précédent.
Le mode de fixation le plus usité consiste à fixer chaque ardoise en partie basse par un crochet venant s'insérer dans le joint latéral entre les deux ardoises du rang inférieur. Les crochets se fixent par agrafe sur les liteaux ou par pointe sur le voligeage. En acier inox ou en cuivre, ils vieilliront mieux qu'en acier galvanisé.
Avec ce type de fixation par crochet et en site abrité ou normal, on respecte les pentes conseillées et les recouvrements minimaux correspondants.
En site exposé, il convient de consulter un spécialiste ou de recueillir l'avis d'un organisme de contrôle.
Le D.T.U. 40.11 précise les conditions de pose au crochet ou au clou de l'ardoise.

Pose des ardoises au crochet

Les ardoises en amiante-ciment

Moins chères, elles durent moins que les ardoises naturelles, et se travaillent un peu moins facilement. Suivant leur format, elles se fixent : avec des crochets ou avec des clous, avec des crochets et des clous, avec des clous et des crampons tempête.
En site abrité ou normal et avec fixations par crochets, les pentes et les recouvrements à respecter sont similaires à ceux indiqués pour l'ardoise naturelle.
Le D.T.U. 40.12 précise les conditions de pose.

Epiplaque
Avis technique 5/76-171

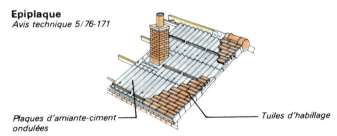

Plaques d'amiante-ciment ondulées — Tuiles d'habillage

Les bardeaux

Ce sont les « shingles » des Anglo-Saxons. Ils se présentent généralement sous forme de bandes de feutre bitumé ou de bitume armé imitant les ardoises naturelles. Moins chers, ils durent moins que l'ardoise naturelle. Un large éventail de produits s'offre au choix du particulier puisque l'A.F.N.O.R. distingue une dizaine de types différents de bardeaux.

Ils s'appliquent le plus souvent sur support en panneaux de particules (de marquage C.T.B.-H) ou de contre-plaqué (de marquage C.T.B.-X). Leur fixation est réalisée par une ligne médiane de clous (ou d'agrafes) complétée en partie basse des « jupes » par une ligne de points autocollants.
Ce mode de pose présente deux difficultés ; le support (bois ou à base de bois) n'étant pas ventilé risque de provoquer des plissements dans les bardeaux en se dilatant et se rétractant. Un vent très violent peut arracher les bardeaux. Le D.T.U. 40.14 régit la pose des bardeaux.

Pose des bardeaux bitumés

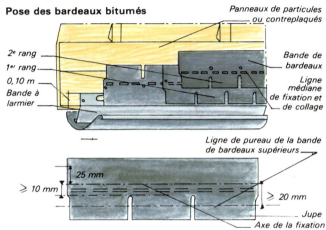

Les plaques d'amiante-ciment ondulées

Ce type de couverture peu utilisé pour les maisons individuelles est régi par le D.T.U. 40.31.
On notera seulement que pour des pentes comprises entre 16 et 34 %, et suivant les régions, des compléments d'étanchéité par cordons bitumineux sont nécessaires suivant les lignes de recouvrement transversal et même longitudinal. Les pentes inférieures à 16 % sont tout à fait déconseillées.

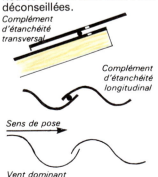

Complément d'étanchéité transversal
Complément d'étanchéité longitudinal
Sens de pose
Vent dominant

Pour l'emploi des plaques d'amiante-ciment ondulées, on doit employer des compléments d'étanchéité

Sur plaques à coins coupés
Côté lisse par-dessus, appuis sur pannes distantes au maximum de 1,385 m

Les couvertures types canalit, P.S.T. 230, épiplaque, etc.

Pour cacher les plaques d'amiante-ciment ondulées et donner au toit un caractère plus traditionnel on peut les recouvrir par des éléments en terre cuite (tuiles canal, etc.). Les Avis techniques 5/77-185 pour Canalit PL et GL, 5/75-115 pour P.S.T. 230 et 5/76-171 pour Epiplaque précisent leurs conditions d'emploi.

Les pentes et les recouvrements des toitures courantes

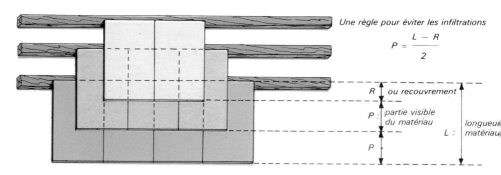

Une règle pour éviter les infiltrations

$$P = \frac{L - R}{2}$$

R : ou recouvrement
P : partie visible du matériau
L : longueur matériau

La pente des toits favorise l'écoulement rapide des eaux de pluie. Quant aux recouvrements, c'est-à-dire les surfaces de matériaux qui se recouvrent (bord d'une ardoise sur celle située au-dessous, etc.), ils jouent un rôle non moins négligeable dans cette isolation à l'eau de pluie qui ruisselle et peut s'infiltrer.

La pente minimale d'une couverture dépend :
• du type de couverture (tuile, ardoise, etc.) ;
• des recouvrements (R) entre éléments : précisons à ce propos que la longueur visible de l'élément, ou pureau, est

$$P = \frac{L - R}{2}$$

(où L représente la longueur de l'élément et R la longueur du recouvrement) ;
• de la région, telle qu'elle est définie par la carte réglementaire ci-contre ;
• du site, tel qu'il est défini ci-dessous :

Site protégé : fond de cuvette entourée de collines sur tout le pourtour et protégé ainsi des vents ; terrain bordé de collines sur la partie de son pourtour correspondant à la direction des vents les plus violents.

Site normal : plaine ou plateau pouvant présenter des dénivellations peu importantes, étendues ou non (vallonnements, ondulations).

Site exposé :
— au voisinage de la mer : le littoral sur une profondeur d'environ 5 km, le sommet des falaises, les îles ou presqu'îles étroites, les estuaires ou baies encaissées et profondément découpées dans les terres ;
— à l'intérieur du pays : les vallées étroites où le vent peut s'engouffrer facilement, les montagnes isolées et élevées (par exemple le mont Aigoual, le mont Ventoux) et certains cols.

La pente des toits dépend de la région où l'on bâtit la maison

Suivant la zone les réglementations et les spécifications techniques indiquent la pente recommandée

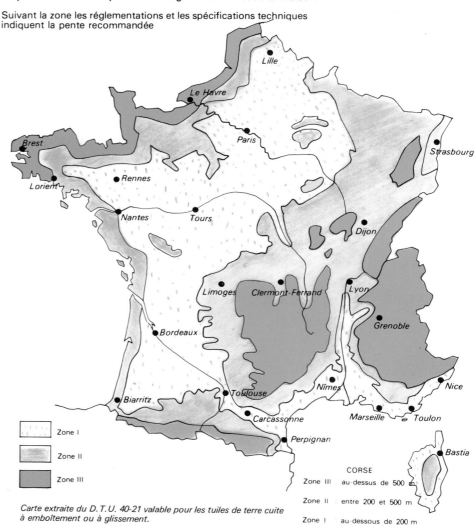

Zone I
Zone II
Zone III

CORSE
Zone III : au-dessus de 500 m
Zone II : entre 200 et 500 m
Zone I : au-dessous de 200 m

Carte extraite du D.T.U. 40-21 valable pour les tuiles de terre cuite à emboîtement ou à glissement.

Pentes minimales pour toits en tuiles à emboîtement en fonction du site (réduction possible de 1/7 avec film d'étanchéité complémentaire).

Site	Zones d'application					
	Zone I (%)		Zone II (%)		Zone III (%)	
	Grand moule	Petit moule	Grand moule	Petit moule	Grand moule	Petit moule
Protégé	35	40	35	50	50	60
Normal	40	50	50	60	60	70
Exposé	60	70	70	80	80	90

Pentes et recouvrements minimaux pour toits en tuiles canal en fonction du site.

Site	Zones d'application					
	Zone I et Méditerranée		Zone II		Zone III	
	Pente (%)	Recouvrement (mm)	Pente (%)	Recouvrement (mm)	Pente (%)	Recouvrement (mm)
Protégé	24	140	27	150	30	150
Normal	27	150	30	160	33	160
Exposé	30	160	33	170	35	170

Pentes et recouvrements minimaux pour toits en tuiles plates en fonction du site (réduction possible de 1/7 avec film d'étanchéité complémentaire).

Site	Zones d'application					
	Zone I		Zone II		Zone III	
	Pente (%)[1]	Recouvr. (mm)	Pente (%)	Recouvr. (mm)	Pente (%)	Recouvr. (mm)
Protégé	80	70	80	70	90	80
Normal	90	70	100	70	110	80
Exposé	110	70	120	70	125	80

Recouvrements minimaux pour toits en ardoises fixées au crochet en site normal ou protégé.

Pentes (%)	ZONE I (*)			ZONE II (*)			ZONE III (*)		
	Projection horizontale du rampant / (m)			Projection horizontale du rampant / (m)			Projection horizontale du rampant / (m)		
	$l \le 5{,}50$	$5{,}50 < l \le 11{,}00$	$11{,}00 < l \le 16{,}50$	$l \le 5{,}50$	$5{,}50 < l \le 11{,}00$	$11{,}00 < l \le 16{,}50$	$l \le 5{,}50$	$5{,}50 < l \le 11{,}00$	$11{,}00 < l \le 16{,}50$
20	153								
22,5	147								
25	141	153							
27,5	136	147		153					
30	131	142	153	147					
32,5	126	136	147	141	153				
35	122	131	142	136	147		153		
37,5	118	127	137	132	142	153	147		
40	114	123	132	127	137	147	142	153	
45	107	115	124	119	128	138	133	143	153
50	102	109	117	113	121	130	126	134	142
55	97	103	111	107	115	123	119	127	135
60	92	99	106	103	109	117	113	121	128
70	86	92	98	94	101	107	104	110	117
80	80	86	91	88	94	100	97	103	108
90	76	81	87	84	89	94	92	98	102
100	73	78	83	80	85	91	88	93	97
120	69	73	78	75	80	85	82	87	91
140	65	70	74	72	77	81	79	83	87
170	62	67	71	69	73	77	75	80	84
200	61	65	69	67	71	75	73	77	81
250	59	63	67	65	69	73	71	75	79
300	58	62	66	63	68	72	70	74	78
375	58	61	65	62	67	71	69	73	76
> 375	58			60			65		

* En site exposé consulter un spécialiste.

Les couvertures régionales

Issues de la tradition et autrefois couramment employées, les couvertures régionales conviennent surtout à des demeures de caractère très typé. Elles peuvent présenter des aléas. En outre, elles sont réalisées par des artisans qui travaillent selon des techniques locales non codifiées. On vérifiera donc qu'ils sont en règle avec les contrats d'assurances qui protègent leur client contre les risques professionnels.

Les couvertures en lauzes

A partir de schistes peu feuilletables, on obtient ces plaques plus ou moins régulières et relativement épaisses appelées lauzes. L'effet esthétique des lauzes est certain.
Il est à noter que :
• la pose ne peut être faite que par des spécialistes très au courant du savoir-faire local,
• le support doit être particulièrement adapté au poids considérable des lauzes (voir p. 118),
• l'étanchéité à l'eau, à la neige, etc., se révèle plus incertaine qu'avec une toiture de type classique,
• le prix de la couverture et de la charpente est élevé.
Selon le genre des plaques et leur mode de pose, on trouve :

Les plaques irrégulières posées à très faible pente
On trouve ce type de lauzes dans les Alpes, le Massif central, et sur des maisons de style campagnard.
On les pose sur des voliges supportées par des chevrons assez serrés. Du fait de leur poids et de la faible inclinaison de la toiture, les plaques sont mises en place sans clous et tiennent « à sec » par simple frottement. Dans certaines régions (Cotentin, Roussillon, Corse), on interpose entre la volige et le schiste une couche d'argile ou de mortier de chaux.
La pose s'effectue le mieux possible à recouvrement en commençant par le bord inférieur de la toiture.
La forme peu régulière des lauzes peut faire craindre les infiltrations. On peut donc interposer un feutre bitumé entre le support et les plaques.

Les plaques rectangulaires posées avec pente (45 à 60°)
C'est une toiture de Bretagne et du Massif central, plus fiable que la précédente par ses recouvrements réguliers et sa pente plus forte.
Le schiste permet ici de tailler à la main des lauzes régulières percées d'un trou en partie haute. Les plaques les plus grandes sont posées en bordure de toit (égout). Des schistes de plus en plus petits sont ensuite placés à recouvrement du bas vers le haut.
La fixation de chaque lauze est réalisée :
• sur support en volige par clous en cuivre ou en acier inoxydable,
• sur support en lattis par chevilles en bois.

La couverture en tavaillons (écailles de bois)

Elle ressemble à une couverture en tuiles plates et est utilisée en montagne (Vosges, Jura, Alpes, Pyrénées) et occasionnellement dans l'Ouest.
Les écailles sont réalisées dans des bois résineux (mélèzes, pins), refendus suivant le fil et non sciés. Selon la tradition, les bois sont coupés à l'entrée de l'hiver sur le versant nord de la montagne où la pousse s'effectue plus lentement et avec des veines plus serrées.
La pose se fait comme celle de la tuile plate, sur voligeage et avec fixation par clous.

Porte-lucarne sur une bergerie couverte en lauzes à plaques irrégulières

Les lauzes à plaques régulières
Les plus petites en haut
Les plus grosses en bas

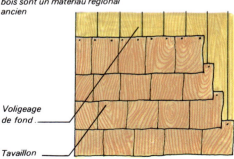

Les tavaillons ou écailles en bois sont un matériau régional ancien

Voligeage de fond
Tavaillon

126

La couverture en chaume

La couverture en chaume est très ancienne. Ses propriétés isolantes, sa durée de vie et son bel aspect traditionnel justifient encore aujourd'hui son emploi.
L'inclinaison du toit doit être de l'ordre de 45 à 50°. La légèreté du matériau (70 kg/m^2 de versant pour une épaisseur de l'ordre de 30 cm) rend possible une réalisation simple de chevronnage et de lattis à partir de bois rond (frêne, châtaignier, saule).
A l'origine, c'est de la paille longue (1,20 m) de seigle ou de blé qui était utilisée après battage et mise en bottes, ou des fétus de paille (javelles) liés en courtes bottes. La paille a été abandonnée au profit du roseau, beaucoup plus robuste, plus durable et plus long (2 m). En fait, on emploie aujourd'hui du jonc marin récolté en Hollande ou en Camargue durant l'hiver, après les premières gelées.
Les bottes sont posées à partir de l'égout en trois couches successives se chevauchant, la partie la plus large tournée vers le bas.
La fixation des bottes sur le lattis s'effectue à l'osier, au fil de cuivre ou, mieux, à l'aide de crochets galvanisés. L'extrémité visible des joncs forme alors un tapis très irrégulier qu'il faut égaliser au battoir sans rien couper. Durant cette opération, les tiges de roseau se trouvent progressivement remontées, et se compriment un peu plus à l'intérieur de chaque lien.
Une toiture de chaume, pour être belle et efficace, ne peut être réalisée que par des spécialistes.

Attention
Les couvertures en chaume sont très vulnérables en cas d'incendie. On doit procéder à une ignifugation en sous-face et en surface.

Le chaume est une couverture rustique traditionnelle

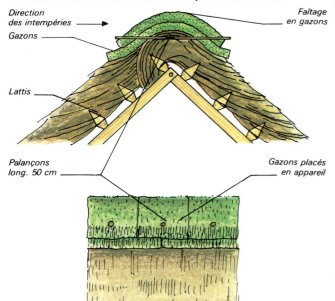

La pose du chaume est affaire de spécialiste

On fixe les bottes sur le lattis avec des fils de cuivre ou des crochets de laiton

On égalise les bottes au battoir

Influence régionale des pluies et de la grêle

Dans certaines régions de France que précisent deux cartes spéciales, les orages de grêle et les pluies diluviennes (100 mm d'eau en 24 heures) imposent l'adoption de dispositions complémentaires.
- vis-à-vis de la grêle, on évitera l'emploi des châssis vitrés en toiture, des ardoises et des lanterneaux ou des volets roulants en plastique. En effet, ces équipements se laissent assez facilement briser ou transpercer par des grêlons d'une certaine importance, ce qui nécessite des réfections coûteuses.

A noter qu'il existe des ardoises de type renforcé (modèles « anglais » ou « monuments historiques ») qui résistent à la grêle. Il en est de même des diverses couvertures en tuiles.
- vis-à-vis des pluies diluviennes, il convient de faciliter au maximum la collecte et l'évacuation des précipitations d'eau; on augmentera donc sensiblement les sections des gouttières (ou chéneaux) ainsi que celles des tuyaux de descente.

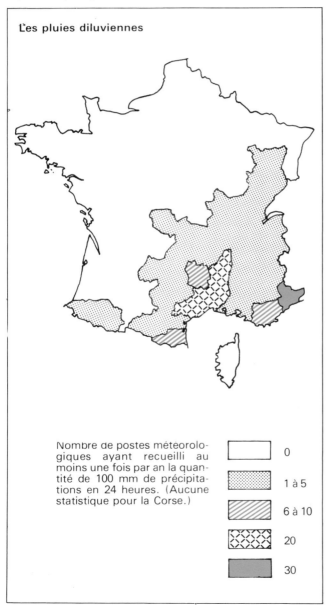

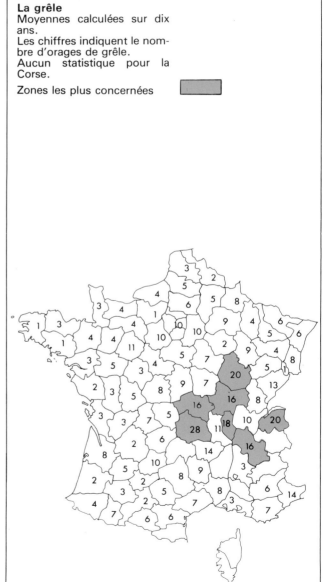

128

Pour habiter des combles : les lucarnes

Lucarnes rampantes
Ce sont les plus simples. Mais leur inclinaison plus faible que celle du toit, et dans le même sens, les rendent plus sensibles aux infiltrations de l'eau de pluie. Pour assurer une bonne étanchéité, on adopte divers dispositifs : plaques de zinc en périphérie, recouvrement plus important des ardoises, sous-couche étanche sous-tuiles ou bardeaux, etc. A noter que ce type de lucarne est peu recommandé dans les couvertures de tuiles à emboîtement, sauf si celles-ci sont d'un modèle spécial.

Les lucarnes apportent air et lumière aux combles et aux greniers

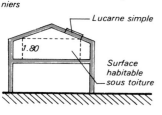

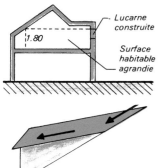

Lucarnes « en chien assis »
Renvoyant les eaux en arrière selon une pente normale, elles ne présentent pas de risque d'infiltration et sont couvertes comme le toit. Mais elles sont assez inesthétiques.

Lucarnes à deux pentes avec fronton
Elles possèdent des pentes normales et peuvent être traitées de façon classique sans risque particulier.

Lucarne à 2 pans avec fronton

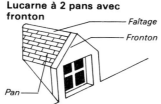

Lucarnes à deux pentes avec croupe (voir p. 120)
Elles sont utilisées de préférence sur des toits présentant eux-mêmes des croupes à arêtiers. Comme les précédentes, elles peuvent être traitées de façon classique.

Lucarne à 2 pans avec croupe

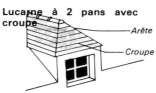

Lucarnes de type « chaumière »
De forme ondulée, elles se raccordent harmonieusement avec les pentes de la toiture. Elles ne sont possibles qu'avec des matériaux de couverture d'emploi suffisamment souple, tels que les ardoises, les tuiles plates, les bardeaux ou le chaume.

Lucarne de toiture en chaume

Outeaux
Ce sont des lucarnes de très petites dimensions et de forme simple, triangulaire ou rectangulaire.

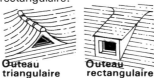

Leur implantation
Suivant les cas, les lucarnes peuvent être implantées en bas de pente ou en retrait. Dans un cas comme dans l'autre, il importe que la gouttière puisse filer de façon continue et sans passer devant la fenêtre de la lucarne.

Lucarne en retrait du mur gouttereau

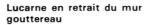

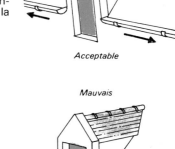

Une gouttière doit filer de façon continue mais ne pas traverser devant la fenêtre

Charpente d'une lucarne

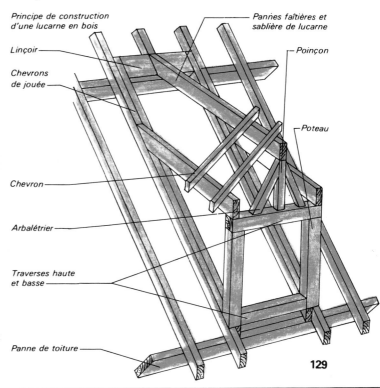

129

Les toitures-terrasses

En opposition aux toitures habituelles, de tuiles ou d'ardoises par exemple, les toitures-terrasses n'accusent qu'une faible pente.

Assez rarement employées pour couvrir une maison individuelle, ce sont des toitures de demeures de style très moderne ou contemporain et plus souvent celles d'annexes comme garages, celliers ou jardin d'hiver. Parfois, ces toitures surmontent des pièces habitables qui prolongent la maison et elles servent de terrasse.

Ce système de construction, délicat, ne peut être conçu et exécuté que par des professionnels qualifiés et compétents, qui sauront réaliser un toit-terrasse sans risques d'entrée d'eau ou de fissuration des façades. A noter que la durée de vie des revêtements employés pour l'étanchéité n'excède pas, en général, celle des toitures les moins performantes.

Pour une maison qui présente des discontinuités de forme en plan on adopte les joints de rupture

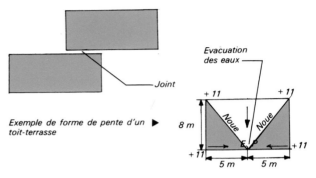

▶ *Exemple de forme de pente d'un toit-terrasse*

Le support du revêtement d'étanchéité

Il est réalisé par un élément porteur qui assure la résistance mécanique de l'ensemble et par des ouvrages auxiliaires. Ces derniers constituent le support proprement dit du revêtement d'étanchéité et assurent l'isolation thermique. Une légère pente leur est donnée pour l'évacuation des eaux.

Pour la réalisation de l'élément porteur, il est prudent de se limiter à des planchers en béton armé.

L'utilisation de planchers sans table de compression peut être intéressante, car l'effet de retrait est diminué.

Les variations en dimension du plancher porteur, qu'elles découlent du retrait ou des écarts de température, sont de nature à provoquer des fissurations de façades.

Pour pallier, au moins en partie, cet inconvénient, il convient d'incorporer à la maçonnerie sous terrasse, des chaînages horizontaux et verticaux, particulièrement soignés dans les angles. D'autre part, si la maison présente des discontinuités de forme en plan, il faut prévoir des joints de rupture.

En ce qui concerne les formes de pente et d'isolation, la technique qui paraît actuellement la meilleure consiste à réaliser directement sur le plancher porteur une pente, en béton ordinaire mais peu dosé, de façon à conduire l'eau vers les descentes. On proscrira pour cet usage les bétons ou mortiers isolants à base notamment de pouzzolane ou de vermiculite (mica expansé), afin d'éviter toute rétention d'eau intempestive. Sur la forme ainsi réalisée et convenablement sèche, on applique un écran pare-vapeur sur lequel on colle un lit de panneaux isolants.

Le pare-vapeur protège les panneaux de l'humidité d'origine intérieure et permet leur collage sur la forme de pente. Il comporte de bas en haut une imprégnation à froid du béton (E.I.F.), un enduit d'application à chaud (E.A.C.) qui permet le collage d'un feutre bitumé (36 S), puis un autre enduit d'application à chaud qui permet de coller les panneaux sur toute leur surface.

Les panneaux isolants utilisés sont spécialement conçus pour cet usage. Il ne faut utiliser que des panneaux ayant reçu un Avis technique favorable et suivre les conditions d'emploi préconisées dans ce document.

L'épaisseur à prévoir pour les panneaux dépend du degré d'isolation thermique voulu (4 à 8 cm et plus).

Les maçonneries des murs porteurs sous planchers-terrasses seront chaînées verticalement et horizontalement

L'écran pare-vapeur et ses composantes

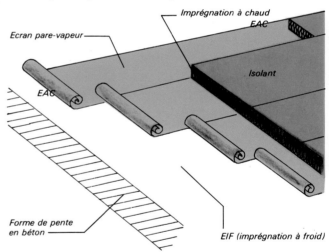

Le revêtement d'étanchéité

Son rôle est bien évidemment de former une barrière étanche qui empêche le passage de l'eau.

Les revêtements les plus courants sont réalisés à partir des produits bitumineux, fondus et coulés sur place, comme l'asphalte, ou constitués par des feuilles renforcées d'armatures (feutres bitumés ou bitumes armés) collées entre elles par du bitume coulé (enduit d'application à chaud).

Mais il existe plusieurs possibilités pour réaliser les revêtements et l'on pourra sur ce point consulter utilement le document technique unifié (D.T.U. 43-1). D'une façon générale, on distingue les revêtements couvrant la partie plate de la terrasse, et les revêtements, qui constituent les « relevés ». Le tableau ci-contre donne les principaux types adoptés en fonction des conditions d'utilisation. Un revêtement collé sur son support est dit adhérent. Dans le cas contraire, il est indépendant. L'autoprotection est constituée par une feuille mince métallique collée sur le bitume armé et par des granulats minéraux.

Pose sur parties courantes des revêtements multicouches des toitures-terrasses

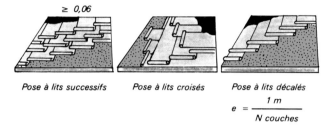

Pose à lits successifs   Pose à lits croisés   Pose à lits décalés

$$e = \frac{1\ m}{N\ couches}$$

Tableau des principaux types de revêtements d'étanchéité.

		Protection	Terrasse accessible : dallage sur sable	Terrasse inaccessible : 4 cm minimum de gravillons
En plat	Etanchéité indépendante		Asphalte : 5 mm coulé pur + 15 mm coulé sablé	Asphalte : 5 mm coulé pur + 15 mm coulé sablé
			Multicouche bitume. Ex. : 1 feutre 36 S + 2 bitumes armés 40 entre 3 EAC	Multicouche bitume. Ex. : 2 feutres 36 S et 1 bitume armé entre 3 EAC
	Etanchéité adhérente		Multicouche bitume. Ex. : 1 EIF + 2 feutres 36 S et 2 bitumes armés 40 entre 4 EAC	Multicouche bitume. Ex. : 1 EIF + 2 feutres 36 S et 1 bitume armé entre 4 EAC
En relevé	Etanchéité adhérente		Multicouche bitume. Ex. : 1 EIF + 2 bitumes armés 40 entre 3 EAC	Multicouche bitume. Ex. : 1 EIF + 1 EAC + 1 bitume armé 40
		Protection	Enduit en mortier grillagé	Autoprotection du bitume armé par cuivre ou aluminium

La protection en partie courante
Pour les terrasses non accessibles, elle peut être simplement constituée par une couche de gravillons de 4 cm d'épaisseur. Pour les terrasses accessibles, il faut absolument protéger le revêtement par un dallage en béton armé séparé du revêtement par une couche de sable. Le dallage peut être revêtu d'un carrelage.

Les ouvrages particuliers
Il faut être très attentif à tous les détails d'une toiture-terrasse, car le moindre défaut peut être à l'origine de graves infiltrations. Les protections « en dur », comme les enduits au mortier sur les relevés et le dallage sur les parties courantes, doivent être recoupées par des joints. Le joint périphérique est particulièrement important. Les relevés et les seuils seront suffisamment hauts et la tranche supérieure du revêtement protégée par des débords appelés « bandeaux ». Les traversées de canalisations doivent être convenablement traitées, le revêtement étant relevé contre un dé. Les descentes d'eau pluviale seront raccordées par des platines de plomb prises dans le revêtement. Les acrotères et bandeaux qui bordent les terrasses seront de section réduite pour minimiser les effets du retrait.

Protection des toits-terrasses par dallage et solins

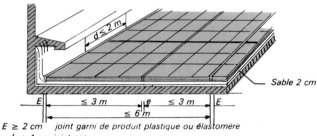

$E \geq 2\ cm$ joint garni de produit plastique ou élastomère

$e \begin{cases} < 1\ cm\ joint\ sec \\ \geq 1\ cm\ \text{joint garni de mortier de ciment, mortier ou produit plastique} \end{cases}$

Les relevés sont protégés par des « engravures »

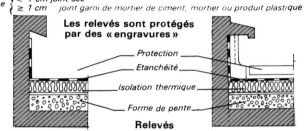

Relevés

Emergence de canalisation   **Entrée d'eau de pluie**

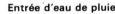

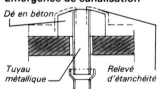   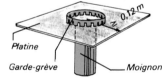

Les tuyauteries traversant les toits-terrasses imposent la mise en place d'un « dé » et le relèvement de l'étanchéité

La bouche d'écoulement des eaux comporte une platine qui sera noyée dans le revêtement du toit-terrasse

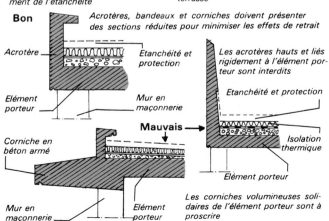

Acrotères, bandeaux et corniches doivent présenter des sections réduites pour minimiser les effets de retrait

Les acrotères hauts et liés rigidement à l'élément porteur sont interdits

Les corniches volumineuses solidaires de l'élément porteur sont à proscrire

Les fenêtres

On demande aux fenêtres d'éclairer suffisamment les pièces, d'assurer une protection contre les intempéries (pluie, neige, vent), les écarts de températures entre l'intérieur et l'extérieur de la maison, les bruits extérieurs, etc., et de permettre d'aérer la demeure.
En ce qui concerne la lumière du jour, il n'existe plus de réglementation qui concerne les fenêtres. On admet généralement que si leur surface est au moins égale à 1/6 de la surface de la pièce à éclairer, on aura un éclairement naturel convenable.
Lorsqu'elles deviennent des portes-fenêtres, elles permettent l'accès aux terrasses, loggias, balcons ou jardins. Dans tous les cas, les fenêtres, pour jouer leur rôle et faciliter aussi le nettoyage des vitres, doivent s'ouvrir, tout en résistant aux efforts mécaniques qui leur sont imposés.
Elles comportent des éléments mobiles nommés « ouvrants », par opposition aux cadres périphériques solidaires des murs et qui sont appelés « dormants ». Comme les murs, les fenêtres sont soumises par la législation à une garantie de dix ans.
Pour permettre la pose des vitrages dans les fenêtres, celles-ci doivent comporter des feuillures dont les dimensions dépendent à la fois de l'épaisseur des glaces et de leur surface ; ce problème est étudié page 138.

Les différents modes d'ouverture
Suivant le mode d'ouverture des ouvrants, on distingue :
• **les fenêtres ouvrant sur paumelles à axe** :
— vertical, soit à la française, soit à l'anglaise, les premières ouvrant vers l'intérieur, les secondes vers l'extérieur de la maison,
— horizontal ou à soufflet,
— horizontal et vertical : oscillobattant vertical, oscillobattant horizontal,
• **les fenêtres ouvrant sur pivots à axe** :
— vertical ou pivotant,
— horizontal ou basculant ;
• **les fenêtres coulissantes** :
— à translation horizontale,
— à translation verticale ou à guillotine ;
• **les fenêtres articulées sur biellettes** : à l'australienne, à la canadienne ou à l'italienne ;
• **les fenêtres ouvrant en accordéon**.
Pour des raisons évidentes, les portes-fenêtres ne peuvent être que du type soit ouvrant à la française ou à l'anglaise, soit à translation horizontale, ou à la rigueur sur pivots ou en accordéon. Quant aux fenêtres pour toits en pentes, leur axe est toujours horizontal.
Dans les maisons individuelles, ces différents types de fenêtres sont généralement réalisés en bois. On trouve aussi des fenêtres et portes-fenêtres en métal et matière plastique.

Les problèmes posés par les ouvrants
Pratiquement, il n'est pas possible d'obtenir des ajustages parfaits entre ouvrants ou entre ouvrants et dormants. En effet, on prévoit, lors de la fabrication, un certain jeu fonctionnel qui facilitera les manœuvres. Ce jeu est d'ailleurs susceptible de varier avec le temps avec les déformations de la menuiserie. En conséquence, sous l'action du vent, des infiltrations d'air sont inévitables. En cas de pluie, elles s'accompagnent parfois de pénétration d'eau. Si le jeu est suffisamment faible, même en l'absence de vent, l'eau de pluie peut d'ailleurs cheminer par « effet de capillarité ».
Pour arrêter les infiltrations d'air ou les pénétrations d'eau, il est nécessaire de prévoir, de l'extérieur vers l'intérieur, les dispositions suivantes :

Les différents types de fenêtres
Pour permettre la pose des vitrages dans les fenêtres, celles-ci doivent comporter des feuillures dont les dimensions dépendent à la fois de l'épaisseur des glaces et de leur surface ; ce problème est étudié dans la fiche vitrage

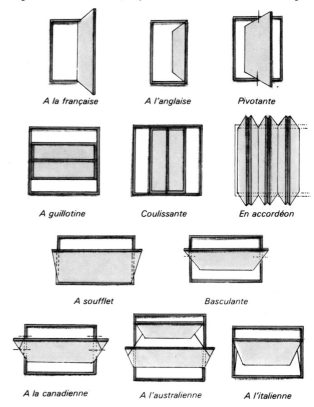

A la française — A l'anglaise — Pivotante
A guillotine — Coulissante — En accordéon
A soufflet — Basculante
A la canadienne — A l'australienne — A l'italienne

• un agrandissement localisé des joints, nommé « volume de décompression » : il est destiné à supprimer l'effet de compression créé par le vent, à couper l'effet capillaire et à recueillir et canaliser les infiltrations d'eau ;
• une garniture éventuelle d'étanchéité, surtout à l'air, à l'arrière du volume de décompression ;
• une surface de contact reportée le plus possible vers l'intérieur.

Les problèmes posés par les traverses basses
Les cadres ouvrants et dormants comportent chacun une traverse basse. La traverse basse d'un dormant doit, en outre, assurer les fonctions suivantes :
• évacuer vers l'extérieur les eaux d'infiltration recueillies dans les volumes de décompression horizontaux et verticaux ;
• recueillir et évacuer vers l'extérieur les eaux de condensation qui se forment sur la face intérieure des vitrages par suite de « l'effet de paroi froide » (toutefois, cette fonction n'est pas à assurer dans le cas de vitrage isolant) ;
• protéger le raccordement avec la pièce d'appui en maçonnerie contre le ruissellement de la pluie : on y parvient en créant une saillie de protection nommée « becquet ».

Les bonnes solutions aux problèmes posés

Dans le cas de fenêtres en bois ouvrant à la française, on trouve sur le marché des menuiseries traditionnelles, à « gueule de loup » et « mouton », ou modernes et rationnelles, dont les profils répondent aux problèmes posés.

En général, la qualité des fenêtres de fabrication artisanale n'est pas attestée par des essais. Elle ne peut être appréciée que par l'examen des profils qui doivent être conformes aux profils types indiqués.

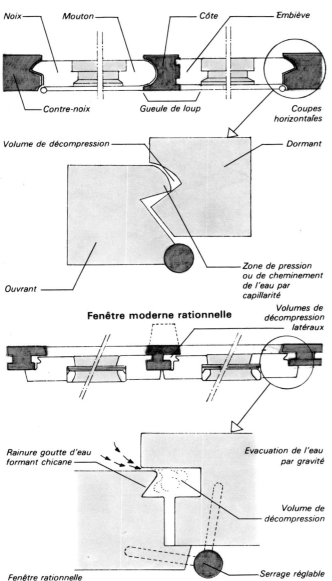

Fenêtre traditionnelle dite à « gueule de loup » et « mouton »

Noix — Mouton — Côte — Embiève
Contre-noix — Gueule de loup — Coupes horizontales

Volume de décompression — Dormant
Ouvrant
Zone de pression ou de cheminement de l'eau par capillarité

Fenêtre moderne rationnelle

Volumes de décompression latéraux
Rainure goutte d'eau formant chicane
Evacuation de l'eau par gravité
Volume de décompression
Fenêtre rationnelle — Serrage réglable

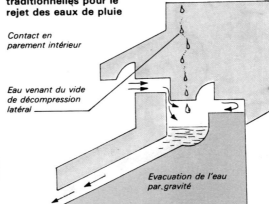

Coupe verticale qui montre le profil idéal des fenêtres traditionnelles pour le rejet des eaux de pluie

Contact en parement intérieur
Eau venant du vide de décompression latéral
Evacuation de l'eau par gravité

Fenêtre à hautes performances

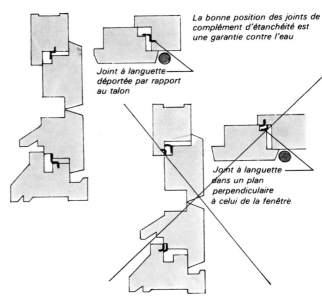

La bonne position des joints de complément d'étanchéité est une garantie contre l'eau

Joint à languette déportée par rapport au talon

Joint à languette dans un plan perpendiculaire à celui de la fenêtre

133

La fenêtre industrialisée

En raison de l'importance des séries, les performances des fenêtres industrialisées équipées de leur vitrage sont généralement attestées par des « labels » décernés après essais en laboratoires.

Le classement A.E.V.
Dans ce classement, les différentes lettres désignent :
- A : la perméabilité à l'air, en 3 classes (A1, A2, A3),
- E : l'étanchéité à l'eau, en 3 classes (E1, E2, E3),
- V : la résistance au vent, en 3 classes (V1, V2, V3).

Les performances croissent des indices 1 à 3, ce qui permet de caractériser chaque type de fenêtre par son classement A.E.V. Le choix des performances est, pour chaque maison, conditionné par : la région (A ou B), délimitée sur la carte ; l'exposition et le type de chauffage. Ce dernier se trouve précisé dans le tableau ci-dessous.

Une carte et un tableau précisent le classement A.E.V. des fenêtres à choisir

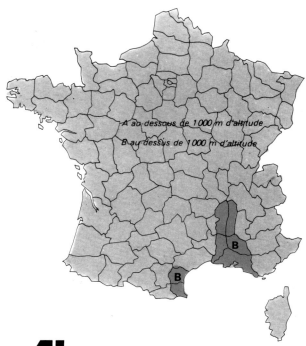

A au-dessous de 1000 m d'altitude
B au-dessus de 1000 m d'altitude

Régions	Exposition	Types de chauffage non électrique	électrique
A	Courante	A1 E1 V1	A2 E1 V1
	Front de mer	A2 E2 V2	A3 E2 V2
B	Rase campagne ou front de mer	A2 E1 V2	A3 E1 V2

Le marquage C.T.B.-fenêtres
Pour les fenêtres en bois, l'indication du classement A.E.V. est indiquée après essais par une pastille posée sur la traverse haute du dormant. Ce marquage, C.T.B.-fenêtres, s'effectue sous la responsabilité du Centre technique du bois.

Le label Acotherm
Pour bénéficier de ce label, une fenêtre en bois ou non doit avoir fait l'objet d'un classement A.E.V. En outre, il est procédé soit à des essais d'isolation acoustique, soit à une vérification par le calcul de leur isolation thermique, soit aux deux à la fois.
Chaque fenêtre livrée sous label comporte un marquage indélébile qui reproduit l'emblème officiel symbolisant le label et l'indication de l'isolement obtenu. De plus, elle comporte une étiquette visible après mise en œuvre et détachable, qui précise qu'elle bénéficie du label et indique en langage clair ses caractéristiques acoustiques et thermiques et le classement A.E.V.
Le label est attribué dans les catégories suivantes :
- **1re catégorie** : fenêtres à isolation acoustique améliorée, de qualité croissante de 30 dB (A) à 45 dB (A) ;
- **2e catégorie** : fenêtres à isolation thermique améliorée, de coefficient K, variant, pour les fenêtres en bois, de 3,7 à 2,6 (w/m² °C), et pour les fenêtres métalliques, de 4,2 à 3,1 (w/m² °C), la valeur K la plus faible étant la meilleure ;
- **3e catégorie** : fenêtres mixtes à isolations acoustiques et thermiques améliorées.

Fenêtres spéciales
En dehors des fenêtres classiques, certains fabricants livrent des blocs-fenêtres dont la conception fait appel à des techniques nouvelles, notamment dans l'emploi de joints spéciaux destinés à remplacer les vides de décompression, ou dans le choix des profils utilisés pour la fabrication des dormants et ouvrants, qui sont en matière plastique (en général du P.V.C.). Il est très utile de consulter les Avis techniques afin d'apprécier les avantages et inconvénients présentés par ces types de fenêtres.

Les fenêtres sur toits en pente
Pour éclairer un comble, on peut adopter des lucarnes traditionnelles (voir page 129) ou disposer des menuiseries dans le plan de la toiture. Dans cette dernière catégorie de menuiseries, les anciens châssis de petites dimensions (châssis tabatière) sont de plus en plus abandonnés au profit des châssis de dimensions équivalentes à celles d'une fenêtre.
Ces châssis font généralement l'objet d'un Avis technique auquel il y a lieu de se reporter.
Ces fenêtres inclinées sont particulièrement sensibles à la grêle. On les évitera donc dans les régions concernées (voir page 128).

La pose des fenêtres

La mise en place des fenêtres intervient en principe dès l'achèvement du gros œuvre. C'est une opération très importante puisque l'une des fonctions essentielles à assurer est l'étanchéité à l'eau de pluie.
On peut décomposer la pose des fenêtres en deux phases, correspondant, d'une part, à la réalisation des scellements dans le gros œuvre et, d'autre part, à l'obturation de l'espace périphérique entre les fenêtres et le gros œuvre.

Les scellements
La fixation des fenêtres est couramment réalisée au moyen de pattes en acier scellées à l'intérieur d'empochements pratiqués dans la maçonnerie au pourtour des baies.
Les pattes sont vissées dans le bâti fixe, ou dormant, des fenêtres et doivent être protégées de la corrosion par galvanisation ou par peinture antirouille.
L'emplacement des scellements latéraux en partie haute et basse des dormants doit correspondre à la position des paumelles autour desquelles s'articulent les vantaux. En outre, l'espacement des pattes de fixation ne doit pas excéder 80 cm.

Les calfeutrements
Les calfeutrements latéraux : La pose des bâtis dormants peut s'effectuer en feuillure ou en applique des murs extérieurs en maçonnerie. Le calfeutrement est assuré par un bourrage au mortier entre le bâti dormant et le mur. Il est complété par le raccord de l'enduit extérieur contre le bâti dormant ou la « tapée ». En site exposé, il est vivement conseillé de raccorder, par un joint en mastic homologué, l'enduit extérieur à la menuiserie.

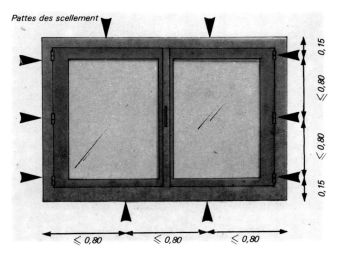
Le bon écartement des pattes de scellement assure entre autres la stabilité des fenêtres

Les calfeutrements latéraux assurent l'étanchéité entre la maçonnerie et les bâtis

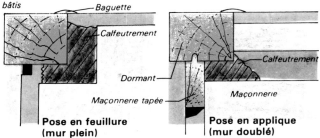

Pose en feuillure (mur plein) — **Posé en applique (mur doublé)**

Les calfeutrements sous pièces d'appui : La traverse basse vient reposer sur le rejingot de la pièce d'appui. Lors de la pose, on vient écraser un cordon de mastic préformé entre le rejingot et la traverse basse dont le becquet doit rester dégagé. Une baguette de calfeutrement est posée côté intérieur.

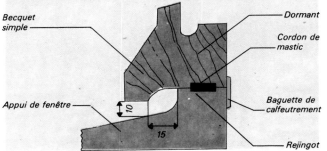

Coupe de la traverse basse des fenêtres

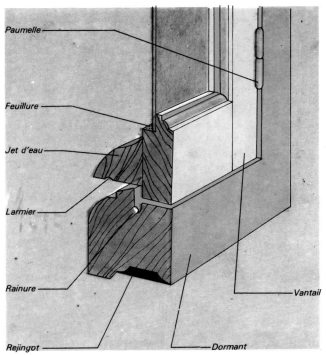

Les vitrages : simples ou doubles ?

Le rôle des vitrages est de laisser passer la lumière du jour qui éclaire l'intérieur de la maison. Mais les vitres doivent aussi assurer une protection contre les déperditions thermiques et les bruits extérieurs.

De ces deux derniers points de vue, les parties vitrées constituent des points faibles dans les murs. C'est pourquoi les vitrages simples sont souvent remplacés :
- dans les maisons neuves, par des vitrages isolants (vitrage double),
- dans les maisons déjà construites, soit par des vitrages isolants soit par des survitrages.

Le problème du choix d'un vitrage ne se pose que pour les fenêtres dont le classement A.E.V. n'est pas attesté par marquage C.T.B. ou label Acotherm (voir page 134).

Les vitrages simples

Epaisseurs
Les épaisseurs courantes des vitres employées pour les maisons individuelles sont de 3, 4, 5, 6 mm. Le choix de l'épaisseur dépend essentiellement du site et des dimensions du vitrage (surface ou largeur). Les règles de détermination de ces épaisseurs sont complexes (voir D.T.U. 39.1/39.4). On peut retenir que plus un vitrage est grand et plus l'effet du vent est fort, plus l'épaisseur doit être importante.

C'est ainsi qu'en site protégé, les vitres de fenêtres à petits carreaux pourraient mesurer 3 mm d'épaisseur, tandis que dans une zone exposée une baie vitrée de 1,5 m² de surface ou 0,75 m de largeur devra porter un vitrage épais de 6 mm.

L'isolation phonique aux bruits extérieurs
L'isolation phonique aux bruits extérieurs est d'autant meilleure que la paroi est plus lourde (voir page 145, la loi de masse). Or, plus les vitrages sont épais, plus ils sont lourds, c'est pourquoi, indépendamment des impératifs de résistance au vent, il peut être intéressant de surdimensionner les épaisseurs en utilisant de la glace de 8 ou 10 mm.

L'isolation thermique
Les vitrages, même les mieux conçus, constituent un point faible très important des murs extérieurs sur le plan de l'isolation thermique. De ce point de vue, le surdimensionnement en épaisseur n'apporte pratiquement aucune amélioration. Il est alors préférable d'avoir recours aux vitrages isolants.

Les vitrages isolants ou doubles vitrages

Un vitrage isolant comprend au moins deux verres d'épaisseur identique ou différente, séparés par un matelas d'air d'épaisseur variable, généralement comprise entre 6 et 12 mm. Un profil intercalaire contenant un déshydratant (le déshydratant n'est pas nécessaire s'il peut être insufflé de l'air sec entre les deux verres) joue le rôle d'un cadre. Il est noyé dans des produits d'étanchéité qui assurent en même temps le maintien des deux verres.

Epaisseurs
Du point de vue de la résistance au vent, le choix des épaisseurs pose moins de problèmes puisque les sollicitations s'appliquent sur deux vitrages au lieu d'un seul. Les catalogues des fabricants donnent tous renseignements à ce sujet.

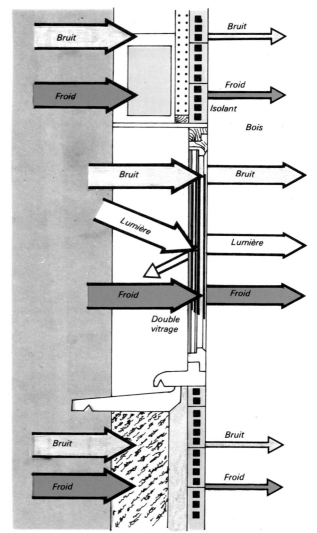

Principe des vitrages isolants

Isolation thermique
Grâce à la présence d'une lame d'air entre les deux vitres, les déperditions thermiques sont très sensiblement réduites par rapport à un vitrage simple. Cela explique les avantages fiscaux accordés par la loi n° 75-11 29 du 29 janvier 1975 dans le cadre des économies d'énergie.

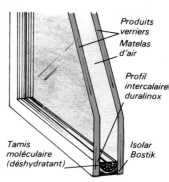

Isolation phonique aux bruits extérieurs

Pour une même épaisseur totale de verre, l'efficacité du point de vue de l'isolation phonique est moins bonne avec un double vitrage qu'avec un vitrage simple. Les meilleurs résultats sont obtenus par l'emploi de vitres présentant une différence d'épaisseur (par exemple 3 et 4 mm ou 4 et 6 mm...).

Avantages par rapport aux vitrages simples

A poids de verre égal, les vitrages isolants présentent un avantage évident sur les vitrages simples pour l'isolation thermique. A condition d'être constitués de verres d'épaisseurs différentes, la performance des vitrages isolants dans l'isolation phonique se rapproche de celle des vitrages simples.
En pratique, le choix d'un vitrage simple ou isolant dépend donc des conditions inhérentes au site, selon qu'il s'agit de se prémunir en priorité contre le bruit ou contre les écarts de température.

Le label A.V.I.Q.

Ce label garantit le vitrage isolant, pendant dix ans, contre toute diminution de visibilité par formation de condensation ou dépôt de poussière sur les faces internes, sous réserve de conditions normales de stockage, de pose et d'emploi.
Il faut noter que le label A.V.I.Q., à la différence du label Acotherm qui s'applique à la fenêtre équipée de son vitrage, ne garantit que le vitrage isolant. Il garantit en particulier que les dispositions nécessaires ont été prises (qualité des joints d'étanchéité et des produits déshydratants) pour éviter la formation de condensation de la vapeur d'eau sur la vitre extérieure, qui constitue une paroi froide.

Epaisseur des vitres	L/l	S = L × l	Cas n° 1	Cas n° 2	Cas n° 3	Cas n° 4
Vitrage simple						
2	≤ 3	l max. (m)	0,30	0,30		
2	≤ 3	L max. (m)	0,80	0,80	Interdit	
2	> 3	l max. (m)	0,30	0,29		
3	≤ 3	l max. (m)	0,66	0,66	0,66	
3	≤ 3	S max. (m²)	0,94	0,63	0,43	0,40
3	> 3	l max. (m)	0,56	0,46	0,38	0,37
4	≤ 3	l max. (m)	0,92	0,92		
4	≤ 3	S max. (m²)	1,64	1,09	0,76	0,70
4	> 3	l max. (m)	0,74	0,60	0,50	0,48
5	≤ 3	l max. (m)	1,50	1,50		
5	≤ 3	S max. (m²)	2,65	1,77	1,22	1,14
5	> 3	l max. (m)	0,94	0,77	0,64	0,62
6	≤ 3	S max. (m²)	3,90	2,60	1,80	1,67
6	> 3	l max. (m)	1,14	0,93	0,77	0,75
Vitrage double						
2 × 3	≤ 3	S max. (m²)	1,67	1,12	0,77	0,72
2 × 3	> 3	l max. (m)	0,75	0,61	0,51	0,49
2 × 4	≤ 3	S max. (m²)	3,08	2,05	1,42	1,32
2 × 4	> 3	l max. (m)	1,01	0,83	0,69	0,66
2 × 5	≤ 3	S max. (m²)	4,92	3,28	2,27	2,11
2 × 5	> 3	l max. (m)	1,28	1,05	0,87	0,84
2 × 6	≤ 3	S max. (m²)	7,18	4,78	3,31	3,08
2 × 6	> 3	l max. (m)	1,55	1,26	1,05	1,01

Le choix d'un vitrage en fonction de la région et de l'exposition de la façade

Pour déterminer l'épaisseur d'un vitrage, il faut :
• rechercher sur la carte page 134 si la maison est située dans la région A ou B,
• savoir si elle est :
— située à l'intérieur des villes ou à la périphérie d'un grand centre urbain,
— isolée en rase campagne,
— située en bordure de mer,
• s'assurer si la façade est abritée par d'autres constructions ou non (le D.T.U., mémento 39.1 - 39.4, donne toutes précisions à ce sujet),
• connaître les dimensions du vitrage : surface et périmètre, largeur, longueur.
A titre documentaire, le tableau et les exemples pratiques ci-dessous résument quelques cas parmi les plus courants d'utilisation de vitrage pour les maisons individuelles.

Détermination du site

• **cas n° 1** : maison située en région A, bâtie dans une petite ville ou en périphérie d'un grand centre urbain, à la façade abritée.
• **cas n° 2** : maison située en région A en rase campagne ou maison située en région B bâtie dans une petite ville ou en périphérie d'un grand centre urbain, à la façade abritée.
• **cas n° 3** : maison située en région B en rase campagne ou en bordure de mer (puisque, en région B, les vents forts viennent de l'intérieur des terres).
• **cas n° 4** : maison en région A en bordure de mer.

Exemples pratiques

• Pour une maison en région A en rase campagne (cas n° 2), un vitrage de 1,00 × 1,20 mm :

$$\frac{L}{l} = \frac{1,20}{1,00}, \text{ donc} \leq 3,$$

et S = 1,20 × 1,00 = 1,20 m²

peut être réalisé en vitrage simple de 5 mm d'épaisseur ou en vitrage double de 4 mm.
• Dans les mêmes conditions, en modifiant la largeur, si l = 0,90 m :

$$\frac{L}{l} = \frac{1,20}{0,90}, \text{ donc} \leq 3,$$

et S = 1,20 × 0,90 = 1,08 m²

le vitrage aurait pu être réalisé en verre simple de 4 mm ou en vitrage double de 3 mm.
• Pour une maison située en région A en bordure de mer (cas n° 3, si on désire réaliser une baie panoramique de 0,80 × 2,50 m :

$$\frac{L}{l} = \frac{2,50}{0,80}, \text{ donc} > 3,$$

S = 2,5 × 0,80 = 2,00 m²

le verre simple de 6 mm ne convient pas (l max. = 0,77 m), il faut un vitrage double de 5 mm (l max. = 0,87 m).

La pose des vitrages

Les vitrages sont placés dans des feuillures réservées dans les menuiseries des fenêtres. Leur mode de pose est fonction de leur épaisseur.

Les verres de 3 et 4 mm se posent généralement à bain de mastic constituant un contre-solin en fond de feuillure et un solin côté extérieur. Des pointes de vitrier ou éléments similaires assurent la fixation mécanique du vitrage.

Les verres simples de plus de 4 mm ainsi que les vitrages isolants nécessitent une fixation spéciale par des profils rapportés côté extérieur, dénommés « parcloses ». Ces parcloses sont maintenues en place par vis ou par pointes dans le cas des menuiseries classiques en bois. Le vitrage est toujours placé entre deux garnitures d'étanchéité assurant le blocage en fond de feuillure et contre les parcloses.

Les dimensions des feuillures

Elles dépendent de l'épaisseur et du périmètre de vitrage et du mode de pose (voir tableau).

Le calage dans les feuillures

Le calage est important pour éviter les déformations des châssis de grandes dimensions et pour éviter le contact direct vitrage-châssis si celui-ci vient à se déformer. On distingue :

Les cales d'assise : Les produits verriers doivent être montés sur cales en bois ou en caoutchouc de dureté convenable. Le plomb est à éviter, car trop mou et pouvant provoquer des phénomènes de corrosion électrolytique en présence d'inox ou d'aluminium.

L'épaisseur des cales sera au moins égale à 3 mm, jeu minimal requis en fond de feuillure. La largeur équivalente à l'épaisseur du produit verrier plus un jeu latéral et la longueur égale en cm à la surface du vitrage exprimée en m², multipliée par 1,3 avec le bois et par 3 avec le caoutchouc avec un minimum de 5 cm.

Les cales latérales : La longueur des cales latérales est de l'ordre de 50 mm, leur largeur de 10 à 15 mm, et leur épaisseur est égale au jeu latéral, soit 3 à 5 mm.

La position des cales de vitres dans les feuillures dépend du type de châssis

Tableau donnant les hauteurs et largeurs de feuillures en fonction de l'épaisseur et du mode de pose des vitrages

	Epaisseur du vitrage	Valeur du demi-périmètre			
		< 2,5 m		> 2,5 m	
		h mm	L mm	h mm	L mm
Pose à bain de mastic	Vitrages simples de 3 et 4 mm	11	15	16	15
Pose en parcloses	Vitrages simples de 5 à 8 mm	12	①	16	①
	Vitrages isolants de 15 à 20 mm	16	①	20	①

① Avec L = Epaisseur du vitrage + 6 à 8 mm pour les garnitures d'étanchéité + la largeur de parclose

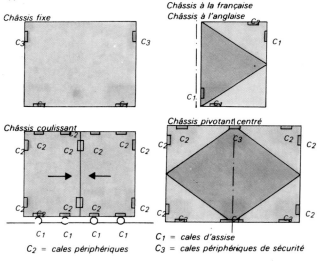

C_1 = cales d'assise
C_2 = cales périphériques
C_3 = cales périphériques de sécurité

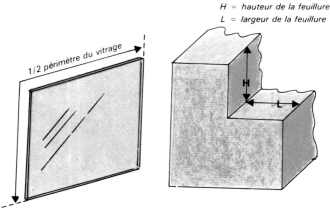

H = hauteur de la feuillure
L = largeur de la feuillure

Vitrage de 2 à 4 mm
Couche d'impression sur bois, puis mastic soit à l'huile de lin, soit aux oléoplastiques

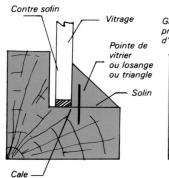

Vitrage supérieur à 4 mm
Couche d'impression sur bois, puis parclose et garnitures d'étanchéité à base de mastic, de bandes préformées ou de profilés élastomères

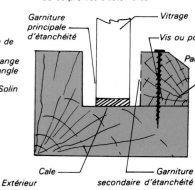

Améliorer l'isolation des fenêtres

Si les conditions d'environnement viennent à changer (par exemple la démolition d'un ensemble de vieux bâtiments formant écran de protection contre le vent, l'implantation d'une route à grande circulation ou d'un stade), il peut devenir nécessaire d'améliorer les conditions d'isolation acoustique et thermique des fenêtres. Dans ce cas, on peut avoir recours à la technique des survitrages, en utilisant l'un des trois types suivants.

Les survitrages fixes
Une fois mis en place sur les vantaux, ils ne sont plus démontables. Dans leur principe, les survitrages de ce type cherchent à reconstituer *in situ* un double vitrage identique à ceux fabriqués en usine.
Un cadre intercalaire en aluminium est placé contre le vitrage existant avec scellement d'un deuxième verre. Un cordon d'étanchéité est placé à la périphérie, de manière à créer une lame d'air déshydratée de 6 mm d'épaisseur environ. Bien qu'un produit déshydratant soit placé à l'intérieur du cadre, la qualité reste tributaire du soin apporté lors de la mise en place. L'isolation thermique peut être obtenue grâce au vide d'air intercalaire avec un verre de 3 ou 4 mm d'épaisseur, mais il faut des glaces de 8 à 10 mm pour apporter une isolation acoustique satisfaisante.

Les doubles fenêtres
Cette technique très efficace consiste à fixer sur la face intérieure du dormant ou sur le nu intérieur des murs une deuxième fenêtre ouvrante. Dans ces conditions, l'espace d'air qui n'est pas déshydraté est de 8 à 15 cm, ce qui permet d'obtenir une bonne isolation tant acoustique que thermique.

Les survitrages ouvrants évitent les effets de condensation

Système de la double fenêtre

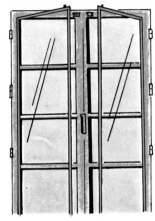

Exemple de survitrage ouvrant

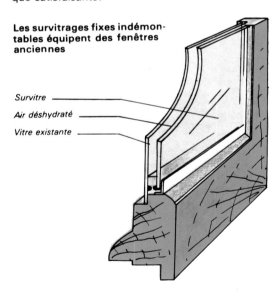

Les survitrages fixes indémontables équipent des fenêtres anciennes

Survitre
Air déshydraté
Vitre existante

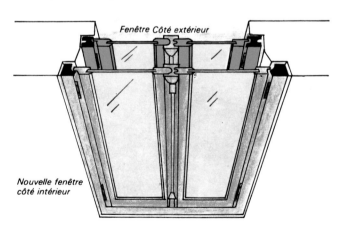

Fenêtre Côté extérieur
Nouvelle fenêtre côté intérieur

Les survitrages amovibles
Comme les survitrages fixes, ils sont placés sur les vantaux, mais côté intérieur. Ils sont soit maintenus par un système de joints souples ou cadres fixés directement sur l'ouvrant par clouage, vissage, agrafage ou pattes et sont en conséquence démontables, soit placés dans un châssis équipé de véritables charnières, et sont ouvrants.
Par rapport aux survitrages fixes, on constate que la lame d'air est plus importante (25 à 30 mm), ce qui est bénéfique du point de vue de l'isolation, mais qu'elle n'est pas déshydratée, ce qui peut conduire à des condensations d'eau sur la vitre la plus froide. De ce dernier point de vue, les survitrages ouvrants sont préférables.

Remarque
La technique des survitrages fixes, amovibles ou doubles fenêtres est une solution pratique qui permet de répondre aux exigences d'isolation requises dans les zones très bruyantes (proximité d'aérodrome par exemple), ou les zones de voies à très grande circulation.
D'une façon générale, en ce qui concerne l'isolation acoustique, il faut retenir que plus l'épaisseur de la lame d'air est petite, plus la différence d'épaisseur entre les verres doit être grande, ce qui explique qu'avec les doubles fenêtres, on peut utiliser un deuxième vitrage, dont l'épaisseur est identique à celle du premier, alors que pour les survitrages fixes, il faut 8 à 10 mm.

L'isolation thermique

L'isolation : une nécessité
Pour éviter qu'une maison ne perde sa chaleur l'hiver et ne devienne une fournaise l'été, on doit l'isoler, c'est-à-dire employer pour sa construction des matériaux réputés « isolants » et des techniques éprouvées.
A cet élémentaire besoin de confort, s'ajoute la nécessité de réaliser des économies. Les installations et les sources d'énergie, qui deviennent de plus en plus chères, rendent les frais d'exploitation de plus en plus coûteux pour les familles et la communauté nationale.

L'isolation est une nécessité pour le confort et le budget

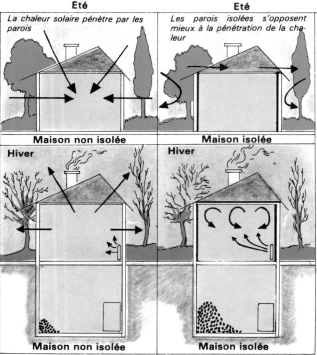

Eté — Maison non isolée : *La chaleur solaire pénètre par les parois*
Eté — Maison isolée : *Les parois isolées s'opposent mieux à la pénétration de la chaleur*
Hiver — Maison non isolée : *La chaleur fournie par le système de chauffage s'évacue vers l'extérieur. Importantes dépenses de combustible*
Hiver — Maison isolée : *La chaleur reste dans la maison Dépense de combustible réduite*

Avec l'augmentation du prix des énergies, les Pouvoirs publics avaient fixé des règles d'isolation en 1974 et en 1976. Depuis, le décret et les arrêtés du 24 mars 1982 imposent des performances encore plus élevées.
Le coefficient G introduit en 1974 est maintenant accompagné d'un coefficient B, première lettre du mot BESOIN... en chauffage. Par rapport au coefficient G représentatif des déperditions, le coefficient B tient compte des apports de chaleur dits « gratuits » lesquels sont évidemment liés à l'ensoleillement et aux conditions d'occupation des locaux.
Cette tendance de la réglementation souligne non seulement l'importance de l'isolation thermique mais surtout le fait que la conception même de l'habitation dans son ensemble est désormais marquée par la maîtrise de l'énergie.

Qu'est-ce qu'un isolant thermique ?
On appelle isolants thermiques certains matériaux qui, par leur nature ou leur composition, s'opposent efficacement au passage de la chaleur. On les compare grâce à leur résistance thermique R, valeur calculée et mesurée par les techniciens. Plus cette résistance est grande, plus l'isolant est efficace.
Dans le bâtiment, et en particulier lorsqu'il s'agit de maisons individuelles, les principaux isolants utilisés sont : le polystyrène, les laines de verre ou de roche, les mousses phénoliques, les mousses de polyuréthane.

Composition des complexes isolants les plus courants.

Matériau support ou matériau de parement	Polystyrène expansé moulé	Polystyrène expansé thermo comprimé	Polyuréthane	Chlorure de polyvinyle	Mousse phénolique	Fibres minérales (verre et roche)
Plaques de plâtre cartonnées	■	■	■		■	■
Plâtre projeté in situ						■
Fibragglo	■		■			■
Panneaux de particules	■	■	■	■		
Panneaux durs de fibres de bois	■	■	■	■		

Les isolants hydrophiles, c'est-à-dire qui ont la faculté de retenir l'eau, perdent ce faisant leur pouvoir isolant. Pour leur conserver toutes les caractéristiques thermiques utiles, on met en place une barrière étanche à l'humidité, c'est-à-dire un film imperméable appelé « pare-vapeur ».
On utilise de préférence des matériaux non hydrophiles.

Les déperditions du logement
On appelle ainsi l'ensemble des pertes thermiques d'un bâtiment, c'est-à-dire la quantité de chaleur échangée avec l'extérieur.
Participent à cet échange :
Les parois : On caractérise leur capacité d'échange par un coefficient K, dit « de transmission surfacique », qui tient compte de tous les éléments constitutifs (isolants et autres matériaux). Il est exprimé en watts par mètre carré de surface de paroi et est ramené à 1 degré de différence de température entre les ambiances séparées par la paroi : K en $W/m^2\ °C$.
Plus ce coefficient est faible et moins la paroi laisse passer de chaleur. Le D.T.U. « règles TH K 77 » permet de déterminer ce coefficient.

L'isolation supprime l'effet de « paroi froide » et favorise les économies d'énergie

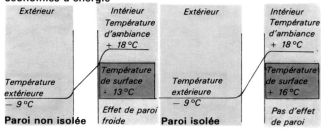

Paroi non isolée : Extérieur Température extérieure $-9\ °C$ / Intérieur Température d'ambiance $+18\ °C$, Température de surface $+13\ °C$ — Effet de paroi froide
Paroi isolée : Extérieur Température extérieure $-9\ °C$ / Intérieur Température d'ambiance $+18\ °C$, Température de surface $+16\ °C$ — Pas d'effet de paroi

Exemples d'emploi des isolants en fonction de la paroi à isoler et de la technique d'isolation.

Paroi à isoler	Technique d'isolation		Isolants seuls : fibragglo, fibre minérale, vermiculite, perlite, polystyrène, polyuréthane, Mousse phénolique, P.V.C.	Isolants composites : fibre minérale + plâtre, polystyrène + plâtre ou autre parement, polystyrène + fibragglo, P.V.C. + plâtre	Autres techniques : béton cellulaire, isolant + bardage, isolant + enduit ext., hourdis polystyrène
Toiture terrasse	Sur ou sous forme de pente				
Toiture en pente avec combles chauffés	Isolation de la toiture	entre chevrons			
		sous chevrons			
Combles perdus non chauffés	Isolation du plancher haut sur solives				
Plancher bas	sur sous-sol ou vide sanitaire	Isolation	par dalle flottante		
			intégrée		
			en sous face		
	sur terre-plein	Isolation en périphérie			
Murs extérieurs	Isolation intérieure	avec contre cloison			
		isolant + enduit			
	Isolation répartie				
	Isolation extérieure	avec isolant + bardage			
		avec isolant + enduit			
		en coffrage perdu			

Nota. — Les cases noires correspondent aux possibilités d'utilisation.

Les ponts thermiques : Compte tenu des impératifs de construction, la mise en place d'isolants thermiques n'est pas possible partout. Ces défauts d'isolation, appelés « ponts thermiques », constituent des cheminements privilégiés pour le passage de la chaleur. Ils se rencontrent surtout au niveau des jonctions des éléments.

Là aussi, les calculs permettent d'obtenir les données nécessaires à la vérification des déperditions. On peut en effet donner une valeur à ces ponts thermiques : c'est le coefficient k de transmission linéique.

Le renouvellement d'air : L'air froid entre dans le logement, se charge de chaleur et ressort réchauffé, emmenant ainsi une certaine quantité de chaleur. Il suffit donc de déterminer le volume d'air transitant dans le logement.

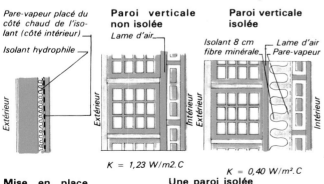

Mise en place d'un pare-vapeur — Paroi verticale non isolée $K = 1,23\ W/m^2.C$ — Paroi verticale isolée $K = 0,40\ W/m^2.C$ — Une paroi isolée laisse moins passer la chaleur

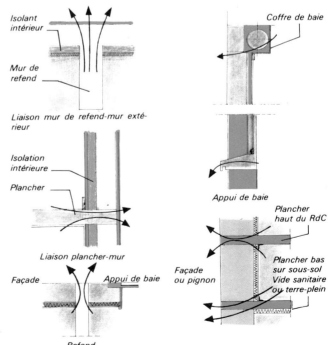

Exemples de ponts thermiques, c'est-à-dire de défauts dans l'isolation thermique

141

Le G : une note pour l'isolation thermique

Le coefficient volumique de déperdition thermique G
G est un coefficient qui caractérise globalement le degré d'isolation d'un logement. Il est obtenu en divisant la somme des déperditions, c'est-à-dire des pertes de chaleur, du logement par le volume habitable, c'est-à-dire celui qui correspond au total des surfaces habitables multipliées par les hauteurs sous plafond total (la surface habitable est la surface de plancher construite, après déduction des surfaces occupées par les murs, cages d'escaliers, gaines et ébrasements) :

$$G = \frac{\text{somme de déperditions du logement}}{\text{volume habitable du logement}}$$

Les calculs qui amènent à ces différents chiffres sont assez complexes et du domaine des professionnels. Les D.T.U. (documents techniques unifiés) intitulés « Règles TH K » et « Règles TH G » donnent les éléments nécessaires à un calcul complet.
De nombreuses données sont à prendre en considération, telles la résistance thermique R des isolants, les caractéristiques thermiques K des murs et des cloisons, les caractéristiques quantitatives k des ponts thermiques, etc.

L'arrêté du 24 mars 1982 précise les valeurs réglementaires maximales du coefficient G en fonction des caractéristiques des logements, de la zone climatique et de la source d'énergie utilisée pour le chauffage.
Cette même réglementation du 24 mars 1982 introduit désormais un autre coefficient désigné par la lettre B comme besoin, c'est le coefficient volumique de besoin de chauffage. Les valeurs maximales des coefficients G et B sont indiquées dans le tableau ci-dessous.

Pour améliorer le G

Les vitrages
Compte tenu des valeurs actuelles du coefficient G, le recours aux vitrages isolants à simple ou double lame d'air est maintenant pratiquement généralisé.
Les vitrages à simple lame d'air sont les plus couramment utilisés. Ils sont constitués de deux vitres dont l'assemblage est étanche et conçu de telle sorte qu'il subsiste une lame d'air de plusieurs millimètres d'épaisseur.

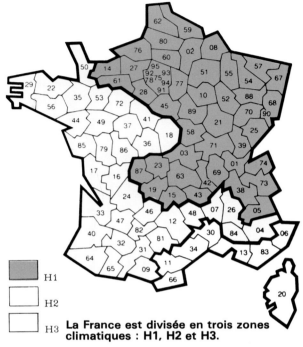

La France est divisée en trois zones climatiques : H1, H2 et H3.

Les ouvrants (fenêtres, portes, portes-fenêtres)
Tous les éléments ouvrants interrompent la continuité de l'isolation. Ils sont donc prix en compte dans les calculs de déperdition. Suivant leur étanchéité à l'air, ils appartiennent à des classes différentes : A1, A2 ou A3 (voir définition page 134). Le matériau dans lequel ils sont menuisés n'est pas sans importance. Les volets et persiennes contribuent la nuit, en saison froide, à l'isolation.

Groupes de logements	Catégories de logements	Coefficient B							Coefficient G						
		Types de chauffage						Types de chauffage					
		I			II			I			II		
		Zones climatiques						Zones climatiques					
		H1	H2	H3	H1	H2	H3	H1	H2	H3	H1	H2	H3
Logement indépendant : Volume habitable en mètres cubes :													
Inférieur à 190.	1	0,75	0,75	0,80	0,80	0,80	0,90	0,95	1,00	1,10	1,00	1,05	1,20
Egal ou supérieur à 190 et inférieur à 290.	2	0,70	0,70	0,70	0,75	0,75	0,80	0,90	0,95	1,00	0,95	1,00	1,10
Egal ou supérieur à 290.	3	0,65	0,65	0,65	0,70	0,70	0,75	0,85	0,90	0,95	0,90	0,95	1,05
Logement non indépendant et non superposé : Volume habitable en mètres cubes :													
Inférieur à 190.	4	0,65	0,65	0,65	0,70	0,70	0,75	0,85	0,90	0,95	0,90	0,95	1,05
Egal ou supérieur à 190 et inférieur à 290.	5	0,60	0,60	0,60	0,65	0,65	0,70	0,80	0,85	0,90	0,85	0,90	1,00
Egal ou supérieur à 290.	6	0,55	0,55	0,55	0,60	0,60	0,65	0,75	0,80	0,85	0,80	0,85	0,95

La bonne épaisseur des isolants

Pour l'isolation des maisons construites selon les procédés actuellement les plus courants, on choisit assez souvent des matériaux isolants dont les caractéristiques thermiques sont équivalentes à celles de la laine de verre ou du polystyrène. Pour satisfaire, avec des matériaux semblables, aux exigences des décrets précisant les valeurs des coefficients G ou B, le tableau ci-dessous donne une idée des épaisseurs.

	EPAISSEURS D'ISOLANT (EN CM)					
	Chauffage non électrique			Chauffage électrique		
	Zone H1	Zone H2	Zone H3	Zone H1	Zone H2	Zone H3
Toiture	15	15	10	22	22	20
Murs	8	8	6	10	10	8
Fenêtres	A_2	A_2	A_2 A_3	A_3	A_2	A_2 A_3
Vitrages	Vitrages isolants					
Planchers	6	6	6	6	6	6

Comment assurer l'isolation des parois

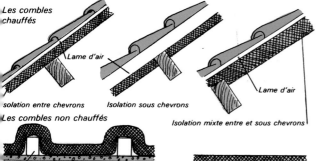

Les isolants utilisables

Les isolants conseillés : fibre de verre ou de roche (en plaque ou feutre souple), avec pare-vapeur, polystyrène en plaque, mousse de plyuréthane (épaisseur limitée à 8 cm) ou mousse phénolique.

Les isolants possibles : fibragglo ou fibre de bois (R plus faible)

Fixation : mécanique (agrafage, clouage)

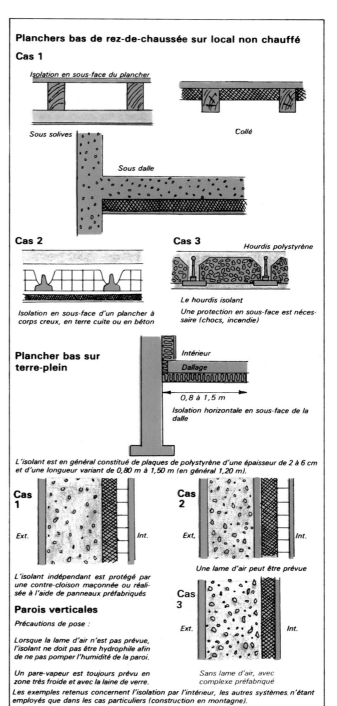

Planchers bas de rez-de-chaussée sur local non chauffé

Cas 1 — Isolation en sous-face du plancher — Sous solives — Collé — Sous dalle

Cas 2 — Isolation en sous-face d'un plancher à corps creux, en terre cuite ou en béton

Cas 3 — Hourdis polystyrène — Le hourdis isolant — Une protection en sous-face est nécessaire (chocs, incendie)

Plancher bas sur terre-plein

Intérieur — Dallage — 0,8 à 1,5 m — Isolation horizontale en sous-face de la dalle

L'isolant est en général constitué de plaques de polystyrène d'une épaisseur de 2 à 6 cm et d'une longueur variant de 0,80 m à 1,50 m (en général 1,20 m).

Cas 1 — Ext. / Int. — L'isolant indépendant est protégé par une contre-cloison maçonnée ou réalisée à l'aide de panneaux préfabriqués

Cas 2 — Ext. / Int. — Une lame d'air peut être prévue

Cas 3 — Ext. / Int. — Sans lame d'air, avec complexe préfabriqué

Parois verticales

Précautions de pose :

Lorsque la lame d'air n'est pas prévue, l'isolant ne doit pas être hydrophile afin de ne pas pomper l'humidité de la paroi.

Un pare-vapeur est toujours prévu en zone très froide et avec la laine de verre.

Les exemples retenus concernent l'isolation par l'intérieur, les autres systèmes n'étant employés que dans les cas particuliers (construction en montagne).

Le confort acoustique

La maison d'aujourd'hui doit être plus qu'un simple abri. Elle est devenue le lieu par excellence où s'épanouit une famille, celui où chacun vient retrouver les autres avec bonheur, mais aussi, par opposition à la vie moderne trépidante, le havre où chacun doit pouvoir se détendre et se reposer.

L'approche du problème

Le confort acoustique est la condition première de cette quiétude si recherchée. Il n'est pleinement atteint que si l'ensemble de la demeure est isolé des bruits extérieurs, quel que soit l'environnement, et si, à l'intérieur, la partie « nuit », celle des chambres, est séparée ou isolée de la partie « jour », consacrée aux pièces où l'on vit : cuisine, séjour, etc.

Si chacun peut mesurer l'importance des nuisances qu'il introduit chez lui, il est plus difficile d'apprécier celles qui proviennent du monde extérieur. Un environnement peut être plus ou moins bruyant. Presque insupportable aux abords d'un aéroport, d'une voie ferrée, d'une route à grande circulation ou d'une usine particulièrement bruyante, les perturbations sonores sont plus difficiles à évaluer en bordure d'une voie courante.

Sans recourir à des instruments précis ni à des calculs complexes, on peut cependant estimer qu'une rue large de 10 m et bordée de chaque côté par des maisons se situe en :

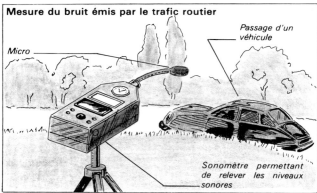

Mesure du bruit émis par le trafic routier

- zone 1 (très bruyante) si elle est fréquentée par plus de 15 à 20 véhicules par minute,
- zone 2 (bruyante) si l'on y compte entre 10 et 20 véhicules par minute,
- zone 3 (assez bruyante) s'il n'y passe qu'entre 3 et 9 véhicules par minute,
- zone 4 (calme) au-dessous de 3 ou 4 véhicules par minute.

A priori, on peut considérer que les maisons isolées situées en zone 4 ne posent aucun problème vis-à-vis des bruits extérieurs. Seul l'isolement entre les parties « jour » et « nuit » reste alors à assurer.

Par contre, pour les maisons situées en zones 1, 2 ou 3 et les maisons jumelées situées en zone 4 : il faut prendre des précautions adaptées à l'importance des nuisances extérieures. Comment y parvenir ? Si la maison est achetée sur catalogue, le modèle choisi peut soit bénéficier après enquête technique du label « confort acoustique » qui dispense de toute autre investigation, soit posséder un certificat correspondant à l'indicateur « Qualitel » (voir page 64), qui porte à la rubrique concernée une cotation isolation acoustique assez explicite pour fixer les idées du futur acheteur.

Dans le cas d'une maison construite « au coup par coup », ou suivant un modèle non testé, le futur propriétaire se trouve a priori assez désarmé. Cette fiche ainsi que les deux suivantes indiquent donc les principaux problèmes qui peuvent se poser, et les solutions pratiques qui peuvent y être apportées. Si d'autres problèmes se posent ou si les dispositions prévues diffèrent sensiblement de celles préconisées ici, l'acheteur aura intérêt à consulter un spécialiste ou un organisme de contrôle.

Les notions utiles à connaître

Sans entrer dans les détails, il convient de savoir que les praticiens distinguent trois catégories de bruits :
- les bruits aériens transmis par l'atmosphère et résultant de l'environnement (radio, voiture, usine, etc.),

Exemple d'indicateur QUALITEL

1 faible
2 moyen
3 bon
4 très bon
5 excellent

Protection contre les bruits émis à l'intérieur du bâtiment
Protection contre les bruits émis à l'extérieur du bâtiment
en zone I
en zone II
en zone III

Transmission des bruits aériens

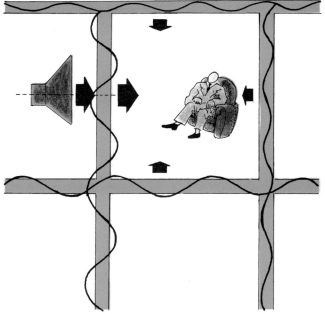

- les bruits d'impact transmis par les parois soumises à des chocs (pas, déplacement ou chute d'objet, etc.),

Transmission des bruits d'impact

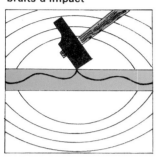

- les bruits d'équipement transmis par les canalisations et résultant du fonctionnement des installations.

Transmission des bruits d'équipement

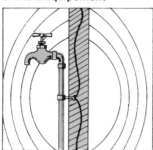

- on se protégera des bruits d'impact par des couches amortissant les chocs (on dit « résilientes ») ou par des chapes « flottantes », c'est-à-dire désolidarisées du support et des parois,

Choc sur sol dur

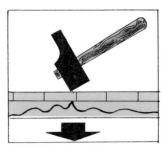

Choc sur sol souple (résiliant)

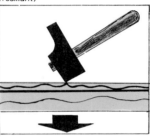

Choc sur chape flottante

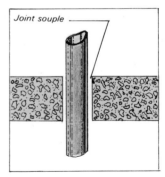

Les solutions d'isolation diffèrent selon les catégories de bruits :
- on pourra s'isoler des bruits aériens, par exemple, par des parois les plus lourdes possibles (loi de masse), ne comportant aucun point faible, même minime,

A noter qu'un bruit faible traduit sensiblement l'isolement

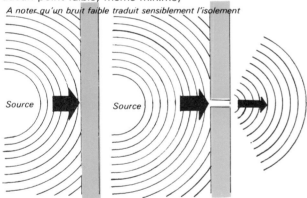

Isolement aux bruits aériens (pour paroi lourde)

Isolement aux bruits d'impact

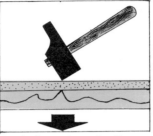

- vis-à-vis des bruits d'équipement, les canalisations seront isolées de leur support, par des joints souples, et les machines vibrantes (pompes, etc.) seront posées sur socles antivibratiles.

Isolement aux bruits d'équipement

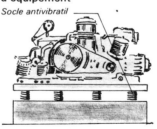

Socle antivibratil — *Joint souple*

Les décibels
Les appareils de mesure permettant d'évaluer les niveaux sonores sont gradués en décibels (en abrégé : dB). Cette unité est assez déconcertante car elle n'obéit pas aux règles de l'arithmétique. En effet, il s'agit d'une unité logarithmique établie par convention.
Cela vient du fait que, si l'on ajoute à une source de bruit une autre source identique, le niveau sonore résultant n'est pas doublé, mais seulement légèrement augmenté. Pour tenir compte de ce phénomène, les acousticiens ont essayé de trouver un artifice mathématique traduisant au mieux la réalité. Une relation logarithmique a donc été choisie, dans la mesure où elle correspond assez justement à la manière dont les bruits sont ressentis. Il convient donc de retenir qu'en décibels 1 + 1 ne font pas 2. A l'inverse, la diminution d'un niveau de bruit de quelques décibels suppose que l'on atténue fortement les effets des sources sonores.

Les bruits et l'oreille
Le confort acoustique ne peut s'apprécier que par rapport aux sensations effectivement perçues par l'oreille humaine. Ainsi, les bruits extrêmement graves ou excessivement aigus ne seront pas « entendus » par l'oreille et ne présenteront donc pas de gêne.
En fait, l'oreille est sensible à des degrés divers, selon que les bruits perçus sont plus ou moins graves ou aigus. Par exemple, les sons graves produisent des effets moins accentués que les sons aigus pour un même niveau sonore. Aussi a-t-on mis au point une méthode d'évaluation des niveaux de bruit qui tient compte de ces variations de sensibilité de l'oreille humaine. Il s'agit de la « pondération A » qui, schématiquement, pénalise les sons aigus et favorise les sons graves. L'unité de mesure correspondante s'appelle le décibel A (dBA).
C'est donc en dBA que doivent être exprimés les résultats en confort acoustique.

L'isolation acoustique

L'isolation acoustique d'une maison doit permettre d'atténuer la transmission des bruits provenant de l'extérieur, mais aussi de limiter la propagation des bruits émis à l'intérieur même de la maison. Si les idées générales sont assez simples à évoquer, la réalisation concrète d'une isolation acoustique efficace pourra s'appuyer utilement sur les conseils de spécialistes.

L'isolement contre les bruits extérieurs

Cinq règles d'or sont à respecter, de façon de plus en plus stricte suivant que l'on se trouve en zone 3, 2 et surtout 1 telle que définie p. 144.

Le poids des murs extérieurs (parties pleines)
Comme indiqué p. 145, l'isolement aux bruits aériens est principalement une question de masse. A priori, même en zone bruyante ou très bruyante, il ne devrait y avoir aucun problème avec des murs extérieurs classiques de 0,20 m d'épaisseur, comportant de plus un doublage en face intérieure (tel que préconisé p. 90).
En fait, l'efficacité d'une telle paroi est seulement fonction de ses points faibles; examinons-les tour à tour.

La qualité des menuiseries extérieures et de leurs vitrages
En zone 1, il faut adopter des doubles fenêtres (les doubles vitrages sur simple fenêtre étant jugés, a priori, insuffisants).
En zones 2 et 3, les fenêtres devront être les moins grandes possible (1/6 de la surface des pièces) et comporter des jeux minimaux (bonne étanchéité à l'air), ainsi que des vitrages les plus épais possible.
A ce propos, on doit se souvenir (voir page 134) que les fenêtres préfabriquées comportant le label Acotherm permettent d'obtenir une isolation acoustique, en même temps que thermique, appropriée au cas à traiter.

Le traitement des prises d'air extérieures
En zone 1, on remplacera les prises d'air en façade par un système d'insufflation mécanique.
En zones 2 et surtout 3, on pourra tolérer ces prises d'air en les réalisant, si possible, en chicane et en les tapissant d'un revêtement absorbant.

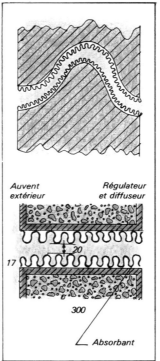

Traitement des prises d'air extérieures

Le traitement des coffres de volets roulants
En zones 1 et 2, les coffres de volets roulants devront être extérieurs. En zone 3, ils pourront être intérieurs mais devront être constitués de matériaux lourds (bois d'épaisseur 22 mm), tapissés intérieurement de laine minérale (d'épaisseur 20 mm).

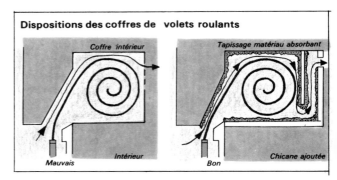

Dispositions des coffres de volets roulants

La disposition des portes d'entrée
Ces portes devront être aussi massives que possible et comporter des joints périphériques.
Une bonne solution consiste à prévoir de plus un hall d'entrée (voir page 50), de telle sorte qu'il faille franchir au moins deux portes pour aller de l'extérieur vers n'importe quelle pièce intérieure de la maison (séjour, chambre, cuisine, etc.).

La porte d'entrée

Porte avec joints insonores spéciaux disposés en périphérie du battant

Les joints peuvent aussi être mis en feuillure dans l'huisserie

L'isolement entre les parties « jour » et « nuit » du logement

L'isolement aux bruits aériens sera efficacement réalisé par :
- une cloison de 200 kg/m² (béton banché de 0,08 m ou parpaings pleins de 0,10 m ou briques pleines de 0,11 m, etc.),
- deux ou trois portes à franchir entre parties « jour » et « nuit », ou toute autre solution équivalente (voir p. 48).

Afin de se prémunir contre les bruits d'équipement, on évitera d'adosser les parois des chambres aux appareils des salles d'eau, de la chaufferie, etc. En cas d'impossibilité, on respectera impérativement les précautions indiquées pour lutter contre les bruits des équipements.

L'isolement contre les bruits des équipements

Il est obtenu en respectant au moins les sept précautions suivantes :

Une pression d'alimentation en eau non excessive

Afin de limiter les bruits émis par les canalisations d'amenée d'eau, on ne doit pas dépasser une pression de 3 bars (c'est-à-dire sensiblement 3 kg/cm²). Si la pression du réseau est supérieure à cette valeur, on dispose un réducteur de pression en tête de l'installation.

Des diamètres suffisants de canalisations d'eau froide et chaude

Pour le même motif, les sections des canalisations seront choisies de manière que la vitesse d'écoulement de l'eau ne soit pas excessive. Dans ce but, on s'efforcera d'adopter au moins les diamètres intérieurs suivants pour les alimentations :
- baignoires, douches : 16 mm,
- lavabo, bidet, w.-c. : 10 mm,
- évier : 14 mm,
- ensemble baignoire, lavabo, bidet : 18 mm.

Les caractéristiques appropriées des robinetteries

Pour limiter également les bruits d'équipements, on adoptera de préférence des robinetteries portant l'estampille N.F. avec le marquage complémentaire :
- groupe C classe I : pour les baignoires,
- groupe B classe I : pour les autres usages, étant entendu que le groupe est représentatif des qualités acoustiques, et la classe, des débits (voir p. 212).

La fixation souple des canalisations

Dans le cas où celles-ci sont fixées sur des parois mitoyennes, elles doivent être désolidarisées des parois :
- aux points de fixation : soit par des colliers en matière plastique, soit par des fourreaux souples interposés entre colliers et tuyauterie,
- aux traversées de planchers : par des fourreaux.

On respectera à ce sujet les dispositions types figurant sur les croquis ci-après.

L'isolation des appareils sanitaires

On y parvient, par exemple :
- en posant les baignoires sur des plots de caoutchouc,
- en appliquant un revêtement absorbant sous le fond des baignoires en acier avant leur pose sur plots en caoutchouc,
- en fixant avec interposition de joints souples les lavabos sur leur console.

Ces trois natures de précautions se trouvent également schématisées sur les détails qui suivent.

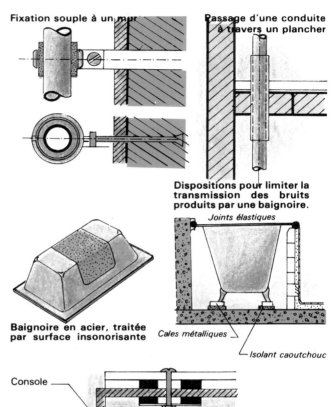

Fixation souple à un mur

Passage d'une conduite à travers un plancher

Dispositions pour limiter la transmission des bruits produits par une baignoire.

Joints élastiques

Baignoire en acier, traitée par surface insonorisante

Cales métalliques

Isolant caoutchouc

Console

Fixation souple des lavabos sur leur console

Le type approprié de chasses d'eau

Lorsque leur emplacement le justifie (contiguïté avec chambre ou séjour du logement voisin ou même du logement propre), on proscrira les robinets de chasse et les chasses à réservoir hydropneumatique.

En ce qui concerne les réservoirs de chasse à l'air libre, il est conseillé d'utiliser des réservoirs à remplissage par tube plongeur.

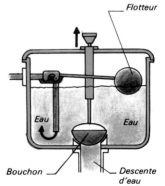

Flotteur

Eau

Eau

Bouchon

Descente d'eau

Les dispositions des autres équipements

On se méfiera au maximum des autres bruits d'équipement qu'émettent généralement la chaudière (et le chauffe-eau s'il existe), la pompe de circulation, la porte de garage, etc., équipant non seulement le logement propre mais aussi le logement contigu éventuel.

L'étendue du problème acoustique

L'étendue des problèmes que l'on peut rencontrer en matière de confort acoustique dépend essentiellement de la nature de l'environnement et de la façon dont chaque maison s'y trouve implantée. Selon le type d'implantation, trois cas sont à distinguer : du plus simple au plus complexe, examinons-les.

La maison isolée

C'est celle qui pose le moins de problèmes. Afin de pouvoir bénéficier d'un confort acoustique acceptable, on respecte simplement les recommandations des trois paragraphes des pages précédentes, c'est-à-dire :
• les cinq règles d'or de l'isolement contre les bruits extérieurs (sauf si l'on se trouve en zone calme 4),
• l'isolement entre les parties « jour » et « nuit » du logement,
• l'isolement contre les bruits d'équipements.

Maisons accolées mais séparées par un double mur

Le problème est déjà un peu moins simple à résoudre. Comme pour une maison isolée, on veillera en premier lieu à respecter :
• l'isolement contre les bruits extérieurs (sauf si l'on se trouve en zone calme 4),
• l'isolement entre les parties « jour » et « nuit » du logement,
• l'isolement contre les bruits d'équipements.

En second lieu, il convient de satisfaire à deux conditions supplémentaires, du fait des impératifs particuliers d'isolement vis-à-vis des logements contigus. A cet effet, on vérifiera :
• **l'efficacité du double mur séparatif entre maisons**
Il ne devrait y avoir aucun problème s'il est réalisé depuis les fondations et jusque dans la hauteur du comble par un double mur de 2×200 kg/m^2 constitué soit par deux voiles en béton banché de 0,10 m, soit par deux murs de parpaings pleins de 0,10 m, enduits une face et séparés par une coupure continue de 1 cm minimum.
Un meilleur résultat encore sera obtenu si l'un des deux voiles ou murs est légèrement plus épais que l'autre.
Par contre, le résultat sera médiocre s'il existe entre eux un contact accidentel, ou si le double mur ne règne pas sur toute la hauteur du comble. Dans ce dernier cas, en effet, les sons peuvent contourner la paroi séparative entre les logements.
• **l'écartement des fenêtres les plus proches du double mur séparatif**
Afin d'éviter les transmissions aériennes parasites, on respectera au moins l'une des deux conditions suivantes :
- distance entre ouvrants supérieure ou égale à 1 m,
- saillie de façade supérieure ou égale à 0,50 m.

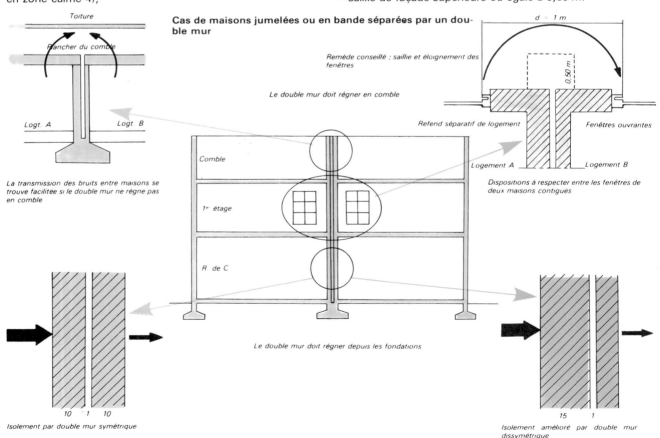

Cas de maisons jumelées ou en bande séparées par un double mur

Maisons accolées, séparées par un simple mur

Ce cas assez fréquent est celui qui pose le plus de problèmes, du fait des impératifs très particuliers d'isolement vis-à-vis des logements contigus, notamment en ce qui concerne la transmission des bruits d'impact.
Comme dans les deux cas précédents, il faut de toute façon respecter les recommandations concernant :
- l'isolement contre les bruits extérieurs,
- l'isolement entre les parties « jour » et « nuit » du logement,
- l'isolement contre les bruits d'équipements.

De plus, il convient de satisfaire aux cinq conditions supplémentaires suivantes :
- **l'efficacité du mur mitoyen entre maisons**
Il ne devrait y avoir aucun problème s'il est réalisé un mur mitoyen simple de 400 kg/m², soit :
- en béton banché de 0,14 m enduit deux faces,
- en béton banché de 0,16 m à parements finis,
- en parpaings pleins de 0,20 m enduit deux faces,
- en briques pleines de 0,22 m enduit deux faces.

Le mur mitoyen peut aussi être constitué par une paroi moyennement lourde (150 kg/m²), doublée par :
- un matelas absorbant en fibres minérales de 5 à 6 cm d'épaisseur, et une cloison souple et légère.

Dans ce cas, les parois adjacentes doivent être elles-mêmes du type lourd (350 kg/m²). Bien entendu, le mur mitoyen doit monter jusqu'à la sous-face de la toiture.

- **l'écartement des fenêtres les plus proches du mur mitoyen**
Mêmes précautions que dans le cas d'un double mur séparatif évoqué au paragraphe précédent.
- **la juxtaposition des locaux de part et d'autre du mur mitoyen**
Contrairement au double mur, le mur séparatif simple permet de s'isoler des bruits aériens mais non des bruits d'impact. La seule solution efficace consiste à ne juxtaposer de part et d'autre du mitoyen que des locaux de même destination et notamment des chambres avec d'autres chambres. Entre deux logements voisins, on évitera en particulier de juxtaposer une chambre avec des locaux générateurs de bruits d'impact, tels qu'escaliers ou salles d'eau.
- **le choix des revêtements de sols**
Selon leur nature, ils peuvent transmettre ou non les bruits d'impact dont on veut ici se protéger. De ce point de vue, les tapis et moquettes, ainsi que les revêtements plastiques à base de mousse, constituent de bons isolants. Par contre, les carrelages se révèlent extrêmement défavorables.
- **l'utilisation de dalles flottantes**
Dans le cas de locaux carrelés contre mitoyen ou au-dessus de chambres d'un même logement, on parvient à s'isoler des bruits d'impact à l'aide de chapes « flottantes » armées, disposées au-dessus d'une mince couche résiliente (laine minérale, liège, etc.). Bien entendu, cette chape doit être désolidarisée des cloisons.

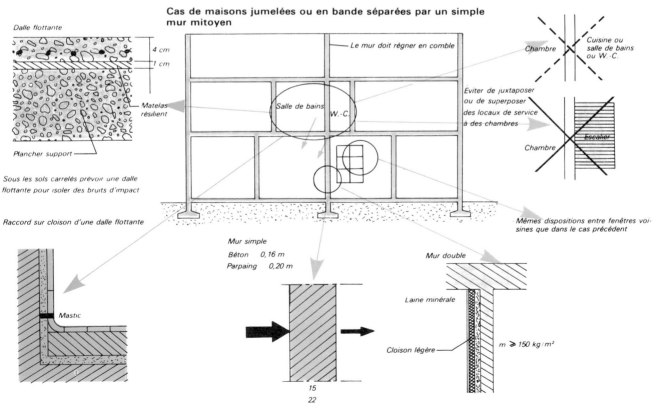

Cas de maisons jumelées ou en bande séparées par un simple mur mitoyen

Les fermetures extérieures

En assurant le « clos » de la maison, les fermetures extérieures participent, généralement, à la fois à la protection contre les agents atmosphériques (température, lumière, etc.) et à la défense contre le vol et l'effraction.

Cette dernière, considérée ici comme « passive », est souvent complétée par une défense « active » comportant des dispositifs de détection et d'alarme traités page 154 et suivantes.

En principe, les fermetures correspondent à l'ensemble des ouvertures extérieures, c'est-à-dire à la ou aux portes d'entrée de la maison, à la porte du garage, aux fenêtres et aux petites ouvertures (soupiraux, impostes, etc.).

La porte d'entrée

Constitution : Elle doit être en bois dur (chêne), ou métallique (tôle d'acier ou fer forgé).

Il convient à tout prix d'éviter les portes creuses « isoplanes » ou réalisées en agglomérés de bois, parce que trop faciles à fracturer.

Défense : C'est tout simplement par la porte d'entrée que pénètrent 80 % des cambrioleurs. Elle mérite donc d'être défendue par un dispositif de fermeture avec :
- verrouillage en trois ou, mieux, cinq points,
- clefs à pompe ou, mieux, trois ou quatre rampes taillées,
- défenses de gonds.

De plus, lorsqu'elle est en bois plein, une porte peut être dotée, côté intérieur, d'un blindage général en tôle ou équipée de renforts en acier.

La porte de garage

Constitution : Le plus souvent, elle est basculante et métallique, ou coulissante et en bois.

Défense : Il paraît difficile de défendre réellement de tels types de portes contre l'effraction. Quand le garage communique avec le logement par une porte, il convient donc de traiter celle-ci comme une porte d'entrée.

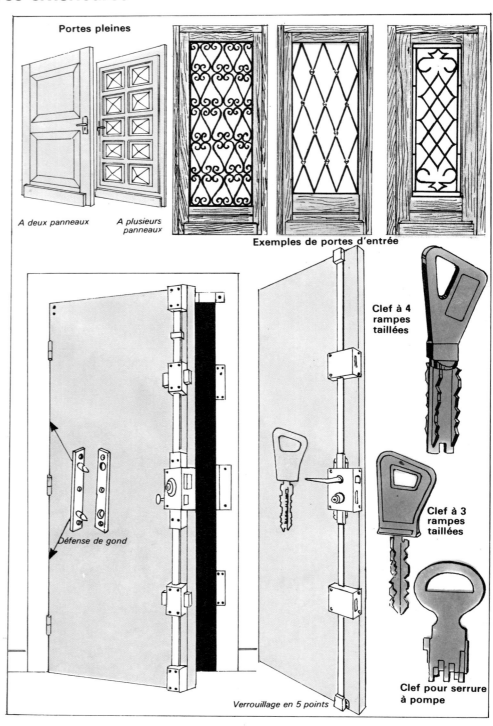

Portes pleines

A deux panneaux — A plusieurs panneaux

Exemples de portes d'entrée

Défense de gond

Verrouillage en 5 points

Clef à 4 rampes taillées

Clef à 3 rampes taillées

Clef pour serrure à pompe

Commande : L'ouverture et la fermeture peuvent être commandées par une simple clef. Il est possible également d'utiliser une télécommande depuis le portail d'entrée. Cette télécommande peut être actionnée par clef ou par radioélectricité.

Les fenêtres
Les dispositifs de fermeture, volets, persiennes ou jalousies, se révèlent quasi indispensables. En effet, ils protègent contre le vol, limitent les déperditions thermiques et constituent des protections efficaces contre le soleil [1].
En l'absence de telles fermetures, il convient de prévoir des grilles en fer forgé.

Les petites ouvertures
Les soupiraux de cave, les impostes de porte et les autres petits ouvrants nécessitent seulement une protection contre l'effraction. Elle est assurée par un barreaudage. On utilise généralement à cet effet des tiges d'acier de 16 à 20 mm de diamètre, à espacement maximal de 11 cm.

Remarque concernant les défenses habituelles contre l'effraction
Les défenses décrites ci-dessus constituent un minimum impératif, compte tenu de l'extension des tentatives de cambriolage. Elles se trouvent généralement spécifiées dans les polices d'assurance contre le vol. En leur absence, des exclusions de garantie peuvent donc être signifiées. Ces protections «passives» doivent être mises en œuvre de façon homogène sur l'ensemble des ouvertures. En effet, un seul point faible peut faciliter l'entrée d'un visiteur indésirable. Elles peuvent être complétées par les protections «actives» décrites page 154 et suivantes.

1. Les stores intérieurs protègent seulement de la lumière, mais non de la chaleur.

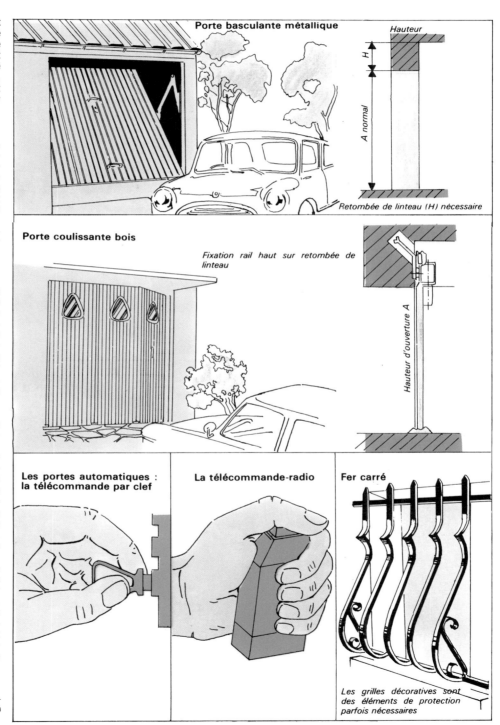

151

Les volets

Le choix des fermetures associées aux fenêtres est affaire de goût ou de respect de l'environnement. Examinons-en succinctement les principaux types.

Volets battants ou contrevents
Comportant des vantaux classiques, ils sont réalisés le plus souvent en bois et parfois en plastique. Les bois doivent être suffisamment secs pour que le voilement des vantaux soit acceptable.

Les vantaux sont, le plus souvent, constitués par des lames verticales juxtaposées. On évite leur affaissement grâce à des barres et écharpes qui, formant un Z, contreventent l'ensemble. Leurs dimensions et leurs caractéristiques les plus courantes sont résumées dans le tableau ci-dessous.

On peut également utiliser des traverses s'assemblant à tenons sur les montants et doublées par des équerres métalliques. Afin d'éviter que, sous l'effet du vent, les volets ne se mettent à battre et ne se dégradent, on les bloque, en position d'ouverture, par des fixations efficaces, les « têtes de bergères ».

Barres et écharpes

Barres et écharpes évitant l'affaissement des assemblages des volets

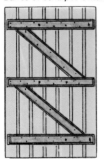

Tête de Bergère

« Tête de bergère » moderne pour éviter que les volets ouverts battent par fort vent et se détériorent

Dimensions (cm)		2 barres		3 barres	
		min.	max.	min.	max.
Hauteur Baie (cm)		81	160	161	240
largeur de baie (cm)	1 vantail	41	80	41	80
	2 vantaux	81	160	81	160
	3 vantaux	151	210	151	210
	4 vantaux	211	240	211	240

Persiennes simples
On appelle ainsi les volets comportant des lamelles inclinées vers le bas et permettant de voir au-dehors sans être vu. Ce modèle facilite la ventilation des locaux lorsque les fenêtres restent ouvertes derrière les persiennes closes.

Réalisées le plus souvent en bois, mais également en plastique, ces fermetures présentent pratiquement les mêmes dimensions courantes que les volets battants.

Les persiennes ont des lamelles inclinées vers le bas

Lames affleurantes à la française pour persiennes

Volets roulants en bois
Ils sont le plus souvent à projection, ce qui permet la protection contre le soleil en position de semi-ouverture. Les épaisseurs des lames en fonction de la largeur des baies sont indiquées dans le tableau ci-dessous.

Largeur maximale de la baie (cm)		Epaisseur minimale des lames (mm)
Sans projection	Avec projection	
270	230	8
350	280	10
400	300	13

Afin que les manœuvres puissent s'effectuer facilement, il convient en outre de veiller aux points suivants :
- efficacité des dispositifs de commande et d'entraînement : en général, par tringle oscillante et genouillère,
- présence d'arrêts de butée limitant la remontée du volet et d'arrêts de fin de course empêchant l'inversion du sens d'enroulement,
- existence d'un dispositif de compensation (ressort) facilitant la manœuvre de l'arbre,
- bon parallélisme des tableaux et des coulisses,
- absence de frottements contre les arêtes d'encadrement en maçonnerie.

Il convient de signaler que la manœuvre des volets roulants peut également s'effectuer électriquement. Dans ce cas, le moteur est solidaire de l'axe d'enroulement et la commande s'effectue par interrupteur encastré, placé à l'endroit désiré et permettant l'arrêt en toute position. Un tel système implique une plus-value importante, surtout s'il faut prévoir une manœuvre de secours lors des pannes d'électricité.

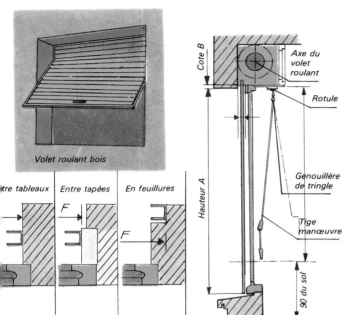

Différentes fixations glissières **Enroulement standard intérieur**

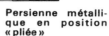

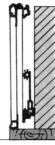
Persienne métallique en position « pliée »

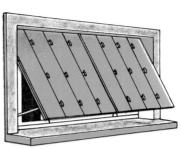
Persiennes à lames verticales à projection à l'italienne

Hauteur maximale de la baie (cm)			Largeur entre tapées (cm)		Nombre de panneaux
tôle 8/10	tôle 10/10	tôle 12/10	min.	max.	
265	285	315	50	70	2
265	285	315	50	130	4
235	265	285	80	180	6
215	235	265	120	240	8
185	215	235	140	250	10
185	185	215	190	250	12
235	235	235	80	200	Projection

Volets roulants en plastique

On doit se reporter aux Avis techniques pour déterminer leurs conditions d'emploi. Cette réserve faite, les dispositions adoptées ont été résumées dans le tableau ci-dessous.

L'auto-agrafage est réalisé par la forme même du profil de la lame. Le renfort éventuel des lames est obtenu par des profilés en acier insérés dans les alvéoles des lames. En fonction de la résistance à obtenir, ces renforts sont plus ou moins rapprochés.

Les fermetures en plastique pouvant être gravement détériorées par la grêle, leur emploi est déconseillé dans les régions les plus affectées par ce phénomène saisonnier (voir page 128). De plus, ces fermetures souples et légères risquent d'être bruyantes au vent. En ce qui concerne la facilité des manœuvres, on observera les mêmes précautions que celles préconisées pour les volets roulants en bois.

La couleur est importante car elle influe sur la résistance au rayonnement solaire, et par conséquent, sur le comportement dans le temps. A priori, on évitera les teintes foncées.

Type de lame	Epaisseur des lames (mm)	Projection	Largeur maximale de la baie (cm)	
			Sans renfort	Avec renfort
Avec agrafes métalliques	12	Sans	200	200 à 250
	12	Avec	150	150 à 200
	15	Sans	200 à 250	250 à 360
	15	Avec	150 à 200	200 à 250
Auto-agrafables	13	Sans	—	250
	13	Avec	—	200

Persiennes métalliques

Elles sont du type repliable et peuvent être à projection ; leurs dispositions les plus habituelles se trouvent résumées dans le tableau ci-dessous. La largeur maximale des lames ne devra pas excéder celle du mur.

Persiennes en bois avec encadrements métalliques

Elles présentent des dispositions similaires à celles des persiennes métalliques. On se reportera à leur sujet aux catalogues des fabricants.

Jalousies accordéon en bois

Leurs panneaux dépliés restent en position accordéon au lieu de venir dans un seul plan, d'où :
• nécessité d'un système de guidage haut et bas,
• permanence de jours triangulaires aux articulations, ce qui leur a valu le nom de « jalousies ».

Pour plus de détails, on se reportera également aux catalogues des fabricants.

Défense des fenêtres

Face à certaines conditions d'environnement, il peut être opportun de protéger, durant la journée et surtout en rez-de-chaussée, les fenêtres contre les risques d'effraction. Deux solutions sont alors possibles :
• les grilles décoratives en fer forgé,
• les vitrages en verres feuilletés « antieffraction ».

Blocage des volets et des persiennes

Les verrouillages intérieurs des volets et persiennes classiques sont facilement crochetables de l'extérieur. Il est donc particulièrement prudent de les compléter par des barres de renfort bloquées par des boulons.

La plupart des types de volets roulants sont relevables de l'extérieur sans grande difficulté. Dans ce cas, on doit doter la lame terminale d'un verrou, système qui peut être complété par un blocage de la tringle de manœuvre.

Les antivols électroniques

Défenses périphériques

Sensibles aux tentatives d'ouverture

Sensibles au choc
Une vis de réglage se trouvant dans le boîtier permet de régler la sensibilité du détecteur

Défenses volumétriques

Détecteur radar

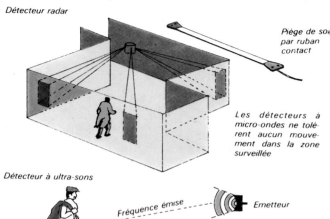

Piège de sol par ruban contact

Les détecteurs à micro-ondes ne tolèrent aucun mouvement dans la zone surveillée

Bonne et mauvaise disposition d'un détecteur à ultra-sons

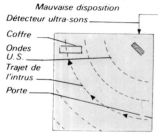

Mauvaise disposition — Détecteur ultra-sons, Coffre, Ondes U.S., Trajet de l'intrus, Porte

Bonne disposition — Coffre, Ondes U.S., Porte

Détecteur à ultra-sons

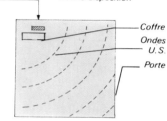

Fréquence émise — Emetteur
Fréquence renvoyée — Récepteur
Cambrioleur

Protection par ultra-son

Systèmes de protection « actifs », ils ne sont pas indispensables et, si on les utilise, ils ne dispensent évidemment pas de l'emploi des systèmes « passifs », tels les serrures, barreaux, grilles, etc. Ils tendent, toutefois, à se répandre du fait de l'accroissement des risques d'effraction, notamment dans le cas des maisons individuelles en général et de leur utilisation en résidence secondaire en particulier.
Mais attention ! Aucun système, même très sophistiqué, ne présente une sécurité absolue vis-à-vis des cambrioleurs chevronnés. Fort heureusement, les tentatives d'effraction sont surtout commises par des « amateurs » profitant d'une occasion et désirant voler avec discrétion et rapidité.
Ce qui est important, en pareil cas, c'est de pouvoir compliquer la tâche des intrus et de disposer d'un pouvoir de dissuasion grâce à l'alarme sonore déclenchée par les détecteurs.

A qui s'adresser pour installer un antivol électronique ?
Une installation bricolée, même par un amateur averti, risque d'être inefficace, faute d'une expérience suffisante. Elle peut, en effet, présenter des points faibles, risquer de tomber en panne, ou se déclencher intempestivement.
Toute réalisation doit être du « sur mesure », tenant compte de la disposition des locaux, de la nature des objets à protéger, des soucis des occupants, etc.
Il convient donc de se méfier des systèmes « gadget » et de recourir à un spécialiste en ce qui concerne la conception, la pose et l'entretien d'une telle installation.

Les principes à respecter
Quel que soit le système utilisé, celui-ci doit présenter une sécurité « positive », c'est-à-dire que l'alarme doit se déclencher, soit en cas d'alarme réelle, soit en cas de sabotage.
Par ailleurs, l'installation :
• ne doit pas comporter de points faibles : tout intrus doit déclencher l'alarme sur les points de passage obligés,
• doit être fiable : sans panne ni fausse alarme,
• doit pouvoir être neutralisée uniquement par l'utilisateur qui veut entrer ou sortir des lieux,
• doit être invisible, à moins que l'on ne considère qu'un système bien mis en évidence est encore plus dissuasif.

Les différentes parties de l'installation
Chaque type d'installation comporte :
• un système de détection,
• une centrale d'alarme,
• un système de dissuasion,
• des sources d'alimentation.
Examinons-les successivement.

Les systèmes de détection
Deux types sont possibles :
• **les défenses périphériques** : Elles sont assurées par des circuits comportant en série des contacts qui réagissent soit aux chocs, soit aux tentatives d'ouverture. Ces contacts sont disposés sur toutes les fermetures périphériques, principalement en feuillure de porte ou de fenêtre, ou contre les vitrages.
Ils peuvent également être complétés par des pièges de sol, placés aux points de passage obligés de la maison (couloir, entrée du séjour, etc.) ; ce sont des rubans de contact dissimulables sous une moquette et qui réagissent à une charge minimale de 18 à 20 kg... ce qui laisse libre passage sans alarme à un chat ou même à un chien de taille moyenne.
• **les défenses volumétriques** : Elles ne protègent qu'un volume intérieur déterminé, qui doit normalement être traversé par tout intrus (ce qui dispense des défenses périphériques). A cet effet, il est utilisé un détecteur ; cet appareil doit être :
— émetteur et récepteur s'il utilise les hyperfréquences (radar) ou les ultra-sons,
— simplement récepteur s'il réagit aux bruits, même minimes, ou au rayonnement infrarouge, émis par tout intrus.

154

Quel système de défense choisir ? Les défenses périphériques réagissant aux tentatives d'ouverture sont neutralisables au droit des fenêtres, en brisant simplement leur vitrage (sauf s'ils sont anti-effraction, voir page 153) pour pénétrer dans la maison. De ce fait, elles sont surtout indiquées sur les fermetures non vitrées.
Les défenses périphériques sensibles aux chocs conviennent par contre au droit des ouvertures vitrées.
Les défenses volumétriques sont généralement plus simples à poser, donc moins coûteuses et, par ailleurs, plus difficilement neutralisables que les défenses périphériques. Toutefois, leur réglage se révèle plus délicat et les risques de fausse alarme plus importants (passage d'un animal, courant d'air faisant bouger une tenture, etc.).
Suivant les cas, il peut donc être intéressant de panacher les solutions.

La centrale électronique
C'est le cerveau de l'installation ; elle analyse les signaux fournis par les détecteurs et transmet aux moyens de dissuasion l'impulsion qui les met en marche.
La centrale doit être dissimulée mais facilement accessible. Elle doit de plus comporter un système de temporisation accessible aux seuls utilisateurs et leur permettant d'entrer ou de sortir sans déclencher l'alarme.

Les systèmes de dissuasion :
Ils peuvent être multiples et comprendre :
• **l'alarme sonore** : Elle est donnée par une sirène extérieure émettant un son modulé de haute intensité, s'arrêtant au bout de trois minutes pour repartir ensuite pour de nouvelles périodes de même durée. A noter qu'un tel dispositif doit faire l'objet d'une demande d'autorisation à la préfecture. Par ailleurs, s'il est dissuasif vis-à-vis des intrus, il ne mobilise généralement pas le voisinage.
• **l'alarme lumineuse** : Elle peut fonctionner en combinaison avec l'alarme sonore.
• **l'alarme téléphonique** : Dans le cas de maisons isolées, l'alarme doit être répercutée vers un poste central (gardien de lotissement ou, très exceptionnellement, poste de police), ou vers un voisin de bonne volonté, à l'aide d'un transmetteur automatique d'alarme (T.A.A.). Il en existe de deux types, qui fonctionnent :
— soit par liaison téléphonique (mais, en France, ce dispositif ne fonctionne plus si la ligne P.T.T. est coupée),
— soit par liaison radio (faisant l'objet d'une autorisation spéciale).

Les sources d'alimentation
L'alimentation de l'installation se fait par un courant de garde indépendant du secteur (piles ou, mieux, accus rechargeables). La centrale, la sirène et le transmetteur automatique éventuel doivent être alimentés de façon autonome.

La protection contre tout sabotage
Conformément aux principes de la sécurité positive énoncés ci-dessus, toutes les tentatives de coupure des circuits ou de destruction de la centrale, de la sirène ou du transmetteur automatique doivent impérativement déclencher l'alarme ; sinon, le système n'est pas fiable et doit donc être rejeté.

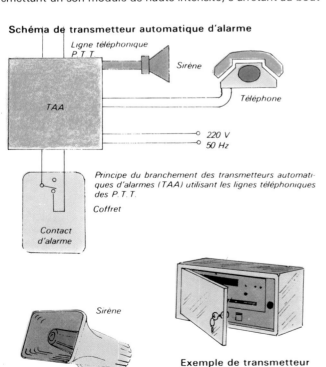

Schéma de transmetteur automatique d'alarme

Principe du branchement des transmetteurs automatiques d'alarmes (TAA) utilisant les lignes téléphoniques des P.T.T.

Exemple de transmetteur automatique d'alarme

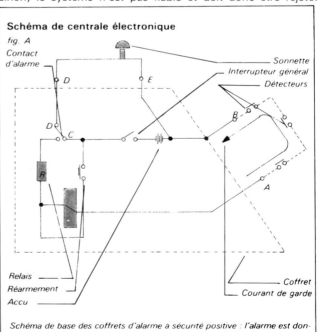

Schéma de centrale électronique

Schéma de base des coffrets d'alarme à sécurité positive : l'alarme est donnée en cas de coupure (même très brève) du courant de garde passant dans les détecteurs connectés en série entre les bornes A et B. La résistance R économise le courant de maintien du relais, qui est plus faible que le courant d'appel.

Les garde-corps

Garde-corps et rampes d'escaliers ne sont pas seulement des éléments architecturaux. Comme leur nom l'indique, ils assurent la sécurité en préservant du côté vide les risques de chute des adultes et des enfants.
Une réglementation technique, la norme N.F. P 01 012, fixe les prescriptions à observer pour leur réalisation. Elles sont complexes. En effet, elles tiennent compte du plus grand nombre possible de cas posés par les garde-corps qui, selon les matériaux, les formes et les aspects architecturaux, peuvent varier à l'infini.
La fonction d'un garde-corps est d'assurer une protection contre les chutes fortuites ou involontaires de personnes stationnant ou circulant à proximité du vide.
Ainsi considéré, un garde-corps n'a pas pour objectif de s'opposer aux chutes provoquées par des actions délibérées, ni à celles qui peuvent avoir pour cause, par exemple, l'imprudence des enfants, dont il appartient aux personnes qui en ont la charge d'assurer la surveillance.

Quand doit-on prévoir un garde-corps ?
La protection par un garde-corps s'impose :
— lorsque la hauteur de chute excède 1 m,
— lorsque la surface de réception est elle-même en surplomb du vide de plus de 1 m.
Si la hauteur de chute n'atteint pas 1 m, il est recommandé de placer à la limite contiguë au vide un obstacle fixe destiné à attirer l'attention et qui peut s'opposer aussi au risque de chute par inadvertance. C'est ainsi qu'on peut placer, par exemple, un muret ou une jardinière.

Les emplacements obligatoires
Dès que la hauteur de chute atteint 1 m, on doit prévoir systématiquement des garde-corps. Ce sera le cas :
— en bordure des escaliers non cloisonnés,
— au droit des allèges de fenêtre dont la hauteur est inférieure à 0,90 m, des portes-fenêtres, des balcons ou terrasses accessibles, des galeries sur séjour dans les duplex,
— au droit de mur de soutènement dans les jardins, sauf si la végétation constitue une protection suffisante.

Quelle hauteur doit avoir un garde-corps ?
La hauteur de protection normale : La hauteur de protection, c'est-à-dire la distance verticale entre la face supérieure du garde-corps et l'emplacement où l'on peut se tenir normalement debout (dit « de stationnement stable »), doit être de 1 m.

Zone de stationnement normal et précaire

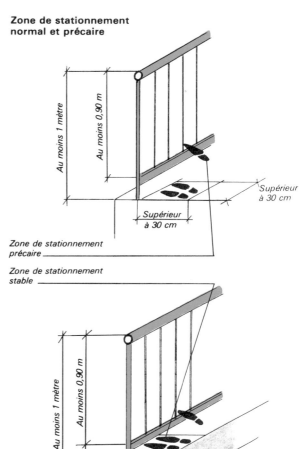

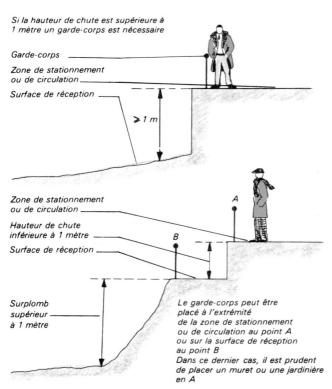

La hauteur de protection réduite : Quand on peut poser un pied sur un élément de garde-corps ou de balcon situé au-dessus du niveau où l'on peut se tenir normalement debout et s'il est possible alors de se maintenir en équilibre instable ou en appui, la hauteur du garde-corps doit être augmentée. Ainsi, par rapport à cette position dite « de stationnement précaire », la hauteur de protection, dite « réduite », doit être d'au moins 0,90 m. Conséquence immédiate : les garde-corps de ce type sont donc plus hauts que ne l'exige une protection normale.

Cas des radiateurs devant une fenêtre : Si, devant une fenêtre, on place un radiateur dont la hauteur est inférieure à 0,45 m et sur lequel il est possible de placer les fenêtres, il faut prévoir un garde-corps, à 0,90 m au-dessus du radiateur si sa largeur est inférieure à 30 cm, et à 1 m si sa largeur est supérieure à 30 cm.

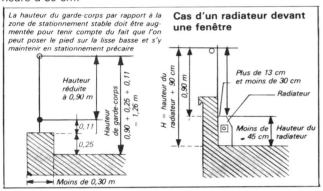

Cas des rampes d'escalier : La hauteur de protection d'une rampe est fixée, par rapport au palier, à 1 m, et par rapport au nez de marche, à 0,90 m.

Le remplissage des garde-corps

Les garde-corps peuvent être pleins ou ajourés. Dans ce dernier cas, afin d'éviter qu'un enfant ne puisse malencontreusement s'y glisser, la dimension du vide doit être inférieure aux valeurs suivantes :
— entre éléments verticaux : 11 cm,
— entre éléments horizontaux, en partie basse : 11 cm, et en partie haute : 18 cm.

En outre, la partie située à moins de 0,45 m de hauteur ne doit pas comporter d'élément permettant un stationnement en équilibre assisté, sauf si la hauteur de protection réduite est de 0,90 m. Lorsque les éléments de protection ont des formes particulières à caractère architectural, les vides ne doivent pas permettre le passage d'un gabarit type défini par la norme.

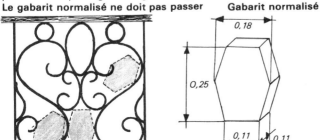

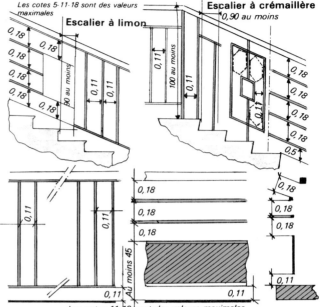

Les garde-corps en saillie
Les garde-corps ne doivent pas présenter de saillie, par rapport à la surface de stationnement, supérieure à 5 cm mesurée horizontalement, ou 11 cm en partie basse, et 18 cm en partie haute mesurée en oblique.

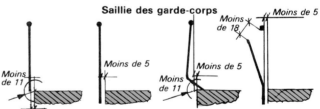

La fixation des garde-corps

Les garde-corps doivent pouvoir résister aux efforts des personnes qui s'y appuient ou qui les heurtent accidentellement. On estime, a priori, que ces efforts s'appliquent horizontalement en atteignant 60 à 100 kg au mètre linéaire. Sur le plan pratique, ils équivalent aux ébranlements énergiques que l'on peut appliquer en tête.

Les scellements par pattes ou tiges fendues en queue de carpe doivent être réalisés avec soin dans les maçonneries. On évitera de sceller des pièces de bois dans du béton ou de la maçonnerie, le bois risquant de pourrir dans la partie scellée. On proscrira de même les scellements par simples balles (spit ou similaire).

Les protections des allèges vitrées

Lorsque la partie basse des murs est constituée par des allèges vitrées, même réalisées en verre de sécurité, et même si la hauteur de chute reste inférieure à 1 m, une protection par garde-corps placée à l'intérieur peut éviter un risque de blessure pour les jeunes enfants.

Se protéger contre le feu

Le feu prend naissance en général à la suite de circonstances fortuites, survenant aussi bien à l'extérieur qu'à l'intérieur de la maison. Aucune demeure n'est donc à l'abri d'un risque d'incendie.
Ce risque peut paraître faible si on le rapporte seulement aux matériaux constitutifs de la maison, qui sont le plus souvent peu propagateurs du feu, ou même incombustibles. Ce risque existe cependant si l'on considère que certains matériaux qui s'embrasent rapidement peuvent être utilisés, et que chaque habitation renferme une charge combustible importante constituée par le mobilier, la décoration, les équipements, le gaz, le fuel, le bois, le charbon, etc.
Cette charge combustible est susceptible de s'enflammer :
• au contact d'une source d'énergie : des allumettes, des cigarettes, des cendres chaudes, des installations électriques mal utilisées et mal protégées, etc.,
• par rayonnement émanant d'une source d'énergie : radiateur à infrarouge à proximité de rideaux inflammables, etc.
Dans ces conditions, il convient à la fois de se protéger contre le feu par des mesures préventives, et de connaître les principales dispositions à prendre en cas de sinistre.
Si, dans les cas courants, il suffit de suivre, a priori, un minimum de recommandations, des mesures complémentaires peuvent toujours se révéler nécessaires dans certains cas particuliers, pour lesquels on n'hésitera pas à consulter un spécialiste.

Les dispositions constructives vis-à-vis de l'extérieur
Le feu ayant pour origine un incendie de forêt, de broussailles ou d'immeuble voisin peut se communiquer à la maison par la toiture ou les façades.
Celles-ci, fort heureusement, sont généralement incombustibles. C'est le cas, en effet :
• des couvertures en tuiles, en ardoises, en amiante-ciment,
• des toitures terrasses protégées par gravillons ou dallage,
• des façades en maçonnerie.
Il existe cependant des cas où des éléments de couverture ou de façade sont constitués par des matériaux susceptibles de s'enflammer rapidement, par exemple :
• en couverture : le chaume, les tavaillons et certains bardeaux bitumineux (voir pages 123, 126 et 127),
• en façade : les bardages ou habillages à base notamment de certaines matières synthétiques.
Leur emploi est possible, à condition de respecter les dispositions réglementaires suivantes :
• **façades** : si les matériaux sont combustibles, il convient de s'informer de leur réaction au feu (attesté par un procès-verbal d'un laboratoire officiel) lorsque le revêtement n'est pas en bois ou lorsqu'il est situé à moins de 4 m de la limite de propriété. Si le classement de réaction est de catégorie M4 (ancienne appellation facilement inflammable), consulter un spécialiste.
• **toitures** : Les couvertures en chaume, en tavaillons ou en bardeaux bitumineux impliquent de prendre des précautions, notamment en les éloignant des constructions voisines. En particulier, il y a lieu de se faire préciser leur indice de propagation de flammes, ainsi que celui des couvertures des constructions voisines, pour définir cet éloignement (le tableau ci-contre précise les distances à respecter).
En définitive, moyennant certaines précautions simples, il est donc possible de se protéger contre toute propagation du feu venant de l'extérieur. Cela implique un choix judicieux des matériaux de façade et de couverture et, selon les cas, la consultation éventuelle d'un spécialiste.

Un radiateur infrarouge peut, s'il est placé trop près, mettre le feu à des voilages.

LE CLASSEMENT DES MATÉRIAUX

Les matériaux de construction sont testés dans des laboratoires officiels délivrant des procès-verbaux d'essais, que l'on peut exiger des fournisseurs.
Pour la « réaction au feu », les matériaux sont classés selon leur plus ou moins grande propriété à s'enflammer :
M0
M1 ancienne appellation non inflammable,
M2 ancienne appellation difficilement inflammable,
M3 ancienne appellation moyennement inflammable,
M4 ancienne appellation facilement inflammable.

Les couvertures en matériaux facilement inflammables sont classées en fonction du temps de pénétration T qui est nécessaire à la flamme pour traverser l'élément dans son épaisseur et de la rapidité avec laquelle la flamme se propage en surface.

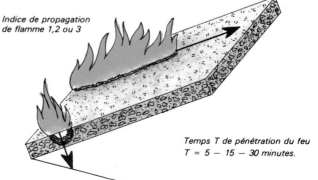

Temps T de pénétration du feu
T = 5 — 15 — 30 minutes.

Distance minimale entre bâtiments	0 m	4 m		8 m		
Indice de couverture du bâtiment voisin	1	2	1	3	2	1
Indice minimal pour le pavillon concerné	1	1	2	1	2	3

Au-delà de 12 m, toute couverture peut être utilisée sans restriction et les couvertures aux revêtements classés en catégories M0 à M3 sont assimilées à des couvertures d'indice 1.

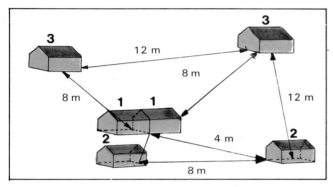

Quelques sages précautions

Un feu s'éteint d'autant plus facilement qu'il est combattu dès les premières secondes, car très rapidement il se produit une élévation de température susceptible de provoquer l'inflammation d'autres éléments combustibles, et en conséquence la propagation du feu.
Voici un rappel de quelques précautions élémentaires à prendre :
• **les pompiers** : Avoir leur numéro d'appel à proximité du téléphone, les appeler dès que l'on découvre le sinistre et leur indiquer votre nom, votre adresse et la nature du feu, et, aussitôt après, évacuer la famille, fermer les compteurs de gaz et d'électricité, attaquer le feu si possible, ou, en cas d'extension, fermer la porte et attendre l'arrivée des secours.
• **les extincteurs** : Avoir, à proximité de la maison (garage, chaufferie, atelier), un extincteur au moins pour pouvoir attaquer un début d'incendie.

On doit connaître sans hésiter la façon d'utiliser vite et bien tout extincteur.

• **le ramonage des cheminées** : Il convient de faire ramoner les cheminées selon les prescriptions réglementaires (une fois par an en général).
• **les charges combustibles** : L'essence, les produits d'entretien, le fuel, les bouteilles de gaz, les bombes aérosols, les vieux objets et papiers constituent des charges combustibles dont le stockage doit être conforme à la réglementation et en tout cas limité au strict minimum. En particulier, il est impératif d'éloigner ces charges combustibles des appareils à flammes et des sources de chaleur.
• **police d'assurance incendie** : Lors de la souscription de la police, puis périodiquement, ne pas oublier de faire évaluer la valeur de la construction, ni de faire réévaluer celle du mobilier et des objets de valeur.
• **l'entretien des installations** : Les appareils de chauffage et tout particulièrement les brûleurs doivent être régulièrement vérifiés et entretenus par des spécialistes. Ne pas bricoler les installations électriques, faire appel à son électricien.
• **les fenêtres** : En cas d'incendie d'immeuble voisin ou de feu de forêts, protéger les vitres en fermant les volets.

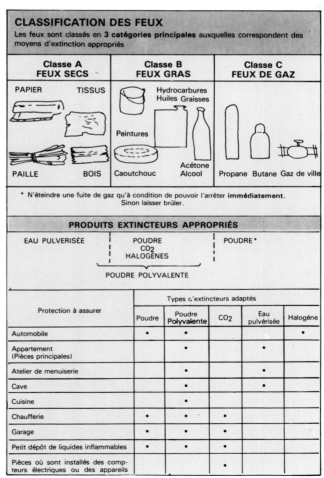

159

4. les aménagements - les finitions

162. Les conduits de fumée
164. Les matériaux pour conduits de fumée

166. Utiles et agréables : les cheminées

181. Les parquets

182. Les revêtements muraux protecteurs

170. Les blocs-portes et les portes spéciales

172. Les cloisons et les murs intérieurs

192. Les crémones

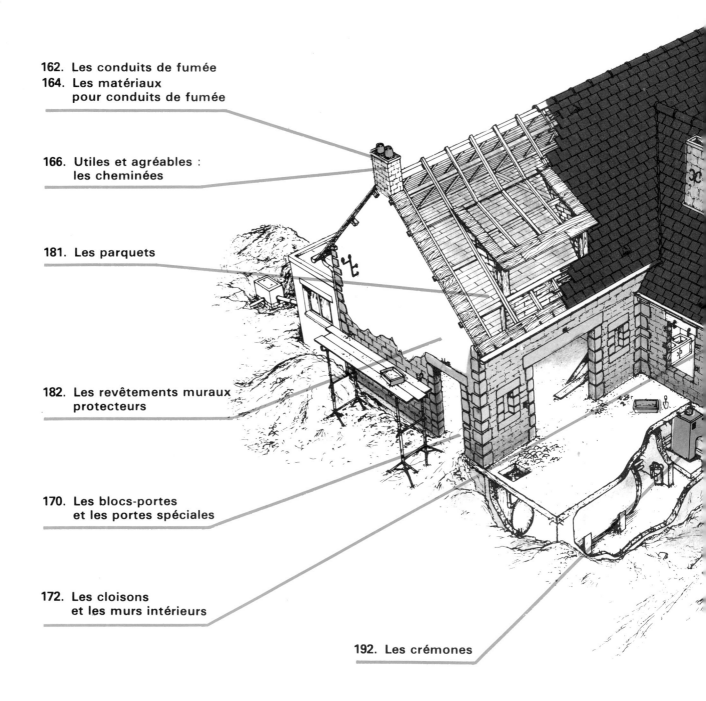

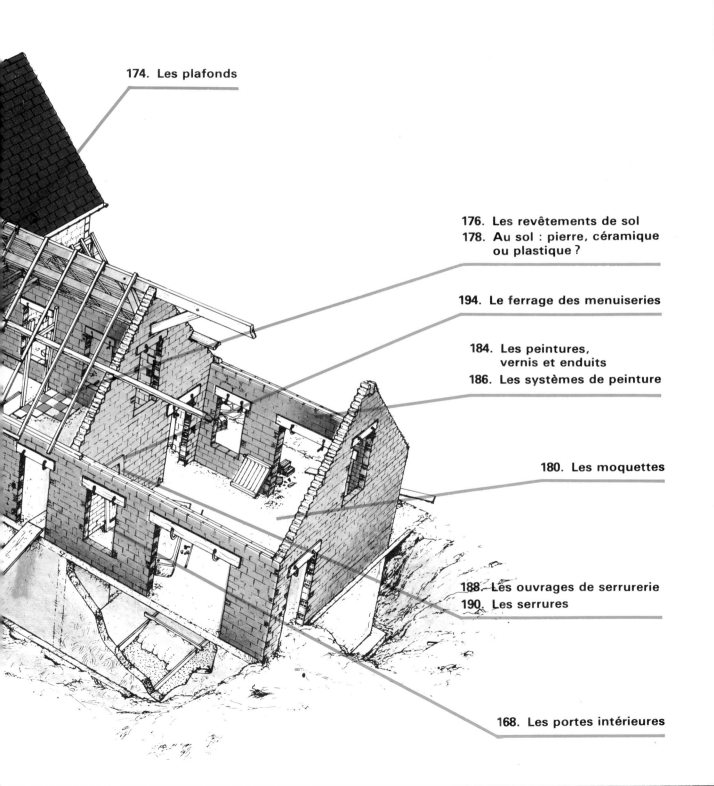

174. Les plafonds
176. Les revêtements de sol
178. Au sol : pierre, céramique ou plastique ?
194. Le ferrage des menuiseries
184. Les peintures, vernis et enduits
186. Les systèmes de peinture
180. Les moquettes
188. Les ouvrages de serrurerie
190. Les serrures
168. Les portes intérieures

Les conduits de fumée

Les conduits de fumée sont des éléments verticaux qui permettent d'évacuer hors d'une maison les fumées et les gaz brûlés produits par la combustion :
- d'un solide (charbon ou bois),
- d'un liquide (fuel domestique),
- d'un gaz (naturel ou liquéfié).

Ces conduits desservent donc des appareils que l'on peut classer en deux types, selon leur mode de fonctionnement :
- les foyers fermés (chaudière, cuisinière, poêle, radiateur),
- les foyers ouverts (cheminée traditionnelle, âtre).

Le tirage naturel

Dans la plupart des cas, l'évacuation des fumées et gaz brûlés se fait naturellement. En effet, quelle que soit la source d'énergie, lorsqu'il y a combustion, il y a échauffement. Les gaz chauds qui s'échappent d'un foyer ont une tendance naturelle à s'élever puisqu'ils sont plus légers que l'air froid ambiant.
Le conduit de fumée sert donc à canaliser ces gaz vers l'extérieur et, quel que soit le type de foyer, il faut faire en sorte que rien ne vienne s'opposer à cette ascension naturelle. De cet impératif découlent un certain nombre de dispositions qu'il faut nécessairement prendre en compte.

Une implantation correcte

Avant la construction, on détermine avec précision, sur les plans, l'implantation des appareils, à foyers fermés et à foyers ouverts, à relier à un conduit de fumée.

Une parfaite stabilité

En raison de leur allure verticale et de leur hauteur, les conduits de fumée constituent des charges localisées relativement importantes pour le gros œuvre des maisons. En outre, ils subissent diverses sollicitations dues en particulier à la température des fumées et aux effets du vent. Il faut donc que leur intégration au gros œuvre tienne compte de ces facteurs.
Ainsi, lorsqu'un conduit est construit à partir d'un plancher, ce dernier doit pouvoir supporter le poids total du conduit. Si, au contraire, le conduit ne commence qu'à une certaine hauteur au-dessus d'un plancher, pour une cheminée à feu ouvert par exemple, il peut être appuyé sur l'avaloir de la cheminée ou sur une console encastrée dans le mur. Cette dernière solution suppose bien sûr que le conduit soit adossé à un mur suffisamment solide.
Le problème du poids du conduit étant résolu, il faut encore le maintenir latéralement à intervalles réguliers jusqu'à sa sortie en toiture.
Selon les cas, ces points d'ancrage seront organisés à la traversée des autres planchers et de la toiture ou directement au niveau de la toiture s'il n'existe aucun plancher intermédiaire. Il faut alors s'assurer que la nature du conduit permet de franchir la hauteur correspondante sans autre point d'ancrage, ce qui est en général le cas, sauf pour les conduits spéciaux ou en amiante-ciment.
Le passage d'un conduit à travers une toiture ou un plancher en bois impose la réalisation de chevêtres tels qu'aucune pièce

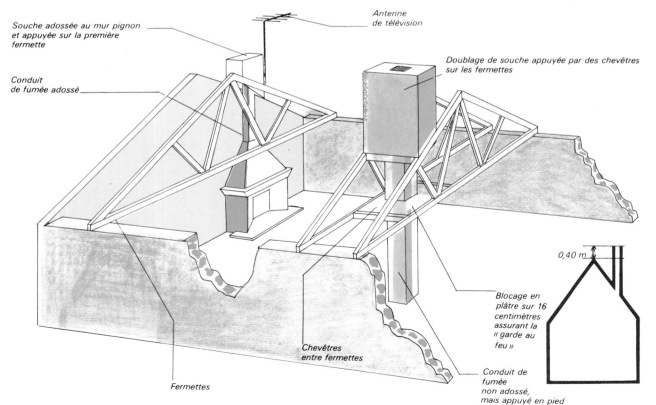

de bois ne soit à moins de 16 cm des faces intérieures du conduit. Au-dessus du plan de la couverture, le conduit débouche sous la forme d'une souche généralement constituée par un doublage en maçonnerie. Cette souche s'appuie donc sur les chevêtres et les autres bois de charpente délimitant la trémie où le conduit traverse la toiture.

Une sortie haute
Le vent peut créer une surpression en haut du conduit et s'opposer au tirage. La réglementation impose donc que cet orifice débouche à 0,40 m au-dessus de toute partie de construction voisine située dans un rayon de 8 m.
La souche (partie extérieure du conduit, au-dessus de la toiture) doit être placée très près du faîtage pour ne pas être trop voyante et apparaître comme une quille disgracieuse.
Les souches de conduits de fumée jouent aussi, bien souvent, le rôle de supports d'antennes de télévision. Il faut donc les construire en tenant compte des efforts résultant de l'action du vent sur les antennes, surtout si les conditions locales de réception des ondes hertziennes imposent de placer ces antennes sur des mâts de hauteur non négligeable.

Une section bien calculée
Pour les maisons individuelles, l'expérience a permis de définir, suivant le type de foyer desservi, des sections minimales :
- 400 cm² minimum pour un foyer ouvert,
- 250 cm² minimum pour un foyer fermé alimenté en fuel, bois ou charbon,
- 150 cm² au moins pour les foyers fermés alimentés en gaz.

A noter que le conduit de ces appareils est toujours d'une section imposée par la puissance et le type de l'appareil installé (voir p. 234). Ces valeurs sont des minimums. Elles sont à pondérer et l'artisan ou l'entrepreneur les recalculent en fonction des caractéristiques réelles des foyers (alimentés par un combustible autre que le gaz).

Voici une formule simplifiée de calcul des sections :

$$S = \frac{P}{10^6} \sqrt{\frac{H}{10}}$$

S (en m²) : section de conduit
P (en mth/h ou calorie/heure) : la puissance de l'appareil
H (en m) : la hauteur du conduit

Les conduits peuvent être carrés, circulaires ou rectangulaires mais, dans ce dernier cas, le plus grand côté du rectangle ne doit pas mesurer plus de 1,6 fois le plus petit. Enfin, diamètre ou section des conduits doivent être constants sur toute la hauteur.

Un trajet aussi vertical que possible
Pour obtenir un tirage parfait, le conduit doit être installé le plus verticalement possible. La réglementation (arrêté du 22 octobre 1969) précise qu'il ne doit jamais comporter plus d'une partie non verticale, et que l'angle de dévoiement doit être inférieur à 20° si la hauteur du conduit est supérieure à 5 m, à 45° si elle est inférieure à 5 m (et si le conduit est lisse intérieurement).
A ce propos, et uniquement lorsque le conduit est destiné à desservir des appareils alimentés en gaz, on peut tenir compte de l'évolution de la réglementation, qui envisage, et dans ce cas seulement, d'autoriser jusqu'à quatre dévoiements (deux parties non verticales).

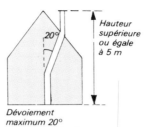

Hauteur supérieure ou égale à 5 m
Dévoiement maximum 20°

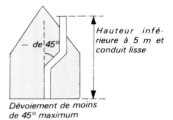

Hauteur inférieure à 5 m et conduit lisse
Dévoiement de moins de 45° maximum

Une bonne isolation
Un refroidissement trop rapide et trop important des gaz et fumées nuit au tirage et provoque des incidents. En effet, outre une mauvaise évacuation (mauvais tirage), on risque de constater une condensation de la vapeur d'eau qui, quels que soient le foyer et le combustible, se dégage lors de toute combustion.
Lorsque cette condensation est faible et de courte durée (temps de réchauffage du conduit lors de l'allumage), elle contribue à coller et à retenir les résidus solides et à encrasser dans des proportions normales. Mais dès qu'elle prend de l'importance, il y a ruissellement le long des parois intérieures du conduit, ce qui peut entraîner des salissures indélébiles sur les parois visibles ou sur les murs (formation de « bistre »).
Pour éviter ces aléas, on protège le conduit avec un isolant incombustible (laine de verre ou de roche) pendant sa traversée de locaux non chauffés (généralement les greniers ou les combles). De plus, dans la hauteur de la souche, le conduit est généralement doublé par une paroi extérieure sur vide d'air. Enfin, pour que la condensation ne stagne pas, on prévoit à la base du raccord un « té » muni d'un robinet.

Les règles de sécurité
Sans exagérer les risques présentés par les conduits de fumée, il convient d'observer quelques règles lors de la mise en œuvre et du fonctionnement des conduits.

Des conduits sûrs : Faire brûler un combustible dans un foyer et évacuer gaz et fumées constitue une domestication du phénomène bien connu de combustion. Malgré toutes les précautions prises dans le fonctionnement des foyers, il est difficile de connaître avec précision la température communiquée par les fumées et gaz aux faces externes des conduits. Il est donc impératif d'éviter le contact et le voisinage des faces avec tout matériau combustible, et notamment :
- les coffres ou gaines de protection des conduits,
- les bois de charpente (éloignement de 16 cm minimum),
- les bois d'huisserie, de bâti, de décoration…

Un entretien régulier : Un conduit s'encrasse, car les fines particules résultant de la combustion se collent à la paroi interne. Il est donc nécessaire d'assurer son nettoyage. Le ramonage doit être effectué au moins une fois par an. A cet effet, une trappe permettant la récupération des suies est prévue en partie basse du conduit.
Effectué par une entreprise qualifiée, avec des moyens et du matériel appropriés à la nature du conduit, le ramonage ne risque pas de détériorer l'installation et permet de présenter, en cas d'incendie, le certificat (obligatoire chaque année) de ramonage.
Suivant sa nature, un conduit est soumis aux dilatations (dues aux variations de chaleur) et à la corrosion. Les ramonages réguliers permettent de contrôler sa qualité et de déceler toute anomalie (fissuration, etc.), à laquelle il faut toujours remédier dans les meilleurs délais.

Les matériaux pour conduits de fumée

La constitution des parois d'un conduit de fumée peut varier suivant la nature du matériau employé, le type du foyer desservi et les caractéristiques des produits de combustion évacués. On doit aussi tenir compte du tracé des conduits, car certains matériaux ne permettent pas de créer de dévoiements. L'assemblage des différents éléments demande un soin tout particulier pour obtenir une étanchéité durable aux fumées.

Les conduits pour foyers fermés

Briques pleines de terre cuite : On réalise avec ce matériau des conduits maçonnés au mortier bâtard (chaux + ciment). Un enduit intérieur n'est pas nécessaire. On peut faire varier la section intérieure en appareillant différemment les briques. Mais le seul tracé possible est pratiquement vertical. Seuls les dévoiements très faibles obtenus par élargissement des joints peuvent être réalisés.
La base est constituée d'un massif capable de supporter le poids total du conduit, qu'il est impératif d'adosser à une paroi (toute hauteur).
Utilisation : tous combustibles.

Conduit de fumée en brique

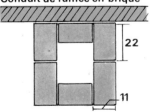

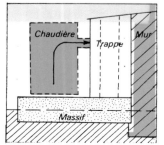

Boisseaux (en terre cuite ou en béton) : Il s'agit d'éléments préfabriqués empilés grâce aux gorges d'emboîture prévues (partie mâle vers le bas) et scellés au mortier bâtard.
Chaque type de boisseau fait généralement l'objet d'un Avis technique, complété par des contrôles périodiques en usine.
Les sections disponibles sont variées et permettent de répondre aux exigences imposées par le foyer.
Le départ d'un conduit de ce type peut se faire soit en retombée sous le plafond, soit à partir du sol, avec des éléments spéciaux également préfabriqués.
Les dévoiements sont possibles à l'aide d'éléments spéciaux.
Utilisation : tous combustibles.

Les boisseaux en terre cuite

Boisseau traditionnel 3 cm d'épaisseur

Boisseau alvéolé 5 cm d'épaisseur sections courantes

Boisseau alvéolé 5 cm d'épaisseur grandes sections (cheminées d'appartement par exemple)

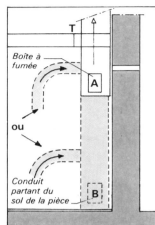

Départ d'un conduit en boisseaux

Eléments en amiante-ciment : Il s'agit également d'éléments préfabriqués emboîtables, mais leur utilisation est exclusivement réservée aux foyers fermés alimentés en gaz.

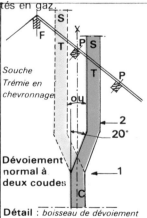

Dévoiement normal à deux coudes

Détail : boisseau de dévoiement (à gauche) avec emboîtement ; à droite boisseau ordinaire cassé (mauvaise solution)

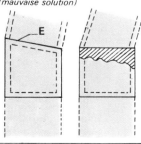

Conduits spéciaux : Ces conduits, qui apparaissent actuellement comme une solution pratique et moderne, sont à la fois faciles et rapides à mettre en œuvre. Un isolant thermique leur est incorporé. Relativement souples, ils sont fabriqués d'une seule pièce. Mais attention ! pour leur mise en œuvre et leur fixation, qui doivent être très soignées, il faut respecter les directives décrites dans l'Avis technique correspondant ; ce document est obtenu sur demande auprès des fournisseurs.

Exemple de construction d'un conduit extérieur en amiante-ciment

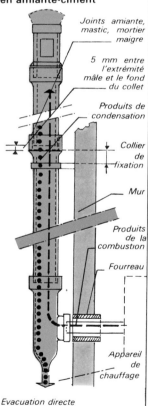

Evacuation directe ou par l'intermédiaire d'un siphon démontable

Ils sont utilisés, suivant leurs caractéristiques, soit pour le gaz ou le fuel, soit uniquement pour le gaz (conduit dit « spécial gaz »). Dans tous les cas, des fiches signalétiques portées sur le conduit doivent préciser clairement le type de foyer à raccorder.

Signalons, de plus, que le contrôle du vieillissement de ces conduits doit être effectué avec un soin extrême, et que leur nettoyage nécessite des outils spéciaux afin d'éviter leur détérioration.

Les conduits pour foyers ouverts
Pour ces foyers, on ne peut utiliser que les conduits en briques pleines ou en boisseaux (béton ou terre cuite).

La remise en état de conduits détériorés ou défectueux
Qu'il s'agisse d'un vieillissement naturel, d'une détérioration due à un feu de cheminée ou de tout autre accident, le problème peut se poser.
- Les conduits spéciaux se remplacent purement et simplement.
- Les autres conduits, boisseaux ou briques, impliquent parfois des travaux importants.

C'est pourquoi il faut savoir que, moyennant certaines précautions, il est facile de « tuber » un conduit défectueux, c'est-à-dire de glisser à l'intérieur du conduit un tube métallique, approprié au foyer et au combustible, pour lui rendre l'étanchéité nécessaire. Ce procédé ne rendra pas la stabilité à un conduit qui a tendance à tomber. Les matériaux utilisés pour réparer font l'objet d'Avis techniques précisant les modalités de mise en œuvre.

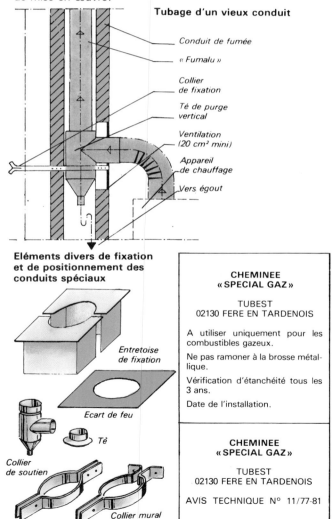

Utiles et agréables : les cheminées

La cheminée est devenue un élément de la décoration des maisons individuelles. Mais sa raison d'être véritable est de chauffer, surtout aujourd'hui où l'on cherche à perfectionner tous les moyens d'économiser des énergies chères. Une belle cheminée doit donc bien chauffer. Quelques bûches se consumant en vain ne participeront jamais au bien-être de la famille.

De bons principes font de bonnes cheminées

Le seul rayonnement de la flamme et des braises ne suffisent pas à réchauffer l'ambiance d'une pièce ; on ne ressent son effet qu'à une faible distance du foyer.

Autrefois, on améliorait le rendement des cheminées par la mise en place en fond de foyer d'une plaque radiante en fonte, aussi belle et ouvragée que possible, qui se chargeait de chaleur et augmentait le rayonnement. Cette pratique semble retrouver aujourd'hui la faveur des amateurs de belles flambées.

Les différentes parties d'une cheminée

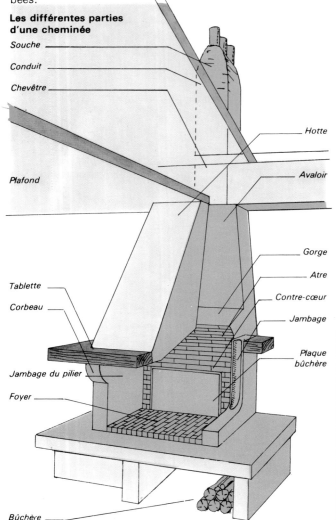

Toutefois, le véritable pouvoir calorifique d'un feu de bois tient, pour la plus grande part, aux gaz de combustion qui, hélas ! doivent s'échapper par le conduit. Le bon fonctionnement résulte d'un équilibre difficile : permettre une évacuation (tirage) des gaz suffisante pour assurer la combustion correcte et éviter l'enfumage de la pièce, et freiner ou limiter cette évacuation afin d'utiliser au mieux le maximum de chaleur.

Comment agir sur le tirage

Il faut pouvoir freiner ou accélérer le tirage suivant les besoins : allumage, régime normal, conditions climatiques. La mise en place d'un registre de réglage permet de résoudre ces problèmes si, pour la conception et la construction de la cheminée, on a respecté des dimensions types ayant entre elles des rapports bien définis qui tiennent compte du volume de la pièce, de la section du conduit, etc.

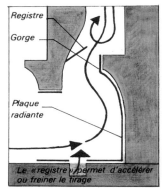

Le « registre » permet d'accélérer ou freiner le tirage

L'abaque et le tableau ci-contre, basés sur de nombreux essais et expériences, définissent ces dimensions du Cated.
Par ailleurs, certains constructeurs appliquent la règle dite du « 4 - 5 - 6 » définissant le rapport qui doit exister entre profondeur, hauteur et largeur du foyer (exemple : 40 cm de profondeur, 50 cm de hauteur et 60 cm de largeur), les dimensions réelles étant liées à la surface (ou au volume) de la pièce et à la section du conduit, suivant le tableau ci-contre.
Toutes les règles qui s'appliquent aux conduits de fumée jouent aussi un rôle important en matière de cheminées à foyer ouvert.

Alimentation en air du foyer

Dès qu'une cheminée tire, elle aspire de l'air.
Dans les conditions ordinaires, l'air est aspiré dans la pièce, qui est alors traversée par un courant froid. Le feu rôtit la face et gèle le dos de ceux qui sont assis près de l'âtre.
Il est préférable d'aller chercher l'air à l'extérieur par un conduit qui aboutit dans le foyer. Une prise d'air, prévue lors de la construction ou maçonnée dans un cas de réfection, est la solution la meilleure.

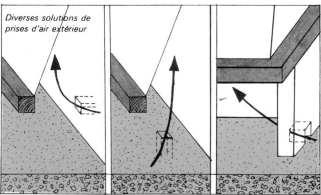

Diverses solutions de prises d'air extérieur

Des proportions à respecter (tableau imprimé)

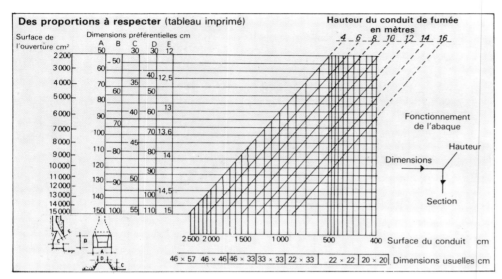

Des proportions à respecter
La dimension du foyer est une question d'esthétique, mais elle doit être calculée en fonction d'un certain **rapport** entre : la section du conduit, le volume de la pièce et la section du foyer. Le tableau suivant résume ces différentes proportions :

Section des conduits	Volume des pièces	Section du foyer
0,25 × 0,30 m	80 m³	0,90 × 0,75 m
0,30 × 0,30 m	100 m³	0,90 × 0,90 m
0,35 × 0,40 m	150 m³	1,20 × 1,00 m
0,40 × 0,50 m	200 m³	1,50 × 1,00 m

Utilisation des gaz chauds
La forte chaleur emportée par les gaz chauds peut être, en partie, récupérée et renvoyée dans la pièce. Pour cela, de nombreux systèmes existent et fonctionnent correctement.
Le principe le plus répandu consiste à faire circuler l'air ambiant de la pièce dans des éléments réchauffés par les gaz chauds avant de le diffuser à nouveau dans la pièce.
Certains systèmes, plus complexes, comportent une pompe qui fait circuler l'eau dans des tubes. L'eau devenue chaude peut servir à alimenter un ou plusieurs radiateurs répartis dans la pièce.

Système de récupération de chaleur à pompe à eau

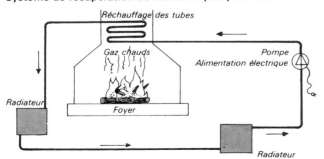

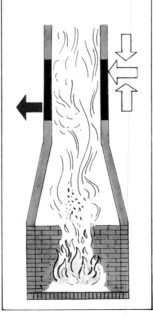

La fumée et les gaz chauds qui s'élèvent réchauffent les parois du récupérateur ; l'air ambiant aspiré s'y réchauffe à son tour puis est pulsé et diffusé dans la pièce

Si la cheminée tire mal
Lorsqu'une cheminée tire mal, un essai tout simple consiste à ouvrir la fenêtre. Si le tirage en est amélioré, c'est que la prise d'air est insuffisante.
Si le tirage ne change pas, on essaie de trouver ailleurs l'origine du mauvais fonctionnement :
— le conduit est trop large : agir sur l'orifice extérieur de la souche en le rétrécissant,
— le conduit est trop étroit : diminuer les caractéristiques du foyer,
— la hauteur du foyer est trop grande : abaisser le linteau,
— le tracé du conduit ne répond pas aux critères du tirage : il faut le modifier comme il convient,
— la pente de l'avaloir est trop oblique : la redresser,
— le débouché ne se fait pas en zone de dépression et le vent empêche la sortie des fumées : on peut, soit envisager le rehaussement de la souche (coûteux), soit couronner cette souche d'un aspirateur statique ou dynamique.

Si le vent nuit au tirage...
Mise en place d'aspirateur dynamique

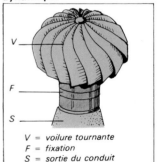

V = voilure tournante
F = fixation
S = sortie du conduit

Mise en place d'un aspirateur statique en béton à simple effet d'aspiration

167

Les portes intérieures

Le domaine des menuiseries :
Dans tous les devis descriptifs, les portes intérieures figurent sous la rubrique « menuiserie ». Ce nom rappelle qu'autrefois c'est le menuisier qui fabriquait ces éléments de construction. C'est donc sous cette rubrique que les professionnels regroupent l'ensemble de différents éléments constituant soit des parties fixes ou « dormantes », telles que les lambris, les plinthes de parquet, les montants de porte et de fenêtre, les escaliers, soit des parties mobiles, telles que les vantaux de porte et de fenêtre, les portes-fenêtres, les trappes, les lucarnes, etc.
Peu importe que les matériaux soient le bois, les dérivés du bois, le verre, la glace, le métal, le plastique. Aujourd'hui, qu'ils soient façonnés à la main ou usinés et vendus en série, ils sont installés en général par les menuisiers ou, quelquefois, suivant les cas, par les serruriers.
Les escaliers, les parquets, les fenêtres, les portes extérieures font dans le présent ouvrage l'objet de fiches particulières. Une fiche est aussi consacrée aux blocs-portes et aux portes spéciales.
Des éléments tels que les cache-radiateur, les habillages divers, bien que figurant aussi à la rubrique « menuiseries intérieures », sont à considérer comme faisant plutôt partie du mobilier et de la décoration : de ce fait, on se référera utilement à l'ouvrage *La Décoration* de la collection « Connaissance et Pratique ».

Les vantaux
Les portes intérieures comportent le plus souvent un seul vantail ou partie mobile. Toutefois, entre pièces principales, peuvent exister des portes à deux vantaux, et même des portes-cloisons à plusieurs vantaux permettant de constituer un seul volume à partir de deux pièces (voir page 171).

Les matériaux
Le matériau le plus utilisé est le bois (chêne, sapin du Nord) ou les dérivés du bois (panneaux de particules). La glace, le fer forgé, ou les combinaisons bois et glace pour les portes dites « à oculus » sont des matériaux moins courants mais utilisés en fonction du style de la décoration intérieure.
Le plastique au sens général du terme est un matériau dont l'emploi est de plus en plus fréquent pour constituer des parements lisses dans le cas des portes intérieures qui sont aujourd'hui fabriquées en usine ; si ces parements présentent des avantages sur le plan pratique de l'entretien, il faut reconnaître que leur aspect est plus sévère que celui des parements bois classiques.
Destinées à fermer une pièce, on demande bien souvent aux portes de participer à l'isolation phonique. Pour parfaire leur étanchéité aux bruits on incorpore parfois un joint périphérique entre l'ouvrant (le vantail) et le dormant (le bâti).

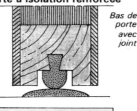

Dimensions usuelles
Les portes mesurent de 1,95 m (portes de cave) à 2,42 m (grande hauteur de portes de placard). La hauteur normalisée au standard européen est de 2,04 m. La largeur varie de 0,63 m (un vantail) à 1,63 m (porte à deux vantaux) et à plus de 4 m (porte de placard à huit vantaux).
On retiendra que 0,63 m est une largeur tolérable pour un petit placard d'appoint ou un w.-c. Une porte de 0,83 m est préférable à une porte de 0,63 m car elle permet plus facilement le déplacement des meubles courants.

Les parements
Enfin, les portes sont classées suivant la nature de leur parement. On distingue :
• les portes « ébénisteries », les plus luxueuses,
• les portes à bois apparent,
• les portes à peindre,
• les portes à parements spéciaux : revêtement plastique, stratifié, métal, etc.

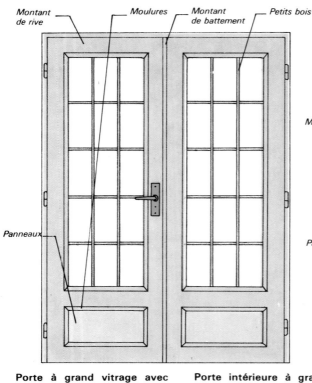
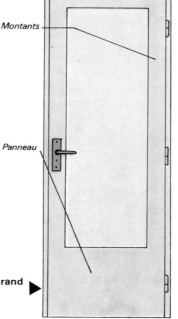

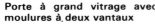
Porte à grand vitrage avec moulures à deux vantaux

Porte intérieure à grand vitrage, à 1 vantail ▶

Les portes assemblées en panneaux

Traditionnelles, les portes à panneaux sont fabriquées à l'unité par des artisans menuisiers ou en série par des industriels.
Sur le dessin ci-contre est représentée une porte à trois panneaux (un haut, un bas et un intermédiaire), maintenus par une structure, le cadre, qui comprend deux montants verticaux et des traverses horizontales (ici une haute, une basse et deux intermédiaires). Une porte de style avec deux panneaux contournés à l'ancienne est également figurée.
Montants et traverses, de 30 à 40 mm d'épaisseur, sont rainurés (feuillures) pour recevoir les panneaux à moulures, de faible épaisseur (18 à 22 mm).

Porte assemblée à panneaux

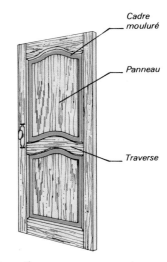

Cadre mouluré
Panneau
Traverse

Portes planes

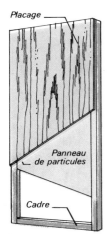
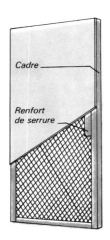
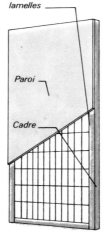

Placage
Panneau de particules
Cadre

Cadre
Renfort de serrure

Ame en lamelles
Paroi
Cadre

Ame pleine en panneau de particules | Ame alvéolée du type nid d'abeilles | Ame alvéolée en lamelles de bois massif

Conseil pratique

La preuve de la conformité à la norme N.F. P 23 303 repose le plus souvent sur l'attribution de la marque de qualité N.F.-C.T.B. « portes planes ». Le marquage est réalisé par un scellé en matière plastique posé au fond d'un trou pratiqué dans la traverse haute ; il convient, a priori, de l'exiger. Le scellé peut être de couleur :
— verte pour les portes brutes (à peindre ou à vernir),
— rouge pour les portes prépeintes ou stratifiées.

Les portes planes

Fabriquées en usine, les portes planes sont modernes. Par la variété des modèles et des possibilités de finitions, elles s'adaptent à tous les types de décor. Comme la plupart des produits industriels, elles sont soumises à des normes.
Une porte plane se compose d'un cadre, formé de deux montants verticaux et de deux traverses horizontales, dans lequel est incorporée une âme pleine, creuse ou alvéolée du type nid d'abeilles. Deux parois planes en contre-plaqué, panneaux de placages ou de stratifié décoratif sont plaquées ensuite par collage de chaque côté de cette structure interne.
Livrée en état brut, une porte plane reçoit, après sa pose, les revêtements et accessoires de finition (poignée, serrure, plaques de propreté).
Prête à peindre, elle a reçu les apprêts et sous-couches. Il ne reste plus qu'à faire une ou deux couches de finition (peinture ou vernis). « Prépeinte », il ne lui manque qu'une seule et dernière couche de peinture.
La porte livrée « prête à poser » ou « finie » ne demande aucun travail de finition autre que des retouches en cas d'éraflures lors de la mise en place.

L'ambiance de la maison c'est aussi le style de la porte

Les blocs-portes et les portes spéciales

Les blocs-portes

Une porte bien montée et ajustée doit pouvoir se manœuvrer aisément et rester dans la position qu'on lui donne. La pose du bâti (dormant) puis des paumelles qui servent à son pivotement est un travail délicat.

Pour raccourcir les délais de pose et garantir un fonctionnement immédiat, les fabricants proposent des blocs-portes industrialisés qui comportent à la fois dormant et vantail. L'ouvrant se rabat dans la feuillure du bâti avec un jeu de moins de 6 mm. Ajustage et équerrage précis sont réalisés en usine.

Il existe des blocs-portes dont le dormant est fixé dans le mur sur des pattes de fixation. Des couvre-joints masquent les défauts éventuels inhérents à cette méthode de pose.

Les blocs-portes métalliques n'ont pas cet inconvénient car les cloisons ou les murs s'encastrent dans les montants.

Pour ces raisons pratiques et aussi pour leur moindre coût, les blocs-portes sont de plus en plus utilisés.

Les portes coupe-feu

Généralement réservées aux grands ensembles (immeubles d'habitation, lieux publics, bureaux ou usines), les portes coupe-feu peuvent équiper les maisons individuelles. Elles sont particulièrement utiles pour séparer les garages, buanderies ou autres pièces, de la chaufferie.

Conçues pour résister pendant une demi-heure ou une heure à un violent incendie, elles peuvent empêcher la propagation du feu et permettre une intervention qui sauvera la maison.

Conçues comme les portes planes, elles sont en métal avec parements en tôle d'acier fixés sur une âme isolante et incombustible, ou avec panneau de particules fixé sur un cadre en bois.

Pour assurer efficacement son rôle protecteur, une porte coupe-feu doit être à vantail épais, parfaitement ajusté dans le dormant et équipé de joints thermo-gonflants. L'huisserie renforcée, les paumelles et la serrure en acier posés pour éviter les ponts thermiques (vis longues à tête et tige de diamètre réduit; interposition de plaques d'amiante) garantiraient un bon fonctionnement.

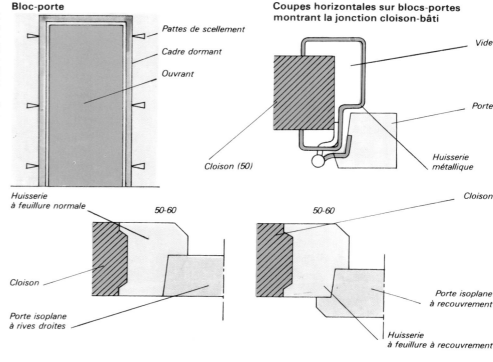

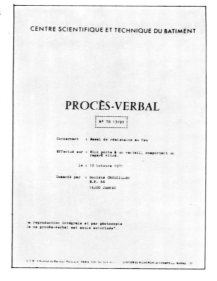

Les portes de service intérieures

Pour caves, locaux annexes, appentis, elles sont, avec ou sans partie haute vitrée :
- soit en frises de sapin ou de pin assemblées par rainure et languette sur barres et écharpe en bois dur,
- soit assemblées à panneaux,
- soit planes.

Les portes-cloisons

On peut avoir besoin de séparer une grande pièce en deux, tout en conservant la possibilité de disposer d'une grande surface presque sans séparation visible.

Dans les pièces de petites dimensions, on peut vouloir économiser la place nécessaire pour le débattement d'une porte battante. La solution passe par la porte-cloison ou la cloison extensible.

Une porte-cloison en bois est constituée de plusieurs vantaux se repliant en accordéon. Seul le premier vantail ou les deux premiers vantaux (si la porte-cloison se divise en deux accordéons) forment la porte de passage d'une pièce dans l'autre. Coulissant dans un rail de guidage fixé au plafond, elle est maintenue dans le bas par des arrêts ponctuels formant rail de guidage.

Une porte-cloison en matière plastique est composée de lames verticales rigides ou souples sur armature légère. Moins encombrante, elle est aussi plus légère et plus perméable aux bruits.

Les placards

Indispensables éléments d'un rangement rationnel pour le linge, les vêtements, les objets ménagers, les accessoires et provisions, les placards ne sont jamais trop nombreux... Une bonne règle est de réserver 4 % de la surface habitable aux placards, non compris ceux de la cuisine.

Pour en savoir davantage sur ces serviteurs indispensables dans une maison bien tenue, on se reportera au livre *La Décoration* de la collection « Connaissance et Pratique ».

Les bons placards sont prévus lors de l'établissement du plan. Dans ce cas, ils prennent place dans des décrochements de murs et de cloisons. Sur les bords et les côtés maçonnés, il suffit d'adjoindre des étagères et une façade avec portes pour réaliser un placard « de construction ».

L'industrialisation des façades de fermeture a conduit à l'adoption de modèles désormais classiques : les portes accordéon prêtes à peindre, à tapisser ou finies, coulissant entre deux rails de guidage.

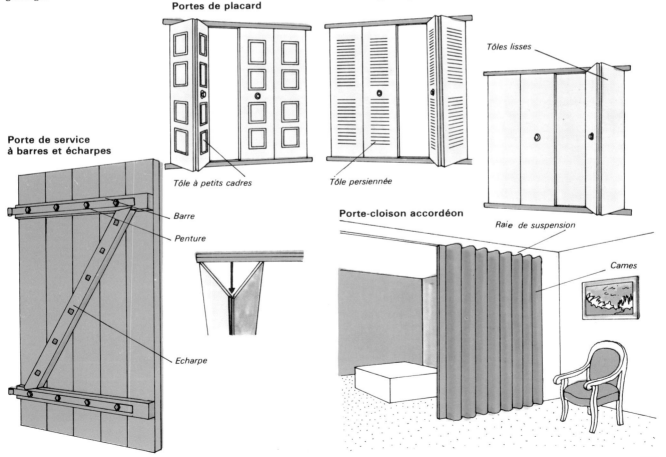

Les cloisons et les murs intérieurs

Les cloisons, comme les murs intérieurs, délimitent les pièces de la maison, mais leurs fonctions restent différentes, en ce sens que les murs sont destinés à transmettre aux fondations une fraction des charges, dues au poids de la construction et des surcharges qu'elles supportent ; à la différence des cloisons, les murs intérieurs sont donc porteurs et, dans le cas où ils joignent deux murs de façade ou deux pignons, ils sont appelés « murs de refend ».

Les murs de refend sont utilisés pour diminuer la portée des planchers dans le cas d'une maison à étage et également pour contreventer la construction. On peut donc dire, d'une façon générale, que supprimer un mur intérieur et en particulier un refend compromet la stabilité de l'ouvrage, ce qui n'est pas le cas d'une cloison.

Les murs intérieurs

Puisqu'ils sont destinés à supporter des charges et à participer à la stabilité de l'ouvrage, les murs intérieurs doivent être calculés et contrôlés au même titre que les murs extérieurs. Ils sont réalisés, comme eux, soit en béton, soit en maçonnerie traditionnelle, sauf, bien entendu, s'il s'agit de maisons en bois, où la préférence est donnée à ce matériau. Toutes dispositions doivent être prises pour qu'ils soient protégés des remontées capillaires en provenance des fondations sur lesquelles ils prennent appui (voir page 80).

Rôle des cloisons

N'ayant pas à participer à la stabilité de l'ouvrage, on cherche à rendre les cloisons aussi économiques que possible ; elles sont, en général, moins épaisses et donc plus légères que les murs intérieurs, ce qui introduit de plus faibles surcharges sur les planchers qui les supportent.

Du fait de leur conception, les cloisons sont moins résistantes que les murs et certaines précautions doivent être prises lors de leur mise en œuvre. De plus, leur masse étant inférieure à celle des murs, elles assurent une moins bonne isolation phonique entre les pièces.

On distingue d'après les matériaux qui les composent les cloisons traditionnelles et les cloisons sèches.

Les cloisons traditionnelles

Choix des matériaux et mise en œuvre

Elles sont réalisées, soit en parpaings ou en briques, soit en carreaux de plâtre à parements finis.

Comme pour les murs, on doit veiller à n'utiliser que des parpaings ayant un temps de séchage suffisant (soit au moins quatre semaines), pour éviter les fissurations par retrait, ou des briques dont le gonflement potentiel, attesté par un P.-V. d'essai, est inférieur à 0,6 mm par mètre (voir page 88).

Les briques et les parpaings peuvent être hourdés, soit au plâtre gros gâché serré, soit au mortier de liant hydraulique. Toutefois, les cloisons édifiées en cave, ou en sous-sol, doivent être hourdées au mortier ;

Les carreaux de plâtre doivent être montés au moyen d'une colle appropriée (consulter à ce sujet l'Avis Technique correspondant). Il est à noter qu'assembler par collage les carreaux de plâtre à parements finis évite les enduits et donc les salissures.

Dispositions constructives spéciales

Pour éviter leur mise en compression sous l'effet de la déformation des planchers et, par suite, l'apparition de fissures, on

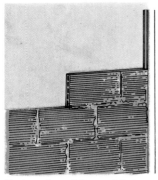

Montage d'une cloison en brique creuse de 4 cm d'épaisseur

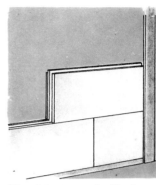

Elément de carreaux de plâtre à parements finis, assemblés au moyen d'une colle

dispose sous les cloisons une semelle déformable, soit en bois (épaisseur : 50 mm), soit en liège ou similaire (épaisseur : 10 mm). Afin d'assurer la stabilité de la cloison, il y a lieu de prévoir des éléments raidisseurs dont l'espacement est fonction de l'épaisseur de la cloison et de sa hauteur (voir tableau). Au raccord avec d'autres murs ou cloisons, il convient de prévoir des éléments harpés (voir page 89) ou des embrèvements.

Distances entre éléments raidisseurs (potelets ou retours de cloisons) en fonction de l'épaisseur des cloisons

Epaisseur brute (cm)	Hauteur maximale (m)	Distance norm. max. entre raidisseurs (m)	Surface max. entre raidisseurs (m²)
3,5	2,60	5	10
4 à 5,5	3,00	6	14
6 à 7,5	3,50	7	20
8 à 11	4,00	8	25

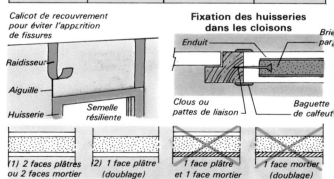

Sur une cloison les enduits doivent être conformes aux figures 1 et 2

Les huisseries sont rendues solidaires des cloisons par des pattes de liaison ou des clous scellés dans la maçonnerie. Il est possible d'enduire au plâtre une cloison hourdée au mortier de liant hydraulique, mais l'inverse est interdit. Dans le cas où la

cloison ne peut être enduite que sur une seule face (cloison de doublage), un enduit au plâtre est seul autorisé.
Les cloisons enduites sur les deux faces ne peuvent comporter que des enduits de même nature sur chacune des faces : soit le plâtre, soit le mortier. Dans le cas contraire, des fissurations sont inévitables.

Les cloisons sèches

Ce sont des panneaux préfabriqués, justiciables de l'Avis Technique, dont l'une des dimensions est sensiblement égale à la hauteur sous plafond. Elles présentent l'avantage de pouvoir être montées et assemblées à sec sur le chantier, ce qui évite toutes les salissures et apports d'humidité inhérents aux cloisons traditionnelles.

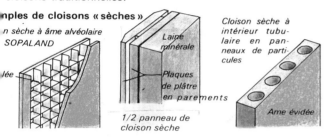

Les spécifications de montage

En plus des indications figurant sur l'Avis Technique, chaque fabricant établit des spécifications de montage qu'il convient de respecter et, en particulier, des prescriptions pour la mise en place de fixations spéciales destinées à supporter des appareils ou équipements lourds tels que chauffe-eau, radiateurs, lavabos, etc. Ces fixations sont le plus souvent des pièces métalliques (plaques boulonnées, suspentes) ou en bois (pièces rapportées en renfort entre les alvéoles constituant les âmes des panneaux).
Le montage des panneaux varie suivant le type de cloison ; d'une façon générale, le panneau est tenu en tête par une lisse, en pied par une lisse basse, soit en bois, soit en métal. Des éléments raidisseurs verticaux sont parfois prévus ; il est dans tous les cas recommandé d'en prévoir tous les cinq mètres au minimum.
De même que pour les cloisons traditionnelles, il convient d'éviter la mise en compression des cloisons sèches. En général, un jeu est maintenu en tête de la cloison ; ce jeu doit être rendu étanche à l'air, tant pour des raisons d'isolation phonique, que pour éviter la transmission du feu en cas d'incendie. De telles cloisons surtout si elles sont à base de particules de bois, sont sensibles à l'eau.

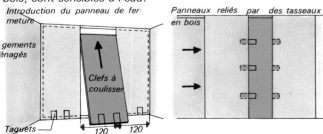

Montage d'une cloison sèche à âme alvéolée

Assemblage d'angle d'une cloison à âme alvéolée

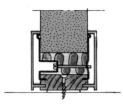

Assemblages haut et bas d'une cloison en panneaux de particules

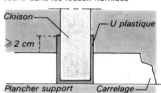

Protection en pied d'une cloison sèche dans les locaux humides

Les cloisons sèches en locaux humides

Si elles sont utilisées dans les locaux humides, il est indispensable de les protéger :
• en pied, à l'aide d'un profil étanche en plastique,
• au droit des robinets et équipements sanitaires, en prévoyant un revêtement étanche continu, par exemple film plastique ou carrelage (dans ce dernier cas, pour les panneaux à base de bois il faut veiller, sous peine de désordres, à ce que le revêtement en carrelage ne franchisse aucun joint entre panneaux).
En aucun cas, un papier peint, même lessivable, ne constitue un revêtement étanche efficace.

Les cloisons sèches en terre cuite

Il s'agit de procédés en voie de développement. Le principe consiste à utiliser des éléments en céramique de dimensions assez grandes (50 × 60 cm environ), d'épaisseur comprise entre 4 et 10 cm, et dont la précision de fabrication permet une pose à joints croisés assemblés par collage. Ces procédés sont justiciables de l'Avis Technique.

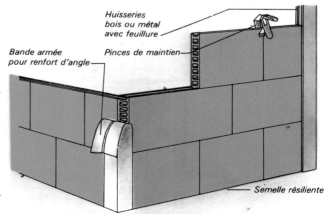

Montage d'une cloison à l'aide d'éléments en terre cuite de grandes dimensions

173

Les plafonds

Les plafonds sont des éléments de la construction qui contribuent aux finitions, et jouent un rôle dans le confort : isolation aux bruits, au froid et au chaud, etc.
Un plafond peut être le dessous ou sous-face du plancher supérieur ou du toit dans le cas des combles.
Dans tous les cas, il est constitué soit d'un parement sous-face menuisé ou maçonné, soit d'éléments suspendus sous le plancher supérieur ou aux éléments de charpente de la toiture. C'est alors un plafond suspendu.

Les plafonds sous-faces d'un plancher

Plancher en dalle pleine
Si le travail a été bien fait, il suffit d'appliquer avant peinture un simple enduit de ragréage pour obtenir un plafond correct et économique

Plancher à poutrelles et corps creux
La technique usuelle consiste à exécuter un enduit en plâtre ayant au moins 1 cm d'épaisseur. Pour éviter les risques d'écaillage ou de fissuration de l'enduit, il convient :
• d'utiliser de préférence éléments de plancher à poutrelles et corps creux ayant subi un séchage de plusieurs semaines,
• de veiller à ce que le talon des poutrelles ne fasse pas saillie par rapport à la face inférieure des corps creux,
• d'utiliser, si possible, des entrevous à languettes recouvrant le talon des poutrelles

Il est préférable d'utiliser un plancher à poutrelles et corps creux non surmonté par une dalle épaisse en béton armé

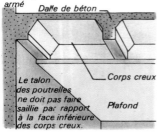

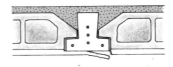

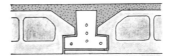

Les hourdis à languette inférieure évitent les fissures sous poutrelles

Les plafonds suspendus

Ils sont le plus souvent suspendus à des éléments de la construction qui remplissent d'autres fonctions (solives, entraits de fermes ou fermettes, par exemple) ou à une charpente spécialement conçue pour les supporter.

Plafond en éléments de terre cuite
La réalisation de ce type de plafond peut poser certains problèmes si elle n'est pas exécutée par une main-d'œuvre spécialisée. Elle n'est envisageable qu'avec des éléments en terre cuite prévus pour cet usage. L'emploi de briques plâtrières, par exemple, est interdit.
Les éléments de terre cuite doivent être supportés par des crochets spéciaux dont la forme est appropriée au profil des gorges ou des rainures. Ces crochets doivent être protégés contre la corrosion. Le façonnage de crochets sur le chantier à partir de fil de fer est interdit, car dangereux.
Pour éviter une mise en compression possible du plafond par suite de l'effet conjugué d'un retrait de la structure et d'un gonflement des éléments de terre cuite (voir page 88), il faut :
• n'utiliser que des éléments de terre cuite dont le gonflement potentiel, attesté par procès-verbal d'essai, est limité à 0,6 mm par mètre ;
• ménager en périphérie de plafond un joint convenablement disposé, de l'ordre de 2 cm.
En sous-face des éléments de terre cuite, on réalise un enduit en plâtre.

Quelques éléments en terre cuite spéciaux pour plafonds

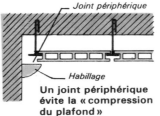

Un joint périphérique évite la « compression du plafond »

Plafond en éléments de lattis
Cette technique consiste à réaliser un enduit en plâtre sur des éléments en lattis, fixés par clouage ou agrafage sur des fermes, pannes, solives, nervures ou poutres de planchers, ou sur une poutraison spécialement prévue.
Les éléments en lattis peuvent être :
• en bois fendu : lattes clouées, en sapin, chêne, épicéa, pin (le peuplier est interdit) ;
• en roseaux refendus (c'est le lattis canisse) ou rond (c'est le lattis abris) ;
• armés : lattes en bois réunies par une armature métallique (lattis bacula), tissée mécaniquement et protégée contre la corrosion ;
• métalliques : grillage ou treillis métallique posé avec ou sans tension.

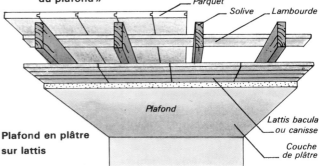

Plafond en plâtre sur lattis

Selon les éléments de lattis utilisés, l'écartement des solives est compris entre 0,50 cm (bois) et 0,70 m (métal).
Les fils employés comme attaches ou raidisseurs doivent être protégés contre la corrosion (zinc ou cadmium).

Plafond en plaques collées
Les plaques décoratives peuvent être en liège ou en fibres minérales comprimées (le polystyrène est à déconseiller). On doit utiliser une colle appropriée. La pose s'effectue à partir du centre et en lignes soit parallèles aux murs, soit inclinées à 45°.

Plafond en plaques de plâtre à faces cartonnées

Ce type de plafond est fréquemment utilisé dans la construction des maisons individuelles. Il évite l'enduit en plâtre vu précédemment. Les plaques de plâtre, dont l'épaisseur totale est au moins de 13 mm, sont revêtues sur les deux faces d'une feuille de papier cartonné.

La fixation des plaques de plâtre doit pouvoir absorber les déformations du support, surtout lorsqu'il est réalisé en bois. Dans ce dernier cas, on évite, comme recommandé par les fournisseurs, dont il convient de respecter le Cahier des charges de mise en œuvre, de fixer les plaques directement sous le support (plancher bois ou fermettes). On met alors en place un système de pattes et fourrures sur lesquelles viennent s'accrocher les plaques de plâtre.

Les plaques peuvent être fixées sur des ossatures en bois ou en métal au moyen de vis ou de clous spéciaux.

La largeur d'appui des plaques sur une ossature bois est d'au moins 35 mm en partie courante, 50 ou 60 mm au droit d'un joint entre deux plaques, selon que la fixation est prévue par vissage ou clouage.

Les profilés de l'ossature métallique doivent être protégés contre la corrosion et avoir au moins 60 mm d'épaisseur.

Les bords des plaques sont amincis, ce qui permet de dissimuler les joints par application d'une bande de calicot posée entre deux couches d'enduit spécial.

Pattes et fourrures supportant les plaques d'un plafond

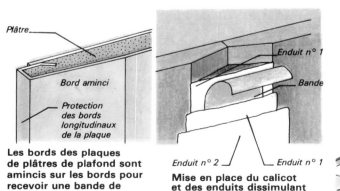

Les bords des plaques de plâtres de plafond sont amincis sur les bords pour recevoir une bande de calicot qui dissimule les joints

Mise en place du calicot et des enduits dissimulant les joints des plaques de plafond

Plafond en plaques suspendues

Les plaques décoratives en plâtre armé ou en fibres minérales comprimées se trouvent emboîtées dans une résille métallique elle-même suspendue au plancher supérieur.

Plafond en frisettes

Les frisettes sont des lames de bois rabotées comportant un profil à rainure et languette sur les côtés (rives) et les bouts, qui permet de les encastrer comme un parquet. Les essences de bois utilisées sont diverses, mais doivent être traitées contre les insectes et les champignons.

Facile à poser, la frisette ne peut être mise en œuvre si son humidité est supérieure à une valeur fixée par les normes, en fonction des essences, et qui est voisine de 13 %. Son emploi ne convient pas dans les pièces humides (cuisine, salle de bains, buanderie, etc.).

D'une façon générale, il faut que les pièces équipées de plafonds en frisette soient correctement ventilées et que la frisette elle-même soit vernie ou peinte.

Sa fixation peut se faire par agrafage, clouage ou clipsage, soit sur la partie supérieure des poutres (plafonds à poutres visibles) ou sous la poutraison, soit sur une ossature analogue à celle utilisée pour les plaques de plâtre cartonnées.

Il y a intérêt à prévoir un joint périphérique entre la frisette et les murs. Camouflé par exemple par un quart de rond, il compensera un gonflement toujours possible du bois en cas de variation hygrométrique importante.

Utilisée pour habiller la charpente apparente en sous-face de toiture d'un comble aménageable, la frisette apporte la note chaleureuse du bois.

Quelques profils de frises

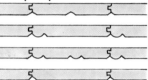

La fixation de la frisette se fait :

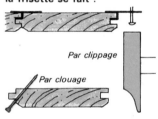

Plafond en plaques suspendues

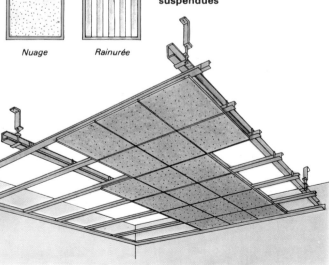

Les revêtements de sol

Ils participent de façon notable au confort et à la classe d'une maison. Ce sont des éléments de finition indispensables, que l'on doit choisir en fonction de leurs qualités esthétiques, leur facilité d'entretien, leur résistance à l'usure et, éventuellement, pour améliorer l'acoustique des pièces ou les rendre moins sonores.

Sept types de produits

Il existe un large éventail de revêtements de sol qui va des produits naturels aux produits industriels :
- les dallages en pierre : travertin, comblanchien, marbre,
- les carrelages en éléments durs : terre cuite, grès céramique,
- les dallages thermoplastiques : genre Dalami, Gerflex, etc.,
- les thermoplastiques, les moquettes,
- les parquets traditionnels,
- les parquets mosaïques.

Si l'on ajoute que chacune de ces catégories donne lieu à une gamme de produits plus ou moins variés, il devient difficile de faire un choix.
En fait, le grand tableau en bas de page permet de choisir le revêtement en fonction des qualités recherchées et de la nature du support. Le mode de pose en découle alors comme indiqué au tableau immédiatement ci-dessous.

Les principaux types de revêtement des sols :

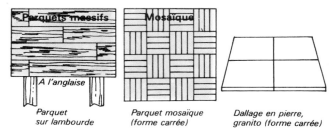

Parquet sur lambourde — Parquet mosaïque (forme carrée) — Dallage en pierre, granito (forme carrée)

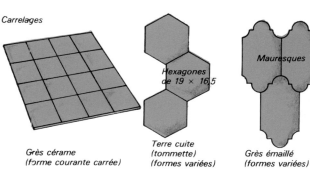

Carrelages — Grès cérame (forme courante carrée) — Terre cuite (tommette) (formes variées) — Grès émaillé (formes variées)

Thermoplastiques : en dalles — En lés — Moquette : rasée ou bouclée

Catégories de revêtements	Modes de pose		
	Scellés sur forme en mortier	Collés sur chape avec souvent enduit de lissage	Poses spéciales
Dallages en pierre	OUI	OUI [1]	
Carrelages en dur	OUI	OUI [1]	
Dallages thermoplastiques		OUI	
Les thermoplastiques		OUI	TENDU
Moquettes		OUI	TENDU
Parquets traditionnels			Sur lambourdes
Parquets mosaïques		OUI	

1. Possible sauf pour grands éléments.

Catégories de revêtements	Durabilité - Entretien			Compatibilité avec support		Intérêt
	Locaux courants	Salles d'eau	Dallages sur terre-plein	Béton	Bois	Acoustique [4]
Dallages en pierre	satisfaisant	satisfaisant	satisfaisant	satisfaisant	contre-indiqué [3]	défavorable (sonore)
Carrelages en dur	satisfaisant	satisfaisant	satisfaisant	satisfaisant	contre-indiqué [3]	défavorable (sonore)
Dallages thermoplastiques	voir classement U.P.E.C.	satisfaisant	attention collage	satisfaisant	contre-indiqué [3] technique	voir Avis Technique
Lés thermoplastiques	voir classement U.P.E.C.	satisfaisant	attention collage	satisfaisant	satisfaisant	voir Avis Technique
Moquettes	voir classement U.P.E.C.	plutôt contre-indiqué [2]	satisfaisant	satisfaisant	satisfaisant [1]	favorable
Parquets traditionnels	satisfaisant	contre-indiqué [1]	contre-indiqué [1]	satisfaisant	satisfaisant	pratiquement nul
Parquets mosaïques	satisfaisant	contre-indiqué [1]	contre-indiqué [1]	satisfaisant	contre-indiqué [3]	pratiquement nul

1. Contre-indiqué du fait des reprises possibles d'humidité, accompagnées de gonflement, etc.
2. Difficulté de séchage.
3. Contre-indiqué sauf précautions spéciales.
4. Intérêt notamment vis-à-vis des bruits d'impact (voir fiche « confort acoustique »).

Les deux principaux modes de pose

Revêtements scellés (dallages et carrelages courants)
Sur support convenablement nettoyé et dépoussiéré, on met en place et on règle un mortier de pose plastique de 3 à 4 cm d'épaisseur, que l'on saupoudre de ciment. Les carreaux humidifiés sont appliqués avec tapotement à la batte ou au pilon, selon les dimensions des éléments. Les joints entre carreaux doivent présenter une largeur de 1 à 3 mm. Le mortier de pose doit y refluer partiellement. On complète leur garnissage par un coulis de ciment et l'on nettoie aussitôt. La pose des carreaux jointifs est à proscrire. De plus, on ménage un joint à la périphérie, qui se trouve recouvert par le talon de la plinthe murale.

Revêtements collés (dallages et carrelages minces, carrelages et les thermoplastiques, parquets mosaïques, moquettes)
Après avoir nettoyé et dépoussiéré le support, on le ragrée généralement avec un enduit de lissage, qu'on laisse sécher. La colle est ensuite étalée avec une spatule crantée puis le revêtement (dalles ou lés) est appliqué. L'enduit de lissage et la colle doivent bénéficier d'un Avis technique du C.S.T.B. et la température, au moment de la pose, doit respecter celle préconisée par le fabricant (en général 10 à 20 °C).

Les classements d'utilisation

Classement U.P.E.C.
Les revêtements de types traditionnels (parquets, dallages en pierre ou granit, carrelages en grès ou terre cuite) présentent une excellente longévité, parfois équivalente à celle de la maison. Ils se révèlent, de plus, d'un entretien facile.
Les revêtements à base de plastique ont une durée de vie plus courte que celle de la maison. Pour eux, le C.S.T.B. a établi un classement de performances, appelé classement U.P.E.C., chaque lettre étant l'initiale d'un critère de résistance considéré :
U = usure à la marche (indices 1 à 4),
P = poinçonnement (indices 1 à 3),
E = comportement à l'eau (indices 0 à 3),
C = tenue aux agents chimiques (indices 0 à 3).
Un revêtement de sol dont l'indice est élevé, est meilleur que celui dont l'indice est plus bas.
Parallèlement, le C.S.T.B. a établi un tableau précisant l'indice U.P.E.C. recommandé en fonction des différentes pièces des maisons individuelles.

Classement U.P.
Dans le cas particulier des moquettes, l'Institut technique des revêtements (I.T.R.) donne un classement U.P. similaire à celui du C.S.T.B., mais sans appréciation concernant le comportement à l'eau (E) et la tenue aux agents chimiques (C).

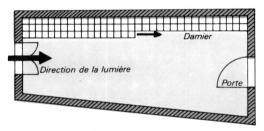

Pose scellée des carrelages

Repérage	Tableau des indices U.P.E.C. — LOCAUX : Désignation et caractéristiques · Particularités de classement	CLASSEMENT
	A. PIECES PRINCIPALES (pièces sèches) **ET CIRCULATION**	
L 1	Entrée et tous dégagements à rez-de-chaussée, circulation, couloir.	
L 2	Séjour et, le cas échéant, pièce ouvrant sur le séjour par une baie libre.	U_{2s} P_2 E_1 C_0
L 3	Autre pièce principale ouvrant sur l'extérieur (jardin ou terrasse) par une porte-fenêtre.	
L 4	Pièce à usage professionnel avec réception de clientèle : bureau, salle d'attente. (Nota : s'il y a une porte-fenêtre, classement selon L 3).	U_{2s} P_2 E_0 C_0
L 5	Autre pièce principale sans accès sur l'extérieur, chambre à l'étage, local de rangement, vestiaire.	U_2 P_2 E_0 C_0
L 6	Dégagement, circulation, couloir à l'étage.	
L 7	Escalier individuel dont le revêtement de la marche habille également le nez de marche.	U_{2s} P_2 E_0 C_0
L 8	Escalier individuel avec nez de marche distinct du revêtement. (Nota : pour L 5 à L 8 : à l'étage, support béton ou support à base de bois.)	U_2 P_2 E_0 C_0
	B. PIECES DE SERVICE (pièces humides ou pièces d'eau)	
L 9	Cuisine, coin cuisine attenant à un séjour.	U_{2s} P_2 E_2 C_2
L 10	Salle d'eau ou salle de bains ou douche ou w.-c. (sauf situation L 11).	U_2 P_2 E_2 C_1
L 11	Salle d'eau, etc., à l'étage, où le revêtement de sol est posé sur un support en bois ou en matériaux dérivés du bois. (Nota : la sous-face de ce support doit être parfaitement ventilée.)	U_2 P_2 E_3 C_1

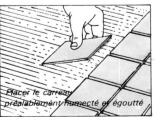

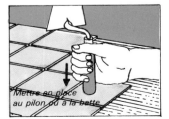

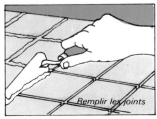

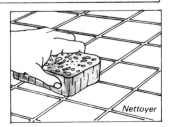

Au sol : pierre, céramique ou plastique ?

Dallage en pierre naturelle
La pierre, comme le bois, est un matériau naturel, mais elle ne craint pas l'humidité. Utilisée comme revêtement de sol intérieur, elle peut se prolonger à l'extérieur de la maison pour augmenter l'effet de perspective. Les variétés de dallages sont nombreuses. On distingue :
- les dalles de pierre calcaire et de marbre, dont la résistance est plus ou moins grande : travertin, comblanchien, marbres divers ;
- les dalles en granits et porphyres, beaucoup plus résistantes ;
- les dalles en ardoises.

Selon la nature de la pierre, les épaisseurs courantes sont généralement comprises entre 10 et 30 mm.
Plus la résistance à l'écrasement d'une dalle est grande, mieux elle résiste à l'usure.
Si le dallage est réalisé à l'extérieur (balcons, loggias, terrasses...), il faut s'assurer que la roche choisie résiste au gel.
La forme des dalles est variable. On distingue :
- opus tout venant et opus incertum, dans lesquels les chants des éléments de dimensions variables sont sciés ou cassés ;
- opus taillé : le chant des éléments est droit ;
- opus appareillé : les éléments sont mis en place d'après le plan d'un maître d'œuvre.

Dalles en « opus appareillé »

Les dallages en « pierres reconstituées »
On distingue dans cette catégorie les dalles en brèches de marbres, les dalles en granito, dont la pose se fait comme pour la pierre naturelle, et le granito coulé sur place comme s'il s'agissait d'une chape en béton mais constitué d'une sous-couche et d'une couche d'usure.
Le granito coulé sur place n'est avantageux que s'il est réalisé avant la pose des cloisons. Un quadrillage par baguettes en plastique ou en métal, qui peut éviter l'apparition de fissures, ajoute un effet décoratif au produit.

Joints en baguettes ébonite ou métal (le joint doit traverser la sous-couche)

Un quadrillage par baguettes évite les fissures du granito coulé en place

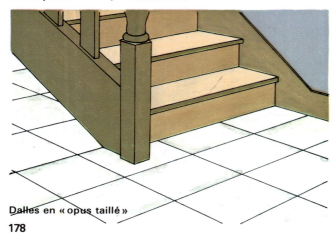

Dalles posées en « opus incertum »

Dalles en « opus taillé »

Les carrelages en éléments durs
La dimension des carreaux et leur forme sont variables, allant de 20 × 20 cm (épaisseur comprise entre 9,5 et 12,5 mm) jusqu'à 5 × 5 cm ou 2 × 2 cm (dont l'épaisseur est comprise entre 3 et 5 mm environ).
Dans toute fabrication, il y a des défauts, soit dimensionnels, soit de teinte. Cela conduit à classer les produits en 1er choix, 2e choix, etc. Il faut donc être prudent avant d'opter pour un deuxième choix.
Ces produits en argile cuite subissent un traitement particulier selon le type. On distingue, des plus modestes aux plus luxueux, les carreaux :
- **en terre cuite** : cuits à 900 °C, de forme rectangulaire ou hexagonale, ils sont assez fragiles ;
- **de Salernes** : cuits à 1000 °C ;
- **de demi-grès** : cuits entre 1 100 et 1 200 °C, ils subissent une légère vitrification les rendant plus résistants aux rayures et à l'humidité ;
- **de grès cérame ou de grès émaillé** : cuits à haute température, à 1 250 °C, ils ont une résistance exceptionnelle aux agressions de toute nature ;

• **émaux de Briare** : les éléments brillants ou semi-mats de Briare sont formés à la presse hydraulique puis vitrifiés dans la masse par une cuisson spéciale dont la température est comprise entre 800° et 1 000 °C. De petites dimensions, 19 × 19 cm, et de 5 mm d'épaisseur, ils sont inaltérables et insensibles au gel. Ils ne comportent pas de classement ;
• **pâte de verre** : les éléments en pâte de verre de 2 × 2 cm sont fabriqués à partir d'une composition qui est portée à la température de 1 250 °C. Ils sont inaltérables et insensibles au gel. La pâte de verre est rayable à la pointe de canif.

Les revêtements thermoplastiques

Moins sonores que les revêtements de sol précédents, les revêtements en matière plastique constituent une catégorie intermédiaire entre les carrelages et la moquette.
Il en existe deux types :
• les dalles, de différentes formes et dimensions, qu'on dispose de manière à imiter les différents carrelages ou revêtements de pierre ;
• les lés, de différentes dimensions dont certaines atteignent la surface d'une pièce.
Trois techniques principales donnent naissance aux produits suivants :
• les dalles en vinyle-amiante, à base de résines vinyliques et de fibres d'amiante ;
• les enductions de P.V.C. (polychlorure de vinyle) sur divers supports ;
• les feuilles vinyliques homogènes teintées dans la masse.
Pour chacun de ces produits, il existe un classement U.P.E.C. qui permet de fixer son choix en fonction de l'usage auquel le revêtement est destiné. La plupart des revêtements de sol en matière plastique ont fait l'objet d'un Avis Technique dont on doit respecter les prescriptions.
Pour la mise en œuvre, à noter cependant qu'il s'agit d'un type de revêtement mince, ce qui impose nécessairement que le sol soit parfaitement dressé et ragréé.

Les carrelages en éléments durs

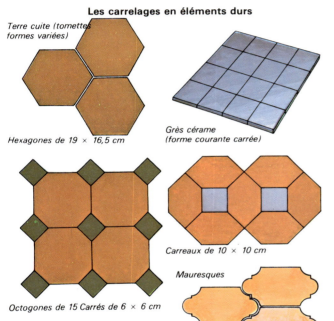

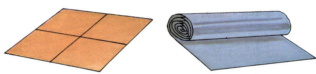

Les dalles thermoplastiques imitent la pierre ou le carrelage

Des revêtements sur dalles flottantes
Quand des chambres se trouvent être contiguës ou situées au-dessous de pièces revêtues de carrelages ou de dalles de pierre, il est recommandé, afin d'obtenir un meilleur isolement aux bruits d'impact, d'utiliser dans ces pièces la technique des dalles flottantes décrite page 149.
Cette technique est également recommandée pour les mêmes raisons lorsque l'on édifie des maisons jumelées.

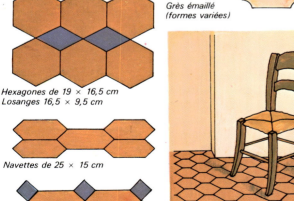

Assemblage d'émaux en forme de pastilles circulaires.

Les moquettes

Les principaux types de moquettes

Selon la définition de la norme A.F.N.O.R., on entend par moquette « les tapis commercialisés au mètre, posés de mur à mur et dont la surface est un velours ».
On distingue les moquettes d'après :
• La nature des fibres entrant dans leur fabrication :
— naturelles, d'origine animale : laine, poil animal, ou d'origine végétale : coton, chanvre, jute, coco, agave (ou sisal),
— artificielles : viscose, fibrane,
— synthétiques : polyamides (nylon, perlon, etc.), acryliques (crylor, dralon, etc.), polyester (tergal, dacron, etc.), polypropylène (meraklon).
• Leur mode de fabrication :
— tissage traditionnel : réservé pratiquement à la laine,
— procédés modernes ; tissé, nappé, touffeté, aiguilleté, etc., (ces procédés sont figurés sur les croquis publiés ci-contre).

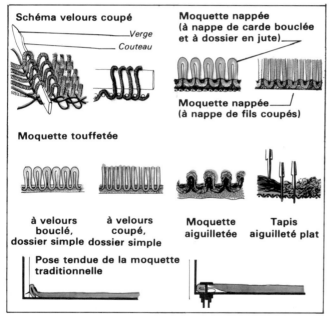

• **Le dossier** : soubassement plat constituant l'élément statique du tapis, stabilisant les dimensions et servant de support à la surface d'utilisation. C'est en quelque sorte l'équivalent de la chaîne et de la trame des tissages traditionnels.
• **Le velours** : surface d'utilisation formée par les fils coupés ou bouclés fixés debout au dossier. On notera que plus un velours est dense, moins il est vulnérable en cas d'incendie. En effet, la combustion des fibres est stoppée par le manque d'air, c'est-à-dire d'oxygène, entre les fibres.
Certaines fibres, autres que la laine, ont la propriété d'amasser de l'électricité statique, qui se traduit par ces faibles décharges ressenties lorsque l'on touche, par exemple, une pièce métallique. Ce phénomène n'existe pratiquement pas avec les fibres en polypropylène, il est faible avec les fibres acryliques. Certaines techniques permettent de réduire les effets électrostatiques des fibres en polyamide (maintien de l'humidité de l'air à l'aide de saturateurs, pulvérisation d'eau sur le sol, utilisation de bombes aérosols, etc.).

La pose des moquettes

Dans les constructions neuves, la pose s'effectue le plus souvent sur support en mortier ou en béton. Généralement, la surface du support n'est pas parfaitement plane, aussi est-il alors nécessaire d'appliquer un enduit de lissage, comme indiqué page 177.

Cas des moquettes traditionnelles en laine : Une thibaude en jute est tout d'abord disposée sur le sol afin de limiter l'usure de la sous-face du revêtement textile.
Les lés de moquette, préalablement assemblés par couture, sont ensuite posés tendus pour éviter tout effet d'ondulation. Pour ce faire, il est nécessaire de disposer de points d'ancrage à la périphérie de la pièce : on peut, par exemple, réaliser les fixations dans les plinthes en bois ou plutôt par scellements avec vis et douilles.
Dans une même pièce, l'inclinaison du velours de chaque lé doit être orientée dans le même sens. Dans un escalier, le « couchant » du velours doit être incliné en direction de la descente.

Cas des moquettes synthétiques : Leur dossier joue le rôle de thibaude incorporée. D'autre part, elles existent en grandes largeurs, pouvant généralement recouvrir entièrement chaque pièce.
La pose s'effectue par collage. Dans les pièces de dimensions courantes, il est possible de se limiter à un collage partiel en utilisant des bandes adhésives double face, disposées en périphérie ainsi que de façon intermédiaire. Pour les pièces de grandes dimensions, il convient, par contre, de procéder à un collage sur toute la surface en respectant les indications du fabricant et de l'Avis technique (type de colle, température, délais d'application, etc.).

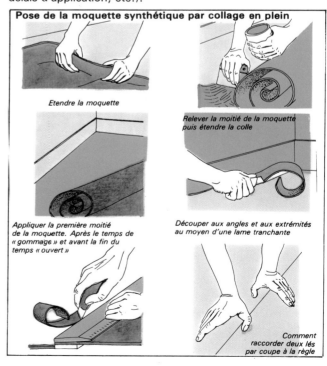

Les parquets

Les parquets traditionnels sur lambourdes
Les parquets à lames massives en bois, de 23 mm d'épaisseur (si posées sur lambourdes écartées de 0,45 m) ou de 16 mm (sur lambourdes écartées de 0,30 m) et de longueur variable, sont choisis en fonction :
• de l'essence du bois : chêne, châtaignier, hêtre, pin maritime, sapin, épicéa, etc ;
• de la disposition des joints : à l'anglaise à coupe perdue, à joints sur lambourdes, à coupe de pierre, à bâtons rompus, en point de Hongrie.
L'assemblage des lames est assuré par rainures et languettes. Elles sont fixées aux lambourdes par clouage oblique dissimulé dans ces emboîtements. Les lambourdes, qui sont des pièces de bois brutes de sciage avivées parallèles, sont utilisées comme support des lames à parquets. Les essences sont les bois feuillus ou résineux.

Modes de pose des planchers traditionnels

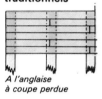
A l'anglaise à coupe perdue

A coupe de pierre

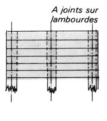
A joints sur lambourdes

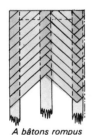
A bâtons rompus

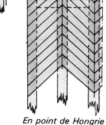
En point de Hongrie

Les différents types de lambourdes

Avec lambourdes sur solives

Lambourdes scellées

Lambourdes flottantes

Mode de pose : On distingue plusieurs modes de pose selon la nature du support et la disposition des joints (à l'anglaise, à bâtons rompus, au point de Hongrie, etc.) :
• lambourdes sur solives en bois : les joints des lambourdes sont obligatoirement situés sur les solives et décalés d'une rangée à l'autre ;
• lambourdes fixées sur planchers avec ou sans forme : la fixation des lambourdes doit être adaptée au type de plancher ou à celui de la forme ; on distingue les fixations au plâtre, au mortier de ciment, au bitume avec augets ;
• lambourdes flottantes : ces lambourdes sont posées soit sur une forme en sable, soit sur une couche d'isolant dont la résistance est suffisante pour éviter l'affaissement des lambourdes.

Protection : La protection contre les insectes et champignons doit être adaptée aux essences de bois choisies.
Les parquets, étant sensibles à l'humidité, ne conviennent pas pour les pièces humides. Ils sont déconseillés sur les sols en terre-plein et dans les résidences secondaires insuffisamment aérées.
• Les lames et les lambourdes doivent avoir subi un séchage suffisant avant livraison et mise en œuvre sur le chantier.
• La pose ne peut se faire que par temps sec ou dans des pièces assainies par chauffage.
• La largeur des lames doit être adaptée au mode de chauffage : 100 mm pour poêles ou appareils à gaz, 70 mm pour radiateurs et convecteurs, 50 mm pour chauffage par air pulsé non réhumidifié.
• Il convient de prévoir un joint périphérique dissimulé sous les plinthes pour compenser le gonflement toujours possible du plancher posé par reprise d'humidité.

Les parquets mosaïques
Ils sont constitués de panneaux de lamelles préassemblées par simple juxtaposition et dont l'épaisseur est de 8 mm. Les essences usuelles sont le chêne et le châtaignier. Les parquets mosaïques font l'objet d'un classement U.P.E.C. La protection contre les insectes et les champignons est identique à celle des parquets en bois massif.

Les autres parquets
Il existe également des parquets qui se présentent sous forme d'éléments séparés rectangulaires, dont l'épaisseur peut varier entre 10 et 25 mm s'ils sont contrecollés ou composés de panneaux massifs imitant des décors anciens.
Ces parquets font l'objet de techniques de pose particulière (consulter les Avis techniques) en fonction du support et de l'épaisseur et des dimensions des panneaux. Ces derniers peuvent atteindre 1 m de côté et sont alors posés « flottants » sur lit de sable. Un joint périphérique de 7 mm doit être prévu.

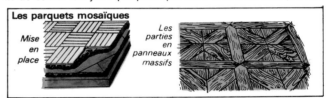
Les parquets mosaïques — Mise en place — Les parties en panneaux massifs

Cas des salles d'eau avec support bois
Pour le support qui sera caché par le revêtement, on utilise des panneaux de contre-plaqué (qualité C.T.B.-X) ou des panneaux de particules (qualité C.T.B.-H). Ils sont traités spécialement contre les insectes et les champignons. Le collage de revêtements de sol directement sur ces panneaux est très fortement déconseillé.
D'une façon générale, il convient de réaliser une forme en mortier de 3 à 4 cm d'épaisseur, armée par un grillage, qui doit être isolée du support bois par un feutre ou film d'étanchéité. Sur cette forme, on peut alors appliquer le revêtement choisi.
Cette disposition n'est toutefois pas nécessaire dans le cas où le revêtement de sol est constitué par des lés en thermoplastiques avec joints soudés et posés tendus, sans adhérence avec le support. Dans tous les cas, on doit veiller à ce que le support bois soit correctement ventilé.

Les revêtements muraux protecteurs

Leur but essentiel est de protéger les murs et les cloisons contre les projections d'eau et les salissures. Mais ils participent aussi au décor et leur choix dépend des couleurs et du style que l'on veut donner aux pièces. Pour en savoir davantage sur leur rôle dans la décoration et sur celui des autres revêtements employés dans une maison, on se reportera à l'ouvrage *La Décoration* de la collection « Connaissance et Pratique ».

Pour les salles de bains, les cuisines, les coins d'eau et les w.-c., les revêtements protecteurs les plus employés sont les carrelages, certains revêtements souples et certains panneaux stratifiés considérés comme suffisamment durables et faciles à entretenir. Toutefois, n'étant pas des éléments spéciaux d'étanchéité, on ne saurait les employer sur des cloisons sensibles à l'humidité (bois et dérivés du bois) sans précautions spéciales. Recommandés sur les enduits au plâtre, ils sont indispensables sur toutes les parois réalisées en plâtre cartonné. Pour assurer leur rôle protecteur, ces divers revêtements doivent atteindre des hauteurs minimales au-dessus des zones sensibles :
- Pour les éviers et lavabos : 0,60 m ;
- Pour les rebords de baignoires : 1 m ;
- Pour les fonds de bacs à douche : 1,80 m.

Les carrelages

La plupart des carrelages utilisés pour les revêtements de sol peuvent être employés en revêtement mural. On trouve donc cette catégorie de matériaux à la page 178.

Les carreaux de faïence

Revêtement classique des murs des salles d'eau, ils sont le plus souvent carrés ou rectangulaires et mesurent 10 à 20 cm de côté. Sensibles au gel, on ne les utilise que pour des revêtements intérieurs.

Ils sont constitués par un support en pâte à base d'argile et de kaolin, préalablement cuit à une température supérieure à 1 000 °C, recouvert d'un émail transparent, puis cuit à nouveau à 1 000 °C, d'où son nom de « biscuit ». Normalement blancs ou ivoire, ils peuvent être colorés et sont dits alors « majoliques ».

Les plaques de marbre

Le marbre est souvent employé dans les salles de bains. Matériau naturel, il n'est pas de qualité uniforme et sa porosité peut varier suivant les carrières, quelquefois même d'une livraison à une autre.

Il peut être taché, soit par migration de la colle utilisée pour le fixer, soit par des produits de toilette. Des essais avant d'adopter une qualité de marbre évitent des déboires.

Les adhésifs de pose

Pour sceller les carrelages, le mortier est de plus en plus abandonné au profit de produits rapides et faciles d'emploi, tels les ciments-colles, les mortiers-colles ou les adhésifs sans ciment. Tous ces nouveaux produits bénéficient d'Avis techniques (voir page 177), dans lesquels sont précisées les conditions particulières d'utilisation : nature et état du support, exposition à l'humidité, température d'application.

La plupart des carrelages qui couvrent les sols peuvent habiller les murs

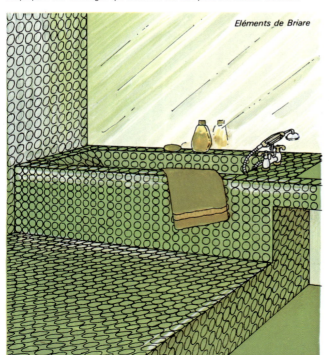

Eléments de Briare

Le marbre est souvent employé dans les salles de bain pour habiller les appareils sanitaires, les sols et les murs

Comment poser un carrelage

Pour réaliser sur un mur une surface carrelée, il faut :
- tracer au niveau à bulle la ligne supérieure, ainsi que la limite verticale la plus visible, limitant les carreaux ;
- étaler la colle par petites parties et à la truelle, en commençant par le bas ;
- égaliser la colle avec une spatule crantée ;
- mettre les carreaux en place en commençant par la ligne supérieure et en marquant des joints réguliers, aussi bien horizontalement que verticalement ; les joints se trouvent automatiquement réservés si l'on utilise des plaques de petits carreaux montés sur papier ou sur filet ;
- recouper éventuellement les carreaux de la ligne inférieure : pour cela, on raye le vernis ou l'émail de la face visible avec une griffe au carbure de tungstène, puis on casse en plaçant le carreau en porte à faux et en appuyant d'un coup sec sur la même face vue ;
- percer éventuellement certains carreaux, pour les passages de canalisations par exemple : pour cela, on effectue à la perceuse une découpe en pointillés, puis on termine à la pince coupante et à la lime ;
- garnir les joints en étalant à l'éponge un mélange à part égale de ciment-colle et de ciment blanc et en nettoyant aussitôt l'excédent.

Les revêtements muraux souples

Vendus sous forme de rouleaux, on trouve des lés en mousse de P.V.C., que l'on colle en place avec un produit approprié et recommandé par le fabricant. Bien entretenu, un tel revêtement peut durer longtemps. L'efficacité de la protection sera d'autant plus grande que le jointoiement des lés sera correct.

Les panneaux en stratifié

Parfois utilisés pour l'habillage des appareils sanitaires, on peut les appliquer sur les murs et les cloisons. Comme pour les revêtements souples, les joints sont le point sensible par où peut s'infiltrer l'eau.

Les salles d'eau des maisons en bois

On y pose les revêtements de sol sur une forme en béton, elle-même posée sur une couche d'étanchéité. Pour les revêtements muraux, il est donc conseillé d'habiller les murs par une cloison de doublage pouvant recevoir un revêtement mural collé. On peut monter des cloisons en briques minces enduites sur une face ou utiliser un doublage en plaques de plâtre cartonnées. En ce domaine, les panneaux en stratifié peuvent également apporter une solution intéressante.

Mode de pose d'un carrelage

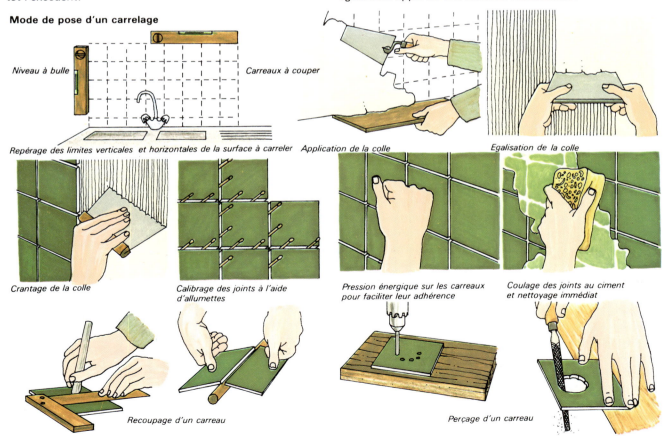

Repérage des limites verticales et horizontales de la surface à carreler — Application de la colle — Egalisation de la colle

Crantage de la colle — Calibrage des joints à l'aide d'allumettes — Pression énergique sur les carreaux pour faciliter leur adhérence — Coulage des joints au ciment et nettoyage immédiat

Recoupage d'un carreau — Perçage d'un carreau

Les peintures, vernis et enduits

Les peintures, vernis et enduits sont appliqués sur des supports pour en modifier l'aspect et participer à la décoration générale, pour protéger les supports fragiles ou encore pour décorer et protéger à la fois.
Compte tenu de leur faible épaisseur, peintures et vernis ne permettent pas de corriger les défauts de surface que peut présenter un support. Pour rattraper ou dissimuler ces défauts, on emploie des procédés mécaniques ou des enduits.
D'une manière générale, le bon comportement dans le temps des peintures, vernis et enduits dépend à la fois :
- de la préparation du support,
- de la qualité des produits,
- de leur compatibilité avec les supports,
- de leur exposition,
- de la façon dont ils sont mis en œuvre.

Seuls les quatre premiers points sont analysés ici. En ce qui concerne le cinquième point, le lecteur consultera avantageusement des ouvrages spécialisés, comme *La Décoration* publiée dans la même collection.

Les modes d'application de la peinture

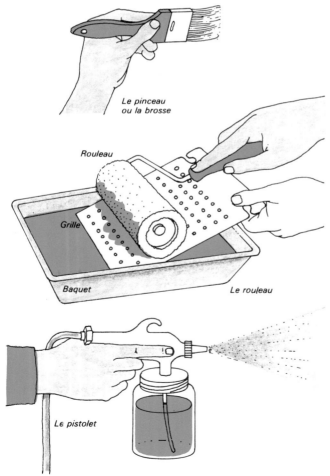

Le pinceau ou la brosse

Rouleau — *Grille* — *Baquet* — *Le rouleau*

Le pistolet

Les supports

Ils sont également appelés « subjectiles ». Ils peuvent être classés, d'après leur nature, dans l'une des catégories suivantes :
- enduits et ouvrages à base de plâtre,
- béton et enduits en mortier,
- bois et dérivés,
- fers et dérivés,
- autres métaux,
- autres cas...

Chaque support a des particularités propres, telles que porosité, rugosité, oxydabilité, agressivité chimique, dont il faut tenir compte lors du choix des produits et de leurs conditions d'application. C'est donc à partir de la nature du support qu'il importe d'aborder les problèmes posés par les peintures, vernis et enduits. On se reportera à ce sujet aux indications fournies page 187.
Bien évidemment, les composants de ces produits sont aussi à prendre en considération, aussi se trouvent-ils précisés au paragraphe suivant.

Les composants d'une peinture

Une peinture est composée de trois éléments principaux : le liant, les pigments et le solvant.

Le liant
Le liant, ou élément non volatil de la peinture, reste adhérent au support. On distingue :
- les liants organiques : huile de lin et ses dérivés (de moins en moins employée), et résines : glycérophtaliques, époxydes, vinyliques, acryliques, silicones et dérivées du caoutchouc ;
- les liants minéraux : silicates ou fluosilicates.

Les pigments
Leur rôle est de colorer, d'opacifier et aussi de renforcer le pouvoir protecteur des liants. On peut distinguer les pigments selon :
- leur caractère chimique : minéraux, organiques, métalliques ;
- leur spécificité : protection antirouille, résistance à la chaux, résistance à la chaleur, résistance à la lumière et résistance aux agents agressifs ;
- leur toxicité.

Ainsi, certains pigments toxiques sont à exclure pour peindre certains ouvrages, réservoirs à eau potable par exemple, pour lesquels il convient de s'assurer que la peinture utilisée est autorisée.
Nota : Les pigments ne doivent pas être confondus avec les matières de charge à faible pouvoir colorant et opacifiant, tels certains sulfates ou carbonates, le talc, le mica ou le kaolin, qui sont destinés à faciliter la mise en suspension des pigments dans le liant ou à améliorer les qualités mécaniques de la peinture (dureté ou souplesse du film).

Le solvant
Par définition, un solvant est un produit volatil que l'on incorpore à une peinture pour augmenter sa fluidité et faciliter son application. Il doit donc être compatible avec le liant, mais, puisqu'il est destiné à s'évaporer, il n'influe pas sur la qualité des peintures.
Parmi les solvants, on peut citer : l'essence de térébenthine, le white-spirit, le benzène, les alcools, les éthers, les esters et les cétones.

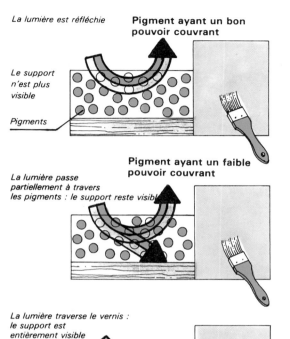
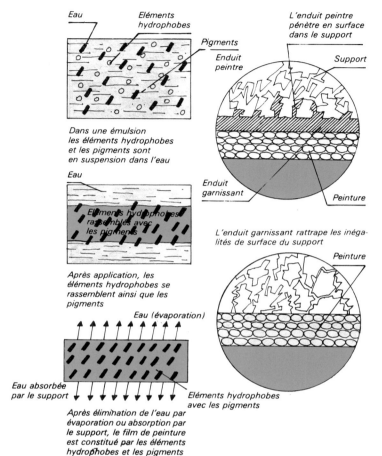

Cas particulier des émulsions
Le solvant peut être remplacé par de l'eau. Dans ce cas, il n'y a pas dissolution du liant mais mise en suspension des éléments solides.

Autres composants
Les principaux sont :
• les siccatifs, destinés à faciliter le séchage ;
• les adjuvants ou agents chimiques développant certaines propriétés : plastifiants, mouillants, antipeaux, épaississants, antireflets, contre le développement des champignons et moisissures ;
• les colles, qui entrent dans la composition de certaines peintures à l'eau.

Les composants d'un vernis

Les vernis sont des préparations non pigmentées composées, comme les peintures, de liants et de solvants, mais susceptibles de donner, par application en couches minces sur des supports convenablement préparés, des films adhérents et durs, généralement lisses, translucides et brillants.

Les composants des enduits

Les enduits de peintre
• l'enduit gras, à base d'huile de lin (10 %), de pigments (70 %), de solvant (1 %) et de blanc de craie ;
• l'enduit maigre, identique au précédent, mais la proportion de solvant peut atteindre 25 % ;
• l'enduit oléoglycérophtalique, contenant 12 % de liant ;
• l'enduit aux résines vinyliques ou acryliques, comprenant 10% de liant, appelé aussi enduit à l'eau.

Les enduits garnissants
Ils rattrapent les inégalités de surface du support et assurent éventuellement un aspect décoratif. Ils sont justiciables de la procédure de l'Avis Technique.

Les enduits d'imperméabilisation
Ils rattrapent les inégalités de surface du support, assurent éventuellement un aspect décoratif et, de plus, protègent des infiltrations d'eau dans la mesure où le support n'est susceptible que de faibles fissurations. Ils sont justiciables de la procédure de l'Avis Technique.

Les systèmes de peinture

Les aspects des peintures
Après application sur un support, les peintures se présentent sous l'un des quatre aspects suivants : laqué, brillant, satiné, mat.
L'aspect obtenu dépend de la préparation du support, du choix de la peinture et de la manière dont elle est appliquée. L'obtention d'un aspect laqué ou brillant exige qu'un soin particulier soit apporté à la préparation du support et à l'application de la peinture.
Outre sa participation à l'effet décoratif recherché, l'aspect d'une peinture a une influence certaine sur :
• l'ambiance lumineuse : l'aspect laqué ou brillant réfléchit plus la lumière que l'aspect mat ou satiné qui, lui, est plus reposant pour la vue ;
• les facilités d'entretien : l'aspect laqué ou brillant, qui retient moins les poussières et les salissures, est donc meilleur de ce point de vue. Son emploi fréquent dans les salles d'eau en est la meilleure illustration.

La durabilité des peintures et vernis
D'une façon générale, appliqués à l'extérieur, les vernis durent moins longtemps que les peintures. Ils doivent être refaits chaque année ou tous les deux ans là où une peinture tiendra en moyenne de cinq à huit ans.
De même, on constate que les peintures brillantes ou satinées ont en extérieur un meilleur comportement que les peintures mates. Toutefois, certaines peintures-émulsions mates donnent de bons résultats en extérieur.

Les travaux préparatoires
Ils sont extrêmement importants car ils conditionnent la qualité finale des opérations. D'une façon générale, les supports doivent être exempts de toutes matières nuisibles à l'adhérence, telles que :
— poussières,
— taches d'humidité ou efflorescences,

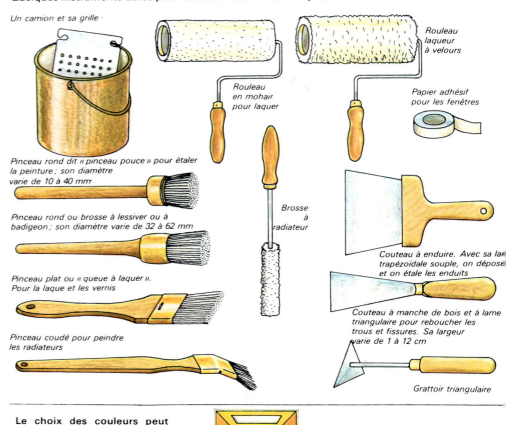

Quelques instruments utiles pour effectuer des travaux de peinture

Un camion et sa grille

Rouleau en mohair pour laquer

Rouleau laqueur à velours

Papier adhésif pour les fenêtres

Pinceau rond dit « pinceau pouce » pour étaler la peinture ; son diamètre varie de 10 à 40 mm

Pinceau rond ou brosse à lessiver ou à badigeon ; son diamètre varie de 32 à 62 mm

Brosse à radiateur

Pinceau plat ou « queue à laquer ». Pour la laque et les vernis

Couteau à enduire. Avec sa lame trapézoïdale souple, on dépose et on étale les enduits

Pinceau coudé pour peindre les radiateurs

Couteau à manche de bois et à lame triangulaire pour reboucher les trous et fissures. Sa largeur varie de 1 à 12 cm

Grattoir triangulaire

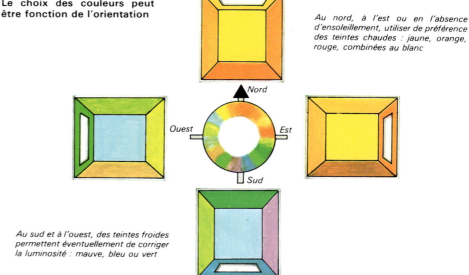

Le choix des couleurs peut être fonction de l'orientation

Au nord, à l'est ou en l'absence d'ensoleillement, utiliser de préférence des teintes chaudes : jaune, orange, rouge, combinées au blanc

Au sud et à l'ouest, des teintes froides permettent éventuellement de corriger la luminosité : mauve, bleu ou vert

— taches d'huile ou de graisse,
— mousses, lichens, champignons, moisissures, etc.,
— rouille, calamine, oxydes non adhérents, etc.

Les procédés usuels pour l'élimination de ces défauts sont décrits dans des ouvrages spécialisés ou dans de bons manuels de bricolage. Les plus simples sont le brossage, l'époussetage, le lavage, le dégraissage, le martelage, le piquage, etc.

En outre, certaines opérations permettent d'améliorer l'état de surface du support :
— l'égrenage, destiné à supprimer l'aspect granuleux des supports en plâtre ;
— le ponçage, pour obtenir un support lisse mais non glacé ;
— le rebouchage, pour faire disparaître les petites cavités, les fentes, les nœuds du bois, au moyen de mastics compatibles avec la nature du support et du système de peinture ou d'enduit peintre.

En définitive, la nature et l'état du support conditionnent à la fois les travaux préparatoires et le choix du système de peinture. Il convient d'ailleurs de noter que les couches d'impression, d'imprégnation, d'apprêts divers, etc., font partie intégrante des systèmes de peinture.

On trouvera donc, ci-contre, différents exemples de solutions possibles selon les supports.

Conseil
La bonne tenue d'une peinture est tout autant fonction de sa compatibilité avec le support que de la préparation de ce dernier.

Les travaux préparatoires

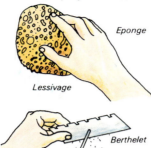
Eponge
Lessivage

Berthelet
Egrenage

Papier abrasif
Ponçage

Dégagement d'une fissure au grattoir

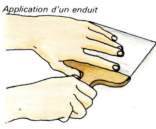
Application d'un enduit

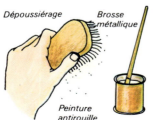
Dépoussiérage   Brosse métallique
Peinture antirouille

Quelques exemples de systèmes de peinture

Sur support plâtre en intérieur
Travaux préparatoires : au minimum brossage et époussetage.
Salles d'eau : peinture à l'huile de lin ou glycérophtalique (1 couche d'impression, 1 couche intermédiaire, 1 couche de finition).
Autres salles : peinture émulsion vinylique ou acrylique (1 couche d'impression, 1 couche de finition).

Sur support béton ou mortier
Travaux préparatoires : au minimum brossage et époussetage.
Salles d'eau : peinture à l'huile de lin ou glycérophtalique (1 ou plusieurs couches isolantes au caoutchouc chloré ou isomérisé, 1 couche intermédiaire — huile de lin ou glycérophtalique —, 1 couche de finition).
Autres salles : peinture émulsion vinylique ou acrylique (1 couche impression diluée, 1 couche de finition).
En extérieur : peinture émulsion vinylique ou acrylique (2 couches) ou peinture aux vernis résineux, tel pliolite — styrène butadiène (1 couche additionnée de solvant, 1 ou 2 couches de finition).

Sur support bois
Travaux préparatoires : ponçage et masticage.
Résineux : 1 couche d'impression isolante à base de résine formophénolique, 2 couches de peinture à l'huile de lin ou glycérophtalique.
Feuillus : 1 couche d'impression demi-grasse ou maigre (bois tendre ou mi-dur) ou 1 enduit bouche-porage + 1 couche d'impression demi-grasse (chêne), puis 2 couches de peinture à l'huile de lin ou glycérophtalique.
Tropicaux : 1 couche isolante appropriée à l'essence, 2 couches de peinture à base de liant compatible avec la couche isolante.
Panneaux de particules : 1 enduit peintre (si surface brute), 1 couche isolante à base de caoutchouc chloré, 2 couches de peinture à l'huile de lin ou glycérophtalique.

Sur support en fer non galvanisé et dérivés
Travaux préparatoires : au minimum dégraissage, élimination de la rouille, brossage et époussetage, etc.
1 couche anticorrosion à l'huile de lin ou glycérophtalique avec pigments inhibiteurs (minium, chromate de zinc), 2 couches de peinture à l'huile de lin ou glycérophtalique.
Nota : En atmosphère marine, prévoir 2 couches anticorrosion.

Sur support en fer galvanisé et en métal autre que fer et dérivés
Travaux préparatoires au minimum : dégraissage, brossage et époussetage.
1 couche de peinture primaire à réaction (wash-primer), 2 couches de peinture à l'huile de lin ou glycérophtalique.
Nota : Sur toutes pièces galvanisées, la couche primaire à réaction est absolument indispensable pour éviter le décollement du film de peinture.

N.B. Pour avoir plus de détails concernant ce sujet, se reporter au volume de la collection intitulé *Le Bricolage*.

Les ouvrages de serrurerie

Sous le nom de serrurerie-quincaillerie, on regroupe l'ensemble des équipements et ouvrages métalliques employés dans une maison individuelle.
La serrurerie recouvre en particulier tous les ouvrages qui nécessitent un certain façonnage (grilles, portails, auvents métalliques, etc.), les éléments de structure (poutrelles de planchers, etc.) et, bien sûr, les accessoires de serrurerie comme serrures, crémones et verrous.
La quincaillerie est composée de toutes les pièces qui ne demandent pas un usinage ou un façonnage élaboré : clous, vis, ferrures de portes et de fenêtres, tringles de rideaux, etc.

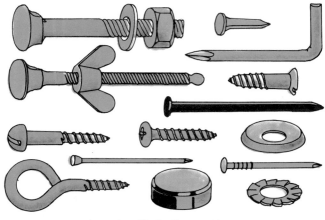

La quincaillerie d'assemblage

Les principaux produits utilisés

Le fer, employé au début du siècle, a fait place à l'acier doux, aux aciers spéciaux, comme l'acier inoxydable, ou aux alliages légers, laminés ou tréfilés par passage des lingots du métal de base à travers filières et laminoirs. Sont ainsi produits les poutrelles et les laminés marchands : cornières, fers à T, fers plats, ronds et carrés, tôles, tubes, fils de fer.

Produits laminés

Les produits laminés comme les poutrelles, cornières, fers à T, plats, etc., entrent dans la nomenclature de la serrurerie...

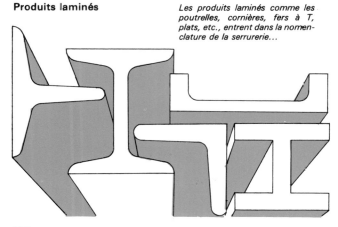

Les ouvrages de structure

Dans une maison individuelle, les éléments de structure du domaine de la serrurerie sont :
- **les fermes de charpente** : réalisées en laminés marchands reposant sur des murs porteurs ou poteaux, elles conviennent bien à des couvertures légères, mais, en cas d'incendie, elles ont le grave inconvénient de se déformer sous l'action des flammes, déformation pouvant entraîner la ruine de la maison ; elles sont par contre d'une grande durabilité si la peinture anticorrosion qu'on aura pris la précaution d'appliquer est entretenue périodiquement ;
- **les planchers** : pour la construction de maisons neuves, le plancher en poutrelles métalliques, avec hourdis en plâtre, voûtains en briques pleines ou hourdis de terre cuite, est abandonné au profit du plancher à poutrelles en béton armé ou en béton précontraint, avec corps creux céramique ou béton ;
- **les linteaux** : comme pour les planchers, les profilés métalliques sont davantage employés pour les rénovations, soit en remplacement de linteaux de solidité douteuse, soit pour créer un linteau lors du percement d'une nouvelle baie ;
- **les chaînages** : les chaînages à base de seules pièces métalliques n'existent que dans les maisons anciennes (voir page 310).

Les ouvrages d'équipement

Les ouvrages finis, tels que châssis d'éclairement verticaux ou inclinés, marquises, auvents, vérandas, barreaudages, garde-corps, clôtures et portails, sont fabriqués à partir de laminés marchands (cornières, fers à T, plats, ronds et carrés, tôles et tubes). Coupés aux dimensions prévues, dressés, façonnés, percés, ils sont ajustés pour réaliser des assemblages vissés, rivés, boulonnés ou soudés.
- **les châssis d'éclairement** sont scellés dans les tableaux des baies qu'ils obturent. Ils peuvent comporter des parties ouvrantes et des parties fixes ou dormants. Les vantaux, montés sur paumelles, sont munis de loqueteaux de fermeture.
- **les auvents et marquises** sont des petites toitures vitrées qui protègent les portes d'accès de la maison contre les intempéries (pluie, neige, vent). Elles comportent un, deux ou trois versants, avec ou sans croupe, et peuvent recevoir des joues placées en général du côté des vents dominants.
- **la véranda** est un ensemble avec parois et toiture vitrée adossée à une ouverture de façade. Elle peut jouer le rôle de jardin d'hiver ou de serre. Par le moyen de parties mobiles coulissantes, elle s'ouvre parfois sur le jardin extérieur pendant la belle saison.
- **les barreaudages** en fer rond plein, d'un diamètre de 16 à 20 mm, à l'espacement de 11 cm, placés en position verticale ou horizontale, défendent les baies des sous-sols et des pièces annexes (appentis, w.-c.) où la mise en place de fermetures d'occultation n'est pas nécessaire. Pour leur scellement dans la maçonnerie des tableaux, leurs extrémités sont façonnées en pattes à scellement.

Les garde-corps équipent balcons et fenêtres

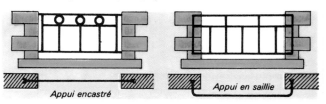

Exemple d'ouvrages de serrurerie permettant de larges surfaces vitrées en façade

- **les garde-corps** (fenêtres, balcons, escaliers) sont exécutés en fers plats ou carrés, en tubes ronds, droits ou cintrés (voir page 156). Ils comportent généralement des montants et traverses recevant des barreaux verticaux, inclinés ou forgés suivant un motif décoratif de plus faible section servant de remplissage. Les montants sont scellés :
— dans les façades et les dalles de balcons à une distance raisonnable des angles, parties fragiles qu'il faut éviter de rompre ;
— dans les limons et les marches d'escaliers.
Un montant est nécessaire au départ, à l'arrivée et à chaque changement de direction.
- **les clôtures et portails** sont traités pages 272-273.
D'une manière générale, on évite de donner aux ouvrages métalliques exposés au soleil des longueurs exagérées. Par dilatation de l'acier, ils se déformeraient et des descellements pourraient se produire. D'autre part, les ouvrages doivent rester calés et étayés pendant le temps de durcissement des mortiers de scellement.

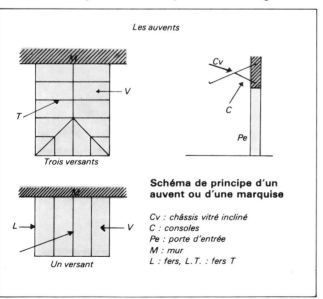

Schéma de principe d'un auvent ou d'une marquise

Cv : châssis vitré incliné
C : consoles
Pe : porte d'entrée
M : mur
L : fers, L.T. : fers T

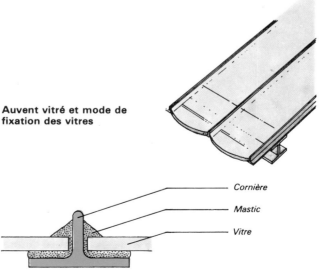

Auvent vitré et mode de fixation des vitres

Cornière
Mastic
Vitre

Les serrures

La serrure, en bois à l'origine, puis en fer, est devenue au XVe siècle une œuvre d'art avec sculptures dans la masse, taille au ciseau et au burin et ornements divers. Sous Louis XIV apparaissent les premières serrures en bronze ciselé et doré.
Toute serrure est composée :
- d'un boîtier de mécanisme, fixé sur l'ouvrant et comportant un pêne, pièce mobile de verrouillage ;
- d'une gâche, fixée sur le dormant et recevant le pêne de verrouillage actionné par clé ou bouton.

En fonction du mode de pose, on distingue les serrures apparentes et les serrures à larder ou à mortaiser.
- **Les serrures apparentes**, posées en applique sur leur face intérieure, équipent la plupart des portes anciennes. En longueur (14 cm environ) elles sont dites « horizontales à cadre » et sont placées sur la traverse intermédiaire des portes assemblées à panneaux. En largeur (7 à 8 cm environ), elles se posent sur le montant des portes sans traverse (portes vitrées par exemple).
- **Les serrures à larder ou à mortaiser** sont noyées dans l'épaisseur des nouvelles portes. Elles sont généralement verticales et le coffre, de forme parallélépipédique, est placé dans un logement réalisé par mortaisage. Il existe aujourd'hui des serrures modernes horizontales dont le coffre a la forme d'un cylindre.

Les serrures à pêne dormant
Le pêne se déplace par translation sous l'action d'une clé, parfois d'un bouton. Il est immobilisé en position de fermeture par un dispositif de verrouillage à ressort. Il ferme à un tour si un seul tour de la clé suffit pour le déplacer complètement. S'il faut deux tours, la serrure est dite à pêne dormant double tour. Ce type de serrure constitue une sécurité minimale.

Les serrures à deux pênes
La serrure comprend un pêne dormant mû par la clé et un pêne demi-tour commandé par un bouton (serrure à fouillot) ou par un « cor de chasse » (serrure à tirage). Elle combine les deux systèmes précédents.

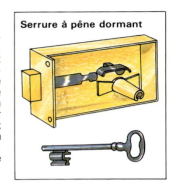
Serrure à pêne dormant

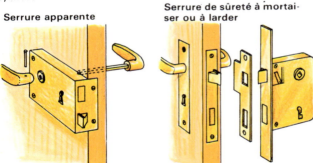
Serrure apparente — **Serrure de sûreté à mortaiser ou à larder**

Les différentes sortes de serrures

Les serrures à bec-de-cane
Elles comportent un pêne demi-tour manœuvrable par un bouton ou un carré d'ouverture (serrure à fouillot). L'extrémité du pêne est coupée en sifflet à 32° ou 45° s'effaçant à la fermeture en rencontrant la gâche. Dès qu'il échappe du bord saillant de la gâche, un ressort le pousse dans la position d'immobilisation du vantail. L'ouverture se fait par la seule manœuvre du bouton, ce qui ne constitue pas une sûreté à proprement parler.

Bec de canne à boutons (pêne réversible)
◀ Cette serrure n'a pas de main et son sens est indifférent

Serrures horizontales à bec de cane	
Modèles	Utilisation
Bec-de-cane sans condamnation (Intérieur / Extérieur)	Couloir, Chambre, Cuisine
Bec-de-cane à condamnation (Intérieur / Extérieur)	Salle de bain, W.-C., Chambre

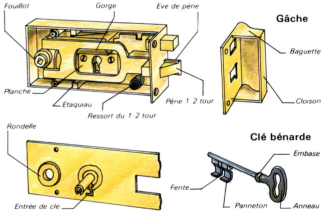
Pêne dormant et demi-tour, simple, à fouillot, à gauche en tirant

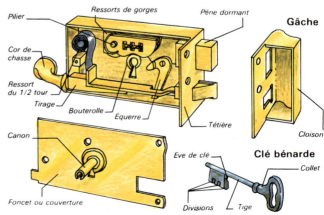
« Sûreté horizontale à gorges à tirage », à gauche en tirant

Les serrures de sûreté à gorges mobiles

Les serrures à pêne dormant sont relativement faciles à crocheter, c'est-à-dire à ouvrir avec un outil autre que la clé. Des mécanismes plus efficaces permettent d'améliorer la sécurité. Les serrures de sûreté à gorges multiples comprennent deux, trois, quatre ou six gorges, qui sont des plaques minces évidées soumises à l'action de petits ressorts ou paillettes. La clé a un profil tel que son mouvement de rotation permet de soulever les gorges dans une position dégageant le fonctionnement du pêne, qu'elle entraîne alors.

Les serrures de sûreté à pistons (ou à barillet)

Il s'agit d'un bloc de sûreté cylindrique ou profilé, constitué d'un stator à l'intérieur duquel un rotor mobile est verrouillé au repos par des goupilles. L'introduction de la clé plate fait coïncider les surfaces de contact entre pistons et goupilles avec la surface de révolution du rotor. La rotation alors possible de celui-ci entraîne le déplacement du pêne. Ce système est encore plus efficace que le précédent.

Bloc de sûreté à pistons avec sa clé

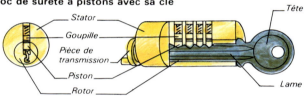

Serrures horizontales de sûreté	Modèles	Utilisation
Intérieur Extérieur	Serrure de sûreté à barillet avec poussoir tournant dans bouton intérieur	Porte d'entrée
Intérieur Extérieur	Serrure de sûreté à barillet à tour complet	Porte d'entrée de pavillon
Intérieur Extérieur	Serrure de sûreté à barillet à poussoir simple dans bouton intérieur	Chambre

Marque de conformité aux normes françaises

Les serrures répondant aux spécifications des normes françaises les concernant peuvent recevoir le cas échéant la marque de conformité N.F.-S.N.F.Q. (Norme française - Syndicat national des fabricants de quincaillerie.)

Les serrures de sûreté à pompe

Le déplacement des différents éléments du bloc de sûreté se fait parallèlement à l'axe ou dans des plans radiaux. La clé, taillée en bout, actionne des barrettes ou des lames coulissantes, de telle sorte que, déverrouillant leur support, la rotation de la clé devient possible. La sécurité est équivalente au bloc de sûreté à pistons.

Clé de serrure à pompe

Les autres serrures de sécurité

Il existe d'autres blocs de sûreté :
• **à paillettes** : les pistons de blocage sont remplacés par des plaquettes,
• **à gorges** : une gorge pivotante déborde du rotor au repos, réalisant le verrouillage,
• **à cames** : la pièce de verrouillage, poussée par un ressort, se loge dans les « passages » des cames alignées par la clé, autorisant la révolution du rotor.

La clé plate peut comporter plusieurs branches, chacune agissant sur un groupe d'éléments de sûreté. Plus le nombre de combinaisons possibles est élevé, plus il devient impossible de manœuvrer la serrure sans sa clé d'origine.

Bloc de sûreté à paillettes

Clé à trois branches actives

Clé à quatre branches actives

Main et sens d'une serrure

La serrure a une « main » si elle diffère suivant qu'elle est placée sur un vantail ouvrant à droite ou ouvrant à gauche. La serrure doit être « à droite » ou « à gauche ».

Le sens d'une serrure comportant un pêne demi-tour dépend de l'orientation du biseau du pêne. La serrure est dite « en tirant » ou « en poussant », lorsqu'un observateur, placé du côté de la serrure et ouvrant la porte, ouvre en tirant ou en poussant.

La serrure en applique est placée à l'intérieur du local à fermer. La porte développant généralement à l'intérieur du local à fermer, les serrures ont alors le sens « en tirant ».

Il existe quatre types de serrures en applique et seulement deux types de serrures encastrées à organes de manœuvre symétrique. Pour ces dernières, la serrure « à droite en tirant » équivaut à la serrure « à gauche en poussant »; celle « à gauche en tirant » est l'équivalente de la serrure « à droite en poussant ».

Main et sens dans les serrures en applique de bâtiment

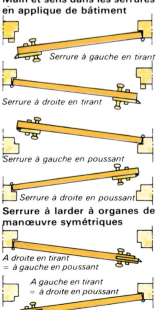

Les crémones

La crémone est un appareil de fermeture à rappel dans lequel la rotation d'un organe de manœuvre, généralement simple et non amovible, agit, par un mécanisme contenu dans une boîte, soit sur une tringle unique, soit sur deux tringles coulissant simultanément en sens inverse. Le rappel permet d'appliquer l'ouvrant avec une certaine force pour l'amener en position définitive de fermeture.

On utilise une crémone pour la fermeture des fenêtres à un ou deux vantaux, et des portes à un ou deux battants. Sur les portes, la crémone peut comporter une serrure, généralement à bloc de sûreté, qui condamne les tringles et le pêne dormant latéral (verrouillage en trois points). Chacune des tiges de crémone peut actionner en plus un verrou à pêne latéral, réalisant alors un verrouillage à cinq points (voir page 150).

On trouve des crémones en fonte, en alliage léger, en bronze, en acier à peindre, en acier chromé ou en acier inoxydable.

Les tringles sont pleines, profilées, ou creuses, de sections méplate, carrée, demi-ronde ou ronde (portes cochères).

La partie du mécanisme transformant la rotation de l'organe de manœuvre en une translation double, parallèle à l'axe du montant, peut être à excentrique, à crémaillères, à engrenages, à bielles et manivelle.

Une crémone est « à droite » si elle est montée sur un vantail à droite, c'est-à-dire un vantail qui se ferme en tournant à droite par rapport à son axe de rotation. Elle est « à gauche » si le vantail se ferme en tournant vers la gauche par rapport à l'axe de rotation. Dans les fenêtres à deux vantaux, les crémones sont généralement à droite.

Pose en applique

La boîte de la crémone, les tringles et les garnitures sont apparentes. Les garnitures comprennent :

- les coulisseaux intermédiaires (ou conduits), qui empêchent les tringles de flotter,
- une gâche haute et une gâche basse fixées sur le dormant, qui assurent le verrouillage.

La manœuvre s'effectue au moyen d'un bouton, d'une poignée, d'un levier ou d'une clé à carré. Elle peut être à double commande, une poignée de fonctionnement existant sur chacune des faces du vantail.

Les crémones normalisées pour menuiseries en bois doivent avoir un encombrement en largeur, ou largeur maximale de boîte, inférieur à 35 mm.

Pose encastrée

Dans une menuiserie métallique, la boîte est logée à l'intérieur, les tringles peuvent coulisser dans le montant tubulaire en tôle pliée ou être fixées en feuillure sur le profilé.

Dans une menuiserie en bois, le logement de la boîte peut être :

- une mortaise perpendiculaire aux faces de la menuiserie (crémone à encastrer),

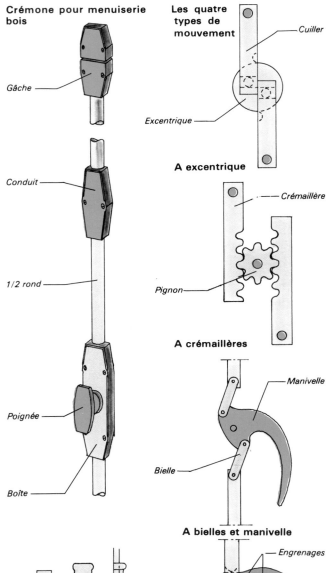

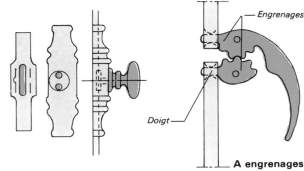

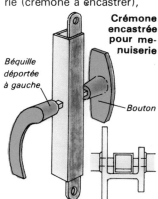

192

Logement pour crémone

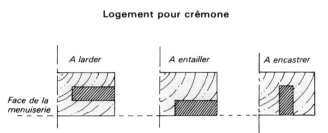

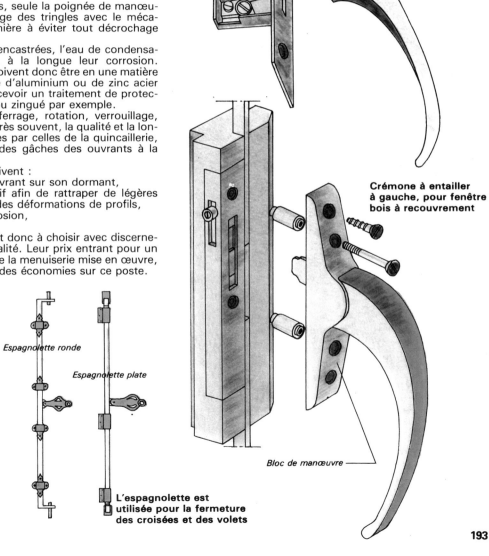

Crémone à encastrer à levier pour menuiserie bois à gueule de loup

- une mortaise aménagée à partir de deux faces perpendiculaires du montant (crémone à entailler),
- une mortaise parallèle aux faces de la menuiserie et aménagée dans son épaisseur (crémone à larder).

Dans ces modèles de crémones, seule la poignée de manœuvre est apparente. L'assemblage des tringles avec le mécanisme doit être conçu de manière à éviter tout décrochage accidentel.

Dans les boîtes et les tringles encastrées, l'eau de condensation peut stagner, entraînant à la longue leur corrosion. N'étant pas accessibles, elles doivent donc être en une matière résistant à la corrosion, alliage d'aluminium ou de zinc acier inoxydable par exemple, ou recevoir un traitement de protection de surface, acier cadmié ou zingué par exemple.

Les organes de quincaillerie, ferrage, rotation, verrouillage, jouent un rôle très important. Très souvent, la qualité et la longévité des fenêtres sont limitées par celles de la quincaillerie, notamment des crémones et des gâches des ouvrants à la française.

Les organes de verrouillage doivent :
- permettre un serrage de l'ouvrant sur son dormant,
- assurer un serrage progressif afin de rattraper de légères variations dimensionnelles ou des déformations de profils,
- résister à l'usure et à la corrosion,
- être démontables.

Les articles de quincaillerie sont donc à choisir avec discernement, parmi des articles de qualité. Leur prix entrant pour un faible pourcentage dans celui de la menuiserie mise en œuvre, on ne cherchera pas à réaliser des économies sur ce poste.

Crémone à entailler à gauche, pour fenêtre bois à recouvrement

L'espagnolette, une variante qui ne manque pas de chic

Utilisée couramment, avant l'invention de la crémone, pour la fermeture des fenêtres ou des portes à double vantail, l'espagnolette est un système de fermeture simple et de bon goût, que l'on rencontre souvent dans les constructions anciennes et, dans certains cas, modernes. L'espagnolette est constituée par une tige de longueur fixe que l'on fait pivoter par une poignée afin de libérer (ouverture) ou d'emprisonner (fermeture) un tenon fixé dans la maçonnerie.

Espagnolette ronde

Espagnolette plate

L'espagnolette est utilisée pour la fermeture des croisées et des volets

Bloc de manœuvre

193

Le ferrage des menuiseries

Les ferrures des portes et des fenêtres servent :
- à solidariser les dormants avec les murs et les cloisons,
- à consolider les assemblages et les rendre indéformables,
- à permettre les mouvements des parties ouvrantes ou à les immobiliser.

Les pattes à scellement

La fixation des dormants aux murs et aux cloisons se fait au moyen de pattes à scellement constituées par un fer plat, de 2 à 4 mm environ d'épaisseur, fendu à une extrémité ; les deux branches obtenues sont écartées l'une de l'autre « en queue de carpe » pour obtenir une bonne liaison avec le mortier de scellement. L'autre extrémité est percée pour le passage de la vis à bois à tête fraisée, ce qui permet de la fixer sur le dormant en bois.

Les pattes de scellement sont soudées directement aux huisseries métalliques. Normalisées, elles sont longues de 90, 110, 140 et 160 mm. L'acier employé est à protéger contre l'oxydation par une peinture anticorrosion ou une galvanisation.

Compte tenu des fortes épaisseurs d'isolant thermique à prévoir pour être conforme aux règlements sur les économies d'énergie, on utilise de plus en plus des pattes à scellement très longues enrobées dans des « polochons » de mortier.

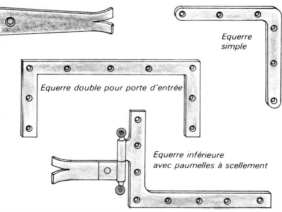

Patte à scellement en « queue de carpe »

Equerre simple

Equerre double pour porte d'entrée

Equerre inférieure avec paumelles à scellement

Les équerres servent à consolider les assemblages des menuiseries en bois, ou sont associées à des ferrures de rotation

Les équerres

La consolidation des assemblages des menuiseries en bois se fait au moyen d'équerres en acier, simples ou doubles, qui maintiennent les deux angles contigus d'un cadre. Les équerres simples de menuiseries courantes sont normalisées : épaisseur de 2 à 3 mm environ, branches de 22 mm de largeur et 160 ou 190 mm de longueur. Elles peuvent être à angles vifs aux extrémités, et sans congé[1] dans l'angle rentré du coude. Elles sont percées de trois trous de fixation par branche pour le passage de vis à bois à tête fraisée. L'acier est à protéger contre l'oxydation par peinture ou galvanisation.

On incruste les équerres dans le bois en réalisant une entaille au ciseau à bois. Elles doivent être placées autant que possible à la hauteur des paumelles. Pour les ouvrants à la française, la norme prévoit la pose de quatre équerres de 160 mm par vantail jusqu'à 1,05 m de hauteur et de 190 mm à partir de 1,15 m de hauteur. Les sections sont choisies en fonction du poids du vantail à consolider. Pour des portes importantes, on associe les équerres à des ferrures de rotation.

Les ferrures de rotation

Les ferrures de rotation sont, suivant l'importance du vantail, des pentures à gond, des paumelles, des charnières ou des fiches.

Pentures à gond

Les pentures à gond sont utilisées pour des portails lourds en bois massif. Une des extrémités du fer plat dans lequel elles sont réalisées comporte un œil qui coiffe la tige du gond, scellé dans la maçonnerie ou vissé dans le bois ou le métal. Au nombre de trois par vantail, elles sont fixées par boulons et vis à tête fraisée. Elles sont souvent renforcées par élargissement de l'extrémité portant l'œil.

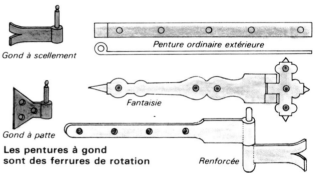

Gond à scellement — *Penture ordinaire extérieure*

Gond à patte — *Fantaisie*

Renforcée

Les pentures à gond sont des ferrures de rotation

Paumelles

Les paumelles équipent les portes et les fenêtres classiques. Elles sont en acier doux blanchi, galvanisé, cadmié ou chromé, en acier inoxydable ou en laiton.

Elles sont composées de deux branches. La première dite mâle, comprend une lame de fixation percée de trois ou quatre trous par où passent les vis de fixation, l'attache du nœud et le nœud qui porte la broche de rotation. La deuxième, dite femelle, comprend la lame de fixation et un nœud qui vient recouvrir la broche. Une bague en laiton entourant la broche adoucit le frottement à l'ouverture et à la fermeture.

Les paumelles normalisées pour menuiserie en bois ont des longueurs de lames variant de 80 à 220 mm (paumelles roulées), de 80 à 250 mm (paumelles soudées), de 80 à 350 mm (paumelles façon picarde).

D'après la position de l'attache sur le nœud, la lame est droite, au centre ou tangente. D'après la forme de l'attache, les lames peuvent être plates, coudées, coudées-contrecoudées, contrecoudées.

Les paumelles sont ferrées sur les chants du dormant et de l'ouvrant, c'est-à-dire en feuillure. Elles sont donc inaccessibles lorsque le vantail est fermé.

Les paumelles sont « à droite » ou « à gauche » suivant le sens d'ouverture. Une paumelle est dite « à droite » lorsque, la tenant dans la position de montage, c'est-à-dire le gond à la partie inférieure, on tient dans la main droite l'élément portant la broche. Elle est « à gauche » si l'élément portant la broche est à gauche.

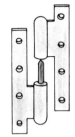
Paumelles à gauche

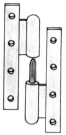
Paumelles à droite

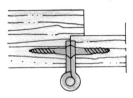

Paumelle roulée, à droite, de 140 x 60 à lames droites et plates

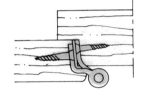

Paumelle soudée, à gauche, de 110 x 80 à lames au centre coudées - contre-coudées

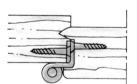

Paumelle roulée, à droite, de 110 x 60/70 à lames tangentes coudées

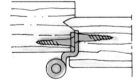

Paumelle roulée, à droite, de 100 x 70/80 à lames tangentes contre-coudées

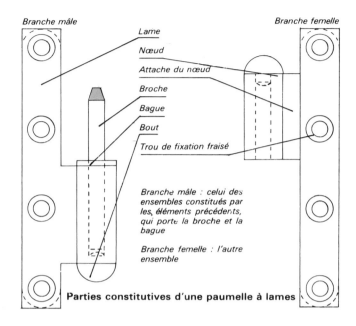

Parties constitutives d'une paumelle à lames

Fiches
Elles sont composées de deux branches, formées chacune d'une douille et d'une tige de fixation filetée. Une des douilles porte la broche de rotation. Les fiches, par vissage, pénètrent plus ou moins profondément dans le bois.
Un réglage des ouvrants par rapport au dormant est alors possible dans le sens horizontal, en vissant ou en dévissant suivant un nombre entier de tours.

Autres éléments de rotation : les Fiches

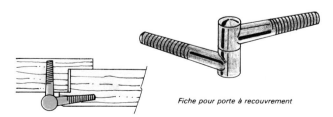

Fiche pour porte à recouvrement

Charnières
Les charnières, plus petites que les paumelles, équipent des éléments légers tels que châssis, portes de placards ou meubles. Elles comportent trois ou quatre nœuds et peuvent être à broche sortante. Certaines charnières dites « à piano » mesurent jusqu'à 2 m de longueur.

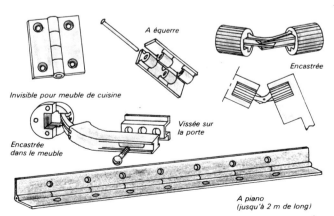

195

5. les éléments du confort

244. L'aération de la maison
246. L'installation de ventilation

264. Les antennes, et la Hi-Fi

256. L'éclairage électrique
248. Le confort électrique
254. Les ressources de l'appareillage électrique
260. A chaque pièce ses éclairages

262. Le téléphone et le portier électronique
198. Les branchements

250. Les circuits électriques
255. La pose du matériel électrique
258. Les systèmes d'éclairage

224. Quelle source d'énergie choisir pour le chauffage ?
222. Les systèmes de chauffage
226. Les générateurs de chaleur

228. Le chauffage central à eau chaude

230. Les canalisations de chauffage
231. Les corps de chauffe
232. La régulation du chauffage

240. Les réservoirs de fuel domestique

220. Le confort thermique

252. La protection contre les risques d'électrocution

234. Le gaz dans la maison
236. Le stockage du gaz butane, propane

221. Les températures extérieures de référence

206. Des évacuations sans odeurs ni bruits
204. La collecte des eaux
208. Le rejet des effluents

200. L'eau, son circuit dans la maison

216. Les appareils sanitaires
217. Les éviers
218. Les baignoires et les douches
219. Les lavabos, bidets et W.-C.

212. La robinetterie
213. Les robinets à clapet
214. Les mitigeurs

210. La production d'eau chaude

242. L'installation de stockage de fuel domestique

202. Le réseau de distribution d'eau
203. Contre le tartre et la corrosion

Les branchements

Les branchements permettent de relier la maison aux réseaux d'alimentation d'électricité, de gaz, de téléphone, d'eau et aux réseaux d'évacuation que sont les égouts. Ces cordons ombilicaux de la maison sont indispensables pour assurer le confort moderne. Lors du choix d'un terrain, on doit naturellement vérifier que les branchements seront possibles.

Les formalités à accomplir
Les premières indications concernant les possibilités de branchements figurent sur le certificat d'urbanisme délivré au futur propriétaire par la D.D.E. (voir page 32) au moment de l'acquisition de son terrain.
Il lui appartient alors de contacter chaque concessionnaire (eau, gaz par exemple), ainsi que la collectivité locale (municipalité) afin de se faire préciser, dans chaque cas, les conditions particulières de raccordement, de se mettre en règle avec les formalités éventuelles de taxe d'équipement (voir page 57) et enfin de faire réceptionner les travaux par les services d'exploitation.

Qui fera les travaux de branchements ?
Les travaux de branchements sont réalisés :
* pour l'électricité, le gaz et l'eau : soit par les entreprises choisies par le propriétaire, soit obligatoirement par les services des concessionnaires (ce point est donc à faire préciser cas par cas, pour chaque fluide) ;
* pour les eaux usées et les eaux vannes : par l'entreprise du particulier, en accord avec le service des égouts ;
* pour le téléphone : par les P.T.T.

Les dispositions générales des branchements
Les branchements de gaz, d'eau potable, ainsi que les évacuations d'eaux usées et d'eaux pluviales sont toujours enterrés. Par contre, les câbles électriques et téléphoniques peuvent être aériens ou enterrés. Toutefois, dans le souci de plus en plus affirmé de préserver les sites, la tendance est aux branchements enterrés.
Afin de faciliter les relevés de consommation, les compteurs d'électricité, de gaz et d'eau sont placés de plus en plus souvent en limite de propriété, donc pratiquement en tête des branchements correspondants.

La pose en tranchées
Suivant la disposition des lieux, les différents branchements, s'ils sont de type enterré, peuvent passer dans une tranchée unique ou dans plusieurs tranchées distinctes. Il convient, de toute façon, de respecter alors les dispositions suivantes :
Isolation entre réseaux : les distances entre les réseaux sont précisées dans le tableau ci-contre. Pour des questions d'opportunité, le branchement d'eau potable doit être placé de préférence au-dessus du raccordement à l'égout et en dessous des autres branchements.
Profondeurs minimales : elles sont :
* pour l'électricité, de 0,70 m,
* pour le gaz et le téléphone, de 0,80 m,
* pour l'eau, de 0,80 à 2 m selon les nécessités de protection contre le gel (0,80 m dans le Midi, 1 m dans la région parisienne, 1,20 m dans l'Est et le Centre, etc.),
* pour les eaux usées et les eaux vannes, de mêmes profondeurs que pour l'eau potable avec, de plus, l'obligation de respecter une pente de 3 % vers l'égout.
Lit de pose : en fond de tranchée, les zones impropres ou agressives doivent être purgées et comblées, puis il est mis en place un lit de pose en sable ou sablon légèrement compacté.

Tableau donnant les distances minimales entre réseaux de branchement

Distances (en m)	Gaz	Électricité (basse tension)	P.T.T.	Eaux usées	Eaux de pluie
Eau	0,50	0,20	P 0,50 C 0,30	0,20	0,20
Gaz		0,20	P 0,50 C 0,30	P 0,50 C 0,20	P 0,50 C 0,20
Électricité			P 0,50 C 0,30	P 0,50 C 0,20	P 0,50 C 0,20
P.T.T.				P 0,50 C 0,30	P 0,50 C 0,30
Eaux usées					0,30

P : parallèlement. - C : croisement.

Exemple de branchements en 2 tranchées

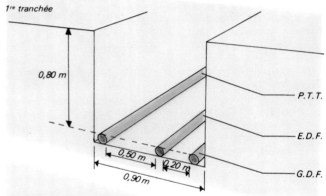

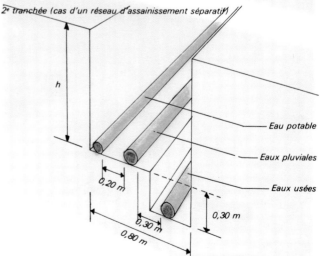

Avec h = « garde au gel » (0.60 mètre en région parisienne)

Remblaiement : après pose, les canalisations sont rapidement protégées par une couche de sable ou sablon de 15 à 20 cm. Les tranchées sont alors remblayées en matériaux non perforants. Avant la dernière couche, on dispose un grillage avertisseur de teinte appropriée. Lors de travaux éventuels, il signalera la présence d'un réseau.
Plan de récolement : afin de pouvoir accéder facilement aux branchements en cas de besoin, il convient d'exiger de chaque entreprise qu'elle en fournisse les relevés en plan et en profondeur.

Les dispositions particulières des branchements
Electricité : les différentes parties du branchement se trouvent décrites page 250. Rappelons que le coffret de branchement (avec compteur, coupe-circuit général, etc.) est généralement implanté en limite de propriété (mur de clôture). Par contre, le disjoncteur de branchement marquant la limite de l'installation du concessionnaire se trouve placé dans la maison, sur le tableau général commandant toute la partie privée de l'installation.

Dans leur ensemble, les dispositions doivent être conformes aux règles du concessionnaire (E.D.F. ou autre).
Celui-ci réalise d'ailleurs assez généralement les travaux de raccordement jusqu'au disjoncteur de branchement. En ce qui concerne alors les coûts à prévoir, il convient de distinguer les cas suivants :
• le réseau d'alimentation est suffisant et proche :
Si le raccordement est aérien, les frais sont fonction :
— de la distance (de plus, il faut prévoir un ou plusieurs poteaux intermédiaires au-delà de 30 m de distance),
— du nombre de fils : l'alimentation en courant triphasé trois fils (220/380 V) coûte plus cher que celle en courant monophasé deux fils (220 V) ; voir définitions page 248.
Si le raccordement est souterrain, le terrassement de la tranchée (commun souvent à d'autres fluides) peut être laissé à la charge du particulier ; le concessionnaire compte alors simplement la fourniture et la pose du câble.
• le réseau d'alimentation nécessite un renforcement ou une extension :
C'est souvent le cas en zone rurale. Il convient alors de s'adresser au maire pour obtenir, si possible, l'inscription des travaux correspondants à un programme d'électrification ; seuls les travaux de branchements proprement dits resteront alors à la charge du particulier. En cas d'impossibilités administratives (maison trop isolée, délais trop longs, etc.), le futur propriétaire doit supporter intégralement les frais d'extension ou de renforcement du réseau.
Gaz : l'installation privée commence après le compteur, placé également, le plus souvent, en limite de propriété. La canalisation peut être réalisée suivant les indications du Gaz de France, en acier avec protection extérieure, en cuivre écroui ou en polyéthylène de haute densité.
P.T.T. : si le branchement est enterré, les fils sont placés dans des fourreaux protecteurs en P.V.C. ou en béton.
Eau : comme pour le gaz et l'électricité, le compteur est placé le plus souvent en limite de propriété. Le branchement proprement dit est généralement d'un diamètre intérieur de 20 mm et peut être réalisé en fonte, acier, P.V.C., polyéthylène, etc., selon les conseils de la compagnie distributrice.
Raccordement à l'égout : suivant les cas (voir page 208), le raccordement au réseau d'égout est possible ou non. S'il est possible, il peut être du type unitaire (toutes les eaux mélangées) ou du type séparatif (eaux pluviales distinctes des eaux ménagères et des eaux vannes).
Les canalisations posées avec pente de 3 % présentent un diamètre de l'ordre de 150 mm. Elles peuvent être réalisées en béton armé, grès, amiante-ciment ou P.V.C. (ces deux derniers matériaux étant cependant moins performants).

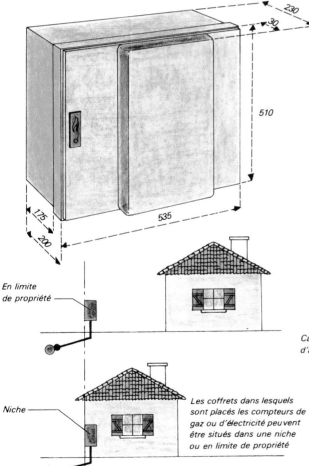

En limite de propriété

Niche

Les coffrets dans lesquels sont placés les compteurs de gaz ou d'électricité peuvent être situés dans une niche ou en limite de propriété

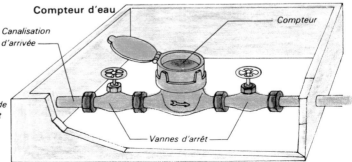

Compteur d'eau

Canalisation d'arrivée

Compteur

Vannes d'arrêt

L'eau, son circuit dans la maison

Les installations qui assurent l'alimentation en eau, ainsi que sa distribution et son évacuation, font désormais partie des équipements absolument indispensables au confort le plus élémentaire d'une maison.

La plomberie, qui est l'art de disposer dans une construction tout ce qui doit permettre la circulation et l'écoulement de l'eau, obéit à un certain nombre de règles, qu'il est essentiel de respecter pour bénéficier d'un fonctionnement donnant toute satisfaction aux utilisateurs.

La plomberie d'alimentation et de distribution
Il s'agit essentiellement de la desserte en eau, qui comprend :
- le réseau d'alimentation en eau froide (E.F.) qui assure l'arrivée d'eau et conditionne l'alimentation en eau chaude (E.C.),
- la production d'eau chaude sanitaire,
- la distribution en eaux froide et chaude qui assure aux appareils d'utilisation les débits nécessaires.

La plomberie d'évacuation
Il s'agit de l'évacuation des eaux polluées, pour laquelle on distingue :
- la récupération de ces eaux dans le périmètre du bâtiment, c'est-à-dire :
  — la collecte des eaux pluviales (E.P.), chargées de poussières et de débris végétaux,
  — la collecte des eaux usées (E.U.), qui englobent les eaux vannes (E.V.), provenant des w.-c. et contenant essentiellement les matières fécales, et les eaux ménagères (E.M.), des toilettes et de la cuisine, contenant des savons, des chlores, des détergents et des déchets ;
- le rejet des eaux à l'extérieur du bâtiment.

Les eaux ainsi collectées (E.M., E.V., E.P.) doivent pouvoir retourner ultérieurement dans le cycle de l'eau de consommation. Il est donc impératif de rejeter en milieu naturel des eaux propres ou traitées, pour éviter la pollution des rivières, des lacs ou des nappes souterraines. D'ailleurs, la réglementation impose un certain nombre de prescriptions en fonction des équipements d'épuration dont disposent les villes et les communes.

Il faut savoir, d'autre part, que le réseau E.P. est toujours indépendant des autres et que, pour des raisons techniques, les réseaux E.V. et E.M. sont, de préférence, séparés à l'intérieur du bâtiment.

Alimentation et évacuation : deux fonctions interdépendantes
L'alimentation en eau potable rend obligatoire une évacuation des eaux usées, des eaux ménagères et des eaux vannes. Mais l'arrivée d'eau et l'évacuation des eaux usées impliquent deux circuits aux caractéristiques différentes : diamètre, forme et nature des tuyauteries et des appareils. Il est donc impératif, lors de la conception des installations, de concilier les besoins de la famille et les possibilités techniques et financières : on ne peut implanter un poste d'eau n'importe où.

Les principes d'une bonne installation
Sollicitées à tout moment de la journée, les installations de plomberie, si elles fonctionnent mal (bruits, fuites, mauvais écoulement, etc.) irritent ceux qui s'en servent, n'offrent pas le confort souhaité et peuvent entraîner des dégâts.
Aussi est-il bon de rappeler les quelques principes de base suivants :
- mettre en place des robinets d'arrêt nombreux sur les installations d'alimentation : ils permettent d'isoler les appareils ou groupes d'appareils sans interrompre totalement la distribution
- prévoir des tampons démontables accessibles pour pouvoir déboucher les canalisations d'évacuation,
- choisir des appareils robustes avec des garanties les plus longues possible et conformes aux normes les concernant : cette simple précaution assure une usure normale plus lente, quoique inévitable,
- se persuader que la plupart des défauts de fonctionnement peuvent être traités sans difficulté par un bricoleur, même peu averti, avec un matériel simple et courant : changer un joint de robinet, déboucher un siphon, etc. Ces opérations évitent l'intervention de l'homme de l'art, qu'il faut souvent attendre, et des dépenses importantes quand on sait que, généralement, le seul déplacement intervient pour 70 à 80 % du prix de ces très simples réparations.

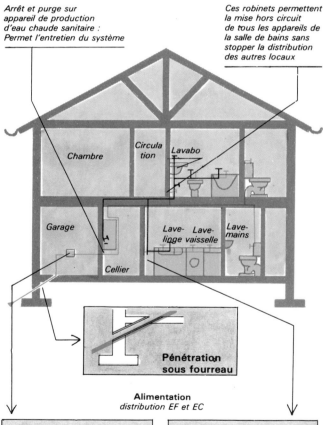

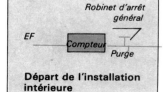

Départ de l'installation intérieure

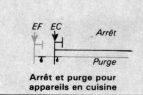

Arrêt et purge pour appareils en cuisine

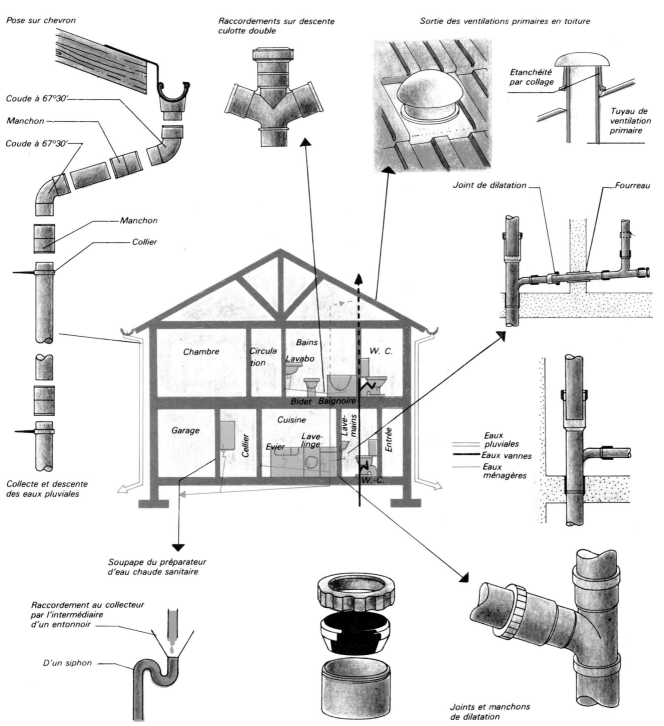

Le réseau de distribution d'eau

L'adduction d'eau a pour but de fournir l'eau nécessaire aux besoins d'une famille. Suivant la localisation de la construction, on distingue :

Le réseau collectif d'alimentation

La municipalité fournit l'eau sous pression par l'intermédiaire de canalisations cheminant le long des voies. Les tuyauteries qui vont de cette canalisation principale au seuil de propriété ou au compteur (si celui-ci est installé à l'intérieur du bâtiment) n'appartiennent pas à l'utilisateur.

Débit : il est en rapport avec le diamètre de cette canalisation de liaison. Comme l'utilisateur participe aux frais de raccordement, il peut demander le diamètre qu'il désire. En général, les diamètres mis en place suffisent à alimenter une maison individuelle.
Il est évident que si l'utilisateur envisage une installation d'arrosage automatique, il aura intérêt à se préoccuper des incidences d'un tel système sur son adduction.

Pression : l'utilisateur n'est pas maître de la pression ; c'est l'affaire de la municipalité. Dans ces conditions, mais dans des cas très rares, il peut se faire que la pression soit trop faible (inférieure à 2 bars). La mise en place d'une pompe individuelle est alors toujours possible. Il ne faut pas non plus que la pression soit trop forte (supérieure à 3,5 ou 4 bars), sinon il y a risque de bruits, de fatigue et de vieillissement prématuré des tuyauteries. La mise en place d'un détendeur est alors recommandée.

L'équipement individuel

En milieu rural, de nombreuses maisons ne sont pas raccordées à un réseau d'adduction municipal. On utilise alors des puits ou les sources existantes. A priori suspecte, une eau de cette provenance doit d'abord être analysée par un laboratoire spécialisé qui détermine si elle est potable.

Le branchement dépend ensuite de l'emplacement du puits ou de la source.
S'il est plus bas que la maison, on doit prévoir un réservoir associé à la pompe.

Distribution intérieure d'eau froide et d'eau chaude

Elle est généralement assurée par des canalisations qui cheminent côte à côte dans le bâtiment, à partir d'un ou de plusieurs appareils de production d'eau chaude.

Débits et diamètres : les canalisations de distribution doivent permettre d'obtenir un débit suffisant avec une vitesse maximale de circulation de 2,5 m/s. Généralement, cette vitesse est de l'ordre de 2 m/s pour des raisons d'acoustique. Le tableau ci-contre précise, dans le cas des canalisations en cuivre, les débits et diamètres à respecter.

Calorifugeage des canalisations : d'une manière générale, les canalisations exposées au gel seront calorifugées. Les canalisations d'eau froide passant dans les locaux non chauffés seront également protégées, afin d'éviter la condensation de l'humidité dans l'air à leur contact.

Choix et emplacement de la robinetterie : il faut prévoir :
— des robinets d'arrêt localisés : sur chaque alimentation (E.F., E.C.), il est souhaitable, afin de faciliter les problèmes d'entretien, de prévoir un robinet d'arrêt pour chaque pièce desservie ;
— la robinetterie sanitaire et les robinets d'utilisation : ces robinets doivent porter l'estampille N.F., avec le marquage complémentaire « groupe C, classe 1 » pour les baignoires, et « groupe B, classe 1 » pour les autres usages, étant entendu que le groupe est représentatif du débit et la classe des qualités acoustiques.

Appareils	Débit minim. par robinet (litre/s)	Tube en cuivre - Diamètres minimaux (intérieur) (mm)	extérieur (mm)
Baignoire ou douche	0,25	16	18
Lavabo, bidet ou w.-c.	0,10	10	12
Evier	0,20	14	16
Ensemble baignoire lavabo, bidet		18	20

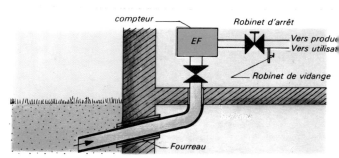

Schéma type d'un branchement au réseau public avec ses principaux accessoires

Schéma type avec réservoir sous pression et pompe pour une adduction d'eau individuelle

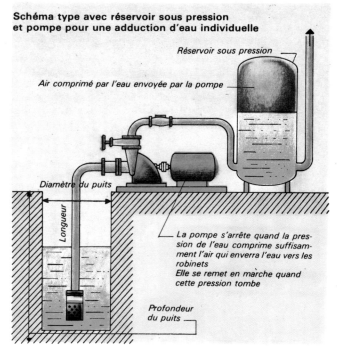

Contre le tartre et la corrosion

L'eau renferme une multitude de sels naturels dissous, et sa composition varie selon les régions. Elle peut être déterminée par analyse chimique. Plus la température de l'eau augmente, plus la coexistence de ces éléments dissous devient délicate. En fait, dès qu'elle dépasse 60 °C, ce qu'il faut éviter le plus souvent possible, on multiplie les risques d'apparition de deux phénomènes qui dépendent de la nature de l'eau : l'entartrage et la corrosion.

L'entartrage

Les sels dissous se combinent et s'associent pour se déposer aux endroits les plus chauds du circuit, notamment les serpentins (surtout en production instantanée) et les résistances électriques.
Ce dépôt de tartre, qui constitue un isolant, diminue les échanges thermiques et provoque généralement une surconsommation d'énergie. Il y a, de plus, des risques d'occlusion des tuyauteries ou de détérioration des résistances électriques (elles fondent car on ne peut maîtriser leur température).

La corrosion

Les sels dissous s'associent pour attaquer les métaux en contact et parviennent, à la longue, à percer des éléments. Les serpentins et les parois du ballon sont plus particulièrement sollicités.

Les mesures à prendre

Il y a donc tout intérêt à faire procéder à une analyse, pour connaître la nature de l'eau utilisée, et à prendre contact avec les spécialistes locaux, pour savoir si des précautions particulières doivent être envisagées (adoucisseur par exemple) dans le cas de risque d'entartrage.
Pour éviter les risques de corrosion, il est recommandé de :
• limiter la température à 60°C,
• assurer régulièrement l'entretien, le nettoyage et le contrôle de l'installation,
• utiliser de préférence des canalisations en cuivre et éviter l'association de canalisations de nature différente (cuivre et acier, par exemple),
• bien choisir les ballons de stockage : on peut utiliser les ballons en cuivre, les ballons en acier inoxydable, les ballons en acier revêtu intérieurement d'émail, d'époxy ou de rilsan, les ballons en acier galvanisé. Dans ce dernier cas, une anode de protection en magnésium doit être mise en place. Cette anode, s'il y a corrosion, est attaquée en premier et doit donc être remplacée régulièrement avant usure totale, faute de quoi la corrosion attaque l'acier de la cuve.

Faut-il adoucir l'eau ?

Le risque d'entartrage des réseaux est réel lorsque l'eau est dite « dure », c'est-à-dire chargée en particulier de carbonate (calcium et magnésium).
Une analyse de l'eau permet de mesurer la dureté de l'eau, qui s'exprime par le titre hydrotimétrique (ou T.H.). 1°T.H. représente 10 grammes de carbonate de calcium en suspension dans 1 m^3 d'eau. Une eau est :
— très douce jusqu'à 5°T.H.,
— douce de 5 à 10°T.H.,
— légèrement dure de 10 à 15°T.H.,
— dure de 15 à 25°T.H.,
— très dure au-dessus de 25 °T.H.

L'adoucissement consiste à mettre en place, en amont de la distribution, un appareil qui corrige la teneur en sels de l'eau.
Cette méthode ne se justifie que dans le cas extrême d'une eau très dure, ou dans les régions à sol calcaire (Champagne, Périgord, Picardie). Dans les autres cas, les précautions classiques suffisent et évitent un investissement élevé, bien difficile à amortir.

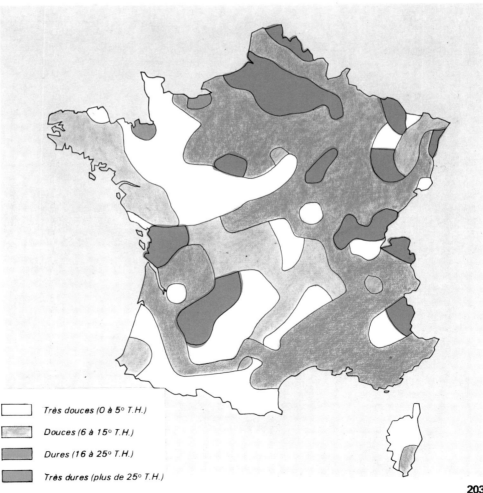

☐ Très douces (0 à 5° T.H.)
▨ Douces (6 à 15° T.H.)
▤ Dures (16 à 25° T.H.)
▦ Très dures (plus de 25° T.H.)

La collecte des eaux

La collecte des eaux de pluie

L'eau ruisselle sur les éléments de couverture pour aboutir dans les gouttières, généralement fixées à l'aide de crochets aux bouts des chevrons de la toiture. L'écoulement est assuré dans la gouttière grâce à une pente suffisante pour entraîner les saletés. En bout de pente, la gouttière est raccordée à une descente par l'intermédiaire d'un moignon (cylindrique ou conique). Une crépine (ou grille) est généralement mise en place en tête de la descente pour retenir les grosses saletés. Elle doit être nettoyée périodiquement, surtout au moment et après la chute des feuilles.

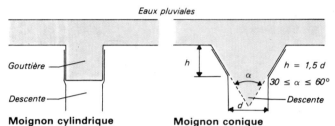

Les matériaux utilisés

De nos jours, on utilise surtout le plastique (ou P.V.C.), car il est facile à poser, d'un coût relativement modique, et son entretien est quasi nul.
Les gouttières en zinc ont pratiquement été abandonnées, ainsi que les descentes en « Eternit » ou « Amiante-ciment ».

Les diamètres et la position des descentes

Le nombre et la position des descentes varient en fonction des caractéristiques de la toiture (avancées, décrochements). A titre indicatif, lorsqu'il s'agit d'une toiture simple (deux versants), on place une descente à chaque angle du bâtiment. Les diamètres intérieurs minimaux des descentes sont fonction de la surface en plan de la toiture concernée. On peut retenir pour les surfaces les chiffres minimaux, donnés par le tableau ci-dessous, en fonction des diamètres courants et du type des moignons (cylindriques ou coniques).

| Tuyauteries en plastique ||||
| Surface en plan (m²) || Diamètre des descentes (mm) ||
Moignon conique	Moignon cylindrique	Intérieur	Extérieur
58	41	71,8	75
83	58	86	90
104	73	96	100

| Autres tuyauteries ||||
| Surface en plan (m²) || Diamètre des descentes (mm) ||
Moignon conique	Moignon cylindrique	Intérieur	Extérieur
55	38	70	en
71	50	80	fonction
91	64	90	de la
113	79	100	nature

La collecte des eaux usées

Rappelons tout d'abord que les eaux usées (E.U.) sont constituées par :
- les eaux vannes (E.V.), issues des w.-c.,
- les eaux ménagères (E.M.), chargées de graisses, de déchets et de détergents, qui proviennent de la cuisine (éviers, lave-vaisselle, lave-linge), mais aussi des salles d'eau et salles de bains (lavabo, bidet, baignoire et douche).

Les eaux usées doivent être collectées à l'intérieur du bâtiment sans mettre en cause le confort des habitants. On ne doit donc pas perdre de vue le triple but défini ainsi :
- assurer le vidage correct des appareils d'utilisation,
- éviter les bruits d'écoulement et les remontées d'odeurs,
- permettre le nettoyage et l'entretien facile des installations.

Signalons enfin que les réseaux E.V. et E.M. sont généralement indépendants à l'intérieur du bâtiment : les quantités d'eau et de déchets évacués ne sont pas les mêmes et ils répondent à des impératifs différents.

Le principe

Les appareils d'un niveau sont reliés à des canalisations d'allure horizontale, ou collecteurs, eux-mêmes raccordés à des canalisations d'allure verticale, appelées descentes pour les E.M. et chutes pour les E.V. Ces chutes ou descentes amènent donc les eaux usées au niveau bas du bâtiment dans un collecteur principal assurant l'évacuation hors du bâtiment.

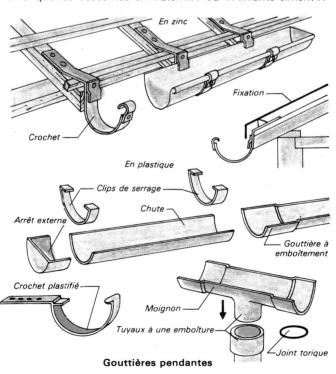

Gouttières pendantes

La nature des canalisations

• **le plastique** (canalisations dites en P.V.C. rigide) : Son emploi s'est généralisé car il peut être employé partout et pour toutes les canalisations d'évacuation. De plus, ce matériau rassemble un certain nombre de qualités :
— la légèreté et la facilité de mise en œuvre,
— l'insonorité : la propagation des bruits est grandement atténuée,
— l'absence de corrosion et la non-rétention des dépôts, car les parois intérieures sont exemptes de rugosités.

Le Syndicat national des fabricants de tubes en P.V.C. rigide donne, sur demande, tous renseignements concernant ces produits (65, rue de Prony - 75017 Paris).

• **les autres matériaux** : Les raccordements des appareils et les collecteurs des locaux peuvent être réalisés en cuivre (plus coûteux que le plastique). Les chutes, descentes et collecteurs généraux (terre-plein ou vide sanitaire) peuvent également être réalisés en amiante-ciment ou en fonte. Cette disposition est recommandée pour les collecteurs encastrés sous dallage.

Assurer un vidage correct des appareils

C'est d'abord un problème de diamètre : La canalisation de raccordement de l'appareil au collecteur doit être calculée de manière à évacuer rapidement la capacité de réserve de l'appareil ; proportionnellement, le tuyau d'écoulement d'une baignoire est donc supérieur à celui d'un lavabo. Quant au collecteur qui peut recevoir les eaux de plusieurs appareils à la fois, il doit être dimensionné pour pouvoir véhiculer toutes les eaux. Cependant, comme il est rare que les usagers se servent ensemble de tous les appareils, on introduit un coefficient dit de « simultanéité » qui pondère la détermination de la taille définitive des canalisations.

Il en est de même des descentes et chutes : leurs dimensions doivent permettre le passage correct des masses d'eau amenées par les collecteurs. Pour ces éléments, se pose en plus un problème de dépression dû au passage des masses d'eau que nous évoquons page 206.

On doit donc respecter les diamètres intérieurs minimaux indiqués sur le tableau, qui précise en outre la dénomination des canalisations plastiques (P.V.C.) qui peuvent convenir.

C'est aussi un problème de pente : L'eau des appareils doit impérativement s'écouler. Il faut donc veiller à ce que les canalisations presque horizontales (collecteurs) aient toujours une légère pente descendante (1 à 2 cm par mètre). Sinon, l'eau passe mal et les appareils ne se vident plus correctement.

Cela explique que les canalisations collectrices sont fixées ou maintenues tous les mètres environ par des bagues ou des colliers qui évitent leur fléchissement et la création de contrepentes néfastes.

Schéma type d'un réseau de collecte

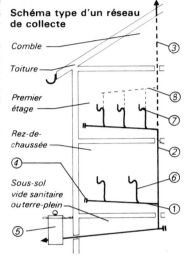

1. Collecteur
2. Chute (pour E.V.) Descente (pour E.M.)
3. Ventilation primaire
4. Tampons de dégorgement
5. Regard
6. Raccordement des appareils aux collecteurs
7. Siphons (sur chaque appareil)
8. Ventilation secondaire

Diamètres des canalisations d'évacuation		Diamètre (mm)				
		Réglementaire	Utilisés			
			P.V.C.		P.V.C.C.	
		Intérieur	Int.	Ext.	Int.	Ext.
Raccordement des appareils	Lavabo	30	25,6	32	28	32
	Bidet	30	25,6	32	28	32
	Douche	40	33,6	40	36	40
	Evier	40	33,6	40	36	40
	Baignoire	40	43,6	50	46	50
Collecteur ou chute E.V. (W.-C.)		90	93,6	100	—	—
Chute eaux ménagères regroupant (à titre d'exemple)	Baignoire Lavabo Bidet	60	56,6	63	—	—

Nota : les diamètres des collecteurs et descentes d'eaux ménagères dépendent essentiellement du nombre d'appareils qu'ils desservent. Très souvent, les chutes d'eaux ménagères sont surdimensionnées par précaution (on utilise alors un P.V.C. 83,6/90 ou même 93,6/100). Afin d'éviter les collecteurs importants et disgracieux dans les salles de bains, on raccorde séparément la baignoire à la chute.

> **Conseil**
> Pour atténuer les bruits d'écoulement dans les chutes d'eaux usées, on peut prendre les précautions suivantes :
> - éviter les dévoiements sur la hauteur des chutes : l'impact de l'eau sur les coudes est très difficile à atténuer,
> - disposer un habillage en panneaux de particules de bois autour des chutes, l'espace entre ce coffrage et la tuyauterie étant rempli de laine minérale.

Des évacuations sans odeurs ni bruits

La configuration du réseau d'évacuation des eaux polluées, à l'intérieur de la maison, doit assurer la vidange des appareils sanitaires sans odeurs ni bruits.

Il faut à cet égard respecter un certain nombre de règles et prévoir l'installation de dispositifs particuliers.

Le siphon

Si l'on ne prend pas de précautions, les fosses ou les égouts sont en communication directe avec l'intérieur de l'habitation par l'intermédiaire des canalisations d'évacuation qui, la plupart du temps, sont vides. C'est pourquoi chaque appareil est muni d'un siphon, dispositif réglementaire donc impératif.

Quel que soit son type, son rôle est de garder, en fin d'écoulement, un petit bouchon d'eau d'une hauteur de 5 cm minimum qui assure l'étanchéité aux odeurs. Les siphons munis de la marque N.F. répondent à cette exigence.

La ventilation des canalisations

Pour garder les siphons pleins d'eau, il faut encore d'autres précautions. En effet, lors du vidage d'un appareil, la masse d'eau qui s'écoule dans le collecteur puis dans la chute (ou descente) a tendance à aspirer partiellement ou totalement l'eau des siphons des appareils voisins.

S'il y a aspiration partielle, on entendra au cours de l'écoulement le bruit gênant des bulles d'air qui passent dans les siphons. S'il y a aspiration complète le siphon se révèle totalement inutile et les odeurs peuvent remonter.

On résout ce problème en ventilant les canalisations, c'est-à-dire en faisant en sorte que l'écoulement des masses d'eau aspire de l'air pris à l'extérieur et non l'eau des siphons.

On assure la ventilation d'une chute et c'est impératif, en prolongeant celle-ci à l'extérieur de la toiture par une

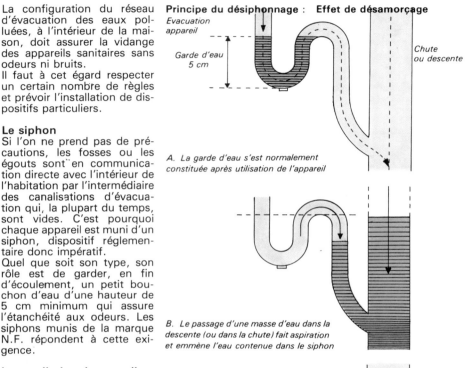

Principe du désiphonnage : Effet de désamorçage

A. La garde d'eau s'est normalement constituée après utilisation de l'appareil

B. Le passage d'une masse d'eau dans la descente (ou dans la chute) fait aspiration et emmène l'eau contenue dans le siphon

C. Rien ne s'oppose plus aux remontées d'odeurs dans l'habitation

Nota. — Le principe est le même pour les collecteurs que pour les chutes et descentes

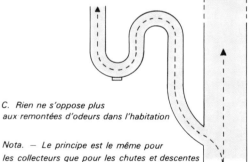

Solution réglementaire — Le raccordement de 2 ventilations primaires est toléré (la petite dans la grande)

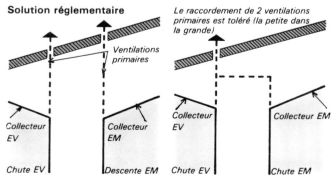

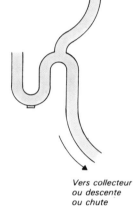

Siphon pourvu d'une ventilation secondaire

canalisation de même diamètre : c'est la ventilation primaire.

Le problème peut se poser également pour les collecteurs intérieurs, et on le résout par mise en place de ventilations secondaires qui concernent, suivant les cas et selon la répartition des appareils (l'ordre dans lequel ils se déversent dans le collecteur), soit le collecteur lui-même, soit chacun des siphons des appareils.

Mais il faut savoir que, si lors de la conception certaines mesures ont été prises, on peut éviter la mise en place de ventilations secondaires. Par exemple :
• si un lavabo et un bidet sont seuls branchés sur un collecteur, il n'y a pas de risque de désiphonage,
• la baignoire est, compte tenu de la masse d'eau à évacuer, source de désiphonage quand elle est branchée sur un collecteur desservant d'autres appareils. C'est pourquoi on a tout intérêt à la raccorder seule, et directement, à la descente.

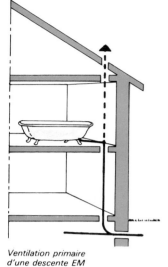

Ventilation primaire d'une descente EM

E : évier
L : lavabo
B : baignoire
b : bidet
D : douche

Le nettoyage des canalisations

On met en place des tampons de dégorgement, pièces amovibles mais étanches, qui permettent d'enfoncer un élément rigide ou flexible et de détruire un bouchon éventuel :
• à chaque pied de chute ou de descente,
• à chaque extrémité amont de collecteur.
De même, à la sortie du périmètre du bâtiment, les collecteurs passent par des regards, qui permettent le contrôle de l'écoulement et l'introduction d'appareils de nettoyage (tringlage).

Schéma type d'un joint de dilatation

Prévoir la dilatation

Lors du passage des masses d'eau chaude, les canalisations, et particulièrement celles en plastique, se dilatent beaucoup. Si l'on ne tient pas compte de ce phénomène, les canalisations se cintrent avant de revenir à leur place, ce qui finit par détériorer les joints et par occasionner des fuites. Il peut également s'accompagner de bruits désagréables.
C'est pourquoi il faut alterner astucieusement les points fixes (collier serré, encastrement, joint fixe) et les fixations ou raccords permettant aux tuyaux de glisser (collier souple, joint de dilatation).

Eviter les risques de chocs

On a toujours intérêt à éviter de faire supporter aux canalisations des contraintes et des chocs. Elles sont généralement placées, pour cette raison, dans des endroits peu accessibles ou protégées par des coffrages ou des gaines. Attention aux enfants qui se servent des collecteurs comme de marchepied pour mieux voir par la fenêtre !

Exemples de solutions

Plusieurs formules peuvent être envisagées pour les évacuations et leur ventilation. Le nombre de niveaux à desservir est l'un des éléments importants à considérer dans le choix du système qui sera adopté. Ainsi, lorsqu'il n'existe qu'un rez-de-chaussée et si un seul appareil sanitaire, w.-c. par exemple, est raccordé isolément au réseau extérieur, il n'est pas nécessaire de prévoir une ventilation primaire. Au contraire, dans les maisons à plusieurs niveaux, les appareils sont généralement branchés sur des chutes verticales qui doivent donc comporter une ventilation primaire. Pour les ventilations secondaires, c'est le principe de raccordement de la baignoire qui en détermine la nécessité.

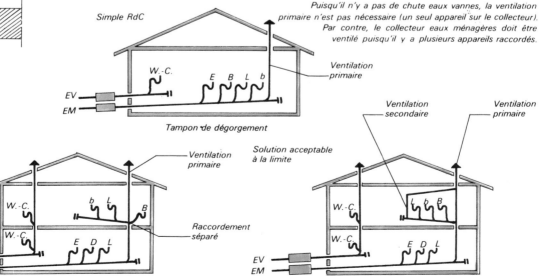

Le rejet des effluents

Pour des raisons bien compréhensibles de pollution, les eaux sales ne doivent pas être rejetées sans traitement préalable.

Dans certains endroits, il est possible d'utiliser des systèmes communs (station d'épuration, par exemple) et de bénéficier de réseaux d'égouts rassemblant les eaux sales. Ailleurs, le traitement reste individuel.

Il est donc important de se renseigner auprès des services compétents, sur les possibilités existantes (ou prévues) et les normes et règlements à respecter. Suivant la nature des équipements locaux en matière d'assainissement, voici différents exemples de solutions envisageables.

Cas n° 1 : existence d'un réseau d'égout de type séparatif

C'est un réseau qui comporte deux canalisations : l'une pour les eaux usées (E.M. + E.V.), l'autre pour les eaux pluviales (E.P.).

La seule démarche administrative à effectuer est le règlement de la taxe de raccordement à l'égout.

Lorsque le réseau d'égout est en projet, il convient de prévoir les canalisations futures permettant de s'y raccorder.

Cas n° 2 : existence d'un égout unitaire

Toutes les eaux peuvent y être raccordées. Le regard est une ouverture de contrôle du bon écoulement (et de nettoyage éventuel).

Cas n° 3 : existence d'un égout d'eaux pluviales uniquement

Deux solutions peuvent alors se présenter suivant les desiderata des services d'hygiène.

• **la solution n° 1** est valable si ces services autorisent (ou tolèrent) le rejet des eaux usées (E.M. + E.V.) dans l'égout, après traitement,
— les eaux vannes passent alors dans une fosse septique (1), dans un épurateur (2) suivi d'un regard de contrôle,

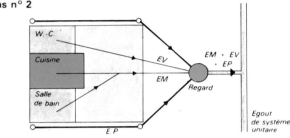

avant de rejoindre l'égout,
— les eaux ménagères passent dans un dégraisseur (3) et sont, soit dirigées directement à l'égout (cheminement A) si la tolérance en est exprimée, soit raccordées à l'ensemble fosse septique-épurateur (cheminement B).

• **la solution n° 2** est obligatoire lorsque l'administration exige un rejet à l'égout d'eaux usées (E.V. + E.M.) parfaitement épurées.

La fosse septique, n'ayant pas une efficacité totale, est remplacée par une microstation d'épuration.

Cas n° 4 : existence d'un égout d'eaux usées uniquement

Ce problème est résolu de la même manière que dans le cas n° 1, mais les eaux pluviales sont alors directement dirigées vers le milieu naturel (fossé, etc.).

Cas n° 5 : l'habitation ne peut pas être raccordée à l'égout

Les deux solutions du cas n° 3 peuvent être utilisées, mais les eaux usées (E.M. + E.V.) sont dirigées vers le milieu naturel grâce à des systèmes adaptés aux caractéristiques de perméabilité du sol. Les eaux pluviales sont rejetées en exutoire naturel (ruisseau, rivière, fossé...).

• **la solution n° 1** est la fosse septique : en sortie du dégraisseur, les cheminements (1) et (2) sont possibles, suivant les dispositions précisées au cas n° 3. (Voir en fin de rubrique les ensembles fosse-épurateur possibles).

• **la solution n° 2** est la microstation d'épuration.

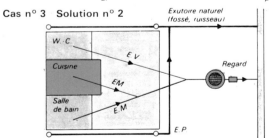

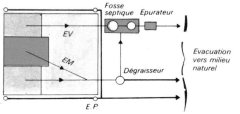

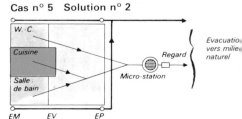

Installation septique avec plateau absorbant

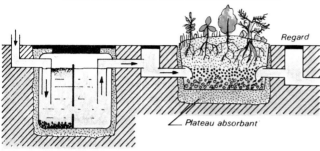

Installation septique avec épandage souterrain

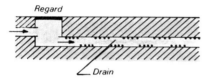

Installation septique avec épurateur vertical

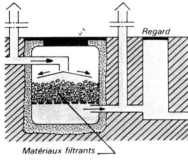

Matériaux filtrants

Installation septique avec épurateur à acheminement

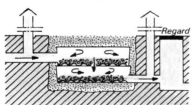

Le cheminement de l'effluent a au moins 21 m

Qu'est-ce qu'un dégraisseur (ou boîte à graisse) pour eaux ménagères ?

C'est une sorte de boîte qui retient les éléments solides les plus importants par l'intermédiaire d'un filtre et permet aux graisses de remonter à la surface sans être évacuées (à la manière d'une saucière).

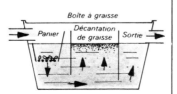

Principe de l'ensemble fosse septique-épurateur

Dans la fosse septique, les effluents sont digérés et transformés par des micro-organismes mis en place lors de la première utilisation. Les matières se liquéfient après cinq à dix jours de fermentation dans le premier compartiment de la fosse. Certains éléments non liquéfiables se déposent au fond, ce qui explique la nécessité d'une vidange.

La capacité des fosses septiques est fonction du nombre d'utilisateurs (donc du type de maison) et est établie pour les eaux vannes. Lorsque les eaux ménagères y sont également déversées et traitées, cette capacité doit être doublée. Cette dernière disposition n'est toutefois pas recommandée, car les chlores et les détergents des eaux ménagères risquent de détruire la faune bactérienne de la fosse, ce qui altère son fonctionnement et impose au minimum un réensemencement fréquent en bactéries.

Le liquide passant dans le deuxième compartiment de la fosse est normalement exempt de matière, mais reste putréfié. Le rôle de l'épurateur est donc de nettoyer et de filtrer cette eau, grâce aux éléments naturels (sable, gravillons) dont il est constitué. Son choix dépend donc de la superficie disponible et de la nature du sol.

Les associations fosse septique-épurateur possibles

- **installation septique avec plateau absorbant** : c'est l'association la plus courante,
- **installation septique avec épandage souterrain** : l'épandage étant constitué par des tuyaux non jointifs, c'est le sol lui-même qui joue le rôle d'épurateur. Elle est donc utilisable dans des sols très perméables. Sinon, on court le risque de boucher les interstices existant entre les drains,
- **installation septique avec épurateur vertical** : c'est une solution séduisante quand on dispose de peu de surface ; l'épurateur forme un ensemble de faible encombrement,
- **installation septique à cheminement lent**.

La ministation d'épuration (ou microstation)

Ce système moderne d'épuration tend à se substituer de plus en plus au système classique fosse septique-épurateur : il résout mieux les mêmes problèmes et supprime les inconvénients d'encombrement. Par un système mécanique, on accélère et améliore la digestion des effluents par les bactéries en remuant constamment le contenu du récipient.

Par contre, il est nécessaire de prévoir l'entretien de cet appareil, car il y a usure des éléments mécaniques et le dépôt des matières lourdes impose un nettoyage périodique ; on peut souscrire des contrats d'entretien pour des prix modiques. Par ailleurs, contrairement aux idées reçues, il n'occasionne que très peu de nuisances, son bruit étant pratiquement inexistant.

Micro-station d'épuration

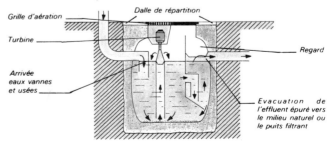

La production d'eau chaude

Les installations doivent pouvoir fournir suffisamment d'eau à température correcte d'utilisation (vaisselle, bains...), en des temps limités, même dans le cas où plusieurs utilisateurs soutirent cette eau simultanément, et cela, sans entraîner des dépenses excessives.

Plusieurs systèmes permettent la production d'eau chaude dans de bonnes conditions, mais il faut que la robinetterie choisie par ailleurs soit adaptée au régime de production d'eau chaude qui sera finalement retenu. Le problème se pose pour les mitigeurs thermostatiques.

La production instantanée

L'eau est réchauffée à la demande par passage dans un serpentin porté à haute température ou par passage sur une résistance électrique.

Appareils utilisés

Source d'énergie Type de production	Gaz	Fuel	Electricité
Centralisée (concernant tous les locaux)	Chaudières mixtes[1] Chauffe-bains[3] (cas des petites installations)	Chaudières mixtes[1]	A éviter : Coût prohibitif[2]
Localisée (concernant certains locaux)	Chauffe-bains[3] Chauffe-eau[4]		Chauffe-bains[3] Chauffe-bains[4]

1. Voir rubrique « Les systèmes de chauffage », page 222.
2. Il représenterait une formule bien pratique s'il n'était aussi gourmand en énergie : il nécessite une grande puissance électrique installée et est donc exclu de fait.
3-4. Ce sont les solutions les plus utilisées.

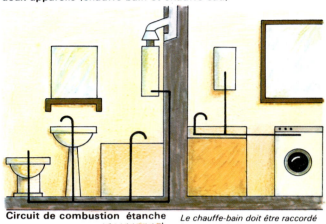

Alimentation séparée de la salle de bains et de la cuisine par deux appareils (chauffe-bain et chauffe-eau)

Circuit de combustion étanche

Le chauffe-bain doit être raccordé à un conduit d'évacuation des gaz brûlés ou fonctionner comme ici en circuit étanche

Ventouse
Conduit d'arrivée d'air frais
Conduit d'évacuation des gaz brûlés
Caisson étanche
Brûleur du chauffe-bain

Chauffe-eau et chauffe-bains

Le chauffe-eau est un appareil d'une puissance inférieure à 125 mth/mn (millithermies par minute). Il peut ne pas être raccordé à un conduit d'évacuation de gaz brûlés. Attention ! son implantation, désormais sévèrement réglementée, porte sur la nature, le volume et la ventilation du local, le nombre et le type des appareils desservis.
Le chauffe-bain est un appareil d'une puissance supérieure à 125 mth/mn, donc plus puissant que le chauffe-eau, et qui doit être raccordé à un conduit d'évacuation des gaz brûlés, ou fonctionner en circuit étanche.
Qu'est-ce qu'une millithermie par minute ? C'est par cette unité que les fabricants précisent la puissance de leur appareil instantané. Elle correspond à la quantité de chaleur nécessaire pour élever de 1 °C la température de 1 litre d'eau en 1 minute.
Ainsi, un petit chauffe-eau qui, à partir d'eau froide à 15 °C, peut débiter, par minute, 5 litres d'eau chaude à 40 °C (différence : 25 °C) a une puissance de 25 × 5 = 125 mth/mn.

Les différents types

Il existe quatre types normalisés de chauffe-eau et de chauffe-bains, caractérisés par leur puissance :
• **le chauffe-eau de cuisine (125 mth/mn)** : conçu pour des puisages fréquents et de courte durée, il est capable de produire 5 litres d'eau à 40 °C par minute, ou 2,5 litres à 65 °C ; il convient pour alimenter un seul poste d'eau ;
• **le chauffe-bains de 250 mth/mn** : il peut alimenter plusieurs postes d'eau (évier, un ou deux lavabos, bidet, douche) à condition que ceux-ci ne soient pas employés en même temps ;
• **le chauffe-bains de 320 mth/mn** : il peut fournir de grandes quantités d'eau avec simultanéité des puisages et peut alimenter tous les appareils sanitaires de la maison, y compris la baignoire ; à partir d'eau froide à 15 °C, sa capacité est de 13 litres à 40 °C par minute ;
• **le chauffe-bains de 380 mth/mn** : utilisé dans les mêmes conditions que le précédent, il convient pour une famille composée de nombreuses personnes. Sur les appareils récents de cette puissance, le régime du brûleur s'adapte automatiquement au débit d'eau chaude soutiré. Ainsi, des économies d'énergie sont possibles, tout en procurant une très grande souplesse d'utilisation.
Quel appareil choisir ? Le choix de l'appareil est, bien sûr, fonction de l'équipement sanitaire, du mode de vie et des habitudes familiales. Le tableau ci-après permet de tenir compte de ces variables.

Schéma de principe d'un chauffe-bain

Schémas de principe de la production d'eau chaude par accumulation

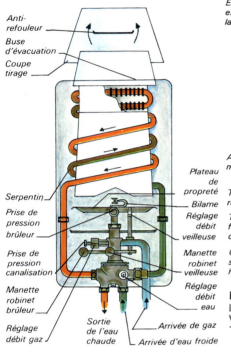
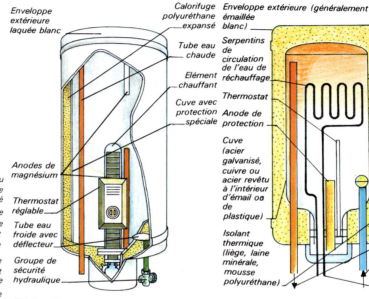

Réchauffage électrique par l'intermédiaire de la résistance.
Volume souhaitable = 150 litres.
Temps de réchauffage ≤ 8 heures.

Réchauffage par circulation d'un fluide préalablement chauffé (dit fluide primaire), dans un serpentin qui cède sa chaleur à l'eau du ballon.
Volume : environ 100 l (de 75 à 150).

La production par semi-accumulation

Ce procédé, envisageable surtout dans le cas des chaudières mixtes (gaz ou fuel), est un excellent compromis entre la grande puissance nécessaire en production instantanée et le temps de réchauffage d'une accumulation. On assure le couplage des deux systèmes précédents.
Lorsqu'il y a puisage, le réservoir, d'environ 75 à 100 litres, fournit l'eau chaude tant que celle-ci est à température correcte (40 °C en général). Lorsque cette température baisse, la chaudière fournit directement l'eau chaude nécessaire, à un débit plus faible.
Le réservoir, dit réservoir tampon, constitue en fait une avance d'eau chaude.

La production par accumulation

Le chauffage de l'eau est assuré indépendamment du puisage : on chauffe l'eau d'un réservoir en faisant fonctionner pendant plus longtemps un appareil de production de puissance moins importante. Par contre, le temps de chauffage est généralement long (cinq à huit heures) et est programmé.
Dans certains cas, les sources de chauffage peuvent être couplées et on peut avoir à la fois circulation d'un fluide primaire et réchauffage électrique, ou circulation de deux fluides primaires. C'est généralement le cas lorsqu'on utilise, pour le chauffage de l'eau, les capteurs solaires ou les pompes à chaleur.

Les solutions en production instantanée d'eau chaude

USAGES	Nombre de personnes vivant au foyer	Besoins journaliers en eau chaude par foyer (en litres à 60°C) le jour d'utilisation normale	Besoins journaliers en eau chaude par foyer (en litres à 60°C) le jour de plus forte utilisation	Appareil à production instantanée (en mth/mn)
Evier	1-2 3-4 5-6	25 35 45	25 35 45	125
Lavabo	1-2 3-4 5-6	25 50 70	25 50 70	125
Evier + Lavabo	1-2 3-4 5-6	50 85 115	50 85 115	250
Lavabo + Douche	1-2 3-4 5-6	30 60 80	35 70 100	250
Lavabo + Petit bain	1-2 3-4 5-6	40 70 105	70 120 175	320
Evier + lavabo + douche	1-2 3-4 5-6	55 95 125	60 105 145	250 125 250
Evier + lavabo + petit bain	1-2 3-4 5-6	65 105 150	95 155 220	125 + 320
Evier + lavabo + grand bain	1-2 3-4 5-6	75 130 180	120 210 305	125 + 320 ou 400

La robinetterie

Au XVe siècle, le bec verseur placé au bout de la canalisation d'amenée d'eau aux fontaines s'ornait d'une tête de mouton. Or, en français du Moyen Age, le mouton s'appelait un « robin ». Le nom de robinet est donc resté depuis cette époque, à cette pièce aujourd'hui connue et bien différente de l'ancien bec verseur.

Le rôle d'un robinet
Aujourd'hui, un robinet permet de régler à volonté ou d'interrompre le débit de l'eau. Il est donc devenu plus qu'un bec verseur. Le robinet moderne est un mécanisme dont la complexité varie selon qu'il commande l'apport d'eau froide, d'eau chaude ou un mélange réglable des deux.

Les parties constitutives d'un robinet
Quel que soit le type considéré et il en existe de très nombreux modèles depuis les plus économiques jusqu'aux plus luxueux plaqués or, un robinet comporte toujours :
• un corps, raccordé à la ou aux arrivées d'eau (chaude ou froide) ;
• un mécanisme de commande, qui permet d'agir :
— sur la quantité d'eau débitée (tous modèles),
— sur la température de l'eau déversée (cas des mélangeurs et des mitigeurs) ;
• un élément déverseur, orientable ou non, qui peut se présenter, selon les cas, sous la forme d'un :
— bec verseur solidaire du corps du robinet (cas d'un robinet simple),
— bec verseur solidaire d'une entretoise apparente ou cachée (cas du robinet mélangeur),
— raccord ou orifice pour branchement d'ensemble de douche ;
• des éléments complémentaires qui sont :
— les têtes, cabochons, croisillons ou leviers, qui permettent d'agir manuellement sur le mécanisme de commande.

Il existe des têtes étudiées pour agir, au moyen d'une seule main, à la fois sur la proportion d'eau chaude et d'eau froide délivrée au bec verseur et sur le débit de l'eau mitigée (mitigeur mono-commande),
— l'aérateur, dont la fonction est d'assurer également un écoulement régulier de l'eau à la sortie du bec verseur, évitant ainsi des éclaboussures.

Les dispositions relatives aux combinaisons « eau chaude-eau froide »
Lorsqu'il existe deux robinets, celui qui commande l'arrivée d'eau chaude est toujours situé à la gauche de celui qui débite l'eau froide.
Lorsque le débit d'eau mitigée (chaude et froide) est commandé par une poignée unique :
• en forme de tête ou cabochon, on augmente le débit d'eau chaude en tournant la poignée dans le sens inverse de celui des aiguilles d'une montre,
• en forme de levier, on augmente le débit d'eau chaude en orientant ce levier vers la gauche.

Comment choisir un robinet ?
Un robinet doit être choisi en fonction des critères suivants :
• caractéristiques fonctionnelles : le débit doit être adapté à l'appareil sanitaire (classe de débit C pour les baignoires et B pour les autres appareils) ;
• caractéristiques acoustiques : le robinet ne doit pas être bruyant à plein débit (groupe acoustique I) ;
• possibilités de raccordement aux arrivées d'eau,
• possibilités d'adaptation sur l'appareil sanitaire (percements réservés ou non) ;
• conditions exigées par l'utilisateur qui peut préférer un robinet simple, un mélangeur, un mitigeur mécanique ou thermostatique,
• goûts quant au style de la robinetterie qui peut être de forme ancienne ou moderne.

Les grandes classes de mécanismes de commande
Les robinets sanitaires que l'on utilise couramment appartiennent, en général, à l'une des classes suivantes :
• robinets à clapet, simples ou mélangeurs : ici, on agit simultanément sur les têtes d'eau chaude et d'eau froide pour régler la température et le débit ; ce sont les robinets les plus ordinaires ;
• mitigeurs mécaniques, à boisseau ou à disques : ils comportent le plus souvent une commande unique qui permet de régler le mitigeage et le débit de l'eau, la température demeurant toutefois appréciée au doigt ; ces robinets sont évidemment plus performants que les précédents ;
• mitigeurs thermostatiques, à boisseau ou à disques : ils comportent :
— une commande permettant de présélectionner à un degré près la température de l'eau,
— une commande agissant sur le débit.
Ce sont les robinets les plus perfectionnés.

L'entretien des robinets
D'une façon générale, l'entretien d'un robinet à clapet peut être effectué par le propriétaire ou l'usager ; les autres robinets nécessitent soit l'intervention d'un spécialiste, soit l'échange standard du bloc de commande.

Divers types de cabochons

	Classement de la robinetterie				
Débit	Q	0,25 l/s	0,33 l/s	0,42 l/s	0,50 l/s
	NF	A	AA	B	C
	EAU*	E_1	E_2	E_3	E_4
Performance acoustique	niveau	moyen	bon	bon	—
	NF	II	I	I	—
	EAU	A_1	A_2	A_3	—

* Les valeurs EAU sont en fait des plages de débit.

La robinetterie fait l'objet de classements en ce qui concerne le débit et la performance acoustique. Deux classements sont actuellement utilisés : celui de la marque NF (AFNOR) et celui de l'EPEBat désigné par les lettres E.A.U. Ce tableau donne les correspondances.

Les robinets à clapets

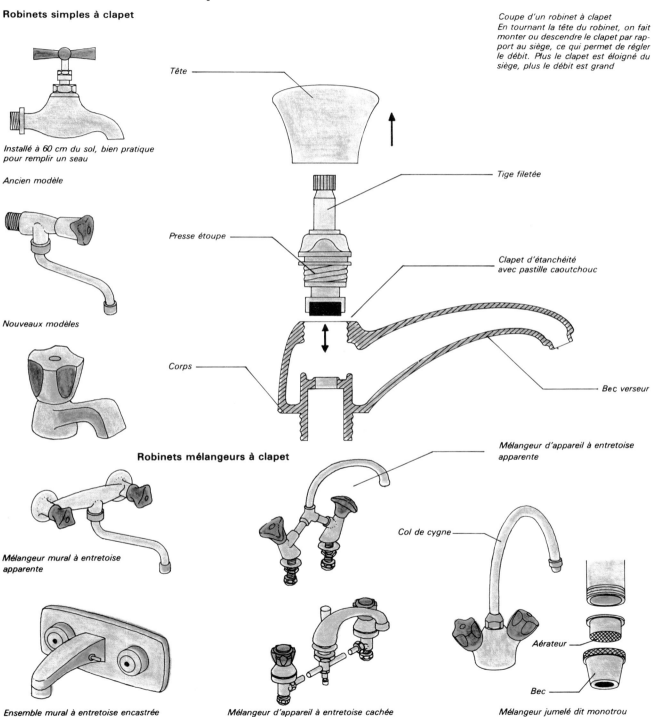

Les mitigeurs

Mitigeur mécanique à disques

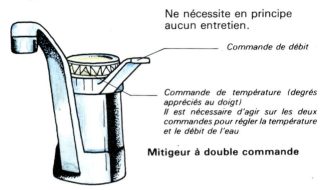

Ne nécessite en principe aucun entretien.

- Commande de débit
- Commande de température (degrés appréciés au doigt)
Il est nécessaire d'agir sur les deux commandes pour régler la température et le débit de l'eau

Mitigeur à double commande

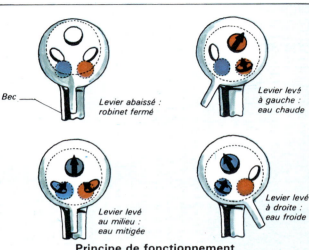

- Bec
- Levier abaissé : robinet fermé
- Levier levé à gauche : eau chaude
- Levier levé au milieu : eau mitigée
- Levier levé à droite : eau froide

Principe de fonctionnement
Exemple : « Aquariane » d'Idéal Standard
Entraînés par le levier, les disques tournent en glissant sur eux-mêmes et viennent ouvrir ou fermer de façon progressive les arrivées d'eau chaude ou d'eau froide. Réalisés en céramique, les disques sont pratiquement inusables. Aussi ce type de mitigeur ne goutte-t-il jamais.

Mitigeur à monocommande

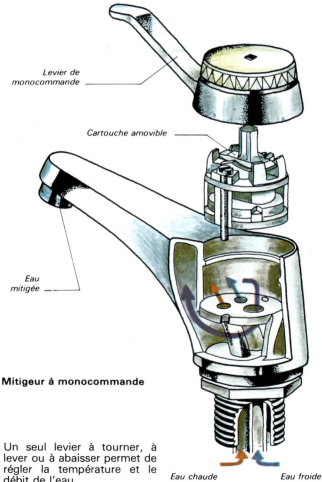

- Levier de monocommande
- Cartouche amovible
- Eau mitigée
- Eau chaude
- Eau froide

Mitigeur à monocommande

Un seul levier à tourner, à lever ou à abaisser permet de régler la température et le débit de l'eau.

Mitigeur mural

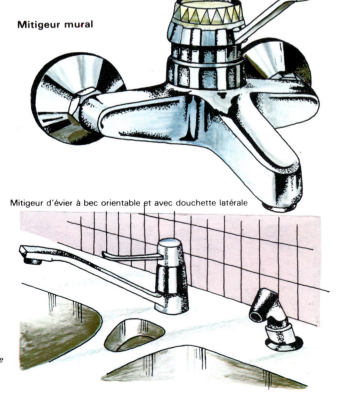

Mitigeur d'évier à bec orientable et avec douchette latérale

214

Mitigeur mécanique à boisseau

(Prévoir le remplacement périodique des joints toriques.)

Exemple de mitigeur à boisseau pour lavabo à double commande

Il en existe aussi à monocommande

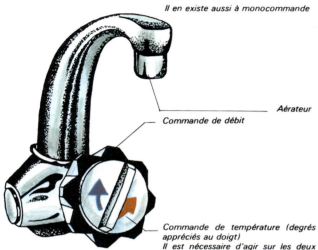

Aérateur

Commande de débit

Commande de température (degrés appréciés au doigt)
Il est nécessaire d'agir sur les deux commandes pour régler la température et le débit de l'eau

---

Principe de fonctionnement

Exemple : mitigeur mécanique Pont-à-Mousson
En position fermée, le boisseau de la cartouche, complètement baissé, obstrue les arrivées d'eau. En position ouverte, le boisseau monte et découvre les lumières d'arrivée d'eau chaude ou d'eau froide selon le réglage effectué par l'utilisateur sur la commande de température.

| Fermé | Ouvert mitigé | Ouvert chaud | Ouvert froid |

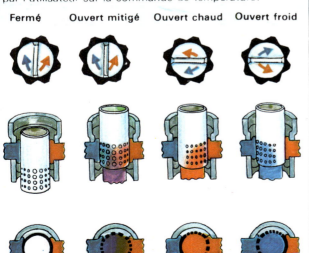

Mitigeur thermostatique

Le pour
• Permettant de sélectionner sa température d'eau au degré près, il convient tout particulièrement pour la douche et également pour la baignoire et le lavabo.
• Une butée de sécurité empêche le débit d'un mélange trop chaud (supérieur à 39 °C).
• Si les appareils de production d'eau chaude ont un débit suffisant, la température de l'eau mitigée demeure indépendante des puisages effectués dans les autres pièces.

Le contre
• Le mitigeur thermostatique correspond au coût d'appareillage le plus élevé.
• Il est déconseillé dans le cas d'un générateur d'eau chaude instantané.

Exemple de mitigeur pour baignoire et douche (marque Pont-à-Mousson)

En fait, le mitigeur est à double commande :
• on affiche d'abord de façon précise la température désirée,
• on agit ensuite sur le débit.

Mitigeur

Variante avec pomme de douche orientable

Commande de débit

Plage de réglage eau mitigée 35 à 39°C avec butée de sécurité à 39°C

Affichage de la température

Robinet de baignoire avec aérateur

Principe de fonctionnement
Dans le système « Pont-à-Mousson » (mais il en existe d'autres), le mitigeur de l'eau est obtenu par un boisseau comme dans le système mécanique.
Toutefois, ici, le boisseau est solidaire d'une capsule en cire thermodilatable qui maintient automatiquement la température au degré désiré, quels que soient les températures et les débits d'alimentation en eau froide et chaude.

Les appareils sanitaires

Les appareils sanitaires qui équipent généralement les maisons individuelles sont les éviers, baignoires, bacs à douche, lave-mains, bidets et w.-c.

Les modèles existants sont très nombreux. Ils se distinguent les uns des autres non seulement par la nature et la couleur des matériaux qui les constituent, mais aussi par des caractéristiques techniques qu'il est utile de connaître pour bien choisir.

C'est ainsi que la sélection d'un appareil dépend bien souvent du type de robinetterie adopté, tout comme la robinetterie à prévoir dépend des appareils choisis.

En effet, pour prendre un exemple, les appareils sanitaires portent des percements nécessaires au montage des robinets et des dispositifs de commande de vidage.

Le choix d'un modèle peut être influencé également par la disposition des lieux, la présence d'équipements ménagers complémentaires, enfin et surtout par les goûts du propriétaire.

Les éviers

Aucune cuisine, si moderne soit-elle, ne peut être conçue sans un évier. Les éviers (appelés aussi « timbres ») possèdent pratiquement tous un trop-plein incorporé afin d'éviter que l'eau ne déborde du ou des bacs.

Suivant les matériaux utilisés pour leur fabrication, on distingue les éviers :
- en grès émaillé ou en porcelaine vitrifiée : robustes mais lourds,
- en fonte émaillée : robustes mais lourds,
- en tôle émaillée — qui existent tous dans un grand choix de coloris —, et les éviers :
- en acier inoxydable,
- en cuivre,

dont les coloris sont naturels.

Les baignoires

La baignoire est l'élément principal d'une salle de bains ; c'est, en général, de son choix que dépendent, si l'on veut réaliser un ensemble harmonieux, le lavabo, le bidet, le receveur de douche ou l'éventuel siège de w.-c., ainsi que les implantations respectives de ces différents éléments.

Selon l'importance que le propriétaire attache au choix de la baignoire, une salle de bains ne peut être qu'une simple pièce fonctionnelle, ou devenir au contraire un élément primordial d'amélioration du cadre de vie.

Dans les dimensions courantes, on trouve des baignoires :
- en grès émaillé ou porcelaine vitrifiée,
- en fonte émaillée,
- en tôle émaillée,
- en résines acryliques armées,
- en polyester armé.

Les baignoires en grès ou en fonte sont robustes, mais plus lourdes que les modèles en tôle. Les matières plastiques permettent la fabrication de baignoires de grandes dimensions ou de formes spéciales. Certaines sont d'un entretien plus difficile que d'autres, mais on trouve aujourd'hui des baignoires en matière plastique à base de poudre de marbre ou de fibre de verre dont l'entretien est aisé. Dans l'ensemble, tous les fournisseurs présentent des gammes de coloris très variées.

Les receveurs de douche

La douche, par rapport au bain, présente deux avantages : moindre consommation d'eau, moindre encombrement en surface au sol.

Les matériaux utilisés pour les receveurs de douche sont pratiquement les mêmes que pour les baignoires. Mais il est possible aussi de réaliser à la demande des receveurs en béton intégré que l'on recouvre de carreaux de faïence ou de grès cérame antidérapant.

Les lavabos

Parmi tous les appareils sanitaires, le plus répandu est le lavabo, que l'on rencontre aussi bien dans la salle de bains, ou le cabinet de toilette, que dans un dégagement-vestiaire.

Les fabricants proposent des lavabos pouvant satisfaire tous les besoins et tous les goûts. Certains sont conçus pour s'harmoniser avec la baignoire et le bidet.

La plupart des lavabos sont en grès émaillé ou en porcelaine vitrifiée.

L'emploi de la fonte ou de la tôle émaillée est cependant courant lorsqu'il s'agit de vasques destinées à être incorporées dans des meubles ou des plans de toilette. On peut trouver aussi des vasques en matière plastique dont certaines sont assorties à la baignoire et au bidet.

Les bidets

La plupart des salles de bains modernes disposent d'un bidet. Bien qu'il n'en soit pas l'équipement principal, il peut être un facteur décisif dans le choix définitif entre plusieurs possibilités d'ensembles baignoires-lavabos.

Le plus souvent, les bidets sont réalisés en grès émaillé ou en porcelaine vitrifiée.

Les sièges de w.-c.

S'il est évidemment préférable d'isoler les w.-c. des autres installations sanitaires, il est toujours possible de prévoir un bloc w.-c. dans la salle de bains ou le cabinet de toilette. C'est la raison pour laquelle les fabricants proposent des modèles qui s'harmonisent avec les autres équipements sanitaires.

Les sièges de w.-c. sont, en général, réalisés en grès émaillé ou en porcelaine.

Les blocs bains

Ces ensembles sont compacts ; ils conviennent donc lorsque l'on désire implanter une salle de bains avec un bidet dans un espace restreint.

En général, l'alimentation en eau du lavabo et de la baignoire est commune. Les raccordements aux arrivées d'eau et aux évacuations peuvent être réalisés au moyen de canalisations souples.

Comment choisir son évier	
Cuisine	**Solution minimale appropriée**
Equipée d'un lave-vaisselle	Evier à un seul bac, aussi grand et profond que possible, avec deux plans de travail. Prévoir : • un trop-plein, • une robinetterie du type mitigeur mécanique. Avantageux pour le nettoyage des ustensiles de cuisine de grandes dimensions qui ne peuvent être mis dans le lave-vaisselle.
Non équipée d'un lave-vaisselle	Evier à double bac, avec égouttoir et plan de travail. Prévoir : • un trop-plein, • un vide-sauce, • une robinetterie avec mitigeur mécanique, plus douchette, pour le nettoyage des ustensiles de cuisine de grandes dimensions.

> **Conseil**
>
> Les fabricants proposent une gamme de modèles et même d'ensembles sanitaires extrêmement variée. Avant de fixer son choix, il ne faut donc pas hésiter à visiter leurs stands ou mieux à profiter d'une exposition pour comparer les diverses productions.

Les éviers

Les éviers lourds en grès émaillé, par exemple, sont suppportés par des murettes en maçonnerie, alors que les éviers plus légers, en métal, sont généralement posés sur des meubles formant volume de rangement.
Les bacs minces métalliques sont sonores ; il est donc conseillé de prévoir en sous-face une insonorisation.
Les variantes sont nombreuses. On peut citer les éviers :

- à deux bacs avec un égouttoir et un plan de travail,
- à deux bacs avec un égouttoir,
- à un bac avec égouttoir et plan de travail,
- à un bac profond avec égouttoir et plan de travail (timbre d'office).

Le plan de travail se distingue de l'égouttoir en ce sens que sa surface est plane au lieu d'être ondulée.

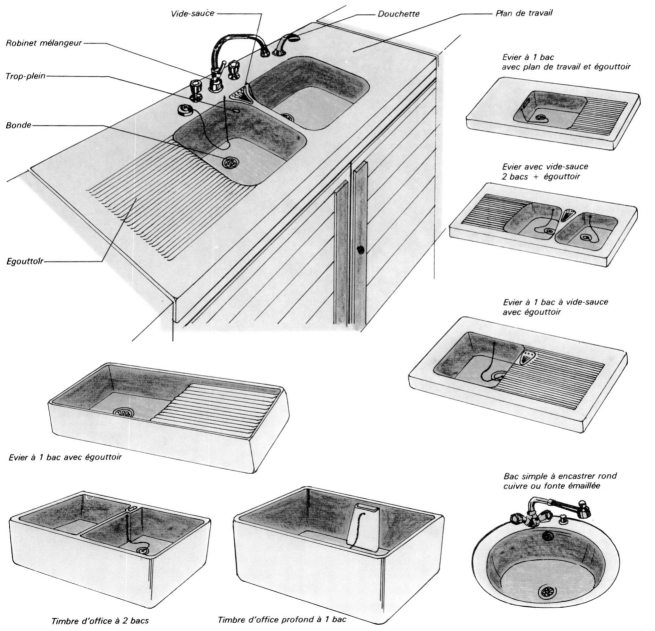

Les baignoires et les douches

Les baignoires

Le poids des baignoires dépend de la nature du matériau dans lequel elles sont réalisées et de leur dimension, c'est-à-dire de leur capacité. Une baignoire en matière plastique pèse environ 60 kg, contre 160 kg pour une baignoire en fonte. Au poids spécifique de la baignoire, on doit ajouter celui de l'eau qu'elle contiendra, c'est-à-dire entre 130 et 250 kg pour les baignoires employées couramment et jusqu'à 730 kg pour les très grands modèles (en plastique).

Une baignoire repose, en général, sur le plancher. Cependant, il est possible de l'encastrer. Dans ce cas, il convient de prévoir les aménagements correspondants afin d'éviter des frais importants par la suite.

On doit toujours pouvoir accéder aisément au siphon de vidage, c'est pourquoi, si l'habillage de la baignoire n'est pas amovible, on doit disposer d'une trappe de visite judicieusement placée.

Une insonorisation complémentaire s'impose pour les baignoires en tôle émaillée ; elle est obtenue par application d'un produit ou de plaques spéciales en sous-face. (voir p. 147).

Les baigoires peuvent être équipées d'accessoires très utiles, tels que :
- le traitement antidérapant des fonds,
- les poignées facilitant l'entrée ou la sortie,
- les protections mobiles pour la douche.

Les receveurs de douche

Certains receveurs destinés à être encastrés sont montés sur un socle maçonné, d'autres peuvent être posés à même le sol. Une attention toute particulière doit être portée au problème d'accès au siphon d'évacuation.

On distingue les receveurs :
- carrés,
- en quart de cercle ou d'angle,
- profonds à siège (en général en fonte émaillée), qui peuvent servir pour le bain des enfants.

La protection contre les éclaboussures est assurée :
- soit par un rideau supporté par une tringle fixée à 1,90 m au-dessus du fond du receveur,
- soit par une cabine vitrée en glace de sécurité ou en matière plastique transparente.

La robinetterie doit être placée à 1 m au-dessus du fond du receveur et la pomme de douche fixe à 1,90 m. Un système coulissant entre 1,30 m et 1,90 m, si elle est mobile, est plus pratique.

Modèle de baignoire placée dans l'angle de deux murs avec robinetterie fixée sur le mur

Modèle de baignoire en matière plastique à deux places destinée à être placée au centre d'une pièce.

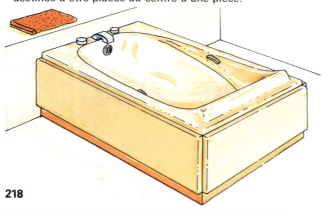

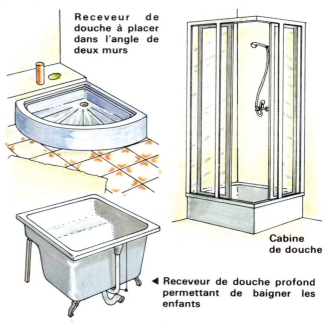

Receveur de douche à placer dans l'angle de deux murs

Cabine de douche

◀ **Receveur de douche profond permettant de baigner les enfants**

En cas d'habillage d'une baignoire, il faut toujours prévoir une trappe amovible pour pouvoir atteindre le siphon. Ses dimensions minimales seront équivalentes à neuf carreaux (30 × 30 cm)

Les lavabos, les bidets et w.-c.

Les lavabos
De façon générale, on pose les lavabos sur des consoles fixées au mur. Dans les systèmes plus modernes, les vasques reposent sur des plans de toilette que supportent des piètements ou des consoles fixées au mur. Les vasques et certains lavabos spécialement dessinés peuvent aussi être incorporés à des meubles de rangement.

Indépendamment des formes qui confèrent un style plus ou moins classique ou moderne aux lavabos, certains modèles obéissent à des besoins pratiques et fonctionnels. C'est ainsi que certains appareils sont absolument plats, alors que d'autres présentent un relevé en forme de dosseret dont le rôle est d'éviter l'écoulement de l'eau entre le mur et le lavabo. Certaines vasques sont étudiées pour reposer sur le plan de toilette ; d'autres sont prévues pour être recouvertes par le plan de toilette. Les lave-mains sont très souvent étudiés pour être placés dans un angle de murs.

Les canalisations d'eau froide et chaude non encastrées sont inesthétiques ; il est aisé de les dissimuler en plaçant une colonne amovible du même style que celui du lavabo ; on peut également les camoufler par un meuble-support.

Les bidets
Le mode de pose classique consiste à fixer le pied sur le sol ; il existe cependant des modèles prévus pour fixation en console sur les murs. Dans les cas où la surface au sol disponible est insuffisante pour installer un bidet fixe, celui-ci peut être monté sur des supports orientables ou à roulettes, ce qui permet éventuellement de le dissimuler dans un meuble.

Les w.-c.
Les modèles classiques sont fixés directement sur le sol. Il existe des modèles spécialement conçus pour être fixés en console sur les murs ; il faut alors prévoir une disposition particulière de la canalisation d'évacuation.

En dehors des questions de style, les sièges de w.-c. se distinguent principalement par :
- l'orientation du dispositif d'évacuation, qui peut être horizontale ou verticale,
- la possibilité ou non de supporter un réservoir de chasse d'eau ; dans ce cas, les sièges sont prévus avec une arrivée d'eau verticale et non horizontale,
- le type de chasse d'eau : le système le plus courant est le réservoir bas, dont la capacité est d'environ 11 litres. Il en existe avec mécanisme en laiton ou en plastique. L'alimentation du réservoir peut se trouver en dessous ou sur le côté. Il existe aussi des robinets de chasse qui peuvent être utilisés lorsqu'on ne veut pas mettre en place un réservoir. Ils ne fonctionnent que si la canalisation d'eau à laquelle ils sont raccordés est de section suffisante.

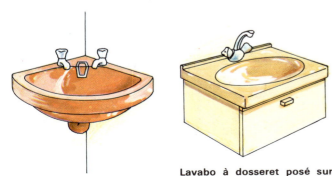

Lavabo double à dessus plat (sans dosseret) et bidet du même style

Lave-mains d'angle

Lavabo à dosseret posé sur meuble

Bidet en console alimenté par un bec verseur ▼

Siège avec réservoir de chasse : les orifices d'alimentation en eau et d'évacuation sont verticaux ▼

▶ Bidet sur support à rotule ; alimentation en eau par flexible et orifice intégrés dans le bidet

Siège en console : les orifices d'alimentation et d'évacuation sont horizontaux

▲ Siège à orifice d'alimentation en eau horizontal et à évacuation verticale

Le confort thermique

Le confort thermique est une notion subjective qui dépend de chaque individu. Les techniciens sont cependant parvenus à établir un certain nombre de principes et de règles qui permettent de résoudre les problèmes de construction, de chauffage, de conditionnement d'air et, plus récemment, d'économies d'énergie, en satisfaisant le plus grand nombre de personnes.

Les principes de base

Sans entrer dans le détail de la théorie des échanges thermiques, il suffit, pour être capable de raisonner avec « bon sens » en ce domaine, de retenir les principes suivants :
- un matériau se réchauffe ou se refroidit selon que le milieu (air, eau) dans lequel il se trouve est plus chaud ou plus froid que lui,
- la quantité de chaleur prélevée ou perdue par ce matériau dépend de la différence de température entre les deux éléments : plus celle-ci est grande, plus l'échange est important,
- la vitesse de cet échange thermique dépend des caractéristiques des éléments en présence : un élément métallique garde moins la chaleur qu'un élément en bois, par exemple.

L'impression de confort

L'impression de confort, pour l'être humain, dépend essentiellement des réactions physiologiques de son corps, suivant l'ambiance dans laquelle il évolue.
En fait, le mécanisme de la perception thermique est simple : le corps humain, en toute circonstance, dégage de la chaleur. Mais si l'ambiance est froide, le dégagement de chaleur du corps augmente et l'organisme réagit en abaissant sa température de peau : c'est l'impression de froid. L'impression de chaud est ressentie de manière similaire par diminution du dégagement de chaleur en ambiance chaude et augmentation de la température de peau.
De plus, en toutes circonstances, le corps humain dégage de la vapeur d'eau (respiration) qui, si elle n'est pas éliminée au fur et à mesure, peut jouer sur cette impression de confort.

Les conditions du confort thermique

- **une bonne température d'ambiance** : Dans les locaux d'habitation, l'expérience montre que, pour des conditions normales d'activité, l'ambiance moyenne favorable au confort dépend essentiellement des vêtements que l'on porte.
La température moyenne idéale qui conviendra à chaque individu ne peut être définie. Chacun réagit, vis-à-vis d'une notion aussi subjective que le confort, avec sa nature, son tempérament et ses facteurs physiologiques propres.
Les statistiques mettent en évidence que 95 % des individus se satisfont pleinement des conditions offertes par les techniques actuelles et que 5 % d'insatisfaits existent quelles que soient les précautions prises.
Mais, indépendamment des exigences des uns ou des autres, un arrêté en faveur des économies d'énergie fixe la température maximale autorisée à 19 °C. Il est évident que, pour supporter cette température, on devra, chez soi et à l'intérieur des locaux en général, se vêtir plus chaudement.
- **l'effet de paroi froide réduit** : On mesure la température intérieure au centre des pièces, car elle est le résultat d'un équilibre entre la température de l'air ambiant et celle des parois, murs et cloisons.
Certains murs, par les matériaux qui les composent ou les revêtements qui les couvrent, provoquent une impression directionnelle de froid. En plus de cette sensation désagréable, ils absorbent une partie de la chaleur et font baisser la température ambiante. Ils seront donc conçus pour que la température du parement intérieur soit élevée et aussi près que possible de la température ambiante.
- **une humidité suffisante, mais sans excès.** L'air ambiant contient de la vapeur d'eau, dont la quantité varie en fonction des conditions atmosphériques. Le taux d'humidité relative de l'air peut varier, dans un logement, de 25 à 85 %, étant entendu que le taux moyen est de l'ordre de 50 %.
En période de chauffage, où l'air est « desséché » dans l'appartement (environ 25 %), il peut être nécessaire, afin de ne pas irriter les voies respiratoires, d'ajouter de l'humidité. Un simple humidificateur posé sur les radiateurs suffit à jouer ce rôle.
De même, dans les locaux dits humides (salle de bains, cuisine...), le taux d'humidité peut augmenter par moments jusqu'à 85 %. Afin de ne pas gêner la respiration et d'éviter les condensations passagères sur les parois de ces pièces, il est nécessaire d'éliminer cette vapeur d'eau : c'est le rôle de la ventilation.
- **un renouvellement correct de l'air** : Il est nécessaire de renouveler l'air des pièces pour éliminer la vapeur d'eau en excès et expulser l'air vicié par les respirations et les odeurs. On prévoit donc des orifices d'entrée et de sortie d'air, étudiés pour ne créer ni filets ni courants désagréables.

Les quatre éléments du confort

- **la température extérieure** : Elle est un élément prépondérant puisque sa variation peut inverser le système d'échange de chaleur entre l'intérieur et l'extérieur et rendre nécessaire un chauffage en saison froide.
- **l'isolation** : L'échange de chaleur se fait principalement à travers les parois, murs, vitrages, toiture, sol, en contact avec l'extérieur. Ces éléments doivent donc être constitués de matériaux qui s'opposent le mieux possible au froid extérieur. Choisir ces matériaux (nature, épaisseur), c'est isoler la maison.
- **la ventilation** : Le renouvellement d'air contribue également aux pertes calorifiques : l'air froid entre, se réchauffe et ressort à l'extérieur en emportant la chaleur acquise. Il faut donc doser entrées et sorties d'air.
- **le chauffage** : Un apport calorifique dans la maison en saison froide est nécessaire. Le système de chauffage doit :
— produire globalement une quantité de chaleur suffisante,
— distribuer et émettre la chaleur là où elle est nécessaire,
— fournir une puissance adaptée aux besoins imposés par la température extérieure aussi régulièrement que possible : c'est la régulation.

Régime d'été
(température extérieure : plus de 20 °C)

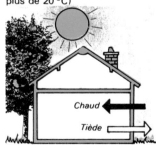

Régime d'hiver
(température extérieure : 20 °C ou moins)

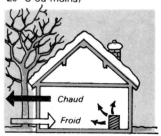

On doit réduire au maximum été comme hiver les échanges de chaleur entre la maison et l'extérieur.

Les températures extérieures de référence

Les variations de la température extérieure échappent encore à l'autorité technique humaine. Si l'été n'entraîne qu'une impression de chaleur généralement supportable en toutes conditions sous nos climats, la saison froide peut avoir des conséquences plus graves :
• le froid intense n'est pas supporté très longtemps,
• le coût d'exploitation du système de chauffage peut devenir prohibitif.

C'est pourquoi la France a été divisée géographiquement en trois zones climatiques d'hiver.

Pour permettre le calcul des installations de chauffage, ces zones sont elles-mêmes divisées en régions, suivant les données statistiques météorologiques et affectées chacune d'une température de base.

Pour obtenir la température qui servira aux calculs, on corrige la température de base (notée sur la carte) en fonction de l'altitude, en se référant au tableau ci-dessous :

Exemple

Pour une construction prévue dans les Hautes-Alpes (05), à une altitude de 1 150 m :
• la carte donne : température de base = $-10\,°C$,
• le tableau donne : température extérieure de base = $-19\,°C$.
L'installation de chauffage sera donc calculée pour une température de $-19\,°C$.

Température de base prise au niveau de la mer : -4

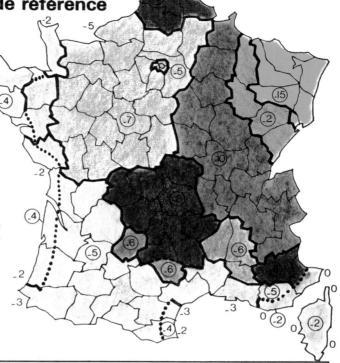

Altitude (m)	\-4°C	\-5°C	\-6°C	\-8°C	\-9°C	\-10°C	\-12°C	\-15°C
0 à 200	\- 4	\- 5	\- 6	\- 8	\- 9	\- 10	\- 12	\- 15
201 à 400	\- 5	\- 6	\- 7	\- 9	\- 10	\- 11	\- 13	\- 15
401 à 500	\- 6	\- 7	\- 8	\- 10	\- 11	\- 12	\- 14	\- 16
501 à 600	\- 6	\- 7	\- 9	\- 11	\- 11	\- 13	\- 15	\- 17
601 à 700	\- 7	\- 8	\- 10	\- 12	\- 12	\- 14	\- 16	\- 18
701 à 800	\- 7	\- 8	\- 11	\- 13	»	\- 15	\- 17	\- 19
801 à 900	\- 8	\- 9	\- 12	\- 14	»	\- 16	\- 18	\- 20
901 à 1 000	\- 8	\- 9	\- 13	\- 15	»	\- 17	\- 19	\- 21
1 001 à 1 100	»	\- 10	\- 14	\- 16	»	\- 18	\- 20	\- 22
1 101 à 1 200	»	\- 10	»	\- 17	»	\- 19	\- 21	\- 23
1 201 à 1 300	»	\- 11	»	\- 18	»	\- 20	\- 22	\- 24
1 301 à 1 400	»	\- 11	»	\- 19	»	\- 21	\- 23	\- 25
1 401 à 1 500	»	\- 12	»	\- 20	»	\- 22	\- 24	\- 25
1 501 à 1 600	»	\- 12	»	\- 21	»	\- 23	»	»
1 601 à 1 700	»	\- 13	»	\- 22	»	\- 24	»	»
1 701 à 1 800	»	\- 13	»	\- 23	»	\- 25	»	»
1 801 à 1 900	»	\- 14	»	\- 24	»	\- 26	»	»
1 901 à 2 000	»	\- 14	»	\- 25	»	\- 27	»	»
2 001 à 2 100	»	\- 15	»	\- 26	»	\- 28	»	»
2 101 à 2 200	»	\- 15	»	\- 27	»	\- 29	»	»
2 201 à 2 400	»	\- 16	»	\- 28	»	\- 30	»	»
2 401 à 2 600	»	\- 17	»	\- 29	»	\- 30	»	»
2 601 à 2 800	»	\- 18	»	\- 30	»	\- 30	»	»
2 801 à 3 000	»	\- 19	»	\- 30	»	\- 30	»	»
plus de 3 000	»	\- 20	»	\- 30	»	\- 30	»	»

Les systèmes de chauffage

Sous nos latitudes, une installation de chauffage est un élément prépondérant du confort thermique pendant la saison froide. Pour réaliser le chauffage d'une maison, il existe bien des systèmes. Les techniques et les composants mis en œuvre sont si nombreux que le choix et le calcul d'une installation restent l'affaire de spécialistes qualifiés. Néanmoins, pour pouvoir dialoguer avec un fournisseur sérieux et contrôler si ses prestations sont conformes aux devis et descriptifs, il faut pouvoir comprendre comment fonctionne le chauffage.

Parmi les systèmes utilisés, le chauffage par circulation d'eau chaude reste, et de loin, le plus employé. On ne doit pas perdre de vue que d'autres types de chauffage peuvent être mis en œuvre et, notamment, le chauffage électrique et le chauffage par air pulsé (lié aux systèmes de renouvellement d'air), le chauffage indépendant par pièces (poêles, radiateurs autonomes...).

Si, dans les principes de dimensionnement, les critères restent les mêmes, de nombreux détails de fonctionnement sont différents.

Le chauffage par circulation d'eau chaude

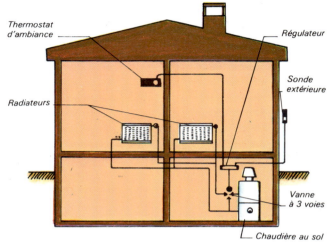

Le chauffage par air chaud pulsé

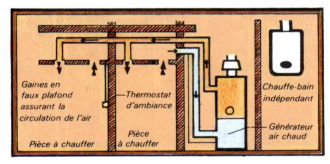

L'air chaud est insufflé dans les pièces

L'air des pièces peut aussi être recyclé dans la chaudière ou renouvelé naturellement

Exemple de chauffage divisé - maison individuelle

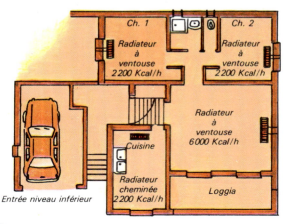

La production de chaleur

Pour avoir chaud l'hiver, pour disposer d'eau chaude en toutes saisons, on doit toujours utiliser une source d'énergie. Stockée en petite ou grande quantité (charbon, fuel, gaz), arrivant par des fils (électricité), des tuyaux (gaz) ou captée aux sources naturelles (pompe à chaleur, capteurs solaires), toute source d'énergie sera transformée par les appareils de production de chaleur et d'eau chaude.

Trois techniques ou principes de base permettent cette transformation :
- la combustion dans une chaudière de fuel, gaz, bois et charbon,
- l'échauffement d'une résistance par l'électricité,
- les échanges dans une pompe à chaleur et les capteurs solaires.

Les chaudières : c'est le chauffage central

Les principaux types : Il existe des chaudières suspendues au mur, fonctionnant essentiellement au gaz et des chaudières posées sur socle, utilisant le fuel, le gaz, le charbon, etc.

Emploi : Les chaudières deux usages ou mixtes assurent à la fois le chauffage des locaux et la production d'eau chaude sanitaire. Les chaudières simple usage ne servent qu'au chauffage des locaux, un autre appareil assurant la production d'eau chaude.

La puissance utile nécessaire :

- **Chaudière à double usage** : On calcule la puissance utile de la chaudière en fonction du volume des pièces à chauffer et surtout des besoins en eau chaude de la famille pour sa toilette, sa cuisine, le lavage du linge, etc. (voir page 211 et ci-contre).
- **Chaudière simple usage** : C'est évidemment en fonction des besoins de chauffage qu'on calcule la puissance de ce type de chaudière. On tient compte dans les calculs des déperditions totales du bâtiment (pour la différence de température entre température de base extérieure et ambiance intérieure) et d'une surpuissance de 30 % permettant un fonctionnement en souplesse.

En moyenne, dans les maisons individuelles bien isolées et

indépendantes et qui, conformément aux règlements, sont en harmonie avec les exigences d'isolation (coefficient G), on trouve couramment les puissances suivantes :

Type de logement (Nombre de pièces principales)	4	5	6	7
Volume habitable (m³)	250	270	300	330
Déperditions D (en watts) (moyennes)	9 000	10 200	11 600	13 000
Puissance nécessaire PN = 1,3 D (en watts) (surpuissance comprise)	11 700	13 260	15 080	16 900

Les constructeurs de chaudières indiquent parfois les puissances de leurs chaudières en thermies par heure ou en kilocalories par heure. Il est facile d'en déduire la puissance en watts qui est l'unité légale, car : 1 th/h = 1 000 kcal/h = 1 163 W.

En pratique, on choisit des chaudières de 18 à 22 th/h. Cette surpuissance assure une plus grande souplesse de l'installation. Pour les maisons construites en zone climatique A (voir page 142) et en haute altitude, on doit réétudier attentivement les puissances habituelles en fonction du climat et des besoins.

Les appareils indépendants : c'est le chauffage pièce par pièce

On trouve dans cette catégorie de chauffage, appelé chauffage divisé :
• les cuisinières ou poêles : ces appareils « de nos grands-parents » ne sont absolument pas démodés. L'utilisation du bois comme combustible les rend tout à fait compétitifs. De nombreux constructeurs ont même remis au goût du jour des modèles spéciaux pour bûches longues (0,50 m) assurant en même temps une certaine réserve d'eau chaude (cuisinière à bouilleur),
• les radiateurs à gaz (circuits étanches ou non),
• les tubes à rayonnement infrarouge alimentés en électricité et utilisés dans les salles de bains. Ils fournissent une chaleur instantanée et intense.
• les convecteurs électriques : c'est le chauffage divisé le plus répandu ; il est, en général, associé à une isolation thermique renforcée.

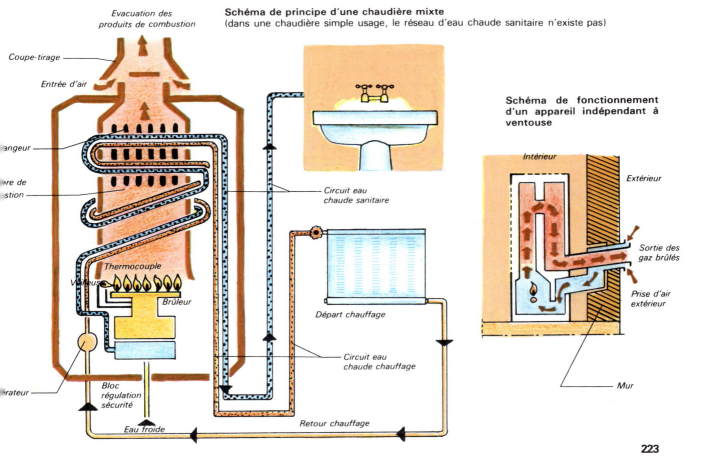

Schéma de principe d'une chaudière mixte
(dans une chaudière simple usage, le réseau d'eau chaude sanitaire n'existe pas)

Schéma de fonctionnement d'un appareil indépendant à ventouse

Quelle source d'énergie choisir pour le chauffage ?

Qu'il s'agisse de faire construire une maison individuelle ou de rénover le chauffage d'une ancienne habitation, il faut choisir l'énergie ou le combustible qui permettra de faire fonctionner l'installation. De nombreux éléments peuvent entrer en compte dans ce choix. Le futur propriétaire doit donc réfléchir, prendre une décision et, dans tous les cas, pouvoir dialoguer avec les professionnels du chauffage.

Les différents concurrents

En laissant de côté les pompes à chaleur, les récupérateurs d'énergie et le chauffage solaire, qui restent affaire de spécialistes et dont les principes sont précisés à la page 226, il est possible de distinguer deux familles de combustibles :
- **les combustibles classiques**, qui se trouvent en première ligne parce que faciles à employer et n'imposant que des contraintes minimes : il s'agit, bien sûr, du fuel oil domestique, du gaz de réseau (ou gaz naturel), du propane et de l'électricité,
- **les combustibles anciens**, quelque peu délaissés ces dernières années parce que leur utilisation demande une manipulation importante qui, aux yeux de certains, compromet le confort : ce sont les bois et les charbons. Cependant, il ne faut pas oublier que ces combustibles, compte tenu du renchérissement récent des prix, deviennent fort compétitifs. Les fabricants d'appareils de chauffage ne s'y trompent pas, puisqu'ils offrent sur le marché toute une gamme d'appareils qui remettent au goût du jour les vieux principes de nos grand-mères en réduisant au minimum les manipulations.

Heureusement, dans la pratique, tous ces combustibles n'entrent pas forcément en concurrence : certains sont éliminés tout simplement parce qu'en un lieu donné leur approvisionnement est difficile (donc cher) et parfois impossible.

Les unités du pouvoir calorifique

L'unité officielle permettant de comparer la quantité d'énergie dégagée par les combustibles est le kilowatt-heure (kWh). Mais comme les professionnels utilisent encore la millithermie (mth) ou la kilocalorie (kcal), il faut savoir effectuer les conversions correspondantes.

$$1 \text{ kcal} = 1 \text{ mth} = \frac{1,16}{1\,000} \text{ kWh (ou 0,00116 kWh)}$$

1 kWh = 860 mth = 860 kcal

Combustible et énergie	Energie contenue kcal ou mth	kWh
1 l de fuel domestique	8 700	10
1 kg de propane	11 800	13,7
1 m³ de gaz naturel	8 800	10,1
1 m³ de propane (en conditions normales de température et de pression)	22 200	26
1 kg de charbon (suivant nature)	de 6 000 à 8 500	de 6,9 à 9,8
1 kg de bois (suivant essence)	de 2 000 à 4 000	de 2,4 à 4,8

Le niveau de confort

L'énergie intervient directement dans le niveau de confort d'une installation, bien que cette notion soit très subjective :
- pour le gaz de réseau et pour l'électricité, il n'y a pas de livraison, donc aucune servitude,
- pour le fuel ou le propane, il est nécessaire de prévoir un stockage et de penser à faire remplir les réservoirs,
- le fuel ou le gaz (naturel ou propane) neutralisent des surfaces non négligeables : mise en place de la chaudière, du conduit de fumée, etc.,
- la manutention (bois), la poussière (charbon) sont des points importants pour un utilisateur,
- les risques d'incendie ou d'explosion (pourtant quasi nuls) peuvent être pris en considération.

Cette énumération incomplète fait apparaître, pour chacun, un certain nombre de causes d'élimination de tel ou tel combustible. Elle permet de préciser, dès le départ, les systèmes de chauffage qui restent à comparer.

Le coût global

La manière d'évaluer le coût de consommation d'énergie d'une maison dépend surtout des coûts indépendants de l'installation et de l'exploitation.
- **coût d'installation** : là encore, il n'est pas possible de le définir avec précision, tant les solutions sont nombreuses et variées.

Les chiffres à comparer doivent concerner l'installation de chauffage proprement dite mais aussi les éléments suivants :
— le prix des forfaits raccordement (gaz, électricité), des droits de branchements,
— les coûts d'installation de réservoirs ou cuves,
— des maçonneries diverses (socle de chaudière, conduits de fumée),
— des différences d'isolation : rappelons à ce sujet que l'isolation imposée en chauffage électrique est plus conséquente que pour les autres combustibles.
- **coût d'exploitation** : compte tenu de l'évolution imprévisible du prix des énergies, il est impossible de préciser ici avec certitude ce que coûtera une exploitation. Cependant, il faut être conscient du fait que, pour les énergies classiques, la politique des prix s'adapte aux circonstances et ne favorise aucun combustible : les pouvoirs publics maintiennent une certaine cohérence, bien difficile à dégager du dédale des informations diffusées, de façon à éviter que tous les choix ne se fassent au profit du même combustible. Le meilleur exemple est fourni par le coup de frein imposé au « tout électrique » (augmentation de l'isolation, pénalisation sous forme d'avance importante...), après la grande campagne publicitaire qui avait spectaculairement mis en avant cette énergie (produite surtout à partir du fuel...).

Quoi qu'il en soit, le calcul de la consommation (voir encadré) est important. Il doit être complété par la connaissance du coût d'entretien des installations. Les sociétés spécialisées indiquent les tarifs pratiqués pour les visites périodiques (nettoyage et réglage) de l'installation.

Les prix des combustibles : quelques renseignements

- **le fuel oil domestique** : son prix varie faiblement d'une région à l'autre, chaque canton étant affecté à une zone dans laquelle le livreur est tenu à un prix limite officiel. Un rabais sur ce prix officiel peut être obtenu si l'on sait faire jouer la concurrence. Pour tous renseignements : Comité professionnel du pétrole, 51, boulevard de Courcelles, 75008 Paris. Tél. : 924.98.94.

- **le gaz de réseau** : le tarif gaz retenu pour une maison est le tarif 3 G B (trois usages : chauffage, eau chaude, cuisine), composé d'une prime fixe et d'un prix au kWh consommé. Le raccordement au réseau est normalement payé par l'utilisateur, avec participation éventuelle du Gaz de France pour le tarif 3 G B en construction neuve.
- **le propane** : le fournisseur se réfère à un prix limite de vente qui tient compte d'une redevance annuelle (location et mise en place du réservoir) et d'un prix au kilogramme par zone de livraison. Pour tous renseignements : Comité professionnel du butane et du propane, 4, avenue Hoche, 75008 Paris. Tél. 227.48.12.
- **l'électricité** : seule la taxe municipale qui touche cette énergie est variable, les tarifs d'électricité étant uniques pour la France. Suivant le type d'abonnement choisi, qui conditionne la puissance mise à la disposition de l'usager, la prime fixe par mois et le prix au kWh consommé varient. Se renseigner auprès de l'agence E.D.F. pour connaître les tarifs en vigueur. Rappelons l'existence de cette prime fixe pour le « tout électrique » remboursable par moitié à la fin de la cinquième et de la dixième année suivant le paiement.

Les perspectives d'avenir

Il est difficile de se risquer dans des prévisions à long terme. Mais certains indices permettent d'estimer que :
- le chauffage électrique devient très intéressant après avoir été longtemps considéré comme un luxe. Le développement de l'énergie d'origine électro-nucléaire a contribué à l'expansion de ce mode de chauffage pratique, non polluant et très facile à régler. Il est en particulier très avantageux pour les locaux à occupation temporaire bien isolés.
- le fuel est de moins en moins compétitif, pour les raisons que l'on connaît bien ; il le sera toujours moins, car réservé pour toutes les utilisations de production de matières premières (industrie des matières plastiques, par exemple),
- le gaz de réseau est actuellement une solution séduisante qui ne devrait pas décevoir dans les prochaines années,
- l'utilisation du propane est en plein développement et son avenir semble assuré. Son prix augmentera certainement moins vite que le fuel... Lorsque le gaz de réseau n'est pas distribué à un endroit donné, le bilan, par rapport au fuel, tourne déjà à son avantage, pour peu que l'isolation du logement soit légèrement meilleure.

La consommation : comment l'évaluer ?

Il est quasi impossible, compte tenu du grand nombre de paramètres entrant en jeu dans ce calcul, d'obtenir avec exactitude les besoins en énergie d'une maison.
Néanmoins, afin de pouvoir comparer les énergies, on peut établir une consommation théorique par la « recette » suivante :

Pour le chauffage, il faut faire intervenir :
— le coefficient G de la maison (voir **page 142**),
— le volume V du logement,
— la température moyenne extérieure (te) pendant la saison de chauffe et le nombre de jours que dure cette saison (N) : à titre indicatif, pour la région parisienne, te = + 6 °C et N = 212 jours,
— le rendement de l'installation (r), qui représente le rapport entre la chaleur dégagée au brûleur et celle utilisée réellement pour le chauffage, le reste représentant la chaleur perdue : il est fixé forfaitairement par les pouvoirs publics pour ce genre de calcul (0,72 pour le fuel, 0,78 pour le gaz et 1 pour l'électricité).
La formule

$$\frac{24 \times N \times G \times V \times (18 - te)}{1000 \times r}$$

donne la consommation d'énergie (chauffage) en kWh. Le nombre 24 correspond aux heures de la journée, le nombre 18 représente la température intérieure 18 °C imposée par la réglementation :

Pour l'eau chaude sanitaire, on peut estimer les besoins annuels à 3 500 kWh, chiffre qu'il faut diviser par le rendement de l'installation. La quantité de combustible correspondant s'obtient en divisant le total obtenu par le pouvoir calorifique du combustible.

Quelles sources d'énergie ?

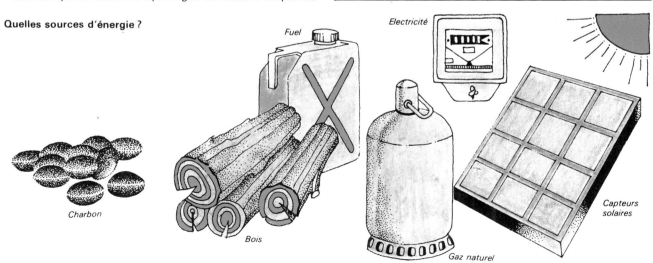

Charbon — Bois — Fuel — Electricité — Gaz naturel — Capteurs solaires

Les générateurs de chaleur

Les chaudières

Chaudières posées sur socle
On les met, généralement, dans la cave, dans une partie du sous-sol ou du rez-de-chaussée prévue pour la chaufferie. Suivant le type de chaudière, la réglementation :
— interdit d'utiliser comme chaufferie la salle d'eau, les w.-c., situés au centre de la maison,
— impose une arrivée d'air frais et une sortie d'air vicié,
— oblige au respect de distances de sécurité entre l'appareil et les matériaux pouvant brûler,
— interdit le stockage de combustible (fuel) de plus de 1 500 litres dans le même local que la chaudière.

Chaudières murales au gaz
• Le modèle classique, avec conduit de fumée, est installé dans la cuisine, ou dans un cellier muni d'ouvertures donnant sur deux pièces en façade, ce qui permet, en cas de fuite, de réaliser un courant d'air efficace pour renouveler l'atmosphère.
• Les chaudières dont la combustion a lieu dans une enceinte étanche puisent l'air frais nécessaire à cette combustion à l'extérieur, à travers le mur, et rejettent l'air vicié de la même manière et parfois par le même orifice. Pour cela, la distance de l'axe de l'orifice de rejet des gaz brûlés à un ouvrant de la façade doit être supérieure à 0,40 m. Ce type de chaudière peut être placé dans toute pièce contre le mur donnant sur l'extérieur.

Les brûleurs
Le principe de fonctionnement des brûleurs (gaz ou fuel) est toujours le même : il faut mélanger et doser l'air et le combustible pour réaliser une combustion efficace.
Lorsqu'ils sont alimentés en gaz, le dosage est simple et l'encrassement peu important.
Lorsqu'ils sont alimentés en fuel, il faut assurer :
— l'arrivée du fuel,
— la pulvérisation du fuel et son mélange avec l'air par l'intermédiaire d'un gicleur,
— un entretien fréquent du gicleur qui s'encrasse (déréglage) et qui peut même s'obturer, arrêtant tout fonctionnement.

Les derniers-nés de la technique

La pompe à chaleur
Elle emprunte la chaleur là où la température est déjà basse et la transforme en chaleur utilisable. L'appareil consomme de l'énergie classique pour fonctionner, comme le fait une pompe qui remplit un réservoir haut à partir d'un puits ou d'un réservoir situé plus bas. Ainsi, pour chauffer un logement à partir d'un environnement plus froid, il faut faire tourner une pompe qui prend la chaleur à une atmosphère « basse » pour la restituer à une atmosphère « haute ».
Les principes de la pompe à chaleur sont les mêmes que ceux du classique réfrigérateur, qui utilise les propriétés thermiques d'un liquide se transformant en gaz avec un dégagement important de froid. Pour que le gaz redevienne liquide, puis gaz, etc., c'est-à-dire pour réaliser un cycle permanent, une pompe ou un moteur font passer un fluide « frigorigène » (fréon, par exemple) dans un évaporateur, puis un condenseur en adaptant sa pression. Une pompe à chaleur est, en quelque sorte, un réfrigérateur fonctionnant à l'envers : elle prend de la chaleur à l'extérieur pour la rejeter à l'intérieur.
Pour le chauffage d'une maison, la pompe à chaleur apparaît comme un moyen moderne économique. Une bonne condition de son emploi parfait est une isolation poussée lors de la construction. Cependant, par des températures extérieures plus basses que 0 °C, il peut être nécessaire de faire fonctionner des éléments réchauffeurs supplémentaires qui doivent alors équiper l'appareil de base.

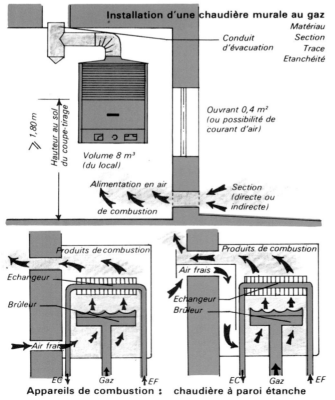

Appareils de combustion : chaudière à paroi étanche

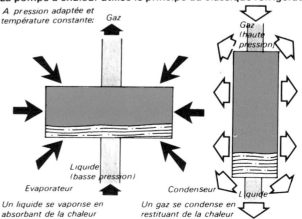

La pompe à chaleur utilise le principe du classique réfrigérateur

Un liquide se vaporise en absorbant de la chaleur

Un gaz se condense en restituant de la chaleur

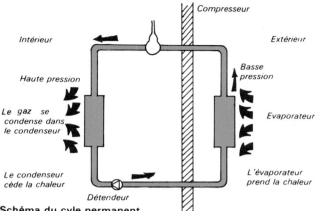

Schéma du cyle permanent dans la pompe à chaleur

Le chauffage solaire

Son principe est particulièrement simple. Tout corps s'échauffe sous l'effet du rayonnement solaire car il en absorbe une partie de l'énergie. Le reste de ce rayonnement est rejeté et non utilisé. Dans le chauffage solaire, on expose au soleil des capteurs réalisés en matériaux absorbant le maximum de chaleur et dans lesquels sont incorporées des canalisations. Le fluide qu'elles contiennent se réchauffe et est alors utilisé pour le chauffage.

Les rendements de systèmes solaires sont certes faibles, mais réels. Ils dépendent bien sûr de l'ensoleillement de la région considérée. Le système solaire assurant tous les besoins de chauffage et d'eau chaude d'une maison individuelle est, dans son principe, possible, mais peu répandu car très dépendant des conditions d'ensoleillement.

L'évolution des techniques aidant, le système est utilisé en complément d'une autre installation plus classique et participe aux économies d'énergie. Les pouvoirs publics encouragent d'ailleurs l'emploi de ce système par l'octroi d'une prime et notamment pour l'installation de chauffe-eau solaires.

Les aides financières au chauffe-eau solaire

La prime chauffe-eau solaire (1000 F en logement individuel, 500 F par m² de capteur en collectif, dans un plafond de 1000 F) est attribuée par les Directions départementales de l'Equipement. Cette prime est reconduite pour les six premiers mois de 1979 (voir par ailleurs la liste des chauffe-eau individuels admis au bénéfice de la prime).

Aides aux particuliers

- Les déductions fiscales (7000 F + 1000 F par personne à charge). Elles s'appliquent aux résidences principales construites avant le 1er juillet 1975.
- Prime à l'amélioration de l'habitat (PAH) et prime à l'amélioration de l'habitat rural (PAHR). Elles sont délivrées, sous certaines conditions de ressources, à concurrence de 20 % du montant des travaux. L'attribution de la PAH est réservée aux opérations programmées.

Aides spécifiques aux maîtres d'ouvrage dans le cas de logements aidés par l'Etat.

- **Habitat existant** : subvention à l'amélioration thermique de l'habitat existant. La subvention est accordée à hauteur de 30 % du montant des travaux.
- **Construction neuve** : prêts complémentaires PLA et PAP. Des mesures sont actuellement à l'étude. Elles s'appliqueront à compter du 1er juillet 1979. Le prêt complémentaire sera accordé à hauteur de 3000 F pour les logements collectifs et 4000 F pour les logements individuels. Toutefois ces chiffres sont des ordres de grandeur, dans l'attente d'une décision définitive du gouvernement.

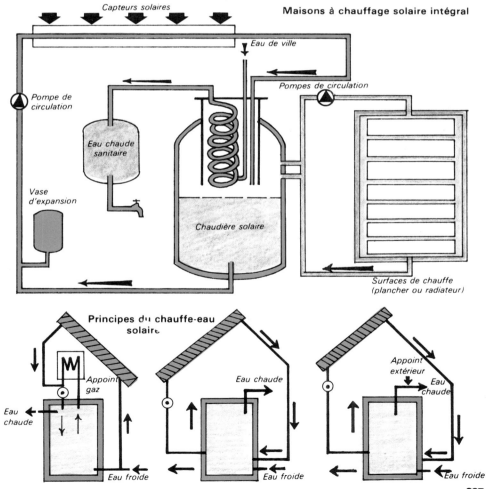

Maisons à chauffage solaire intégral

Principes du chauffe-eau solaire

Le chauffage central à eau chaude

Une installation de chauffage central à eau chaude dépend du degré d'isolation et du volume de la maison, du nombre d'habitants, du nombre des corps de chauffe et de la disparité des pièces, de la nature du combustible, etc. Il en existe donc de multiples variétés. En ce domaine, le recours aux professionnels compétents est donc impératif. Quelques principes de base permettront de dialoguer avec eux.

Le réseau de distribution
L'eau suit un circuit fermé. Partant d'une chaudière où elle est élevée à une température réglable de 80 à 90 °C, elle chemine par des tuyauteries, traverse des radiateurs, où elle perd sa chaleur qui passe dans les pièces, et revient tiède à la chaudière où elle est réchauffée avant de reprendre le même circuit.

Des accessoires importants
La pompe : Elle n'est pas absolument nécessaire. En effet, l'eau chaude peut circuler seule par le principe du thermosiphon : l'eau chaude monte naturellement, cédant sa place à l'eau plus froide qui se réchauffe et monte à son tour, etc. Dans une installation sans pompe, on est obligé de placer la chaudière le plus bas possible, en général en sous-sol, et on doit employer des tuyaux de gros diamètre. Lorsqu'une pompe à débit réglable est utilisée, le mouvement de l'eau est accéléré, les radiateurs chauffent donc plus rapidement et davantage. Les tuyaux de plus faible diamètre sont plus faciles à dissimuler ou moins inesthétiques et l'installation est donc moins coûteuse.

Le vase d'expansion : Un circuit d'eau chauffée en permanence et à haute température peut être dangereux s'il est totalement hermétique. En effet, tout liquide chauffé se dilate et les canalisations ou autres organes du circuit ne peuvent absorber sans dommages les surpressions qui en découlent (risque d'éclatement... et de fuites !).
Le vase d'expansion est donc impératif pour absorber les variations de volume d'eau. Pour les installations sans pompe (thermosiphon), on le place en haut de l'installation et il débouche alors à l'air libre. Il est incorporé ou placé à côté des chaudières modernes avec pompe. Il fonctionne en circuit fermé, et un matelas de gaz, tel l'azote, absorbe les dilatations.

Le purgeur : L'eau contient toujours un peu d'air dissous qui peut se dégager et se rassembler en poches. Leur présence est nuisible au bon fonctionnement de l'installation. On met donc en place aux points les plus élevés de l'installation un appareil, manuel ou automatique, permettant d'évacuer cet air.

Le robinet de vidange : Placé au point le plus bas de l'installation, il permet de vider l'installation de l'eau qu'elle contient en cas d'absence prolongée, de risques de gel ou de réparations. A noter que pour les maisons inoccupées pendant la saison d'hiver, il faut prévoir la possibilité d'incorporer un antigel par remplissage en partie haute de l'installation.

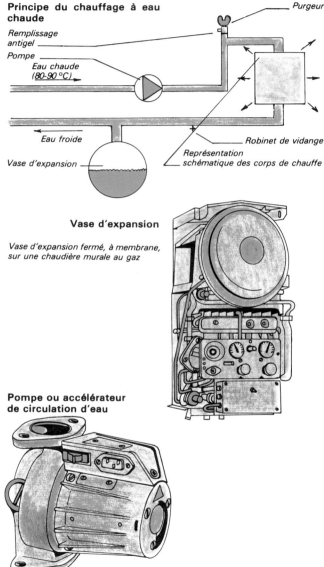

Principe du chauffage à eau chaude

Vase d'expansion

Vase d'expansion fermé, à membrane, sur une chaudière murale au gaz

Pompe ou accélérateur de circulation d'eau

Systèmes courants de chauffage à eau chaude

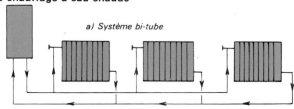

a) Système bi-tube

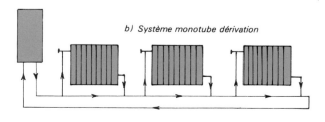

b) Système monotube dérivation

		Schéma	Avantages	Inconvénients	Utilisation
Système bi-tube			• la température d'entrée dans les corps de chauffe est toujours la même (aux pertes près). • les corps de chauffe sont indépendants. • facilités d'équilibrage du réseau.	• esthétique : toujours deux tuyaux en parallèle. • coût d'installation : longueur de tuyauterie importante. • pertes par tuyauteries plus importantes.	Recommandé dans tous les cas
Système monotube	**Dérivation**		• longueur de tuyauterie limitée. • esthétique satisfaisante (un seul tuyau).	• la température d'entrée au corps chauffe diminue le long du réseau. • les corps de chauffe ne sont pas totalement indépendants. • équilibrage délicat.	Possible dans tous les cas
	Série		• longueur de tuyauterie limitée. • esthétique satisfaisante.	• la température d'entrée au corps de chauffe diminue le long du réseau. • équilibrage du réseau très délicat. • dépendance des corps de chauffe : si on en ferme un, le réseau ne fonctionne plus.	Possible dans tous les cas

Les canalisations de chauffage

Dans une installation de chauffage par circulation d'eau chaude, les corps de chauffe sont alimentés par des tuyauteries dont la nature, le tracé et la protection doivent être choisis en fonction notamment de la disposition générale de la maison.

Les matériaux
Les canalisations de chauffage sont le plus souvent en acier noir, non galvanisé, ou en cuivre... Certains systèmes spéciaux, délicats à mettre en œuvre, restent l'affaire de spécialistes.

Afin d'empêcher le vieillissement prématuré des canalisations (corrosion et entartrage), il faut veiller à la compatibilité des éléments constituant le réseau et éviter l'utilisation de métaux différents.

En effet, l'eau prend toujours aux métaux certains éléments chimiques qu'elle peut déposer sur d'autres, ce qui peut créer des « boues » susceptibles de créer des bouchons, ou des réactions chimiques qui finissent par percer les canalisations. En particulier, il faut proscrire l'utilisation de tubes en acier galvanisé.

Il faut, d'autre part, éviter la vidange de l'installation (sauf cas impératif). En effet, l'introduction d'air dans les canalisations favorise la corrosion par l'oxygène qu'il contient (rouille sur canalisation acier par exemple). D'autre part, tout renouvellement d'eau entraîne généralement un nouvel apport d'éléments chimiques dissous (calcaire, etc.).

Diamètres intérieurs minimaux des tuyauteries (en mm)		
Nature des canalisations	Non apparentes et non accessibles	Autres cas
Acier	12	10
Cuivre	10	8
Spéciaux	10	8

Les diamètres des tuyauteries dépendent, en particulier, des températures du fluide et de la vitesse de circulation. On ne peut donc les déterminer que pour chaque cas particulier.

Les parcours
Les canalisations apparentes sont évidemment assez inesthétiques. On peut les dissimuler habilement sous des éléments décoratifs amovibles, comme des caissons ou des plinthes.

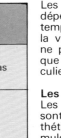

Un « fourreau » permet la dilatation des tuyaux à chaque traversée de mur ou de plancher

Canalisations non apparentes

Un fourreau en place dans chaque traversée de paroi, cloison, mur de refend ou plancher permettra leur libre dilatation due à l'échauffement.

Les canalisations non apparentes et non accessibles, noyées dans une dalle ou posées sous le plancher bas du rez-de-chaussée d'une maison individuelle sur terre-plein, sont déconseillées car aucune réparation en cas de fuite ou de bouchage, n'est possible sans frais importants.

Dans le cas d'un réseau posé en terre-plein, on doit protéger les tuyaux par des gaines. Consulter les D.T.U. correspondants est aussi une garantie.

Comment les protéger et les calorifuger
Compte tenu de l'action de l'oxygène de l'air sur les métaux (rouille sur acier par exemple), il faut nettoyer et dégraisser les canalisations en acier, appliquer une peinture antirouille et une peinture de finition assortie au revêtement des pièces traversées.

Dans les locaux non chauffés, les tuyauteries perdent beaucoup de chaleur, ce qui est nuisible au rendement des radiateurs, et augmente les dépenses d'énergie. On procède alors à leur calorifugeage en les entourant de bandes ou de demi-coquilles isolantes assemblées.

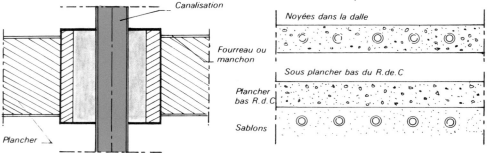

Placer la coquille sur la partie rectiligne de la tuyauterie et la faire glisser sur le coude

Habillage préfabriqué fendu selon une seule génératrice

Agrafes — Couvre-joint

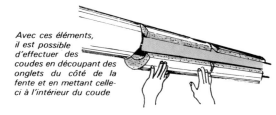

Avec ces éléments, il est possible d'effectuer des coudes en découpant des onglets du côté de la fente et en mettant celle-ci à l'intérieur du coude

Le calorifugeage des canalisations évite les pertes de chaleur

Les corps de chauffe

Les corps de chauffe sont les éléments d'une installation de chauffage qui émettent la chaleur dans les pièces. On peut les distinguer par la manière dont ils transmettent cette chaleur.

L'émission par rayonnement
Dans cette catégorie, on trouve les radiateurs classiques en fonte ou en acier (non galvanisé) alimentés en eau chaude. Chauffés par l'eau qui les traverse, ils sont portés à une température supérieure à celle de l'air ambiant et cèdent leur chaleur. Certains radiateurs électriques à accumulation restituent la chaleur de la même manière.

L'émission par circulation d'air
Ces appareils sont appelés convecteurs car ils créent une circulation d'air discrète. En effet, l'air froid, plus lourd que l'air chaud, se trouve toujours en partie basse. Il s'échauffe au contact des éléments chauds du convecteur et se répand dans la pièce.

Quelle puissance choisir ?
Quel que soit le type du corps de chauffe, sa puissance doit être suffisante pour compenser, dans les cas les plus défavorables, les déperditions de la pièce où il est placé. En outre, une marge de sécurité de l'ordre de 10 % est généralement prévue. Les appareils alimentés à l'électricité ont une puissance clairement précisée, en watts, par les constructeurs.
Pour les appareils alimentés en eau chaude, la puissance dépend de nombreux facteurs : température d'entrée et de sortie, débit d'eau, etc. Elle est déterminée par des essais normalisés. En se reportant au catalogue intitulé *Puissances thermiques des radiateurs et convecteurs* (Sédit, éditeur), on trouvera des renseignements utiles au choix d'une installation.

Où mettre les corps de chauffe ?
Lorsque l'isolation thermique est bien réalisée, la place des corps de chauffe dans la pièce dépend uniquement de celle des portes et fenêtres. En effet, seuls les vitrages laissent subsister l'effet de paroi froide. On peut l'atténuer en plaçant les corps de chauffe sous la fenêtre (en allège) quand cela est possible. On peut aussi placer les radiateurs près des portes donnant sur l'extérieur, afin de réchauffer rapidement l'air froid introduit par leur ouverture. Enfin, lorsque l'installation le permet, et surtout dans le cas de pièces de grandes dimensions, comme le séjour, il est préférable d'installer plusieurs corps de chauffe d'importance relativement faible plutôt qu'un seul appareil de dimensions importantes. La répartition de la chaleur sera mieux et plus rapidement effectuée.

Les accessoires importants
Le té de réglage : Afin d'équilibrer l'installation lors de sa mise en route et d'assurer la puissance demandée aux corps de chauffe, c'est-à-dire le débit d'eau qui les traverse, on les équipe d'un « té de réglage » positionné une fois pour toutes par l'installateur.
Le robinet à action sur le débit : Un robinet d'arrêt simple permet à l'utilisateur d'agir manuellement sur le débit, donc sur la puissance de l'appareil. Avec un robinet thermostatique on affiche la valeur de température désirée et le robinet adapte lui-même le débit (voir régulation page 232).
La purge : L'air dégagé par l'eau dans les canalisations est nuisible. En outre, il peut s'amasser en partie haute d'un radiateur et diminuer la quantité d'eau qu'il peut contenir, donc sa puissance. C'est pourquoi un purgeur manuel est toujours souhaitable. Il doit être actionné au moins une fois par an.

Les convecteurs créent une circulation d'air discrète

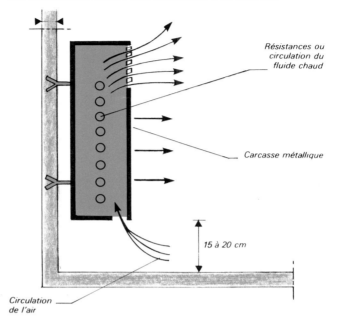

Quelques accessoires importants pour les corps de chauffe

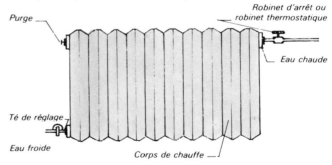

Le robinet thermostatique

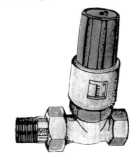

La régulation du chauffage

Servant à contrôler le fonctionnement de l'installation et à doser, en fonction des besoins, la chaleur émise dans les différentes pièces, la régulation du chauffage participe à un meilleur confort et, ce qui n'est pas négligeable, améliore les économies d'énergie.

Elle est, en effet, régie par des principes généraux qu'il faut bien connaître car la loi sur les économies d'énergie, décret et arrêtés du 24 mars 1982, a rendu obligatoire l'emploi des systèmes de régulation dans les maisons individuelles, quel que soit le type de chauffage prévu.

La diversité des matériels de régulation est telle que le choix est souvent difficile. Une association regroupant tous les constructeurs d'appareils de régulation renseigne utilement l'utilisateur, l'Association confort régulation, B.P. 458, 75830 Paris cedex 17 (téléphone : 329.38.85).

Une chaîne d'éléments au service du confort

La régulation n'est possible que si une série d'opérations automatiques intégrées à l'installation de chauffage s'enchaînent correctement.

L'emplacement du thermostat doit être choisi avec attention

Zone de repos et de confort

		Fonction assurée		
	Matériel	Mesure	Comparaison et commande	Exécution
Action générale sur le réseau	Thermostat	X	X	
	Système couplé — Sonde	X		
	Système couplé — Régulateur		X	
	Pompe ou brûleur ou vanne			X
Action locale	Robinet thermostatique	X	X	X

Chaque maillon de cette chaîne est un appareil qui assure une ou plusieurs fonctions. Correctement associés, les divers modules assurent le résultat recherché.

Le thermostat

Mesurant la température intérieure du local où il est placé, le thermostat la compare à celle « affichée », donc désirée par l'utilisateur, et en tire les conclusions nettes qu'il transmet : trop chaud : couper le chauffage ; trop froid : mettre en route. Les modèles de thermostats les plus simples sont reliés directement au brûleur de la chaudière.

Des systèmes plus élaborés sont associés à une horloge qui permet de programmer la marche du chauffage le jour, la nuit, et en cas d'absence.

Le thermostat est un appareil sensible aux températures. Son emplacement doit être choisi avec attention. On évite donc les zones froides ou d'air froid. Ainsi, dans un hall d'entrée, il réagit à chaque ouverture de porte. On évite également les zones chaudes ou d'air chaud : proximité d'un radiateur, d'une conduite d'eau chaude, d'une lampe, d'un conduit de cheminée, exposition au soleil, etc.

La régulation du chauffage central

L'arrêté du 24 mars 1982 impose un double système de régulation pour les installations de chauffage à générateur central. On doit en effet prévoir une régulation générale automatique qui agit soit en fonction de la température extérieure, soit en fonction de la température d'une pièce principale prise comme référence. Cela peut être réalisé par l'installation d'un thermostat d'ambiance dans le séjour, à 1,80 m du sol et dans une zone abritée des perturbations thermiques (courants d'air, source de chaleur, etc.). Le thermostat est alors connecté à l'accélérateur du générateur de chaleur ou à une vanne trois voies qui dose l'apport d'eau chaude provenant du générateur.

En complément de cette régulation générale, on doit prévoir des dispositifs d'arrêt et de régulation automatique dans chaque pièce principale et dans la cuisine, sauf dans la pièce où a été installée la régulation générale.

Le robinet thermostatique

C'est un équipement spécifique au chauffage à eau chaude. Il possède les mêmes caractéristiques qu'un thermostat et agit directement sur le débit d'eau dans le corps de chauffe. Il agit aussi comme un robinet de fermeture, et son installation dans les pièces principales et la cuisine permet donc de respecter l'arrêté du 24 mars 1982.

La régulation du chauffage par pièce

Le système le plus répandu est le chauffage électrique, mais il existe aussi des installations avec des radiateurs alimentés au gaz. Il n'est pas nécessaire d'avoir une régulation générale. On peut simplement prévoir un dispositif de réglage automatique sur chaque corps de chauffe. La plupart des radiateurs ou convecteurs adaptés à ce mode de chauffage possèdent un thermostat intégré. Dans le cas du chauffage électrique, la régulation est d'ailleurs de très grande précision.

La sonde extérieure couplée avec le régulateur

La sonde extérieure mesure la température extérieure et transmet cette mesure au régulateur. Cette sonde est placée sur la façade nord, à l'abri du soleil. Le régulateur compare et analyse la situation et peut donner des ordres modulés (beaucoup, moyennement, peu ou pas de chauffage) à une vanne qui fait varier la température de l'eau dans le circuit, en injectant une partie de l'eau tiède du retour.

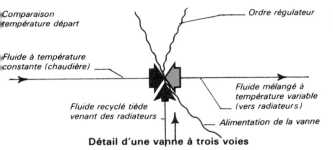

Détail d'une vanne à trois voies

Quelle solution choisir ?

Une installation de régulation peut être plus ou moins sophistiquée, donc plus ou moins complexe. Conséquences : elle augmente le prix de la construction et... les risques de pannes. On préférera donc les systèmes plus simples et plus sûrs :

• **La régulation en fonction de la température intérieure**, qui est réalisée à partir d'un thermostat d'ambiance agissant directement sur la chaudière avec, sur les radiateurs, installation facultative de robinets thermostatiques. Ce système, appelé « tout ou rien » n'offre aucune progressivité de réglage ;

• **La régulation en fonction de la température extérieure**, réalisée par une sonde extérieure, un régulateur et éventuellement des robinets thermostatiques ;

• **La régulation en fonction de la température intérieure avec compensation en fonction de la température extérieure** : cette combinaison des deux méthodes précédentes est moins couramment employée. Dans ce type d'installation, la sonde et le thermostat renseignent tous deux le régulateur, qui transmet des ordres en conséquence. Là aussi, les robinets thermostatiques sur radiateurs à eau chaude sont facultatifs.

Différentes installations de régulation avec ou sans sonde extérieure

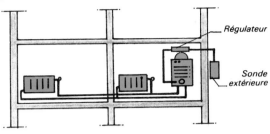

Chaudière murale gaz

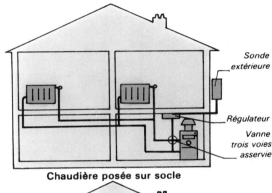

Chaudière posée sur socle

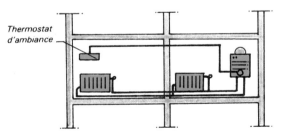

Chaudière murale gaz

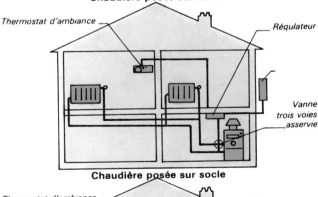

Chaudière posée sur socle

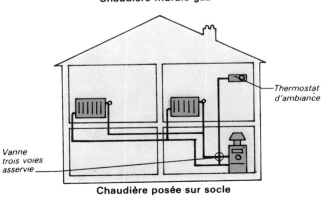

Chaudière posée sur socle

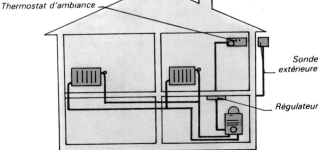

Chaudière murale

Le gaz dans la maison

En raison même de sa nature, le gaz présente de grands avantages mais aussi de réels dangers. Il est donc particulièrement nécessaire de respecter les règles propres aux installations de gaz :
• les canalisations enterrées doivent être protégées ;
• à l'intérieur du logement, les canalisations sont rigides, sauf éventuellement le raccordement des appareils (sur une longueur limitée) ;
• la nature des canalisations et leur mode d'assemblage doivent correspondre aux spécifications des normes et à celles du Gaz de France ;
• des fourreaux sont mis en place à chaque traversée de paroi.

La provenance du gaz
Dans le cas d'une maison individuelle, le gaz utilisé peut provenir :
• d'un réseau de distribution publique : le distributeur (G.D.F. par exemple) reste propriétaire du réseau, jusqu'au compteur compris (que celui-ci soit placé en limite de propriété ou en façade du logement), et supervise la mise en place du réseau extérieur à la maison ;
• de stockages indépendants assurés par :
— des réservoirs fixes (il s'agit généralement de propane), aériens ou enterrés,
— de bouteilles mobiles (propane ou butane).
Voir page 236, où les conditions de stockage du gaz sont étudiées.

Avec alimentation par réseau ou par réservoir extérieur (propane)

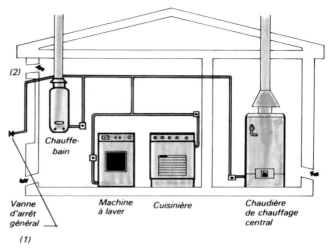

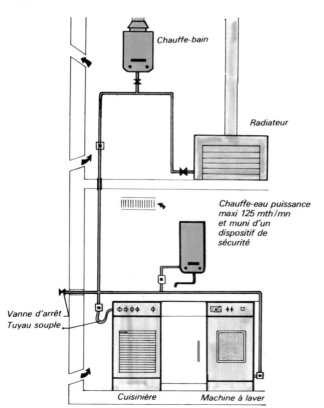

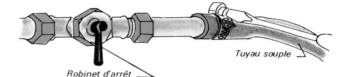

Robinet d'arrêt — Tuyau souple

Détendeur basse pression

Embout porte-tuyau souple

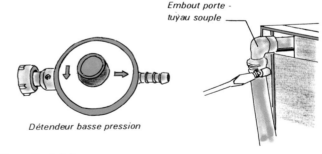

Vanne d'arrêt ⋈

Cas de propane : détendeur de sécurité □

Cas du réseau : robinet d'arrêt

Tuyau souple ⌒

*(1) La vanne générale d'arrêt n'est obligatoire que si :
Le robinet d'arrêt compteur (cas de la distribution publique) ou le stockage (propane) est situé à plus de 20 mètres de l'habitation.*

(2) Cette évacuation d'air vicié n'est nécessaire que si le coupe-tirage du chauffe-bain (appareil raccordé) n'est pas suffisant (c'est-à-dire si la prise d'air du coupe-tirage n'est pas située à plus de 1,80 m du sol).

Les appareils alimentés en gaz
Dans le cas des maisons individuelles, il s'agit des appareils d'utilisation domestique, qui sont :
• **Les appareils non raccordés :** les gaz de combustion se répandent dans la pièce et imposent une aération permanente (voir aération, page 244) ;
Parmi ceux-ci, on trouve :
— les appareils de cuisson,
— les machines à laver d'un débit calorifique nominal inférieur à 5,8 kW (5 th/h),
— les appareils mobiles d'un chauffage d'appoint d'un débit calorifique nominal inférieur à 4,65 kW (4 th/h),
— les appareils divers de débit calorifique nominal ne dépassant pas 2,30 kW (2 th/h),
— les chauffe-eau instantanés avec dispositif de sécurité dont la puissance utile ne dépasse pas 8,72 kW (7,5 th/h ou 125 mth/mn).
• **Les appareils raccordés :** les gaz de combustion sont évacués à l'extérieur par l'intermédiaire d'un conduit (chaudière, appareil de chauffage fixe, chauffe-bain).
• **Les appareils à circuit étanche** (voir « les générateurs de chaleur », p. 226) : ils prennent l'air directement à l'extérieur et le rejettent immédiatement (chauffe-bain, chaudière ou appareil de chauffage).
Tous ces appareils doivent être conformes aux normes les concernant.

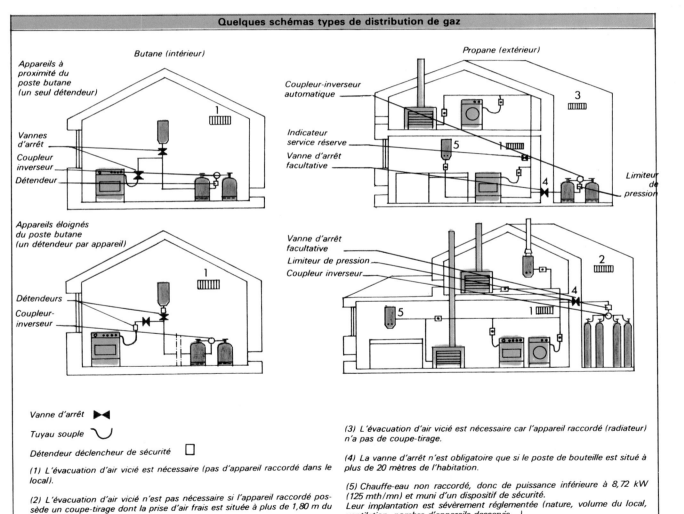

Quelques schémas types de distribution de gaz

(1) L'évacuation d'air vicié est nécessaire (pas d'appareil raccordé dans le local).

(2) L'évacuation d'air vicié n'est pas nécessaire si l'appareil raccordé possède un coupe-tirage dont la prise d'air frais est située à plus de 1,80 m du sol (voir rubrique aération).

(3) L'évacuation d'air vicié est nécessaire car l'appareil raccordé (radiateur) n'a pas de coupe-tirage.

(4) La vanne d'arrêt n'est obligatoire que si le poste de bouteille est situé à plus de 20 mètres de l'habitation.

(5) Chauffe-eau non raccordé, donc de puissance inférieure à 8,72 kW (125 mth/mn) et muni d'un dispositif de sécurité.
Leur implantation est sévèrement réglementée (nature, volume du local, ventilation, nombre d'appareils desservis...).

Le stockage du gaz : butane, propane

Le gaz en cuve, butane ou propane, est une source d'énergie importante que l'on adopte en l'absence du gaz de ville ou pour des raisons d'économie ou de choix techniques décidés lors de la construction. Alimentant les diverses machines et appareils domestiques, il peut assurer le chauffage et la production d'eau chaude et, quelquefois, le fonctionnement de machines à laver, séchoirs, etc.

Son stockage peut être assuré sans risques d'explosion ou d'incendie. Il suffit de respecter les règlements et les normes d'installation prévues et de ne rien modifier ensuite.

Particularités du propane et du butane
Ce sont des hydrocarbures (constitués uniquement de carbone et d'hydrogène), non toxiques, non corrosifs, très fluides tant à l'état liquide qu'à l'état gazeux, plus lourds que l'air. Ils sont facilement liquéfiables à température ambiante : il suffit de les comprimer, jusqu'à 1,7 bars pour le butane (pneu de voiture) et jusqu'à 7,5 bars pour le propane (pneu de camion). C'est pourquoi on peut stocker des capacités importantes de gaz sous un faible volume.

Le gaz est plus lourd que l'air
- il est interdit de le stocker dans les sous-sols.
- les locaux fermés où sont stockés les récipients de gaz doivent être munis, près du sol et du plafond, d'orifices de ventilation.

Le matériel de stockage
Les récipients mobiles (bouteilles) ou fixes (réservoirs) sont en acier et régulièrement contrôlés par les fabricants dont ils sont la propriété insaisissable.

Les bouteilles : Lors du premier approvisionnement, on paie une consigne qui constitue un abonnement et qui oblige à se réapprovisionner dans la même marque, avec le même gaz. L'option butane ou propane est donc définitive. Le butane est distribué uniquement en bouteilles de 13 kg. Le propane est distribué en bouteilles de 13 ou de 35 kg. Une bouteille de 13 kg délivre l'équivalent de 18 m^3 de gaz naturel.

Bouteilles de gaz butane et de propane pour petit stockage

Désignation	Butane	Propane	
Quantité de gaz	13 kg	13 kg	35 kg
Poids total approximatif	24 kg	27,5 kg	70,5 kg
Diamètre extérieur maximal D	306 mm	310 mm	306 mm
Hauteur totale maximale H	560 mm	615 mm	1 470 mm

Bouteilles de gaz butane-propane pour petit stockage

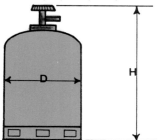

Les réservoirs : Leur capacité dépend de l'installation et des consommations prévues et varie entre 500 et 3 500 kg. Au-delà, des règles sévères imposent l'intervention de spécialistes. Installés à poste fixe, le fournisseur les loue et se charge du remplissage. Sur le dessus, les accessoires de remplissage, de contrôle, etc., sont sous un capot verrouillable.

Les réservoirs de grand stockage

Caractéristiques		Réservoirs de :	
		500 kg	1 000 kg
Capacité propane	(environ)	500 kg	1 000 kg
Poids à vide	(»)	420 kg	700 kg
Poids total en charge	(»)	920 kg	1 700 kg
Poids plein d'eau	(»)	1 620 kg	3 000 kg
Volume	(»)	1 200 l	2 300 l
Diamètre extérieur D	(»)	0,800 m	1,000 m
Longueur totale L	(»)	2,630 m	3,300 m

N.B. — Pour de l'acier de nuance courante, l'épaisseur exprimée en millimètres est environ le centième du diamètre extérieur du réservoir.

Les réservoirs de grand stockage

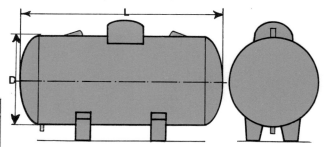

Conditions particulières au stockage du butane
Le gaz stocké est liquide. Son passage de l'état liquide à l'état gazeux n'est possible que si la température ambiante est supérieure à 0 °C.
Il faut donc placer les récipients qui le contiennent en des locaux abrités du gel. La réglementation permet de les placer à l'intérieur des logements, mais impose :
- que le local soit ventilé (orifices haut et bas),
- que les quantités soient limitées : c'est pourquoi on ne trouve que des bouteilles de 13 kg.

On peut avoir :
- un poste simple : une simple bouteille munie d'un détendeur,
- un poste double : deux bouteilles reliées entre elles et un coupleur-inverseur permettant de passer de l'alimentation de l'une à celle de l'autre.

Conditions particulières au stockage du propane
Le propane peut passer de l'état liquide de stockage à l'état gazeux d'utilisation jusqu'à − 40 °C. La réglementation en vigueur impose que tout récipient de propane soit placé à l'extérieur des locaux d'habitation.
En fonction de la consommation prévue, et aussi pour éviter d'avoir trop souvent à se réapprovisionner, on peut stocker le propane en assez grande quantité, soit en bouteilles, soit en réservoir.
Les bouteilles de propane : Le poste d'alimentation comporte deux bouteilles ou deux groupes de deux bouteilles (13 ou 35 kg), reliés par un coupleur-inverseur automatique permettant une alimentation continue.
Le schéma ci-dessous correspond aux règles définies par le D.T.U. n° 61.1 relatif au stockage des gaz et dont voici un extrait : « Les bouteilles de propane d'une contenance supérieure à 6,5 l (c'est-à-dire toutes les bouteilles de 13 et 35 kg) doivent être placées à l'extérieur des locaux d'habitation, posées sur une aire stable, plane, horizontale et qui ne soit pas sur tout son pourtour à un niveau inférieur à celui du sol.
« Les bouteilles doivent être éloignées d'au moins 1 mètre des ouvertures des locaux situés au même niveau ou en contrebas, ainsi que des bouches d'égout non protégées par des siphons. Lorsque cet éloignement n'est pas réalisable, on interpose, entre les récipients et les ouvertures à protéger, un muret faisant une saillie d'au moins 0,50 m et dépassant de 0,20 m en hauteur l'axe de la rampe de raccordement ou des raccords d'entrée du coupleur-inverseur. Le muret doit être en matériaux imputrescibles, résistant aux chocs et non inflammables. Si l'emplacement ainsi constitué est en plein air, les robinets et autres accessoires du poste doivent être protégés contre les chocs et les intempéries, par exemple par un capot non inflammable ou par un auvent ».
Les réservoirs fixes : Le fournisseur ne remplit les cuves neuves que sur présentation d'un certificat de conformité remis par l'installateur ou le plombier.
Dès lors, l'installation étant garantie, l'approvisionnement se fera sans problème au fur et à mesure des besoins.

Stockage du propane en bouteilles

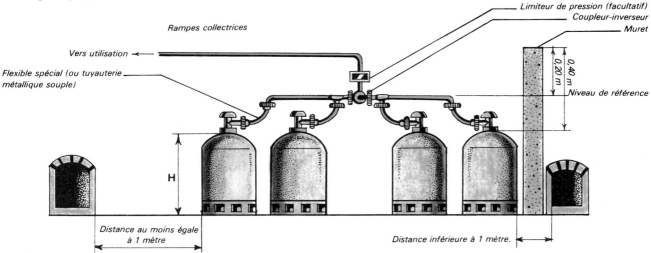

Le muret de protection n'est pas obligatoire si la distance de la bouteille à l'ouverture d'un local situé au même niveau ou en contrebas est égale ou supérieure à 1 m.

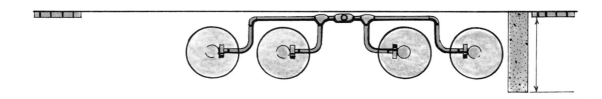

Le muret de protection est obligatoire si la bouteille est placée à moins d'un mètre d'une ouverture de local située au même niveau ou en contrebas.

L'installation des réservoirs de propane

Le Centre d'information du butane et du propane (4, avenue Hoche, 75008 Paris) édite des brochures d'information très utiles pour réfléchir à un avant-projet.
L'avis des spécialistes sera également précieux pour réaliser une installation sûre et adaptée aux besoins de l'utilisateur.
Voici les principales règles de sécurité à observer.

Réservoirs fixes situés au-dessus du niveau du sol
• implantation interdite : à l'intérieur d'un local fermé et sur la toiture d'un local habité.
• implantation autorisée : sous abri (emplacement protégé par une toiture légère et ne comportant pas de mur sur au moins un quart de son périmètre),
• stabilité de la cuve : la cuve doit reposer sur des berceaux, des pieds ou des supports, ancrés dans le sol dans les régions où il y a risque d'inondation, afin de résister aux sous-pressions. Les fondations sont calculées pour recevoir le poids du réservoir ;
• hauteur de la cuve par rapport au sol : 0,10 m,
• protection : mise à la terre obligatoire ; robinetteries et accessoires protégés par un capot verrouillable,
• autres impératifs de distance : le poste doit être implanté de façon que la bouche d'emplissage (a), lorsqu'elle est placée sur le réservoir, et l'orifice de la soupape de sûreté (b) soient à une distance (d) d'au moins 3 mètres :
— de toute baie d'un local habité ou occupé,
— des ouvertures de locaux contenant des foyers ou autres feux nus,
— des ouvertures de locaux en contrebas,
— des bouches d'égouts non protégées par un siphon,
— de tout dépôt de matière combustible,
— de la limite de la propriété,
— de la limite de la voie publique.

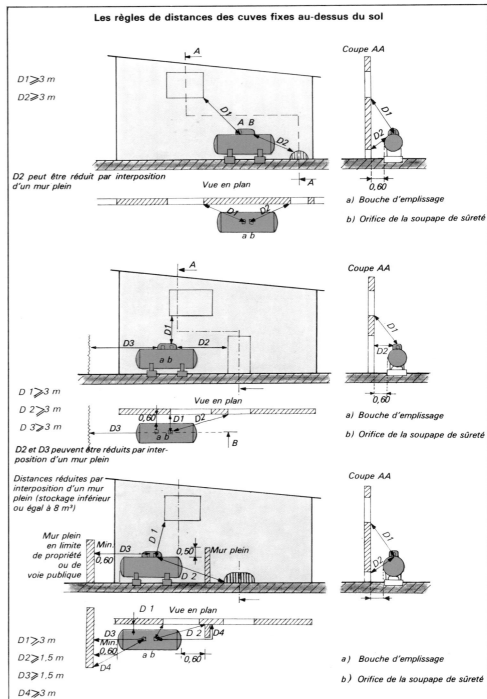

238

Cas particulier de la borne d'emplissage déportée : lorsque la bouche d'emplissage (a) située sur le réservoir ne peut être reliée au flexible du camion ravitailleur, le réservoir est rempli à partir d'une borne déportée (a). L'orifice d'entrée de la borne déportée (a) doit être placé à une distance d'au moins 2 mètres des locaux, parties d'immeubles, terrains, etc. (comme pour la cuve). Vis-à-vis de la voie publique aucune distance n'est exigée. Mais la borne doit être enfermée dans un coffret incombustible et verrouillable.

Réservoirs fixes enterrés
- situation interdite : au-dessus d'un vide (cave, sous-sol),
- situation autorisée : à l'extérieur des constructions, soit enfoui directement, soit dans une fosse comblée,
- accessoires : mêmes prescriptions de distances que pour les cuves au-dessus du sol. Placés soit hors du sol, soit dans un logement affleurant le sol,
- stabilité : ancrage des pieds de cuve sur supports massifs.
- fosse : en béton ou maçonnerie. Distance de 0,20 m entre les parois de la fosse et le réservoir,
- sécurité : mise à la terre ; passage ou dépôt de charges interdits sur la fosse s'il n'y a pas un plancher résistant.

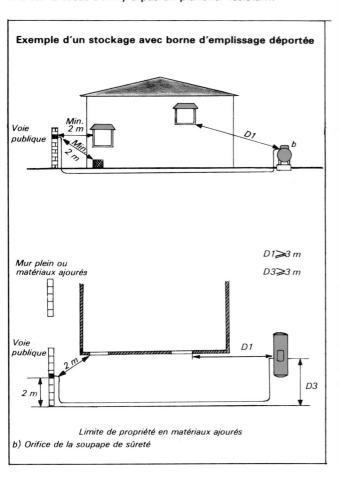

Exemple d'un stockage avec borne d'emplissage déportée

$D1 \geqslant 3 m$
$D3 \geqslant 3 m$

b) Orifice de la soupape de sûreté

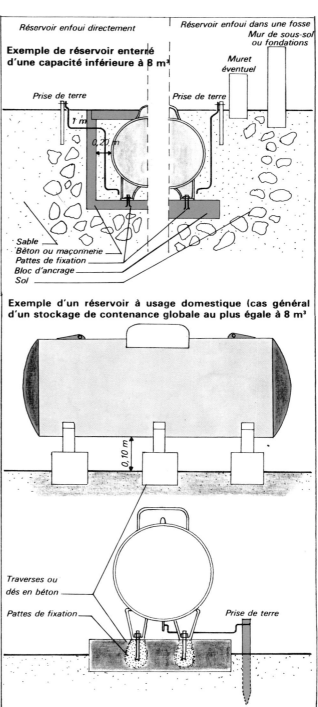

Exemple de réservoir enterré d'une capacité inférieure à 8 m³

Exemple d'un réservoir à usage domestique (cas général d'un stockage de contenance globale au plus égale à 8 m³

Les réservoirs de fuel domestique

Tout système de stockage de cette source d'énergie doit être conforme à une réglementation très stricte, qui vise à la fois la sécurité des personnes et la protection contre la pollution. Le choix du système de stockage porte sur trois points essentiels :
- nature du ou des réservoirs : matériaux et capacité,
- position dans ou hors du bâtiment,
- coût de l'installation.

Calculer les besoins en fuel
Il est nécessaire de déterminer approximativement les besoins annuels. On peut considérer qu'une quantité de 2 500 à 3 000 litres de fuel domestique assure, en région parisienne, les besoins annuels de chauffage et d'eau chaude sanitaire d'une maison individuelle de 100 m^2 habitables.
On pondère cette valeur en plus, si la température de base de la région ou de la zone est plus faible et si la surface au sol est plus grande ; en moins, dans tous les cas contraires.

Déterminer la capacité des réservoirs
On peut distinguer, de ce point de vue, deux types principaux de stockages :
- **le petit stockage** (capacité inférieure à 1 500 litres), solution moderne adaptée aux exigences des constructions actuelles,
Le réservoir, de dimensions réduites et de faible coût, est facile à mettre en place, et peut se trouver à l'intérieur de la maison sans qu'un local exclusif lui soit réservé. Inconvénient : plusieurs remplissages annuels sont nécessaires.
- **le grand stockage** (généralement de 2 000 à 5 000 litres et le plus couramment 4 000 litres) : il doit faire l'objet d'une déclaration auprès de l'administration, accompagnée du certificat d'essai fourni par le constructeur.
Le réservoir peut être placé à l'intérieur du logement, mais nécessite un local exclusif répondant à des exigences de sécurité nombreuses. La plupart du temps, quand la superficie de terrain est suffisante, il est enterré. La mise en œuvre est beaucoup plus coûteuse (terrassement, coût du réservoir, etc.). Le nombre de remplissages annuels est plus limité (un ou deux).

Quel réservoir choisir ?
Il existe des réservoirs « ordinaires » et des réservoirs « à sécurité renforcée ». Seuls ces derniers sont admis en stockage enterré dans les zones de protection des eaux définies par arrêté préfectoral. Tous les réservoirs doivent être dotés d'un certificat qui précise que des essais ont été effectués et qui témoigne de leur solidité.

Modèle de déclaration de stockage de fuel obligatoire à partir de 2 000 litres

> Monsieur le Préfet,
>
> J'ai l'honneur de vous faire connaître que je viens de réaliser une installation de stockage de produits pétroliers dans les conditions ci-après définies.
>
> Je déclare que l'installation est conforme aux dispositions des arrêtés interministériels des 21 mars 1968, 26 février 1974 et 3 mars 1976.
>
> Nom, prénom et adresse du déclarant (1) : ....
> ....
>
> Nom et adresse du propriétaire de l'installation ou de son mandant chez qui a été effectuée l'installation : ....
> ....
>
> Nom et adresse du constructeur du réservoir : ....
>
> Conformément aux dispositions réglementaires, vous trouverez ci-joint le certificat d'essai du réservoir établi par le constructeur.
>
> Numéro d'ordre du certificat : ....
>
> Nature du produit pétrolier : fuel-oil domestique, fuel-oil léger, fuel-oil lourd n° 1, fuel-oil lourd n° 2, B.T.S. ou T.B.T.S. (2).
>
> Nature du réservoir : métallique (type léger, cylindrique simple paroi, cylindrique double paroi, parallélépipédique), en matières plastiques renforcées, en matières plastiques, etc. (2).
>
> Implantation de stockage :
>
>   Non enterré : en plein air, dans un bâtiment (rez-de-chaussée, sous-sol, etc.).
>
>   Enterré : en fosse, enfoui (2).
>
> Contenance du réservoir : .... litres.
>
>   A ...., le ....
>
> (Signature du déclarant.)

(1) S'il s'agit d'une société, indiquer sa raison sociale et son siège social, ainsi que la qualité du signataire de la déclaration.
(2) Rayer les mentions inutiles.

Caractéristiques des réservoirs				
	Type	Appellation	Capacité	Rep.
Petit stockage	Ordinaire	Métallique léger	600 à 1 400	1
		Matière thermoplastique	1 000 à 1 500	2
Grand stockage	Ordinaire	Métallique parallélép.	1 500 à 5 000	3
		Matière thermoplastique	1 500 à 2 000	4
	A sécurité renforcée	Métallique simple paroi cylindrique	> 1 500	5
		Métallique simple paroi placé en fosse (cylindrique)	> 1 500	6
		Métallique double paroi cylindrique	> 1 500	7
		Matière plastique renforcée	> 1 500	8

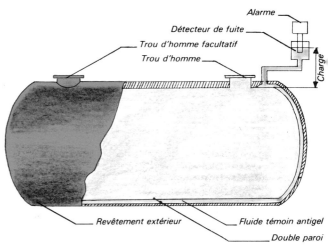

Grand réservoir à double enveloppe avec détecteur de fuite

Les accessoires indispensables

L'orifice de remplissage et le bouchon : Il est, en général, équipé d'un raccord fixe normalisé, sauf pour les petits réservoirs qui peuvent être remplis avec des appareils manuels type pompe à essence.

L'évent : cet orifice est destiné à expulser l'air lors du remplissage. Il débouche généralement à l'extérieur et est protégé de la pluie. Le diamètre de la canalisation d'évent doit être supérieur à la moitié de celui de la canalisation de remplissage.

La jauge : on doit pouvoir mesurer à tout moment le volume du fuel contenu dans le réservoir. Différents types de jauges existent, mais la plus simple, à lecture directe, est la règle graduée qu'on plonge à l'intérieur de la cuve par un tube spécial.

Les supports des réservoirs

Les réservoirs de grand stockage sont, en général, posés sur des berceaux en béton ou en métal. Ils peuvent aussi être enterrés directement. S'il existe des risques d'inondation dans la zone où est implanté le réservoir, il faut l'amarrer à des berceaux, qui doivent être lestés pour éviter tout soulèvement dû à la poussée de l'eau. En effet, l'inondation peut toujours se produire à un moment où le réservoir n'est pas plein.

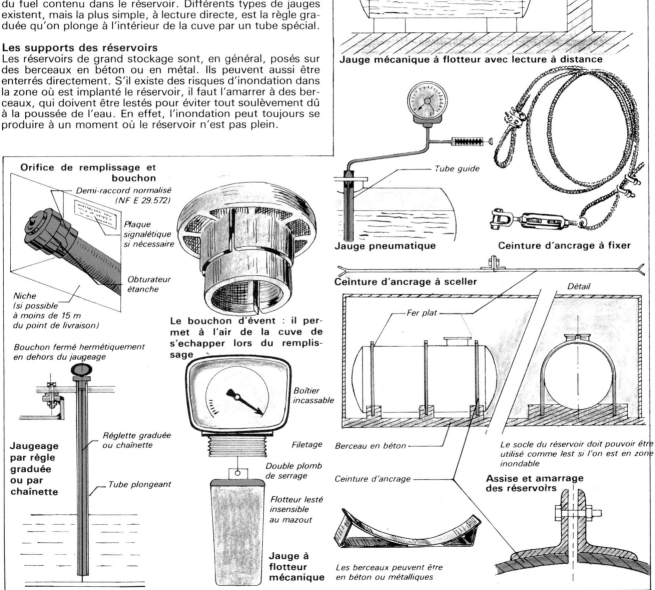

L'installation de stockage de fuel domestique

Plusieurs formules peuvent être adoptées pour l'aménagement du stockage de fuel domestique, selon les caractéristiques des réservoirs, mais aussi en fonction de la configuration de la maison et de l'environnement immédiat. Pour choisir l'emplacement le plus sûr, les conseils d'un spécialiste seront précieux.

Le stockage en fosse

Les implantations possibles
Le réservoir est placé dans une enceinte de protection en maçonnerie, dont l'implantation peut correspondre à l'un des cas suivants :

A l'extérieur de la maison

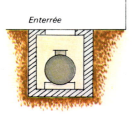

A l'intérieur de la maison au niveau le plus bas

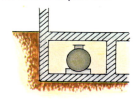

Les dispositions propres
1. Nature du réservoir : généralement numéro six (voir tableau des types de réservoirs page 241).
2. Fosse : étanche, couverte par une dalle incombustible résistant aux charges éventuelles.
— Etanche : la cuve doit retenir la totalité de la contenance.
— Voiles en b. a. ou murs en maçonnerie d'au moins 0,20 m d'épaisseur.
— Pas de remblaiement de la fosse.
— Existence d'un regard.
3. Ouvertures : calfeutrées et fermées par élément incombustible.
4. Distances à respecter : l ≥ 0,10 m et L ≥ 0,20 m.
5. Canalisations autres que celles exigées pour le fonctionnement : interdit.
6. Le réservoir doit être amarré.
7. Position de l'évent et du remplissage.

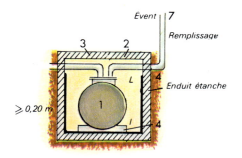

Le stockage enfoui

Les implantations possibles
Les réservoirs enfouis sont directement en contact avec la terre. Le plus souvent, ils sont alors implantés à l'extérieur de l'emprise de la maison, mais ils peuvent aussi être enterrés sous la maison, ce qui suppose une étude spéciale au préalable.

A l'extérieur de la maison

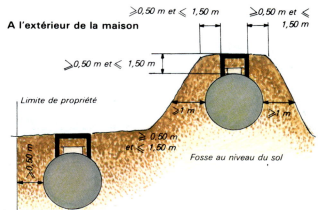

Les dispositions propres

1. Nature du réservoir : 3 et 5 en zone normale (4 éventuellement), 7 et 8 en zone de protection des eaux.
2. Canalisations : alimentation d'eau, évacuation d'eau, gaz et électricité interdites à moins de 0,50 m en projection verticale.
3. Limite de propriété : au moins 0,50 m.
4. Protection contre corrosion : elle doit être assurée pour la cuve et les canalisations reliant la cuve au brûleur.
5. Amarrage : berceaux ou radier en béton (cas de terrains argileux).
6. Ni dépôt ni charge au-dessus du stockage (sauf protection particulière).

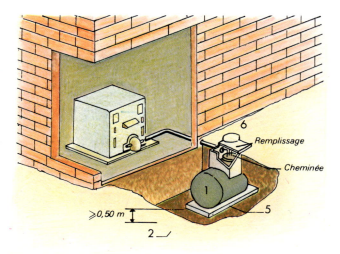

Les particularités du stockage dans la maison

Les implantations possibles

Les réservoirs de fuel domestique peuvent être directement placés à l'intérieur même de la maison, dans un sous-sol par exemple. En pareille circonstance, les précautions à prendre sont d'autant plus grandes que les quantités stockées sont plus importantes. Plus précisément, les conditions de stockage deviennent très strictes dès que la capacité de la réserve dépasse 1 500 litres.
- Exemple de stockage d'une capacité inférieure à 1 500 litres : le réservoir peut être installé dans un local destiné à plusieurs usages.
- Exemple de stockage d'une capacité supérieure à 1 500 litres : le réservoir doit être obligatoirement installé dans un local uniquement destiné à cet usage.

Les dispositions propres

- Stockage de moins de 1 500 litres dans un rez-de-chaussée ou au sous-sol :
1. Nature du réservoir : 1 ou 2 (voir tableau page 241).
2. Cuvette étanche de contenance égale au stockage.
3. Murs et planchers résistants au feu (CF 1/2 H). Cette disposition est généralement assurée par les matériaux courants.
4. Passage des tuyauteries hermétiques et permettant la dilatation.
5. Existence obligatoire d'une porte vers les autres locaux de l'habitation.
6. Aération convenable du local.
7. Lampes suspendues à bout de fil interdites (installations électriques correctes).
8. Attention aux appareils amovibles et chauds (baladeuse).
9. Canalisations (eau, gaz, électricité) autorisées, sauf au-dessus du plan de la cuvette.
10. Conduit de fumée à 1 mètre au moins du stockage.
11. Véhicule : 1 mètre au moins.

- Stockage de plus de 1 500 litres dans un rez-de-chaussée ou en sous-sol : le local doit être exclusivement réservé à cet usage :
1. Nature du récipient : 3 - 4 - 5.
2. Aucun vide sous le stockage (sauf vide sanitaire éventuel).
3. Cuvette de rétention étanche de contenance égale au stockage.
4. Passage des tuyauteries hermétique et permettant la dilatation.
5. Murs et planchers d'une résistance au feu de deux heures.
6. Porte obligatoire, ouvrant vers l'extérieur, munie d'un ferme-porte et d'un dispositif permettant son ouverture de l'intérieur. Existence d'un seuil (0,10 m). Sa résistance au feu doit être : pare-flamme 1/2 h (certificat d'essai).
7. S'il existe une baie entre stockage et local de chaudière *dito* 6 ci-dessus.
8. Ventilation : amenée d'air frais (une ou plusieurs). Section totale : 1 dm² minimum.
9. Si l'amenée d'air frais se fait par gaine, celle-ci doit être incombustible et résistante aux chocs.
10. Installation électrique conforme (pas de lampe pendant à un bout de fil).
11. Eviter l'utilisation d'appareils électriques amovibles (baladeuse).
12. Précautions concernant les canalisations : pas au-dessus du plan de la cuvette de rétention (voir 3 ci-dessus).
13. Interdictions : conduit de fumée à moins de 1 mètre, feu, flammes, matières combustibles, appareil à feu nu dans le local.
14. Mise en place d'une vanne police (interrompant la circulation du fuel) et manœuvrable de l'extérieur du local.
15. Attention à la position de l'évent et de l'orifice de remplissage.

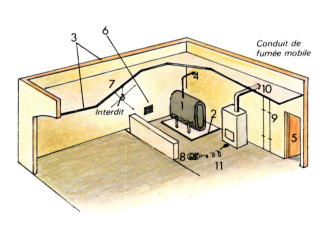

Stockage de moins de 1 500 litres dans un rez-de-chaussée ou un sous-sol

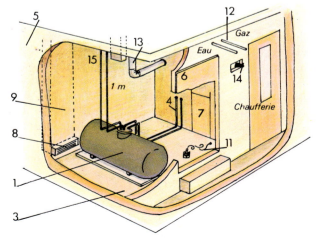

Stockage de plus de 1 500 litres dans un bâtiment en rez-de-chaussée ou en sous-sol : le local doit être exclusivement réservé à cet usage

L'aération de la maison

La réglementation impose l'aération de tous les locaux d'habitation et en codifie les principales règles (arrêté du 24 mars 1982). En évacuant l'air pollué, en éliminant les odeurs les plus diverses et en atténuant le surplus d'humidité, l'aération contribue au confort et à l'hygiène de la maison.

Le trajet de l'air dans la maison

Quel que soit le moyen retenu pour faire circuler l'air à l'intérieur d'un logement, il est nécessaire de respecter certains principes logiques.

Il faut d'abord distinguer, compte tenu de ce qu'on y fait couramment, deux groupes de pièces dans une maison :
• les pièces principales (séjour, salle à manger et chambres). Dans celles-ci, la pollution est faible : air vicié et vapeur d'eau dus à la respiration, fumée de cigarettes...
• les pièces de service (cuisine, w.-c., salle de bains, salle d'eau et parfois cellier). Dans ces pièces, la pollution est grande, mais seulement à certains moments de la journée : odeurs dans la cuisine et dans les w.-c., vapeur d'eau (cuisson des aliments, douche, bain...).

A partir de cette distinction, le sens de circulation de l'air s'impose :
• on ne veut pas que les odeurs se propagent dans tout le logement : l'air sortira donc par les pièces de service ;
• il est nécessaire d'avoir un air « propre » dans les pièces principales où l'on passe le plus de temps : c'est donc dans celles-ci que se feront les entrées d'air ;
• entre les pièces, l'air circule par le bas des portes.

L'extraction de l'air

La ventilation naturelle
C'est le système le plus ancien, le plus simple et aussi le plus répandu. On sait que l'air chaud, plus léger que l'air froid, a toujours tendance à s'élever. Donc, si on permet à cet air réchauffé dans la maison de sortir par des conduits qui débouchent en toiture, on crée un tirage thermique qui assure l'entrée d'autant d'air frais qu'il sort d'air chaud et... le circuit est établi.

Malheureusement, ce tirage thermique est fragile et de nombreux facteurs, le vent notamment, peuvent l'interrompre. C'est pourquoi il est difficile de connaître exactement la quantité d'air qui transite ainsi dans le logement. Diverses expériences ont permis de définir cependant des débits théoriques ou débits types qui dépendent essentiellement des ouvertures permettant le passage de l'air (voir page 246).

La ventilation mécanique
Plus récente, plus sophistiquée, mais aussi plus coûteuse, cette solution permet de s'abstraire de l'influence des conditions atmosphériques : on met en place un ventilateur qui assure l'extraction de l'air du logement par l'intermédiaire de conduits prenant naissance dans les pièces de service. Le grand intérêt de ce principe est donc de pouvoir régler et doser les quantités d'air extrait : il y a consommation d'énergie (alimentation du ventilateur), mais elle est compensée par la suppression du gaspillage.

En outre, la possibilité de récupérer de l'énergie peut faire diminuer le coût de chauffage en saison froide. Pour cela, en plus de l'équipement d'extraction, on met en place un équipement d'insufflation. On fait alors passer l'air vicié tiède extrait de la maison dans un échangeur où il communique sa chaleur à l'air neuf soufflé par un ventilateur dans le logement : l'air insufflé est donc réchauffé. Peu coûteux et peu encombrant, l'échangeur est d'un rendement excellent. Son amortissement est alors relativement rapide.

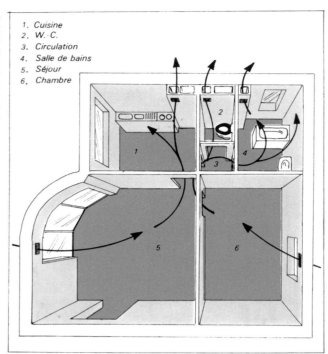

1. Cuisine
2. W.-C.
3. Circulation
4. Salle de bains
5. Séjour
6. Chambre

Les principes de la ventilation

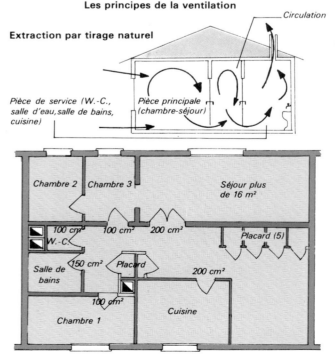

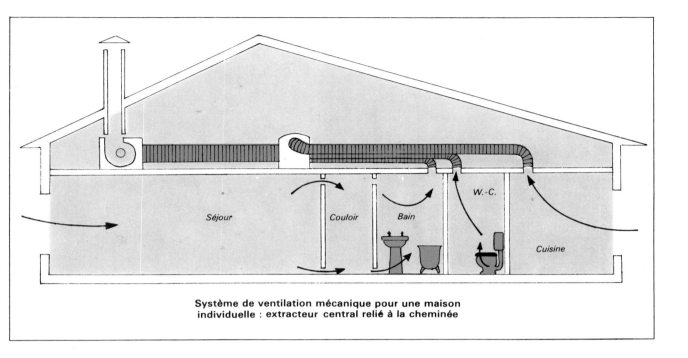

Système de ventilation mécanique pour une maison individuelle : extracteur central relié à la cheminée

Les régimes de ventilation

La ventilation permanente : solution idéale
Que ce soit par tirage naturel ou mécanique, la ventilation permanente du logement est assurée dès que :
• toutes les pièces principales sont munies d'une introduction d'air neuf ;
• toutes les pièces de service sont équipées d'un conduit d'évacuation d'air vicié.
Ainsi, quelles que soient les perturbations atmosphériques, on sait que toutes les pièces seront ventilées, même si les fenêtres restent fermées.

La ventilation permanente limitée
Dans certaines conditions bien précises (arrêté du 24 mars 1982), la ventilation permanente peut être limitée à la cuisine et aux pièces de service n'ayant pas d'ouvrant donnant sur l'extérieur.
Cette solution est un peu plus simple que la précédente puisque les conduits d'évacuation d'air n'existent plus dans les pièces de service ayant un ouvrant, exception faite pour la cuisine où ce conduit reste obligatoire.
L'introduction de l'air frais se fait toujours par des entrées d'air situées dans les pièces principales de façon que les débits prévus par la réglementation soient respectés.
En tout état de cause, cette solution réduite est limitée aux maisons individuelles situées en zone H_2 et H_3 (voir p. 142).

245

L'installation de ventilation

Le renouvellement de l'air dans une maison ne doit pas s'accompagner de courants d'air frais désagréables qui nuisent au confort général. La constitution des dispositifs d'entrée d'air et leur emplacement sont les principaux éléments dont il faut tenir compte à cet égard.

Les entrées d'air frais

Les plus efficaces sont les bouches autoréglables. D'un débit défini par les fournisseurs, elles compensent automatiquement la pression du vent, même la plus forte, et assurent donc constamment les débits prévus.
On les place le plus souvent dans les traverses hautes des ouvrants ou dormants des pièces principales. Mais pour atténuer encore les courants d'air frais éventuels, on peut aussi les placer sous l'appui des baies, au-dessus ou derrière les appareils de chauffage. L'air est alors réchauffé directement dès son arrivée dans la pièce.
Pour déterminer les quantités d'air à introduire, c'est-à-dire les débits des bouches d'entrée d'air, on se réfère aux débits d'air à extraire au niveau des pièces de service. Ces débits à extraire sont fixés par la réglementation sur l'aération des logements (arrêté du 24 mars 1982). Connaissant la quantité d'air totale à introduire, on répartit les bouches en fonction de leur plage de débit et du volume des pièces où elles sont installées.

Les évacuations d'air vicié

L'évacuation de l'air vicié doit être assurée par des conduits collecteurs qui partent des pièces de service et aboutissent soit dans une souche en toiture (tirage naturel) soit à un extracteur (extraction mécanique). Ces conduits peuvent être en maçonnerie, en amiante-ciment, en plastique rigide ou en spirale métallique semi-souple. Dans les pièces, le départ des conduits est muni d'une grille ou d'une bouche qui doit pouvoir être nettoyée facilement.
Des systèmes d'extraction à débit réglable sont autorisés sous certaines conditions. Un soin tout particulier doit être apporté à la conception de l'extraction d'air. En effet, la réglementation thermique a été renforcée par le décret de l'arrêté du 24 mars 1982. Il en résulte un risque de condensation plus élevé au niveau des ponts thermiques. Or ceux-ci ne peuvent pas être totalement éliminés lorsque l'isolation est réalisée par l'intérieur. Le seul remède pour éviter les condensations est justement un renouvellement d'air suffisant. Cela veut dire que l'extraction de l'air par tirage naturel est de moins en moins compatible avec les nouvelles exigences. On préférera l'extraction mécanique.

Pour la cuisine en ventilation naturelle
Lorsqu'une chaudière murale à gaz, à circuit non étanche (voir p. 226), est installée dans la cuisine, le conduit d'évacuation des gaz brûlés peut servir de conduit d'extraction d'air à tirage naturel, à condition que son diamètre soit suffisant et que le coupe-tirage de la chaudière ait sa prise d'air située à au moins 1,80 m du sol. Se référer à l'arrêté du 2 août 1977 relatif aux installations de gaz.

Pour la cuisine, en ventilation mécanique
Le spécialiste doit être consulté si une chaudière murale à gaz à circuit non étanche est installée dans la cuisine : il faut éviter en effet que l'extraction mécanique ne vienne perturber la bonne évacuation des gaz de combustion de cet appareil.

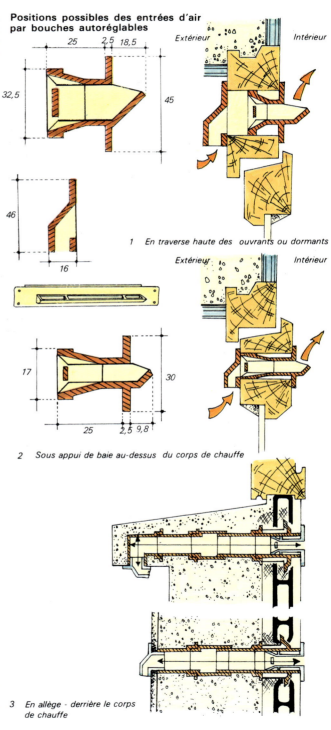

Positions possibles des entrées d'air par bouches autoréglables

1 En traverse haute des ouvrants ou dormants

2 Sous appui de baie au-dessus du corps de chauffe

3 En allège - derrière le corps de chauffe

Forme de la section		Débit (m³/h)					
		30	45	60	90	105	120
⌀	S cm²	80	100	160	180	200	200
	⌀ mm	100	113	123	143	151	159
▯	S cm²	100	127	155	210	225	250
	a mm	100	113	125	145	150	160
▭	S cm²	—	—	—	230	260	290

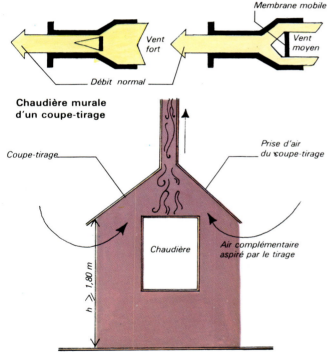

Principe d'une entrée d'air autoréglable

Chaudière murale d'un coupe-tirage

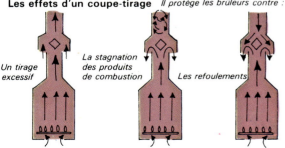

Les effets d'un coupe-tirage — *Il protège les brûleurs contre :* Un tirage excessif — La stagnation des produits de combustion — Les refoulements

Extrait de l'arrêté du 24 mars 1982 relatif à l'aération des logements

Art. 1er. — L'aération des logements doit pouvoir être générale et permanente au moins pendant la période où la température extérieure oblige à maintenir les fenêtres fermées. Toutefois dans les bâtiments soumis à un isolement acoustique renforcé, en application de l'arrêté du 6 octobre 1978, l'aération doit pouvoir être générale et permanente en toute saison.
La circulation de l'air doit pouvoir se faire principalement par entrée d'air dans les pièces principales et sortie dans les pièces de service.
L'aération permanente peut être limitée à certaines pièces dans les cas et suivant les conditions définis au chapitre II.

Chapitre Ier
Aération générale et permanente.

Art. 2. — Le système d'aération doit comporter :
Des entrées d'air dans toutes les pièces principales, réalisées par des orifices en façades, des conduits à fonctionnement naturel ou des dispositifs mécaniques.
Des sorties d'air dans les pièces de service, au moins dans les cuisines, les salles de bains ou de douches et les cabinets d'aisances, réalisées par des conduits verticaux à tirage naturel ou des dispositifs mécaniques. En installation collective de ventilation, si une pièce de service possède une sortie d'air mécanique, toutes les autres pièces de service doivent en posséder une.
L'air doit pouvoir circuler librement des pièces principales vers les pièces de service.
Une pièce à la fois principale et de service, telle qu'une chambre ayant un équipement de cuisine, doit comporter une entrée et une sortie d'air, réalisées comme indiqué ci-dessus.

Art. 3. — Les dispositifs de ventilation, qu'ils soient mécaniques ou à fonctionnement naturel, doivent être tels que les exigences de débit extrait, définies ci-dessous, soient satisfaites dans les conditions climatiques moyennes d'hiver.
Les débits extraits dans chaque pièce de service doivent pouvoir atteindre, simultanément ou non, les valeurs données dans le tableau ci-après en fonction du nombre de pièces principales du logement :

Nombre de pièces principales du logement	Débits extraits exprimés en M³/H				
	Cuisine	Salle de bains ou de douches commune ou non avec un cabinet d'aisances	Autre salle d'eau	Cabinet d'aisances	
				Unique	Multiple
1	75	15	15	15	15
2	90	15	15	15	15
3	105	30	15	15	15
4	120	30	15	30	15
5 et plus	135	30	15	30	15

Le confort électrique

Les principales unités de mesure utilisées

La tension
La tension U d'un réseau électrique peut se comparer à la pression de x mètres d'eau d'un réseau hydraulique. Cette tension se mesure en volts (V). Sur tous les réseaux neufs et la plupart des réseaux existants, elle est de 220 V entre neutre et phase et de 380 V entre phases. Deux types principaux de distribution sont possibles : monophasé ou triphasé.

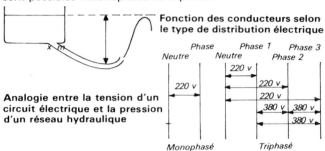

Analogie entre la tension d'un circuit électrique et la pression d'un réseau hydraulique

Fonction des conducteurs selon le type de distribution électrique

L'intensité
L'intensité I d'un courant électrique peut se comparer à un débit hydraulique ; elle se mesure en ampères (A) ou milliampères (mA). Le passage du courant provoque des échauffements dans les conducteurs et les appareils, qu'il faut limiter pour éviter les incendies, ce qui conditionne :
— les sections des différents conducteurs,
— les caractéristiques des appareils de protection (disjoncteurs, fusibles) contre les surintensités (mesurées en A) et les intensités de défaut d'isolement (mesurées en mA).

La puissance
La puissance P d'un appareil se définit à partir des caractéristiques du courant électrique qui le traverse et est égale, pour un appareil monophasé, au produit de sa tension U par son intensité I ; elle se mesure en watts (W) :
$$P_W = U_V \times I_A$$
C'est ainsi que l'on dit : une ampoule de 100 W, un radiateur de 1 000 W, etc.

La puissance globale souscrite pour toute l'installation se mesure en kilowatts (kW).

L'énergie ou la consommation
La consommation d'un appareil s'obtient en multipliant sa puissance par le temps de fonctionnement ; elle se mesure en kilowatts-heure (kWh) et se trouve enregistrée au compteur. Exemple : un appareil de 500 W fonctionnant pendant 4 heures consomme $500 \times 4 = 2\,000$ Wh = 2 kWh.

> **En résumé :**
> - l'électricité est généralement distribuée :
> — soit en courant monophasé 220 V,
> — soit en courant triphasé 380 V ;
> - la puissance des appareils se mesure également en W et celle de l'installation en kW ;
> - les consommations se mesurent en kWh ;
> - les protections contre les surintensités de courant
> - on doit prévoir des dispositifs de protection contre les surintensités et contre les défauts d'isolement.

Les deux critères de confort

Le but à atteindre est double :
- disposer de la puissance nécessaire globalement (branchement), ainsi qu'en tous les points d'utilisation (points lumineux, prises, etc.),
- disposer d'une installation fiable, sans risque anormal de panne ou d'accident (incendie, électrocution).

Le lecteur trouvera dans les pages qui suivent les indications nécessaires pour parvenir à ce double objectif.

La détermination générale de l'installation

Les contacts préalables avec E.D.F.
Lors du choix du terrain, le futur acquéreur aura intérêt à consulter les services du distributeur, en général l'unité de distribution E.D.F. qui dessert la commune, pour savoir s'il existe ou non un réseau suffisant à proximité, et dans quelles conditions le raccordement pourra être réalisé.
Le choix de la puissance à souscrire par contrat s'effectue conjointement avec le distributeur. Il est fonction :
- de l'inventaire des appareils,
- des tarifs du distributeur.

L'inventaire des appareils électriques prévus
Il précise le type, le nombre et la puissance des récepteurs électriques :
- appareils d'usage courant : appareils d'éclairage, petits appareils ménagers (mixeurs, aspirateur, fer à repasser, etc.), téléviseur, réfrigérateur, perceuse, etc. ;
- gros appareils (à préciser cas par cas) : appareils de cuisson, chauffe-eau, machine à laver, lave-vaisselle ;
- chauffage électrique (éventuel).

Les tarifs du distributeur (E.D.F.)
Chaque tarif comporte :
- une prime d'abonnement dépendant uniquement de la puissance souscrite (kW) et augmentant assez sensiblement avec elle,
- un montant de consommation dépendant de cette seule consommation et dans lequel le prix du kWh est le même quelle que soit la puissance d'abonnement souscrite.

Ce prix du kWh est uniquement fonction du tarif choisi, tarif simple ou tarif heures creuses, dans lequel les kWh consommés en heures creuses (8 heures de nuit) donnent lieu à décompte spécial avec facturation réduite.
On voit tout de suite :
- qu'il peut y avoir intérêt dans certains cas (chauffe-eau, chauffage électrique) à souscrire un tarif avec heures creuses ;
- qu'il n'est pas intéressant de souscrire un abonnement de puissance surestimée (conduisant à une majoration systématique de la prime d'abonnement).

Le choix de la puissance à souscrire
Compte tenu de ce qui précède, E.D.F. offre les possibilités d'abonnements suivants :

A) sans chauffage électrique :
On a le choix entre les abonnements « ménage », « confort » et « grand confort », qui se trouvent précisés dans le tableau ci-joint :
Ces abonnements sont généralement fournis en courant monophasé 220 V.

B) avec chauffage électrique :
Si ce chauffage se cumule avec la cuisine et l'eau chaude, on choisit également :
— 12 kW pour les logements jusqu'à 100 m² environ,
— 15 ou 18 kW au-delà,
— 24, 30, 36 kW ou plus pour des habitations de très grandes dimensions.
Les abonnements de 18 kW ou plus sont généralement fournis en courant triphasé 220/380 V.
Nota : Il est possible dans certains cas de réduire la puissance d'abonnement grâce à la mise en place de relais de délestage accordant, par exemple, priorité à l'éclairage et à la cuisine et interdisant momentanément le fonctionnement de certains appareils tels que machine à laver ou lave-vaisselle (cela avec réenclenchement automatique dès que la pointe de surintensité est passée).

La détermination du nombre de circuits et de points d'utilisation par circuit (d'après labels Confort électrique ou Confort tout électrique Promotelec).
A) Circuits d'usage courant :
Ils se trouvent précisés dans le tableau ci-dessous.

Désignation des pièces	Equipement rationnel minimal
Séjour	5 prises confort + 1 douille ou une prise confort commandée par interrupteur
Chambre 1	3 prises confort + 1 douille ou une prise confort commandée par interrupteur
Chambre 2 et suivantes	3 prises confort + 1 douille ou une prise confort commandée par interrupteur
Cuisine	4 prises confort + 2 douilles + 1 terminal 32 A (si cuisinière électrique)
Salle d'eau	1 ou 2 prises confort + 1 ou 2 douilles
Entrée, dégagement	1 prise confort + 1 douille
W.-C.	1 douille
Séchoir	1 douille
Machine à laver, chauffe-eau	1 prise spécialisée par appareil

Nota :
- La prise CONFORT porte l'estampille ⓅⒸONFORT sur sa partie frontale.
- Circuits distincts pour : prises confort, douilles et chaque gros appareil.
- Pas plus de 8 prises confort ou douilles par circuit.

B) Circuits de chauffage électrique :
Les appareils ou équipements de chauffage électrique doivent être répartis sur des circuits terminaux distincts :
— circuits monophasés (généralement 220 V) : au maximum cinq appareils par circuit ou une puissance de 7 kW,
— circuits triphasés (généralement 380 V) : au maximum cinq appareils par circuit ou une puissance de 12 kW en 220 V ou de 21 kW en 380 V.

Nota : Les labels Promotelec sont décernés par Promotelec aux logements neufs ou aux maisons individuelles équipés d'une installation électrique domestique répondant aux prescriptions Promotelec (nombre minimal de foyers lumineux et de prises de courant, etc.) :
- label Confort électrique : pour les installations sans chauffage électrique,
- label Confort tout électrique : pour les installations avec chauffage électrique.
L'attribution de ces labels est gratuite.

La mise en service de l'installation

Le distributeur (généralement E.D.F.) ne peut mettre l'installation sous tension que sur présentation par le constructeur ou l'installateur électricien d'une attestation de conformité visée par le Consuel (Comité national pour la sécurité des usagers de l'électricité). Trois semaines environ avant la mise sous tension, l'installateur électricien doit :
• remplir une formule spéciale appelée attestation de conformité (imprimé délivré par le Consuel contre paiement),
• faire viser cette attestation par le bureau local du Consuel.
Le Consuel effectue des contrôles ; dans le cas où des non-conformités seraient relevées, l'installateur électricien doit y remédier.

Les trois possibilités d'abonnement sans chauffage électrique en fonction de l'appareillage utilisé

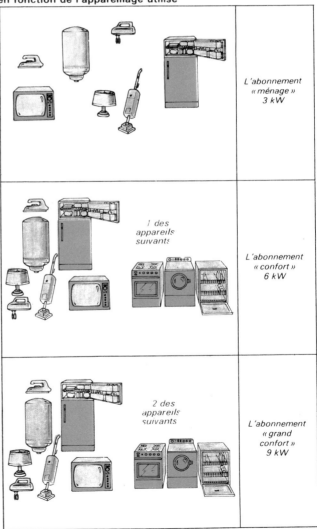

Les circuits électriques

L'alimentation en énergie électrique d'une maison individuelle comprend deux parties :
• le branchement placé sous le contrôle du concessionnaire de l'électricité, qui est en général l'E.D.F.,
• les installations intérieures qui sont à la charge du propriétaire et réalisées, dans le cas d'une maison neuve, par l'installateur de son choix ou par l'entreprise générale.

L'installation de branchement

Dispositions générales

Suivant la nature du réseau et l'implantation de la construction, les services de l'E.D.F. ou du distributeur agréé peuvent choisir entre trois types de branchements : aérien, souterrain ou aéro-souterrain. Toutefois, la tendance actuelle est d'opter pour une installation souterraine respectant davantage l'environnement.

Quel que soit son type, le branchement électrique d'une maison individuelle comporte les sept parties suivantes :
• le point de raccordement au réseau,
• la liaison qui relie le réseau au coupe-circuit principal,
• le coupe-circuit principal,
• la liaison entre le coupe-circuit principal et le compteur,
• le compteur et, éventuellement, un relais pilote « heures creuses »,
• la liaison entre le compteur et l'appareil général de commande et de protection,
• l'appareil général de commande et de protection (nom officiel du disjoncteur de branchement ou disjoncteur général de l'installation).

Ces sept parties se trouvent repérées sur les deux principaux schémas publiés à cette page.

Les travaux de branchement incombant à l'installateur électricien choisi par le propriétaire ou le constructeur de la maison devront être précisés par l'E.D.F. ou le distributeur agréé.

Généralement, l'E.D.F. ou son représentant effectue le raccordement au réseau, la liaison (b), fournit et installe le coupe-circuit principal, le compteur (et éventuellement le relais pilote), ainsi que l'appareil général de commande et de protection.

Coffret de branchement

Le plus souvent le coupe-circuit principal, le compteur et éventuellement le relais « heures creuses » sont groupés dans un même coffret appelé coffret de branchement, dont le modèle est normalisé par l'E.D.F.

Ce coffret peut être placé : indépendamment du bâtiment, en bordure de voie, ou sur le bâtiment en façade ; dans ce cas, il est généralement encastré. Une telle disposition permet aux agents du distributeur de relever les compteurs sans avoir à pénétrer dans les logements.

Disjoncteur de branchement

C'est le dispositif de protection générale de l'installation. Il assure une double fonction en coupant automatiquement le courant :
• en cas de surintensité provenant d'un court-circuit (contact accidentel entre phase et neutre) ou d'une demande excessive de puissance (fonctionnement simultané de plusieurs gros appareils). Par exemple, un disjoncteur réglé sur 30 A coupera le courant dès que son intensité dépassera cette valeur ;
• en cas de défauts d'isolement survenant dans l'installation. Par exemple, un disjoncteur comportant un dispositif « à courant différentiel résiduel » de 500 mA coupera quasi instantané-

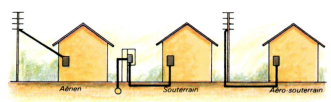

Les trois types possibles de branchement

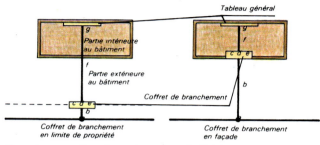

Branchement électrique de maison individuelle

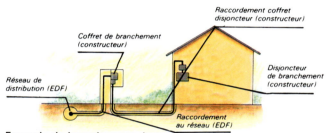

Exemple de branchement du type souterrain avec indication du responsable (EDF ou constructeur de la maison)

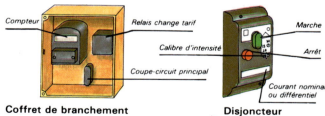

Coffret de branchement   **Disjoncteur**

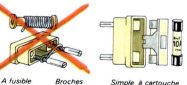

Coupe-circuits

ment le courant lorsque apparaîtra une différence d'intensité de 500 mA entre les deux conducteurs d'un des circuits monophasés de l'installation ; cette très faible différence d'intensité correspond, en effet, à la valeur du courant qui s'écoule vers la terre en cas de défaut d'isolement et qui risque, dans certaines conditions, de provoquer une électrocution.
Après chaque déclenchement, il convient d'en supprimer la cause, voire de procéder à des réparations spécifiques, puis de réarmer le disjoncteur afin de rétablir le courant.
Cet appareil sert aussi d'interrupteur général et permet, si nécessaire, de mettre toute l'installation hors tension, ce qui peut être utile en cas d'absence prolongée (vacances).
Le disjoncteur de branchement doit rester accessible en toute circonstance aux agents du service de distribution. Il est donc en principe placé à proximité d'une entrée sur un tableau souvent préfabriqué appelé « tableau de commande et de répartition », qui comporte aussi les protections des différents circuits (fusibles).

Les installations intérieures

Dispositions générales
On regroupe sous cette dénomination toutes les installations alimentées à partir du disjoncteur de branchement ; elles comprennent aussi bien les circuits intérieurs proprement dits que ceux relatifs aux abords (jardin, terrain, annexes, etc.). Ces installations se composent de deux parties :
• le tableau de commande et de répartition,
• les différents circuits d'utilisation qui en sont issus.

Le tableau de commande et de répartition
Ce tableau regroupe pour chaque circuit le coupe-circuit du conducteur de phase ainsi que le dispositif de sectionnement (borne ou barrette) du conducteur neutre. En outre, il supporte bien souvent le disjoncteur de branchement et éventuellement le relais de chauffe-eau et le transformateur de la sonnerie d'entrée, combinaison qui permet de séparer du réseau tout ou partie des circuits.

Les coupe-circuit ou appareils de protection divisionnaires (fusibles ou petits disjoncteurs)
Placés sur le conducteur de phase de chaque circuit, ils protègent ce conducteur et le conducteur neutre contre les surintensités (court-circuit ou surcharge), donc des échauffements pouvant provoquer des incendies.
Ils sont calibrés en ampères selon la destination de chaque circuit : 10 ampères pour l'éclairage, 20 ampères pour les prises de courant autres que d'éclairage, chauffe-eau, machine à laver, réfrigérateur, 32 ampères en monophasé et 20 ampères en triphasé pour les appareils de cuisson.
Il existe sur le marché trois types de coupe-circuit :
• les petits disjoncteurs divisionnaires : de plus en plus utilisés car ils sont à réarmement manuel (sans obligation de recharge) et mettent instantanément en évidence le circuit défaillant,
• les coupe-circuits à cartouches calibrées : encore très utilisés mais nécessitant des recharges appropriées. Certains de ces coupe-circuit permettent de repérer instantanément le circuit défaillant grâce à un voyant mécanique ou lumineux,
• les coupe-circuit à fusibles rechargeables, qui sont proscrits réglementairement car trop faciles à neutraliser.
Il convient de savoir que les petits disjoncteurs divisionnaires comme les socles de coupe-circuit à cartouches sont fréquemment conçus pour pouvoir se poser facilement sur un support en forme de rail.

Afin de pouvoir localiser rapidement tous les circuits, il est indispensable de les repérer par étiquetage au niveau de leur coupe-circuit.

Les circuits d'utilisation
Les nombres de circuits et de points d'utilisation recommandés dépendent de l'importance et de l'équipement du logement (voir page 249). A partir de ces indications, il est possible de déterminer les différents circuits, en sachant toutefois que :
• un circuit ne peut desservir plus de huit points d'utilisation (un appareil d'éclairage comportant plusieurs lampes à incandescence ou à fluorescence ne constitue qu'un seul point d'utilisation de circuit d'éclairage) ;
• les appareils de cuisson, la machine à laver et le chauffe-eau doivent être alimentés chacun par un circuit distinct.
La section en mm² des conducteurs dépend de la destination de chaque circuit. En particulier, les conducteurs de phase et de neutre doivent avoir une section au moins égale à :
• 1,5 mm² pour les foyers lumineux,
• 2,5 mm² pour les prises de courant, chauffe-eau et machine à laver,
• 4 ou 6 mm² pour le circuit des appareils de cuisson, selon que les appareils sont alimentés en triphasé ou en monophasé.

Schéma de principe d'une installation électrique

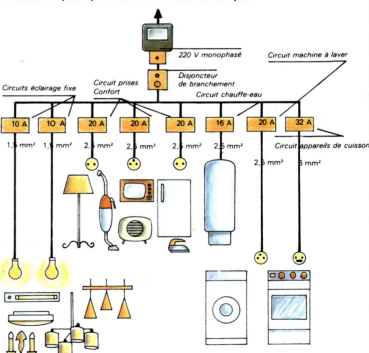

La protection contre les risques d'électrocution

Qu'est-ce qu'une électrocution ?

Le passage accidentel du courant électrique à travers le corps humain entraîne des effets physiologiques plus ou moins graves et, dans certains cas, mortels : c'est le phénomène de l'électrocution. Il est absolument nécessaire d'éviter un tel risque.

En pratique, on retiendra que l'électrocution peut être provoquée soit par un contact direct avec un conducteur ou une pièce nue sous tension, telle la borne de phase d'une prise de courant dont la protection plastique a disparu à la suite d'un choc, soit par contact indirect par l'intermédiaire de l'enveloppe métallique (appelée masse) d'un appareil électrique mise accidentellement sous tension par défaut d'isolement.

Les risques entraînés sont d'autant plus graves que l'intensité du courant qui traverse le corps est élevée, que le contact est d'une plus grande durée et s'effectue dans des conditions plus défavorables (mains mouillées, sol non isolant, etc.).

La protection contre les contacts directs

Pour qu'elle soit efficace, on doit respecter les mesures suivantes :
• ne jamais intervenir sur tout ou partie d'une installation sous tension.

A ce propos, on notera que, pour isoler un circuit monophasé du réseau d'alimentation, il importe de déconnecter non seulement son conducteur de phase mais également son conducteur neutre. Sinon, celui-ci demeure relié aux conducteurs neutres des autres circuits et peut être affecté par les courants « de retour » qu'ils canalisent. La solution la plus simple pour isoler un circuit est donc de placer le disjoncteur de branchement en position « arrêt ». Ce disjoncteur coupe, en effet, à la fois la phase et le neutre. Mais cela a l'inconvénient de déconnecter l'ensemble de l'installation.

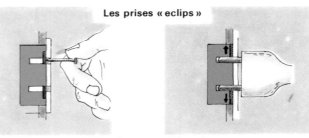

Une autre solution consiste à mettre momentanément sur « arrêt » le disjoncteur de branchement, puis à débrancher, sur le circuit concerné, la phase à l'aide de son coupe-circuit et le neutre à l'aide du dispositif prévu à cet effet. Ensuite, on peut remettre, si nécessaire, le disjoncteur de branchement sur « marche », ce qui rétablit sans danger le courant dans le reste de l'installation.

Afin de pouvoir déconnecter facilement à la fois les conducteurs de phase et de neutre de chaque circuit, on peut utiliser des coupe-circuit avec cartouche de neutre ou, mieux encore, des petits disjoncteurs divisionnaires « bipolaires », qui dispensent d'agir sur le disjoncteur de branchement ;

• n'utiliser que du matériel de bonne qualité et, dans tous les cas, d'un type normalisé. A noter qu'en ce qui concerne les socles de prises de courant, plusieurs fabricants vendent des modèles du type Eclips ou similaire bénéficiant de la marque N.F. Les « ouvertures » de ces socles demeurent occultées tant que l'on n'y enfonce pas simultanément les deux broches d'une fiche normalisée d'alimentation d'appareil. Une protection efficace est alors réalisée contre l'introduction par un enfant d'une pièce métallique dans une des ouvertures du socle.

La protection contre les contacts indirects

La meilleure solution consiste à relier à la terre, par un conducteur dit « de protection », les masses métalliques des appareils électriques fixes ou mobiles et à disposer, en aval, d'un dispositif de protection différentiel, en l'occurrence le disjoncteur de branchement. Dans le cas, en effet, d'un défaut d'isolement, le courant de défaut qui va s'établir sera détecté par le dispositif différentiel qui coupera le courant.

Conditions d'utilisation des appareils				
Locaux	Nature du sol	Appareils d'éclairage	Autres appareils fixes	Prises de courant
Salle de séjour, chambres, couloirs, dégagements	Isolant	0	0	0
	Non isolant	0	+	+
Cuisines	Isolant	0	+	+
	Non isolant	0	+	+
Celliers, caves, garage	Non isolant	+	+	+

0 = Pas de mise à la terre obligatoire. + = Mise à la terre obligatoire.

Sols isolants : parquets en bois, revêtements plastiques, moquettes.
Sols non isolants : béton, carrelages, revêtements métalliques, terre battue.

252

L'installation de mise à la terre

L'installation de mise à la terre est constituée par :
• une prise de terre générale,
• un réseau de conducteurs de protection.

En ce qui concerne la prise de terre générale, la meilleure solution consiste à réaliser une boucle enterrée à fond de fouilles lors de la construction du bâtiment. Cette boucle peut être un conducteur en cuivre ou un feuillard en acier galvanisé. On peut aussi enfoncer un ou plusieurs piquets verticaux en acier galvanisé dans un endroit abrité de la sécheresse et du gel (par exemple, dans une cave).

Il est interdit d'utiliser comme prise de terre une pièce métallique plongée dans l'eau et les canalisations de gaz, de chauffage ou d'eau.

Les conducteurs de protection doivent présenter une section égale à celle des conducteurs neutre et phase des circuits correspondants et jamais inférieure à 4 mm² en l'absence de protection mécanique (conduit). Tous ces conducteurs doivent être repérés par la double coloration vert et jaune de leur gaine isolante.

Selon leur destination et la nature de leur sol, les locaux de la maison présentent des risques différents vis-à-vis des contacts indirects. Dans le tableau publié ci-contre, les cas où il est nécessaire de prévoir des prises de courant avec terre ou de relier certains équipements à la terre sont précisés.

En dehors des appareils électriques, certains éléments conducteurs par nature peuvent se trouver accidentellement mis sous tension. C'est le cas notamment des canalisations métalliques d'eau, de gaz et de chauffage, qui doivent être obligatoirement mises à la terre.

Par ailleurs, les huisseries métalliques peuvent, dans certains cas, présenter des risques ; aussi on pensera à s'informer auprès d'un électricien spécialiste sur la nécessité de les raccorder ou non à un conducteur de protection.

Dispositions évitant une liaison à la terre

Il est à signaler que certains appareils électriques comportent par construction un « double isolement ». Ils sont reconnaissables par un symbole représentant un double carré □.

Leur alimentation s'effectue sans liaison à une prise de terre et doit impérativement le demeurer. Par ailleurs, grâce à des transformateurs dits « de séparation », il est aussi possible d'alimenter des appareils ou des prises de courant en 220 V sans nécessité de liaison à une prise de terre.

Ces deux dernières dispositions sont particulièrement recommandées non seulement dans les salles d'eau, comme on le verra, mais également dans tous les autres locaux ou emplacements présentant des conditions d'humidité défavorables.

Les mesures particulières en salles de bains ou de douches

Les salles de bains ou de douches sont les endroits de la maison qui présentent les risques d'électrocution les plus importants, le corps humain étant placé dans des conditions qui diminuent considérablement sa résistance au passage du courant (corps immergé ou mouillé, pieds nus, sol mouillé, etc.). Un soin tout particulier doit donc être apporté à la réalisation de leur équipement électrique.

A l'intérieur de toute salle d'eau, les risques d'électrocution du fait de l'appareillage électrique se trouvent inégalement répartis selon que l'on se situe au droit de la baignoire ou de la douche ou que l'on s'en éloigne. Aussi, la réglementation considère-t-elle :

• le volume « enveloppe », où toute implantation d'appareils électriques est proscrite, sauf quelques exceptions ;
• le volume « de protection », périphérique au premier et où se trouvent, par contre, autorisés certains types d'appareils ;
• le volume extérieur aux deux premiers, où il est possible d'utiliser une gamme plus large de types d'appareils.

Par ailleurs, les éléments métalliques de la salle de bains (canalisations, corps et siphon de baignoire ou de douche, huisseries) doivent être reliés entre eux par des conducteurs de protection constituant la « liaison équipotentielle », ce qui élimine les risques d'électrocution par contact simultané avec deux éléments conducteurs se trouvant à une tension différente par suite d'un défaut d'isolement.

Volume enveloppe et de protection

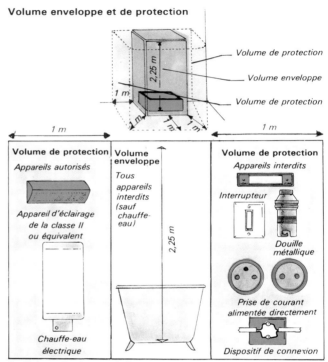

La liaison équipotentielle

C'est un conducteur qui relie les différents éléments métalliques de la salle d'eau à la prise de terre de l'installation

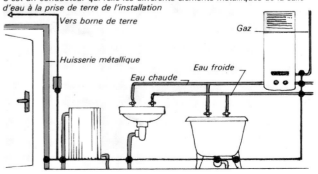

Les ressources de l'appareillage électrique

Les plinthes
Les installations électriques actuelles sont souvent à circuits encastrés, ce qui ne permet pas toujours de modifier ou de multiplier les points d'utilisation.
C'est pourquoi il est souhaitable de réaliser le ceinturage de chaque pièce à l'aide de plinthes rainurées, en bois ou en matière plastique, qui facilitent l'implantation des prises de courant selon les besoins.

Les interrupteurs et les prises de courant
Il existe pour les interrupteurs et prises de courant un très grand nombre de modèles, certains de dimensions étroites, d'autres au contraire plus larges ; quant aux gammes de couleurs et de matériaux, elles sont très variées. On trouve des interrupteurs et socles de prises de courant avec enjoliveurs qui s'harmonisent facilement avec le style du mobilier.
Quoi qu'il en soit, on doit choisir des interrupteurs dont le fonctionnement est aussi silencieux que possible.
On peut grouper sur une même plaque plusieurs prises de courant ou interrupteurs. Les interrupteurs doubles permettent de commander soit séparément, soit ensemble, en une seule manœuvre, les circuits correspondants.
Par ailleurs, pour les locaux annexes tels que le sous-sol et le garage ainsi que pour l'extérieur, on préférera des matériels étanches.

Commande d'un circuit d'éclairage depuis plus de deux points
Ici, une bonne solution pratique est l'utilisation d'un appareil appelé « télérupteur » associé à des commandes par boutons poussoirs.

Sonnerie
Si on n'a pas installé un portier électronique, on mettra en place une sonnerie classique. Le bouton d'appel sera situé près de la porte d'entrée sur rue.

L'alimentation des sonneries peut s'effectuer en 220 V ou en très basse tension par l'intermédiaire d'un transformateur. Cette dernière solution assure une meilleure sécurité.

Réenclencheur ou relais chauffe-eau
Pour bénéficier du tarif « heures creuses », un appareil spécial appelé réenclencheur ou relais chauffe-eau, permet d'alimenter automatiquement le chauffe-eau pendant les heures creuses.
Si la famille a besoin d'eau chaude pendant les heures à plein tarif, il est possible, grâce à un inverseur manuel « jour-nuit » placé sur l'appareil, de réalimenter le chauffe-eau. L'inverseur en question est le plus souvent placé sur le tableau général de commande et de protection.

Interrupteur horaire
Il est parfois utile de pouvoir commander certains circuits spécialisés à des moments déterminés de la journée. Il est alors commode d'utiliser des interrupteurs horaires comprenant une horloge électrique et une réserve de marche de plusieurs heures en cas de coupure de courant.

Variateur de lumière
Il est possible, à partir d'un ou de plusieurs points, de faire varier progressivement l'intensité lumineuse d'une pièce grâce à l'emploi d'appareils nommés « variateurs de lumière ».
Les commandes sont soit des interrupteurs, soit des boutons poussoirs ayant le même aspect extérieur que les interrupteurs classiques, ce qui permet de les harmoniser parfaitement avec l'installation classique.

Télécommande des volets roulants et rideaux
Comme on l'a vu page 152, il est possible de commander électriquement la manœuvre des volets roulants et des rideaux.

Modèles d'interrupteurs

Simple à bascule   De style double à bascule   A poussoir   A glissement

Modèles de prises   **Modèle d'appareillage étanche**

Simple sans terre

Double avec terre

Schéma de télérupteur

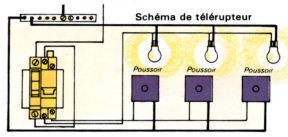

Poussoir   Poussoir   Poussoir

Sonnerie   **Relais de chauffe-eau**

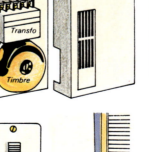 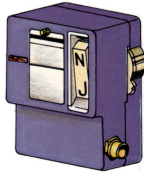

Transfo

Timbre

Boîtier de commande électrique pour volets roulants

Interrupteur horaire

254

La pose du matériel électrique

Les bons choix
Choisir du matériel muni de la marque de qualité (U.S.E. ou N.F.-U.S.E.), c'est s'entourer déjà d'une bonne garantie; pourtant, cela ne suffit pas pour disposer d'une installation électrique convenable.
Pour y parvenir, il faut:
• d'une part, que le matériel possède les caractéristiques (tension, intensité, nombre de pôles, etc.) correspondant aux besoins et adaptés aux lieux d'utilisation;
• d'autre part, qu'il soit mis en œuvre convenablement.
Ces conditions sont absolument indispensables pour assurer non seulement le bon fonctionnement des installations, mais aussi la sécurité des utilisateurs contre les risques d'électrocution et d'incendie.

La réglementation à respecter
Les prescriptions réglementaires relatives à l'emploi du matériel électrique et à sa mise en œuvre font l'objet de la norme française N.F.C. 15100, très détaillée, et dont l'application a été rendue obligatoire pour les immeubles d'habitation par un arrêté du 22 octobre 1969 du ministère de l'Equipement et du Logement.
L'utilisation de ce document est complexe et demande des connaissances approfondies en électricité. La norme N.F.C. 15100 est donc, en pratique, un document réservé à des spécialistes avertis; mais, en cas de litige, ce sont ses prescriptions qui serviront de base aux experts. L'association Promotelec édite fort heureusement un mémento intitulé « Locaux d'habitation, installation électrique intérieure » qui résume les principales règles de la norme N.F.C. 15100 applicable aux logements; son utilisation est nettement plus facile.

Les erreurs à éviter
Nous indiquons, par le jeu de trois ensembles de dessins, quelques-unes des erreurs les plus courantes à éviter dans la mise en œuvre des conduits montés « en apparent », des conduits montés « en encastré » et des socles de prises de courant.
• ainsi, il est absolument indispensable que les conducteurs montés « en apparent » soient posés sous un conduit de type convenable et que leur protection mécanique soit assurée de manière continue; dans le cas contraire, il y a risque de rupture des conducteurs ou de disparition de leur isolant, ce qui peut entraîner un court-circuit ou un défaut d'isolement.
• Pour les montages « en encastré », il faut absolument éviter de noyer les conducteurs dans un matériau de construction, même sur une faible longueur; ici aussi, un conduit approprié est indispensable.
• Qu'il s'agisse de conducteurs posés sous conduit encastré ou non, les raccordements doivent s'effectuer en dehors des conduits, dans des « boîtes de connexion » toujours accessibles ou sur les bornes des appareils. L'emploi des épissures est formellement interdit.
• Quant aux socles de prises de courant, on doit les installer à une hauteur suffisante du sol (5 cm) pour éviter les chocs (coups de pied); dans le cas de locaux humides, cette distance est portée à 25 cm pour éviter les introductions d'eau.

Le repérage des conducteurs
D'une façon générale, rappelons que les couleurs conventionnelles des isolants de conducteurs sont:
• pour la terre: le bicolore vert/jaune,
• pour le neutre: le bleu clair,
• pour la phase (ou les phases): toutes les autres couleurs.
Si l'installation est bien réalisée, il est donc facile d'identifier les différents fils.

Le matériel doit être choisi parmi celui portant les estampilles suivantes

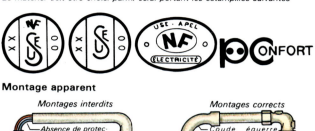

Montage apparent

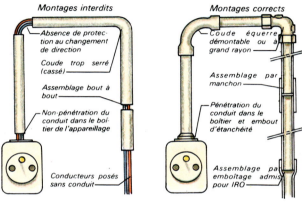

Montage encastré

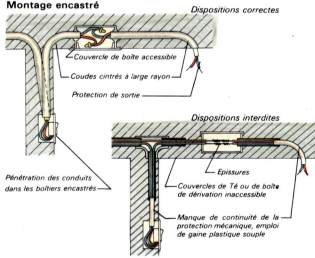

Hauteur des socles de prise de courant

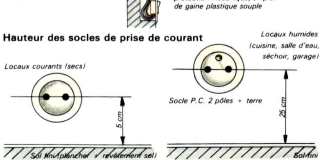

255

L'éclairage électrique

L'éclairage est un des éléments indispensables du confort à la maison. Grâce à lui, en effet, il est possible de se livrer à des travaux ou aux loisirs quelle que soit l'heure du jour ou de la nuit, dans des conditions satisfaisantes, c'est-à-dire sans effort particulier d'accommodation visuelle, sans fatigue et dans une ambiance agréable.
La lumière électrique, qui remplace ou complète la lumière naturelle selon les heures, les saisons et dans tous les moments où la lumière du jour est insuffisante (temps de pluie, d'orage, présence de nuages opaques, crépuscule, matin d'hiver) doit participer à une ambiance chaleureuse.
Ni trop ni trop peu, telle doit être la règle d'or à observer en matière d'éclairage.
Notons en passant que la lumière mal employée, si elle provoque des ennuis de santé, est aussi une source de dépenses quelquefois importantes.
Tout le monde n'ayant pas l'intention de se payer les services d'un éclairagiste-conseil, il faut pourtant pouvoir préparer, penser et discuter une installation avec l'entreprise qui aura en charge l'installation électrique. Voici les connaissances pratiques qui permettront un dialogue fructueux.

Les définitions et unités utiles à connaître

Puissance
Comme on a pu le voir page 248, la puissance des sources lumineuses utilisées se mesure en watts. Exemple : une ampoule de 100 watts.

Flux lumineux
Une source lumineuse se définit par la quantité de lumière qu'elle émet par seconde ; cette quantité se mesure en lumens. Exemple : une lampe à incandescence de 100 watts émet un flux lumineux d'environ 1 400 lumens.

Efficacité lumineuse
Elle s'obtient en divisant le flux lumineux par la puissance électrique consommée. Exemples : une lampe à incandescence de 100 watts, émettant un flux de 1 400 lumens, a une efficacité lumineuse de :

$$\frac{1\,400 \text{ lumens}}{100 \text{ watts}} = 14 \text{ lumens par watt,}$$

— un tube fluorescent de 40 watts qui émet un flux lumineux de 2 100 lumens absorbe environ 50 watts si on tient compte de l'énergie consommée par ses accessoires. Son efficacité lumineuse est donc de :

$$\frac{2\,100 \text{ lumens}}{50 \text{ watts}} = 42 \text{ lumens par watt.}$$

On observe que, pour obtenir une même quantité de lumière, on consomme trois fois moins d'électricité si on utilise un tube fluorescent plutôt qu'une lampe à incandescence.

Niveau d'éclairement
Il correspond au flux lumineux reçu sur une surface de 1 m² ; il s'exprime en lux et se mesure à l'aide d'un appareil dénommé luxmètre, assez semblable aux cellules photoélectriques utilisées par la plupart des photographes. Exemple : l'éclairement d'un plan de travail doit être généralement de l'ordre de 300 lux.

Les principales sources de lumière artificielle

Les lampes à incandescence
Elles sont constituées par une ampoule en verre que ferme un culot et qui contient un filament de tungstène placé dans un gaz inerte (azote ou, mieux, argon ou krypton) destiné à freiner la transmission de la chaleur et la volatilisation du filament. Par passage du courant électrique à partir des deux électrodes du culot, le filament est porté à haute température (3 000 °C) ; il devient alors incandescent et émet une lumière blanche d'efficacité lumineuse assez élevée.
Pour parvenir aux meilleures performances, on peut utiliser, au lieu d'un filament droit, un filament à simple ou, mieux, à double ou triple spiralage. Par ailleurs, l'emploi du krypton assure une efficacité lumineuse plus élevée.
La durée de vie de la lampe correspond à celle du filament ; elle est de l'ordre de 1 000 heures. Le noircissement de l'ampoule est produit par l'évaporation du filament. Une lampe usagée produit, à consommation égale, de moins en moins de lumière ; on a donc intérêt à la changer avant qu'elle ne meure.
Il existe une grande variété de lampes à incandescence ; on trouvera ci-après les principales variétés de lampes standard pour tension courante de 220-230 volts.

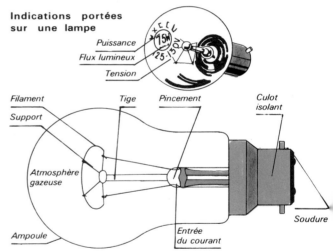

Schéma de principe de la lampe à incandescence

Différents types de filaments de lampe à incandescence

Les tubes fluorescents
Ils sont constitués par un tube en verre dont la face interne est recouverte d'une mince couche de substances fluorescentes. Le tube comporte, à chacune de ses extrémités, une électrode et renferme une faible quantité de mercure et de gaz rare (argon seul ou en mélange).
Le courant électrique, circulant dans la vapeur de mercure à basse pression, produit un rayonnement ultraviolet qui est

transformé par la couche fluorescente en lumière visible, dont la couleur dépend de la nature des substances utilisées.
Le tube fluorescent nécessite pour son fonctionnement l'emploi d'un appareil accessoire limitant l'intensité du courant et appelé «ballast» (fonctionnant avec ou sans starter selon qu'il est à allumage légèrement différé ou instantané).
Les tubes fluorescents les plus utilisés sont rectilignes. Selon leur puissance, y compris le ballast, on rencontre des tubes de 0,60 m (30 W), 1,20 m (50 W) et 1,50 m (75 W). La nuance de teinte sera choisie, souvent après essai sur place, en fonction du décor intérieur à éclairer ; de toute façon, il convient d'utiliser des tubes à indices de rendu de couleurs élevés.
La durée utile des tubes fluorescents est très élevée, de l'ordre de 6 000 heures ; comme pour les lampes à incandescence, leur rendement lumineux diminue dans le temps ; aussi y a-t-il intérêt à remplacer les tubes avant la fin de leur vie.

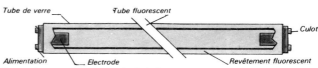

Et maintenant, que choisir ?

Les deux tableaux annexes permettent de comparer les puissances, les flux et l'efficacité lumineuse des lampes et des tubes. Comme on le voit, à puissance égale, l'efficacité lumineuse des tubes est donc trois ou quatre fois plus élevée que celle des lampes. Néanmoins, ces deux types de sources de lumière présentent des caractères complémentaires particulièrement intéressants et qu'il faut bien connaître.

Comparaison des puissances, des flux et de l'efficacité lumineuse

Lampes à incandescence	Puissance (watt)	40	60	75	100	150	200
	Flux (lumens)	420	630	975	1400	2100	3000
	Efficacité (lumen/W)	10,5	10,5	13	14	14	15
Tubes fluorescents	Puissance (watt) avec ballast	30	50		75	95	
	Flux (lumen)	800	2 à 3 000		3 à 5 000	4 506	
	Efficacité (lumens/watt)	28	40 à 65		40 à 65	47	

Principales variétés de lampes à incandescence

Dénomination et formes	Ampoules	Culots	Puissances usuelles
Standard	claires dépolies opalisées	baïonnette vis	40, 60, 75, 100, 150, 200 W
Krypton	dépolies opalisées	baïonnette vis	40, 60, 75, 100, 150, 200 W
Flamme	claires dépolies opalisées	baïonnette vis	15, 25, 40, 60 W
Torsadée	claires dépolies	baïonnette vis	25, 40, 60 W
Sphérique	claires dépolies	baïonnette vis	15, 25, 40, 60 W
Réflecteur incorporé	claires dépolies couleurs	baïonnette vis	40, 60, 75, 100, 150 W
Calotte argentée	claires	vis	60, 100, 200 W
Ogive à calotte argentée	claires	vis	40, 60 W
Tube à culot unique	claires opalisées	baïonnette vis	15, 25, 40, 60, 75 W
«Linolite» à culots axiaux	claires dépolies	spéciaux	longueurs de 140 à 330 mm 25 à 100 W
«Linolite» à culots latéraux	claires dépolies	spéciaux	longueurs de 200 à 500 mm 60 W

Comment choisir ?

Lampe à incandescence
- Se branche directement sur le secteur.
- Coûte peu à l'achat, mais revient plus cher à l'utilisation que le tube fluorescent.
- Dure environ 1 000 heures.
- De dimensions réduites, elle reste par excellence la lampe de lustrerie, mais s'utilise de plus en plus sous forme de lampes réflecteurs plus communément appelées «spôts».
- Donne une lumière de teinte chaude.
- La lampe à incandescence sera préférée pour des éclairages localisés, allumés et éteints fréquemment.

Tube fluorescent
- Nécessite un appareillage auxiliaire d'alimentation (ballast avec ou sans starter).
- Coûte plus cher à l'achat mais éclaire trois ou quatre fois plus que l'incandescence, à puissance égale.
- Dure environ 6 000 heures ; sa durée de vie diminue en fonction de la fréquence des allumages et des extinctions.
- De forme allongée, le tube occupe plus de place. Il convient bien aux éclairages indirects en permettant une meilleure répartition de la lumière et en dégageant moins de chaleur.
- Existe en multiples nuances, à choisir entre des blancs plus ou moins froids ou chauds, et à assortir aux peintures, papiers peints, meubles, etc.
- Le tube fluorescent sera mieux utilisé dans les pièces exigeant un éclairage d'ambiance important ou permanent : cuisine, sous forme d'éclairage direct, et séjour, sous forme indirecte, par exemple.

Culot à baïonnette **Les culots de lampes** *Culot à vis*

B22 B15 E40 E27 E14

Les systèmes d'éclairage

Les règles de confort à respecter

Voir en évitant la fatigue visuelle, vivre, travailler, jouer, se distraire dans une ambiance agréable sont évidemment les buts recherchés. Pour cela, quatre règles sont à respecter.

Assurer partout un niveau d'éclairement suffisant

La quantité de lumière nécessaire dépend de l'activité à exercer ou de l'effet lumineux souhaité. C'est pourquoi, dans une même pièce, on doit prévoir un niveau moyen d'ambiance générale et des niveaux plus élevés adaptés et localisés : coin lecture, couture ou écriture, tableaux, objets d'art à mettre en valeur, etc.

Cela présente d'ailleurs l'avantage d'éviter un éclairage trop uniforme qui met insuffisamment en valeur le cadre de vie familial. Afin d'obtenir un confort satisfaisant, on s'efforcera de respecter les niveaux d'éclairement indiqués ci-dessous. Pour obtenir ces valeurs, il suffit de se rappeler, en première approximation, que

$$\text{niveau d'éclairement} = \frac{\text{flux lumineux}}{\text{surface à éclairer}}.$$

Ainsi, dans des conditions normales (luminaires efficaces, parois claires, etc), le niveau d'éclairement moyen d'une pièce de 14 m² équipée d'une lampe à incandescence de 100 watts émettant un flux de 1 400 lumens est de l'ordre de :

$$\frac{1\,400 \text{ lumens}}{14 \text{ m}^2} = 100 \text{ lux}.$$

La même lampe éclairant une surface de travail de 2 m² procurera un niveau d'éclairement localisé de :

$$\frac{1\,400 \text{ lumens}}{2 \text{ m}^2} = 700 \text{ lux}.$$

Tableau des niveaux d'éclairement recommandés

Pièces ou activités	Niveaux d'éclairement
Éclairage d'ambiance	
• Cuisine, coin repas	200 lux
• Salle de bains, W.-C., locaux annexes	100 lux
• Couloirs, vestibules, palier	100 à 150 lux
Éclairages localisés	
• Coin couture	600 lux
• Autres activités	300 lux

En connaissant les surfaces à éclairer (générales ou localisées), on pourra donc choisir, a priori, les sources lumineuses nécessaires ainsi que les luminaires correspondants en fonction de leurs performances respectives.

En fait, certains autres paramètres peuvent intervenir. Il convient alors de procéder à quelques essais et même de recourir au luxmètre de l'installateur électricien si, toutefois, ce dernier en possède un.

Éviter l'éblouissement

On est ébloui, parfois très violemment, en regardant directement une source lumineuse brillante. Ainsi, on ne peut regarder le soleil sans courir de graves risques pour la vue.

Pour éviter l'éblouissement, on place les foyers lumineux hors du champ visuel normal, ou on masque les sources brillantes en intercalant des écrans opaques (réflecteurs) ou translucides (réflecteurs-diffuseurs). On peut encore utiliser des lampes dépolies et éliminer les réflexions excessives sur certaines parois (glaces, meubles vernis, etc.).

Éliminer les ombres portées sur les plans de travail

Pour supprimer les ombres qui diminuent le niveau d'éclairement, on installe plusieurs sources de lumière complémentaires. Dans une cuisine éclairée par un plafonnier central, une personne debout provoque la formation d'une ombre portée sur tous les plans de travail périphériques ; on y remédiera en installant un éclairage complémentaire sur ces plans (voir page 260).

Tenir compte de la couleur des parois

L'éclairement d'une pièce dépend de façon sensible de la couleur des parois qui l'entourent. En effet, les murs, les cloisons et le plafond renvoient une fraction de la lumière qu'ils reçoivent, fraction appelée facteur de réflexion. Suivant les couleurs, elle peut varier comme indiqué sur le tableau ci-après.

Tableau des facteurs moyens de réflexion des couleurs

Couleurs	Facteurs moyens de réflexion
Blanc	80 %
Crème ou ivoire	70 %
Jaune ou chamois	60 %
Bleu clair ou gris clair	50 %
Beige, rose, orange, vert d'eau	40 %
Havane, bleu turquoise	30 %
Rouge, vert prairie	20 %
Bleu outremer, violet	10 %

Mais la teinte plus ou moins favorable des parois joue aussi son rôle. On doit donc rectifier les caractéristiques des sources lumineuses déterminées, a priori, au § 1 à partir des seules valeurs des surfaces à éclairer.

Enfin, les teintes ont une influence psychologique indéniable :
• les violet, indigo, bleu sont considérés comme des couleurs rafraîchissantes et reposantes,
• le vert représente la couleur d'équilibre,
• le jaune, orange, rouge sont des couleurs chaudes et toniques.

D'autre part, les teintes claires font apparaître les surfaces plus grandes ; on obtient un résultat contraire avec les couleurs foncées.

Il convient de noter enfin que le rendu des couleurs varie avec les caractéristiques des sources lumineuses. Les teintes bleues ou grises sont modifiées par l'éclairage à incandescence. Les tubes fluorescents existent en multiples nuances pouvant être assorties aux peintures, papiers peints ou meubles.

Le « blanc industriel » est à proscrire. Trop froid, trop réfléchissant, il ne permet pas de créer une ambiance chaude.

Les types d'éclairage

L'éclairage direct

Il s'obtient à l'aide d'un réflecteur opaque placé sur la source lumineuse et dirigé vers la surface à éclairer ; le niveau d'éclairement reçu par cette surface dépend de sa distance à la source lumineuse et de la largeur du faisceau émis.

L'éclairage indirect

Il s'obtient également à l'aide d'un réflecteur opaque ; toutefois, le flux lumineux est dirigé, cette fois, vers une paroi qui en réfléchit une proportion d'autant plus importante qu'elle est plus claire. Le flux réfléchi constitue l'éclairage indirect.

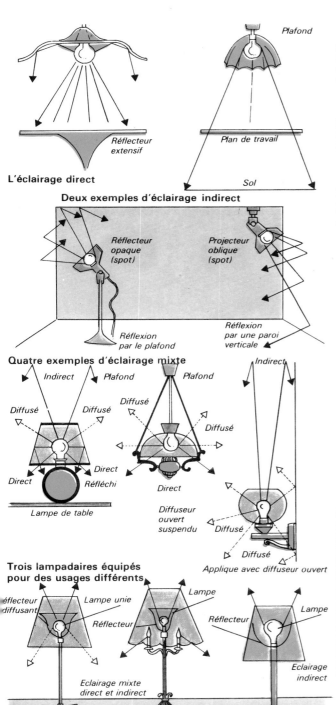

L'éclairage diffusé

Il s'obtient en plaçant la source lumineuse derrière un diffuseur, c'est-à-dire un écran translucide en verre, tissu, papier, matière plastique, etc. Cet écran réduit l'éblouissement en augmentant la surface apparente de la source lumineuse et répartit son flux de façon « diffuse ».

L'éclairage mixte

En combinant tout ou partie des trois types d'éclairage de base, on obtient ce quatrième type. On le réalise en orientant de façon appropriée des diffuseurs faisant parfois partiellement office de réflecteurs.

Les luminaires

On désigne ainsi les appareils d'éclairage servant à supporter les sources lumineuses et à en diriger ou répartir les flux. En fait, le flux retransmis est toujours inférieur au flux théorique émis par la source lumineuse. Cela permet de définir :

$$\text{rendement du luminaire}: \frac{\text{flux retransmis}}{\text{flux théorique de la source}} < 1$$

Ce facteur, généralement non précisé par les fabricants, conduit à surestimer quelque peu la puissance des lampes ou des tubes.

Les luminaires pour lampes à incandescence

Ils permettent d'obtenir tous les niveaux d'éclairement souhaitables à l'aide des différents types possibles d'éclairage.
Eclairages d'ambiance générale : ils sont obtenus de préférence par éclairages diffusés ou mixtes. Suivant les cas, les systèmes de luminaires sont alors les suivants :
• plafonnier, par lustre ou diffuseur unique,
• appliques murales réparties,
• lampe ou lampadaire approprié.
Eclairages localisés : ils sont plutôt obtenus à l'aide d'éclairages directs fournis par :
• réflecteur, possédant un faisceau lumineux plus ou moins large,
• projecteur, possédant un faisceau lumineux assez concentré,
• spot, possédant un faisceau lumineux très concentré.

Comment choisir un luminaire à incandescence		
Effet recherché	Type d'éclairage recommandé	Catégorie d'appareil possible
Eclairage d'ambiance générale	diffusé ou mixte	• plafonnier : lustre ou diffuseur unique • appliques murales réparties lampe ou lampadaire
Eclairage ponctuel ou localisé	direct	• réflecteur à faisceau plus ou moins large • projecteur à faisceau assez concentré • spot à faisceau très concentré

Les luminaires pour tubes fluorescents

Equipés de diffuseurs, parfois associés à un réflecteur, ils permettent surtout d'assurer des éclairements importants d'ambiance générale.

A chaque pièce ses éclairages

La cuisine
L'éclairage d'ambiance est fourni le plus souvent par un plafonnier central équipé de lampes ou de tubes.
Afin d'éviter les ombres portées sur les plans de travail généralement périphériques et pour renforcer leur éclairement, il importe de les équiper d'un éclairage localisé, non éblouissant (tube masqué par un écran).
Bien entendu, on doit adopter des appareils particulièrement faciles à nettoyer.

Le coin repas
Si la table est disposée en position centrale, on aura intérêt à disposer un plafonnier (lustre ou diffuseur) au-dessus de la table ; ce dispositif pourra avantageusement être complété par des appliques murales réparties ou par un lampadaire. Si la table est disposée près des murs (coin repas), l'intérêt des appliques murales devient encore plus évident.

Le coin lecture
L'éclairage localisé sera fourni, au choix, par un lampadaire à pied, une lampe posée sur un meuble ou une applique lumineuse. Le luminaire sera placé à environ 1,50 m du plan d'utilisation.

Le coin couture
Pour les travaux d'aiguille ou de tricot, on adoptera les mêmes dispositions que pour le coin lecture, mais avec un niveau d'éclairement deux fois plus élevé. Sur machine à coudre, on adoptera de préférence une lampe à réflecteur montée sur bras articulé.

Le coin écriture ou dessin
Pour les travaux courants, on adoptera également les mêmes dispositions que pour le coin lecture avec des niveaux d'éclairement équivalents. Sur table à dessin, on préférera la même solution que sur machine à coudre.

L'éclairage d'appoint de la télévision
Afin d'éviter la fatigue visuelle, un éclairage d'ambiance général est indispensable. La source lumineuse sera placée soit derrière le poste, soit derrière les téléspectateurs, soit de côté. Attention aux reflets sur l'écran !...

La chambre à coucher
L'éclairage d'ambiance général sera fourni, au choix, par :
• un plafonnier (lustre ou diffuseur) équipé de lampes à incandescence,
• des tubes fluorescents disposés en éclairage indirect soit sur une armoire, soit dans une « boîte à rideaux » (voir plus loin).
L'éclairage localisé en tête de lit sera fourni, au choix, par :
• des lampes de chevet sur table de nuit,
• des appliques lumineuses,
• un bandeau lumineux.
Afin de ne pas gêner son voisin de lit, on choisira un éclairage individuel orientable et relativement concentré (spot).

La salle d'eau
Dans le cas d'une salle de bains relativement importante, l'éclairage d'ambiance sera fourni par un plafonnier central ou par des appliques murales réparties. Ce dispositif deviendra inutile dans un cabinet de toilette aux dimensions plus réduites. De toute façon, il conviendra de disposer un éclairage localisé à la périphérie de la glace du lavabo, soit :
• par deux tubes verticaux de 0,60 m (30 W avec ballast),
• par un tube horizontal de 1,20 m (60 W avec ballast) disposé au-dessus du miroir.

L'éclairage de tableaux ou d'objets isolés
Il s'obtient en éclairage direct et très directionnel par un projecteur ou, mieux, par un spot orientable.

L'éclairage de surfaces murales, de vitrines, d'étagères
On l'assure à l'aide de tubes fluorescents masqués au regard par un écran opaque. La « boîte à rideaux » en constitue une application particulièrement intéressante ; elle peut, de plus, servir de support à une cantonnière ou à des doubles rideaux.

L'éclairage des placards et penderies
Il peut être réalisé par une rampe lumineuse placée sur la porte à hauteur des yeux et commandée par un interrupteur placé en feuillure ; cet interrupteur coupe le courant quand on ferme la porte et le rétablit quand on l'ouvre.

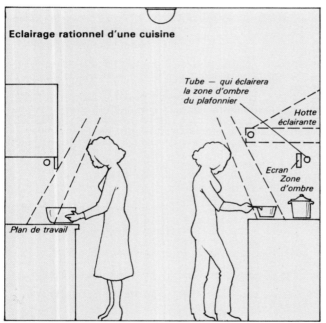

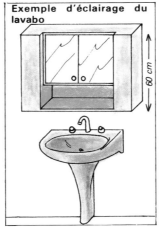
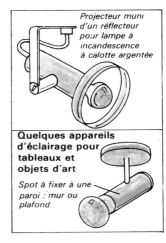
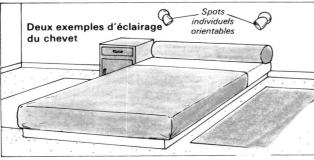
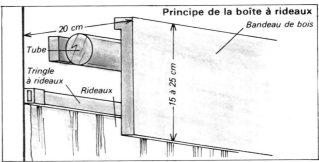
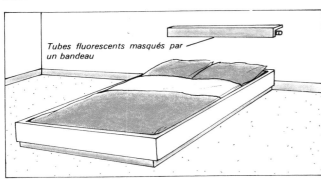

Le téléphone et le portier électronique

Le téléphone

Le futur propriétaire doit penser le plus tôt possible aux caractéristiques principales de son installation téléphonique. Il devra, après avoir choisi, accomplir les formalités nécessaires auprès de l'administration des P.T.T. S'il fait appel à un installateur privé, celui-ci se charge des démarches.

Dès lors, il pourra :
• disposer du téléphone dès son emménagement ou réduire les délais d'attente ;
• être en possession d'une installation correspondant à ses besoins ;
• éviter des frais de tranchée supplémentaires, l'exécution du branchement téléphonique pouvant être coordonnée avec les travaux d'alimentation en eau, gaz et électricité (voir page 199) ;
• disposer, à l'intérieur de sa maison, de câbles téléphoniques dissimulés, solution plus esthétique.

Les solutions possibles

1. Installation à une seule prise :
On peut évidemment se contenter d'un téléphone installé à poste fixe[1]. Dans ce cas, l'administration des P.T.T. exige que l'installation se trouve dans la pièce de séjour.

2. Installation à plusieurs prises :
Suivant la taille de la maison, il est parfois préférable de disposer du téléphone dans plusieurs pièces. Dans les chambres, par exemple, l'installation du téléphone permet de répondre, sans trop de dérangement, à des appels tardifs. En cas de maladie ou d'immobilisation prolongée, une telle installation est presque indispensable.
Bien qu'il soit possible de

[1] Actuellement les postes téléphoniques ordinaires sont raccordés, non plus à des boîtes fixées au mur, mais à des prises murales

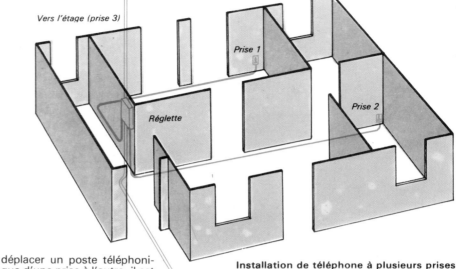

Installation de téléphone à plusieurs prises

déplacer un poste téléphonique d'une prise à l'autre, il est préférable de disposer de plusieurs postes fixes. Dans le système à utilisation simultanée, la qualité des communications n'est pas toujours parfaite. En outre, il n'est pas possible d'appeler un poste intérieur à partir d'une autre pièce de la maison, et tout le monde peut écouter une conversation à moins que l'on n'ait prévu le dispositif dit « de secret » qui garantit la déconnection de certains des autres postes.
Chaque poste comporte un dispositif sonore d'avertissement d'appel. La sonnerie dite « d'oubli » qui résonne dans toute la maison préviendra chaque membre de la famille de tout appel extérieur. En outre, elle peut fonctionner en sonnerie supplémentaire lorsqu'un ou plusieurs appareils sont branchés.
Aux prises murales en saillie, on préférera les prises encastrées, plus esthétiques et moins sensibles aux risques de choc. Quelques fabricants proposent des modèles harmonisés avec les prises électriques.
La réglementation implique que les prises soient placées à plus de 20 cm de tout angle

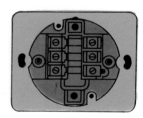

Prise téléphonique encastrable

de la pièce, à 5 cm au moins du sol sur une plinthe ou à 15 cm du sol s'il n'existe pas de plinthe. On ne doit jamais placer une prise derrière une porte.

3. Installation d'intercommunication :
Ce type d'installation peut rendre des services appréciables dans une maison de grande surface ou comportant plusieurs niveaux. Il permet en effet :
• de communiquer d'une pièce à l'autre,
• de passer une communication extérieure d'un poste à l'autre,
• de disposer de plusieurs lignes extérieures (ce qui peut être indispensable dans le cas d'utilisation d'une partie de la maison à des fins professionnelles).
A noter que les câbles à prévoir sont plus importants que pour les installations précédemment décrites ; ils contiennent en effet, outre la ligne (ou les lignes) réseau, des conducteurs reliant chaque poste à tous les autres. Les câbles souples de chaque appareil aboutissent à une boîte murale fixée au mur et non à une prise.

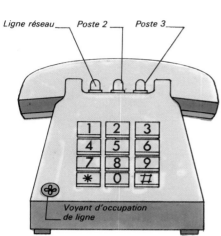

Poste à clavier
d'intercommunication
1 ligne réseau, 3 postes intérieurs
(représentation du poste 1)

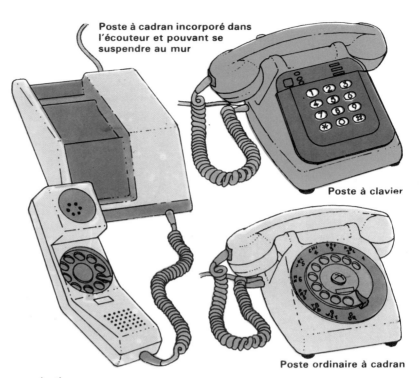

4. Dispositifs spéciaux :
Qu'il s'agisse ou non d'une installation d'intercommunication, il est possible de prévoir des dispositifs spéciaux tels que :
• postes de couleurs et de forme variées,
• postes avec amplificateurs permettant l'écoute d'une communication par plusieurs personnes,
• répondeurs automatiques,
• dispositifs de numérotation automatique à mémoire (se renseigner auprès des P.T.T. ou des installateurs de téléphone),
• dispositifs d'appel au cadran.

La pose des câbles, le contrôle des installations
Le choix des câbles et leur pose doivent être conformes aux règlements de l'administration des P.T.T. Les travaux, s'ils ne sont pas exécutés directement par celle-ci, doivent l'être par un installateur agréé. S'ils sont commandés à temps, les câbles pourront être posés de façon non apparente, par exemple sous plinthes ou sous fourreaux encastrés.

Exemple de branchement aérien

Le portier électronique
L'installation d'un portier électronique permet aux occupants d'une maison individuelle :
• d'être avertis de la présence d'un visiteur à la porte d'entrée de la maison ou du jardin,
• de converser avec lui, notamment pour s'assurer de son identité et de ses intentions,
• d'actionner à distance la serrure électrique de la porte.
L'installation comporte deux postes, l'un à l'extérieur près de la porte, l'autre à l'intérieur de la maison.
Il est possible de prévoir un contact à clé pour commander la gâche électrique depuis l'extérieur.
Il existe des modèles de poste intérieur comportant, comme signal sonore d'appel, un carillon d'appel incorporé.

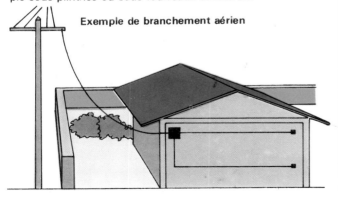

263

Les antennes et la Hi-Fi

La réception de la télévision
La télévision est devenue un moyen privilégié d'occuper ses loisirs. Encore faut-il pouvoir recevoir toutes les chaînes françaises dans de bonnes conditions, et, dans les zones frontalières, certaines des émissions étrangères. Tout ceci est possible si l'on dispose d'installations convenables. Dans certains cas la réception est mauvaise ou impossible. En effet, les ondes radio électriques sont arrêtées par des obstacles importants, collines, montagnes ou bâtiments.

Avant d'acheter un terrain situé dans un creux ou à proximité d'immeubles élevés, il est quelquefois judicieux de s'informer auprès des voisins, d'installateurs qualifiés ou des services de radiodiffusion, de la possibilité de recevoir les émissions.

Ce point acquis, on pensera, en établissant les plans de la future maison, à déterminer les pièces et les emplacements qui recevront le poste de télévision. Dès lors, il est facile de prévoir les prises secteur et antenne.

Les avantages d'une installation bien prévue sont évidents :
- on peut profiter de la télévision dans les pièces souhaitées,
- on évite de laisser traîner d'une pièce à l'autre des rallonges secteur et antenne, inconvénient certain aussi bien sur le plan de la sécurité (risques de chute ou d'électrocution) que pour la qualité de la réception,
- on n'a pas à rajouter des prises, ce qui est toujours inesthétique et plus coûteux qu'une installation définitive bien pensée.

On peut se contenter d'installer un poste de télévision dans la pièce de séjour. Une prise secteur et une prise d'antenne suffisent. Mais il est souvent plus agréable de prévoir d'autres prises ailleurs.

En effet dans une famille nombreuse, et si l'on possède deux récepteurs, on recevra deux programmes différents en même temps.

Plusieurs prises d'antenne et le récepteur devient mobile

Pareillement, un malade alité peut se distraire dans sa chambre. Dans les cuisines modernes, où la famille prend ses repas, on peut aussi installer prise secteur et antenne.

Pour l'alimentation en courant électrique, on utilise des prises de courant type Confort 10/16 A. Les prises d'antenne sont du type « coaxial femelle ». Une seule suffit à un endroit déterminé de la pièce pour recevoir tous les programmes. Mais, en France, les émissions VHF (1re chaîne — 819 lignes noir et blanc) doivent être « séparées » des émissions UHF (1re chaîne couleur, 2e et 3e chaîne en 625 lignes). On emploie pour cela un « séparateur », appareil parfois incorporé au téléviseur. Sinon, on branche un séparateur indépendant entre les deux prises que porte le téléviseur et l'extrémité du câble d'antenne. Prises pour secteur et antenne sont souvent harmonisées et existent pour pose en saillie ou encastrée. Ce dernier type est préférable car il est à la fois plus esthétique et mieux protégé contre les chocs éventuels.

Signalons un modèle de prise qui comporte une sortie d'antenne pour la télévision, une autre pour les émissions radio en modulation de fréquence permettant ainsi la réception simultanée d'une émission sur chaque appareil : par exemple, images d'un opéra sur l'écran, et son en haute fidélité.

Les principales options ayant été prises, le futur propriétaire peut alors consulter en connaissance de cause un ou plusieurs installateurs spécialistes avec lesquels il définira les caractéristiques de l'installation et notamment :
- les types de prises (passage, dérivations ou terminales),
- le type de câble coaxial,
- le mode de pose des câbles ; leurs parcours étant prévus avant la construction, ils pourront être dissimulés, par exemple, sous fourreaux encastrés ou sous plinthes,
- les accessoires éventuellement nécessaires tels qu'amplificateurs, coupleurs, répartiteurs,
- l'emplacement, le nombre et le type d'antennes,
- le type et le mode de fixation du mât supportant les antennes.

Les antennes doivent être orientées convenablement en fonction de la situation géographique des émetteurs.

Si l'on ne désire recevoir que les émissions françaises UHF (1re, 2e et 3e chaîne, 625 lignes) provenant d'un **même émetteur**, une seule antenne suffira.

Dans tous les autres cas, il en faudra plusieurs.

Pour éviter l'installation d'un trop grand nombre d'antennes, on peut adopter le modèle orientable avec commande à distance. Placé, sauf exception, sur le toit, le mât d'antenne sera solidement fixé et haubané.

Certains lotissements sont dotés d'une **télédistribution**. Chaque maison est alors reliée à une antenne collective, ce qui améliore l'esthétique de l'ensemble. Dans un tel cas, il est interdit d'installer des antennes individuelles, mais en revanche la qualité de la réception des émissions de télédistribution doit être conforme à des critères fixés par la réglementation en vigueur.

Pose d'antenne avec « séparateur » indépendant du poste de télévision

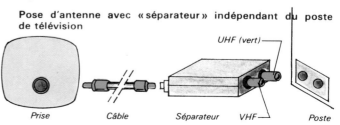

Prise d'antenne TV et modulation de fréquence

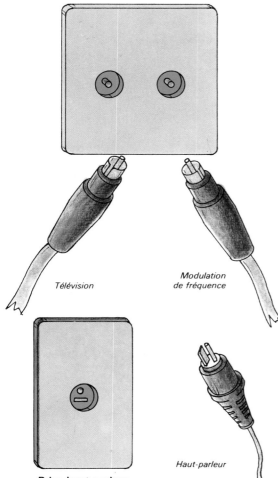

Télévision

Modulation de fréquence

Haut-parleur

Prise haut-parleur à encastrer

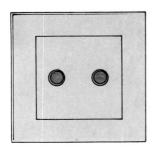

Prise TV — FM

L'écoute de la musique en haute fidélité

L'installation d'une chaîne « Haute Fidélité », pour satisfaire les goûts, parfois très précis, des amateurs de musique, doit être prévue. On pensera donc aux :
- choix de la pièce (ou des pièces) d'écoute,
- choix et emplacement des haut-parleurs,
- choix et emplacement des autres appareils (tuner, ampli, platine, tourne-disque, magnétophone…).

En ce qui concerne le local (ou les locaux) d'écoute, pour lequel une forme cubique est déconseillée, il faut savoir qu'une pièce de dimensions trop faibles donnera toujours une sensation de manque dans les extrêmes graves. Sur le dessin publié on trouve un exemple d'installation idéale ; ici la longueur est comprise est entre 1,5 et 2 fois la largeur A de la pièce ; en fait, un local de forme irrégulière peut donner de bons résultats. La pièce devra posséder un « temps de réverbération » convenable, mais il sera en général facile d'effectuer les corrections nécessaires après installation en ajoutant ou en enlevant des matériaux absorbants (moquettes, rideaux, mobilier recouvert d'étoffe).

Quant au matériel et aux câbles de liaison, on doit penser à les intégrer au local, sinon on risque de voir traîner en permanence un réseau embrouillé, de fils, cordons, fiches multiples d'alimentation, etc., d'aspect peu esthétique, et véritable nid à poussière.

Pour éviter ces inconvénients, il faut, lors de la construction de la maison :
- prévoir des placards ou un mobilier adéquat pour dissimuler tout ou partie du matériel,
- faire installer aux points convenables et en nombre suffisant des prises de courant ; elles pourront être groupées sur un petit tableau,
- faire installer d'avance les fils destinés à relier les haut-parleurs à l'amplificateur (ou amplituner) ; les fils seront dissimulés dans des fourreaux encastrés ou des plinthes et chambranles rainurés ; ils aboutiront à des prises encastrées harmonisées avec les prises électriques et de télévision. Ces prises pourront être placées dans différentes pièces de la maison.

Remarque

Cette fiche n'a pas pour but de promouvoir l'envahissement de la maison par la télévision ou la Hi-Fi (en toute chose il faut savoir se limiter) ; elle s'efforce de donner un certain nombre de conseils pour que soit améliorée la réception.

Dans un local idéal pour l'écoute d'une chaîne Hi-Fi, la longueur doit mesurer entre 1,5 et 2 fois la largeur de la pièce

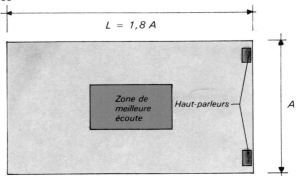

6. les abords

268. Les clôtures et la législation
272. Les barrières de clôture, les palissades, les haies
269. Les portails
270. Les clôtures en maçonnerie

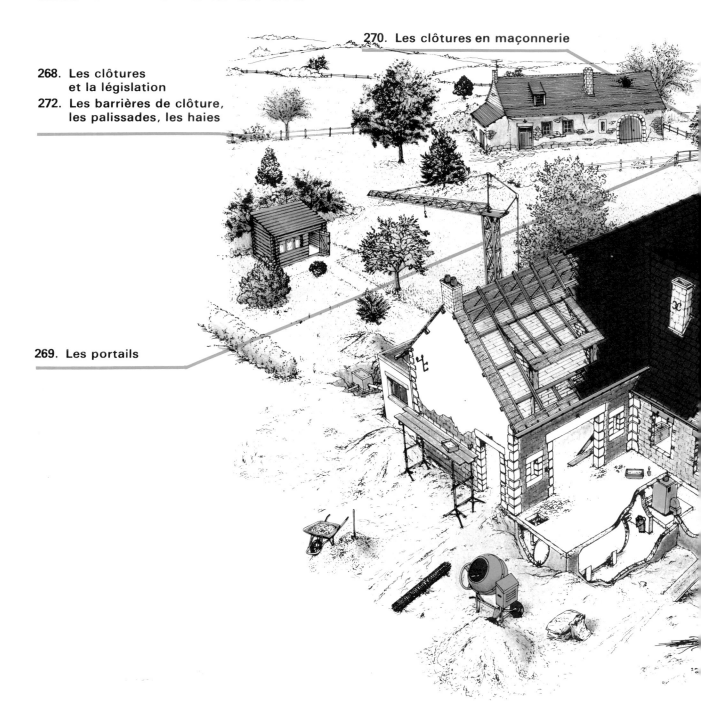

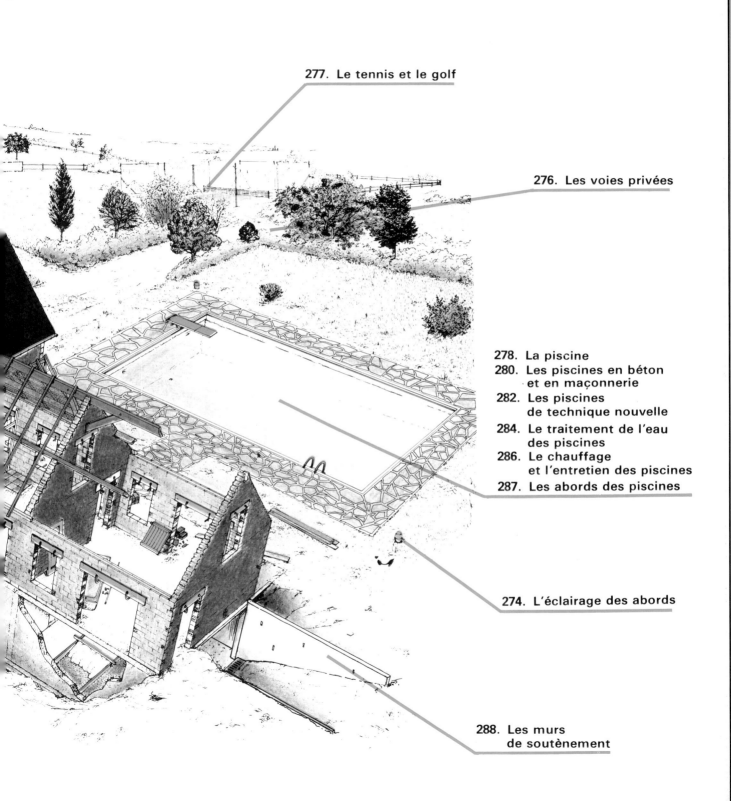

277. Le tennis et le golf
276. Les voies privées
278. La piscine
280. Les piscines en béton et en maçonnerie
282. Les piscines de technique nouvelle
284. Le traitement de l'eau des piscines
286. Le chauffage et l'entretien des piscines
287. Les abords des piscines
274. L'éclairage des abords
288. Les murs de soutènement

Les clôtures et la législation

Les clôtures ne sont pas obligatoires

Dans certaines régions, comme la Haute-Savoie, elles sont même déconseillées pour laisser à la montagne son caractère naturel et libre. Dans certains lotissements, le règlement les interdit. Cependant, délimitant la propriété, elles permettent de se sentir vraiment chez soi, et assurent la transition avec l'extérieur : propriétés voisines, voies privées ou publiques.
Quelquefois, la clôture devient nécessaire pour se préserver des regards indiscrets, des visites inopportunes, des bruits de la rue, pour cacher un paysage sans intérêt ou un voisinage désagréable (usine, déblais, etc.), créer un décor personnalisé ou plus simplement pour réaliser un brise-vent.
C'est donc en fonction de ce qu'on attend de la clôture qu'on choisira les matériaux qui la composeront, sa forme et ses dimensions. Pour s'isoler, on peut élever des clôtures opaques, murs ou murets de 1,50 à 2,60 m de haut. Pour réaliser un décor entourant la propriété, un mur de soubassement de 0,40 à 1 m de hauteur surmonté d'éléments ajourés (claustra, claies, grilles) ou de plantations (haies d'aubépine, de conifères, d'aucubas, d'ifs) peuvent être du plus bel effet.
Tous les matériaux utilisés dans la construction (pierre, béton, terre cuite, bois, métal, matières plastiques, etc.) peuvent servir à élever une clôture. On veillera néanmoins à les harmoniser avec la demeure et à employer les matériaux locaux usuels (pierre de Bourgogne, granit de Bretagne, etc., selon la région) ou des plantations qui s'acclimatent bien.

La délicate question des servitudes

Il existe des servitudes légales, établies par la loi, des servitudes administratives, établies par l'administration, et des servitudes conventionnelles, établies par accord entre voisins, copropriétaires, etc.
Avant donc d'élever une clôture autour d'une propriété, il faut connaître quelles obligations imposent le Code civil, le Code de l'urbanisme, les arrêtés préfectoraux et municipaux, les règlements de lotissement, les prescriptions des plans d'urbanisme et d'occupation des sols.
Les servitudes de mitoyenneté régies par le Code civil (art. 653 et suivants) sont les plus importantes. Les méconnaître ou les négliger peut être à l'origine de litiges et de procès désagréables, longs et coûteux, ou de l'établissement d'un climat de voisinage déplaisant (pour plus de détails voir page 34).

La hauteur des murs

La hauteur d'un mur de séparation entre propriétés voisines est limitée au maximum :
• 2,60 m (huit pieds) dans une ville de moins de 50 000 habitants.
• 3,20 m (dix pieds) dans une ville de plus de 50 000 habitants.
La hauteur est toujours prise par rapport au terrain le plus haut lorsqu'il existe des niveaux différents de part et d'autre de la ligne séparative des propriétés.

La ligne séparative de propriété

Un mur de clôture non mitoyen, s'il est élevé à la limite de cette ligne séparative, ne doit pas empiéter sur le terrain voisin ni sa fondation non plus ; la face supérieure, qui reçoit les eaux de pluie, doit avoir une pente dirigeant ces eaux dans la propriété dont le mur fait partie.
Le mur de clôture mitoyen est monté à cheval sur la limite de propriété. Les règles de mitoyenneté s'appliquent comme dans le cas d'une construction. Les deux propriétaires doivent se mettre d'accord avant toute intervention. La clôture mitoyenne implique un partage des frais de construction, d'entretien ou de réfection proportionnel aux droits de chacun. Certaines libertés d'accès et droits de passage peuvent devoir être réservés.
S'il s'agit de plantations, les distances minimales à respecter entre le centre des haies et la ligne séparative des propriétés sont de :
• 0,50 m pour les plantations de hauteur inférieure à 2 m,
• 2 m pour les arbres ou arbustes de hauteur supérieure à 2 m. Aucune branche ne doit dépasser la ligne séparative. Par rapport à la voie publique, la distance minimale de plantation est de 1 m. Des servitudes de visibilité au droit des voies publiques (carrefour, virage...) peuvent interdire les murs opaques ou les plantations et limiter la hauteur.
Dans ces clôtures doit être prévu l'emplacement des placards à compteur et robinets de barrage E.D.F. et G.D.F. Il y a lieu de se renseigner auprès du concessionnaire en ce qui concerne les dimensions à réserver.

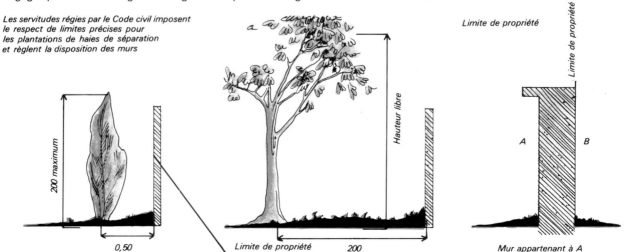

Les servitudes régies par le Code civil imposent le respect de limites précises pour les plantations de haies de séparation et règlent la disposition des murs

268

Les portails

Le portail constitue la partie mobile de la clôture, avec laquelle il doit être en harmonie. Il permet le passage de la propriété privée au domaine public. Les nombreuses manœuvres auxquelles il est soumis impliquent qu'il soit robuste, bien ancré dans le sol et bien fixé aux piliers qui le supportent.
A un ou deux vantaux, sa largeur varie de 1 m (portillon pour piéton) à 4 m (passage charretier). Sa hauteur est fonction de la clôture dont il fait partie. Elle peut atteindre 2 m ou davantage (grille d'honneur en fer forgé d'hôtel particulier).

Les matériaux
Les matériaux utilisables pour sa réalisation sont ceux employés pour les clôtures, exception faite, cela va de soi, pour les matériaux maçonnés :
- bois : vantail à panneaux pleins massifs ou à panneaux ajourés (chêne, sapin, châtaignier, bois exotiques...),
- métal : grilles en fer forgé ou non, à panneaux pleins de tôle ou à panneaux grillagés, barreaudage en aluminium anodisé,
- matière plastique : lisses en polychlorure de vinyle (P.V.C.) montées sur cadre métallique.

Les portails en bois et en fer doivent être peints soigneusement, comme les clôtures en même matériau, et subir le même entretien régulier.
Les piliers de résistance en rapport avec les vantaux à supporter sont en maçonnerie de pierre, de brique, de blocs pleins de béton, en béton éventuellement armé, en profilés métalliques ou en bois. Signalons les blocs creux de béton superposables, à parement en pierre reconstituée, dont le vide, rempli de béton avec ou sans incorporation d'armatures, permet de réaliser un poteau.

Les accessoires
Un vantail est maintenu de deux manières :
- soit au moyen de gonds fixés au pilier,
- soit par l'intermédiaire d'un pivot reçu par une crapaudine qui sert d'appui sur le sol, et d'un gond fixé au pilier pour le maintenir en position verticale.

Les gonds sont scellés au mortier de ciment dans les piliers en maçonnerie et en béton, ou fixés par des colliers et des boulons dans les poteaux en bois et en métal. Les crapaudines doivent être sérieusement scellées dans le sol au moyen d'un massif en béton.
Gonds et crapaudines doivent être rigoureusement placés de niveau et alignés verticalement au moyen d'un niveau et d'un fil à plomb ; l'équilibre et le bon fonctionnement du vantail en dépendent. Afin de permettre un pivotement aisé, ils doivent être régulièrement graissés.
Les vantaux dans la partie centrale du portail s'arrêtent sur un butoir métallique scellé lui aussi sérieusement dans un massif en béton. Une barre de fermeture ou un verrou de sol, une serrure à clés et à béquille, un système d'ouverture électrique de la gâche, les arrêts à bascule verrouillant les vantaux ouverts constituent l'équipement du portail.
La boîte aux lettres peut être fixée sur celui-ci ou, mieux, elle peut être intégrée dans un pilier, ainsi que le parlophone ou la sonnette d'appel. Enfin, il y aura lieu de prévoir la mise en place de la plaque indicatrice du numéro du domicile.
Un abri contre les intempéries, créant un décor au droit de l'entrée de la propriété tout en la signalant, peut être créé au moyen d'un portique en béton ou en bois supportant une couverture.

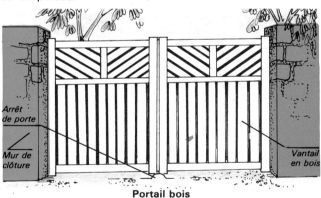

Portail bois

Portail métallique

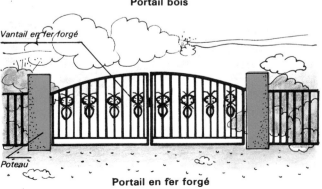

Portail en fer forgé

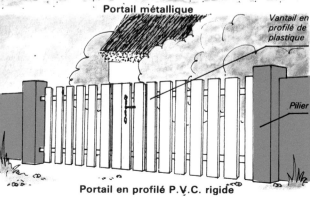

Portail en profilé P.V.C. rigide

Les clôtures en maçonnerie

Quelques types de clôtures

Seuls les murs de pierres sèches sont montés sans mortier. Dans les autres cas, on procède comme on le fait pour les murs de façade des maisons. Cela concerne les murs :
- à appareillage « moderne »,
- en pierres prétaillées,
- en moellons assisés,
- à lits alternés de moellons assisés d'inégales hauteurs,
- en moellons naturels lités,
- en opus incertum,
- en rocaillage.

Il arrive que les murs limitant un terrain doivent également soutenir la terre. Appelés alors murs de soutènement, ils doivent être calculés pour résister sans dommage à la poussée des terrains. Tous les deux mètres environ, ils comporteront obligatoirement des barbacanes en partie basse afin d'assurer l'évacuation des eaux d'infiltration ou de ruissellement retenues par le mur.

La partie supérieure du mur, ou arase, est toujours revêtue d'un chaperon de tuiles ou d'un couronnement (pierres, briques, béton), avec « goutte d'eau » débordant des deux côtés. Cette rainure ou ce débordement facilite le rejet des eaux de pluie et diminue le ruissellement sur les faces. Si le terrain est en pente, le mur et son couronnement peuvent être parallèles à la pente ou horizontaux. Dans ce cas, on réalise un mur à redans.

Les matériaux utilisés peuvent parfois être sensibles à l'influence du chaud et du froid : ils se dilatent ou se rétrécissent. Pour éviter ces phénomènes de retrait ou de dilatation qui affectent, en particulier, les blocs de béton ou le béton coulé en place, on prévoit des joints qui absorbent les déformations et éliminent les fissurations. Ils sont prévus tous les dix mètres si le climat est chaud ou continental (région méditerranéenne, Alsace, Auver-

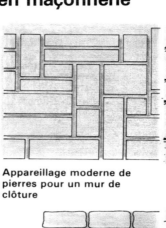
Appareillage moderne de pierres pour un mur de clôture

Appareillage de pierres prétaillées

Appareillage de moellons assisés

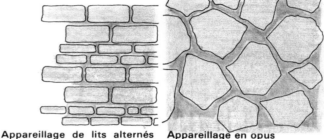
Appareillage de lits alternés de moellons assisés d'inégales hauteurs

Appareillage en opus incertum

Appareillage en opus incertum avec rocaillage

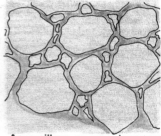

Mur de clôture et de soutènement

Quand le mur comporte des redans, il est judicieux de faire coïncider barbacanes et redans

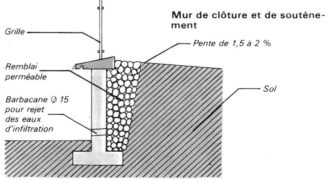

Un mur de clôture maçonné reçoit un chaperon de tuiles qui le met à l'abri de la pluie

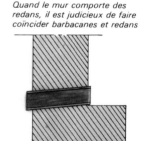

Types de couronnements de murs

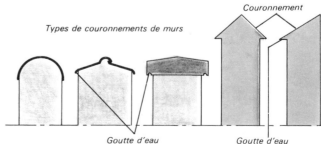

Le couronnement avec goutte d'eau est une solution pour protéger un mur de clôture en maçonnerie

gne), tous les vingt mètres si le climat est frais et humide (Nord, Bretagne).
Pour protéger les murs réalisés en éléments de terre cuite, du type briques à enduire, soit de l'humidité qui provoque leur gonflement, soit du gel qui entraîne leur écaillage, on les revêt d'un enduit de surface.
Un mur en maçonnerie de moellons assisés de grande longueur risque d'être monotone. Pour éviter cet écueil, on a la possibilité de créer, tous les quatre ou cinq mètres, des chaînes verticales de pierres de taille ou, dans le cas d'un mur en béton, on laisse le béton « brut de décoffrage » ou on réalise des dessins par retrait dans le tracé.
On construit aussi des murs de clôture opaques ou ajourés en disposant entre les poteaux d'ossature (en béton ou en métal) soit des panneaux préfabriqués pleins ou ajourés en béton, soit des briques pleines ou creuses.

Les fondations, base de toute construction

La fondation d'un mur de clôture ne doit pas être négligée sous prétexte qu'il s'agit d'un élément simple, de peu de poids, qui exercera peu de pression sur le sol qui le portera. Un mur doit être stable quelle que soit sa fonction.
En effet, le sol peut se tasser ou s'affaisser pour des raisons naturelles, les eaux d'infiltration peuvent provoquer des éboulements souterrains et les forces horizontales des vents forts influer sur la stabilité du mur. Fissures ou effondrements peuvent avoir de graves conséquences.
On lira donc avec attention les fiches consacrées aux fondations, pages 74 et suivantes, qui donnent les principales recommandations à observer, parmi lesquelles :

• la nécessité absolue de connaître la profondeur recommandée pour éviter les effets désastreux du gel dans la région où l'on construit ;
• réaliser un fond de tranchée plat et propre ;
• adopter des redans (ressauts verticaux) pour bien asseoir le mur sur un terrain en pente ;
• prévoir une armature correcte de la semelle continue sur laquelle sera monté le mur, si le sol est douteux ;
• prévoir également des joints de rupture si le sol n'est pas horizontalement de nature homogène (par exemple : roche, sable, argile).

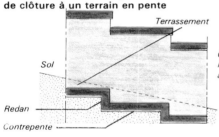

Mur à redans ou l'adaptation d'un mur de clôture à un terrain en pente

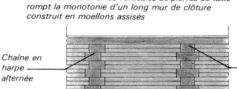

La création de chaînes verticales de pierres de taille rompt la monotonie d'un long mur de clôture construit en moellons assisés

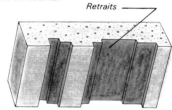

Le béton brut du décoffrage ou avec retraits dans le tracé permet des effets architecturaux

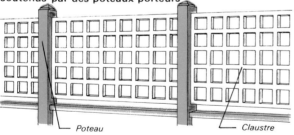

Mur de clôture en panneaux-claustres préfabriqués soutenus par des poteaux porteurs

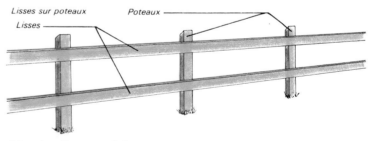

Une clôture simple comporte des lisses préfabriquées reliant les poteaux

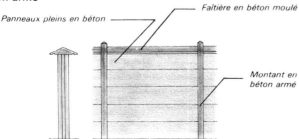

Mur de clôture en panneaux pleins en béton armé

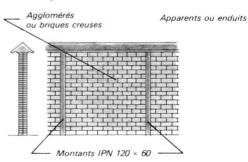

Mur de clôture en briques et ossature métallique

Les barrières de clôture, les palissades, les haies

Les clôtures en métal

Grilles préfabriquées, grilles forgées à la main, panneaux pleins ou ajourés, plaques et tôles diverses, enfin grillages à mailles sont les types les plus répandus de clôtures métalliques.

Les panneaux de fer ou de fer forgé, d'acier ou d'alliage léger sont fixés sur des potelets de même matière, carrés, ronds, rectangulaires, demi-ronds ou tubulaires, qu'on scelle sur un soubassement maçonné.

L'installation du grillage est plus complexe. A intervalles réguliers de 2,50 à 3 m, on dresse des poteaux ou des piquets en bois, en béton ou en métal (section en T) scellés sur 20 cm dans des plots de béton ou enfoncés de 1/3 de leur longueur dans le sol. Aux angles du terrain ou dans les parties courbes, on assure la rigidité des piquets en ajoutant obliquement des jambes de force.

Les fils de tension sont mis en place tous les 50 cm avant le grillage, qui sera alors tendu et fixé par des fils d'attache. Dans tous les cas, on intercale des raidisseurs à une extrémité des fils de tension.

La réalisation d'une telle clôture impose quelques précautions :
- la partie basse du grillage est enterrée ;
- poteaux, fils de tension, attaches et raidisseurs sont du même métal ;
- pour empêcher la corrosion d'une clôture en fer ordinaire, on procède à son dégraissage, puis on applique une couche antirouille (minium de plomb, de fer ou peinture spéciale) et plusieurs couches de peinture glycérophtalique ou similaire ;
- un entretien régulier doit être fait tous les deux ou trois ans ;
- on choisira de préférence des grillages plastifiés, des grillages inoxydables dans la masse, en alliage ou tout en plastique.

Les grillages modernes plus durables et de meilleur aspect esthétique que le grillage à triple torsion (plus simple, plus souple et moins coûteux) sont :
- le grillage à simple torsion ;
- le grillage ondulé à mailles carrées, rectangulaires, losangées, nouées ;
- le grillage ondulé à mailles carrées soudées, qui n'exige pas de fil de tension.

Ils sont réalisés en fil de fer galvanisé, de sections ronde ou carrée (diamètres : 1,8 et 2,2 mm).

Modèles de grillages et d'encadrements

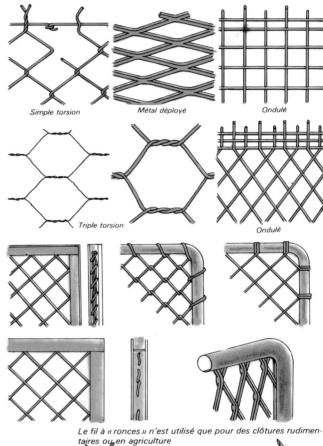

Simple torsion — *Métal déployé* — *Ondulé*

Triple torsion — *Ondulé*

Le fil à « ronces » n'est utilisé que pour des clôtures rudimentaires ou en agriculture

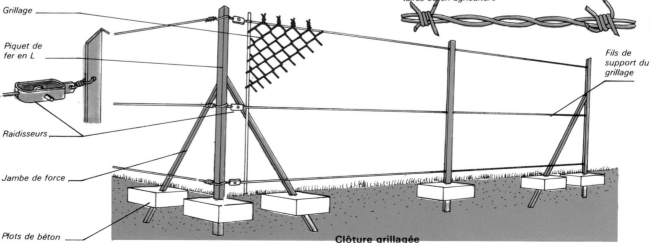

Grillage — Piquet de fer en L — Raidisseurs — Jambe de force — Plots de béton — Fils de support du grillage

Clôture grillagée

Les clôtures en bois

Les bois utilisés dans les clôtures seront de bonne qualité : chêne, châtaignier, cèdre, pin, sapin du Nord, etc., et devront avoir subi un traitement fongicide et insecticide qui les rende résistants aux attaques des parasites et au pourrissement. En bois massif, les panneaux pleins ou ajourés et les lisses sont, en général, posés sur un soubassement en maçonnerie. En bois léger, les panneaux forment des treillages jointifs ou non en châtaignier (imputrescible s'il est fendu, et non scié, dans le sens des fibres), en roseau de Provence, en bambou, en lame de pin.

Partant du sol, ils peuvent s'élever jusqu'à deux mètres de hauteur, mais, pour éviter le pourrissement, on leur évite le contact avec le sol. Ils sont donc maintenus par des tiges métalliques scellées dans des plots de béton, solution préférable au scellement direct du bois dans le béton.

Néanmoins, des potelets et piquets peuvent être fichés directement dans le terrain, mais ils seront recouverts de produits bitumineux sur toute la hauteur de la partie enterrée.

Deux couches de peinture de bonne qualité (glycérophtalique ou similaire), laquée ou mate, sur couche d'impression sont la meilleure protection des clôtures en bois. Suivant le climat de la région, il peut être indispensable de repeindre tous les cinq ou huit ans.

L'application de vernis est à proscrire, compte tenu des taches noirâtres et des cloquages que l'humidité peut provoquer, et du renouvellement des couches qu'il faut pratiquement faire tous les ans pour avoir une protection valable et un aspect correct.

Les clôtures en plastique

Les éléments qui les composent sont des lisses ou des lattes de P.V.C. (polychlorure de vinyle) imputrescibles, isolantes et insensibles aux agents atmosphériques, à l'humidité et au gel. Pour les entretenir, un simple lavage à l'éponge et à l'eau est suffisant.

Le montage est assez simple. Des éléments creux remplis de béton et scellés dans un soubassement maçonné ou dans des plots de béton enterrés constituent, tous les 2 m environ, les poteaux porteurs. Les lisses et les lattes sont alors assemblées par emboîtement ou collage.

Décoratives et modernes d'aspect, ces clôtures sont fragiles et sont un piètre obstacle aux effractions.

Les plantations de clôture

La création et l'entretien des haies, arbres et décors de clôture est du domaine du jardinage. On se reportera donc utilement au tome 1 de la collection « Connaissance et pratique », intitulé *Le jardinage*.

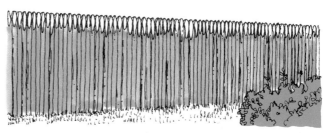

Une clôture rustique en poteaux de bois fichés dans le sol

Lisses en bois laqué *Poteaux en bois massif*

Le soubassement en maçonnerie surmonté de bois massif laqué est une solution moderne

Une clôture en treillage de bois léger

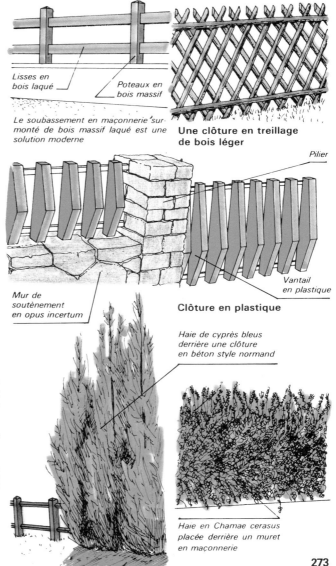

Pilier

Vantail en plastique

Mur de soutènement en opus incertum

Clôture en plastique

Haie de cyprès bleus derrière une clôture en béton style normand

Haie en Chamae cerasus placée derrière un muret en maçonnerie

Haie de Taxus baccata masquant un mur de clôture surmonté d'une grille en fer forgé

L'éclairage des abords

Dans le cas d'une maison pratiquement dépourvue de jardin, l'éclairage extérieur se limite à celui de la porte d'entrée. Par contre, dans le cas contraire, et notamment si la maison se trouve éloignée du chemin ou de la route d'accès, il devient nécessaire de prévoir un véritable éclairage des abords facilitant les circulations dès la nuit venue. Bien conçu, cet éclairage peut, de plus, mettre en valeur les façades de la maison et les espaces verts qui l'entourent.
En outre, il peut dissuader les « visiteurs du soir indésirables ». La famille peut ainsi identifier qui vient lui rendre visite et accueillir plus chaleureusement ses invités.

Quelques règles de sécurité

Une bonne installation est le plus souvent affaire de professionnels parfaitement informés de la réglementation et des normes de sécurité.
D'une façon générale, les appareils d'éclairage extérieur peuvent être alimentés en basse tension (220 volts) ; dans le cas, très rare, où la valeur de la prise de terre est médiocre (supérieure à 50 ohms), une protection complémentaire doit être prévue au moyen d'un disjoncteur différentiel à haute sensibilité (30 mA).

Quels types d'appareillages utiliser ?

Comme pour l'éclairage intérieur, on utilise des sources lumineuses et des luminaires.

Les sources d'éclairage
Ce sont :
• des lampes à incandescence standard d'une puissance de 75 à 100 watts ou des lampes avec réflecteur incorporé dont les puissances vont de 100 à 1000 watts, avec possibilité de lumières colorées ;

Pour éclairer convenablement un bassin, on doit disposer de 100 à 150 watts de puissance par appareil immergé

Une solution pour éclairer les abords : les bornes lumineuses

• des tubes fluorescents, peu conseillés pour emploi extérieur car sensibles aux baisses de température : à 0 °C, un tube n'émet que 30 % de sa lumière.

Les luminaires courants
Ce sont :
• des projecteurs équipés soit d'une lampe réflecteur, soit d'un appareil muni d'un système optique. Il est important de s'assurer que tout projecteur est conforme à la norme N.F. 71 110, qui garantit la longévité, la résistance à la corrosion, l'étanchéité à la pluie, la stabilité du réglage du faisceau lumineux et une résistance mécanique susceptible de supporter certains chocs, par exemple ceux dus au passage d'une tondeuse à gazon,

• des lampadaires à un ou plusieurs foyers pour l'éclairage général,
• des bornes lumineuses, équipées d'une optique assurant un éclairage à 180° ou 360°, légèrement orienté vers le bas,
• des champignons qui concentrent la lumière vers le bas,
• des lanternes ou appliques diffusantes.

Le cas particulier des bassins et fontaines
Les appareils d'éclairage sont alimentés différemment selon qu'ils sont complètement immergés ou non immergés. Les appareils immergés doivent comporter une enveloppe parfaitement étanche (référence IP X 7 X) :
- s'ils sont fixés, ils peuvent être alimentés directement

Les lanternes ou appliques suffisent parfois à éclairer la maison

en basse tension (220 V) sous réserve qu'une liaison « équipotentielle » relie entre eux les appareils d'éclairage et les éléments conducteurs simultanément accessibles (pièces métalliques situées à moins de 2 m) ;
- s'ils sont amovibles, ils sont alimentés en très basse tension (12 V) par l'intermédiaire d'un transformateur de sécurité ; les parties métalliques des appareils sont reliées entre elles mais non à la terre.
Les appareils non immergés sont placés derrière des hublots étanches et peuvent être alimentés en basse tension (220 V). Les parties métalliques des appareils ne doivent pas être reliées aux pièces conductrices des hublots.

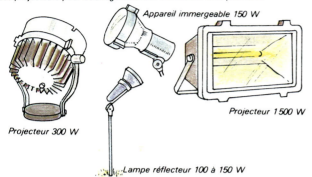

Les projecteurs pour éclairage extérieur normalisés sont plus sûrs

Appareil immergeable 150 W

Projecteur 1 500 W

Projecteur 300 W

Lampe réflecteur 100 à 150 W

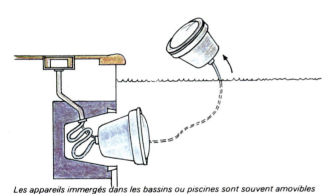

Les appareils immergés dans les bassins ou piscines sont souvent amovibles

Les types d'éclairage possibles

Cas d'un parc ou d'un très grand jardin
On peut distinguer les types d'éclairage suivants :
L'éclairage sécurisant qui groupe l'éclairage des entrées, des allées et des marches, est une installation fixe, commandée par un circuit spécial sur minuterie depuis le portail d'entrée ainsi que depuis l'intérieur de la maison. La minuterie pourra comprendre trois régimes de marche (arrêt, permanent, minuterie).
Pour obtenir un éclairage instantané, on choisit de préférence les lampes à incandescence de 50 à 80 watts, placées dans des bornes, lanternes ou appliques espacées de 4 à 8 m environ.
L'éclairage d'agrément est destiné aux terrasses, coin barbecue, balcons ou loggias. Les lampes à incandescence de 50 à 80 watts, placées dans des projecteurs, lanternes ou appliques, permettent d'obtenir un éclairage correct que l'on peut compléter par une lampe à dominante jaune qui éloigne les insectes.
L'éclairage architectural concerne les façades de la maison ; on choisit la puissance des ampoules en fonction des distances où sont placés les projecteurs :
- 150 à 300 watts suffisent pour une distance inférieure à 3 m.
- 500 watts et plus sont nécessaires pour une distance supérieure à 10 m.

Plus la façade est claire, moins la puissance sera élevée.

L'éclairage des piscines et bassins : pour obtenir un éclairage correct, il faut une puissance de 100 à 150 watts par appareil immergé. Pour éclairer un jet d'eau d'une hauteur de 3 m, on prévoit trois projecteurs de 150 watts.

L'éclairage des arbres : c'est une opération très délicate car l'effet recherché est essentiellement d'ordre esthétique. On recherche les meilleures implantations pour les appareils et le dosage des effets obtenus en déplaçant des projecteurs portatifs avant de procéder à une mise en place définitive.
La puissance et la couleur doivent être adaptées à la silhouette et à la teinte de l'arbre. Les lampes à ballon fluorescent conviennent pour les conifères, cèdres, ou thuyas et les lampes à décharge à iodures métalliques s'adaptent très bien aux arbres à feuillage à dominantes vert et jaune. L'éclairage des arbres consomme beaucoup d'énergie : de 150 à 300 watts et plus de 1 000 watts dès que la distance augmente.

L'éclairage des massifs fleuris ne doit pas éblouir. Les lampadaires de faible hauteur, du type champignon, équipés de lampes incandescentes de 60 à 75 watts, sont les meilleurs équipements.

L'éclairage des objets décoratifs (vasques, statues, etc.) exige une puissance adaptée à la couleur de l'objet. On peut estimer que la puissance nécessaire est comprise entre 150 et 300 watts. A noter que plus un objet est clair, moins grande est la puissance demandée.

Cas d'un jardin de petite ou moyenne dimension
On pourra se contenter de quelques points d'éclairage sur un seul circuit. Parfois l'éclairage public ne permet pas d'y voir suffisamment sur le parcours rue-maison, on utilisera alors une minuterie comme indiqué ci-dessus pour l'éclairage sécurisant.

Les prises de courant extérieures

A noter qu'il peut être utile d'installer dans le jardin des prises de courant qui permettront d'utiliser des appareils électriques mobiles à main, tels que coupe-haie, tondeuse à gazon, etc. Pour être protégé efficacement contre les risques d'électrocution, ces prises devront être munies d'une broche de terre et le circuit les alimentant protégé par un disjoncteur différentiel à haute sensibilité (30 mA).

Le plan de récolement

Un plan sur lequel figure l'ensemble des projecteurs et installations d'éclairage et qui porte le tracé et la profondeur des câbles d'alimentation électrique est indispensable pour localiser une panne, modifier le plan d'éclairage et éviter les points délicats en cas de travaux de jardin en profondeur.

Quelques conseils

L'éclairage des façades ou d'un jardin ne s'improvise pas. Il faut éviter d'aplatir les objets dans une lumière crue, et modeler tous les reliefs des façades, des arbres et des statues. Il faut également éviter l'éblouissement et, par conséquent, noyer les appareils d'éclairage dans les massifs ou les protéger par des abat-jour. Pour obtenir un éclairage correct, on emploie parfois un projecteur puissant destiné à mettre en relief un motif que l'on associe à plusieurs autres projecteurs moins puissants qui contribuent à créer une harmonie de lumières.

Les voies privées

On considère comme voies privées les voies qui sont à l'usage exclusif d'un propriétaire : il en est responsable et conserve à sa charge leurs frais d'entretien.

Dans ces conditions, une voie privée peut être construite sans obligation de respecter les textes réglementaires. Précaution nécessaire : consulter la direction de l'Equipement pour savoir si le raccordement de la voie privée avec la voie publique est admis, car il existe des interdictions de raccordement avec des voies à grande circulation. De même, dans les agglomérations, une autorisation des services municipaux peut être nécessaire pour réaliser un « bateau » de raccordement sur un trottoir existant.

Les bonnes dispositions à adopter

Les voies privées sont en général destinées à la circulation des véhicules de tourisme. Suivant la distance à parcourir, il se peut cependant que des camions (déménageurs, livraisons de charbon, de bois ou de fuel) soient conduits à emprunter les voies privées et il est donc prudent d'en tenir compte lors de l'étude de leur tracé et de prévoir des sur-largeurs, en particulier dans les courbes.

Même pour une voie de circulation à usage privé, il ne faut pas oublier qu'elle sera d'autant plus appréciée qu'elle n'accumulera pas l'eau en période de pluie et qu'elle séchera rapidement. Cet objectif est atteint lorsque le profil « en travers » est réalisé de manière à évacuer l'eau sur les côtés et quand le profil « en long » est tel qu'il évite les cuvettes.

Des précautions doivent être prises pour éviter que les eaux de ruissellement ne raninent les banquettes latérales et ne provoquent ainsi une destruction rapide des bords de la chaussée, puis progressivement de la chaussée elle-même. L'emploi de bordures de chaussée est à recommander.

Les techniques de construction

Il n'est pas possible d'examiner toutes les solutions valables pour réaliser une voie privée, qui peut comporter, par exemple, une surface de roulement unique ou deux bandes séparées par un espace de gravier ou de gazon.

Dans la plupart des cas, on ne peut pas circuler directement sur le terrain naturel ; aussi est-il nécessaire de le décaper sur 10 à 15 cm ; du désherbant peut y être déversé après décapage, à condition qu'il n'y ait pas de puits dans le voisinage. C'est sur le terrain naturel décapé que l'on vient réaliser le chemin de roulement.

Les matériaux utilisés pour ce chemin de roulement sont divers. On peut couler du béton, dont la surface sera soit striée au balai de bouleau, soit gaufrée par passage d'un rouleau spécial dénommé bouchade. Une variante consiste à recouvrir le béton de plaques de pierres disposées en « opus incertum ». Une autre technique consiste à réaliser un blocage en pierres ou à déverser du tout-venant qui sera soigneusement cylindré avant de recevoir en surface une émulsion de bitume et un gravillonnage, ou bien un tapis en enrobé bitumeux éventuellement teinté en rouge.

Plus simplement, on peut faire appel à des plaques en béton perforées que l'on recouvre de terre, avant de semer du gazon. Dans le cas de rampe d'accès à un garage, il faut veiller à obtenir une surface de roulement aussi rugueuse que possible afin d'augmenter l'adhérence des pneus. En pied de rampe, un caniveau destiné à récupérer puis à évacuer les eaux de ruissellement sera réalisé et maintenu exempt de toute saleté. La pente de la rampe ne devra pas excéder 20 %. Si le garage est situé au sous-sol, une rampe de 10 m de longueur est nécessaire pour franchir une dénivellation de 2 m.

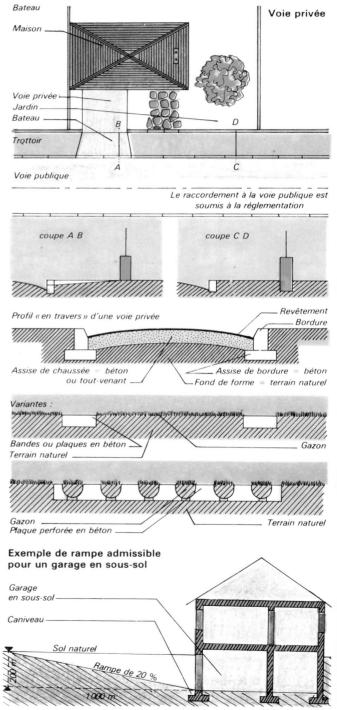

Le tennis et le golf

Le court de tennis

Pour les amateurs de tennis, disposer d'un court sur sa propriété est naturellement une joie de tous les instants. Mais, outre le fait qu'un court de tennis demande une surface d'environ 720 m², le budget quelquefois serré ne permet pas sa réalisation immédiate. Il faut cependant prévoir son implantation sur le terrain en même temps que celle de la maison, dont il ne doit pas gêner la meilleure situation possible, et compte tenu des travaux de terrassement à effectuer, il ne doit pas trop en surenchérir les coûts. On profitera toujours à bon escient de la présence d'engins mécaniques travaillant aux fondations de la maison pour préparer la plate-forme du court de tennis.

Le grand axe du court étant orienté nord-sud afin que l'ombre du filet et le soleil gênent le moins possible les joueurs, on entreprendra la construction d'un court de tennis en six phases :

1. Décapage du terrain sur 0,10 m de profondeur environ et nivellement aussi parfait que possible de la plate-forme.
2. Mise en place d'un réseau de tuyaux de drainage en poteries de 0,06 à 0,08 m de diamètre. La pente donnée à ce réseau chargé de maintenir le court aussi sec que le permet le temps sera de 1 à 2 %.
3. Exécution d'une couche de fondation de 0,15 à 0,20 m d'épaisseur réalisée en matériaux durs insensibles au gel et soigneusement compactée au rouleau de 300 à 500 kg.
4. Exécution d'une couche intermédiaire (en mâchefer ou pouzzolane) de 0,05 m d'épaisseur compactée au rouleau de 300 kg.
5. Mise en place de la clôture. Pour son exécution, on plante aux quatre angles des poteaux en fer cornière de 60 × 60, de 3 à 4 m de hauteur. Tous les trois mètres, on implante des poteaux en fer, en T, de 40 mm, de même hauteur. Les trous prévus recevront les fils de tension, sur lesquels viendra se fixer le grillage. Le fil le plus bas est situé au niveau supérieur de la couche intermédiaire.

Pour éviter la déformation de la clôture en partie basse, le grillage sera plus fort (fil de fer n° 16 ou 18) et la partie enterrée des poteaux sera protégée par deux couches de minium et deux couches de peinture à l'huile. Le grillage est à simple torsion (fil de fer n° 12 ou 14) ou à triple torsion (fil de fer n° 8).
6. Exécution de la couche finale de 0,04 m d'épaisseur, soigneusement passée au rouleau. Le matériau non abrasif ne présentera aucune arête vive pour éviter l'usure rapide des balles et des chaussures. Cette couche peut être réalisée en gazon, tapis bitumineux, béton ou matériaux divers proposés par les constructeurs de tennis.

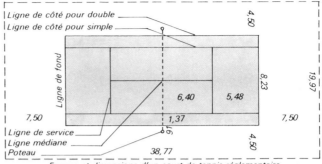

Formes et dimensions d'un court de tennis réglementaire

Pour 4 joueurs	10,97 × 23,77 m
Pour 2 joueurs	8,23 × 23,77 m
Marge sur les côtés ≧	3,65 à 4 m
Marge au fond ≧	6,40 à 8 m
Hauteur du filet au milieu	0,91 m
Hauteur du filet aux bouts	1,06 m
Hauteur du grillage entourant le court	4,00 m

Le practice de golf

Les amateurs de golf pourront profiter de l'existence de la clôture de tennis pour accrocher un filet supporté par un ou des poteaux et aménager ainsi un minipractice de golf. En cas d'excédents de déblais provenant des terrassements généraux, ceux-ci peuvent être judicieusement disposés pour constituer des obstacles d'exercice ou un putting green qui contribuera à parfaire l'harmonie du paysage.

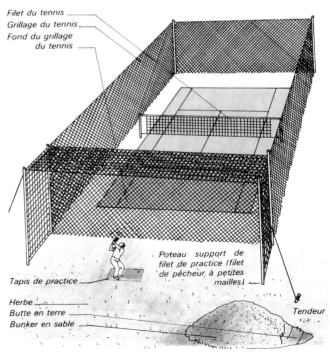

Plans de mise en place d'un réseau de tuyaux de drainage pour le maintien en bon état d'un terrain de tennis

277

La piscine

La piscine est une des constructions annexes qui ajoutent à l'agrément d'une maison individuelle et de son jardin. Plus le climat permet d'en profiter, plus les membres de la famille peuvent y trouver détente et occasions de se réunir ; mais là où ce climat est moins chaud et clément, on peut surmonter la piscine d'un système de couverture ou d'une construction plus complexe, et l'équiper d'un chauffage. La solution d'une piscine partiellement ou totalement intégrée à la maison est également possible.

Les bassins des piscines privées sont de petites ou de moyennes dimensions, de capacité limitée, oscillant entre 30 et 150 m^3, mais pouvant atteindre 250 m^3. La largeur minimale souhaitable est de 4 m, pour permettre à deux baigneurs de nager de front ; la longueur, pour des raisons esthétiques, doit être légèrement supérieure au double de la largeur.

Il existe de nombreux modèles de piscines. Nous avons retenu ici les bassins enterrés ou en semi-élévation et exclu les bassins hors sol, qui ont un caractère provisoire puisqu'ils sont démontables.

La conception d'une piscine

La piscine exige un certain investissement. Aussi est-il préférable que son aménagement soit prévu dès la conception des plans de la maison, cela quelle que soit l'époque où elle sera effectivement réalisée, pendant la construction de l'habitation, immédiatement après ou ultérieurement.

Si le terrain n'est pas très vaste, l'emplacement et les dimensions du bassin peuvent influer sur l'implantation de la maison, ce qui interdit de réaliser piscine et demeure en toute indépendance. Certains équipements de l'habitation (chauffage, plomberie, électricité) doivent être conçus et exécutés en tenant compte des besoins de la future piscine, afin de ne pas entraîner des modifications ultérieures toujours onéreuses.

Une piscine bien conçue et parfaitement réalisée doit durer longtemps et fonctionner correctement. Bassin étanche, eau saine parce que convenablement filtrée, stérilisée et chauffée, nettoyage et entretien faciles, d'un coût raisonnable, sont les qualités recherchées.

L'implantation de la piscine doit être également déterminée en fonction :
• du soleil, dont la présence est essentielle pour réchauffer l'eau ou la maintenir à bonne température, comme pour les plaisirs du bronzage et de la baignade ;
• du vent, dont il faut s'abriter au moyen d'écran naturel (arbres, haies, déclivités du terrain) ou artificiels (parois de plexiglas, palissades en bois, etc.) ;
• du terrain, dont forme, pentes et plantations d'origine ou futures offrent autant de décors possibles ;
• de la situation de la maison, dont on pourra utiliser les installations d'eau, de chauffage et d'électricité.

Coupe d'une piscine avec ses composants principaux

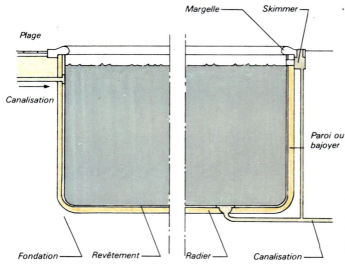

Deux baigneurs doivent pouvoir se croiser en nageant

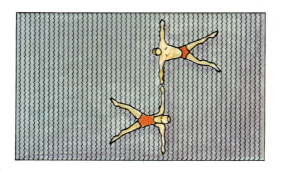

Les piscines peuvent adopter des formes très différentes : rectangulaires, rondes, ovales...

La forme du bassin, ses dimensions, sa profondeur, les matériaux de constitution dépendent des possibilités financières, de la place disponible sur le terrain, de la fréquentation prévue. La forme peut être rectangulaire, ronde, ovale, elliptique ou libre. Les matériaux sont traditionnels (béton armé) ou non (liner ou poche souple, polyester stratifié réalisé in situ ou par éléments préfabriqués, aluminium, etc).
On classe les piscines par genre et suivant une hiérarchie de prix, de la moins chère à la plus coûteuse, en : piscines « Liners », piscines préfabriquées métalliques, piscines préfabriquées en polyester stratifié, piscines en dur à revêtement polyester stratifié et piscines à structure en béton.

Les règles techniques
Suivant la technique de construction utilisée, il est essentiel :
- de se procurer les règles en vigueur, c'est-à-dire :
- soit le Cahier des charges applicables à la construction des bassins de piscines à structure en béton, du Syndicat national du béton armé et des techniques industrialisées (S.N.B.A.T.I.) et de l'Institut technique du bâtiment et des travaux publics (I.T.B.T.P.) ;
- soit le Cahier des charges applicable à la construction des piscines de techniques nouvelles, de la Chambre syndicale des industries de la piscine (C.S.I.P.), bénéficiant de l'approbation de la Société de contrôle technique (Socotec) ;
- de faire exécuter les travaux par l'une des entreprises (pisciniers) titulaires des qualifications délivrées soit par l'Organisme professionnel de qualification et de classification du bâtiment et des activités annexes (O.P.Q.C.B.), soit par l'Organisme professionnel de qualification de réalisations sports et loisirs (O.P.Q.R.S.L.) ;
- de faire appel à un bureau de contrôle afin d'obtenir un avis sur le respect :
- des règles techniques : stabilité, étanchéité du bassin, revêtement, plages, canalisations et installations annexes, que le procédé soit traditionnel ou non,
- de l'ensemble des conditions fondamentales permettant aux pisciniers de justifier les dispositions constructives utilisées pour les piscines de techniques nouvelles, en particulier l'allégement des structures.

Les règles administratives
La réalisation d'une piscine enterrée ou semi-enterrée ne nécessite pas l'obtention d'un permis de construire si elle entre dans l'une des catégories suivantes :
- surface de l'eau inférieure à 100 m²,
- hauteur visible dépassant le sol naturel ou le talutage inférieure à 60 cm,
- talutage de pente inférieure à 1/4 (tolérance maximale de 1/3 pour certaines parties du talus) avec raccordement naturel du sol,
- absence d'ouvrages tels qu'abri fixe, mur de soutènement apparent, mur en mitoyenneté, abri pour les installations de traitement et filtration.

En contrepartie de cette dispense d'autorisation, les services officiels demandent que constructeurs et acheteurs de piscines prennent en compte le souci de l'environnement, du paysage et de l'architecture. A cet effet, la Chambre syndicale des industries de la piscine a établi, en liaison avec les administrations concernées, une plaquette de recommandations intitulée *Piscines familiales/Environnement*. Le piscinier doit remettre ce document en même temps que les plans et devis de la piscine. Il faut l'exiger avant toute signature de contrat.
Les travaux de construction ne donnent pas lieu, pour le propriétaire, à l'obligation d'assurance instituée par la loi du 4 janvier 1978 relative à la responsabilité et à l'assurance dans le domaine de la construction. En effet, ils ne constituent pas des travaux de bâtiment à proprement parler. Par contre, tout constructeur est responsable pendant 10 ans, à compter de la réception des travaux, des dommages qui compromettent la solidité de l'ouvrage ou le rendent impropre à sa destination (art. 1792 du Code civil).
Le propriétaire de la piscine doit se préoccuper des garanties offertes par les pisciniers et se faire présenter les attestations des compagnies d'assurance couvrant ces responsabilités. Il faut, en effet, pouvoir exercer un recours auprès de ces compagnies en cas de disparition d'une ou des entreprises avant la fin de la période de 10 ans. Les garanties à exiger sont précisées dans les « Conditions générales de vente et de garantie » établies par la Chambre syndicale des industries de la piscine.

Les aménagements complémentaires
La piscine, si elle est contiguë à l'habitation, peut comporter un sas situé dans la maison. On peut alors pénétrer dans l'eau, surtout en saison froide, sans avoir à sortir à l'extérieur. Une étanchéité à l'air est nécessaire entre sas et bassin, soit par lames de plastique souple et transparent, soit par porte vitrée à vantaux coulissants.
A la piscine indépendante ou très éloignée de l'habitation, il est utile d'associer un « pool-house », c'est-à-dire un bâtiment comprenant vestiaire, douche, local pour chaufferie, filtration et stérilisation.
L'utilisation d'un bassin est rendue plus agréable par un certain nombre d'accessoires :
- échelle amovible de descente dans le bassin,
- plongeoir s'il existe une hauteur d'eau suffisante (grand bain),
- projecteurs électriques dans les parois, dont l'emplacement doit être prévu à la construction,
- appareils de nettoyage automatique, qui sont des agitateurs mettant les dépôts en suspension dans l'eau.

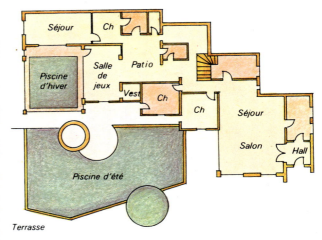
Terrasse

Les piscines en béton ou en maçonnerie

Les piscines en béton ou en maçonnerie ont de grandes qualités mais restent des solutions coûteuses.

Le béton armé

La technique de la structure en béton armé est la plus sûre mais aussi la plus coûteuse pour un bassin de maison individuelle. On l'adopte pour réaliser une piscine quand d'autres procédés ne conviennent pas pour des raisons de stabilité.
Il en est ainsi pour un terrain en pente (la paroi doit résister à la poussée du talus), ou pour un bassin en partie hors du terrain naturel en pente. C'est aussi le cas des bassins avec points d'appui isolés ou continus lorsque des tassements différents peuvent se produire d'un point à un autre du bassin, en fonction de variations de la compressibilité du sol.

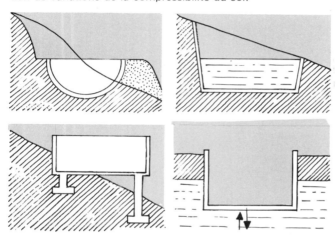

On choisit également la structure en béton lorsqu'il existe une nappe d'eau souterraine à hauteur des parois du bassin. En effet, outre la poussée des terres, les parois doivent alors résister à la pression hydrostatique de la nappe. Pour empêcher le bassin de flotter, son poids sera, dans ce dernier cas, calculé pour résister à la sous-pression de l'eau extérieure.
On le voit, les parois d'une piscine doivent résister à la poussée des terres quand le bassin est vide, à la pression de l'eau qu'elle contient quand elle est remplie, aux pressions hydrostatiques extérieures (nappe phréatique ou eaux d'infiltration) et aux charges de service sur les plages (250 kg/m² pour une piscine privée). Les études et les plans d'exécution doivent être établis par des bureaux d'études qualifiés, conformément aux règlements techniques en vigueur.
L'étanchéité du bassin, qui est un point très important, peut être obtenue :
• soit par la structure seule, c'est-à-dire dans la masse, ce qui nécessite un béton de qualité, homogène et compact sur toute son épaisseur,
• soit par la structure revêtue de l'un des complexes d'imperméabilisation suivants :
- chape et enduit au mortier de ciment, avec incorporation d'un produit hydrofuge agréé par la Copla (Commission permanente des liants hydrauliques et des adjuvants du béton),
- enduit pelliculaire à base de résine avec protection,
- enveloppe rigide semi-adhérente en résine, armée de fibres de verre (la structure n'assure alors que la fonction mécanique ; l'enveloppe rigide appliquée à l'intérieur a une résistance qui lui permet de former pontage après décollement de la paroi en cas de légère fissuration du béton ; une bonne mise en œuvre implique le respect des conditions de température et d'hygrométrie),
- enveloppe élastoplastique (comme dans le cas précédent, l'enveloppe réalise seule l'étanchéité, la structure n'ayant qu'une fonction mécanique ; l'enveloppe comprend un revêtement d'étanchéité, du type multicouche ou du type asphalte, ou un revêtement non traditionnel et une protection).

Des revêtements de finition peuvent venir agrémenter l'intérieur des piscines :
• s'il s'agit de peinture, elle doit être spécialement adaptée à l'ouvrage. Sa tenue, fonction de la nature de l'eau, de l'hydrofugation, de la fissuration, etc., est limitée dans le temps,
• s'il s'agit d'un carrelage (grès cérame émaillé ou non, grès étiré, pâtes de verre, etc.) : les carreaux doivent être antidérapants et insensibles au gel. Ils sont scellés à bain de mortier ou collés avec les mortiers-colles ou adhésifs compatibles avec le support hydrofugé et l'immersion permanente.

Exécution d'un radier de bassin en béton armé

Coupe type sur paroi et radier

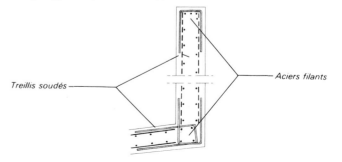

La technique du béton projeté s'apparente à celle du béton armé

• enfin, un revêtement en polyester stratifié, assurant l'étanchéité, appliqué sur la face intérieure du bassin et réalisé par alternance de couches de tissus ou de mats de verre et de résines polyester. Un « gel-coat » (vernis de surface) donne la teinte, uniforme et durable. La mise en œuvre du revêtement nécessite le respect des conditions d'ambiance pour obtenir une bonne polymérisation.
Le remblaiement par couches successives de sable stabilisé ou de béton maigre est alors exécuté. Les qualités d'étanchéité et de durabilité dans l'eau du polyester stratifié ne sont plus à démontrer. Il suffit pour cela de songer au nombre de bateaux de plaisance et de planches à voile qui naviguent depuis longtemps...

Exemple de bassin en maçonnerie

Le béton projeté

Ce procédé de mise en œuvre du béton peut être considéré comme un cas particulier du béton armé. Après mise en place du quadrillage d'armatures, le béton est projeté à grande vitesse dans un courant d'air comprimé par un « canon à béton » sur le sol pour constituer le radier et les parois. Le béton obtenu est d'une grande homogénéité, d'une forte compacité et pratiquement sans retrait. Cette technique permet de réaliser des bassins de forme libre (elliptique, courbes diverses, vasques, etc.).

Les bassins en maçonnerie revêtue de polyester

Ces bassins, exécutés entièrement sur place, peuvent être de forme libre, rectangulaire, ronde, ovale, etc. La plus grande dimension ne doit pas dépasser 25 m, à moins d'étude spéciale. Ils comprennent, en tenant compte des précautions élémentaires dispensant le constructeur de justifications de stabilité :
• un radier en béton armé d'un quadrillage d'acier,
• des bajoyers en maçonnerie de blocs pleins ou creux de béton avec, en tête, un couronnement en béton légèrement armé et, sur la face intérieure, un enduit en mortier de ciment. A noter que la ceinture raidisseuse prévue pour éviter les déformations des parois longitudinales, placée en tête des parois, peut également jouer le rôle de margelle,

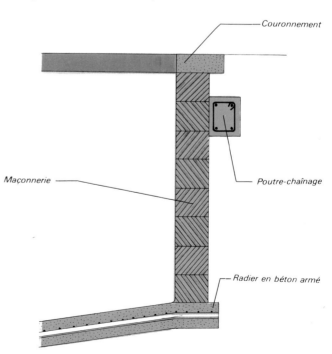

Les piscines de techniques nouvelles

Des matériaux plus économiques que le béton armé sont maintenant utilisés, mais ce coût moindre ne saurait emporter la décision sans d'autres calculs, notamment en ce qui concerne la résistance des parois à la pression de l'eau contenue ou à la poussée des terres. Les techniques nouvelles ne peuvent donc être utilisées que dans des cas précis et parfaitement délimités.

Ce sont justement, bien souvent, les conditions habituelles des bassins des maisons individuelles :

- bassins de capacité limitée, remplis d'eau en permanence (cette dernière règle est impérative et, en cas de réparation nécessitant la vidange, les consignes précisées par le constructeur doivent être strictement observées) ;
- faible hauteur des parois (maximum 2,50 m lorsque la tenue du sol le permet) ;
- réalisation dans un terrain naturel sensiblement horizontal et de consistance suffisante (on exclura un sol réalisé artificiellement, remblai ancien ou récent) ;
- absence de nappe d'eau souterraine ou nappe se situant toujours en dessous du point le plus bas du fond du bassin (sauf dispositif spécial de rabattement de nappe, en cas de vidange) ;
- maintien de la bonne tenue du terrain à la périphérie du bassin ; lorsque le terrassement de la fouille est plus important que le bassin (nécessité d'une aire de travail à sa périphérie, ou terrassement avec talus dans certains sols pulvérulents sans cohésion), il est nécessaire de stabiliser au ciment les éléments de remblaiement ;
- mise en place d'une ceinture raidisseuse en béton armé pour les bassins dont les parois longitudinales risquent de présenter des déformations importantes.

Si ces conditions sont réunies, la piscine peut donc être de technique nouvelle.

Bassin préfabriqué d'une seule pièce

Raidisseurs

Les piscines préfabriquées en polyester stratifié

Ces bassins sont constitués par une coque rigide ou par des éléments en polyester stratifié, moulés en usine, dont les dimensions dépendent des moyens de transport utilisés et des gabarits de passage des voies ferrées ou des routes.

Les bassins de faible volume sont livrés d'une seule pièce. Les plus grands sont réalisés par assemblage de deux à quatre éléments de grandes dimensions (3 × 10,50 m) ou d'éléments modulaires de dimensions plus petites (2 à 3 m).

La plus grande dimension du bassin ne doit pas dépasser 20 m de longueur.

La réalisation de ce type de bassin comprend :

- l'exécution d'un radier en sable stabilisé ou en béton maigre ;
- la pose des éléments en polyester stratifié assemblés par boulonnage et comportant des raidisseurs en face extérieure, l'étanchéité au droit des liaisons étant obtenue par l'écrasement d'un joint ;
- le remblaiement en béton maigre exécuté au droit des parois par couches successives au fur et à mesure du remplissage en eau ;
- la ceinture raidisseuse en béton armé, réalisée en partie haute du remblaiement, à laquelle les parois doivent être reliées par un dispositif approprié.

Le bassin préfabriqué en polyester armé est un ouvrage assurant les rôles de structure mécanique, en association avec le sable ou le béton maigre de remblaiement au droit des parois latérales, et de structure d'étanchéité.

On doit remblayer les terrassements d'une piscine préfabriquée en polyester stratifié au fur et à mesure du remplissage

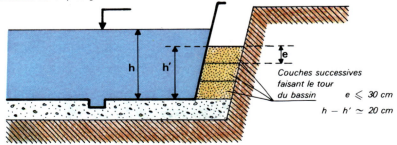

Couches successives faisant le tour du bassin

$e \leqslant 30$ cm

$h - h' \simeq 20$ cm

Les piscines préfabriquées en aluminium

Ces bassins sont obtenus par soudage ou boulonnage sur place d'éléments en alliage d'aluminium préfabriqués en usine. A titre d'exemple, les bassins à éléments assemblés par soudage comprennent :

- une assise de fond, en sable stabilisé sur un blocage en tout-venant de carrière, réalisée à l'intérieur de longrines en béton armé formant cadre à l'aplomb des parois ;

- des poteaux en béton armé ancrés dans les longrines ;

- des éléments préfabriqués de 4 m de longueur sur 1,25 à 1,80 m de hauteur, en tôle façonnée avec raidisseurs verticaux reliés aux poteaux par des ceintures en tôle pliée (les éléments sont soudés entre eux, à l'abri des intempéries, et avec le fond constitué de bandes de tôle soudées entre elles dans le sens transversal du bassin) ;

- une ceinture raidisseuse en béton armé reliant les têtes de poteaux entre elles ;

- le remblaiement en tout-venant sablo-graveleux stabilisé, réalisé par couches successives au fur et à mesure de la mise en eau du bassin ;

- un revêtement intérieur répondant à des objectifs d'aspect (couleur) et d'hygiène (meilleure facilité de nettoyage), constitué de peinture à base de caoutchouc chloré ou de polyuréthane.

Afin d'éviter toute corrosion par formation de couples électriques entre bassin en alliage d'aluminium et ouvrages métalliques (canalisations, etc.), on doit supprimer les contacts directs entre le métal léger et d'autres métaux et surtout le cuivre, le plomb, l'étain et l'acier.

La distance entre les parois et des surcharges temporaires ponctuelles situées à proximité du bassin (véhicules, appareils d'entretien, déblais, stockage de matériaux ou de matériels) ne doit pas être inférieure à la profondeur du bassin.

Les études et les plans relatifs à ces procédés doivent être établis conformément au Cahier des charges applicables à la construction des piscines de techniques nouvelles.

Les bassins de piscines « Liners »

Les bassins « Liners » sont des bassins dont la plus grande dimension ne doit pas être supérieure à 25 m. L'étanchéité et le revêtement sont réalisés aux moyens d'une poche souple en polychlorure de vinyle, nylon enduit, etc., d'une seule pièce, généralement rectangulaire, reposant sur un radier réalisé sur place en sable stabilisé ou en béton maigre, et contre des parois latérales en maçonnerie de blocs de béton, ou en panneaux d'acier galvanisé ou d'alliage d'aluminium, ayant en général la hauteur du petit bain : 1 m environ.

La mise en place du « Liner » doit se faire par temps assez chaud, car la souplesse que le P.V.C. acquiert avec la chaleur facilite son installation. Le remblaiement en tout-venant sablo-graveleux derrière les parois est exécuté au fur et à mesure du remplissage du bassin.

A dimensions égales, ces piscines sont les moins coûteuses, mais leur utilisation impose quelques précautions élémentaires et un minimum d'attention. En effet, les perforations par des objets à bord tranchant ou de petits cailloux coupants tombés dans le bassin sont la cause de fuites d'eau, de dégradations du radier et de corrosion des panneaux métalliques.

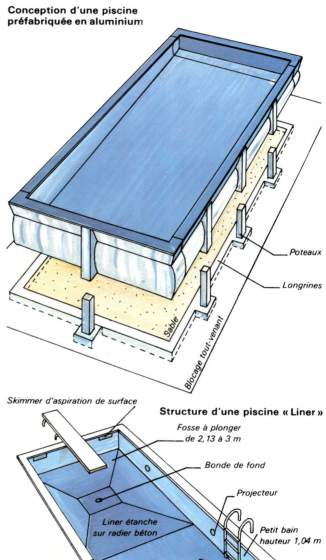

Conception d'une piscine préfabriquée en aluminium

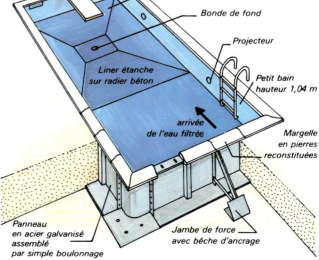

Structure d'une piscine « Liner »

Le traitement de l'eau des piscines

L'eau d'une piscine est utilisée en circuit fermé. Elle risque de se polluer rapidement. On la rend limpide et saine par une épuration physique et microbiologique.
La pollution se situe en surface du plan d'eau, en suspension dans l'eau, et sur les parois. Des appareils appropriés permettent de l'éliminer : skimmers en surface, pièce de fond au point bas du bassin, balai-aspirateur pour les dépôts sur les parois et le fond.
Aspirée à travers les skimmers et la pièce de fond, à l'aide d'une pompe, l'eau est filtrée puis renvoyée dans le bassin à travers les buses de refoulement situées à l'opposé des skimmers. A ce circuit peuvent être associés une prise d'aspirateur de nettoyage et un régulateur de niveau automatique.

Le skimmer
Il est placé sous la margelle, en tête des parois. En polyester stratifié, matière plastique ou acier inox, il comporte un volet flottant lesté limitant l'aspiration de l'eau aux quelques millimètres de hauteur qui suffisent pour évacuer les particules flottantes et le film bactérien qui se forme à la surface de l'eau au repos.

La pièce de fond
En bronze, matière plastique ou acier inox, elle draine vers le filtre la masse d'eau et les matières qui y sont en suspension. L'eau est aspirée sous une plaque saillante antitourbillonnaire ou à travers une grille non saillante.

Les buses de refoulement
En bronze ou matière plastique, situées entre 30 et 90 cm sous le niveau de l'eau, elles sont à grille fixe ou à grille réglable permettant de faire varier le débit d'eau refoulée. Elles peuvent être orientables, vitesse et direction de l'eau étant alors ajustables.

Les canalisations
Elles sont en fonte, acier, P.V.C. non plastifié, polyéthylène, grès, ciment ou amiante-ciment. Elles doivent être protégées du gel par mise en terre à une profondeur correspondant à la garde au gel voir page 76 ou par une enveloppe calorifuge non détériorable pour les parties exposées aux chocs.
Leur vidange complète doit être possible, ce qui impose des parcours sans contre-pente, des vannes de sectionnement, des robinets de purge. La libre dilatation et le retrait des tubes d'eau chaude doivent être assurés : lyres de dilatation, colliers lâches, fourreaux, etc. Dans les tubes en P.V.C. et en polyéthylène, l'eau circulera à moins de 40 °C. Les canalisations métalliques enterrées ou en caniveau seront protégées contre la corrosion externe.
La pose doit s'effectuer le plus possible en terrain naturel, en dehors des remblais. Les tassements de ceux-ci peuvent déformer les tuyauteries et les rompre. Lors du passage en remblai, les canalisations seront posées sur des dés en béton fondés sur le terrain naturel en place ; elles seront protégées à leur partie supérieure par des coquilles s'appuyant sur les dés et résistant aux charges de terre et surcharges éventuelles les surmontant.
Le remplissage du bassin doit se faire par une canalisation débouchant à l'air libre au-dessus du plan d'eau. De cette façon, aucune contamination du réseau d'eau potable n'est possible.

La filtration (épuration mécanique)
Elle se fait par passage à travers un milieu poreux : sable, tissu imprégné de résine (cartouche interchangeable), diatomées (fossiles d'algues marines à coque silicieuse).
Le débit de filtration dépend de l'utilisation, de la surface et du volume du bassin.
Les filtres sont en polyester stratifié, acier inox ou plastique injecté ; les vannes sont en matière plastique ou en bronze ; les pompes en fonte, bronze ou matière plastique.

Les filtres à sables : ils sont à vitesse rapide. Lorsque la perte de charge par rétention de particules atteint un maximum donné par le fabricant, un décolmatage est effectué par inversion du courant d'eau, suivi d'un rinçage qui chasse les particules restées dans le filtre ; les eaux de décolmatage et de rinçage sont évacuées vers l'égout.

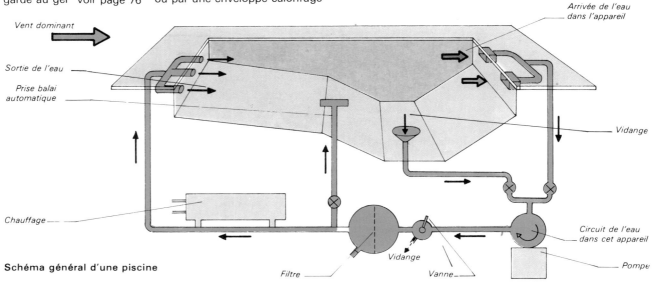

Schéma général d'une piscine

Le filtre à cartouches : il ne nécessite ni vanne de lavage ni évacuation à l'égout. La cartouche est nettoyée plusieurs fois avant le remplacement ; sa durée est d'environ un an.

Le filtre à diatomées : il comprend une couche mince de quelques millimètres d'épaisseur de diatomées (aspect d'une poudre fine) qui s'encrasse en surface. Un système de décolmatage décolle la couche et mélange les diatomées encrassées à celles qui ne le sont pas. Après plusieurs cycles, une vanne permet de chasser vers l'égout la couche filtrante définitivement encrassée. La réalimentation périodique en diatomées se fait par un « pot à diatomées » ou par un skimmer.

La stérilisation (épuration microbiologique)
Elle permet d'obtenir une eau de bonne qualité bactériologique. Les stérilisants ayant un pouvoir désinfectant général et de longue durée sont le chlore (eau de Javel, pastilles ou granulés de chlore organique, tablettes ou granulés d'hypochlorite de calcium), le brome (bâtonnets de chlore-brome organique, ou réaction de chlore sur du bromure dissous dans l'eau), le procédé électrophysique (libération dans l'eau d'ions cuivre et d'ions argent).

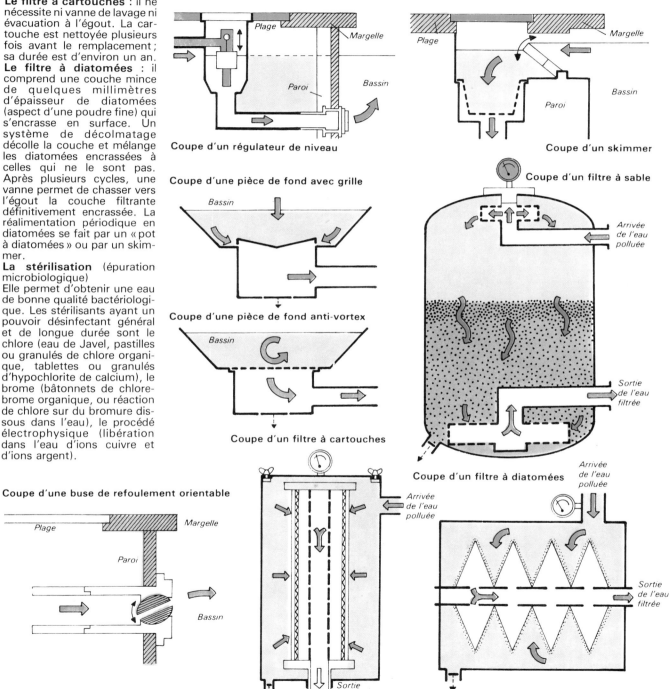

Le chauffage et l'entretien des piscines

Pour profiter d'un bassin en dehors du plein été, il est nécessaire de l'équiper d'un dispositif de chauffage de l'eau, dont les caractéristiques dépendent de la région d'implantation. Il faut pouvoir mettre en température (20 °C environ) toute l'eau du bassin, puis maintenir cette température en compensant les déperditions thermiques.
Les pertes les plus importantes sont dues à l'évaporation à la surface du plan d'eau. Elles sont réduites par l'emploi d'une couverture amovible flottante en période de non-utilisation. Outre son rôle d'écran thermique, elle protège le bassin contre la pollution.
Le chauffage peut se faire à partir d'échangeurs ou de réchauffeurs autonomes.

Les échangeurs et les réchauffeurs autonomes
Du type tubulaire, à plaques ou à serpentins, les échangeurs sont métalliques. S'ils utilisent l'installation de chauffage de l'habitation, il faut que le bassin soit près de celle-ci, qu'il n'y ait pas une grande différence de niveau et que la chaudière existante ait une puissance suffisante.
Les réchauffeurs autonomes sont des chaudières conçues pour le chauffage des piscines, avec réchauffeur incorporé.

La source d'énergie
Ce peut être :
- le fuel domestique, avec les problèmes de stockage qui peuvent se poser,
- le gaz, énergie la plus utilisée, par raccordement au réseau G.D.F., ou à défaut par stockage de propane,
- l'électricité, qui peut nécessiter l'installation d'une ligne à forte puissance,
- la pompe à chaleur,
- l'énergie solaire, dont l'appareillage est d'un coût élevé et nécessite une installation de chauffage d'appoint.

Le chauffage d'une piscine doit être calculé et installé par des spécialistes.

Les conditions d'exploitation
Après réalisation d'essais satisfaisants, le propriétaire réceptionne la piscine mise en fonctionnement par l'entreprise. Dès lors, il devra l'entretenir.
La permanence du remplissage : la piscine doit rester en permanence remplie d'eau, surtout s'il s'agit d'un bassin de technique nouvelle pour lequel il y a risque de déformation ou d'effondrement des parois sous l'action d'une poussée des terres aggravée éventuellement de celle d'une nappe phréatique.
La vidange : l'abaissement du niveau du plan d'eau correspondant à une diminution de plus de 25 % du contenu du bassin ne peut être réalisé qu'avec l'accord du constructeur. Le bassin ne doit pas rester vide plus de 48 heures. Au-delà, il faut se conformer aux prescriptions particulières que l'entreprise doit faire connaître par écrit à l'utilisateur. En particulier, pour les piscines de techniques nouvelles, il peut être nécessaire de mettre en place un étaiement des parois et de prendre des précautions complémentaires s'il existe une nappe phréatique.
L'hivernage : des dispositions sont à prendre pour éviter la formation de glace à la surface du plan d'eau : couverture isolante, flotteurs d'hivernage placés dans l'axe ou suivant une diagonale du bassin pour amortir la dilatation de la glace. Il est bon d'abaisser le niveau d'eau d'une trentaine de centimètres pour éviter la poussée de la glace en tête des parois, dégager les skimmers et éventuellement les buses de refoulement. Ces orifices doivent être couverts pour empêcher toute introduction de neige ou de pluie.

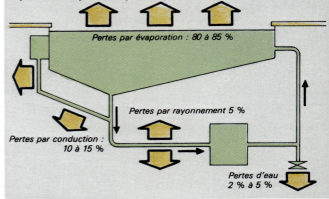
Schéma des diverses pertes calorifiques d'un bassin, les plus importantes ayant lieu par évaporation à la surface

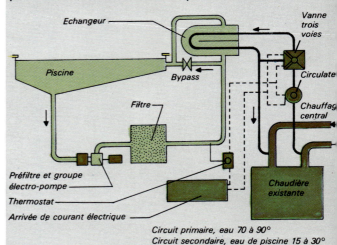
Schéma classique d'un système de chauffage de piscine, à partir d'une installation existante (pour la maison)

Circuit primaire, eau 70 à 90°
Circuit secondaire, eau de piscine 15 à 30°

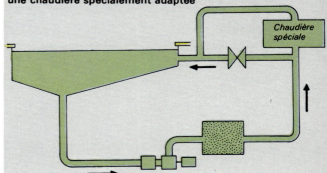
Schéma d'une installation de chauffage de piscine utilisant une chaudière spécialement adaptée

Les abords des piscines

Les margelles

Ce couronnement de 30 à 50 cm de largeur à la périphérie du bassin doit être esthétique et fonctionnel. Sa pente en sens opposé au plan d'eau empêchera les eaux de ruissellement de le polluer. Côté piscine, il est surélevé et arrondi pour éviter de blesser les baigneurs. La margelle fait office de brise-vagues et de cache-joint.

Le matériau doit être insensible au gel, antidérapant, pourvu de joints suffisants en profondeur et en largeur. S'il est de couleur claire, il ne deviendra pas brûlant sous l'action du soleil d'été.

Les margelles peuvent être :
- préfabriquées, en béton vibré revêtu de mignonnette lavée ou de marbre concassé, ou en pierre reconstituée,
- en pierre de pays, à condition qu'elle ne soit ni abrasive ni coupante,
- en brique posée sur chant,
- en carreaux de terre cuite, mais seulement dans les régions non soumises aux actions du gel, celui-ci provoquant des effritements,
- en bandes d'alliage d'aluminium,
- en polyester stratifié.

Quel que soit le matériau choisi, la pose doit être effectuée avec soin, tant en alignement qu'en niveau, pour conserver toute son élégance au bassin.

Les plages

Elles entourent le bassin et permettent d'y accéder. Elles sont réalisées sur le sol naturel non remanié et, dans certains cas, sur le remblai existant à la périphérie du bassin. Il est essentiel d'éviter des déformations consécutives à des tassements différents du support. Pour cela, il faut :
- respecter le terrain naturel le plus possible,
- exécuter les remblais avec soin par couches horizontales de 30 cm en tout-venant sablo-graveleux avec adjonction de ciment, ou en béton maigre, ou en sable stabilisé si le volume du remblai est limité à la périphérie du bassin. Les terres provenant du terrassement ne peuvent être réutilisées que si elles sont exemptes de vases, de tourbes et d'argiles. Débris végétaux, plâtres et gravois sont interdits ;
- prévoir un joint de dilatation à 30 cm du bord interne du bassin et à la jonction éventuelle des plages avec les locaux existants, ainsi qu'au passage de sols naturels distincts susceptibles de tassements différents ;
- fractionner par des joints toute surface de revêtement supérieure à 60 m².

Une pente de 2 % au moins dirigée vers l'extérieur doit empêcher le déversement des eaux de surface dans le bassin, éviter leur stagnation et assurer leur bon écoulement vers l'égout. Les plages sont constituées par un support en béton armé de 8 cm d'épaisseur au minimum coulé sur une forme en sable après décapage de la terre végétale sur une hauteur de 20 cm au moins, et par un revêtement scellé sur le support.

Les revêtements sont réalisés en matériaux non glissants, non abrasifs (pour permettre la marche les pieds nus), facilement lavables au jet, de teintes ne réverbérant pas trop fortement la lumière solaire et absorbant peu la chaleur. On distingue :
- les dalles préfabriquées en béton vibré, de forme carrée, rectangulaire, etc., teintées dans la masse, ou réalisées en gravillon coloré apparent en surface,
- les dalles préfabriquées en pierre reconstituée,
- les carrelages en grès céram fin vitrifié, émaillé ou non, antidérapant et en grès céram porcelainé,
- les pierres de pays non gélives, surtout en région à climat rigoureux,
- les briques pleines posées à chant ou à plat, et les carreaux de terre cuite, qui, sensibles au gel, ne conviennent qu'en climat très tempéré,
- le bois, rendu imputrescible par un traitement spécial,
- les pavés du type autobloquant ou non,
- les carreaux de plastique alvéolés,
- les gazons synthétiques,
- les revêtements en résines synthétiques souples ou rigides, à surface antidérapante,
- les galets.

Il faut proscrire :
- le sable et le gravillon, qui, apportés par les pieds des baigneurs, pollueraient le bassin,
- le gazon, qui peut être projeté à la surface de l'eau lors de la coupe.

Plages et margelles : appareillages des dalles en pierre naturelle

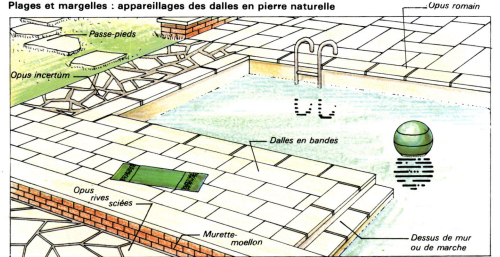

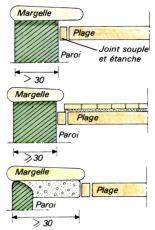

On doit avoir un joint de dilatation à la jonction des plages avec les parois

Les murs de soutènement

Pour réaliser une surface horizontale sur un terrain en pente, pour aménager une rampe d'accès à un garage à demi enterré, pour limiter une propriété qui surplombe une route ou une propriété voisine et éviter que les terres ne s'éboulent sur ces domaines privés ou publics, on réalise des murs de soutènement.
Ce sont des ouvrages dont la construction ne présente pas de difficulté particulière et qui donnent satisfaction si quelques précautions essentielles sont bien prises pour éviter des désordres très graves et même un effondrement général.
Pour cela, on examine la résistance à la poussée des terres, les mesures à prendre contre l'eau et la nécessité de prévoir ou non des joints. De toute façon, il est recommandé de prendre l'avis d'un spécialiste.

La résistance à la poussée des terres
Les terres qui sont situées derrière un mur de soutènement exercent sur lui une poussée horizontale. Si le mur est construit en maçonnerie, il résiste par son poids, car plus un mur est lourd, plus il est stable. Il ne faut donc pas construire un mur en maçonnerie légère et peu épaisse eu égard à sa hauteur.

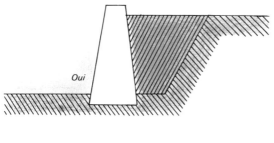

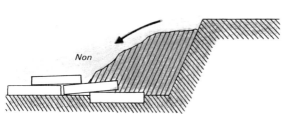

On ne doit pas construire un mur de soutènement en maçonnerie légère et peu épaisse si sa hauteur est assez importante.

On rencontre parfois des murs en maçonnerie creuse et mince, par exemple de 20 cm d'épaisseur pour 2 m de hauteur, qui sont en bon état. Cette légèreté est possible parce qu'ils sont posés sur un terrain stable qui n'exerce aucune poussée à l'état sec. Mais tout peut changer après de fortes précipitations : le sol, s'imbibant d'eau et perdant sa tenue, exerce une poussée accrue par l'eau infiltrée. Ainsi, après de gros orages, il arrive qu'on observe des effondrements spectaculaires.
La théorie sur la poussée des terres est très complexe. Néanmoins, on peut s'appuyer sur les deux exemples classiques suivants pour réaliser un mur de soutènement très valable.

Exemple de mur de soutènement en maçonnerie pleine :
Il est conseillé d'adopter les dimensions de mur ci-dessous si
• la hauteur est inférieure ou égale à 4 m
• la charge sur le sol soutenu est inférieure ou égale à 175 kg/m²,
• la pente du terrain est inférieure à 10 %,
• des dispositions sont prises pour empêcher l'eau de s'accumuler derrière le mur,
• un matériau de remblaiement perméable est mis en place sans que l'engin de remblaiement (tracteur, etc.) s'approche près du mur pendant les travaux,
• des orifices d'évacuation de 15 cm de diamètre et espacés de 1,5 à 2 m horizontalement et verticalement, sont prévus,
• le sol d'assise est horizontal et peu compressible (rocher compact ou fissuré, caillasse, graviers, sables).

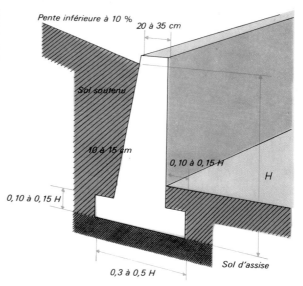

Exemple de mur de soutènement en béton armé :
Par sa forme, en utilisant le poids du sol qu'il soutient comme une charge stabilisatrice, il peut résister. S'il répond aux mêmes conditions que celles établies pour le mur en maçonnerie pleine, ses dimensions seront conformes à celles du dessin ci-dessous. Mais attention ! Le calcul des armatures est complexe. On doit faire appel à un ingénieur.

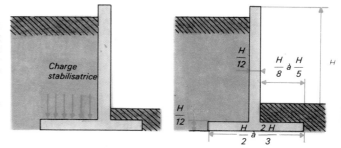

Les précautions contre l'eau

L'eau est le plus grand ennemi des murs de soutènement. Aussi, trois précautions essentielles sont recommandées :
- le mur ne sera pas en contact direct avec le terrain soutenu. On interpose donc un remblai perméable (gravier, pierres sèches, etc.). L'utilisation d'un écran « anticontaminant » (par exemple, tissu plastique spécial), évitant le colmatage du remblai par les particules fines, est utile,
- le mur sera pourvu de barbacanes, c'est-à-dire d'orifices le traversant de part en part, permettant l'évacuation de l'eau et disposées en lignes horizontales, l'une à la base du mur, la ou les autres à 1,50 m ou 2 m au maximum de celle-ci. Pour chaque ligne horizontale, l'écartement entre les barbacanes ne doit pas dépasser 2 m. Leur section doit être suffisante pour éviter une obturation accidentelle : un diamètre de 15 cm convient,
- le sol comportera une contre-pente éloignant l'eau de ruissellement de la tête du mur.

Si une seule de ces précautions ne peut être respectée, on devra calculer le mur comme s'il devait résister à la poussée de l'eau, car les efforts qu'il peut subir risquent de tripler ou de quadrupler.

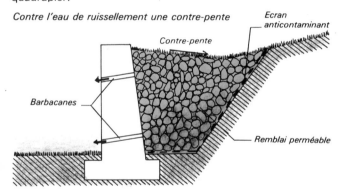

Contre l'eau de ruissellement une contre-pente

Les joints

Pour éviter les fissures inesthétiques dues au retrait des matériaux, il faut découper un mur long en plusieurs parties. On réalise des joints de rupture, espacés de 30 m au maximum dans les régions à climat tempéré et de 15 m dans les régions à fortes variations de température ou d'humidité de l'air.
Quand la forme en plan du mur n'est pas une ligne droite, il faut le découper en éléments plans ou en éléments de dimensions assez réduites assimilables à des éléments plans.

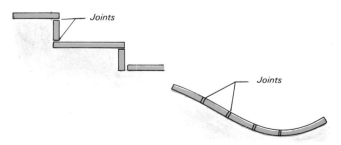

Les précautions d'exécution

Pour la réalisation d'un mur de soutènement de bonne qualité, quelques précautions évitent des dommages ultérieurs.
On réalise les fondations comme celles des murs de la maison et en appliquant les mêmes règles qui assureront solidité et qualité. Les mesures pour se prémunir contre les risques de gel gardent ici toute leur valeur.
De plus, il faut savoir qu'il est toujours délicat de fonder un mur de soutènement sur un sol compressible. En effet, sous l'action de la poussée sensiblement horizontale des terres, le mur a tendance à basculer autour de son arête inférieure extérieure. Le sol, particulièrement sollicité en cet endroit, se tasse davantage qu'ailleurs et l'amplitude du tassement va dépendre de la plus ou moins grande compressibilité du terrain ; si le phénomène est notable, il peut aggraver le basculement du mur et entraîner son effondrement.
Pour les murs en béton armé, il faut vérifier que les armatures sont placées en bonne position en fonction du parement sur lequel s'exerce la poussée. Les armatures doivent être bien enrobées, de façon que le béton les protège de la corrosion. Enfin, les armatures ne doivent pas se déplacer au coulage ; faute de quoi, l'on risquerait des désordres graves. Pour éviter que les armatures ne se déforment ou ne soient déplacées quand on coule le béton, elles doivent être maintenues par des cales s'appuyant sur le coffrage ; ce point est très important. Enfin, à la base du mur, les armatures doivent se recouvrir largement.

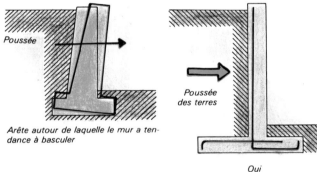

Arête autour de laquelle le mur a tendance à basculer

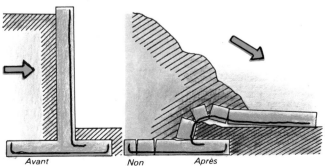

7. le guide du nouveau propriétaire

292. Les obligations du futur propriétaire

293. La réception et les garanties

300. L'entretien du chauffage et de la plomberie

296. L'entretien général de la maison

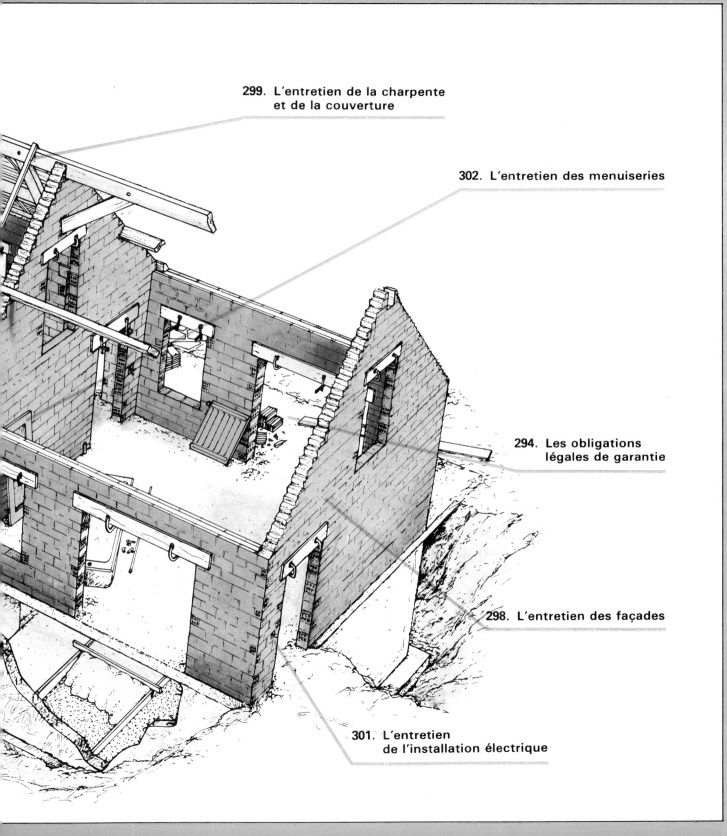

Les obligations du futur propriétaire

La construction est en bonne voie d'achèvement. Dès lors, il faut penser aux formalités et demandes qui permettront au propriétaire de jouir en toute sérénité et sécurité de sa maison.

Les préoccupations administratives
Dès que la couverture est en place, le futur propriétaire doit contracter, auprès d'une compagnie, un contrat d'assurance incendie. En effet, les exigences des organismes de prêt sont telles que, pendant la suite de la construction, ce n'est plus l'entrepreneur ou le constructeur, mais le propriétaire qui est responsable d'un incendie qui se déclarerait. Il est intéressant à ce titre de choisir dès à présent la compagnie qui garantira le chef de famille titulaire d'une assurance multirisques ; de ce fait, la souscription du contrat provisoire est généralement gratuite.

Multirisques-habitation du chef de famille : Cette police d'assurance couvre la famille vis-à-vis des risques :
- d'incendie,
- de responsabilité civile des membres de la famille,
- de vol,
- de dégâts des eaux,
- d'incidents ménagers.

Attestation Consuel : Ce document atteste que les travaux d'électricité ont été réalisés dans le respect des normes, D.T.U. et règlements en vigueur. Il est rempli, dès la fin des travaux, par l'entrepreneur ou le sous-traitant, qui l'envoie lui-même à l'association Consuel. Cette dernière se réserve le droit, sur sa simple initiative, de venir vérifier les déclarations de l'entrepreneur ou du sous-traitant. Muni de ce document, le propriétaire peut alors s'adresser à l'E.D.F. pour demander le branchement de son installation.

Conformité du Gaz de France : Lorsque les travaux de plomberie et de chauffage sont terminés, l'entrepreneur ou le sous-traitant agréé par G.D.F. établit le certificat de conformité de l'installation vis-à-vis de la réglementation. Ce n'est qu'après obtention de ce certificat de conformité que G.D.F. raccordera l'installation au réseau.

Mise à jour du permis de construire : Au cours du déroulement des travaux, il est fréquent que le futur propriétaire décide de modifications ayant trait, notamment, aux façades : déplacement d'une fenêtre, modification du sens d'ouverture d'une porte, ajout d'un auvent, etc.
Toutes ces modifications, qui touchent à l'esthétique de la maison, doivent recevoir, avant exécution, une décision d'acceptation de la part de la direction départementale de l'Equipement et du maire de la localité.
Leurs avis sont exprimés après l'examen d'un dossier qui est instruit suivant les mêmes modalités que le dossier initial de permis de construire. Il faut faire, à cette occasion, une demande de permis de construire modifié. Afin de ne pas bloquer les travaux, il est souhaitable de consulter directement la direction départementale de l'Equipement et de régulariser la situation administrative ensuite.

Certificat de conformité : Lorsque tous les travaux sont réalisés conformément aux stipulations du permis de construire et, éventuellement du Cahier des charges du lotissement, le propriétaire doit expédier à la direction départementale de l'Equipement la demande du certificat de conformité de la maison au règlement de construction. C'est ce certificat qui atteste officiellement de l'édification de la maison.

Les préoccupations pratiques : A la fin des travaux, le propriétaire « connaît sa maison par cœur ». Avec le temps, ses souvenirs vont s'estomper ; il est donc indispensable de repérer sur un plan tous les ouvrages et réseaux enterrés sous ou autour de la maison, et notamment :
- la cuve à fuel,
- l'alimentation du fuel,
- la sonnerie,
- l'alimentation E.D.F.,
- l'alimentation G.D.F.,
- l'alimentation P.T.T.,
- l'alimentation télévision,
- les branchements eaux usées et eaux vannes.

Ainsi, plus tard, lorsque des travaux seront à réaliser, des pertes de temps et d'argent seront évitées, mais surtout les risques d'accident supprimés.

Ainsi, à la fin des travaux, lors de la prise de possession de la maison, le dossier du propriétaire doit comporter les documents indiqués dans le tableau ci-dessous et il notera les noms et adresses des différents intervenants dans la construction.

Posséder le dossier de sa maison

Le propriétaire réunira dans un porte-documents :
- les documents relatifs au plan de financement,
- le dossier de permis de construire (certificat d'urbanisme, plans, note descriptive, permis proprement dit),
- la déclaration d'ouverture de chantier,
- les documents précisant les modificatifs intervenus en cours de travaux et notamment le permis de construire modifié,
- l'acte de vente du terrain et le Cahier des charges éventuel du lotissement,
- le contrat de vente de la maison si l'on est passé par un pavillonneur ou les marchés ou devis si l'on traite directement avec les entreprises,
- la liste des entreprises par corps d'État (nom et adresse),
- les coordonnées de l'architecte et éventuellement celles du pavillonneur,
- les plans de structures de la maison,
- les schémas d'installations (électricité, chauffage, plomberie, eau et éventuellement gaz), les plans de recollement des branchements,
- les notices d'emploi des appareils (chaudière, chauffe-eau, etc.),
- la déclaration de fin de travaux,
- le P.-V. de réception (date et liste des travaux de « parfait achèvement »),
- le certificat de conformité,
- les abonnements auprès des services concessionnaires,
- les polices d'assurance (police dommage-ouvrages, police multirisques, etc.).

Ce dossier recevra par la suite les documents (devis, contrats, factures, etc.) des diverses interventions d'entretien et de transformations éventuelles ; ainsi tenu à jour, il constituera un précieux mémento pour le propriétaire.

La réception et les garanties

La réception

C'est l'ultime étape avant la prise de possession des lieux. Dès que le constructeur estime que les travaux sont terminés, il convoque le futur propriétaire à la réception de ces travaux. Dans le cas où un architecte intervient dans l'opération, c'est lui qui mène les débats. Bien entendu, le propriétaire a néanmoins intérêt à y assister.

Dans le cas où le propriétaire n'est pas assisté dans cette opération par un architecte, il peut faire appel à la compétence de spécialistes et notamment à celle des ingénieurs de la Socotec. La réception est un acte très important car si elle permet au propriétaire de prendre possession des locaux, elle définit également la date de départ des garanties.

Pour réussir la réception de sa maison, il faut opérer avec méthode. En un premier temps, il faut s'assurer que tout ce qui a été prévu dans le contrat et les pièces écrites est effectivement réalisé. A cet effet, il faut faire le tour de la maison, à l'intérieur comme à l'extérieur, en cochant au fur et à mesure sur une liste les prestations effectuées.

Ce premier examen étant fait, il faut s'assurer alors que la qualité des prestations fournies est satisfaisante. Ici, on doit se préoccuper de la solidité, des tolérances, des finitions et du bon fonctionnement des installations.

En ce qui concerne la solidité des ouvrages, les aménagements et les finitions, le propriétaire se reportera utilement aux fiches de ce livre qui traitent de ces problèmes, en attachant un soin tout particulier aux fissurations, aux déformations et aux infiltrations d'eau.

Lors de l'examen des finitions, le propriétaire testera notamment l'adhérence parfaite des revêtements de sols et de murs avec les supports. Ainsi, les carrelages qui ne sont pas collés sonnent « creux », remarque également valable pour les enduits extérieurs.

Les ouvrants et les fermetures intérieures et extérieures, les moyens de les condamner et leur « jeu » seront vérifiés systématiquement.

Reste enfin le problème du fonctionnement des installations. Cette partie de la réception est fondamentale car c'est la parfaite jouissance de la maison qui est en cause. A ce titre, il est donc primordial de vérifier que :
• la ventilation mécanique fonctionne bien,
• la chaudière est en état de marche et produit de l'eau chaude à la température demandée, tant aux robinets d'eau chaude sanitaire que dans les radiateurs. Le fonctionnement de ces derniers doit être vérifié systématiquement. Ce qui permet d'ailleurs de détecter les fuites éventuelles.
• les prises et les points centraux soient alimentés,
• les robinets aient un débit suffisant,
• les appareils sanitaires aient un écoulement satisfaisant.

Enfin, il faut s'assurer que les eaux pluviales recueillies par la couverture et les gouttières sont normalement évacuées. A cet effet, il est recommandé de verser un seau d'eau dans chaque regard au droit des descentes pluviales et de vérifier que cette eau arrive effectivement jusqu'au regard suivant.

A l'issue de la réception, dans le cas où il existe un architecte, ce dernier dresse un procès-verbal de réception contresigné par les parties. Dans le cas contraire, le propriétaire confirme par écrit au constructeur, en recommandé avec accusé de réception, toutes les anomalies constatées.

L'entrepreneur doit alors entreprendre dans les plus brefs délais les travaux non encore ou mal effectués. Dans les deux cas, de façon à sauvegarder ses intérêts, le propriétaire conserve une partie des sommes restant dues pour les travaux, cela pour couvrir les réparations. *C'est la retenue de garantie.*

Les garanties

Il faut savoir que la réception ne marque pas la fin des recours possibles. En effet, pendant un an à compter de celle-ci, le propriétaire peut encore signaler au constructeur les désordres apparents et en demander la réparation. *C'est la garantie de parfait achèvement.*

Les vices cachés, quant à eux, sont garantis, suivant les cas, pendant deux ans ou dix ans à compter de la date de réception.

Les responsabilités et la couverture des risques attachés aux sinistres sont définies dans la loi 78.12 du 4 janvier 1978 : « Responsabilité et assurance dans le domaine de la construction ». Cette loi est entrée en application depuis le 1er janvier 1979.

Que change cette loi ? Elle oblige les entrepreneurs, architectes, promoteurs et les constructeurs en général, ainsi que les maîtres d'ouvrage, de s'assurer, et les assureurs d'assurer. En outre, elle transforme, officialise et réglemente l'activité des contrôleurs techniques.

Mais sa grande innovation est la création de la police dommages-ouvrage que le nouveau propriétaire est tenu de souscrire. Lors de la vente éventuelle de sa maison, l'ancien propriétaire est tenu d'apporter la preuve qu'il a signé un tel contrat.

Dans un tel type d'assurance, les dommages, dès qu'ils sont connus, sont réparés et payés par l'assureur, qui se retourne ensuite contre les assureurs en responsabilité des différents constructeurs ou entrepreneurs concernés.

Autre innovation importante : la durée de responsabilité n'est plus liée à la nature des ouvrages mais à la gravité des dommages ; ainsi, il y a :
• présomption de responsabilité de dix ans :
— pour ceux qui compromettent la solidité de l'ouvrage ou qui, l'affectant dans l'un de ses éléments constitutifs ou l'un de ses éléments d'équipement, le rendent impropre à sa destination ;
— pour ceux qui affectent la solidité des éléments d'équipement d'un bâtiment lorsqu'ils font indissociablement corps avec les ouvrages de viabilité, de fondation, d'ossature, de clos ou de couvert ;
• garantie de bon fonctionnement de deux ans au minimum, pour les autres éléments d'équipement d'un bâtiment.

C'est donc seulement après qu'un dommage sera survenu à un élément d'équipement que l'on sera en mesure de savoir s'il engage la responsabilité de l'assuré ou s'il relève de la garantie de bon fonctionnement.

Enfin, la loi a institué que le fabricant est solidairement responsable des obligations des autres constructeurs, dans la mesure où son produit est mis en œuvre sans modification et conformément aux règles édictées par lui.

En conclusion, lorsque le dommage survient durant la période de responsabilité, le propriétaire fait donc jouer les garanties de son assurance dommages-ouvrage.

Dans ce cas, les délais de mise en jeu des garanties sont les suivants :
• 60 jours à compter de la réception de la déclaration de sinistre : l'assureur notifie sa proposition à l'assuré quant aux mesures conservatoires nécessaires à la non-aggravation des dommages ;
• 105 jours à compter de la réception de la déclaration de sinistre : l'assureur notifie sa proposition à l'assuré quant au montant de l'indemnité destinée au paiement des travaux de réparation des dommages.

Les obligations légales de garantie

Les garanties exposées dans les pages précédentes, ainsi que les durées d'application correspondantes, sont regroupées dans les tableaux suivants, complétés par des commentaires situant les origines législatives des obligations des constructeurs.

LOI DU 4 JANVIER 1978 — Annexe aux tableaux ci-contre

RESPONSABILITÉ

① SOLIDITÉ - IMPROPRIETE A LA DESTINATION

« *Art. 1792.* — Tout constructeur d'un ouvrage est responsable de plein droit, envers le maître ou l'acquéreur de l'ouvrage, des dommages, même résultant d'un vice du sol, qui compromettent la solidité de l'ouvrage ou qui, l'affectant dans l'un de ses éléments constitutifs ou l'un de ses éléments d'équipement, le rendent impropre à sa destination.

« Une telle responsabilité n'a point lieu si le constructeur prouve que les dommages proviennent d'une cause étrangère. »

Art. 1792 du Code Civil

② ÉLÉMENTS INDISSOCIABLES

« *Art. 1792-2.* — La présomption de responsabilité établie par l'article 1792 s'étend également aux dommages qui affectent la solidité des éléments d'équipement d'un bâtiment, mais seulement lorsque ceux-ci font indissociablement corps avec les ouvrages de viabilité, de fondation, d'ossature, de clos ou de couvert.

« Un élément d'équipement est considéré comme formant indissociablement corps avec l'un des ouvrages mentionnés à l'alinéa précédent lorsque sa dépose, son démontage ou son remplacement ne peut s'effectuer sans détérioration ou enlèvement de matière de cet ouvrage. »

Art. 1792-2 du Code Civil

③ BON FONCTIONNEMENT

« *Art. 1792-3.* — Les autres éléments d'équipement du bâtiment font l'objet d'une garantie de bon fonctionnement d'une durée minimale de deux ans à compter de la réception de l'ouvrage. »

Art. 1792-3 du Code Civil

④ SOLIDARITÉ DU FABRICANT

« *Art. 1792-4.* — Le fabricant d'un ouvrage, d'une partie d'ouvrage ou d'un élément d'équipement conçu et produit pour satisfaire, en état de service, à des exigences précises et déterminées à l'avance, est solidairement responsable des obligations mises par les articles 1792, 1792-2 et 1792-3 à la charge du locateur d'ouvrage qui a mis en œuvre, sans modification et conformément aux règles édictées par le fabricant, l'ouvrage, la partie d'ouvrage ou élément d'équipement considéré.

« Sont assimilés à des fabricants pour l'application du présent article :

« Celui qui a importé un ouvrage, une partie d'ouvrage ou un élément d'équipement fabriqué à l'étranger ;

« Celui qui l'a présenté comme son œuvre en faisant figurer sur lui son nom, sa marque de fabrique ou tout autre signe distinctif. »

Art. 1792-4 du Code Civil

⑤ PARFAIT ACHEVEMENT

. . . .

« La garantie de parfait achèvement, à laquelle l'entrepreneur est tenu pendant un délai d'un an, à compter de la réception, s'étend à la réparation de tous les désordres signalés par le maître de l'ouvrage, soit au moyen de réserves mentionnées au procès-verbal de réception, soit par voie de notification écrite pour ceux révélés postérieurement à la réception.

. . . .

Art. 1792-6 du Code Civil

⑥ ISOLATION PHONIQUE

— Les contrats de louage d'ouvrage ayant pour objet la construction de bâtiments d'habitation sont réputés contenir les prescriptions légales ou réglementaires relatives aux exigences minimales requises en matière d'isolation phonique.

Les travaux de nature à satisfaire à ces exigences relèvent de la garantie de parfait achèvement visée à l'article 1792-6 du code civil.

Le vendeur ou le promoteur immobilier est garant, à l'égard du premier occupant de chaque logement, de la conformité à ces exigences pendant six mois à compter de sa prise de possession.

Art. L.111.11 du Code de la Construction

⑦ DURÉE

Art. 2270. — « Toute personne physique ou morale dont la responsabilité peut être engagée en vertu des articles 1792 à 1792-4 du présent code est déchargée des responsabilités et garanties pesant sur elle, en application des articles 1792 à 1792-2, après dix ans à compter de la réception des travaux ou, en application de l'article 1792-3, à l'expiration du délai visé à cet article. »

Art. 2270 du Code Civil

ASSURANCE

⑧ ASSURANCE RESPONSABILITÉ OBLIGATOIRE

Art. L. 241-1. — Toute personne physique ou morale, dont la responsabilité peut être engagée sur le fondement de la présomption établie par les articles 1792 et suivants du code civil à propos de travaux de bâtiment, doit être couverte par une assurance.

« A l'ouverture de tout chantier, elle doit être en mesure de justifier qu'elle a souscrit un contrat d'assurance la couvrant pour cette responsabilité.

Art. L.241.1 du Code des Assurances

⑨ ASSURANCE DOMMAGE OBLIGATOIRE

« *Art. L. 242-1.* — Toute personne physique ou morale qui, agissant en qualité de propriétaire de l'ouvrage, de vendeur ou de mandataire du propriétaire de l'ouvrage, fait réaliser des travaux de bâtiment, doit souscrire avant l'ouverture du chantier, pour son compte ou pour celui des propriétaires successifs, une assurance garantissant, en dehors de toute recherche des responsabilités, le paiement des travaux de réparation des dommages de la nature de ceux dont sont responsables les constructeurs au sens de l'article 1792-1, les fabricants et importateurs ou le contrôleur technique sur le fondement de l'article 1792 du code civil.

. . . .

Art. L.242.1 du Code des Assurances

CONTROLE TECHNIQUE

⑩ CONTROLE TECHNIQUE MODE D'INTERVENTION

— Le contrôleur technique a pour mission de contribuer à la prévention des différents aléas techniques susceptibles d'être rencontrés dans la réalisation des ouvrages.

Il intervient à la demande du maître de l'ouvrage et donne son avis à ce dernier sur les problèmes d'ordre technique. Cet avis porte notamment sur les problèmes qui concernent la solidité de l'ouvrage et la sécurité des personnes.

Art. L.111.23 du Code de la Construction

⑪ CONTROLE TECHNIQUE OBLIGATOIRE

— Le contrôle technique peut, par décret en Conseil d'Etat, être rendu obligatoire pour certaines constructions qui, en raison de leur nature ou de leur importance, présentent des risques particuliers pour la sécurité des personnes.

Art. L.111.26 du Code de la Construction

3

294

Loi \ Ouvrages concernés	Bâtiments — Viabilité, ossature, clos et couvert Fondations	Bâtiments — Equipements indissociables	Bâtiments — Equipements dissociables	Composants des ouvrages fournis par un fabricant
SOLIDITÉ COMPROMISE	**Responsabilité décennale** (Art. 1792 et 2270 du Code civil) ① et ⑦	**Responsabilité décennale** (Art. 1792-2 et 2270 du Code civil) ② et ⑦		**Solidarité du fabricant** (Art. 1792-4 et 2270 du Code civil) ④ et ⑦
IMPROPRIÉTÉ A LA DESTINATION DE L'OUVRAGE	**Responsabilité décennale** (Art. 1792 et 2270 du Code civil) ① et ⑦			
BON FONCTIONNEMENT			**Garantie 2 ans** (Art. 1792-3 et 2270 du Code civil) ③ et ⑦	
PARFAIT ACHEVEMENT	(Art. 1792-6 du Code civil et contrat) **1 an** ⑤			
ISOLATION PHONIQUE	(Art. L. 111-11 du Code de la construction) **6 mois** ⑥			
ASSURANCE RESPONSABILITÉ	**Obligatoire** (Art. L. 241-1 du Code des assurances) ⑧		pour impropriété à la destination	**Obligatoire**
ASSURANCE DOMMAGE	**Obligatoire** (Art. L. 242-1 du Code des assurances) ⑨		pour impropriété à la destination	
CONTROLE TECHNIQUE	Définition de la mission du contrôleur technique, du mode d'intervention à la demande du maître d'ouvrage (Art. L. 111-23 du Code de la construction) ⑩ Peut être rendu obligatoire par décret (Art. L. 111-26 du Code de la construction) ⑪			

Les nombres ⊗ renvoient au texte ci-contre.

DÉLAIS DE RESPONSABILITÉ
DÉLAIS DE FONCTIONNEMENT DE LA POLICE « DOMMAGES OUVRAGE »

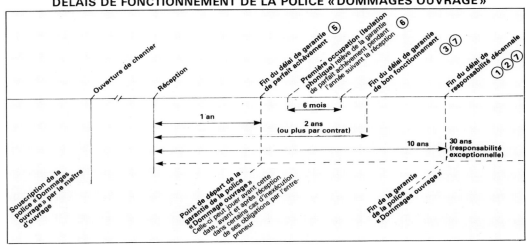

L'entretien général de la maison

Il n'est traité ici que de l'entretien extérieur (clos et couvert), ainsi que de celui des équipements techniques (chauffage, plomberie, électricité). En ce qui concerne l'entretien et l'aménagement intérieurs, le lecteur se reportera au livre *La Décoration* publié dans la même collection.

Avec le temps, les différentes parties d'une maison vieillissent inévitablement et plus ou moins selon l'usage qui en est fait et leur capacité de durée.

Les dégradations qui en résultent entraînent à leur tour :
• des inconvénients d'utilisation (ex. : robinet qui fuit),
• une dépréciation du capital immobilier.

Si aucune réfection n'intervient, le mal peut aller en s'aggravant et provoquer des exclusions de garantie des compagnies d'assurances. Compte tenu de l'importance de l'investissement consenti, le propriétaire a donc intérêt à entretenir sa maison aussi soigneusement que possible.

Pour peu qu'il soit bricoleur, tout propriétaire peut d'ailleurs assez facilement assumer lui-même la plupart des travaux d'entretien courants. En effet, ils sont généralement relativement simples et peuvent s'étaler dans le temps.

Dans les cas graves, ou si l'on se sent incompétent, il ne faut pas hésiter à faire appel à des artisans spécialisés ; ceux-ci deviennent malheureusement de plus en plus rares et, par conséquent, de moins en moins disponibles ; parmi ces artisans, il convient de sélectionner les plus sérieux et d'avoir recours à eux de façon suivie.

Parties d'ouvrages	Principaux points à vérifier au moins une fois par an	Remèdes possibles en cas de constatations négatives
Abords	Non-stagnation d'eau autour de la maison.	Rectifier les niveaux et les pentes, prévoir un drainage.
Sous-sol	Absence de venues d'eau par le sol et les murs.	Prévoir drainage, ou étanchéité complémentaire, ou possibilité de pompage.
Murs de façade	Absence de remontée d'humidité au bas des murs. fissurations marquées. pénétrations d'eau. condensations sur « ponts thermiques ». Bonne tenue des ravalements extérieurs (peintures).	Revoir protection des bas de murs. enduits et étanchéité extérieure. idem, prévoir de plus des doublages. isolation thermique et ventilation. Prévoir réfections périodiques.
Planchers	Absence de fissurations marquées. flèches apparentes notables.	Consulter un spécialiste.
Charpentes et ossatures en bois	Absence d'échauffement ou de pourriture. d'attaque d'insectes. de flèches apparentes notables. de désordres sur appuis.	Appliquer un traitement approprié. Prévoir des renforcements. Revoir ancrages et scellements.
Couverture ou toiture-terrasse	Absence de fuites en parties courantes. Bon écoulement des gouttières, chéneaux et descentes.	Prévoir réparations. Effectuer un nettoyage général annuel.
Fenêtres	Facilité des manœuvres (jeux, équerrage, absence de gauche). Absence d'infiltrations d'eau ou d'air. Récupération correcte des condensations intérieures. Bonne tenue de la peinture extérieure.	Prévoir rectifications. Prévoir réfections périodiques.
Vitrages	Isolations thermique et acoustique suffisantes. Bonne tenue des mastics.	Prévoir des vitrages isolants (doubles, etc.). Prévoir révisions périodiques avec peinture.

Parties d'ouvrages	Principaux points à vérifier au moins une fois par an	Remèdes possibles en cas de constatations négatives	
Portes intérieures	Facilité des manœuvres (jeux, équerrage, absence de gauche). Absence de frottements en partie basse.	Prévoir rectifications. Changer les rondelles des paumelles.	
Serrures	Bon fonctionnement.	Revoir l'ajustage des gâches.	
Chauffage et isolation thermique	Température suffisante dans toutes les pièces.	Revoir	l'importance des radiateurs, leur implantation en eau et leur purge en air, la puissance de la chaudière, l'isolation thermique des parois et des circuits.
	Bon fonctionnement de la chaudière, du brûleur et de la pompe.	Prévoir réglages annuels et si nécessaire réparations et même remplacement.	
	Production d'eau chaude suffisante.	Dans le cas d'un chauffe-eau électrique, manœuvrer périodiquement le bloc de sécurité et changer l'anode éventuelle de protection. Désentartrer le circuit de chauffe, remplacer l'appareil usagé, modifier la puissance de l'appareil.	
	Bonne étanchéité des circuits. Bon tirage des conduits de fumée.	Prévoir	réparation. ramonage annuel.
Plomberie Sanitaire	Bonne étanchéité des circuits (EF, EC, EU, EV, gaz). Bonne étanchéité des robinets. Bonne vidange des appareils. Absence de mauvaises odeurs.	Prévoir	réparation, remplacement périodique des garnitures. Dégorger les siphons ou les canalisations. Revoir les évacuations et leur ventilation. Manœuvrer les robinets d'arrêt. Curer les regards de visites.
Électricité	Déclenchements peu fréquents du disjoncteur général. Bonne fixation des boîtiers.	Revoir	puissance souscrite. circuits et appareils d'utilisation.
	Chargements ou réarmements peu fréquents des coupe-circuit.	Revoir	calibre des coupe-circuit. circuits et appareils d'utilisation.
Éclairage	Niveaux d'éclairement suffisants.	Changement périodique des sources lumineuses. Revoir implantation et puissance des luminaires.	
Antennes	Bonne réception. Bonne fixation.	Revoir orientation, écran possible, etc. Consolider les fixations.	

L'entretien des façades

La réfection des peintures extérieures

Les enduits sur maçonneries sont à repeindre tous les cinq à huit ans. Il en est de même pour les menuiseries extérieures (fenêtres et portes), ainsi que pour les fermetures (persiennes et volets). A cette occasion, on procédera également à la révision des masticages de vitrerie.

Les peintures d'entretien seront si possible les mêmes que celles qui ont dû normalement être appliquées à l'origine. Si on ne peut se procurer les mêmes produits, on veillera aux incompatibilités possibles entre nouvelle peinture et support ou ancienne peinture.

Pour tous les problèmes particuliers et dans le doute, on aura intérêt à consulter un spécialiste. Voici quelques conseils :

Sur béton ou mortier : brossage et lessivage, puis impression et nouvelle couche :
- soit d'émulsion vinylique ou acrylique,
- soit de vernis résineux (exemple : Pliolite - styrène - butadiène) en phase solvant,

en s'abstenant d'appliquer de l'émulsion sur de la Pliolite ou vice versa.

Sur fer ordinaire : brossage et lessivage, décapage des parties rouillées avec nouvelle protection par minium, chromate ou silico-chromate de zinc, puis impression et nouvelle couche :
- soit d'huile de lin,
- soit de glycérophtalique.

Pour éviter les incompatibilités, recharger a priori en peinture de même nature. Si la peinture est d'une nature différente, il convient de noter qu'huile de lin et glycérophtalique sont compatibles. Il peut ne pas en être de même avec d'autres types de peintures.

Sur fer galvanisé : même réfection que sur fer ordinaire si la première couche de primaire réactif a bien tenu. Sinon, commencer par décaper la galvanisation puis appliquer une nouvelle couche de primaire réactif.

Sur bois : brossage et lessivage, puis impression et nouvelle couche :
- soit d'huile de lin,
- soit de glycérophtalique,

en se rappelant qu'il est possible d'appliquer l'une de ces natures de peinture sur l'autre, mais que certaines incompatibilités peuvent exister avec des peintures d'un autre type.

Sur bois, on proscrira les vernis car ils sont à refaire pratiquement tous les ans.

La réfection périodique des peintures extérieures

Le traitement des fissurations de façade

Si l'on décèle quelques légères fissures sur les parements des murs, il n'y a pas lieu de s'en préoccuper particulièrement : ce phénomène est pratiquement inévitable (retrait des maçonneries et de leurs enduits). Toutefois, si ces fissures donnent lieu à pénétration d'eau ou si elles sont généralisées, il convient de faire procéder à des travaux de réfection par une entreprise spécialisée.

Dans le cas de fissures assez localisées et d'amplitude moyenne (de l'ordre du millimètre), le traitement pourra consister, au choix :
- à élargir les fissures puis à les bourrer avec un mastic souple de qualité appropriée,
- à recouvrir les fissures par des bandes souples et armées (genre hydrofilm S.I.C.O.F. ou similaire).

Si les fissures sont localisées et plus marquées (de l'ordre de 5 mm ou même plus), certaines insuffisances de fondation ou de structure peuvent être à craindre, et il convient donc de consulter un spécialiste.

Même conduite dans le cas de fissures généralisées, afin de déterminer le mode de réfection de tous les parements de façade.

Durant la période décennale, tous les travaux sont d'ailleurs à la charge de l'entreprise responsable des désordres.

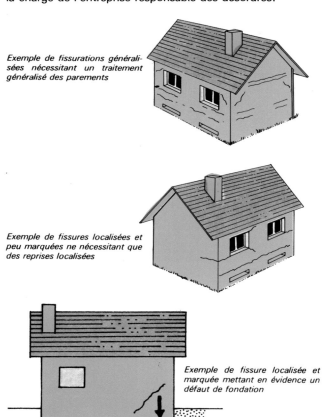

Exemple de fissurations généralisées nécessitant un traitement généralisé des parements

Exemple de fissures localisées et peu marquées ne nécessitant que des reprises localisées

Exemple de fissure localisée et marquée mettant en évidence un défaut de fondation

L'entretien de la charpente et de la couverture

L'entretien de la charpente
Dans une maison neuve ou récente, la charpente, en général normalement dimensionnée, est protégée par un traitement préventif.
Il importe néanmoins de s'assurer tous les ans qu'elle ne présente pas de déformations anormales et qu'elle demeure saine, sans trace d'humidité, d'attaques d'insectes ou de moisissures. Si l'examen révèle des anomalies notables il faut faire procéder, suivant les cas, soit à des renforcements, soit à un traitement curatif.
Avant tout traitement, on s'efforcera d'identifier le genre d'attaque (champignons ou type d'insecte). Pour cela, se reporter aux indications de la page 105. On peut alors procéder à l'application d'un traitement approprié.
Les produits à manipuler étant toxiques et salissants, ils seront, de préférence, appliqués par une entreprise spécialisée et agréée par le C.T.B. (Centre technique du bois, 10, avenue Saint-Mandé, 75012 Paris, tél. : 344.06.20).
Pour réaliser soi-même un traitement, il convient de recourir à un produit curatif approprié. Le travail s'effectue en trois phases :
• mise à nu du bois sain (avec renfort éventuel des pièces les plus attaquées),
• injection du produit dans la masse tous les 30 cm environ,
• badigeon ou pulvérisation du produit sur toutes les surfaces du bois.
Pour injecter, badigeonner ou pulvériser, on se protège avec un masque et une combinaison, et on ventile généreusement les locaux.

L'entretien de la couverture
Les inspections périodiques : selon le type adopté, la durée normale d'une couverture peut varier de quinze ans (bardeaux) à près d'un siècle (ardoises avec crochets cuivre ou inox) ; après ce temps, elle est à refaire, de façon identique.
Entre-temps, on pensera :
• à l'examiner fréquemment depuis les lucarnes ou, à défaut, depuis le sol, si l'on veut éviter de grimper à une échelle,
• à contrôler lors de chaque période pluvieuse sa bonne étanchéité par une visite rapide de la sous-toiture,
• à la faire inspecter au moins tous les cinq ans par un spécialiste (d'ailleurs, le ramoneur est généralement couvreur, il peut donc, sans frais, procéder à un examen de routine).
Le spécialiste devra intervenir rapidement dès que l'on aura décelé une fuite, une ardoise décrochée, etc.
Bien entendu, les gouttières, chéneaux et descentes seront contrôlés au moins une fois par an après la chute des feuilles.
Enfin, on n'oubliera pas de surveiller la bonne tenue des solins en mortier disposés en tête de certains relevés ; il est fréquent qu'ils se décollent et nécessitent une réfection.

L'accès à la couverture : il s'effectue à partir soit d'une lucarne, soit d'une échelle possédant un pied suffisant et un dépassement supérieur d'au moins 1 m.
Sur la couverture elle-même, on travaillera sur une échelle posée à plat et solidement fixée au faîte du toit. Attention ! La prudence ici est de rigueur, car toute chute peut être fort grave, voire mortelle.

Le remplacement d'une tuile : dans le cas des tuiles « mécaniques », il est facile de soulever sans difficulté plusieurs tuiles, de retirer celle qui est cassée ou détériorée et de la remplacer par un élément neuf du même modèle. Pour y parvenir, on engage le talon supérieur de la tuile derrière son liteau. Dans le cas d'une couverture « pannetonnée » (c'est-à-dire ligaturée à la charpente), on rompt simplement la ligature en soulevant la tuile.
Le remplacement d'une tuile plate s'effectue de la même façon. Si cette tuile est pannetonnée, il convient de cisailler le clou de fixation au liteau à l'aide d'un burin.

Le remplacement d'une ardoise : chaque ardoise est généralement tenue en partie basse par un crochet. Afin de libérer l'ardoise, on ouvre le crochet, on fait glisser l'ardoise vers le bas, et on la remplace par un élément du même type en effectuant la manœuvre inverse. On referme alors le crochet.

Le stock de réserve : afin de pouvoir procéder aux remplacements inévitables, on constituera, lors de la construction de la maison, un petit stock de tuiles ou d'ardoises du bon modèle.

Traitement curatif des bois de charpente
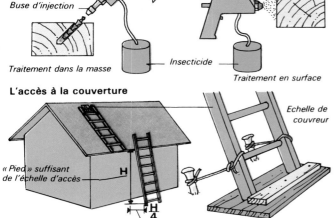

L'accès à la couverture

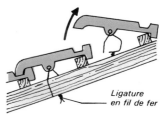
Changer une tuile mécanique

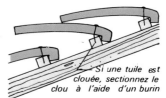
Changer une tuile plate

Changer une ardoise

Glissez une nouvelle ardoise à la place de l'ancienne

L'entretien du chauffage et de la plomberie

L'entretien du chauffage central
Les conduits de fumée : Dans la mesure où ils servent, on doit les faire ramoner tous les ans. Sinon, il y a risque de feux de cheminée, avec exclusion de garantie de la part de la police d'assurance incendie.

La chaudière : Afin de limiter les risques de panne, le spécialiste procédera tous les ans au nettoyage et au réglage de la chaudière, du brûleur et de la pompe éventuelle de circulation. Cela peut d'ailleurs donner lieu à un contrat d'entretien.

Le plein d'eau de l'installation : Même sans fuites visibles, les pertes d'eau se décèlent par une baisse sensible de pression constatée sur le manomètre de la chaudière.

Il faut, dans ce cas, compléter le plein en manœuvrant le robinet de raccordement au réseau d'eau froide. Si la perte est sensible ou se répète, il y a lieu de rechercher la ou les causes des fuites.

Par ailleurs, il importe de ne vidanger l'installation qu'en cas d'absolue nécessité, le calcaire introduit généralement avec l'eau fraîche risquant en effet d'entartrer les canalisations.

Si l'on est amené à arrêter le chauffage en hiver (cas des résidences secondaires, vacances d'hiver, etc.), on n'oubliera pas de mettre de l'antigel dans l'eau du circuit.

Les radiateurs : En période de chauffe, certains radiateurs peuvent être froids en partie haute : une poche d'air s'y est formée. En « purgeant » conformément au dessin publié, on élimine l'air faisant obstacle à la circulation de l'eau chaude.

L'entretien de la plomberie sanitaire
Les robinets ordinaires (à clapet) : Périodiquement, dès qu'un robinet « goutte » du bec, il convient de changer son clapet d'étanchéité. Pour cela, après avoir coupé l'eau à l'aide du robinet de sectionnement le plus proche, on dévisse la tête du robinet, on sort le clapet usagé à l'aide d'un tournevis et on le remplace par un clapet neuf du même type ; ce clapet doit être enfoncé à force.

Les robinets mitigeurs : Dans le cas où leur système d'étanchéité (disques ou boisseaux) se trouve inclus dans une cartouche amovible, il suffit de changer cette cartouche s'il y a fuite. Dans le cas contraire, il est préférable de faire appel à un spécialiste.

Les chasses d'eau : Trois sources de fuites sont possibles :
- clapet du robinet d'alimentation usagé à remplacer,
- bras du flotteur mal réglé,
- bouchon de vidange (ou joint de garniture) usagé.

Il est simple de remédier à ces petits incidents.

Les siphons d'appareils : En cas d'engorgement d'une évacuation d'eau usée de lavabo ou d'évier, il faut commencer par démonter la partie inférieure du siphon pour procéder au nettoyage.

Si cette opération se révèle insuffisante, on doit appeler un spécialiste qui procédera au désengorgement de la canalisation à l'aide d'un « furet » introduit à partir d'un des tampons prévus.

Les w.-c. : En cas d'obstruction, le débouchage s'opère à l'aide d'une ventouse en caoutchouc permettant d'appliquer des efforts alternés de surpression et de dépression.

Les regards de décantation : Il convient de les curer périodiquement des boues qui s'y déposent.

Les robinets de gaz : L'étanchéité des robinets de coupure de gaz est assurée par un cône maintenu serré. Si l'on détecte une odeur de gaz et que le robinet fuit, resserrer, suivant les modèles :

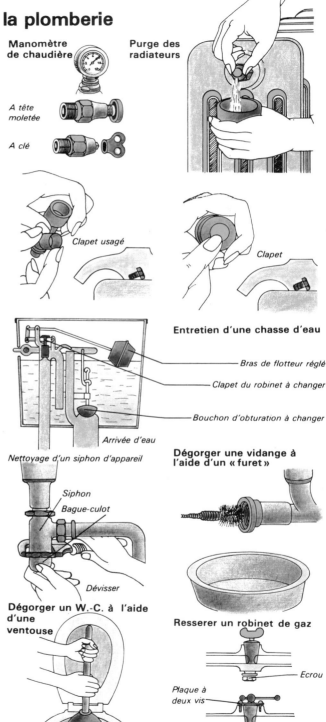

L'entretien de l'installation électrique

Les interventions sur tableau de commande et de répartition

En cas d'interruption du courant à l'intérieur de la maison, il n'est pas nécessaire, a priori, de déranger un spécialiste. Le plus souvent, le simple examen du tableau de commande et de répartition permet, en effet, de détecter la cause probable de la panne. On se reportera à ce sujet aux indications du tableau ci-après.
Après avoir éliminé la cause perturbatrice, la remise sous tension nécessite, suivant les cas, l'une ou les deux opérations suivantes explicitées dans les croquis ci-contre et à la portée de tout le monde :
• réarmer le disjoncteur général,
• remettre en service le coupe-circuit ayant fonctionné.

La localisation des pannes

Détection des fils de phase et de neutre : Elle s'effectue de façon très simple à l'aide d'un tournevis à voyant lumineux.
Détection de la partie défaillante d'un circuit : Deux processus sont possibles selon que l'on maintient ou non le circuit sous tension normale du réseau :
• Circuit sous tension du réseau : il convient de proscrire, en raison du risque d'électrocution, la simple lampe témoin à bouts de fils. On utilisera une telle lampe protégée par des coupe-circuit.
• Circuit hors tension du réseau : le test s'effectue à l'aide d'une lampe de poche alimentée sans danger à l'aide d'une simple pile de 4,5 volts.

Les principales causes des pannes d'électricité et leurs remèdes

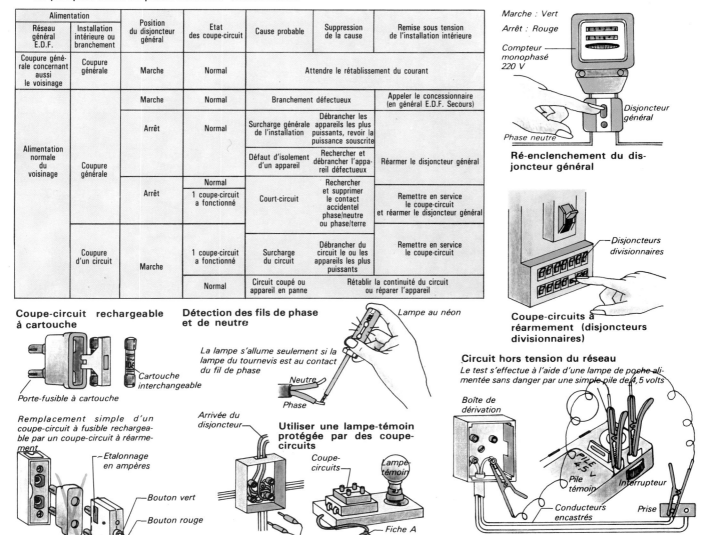

L'entretien des menuiseries

L'entretien des portes

Il ne peut généralement s'effectuer qu'après dépose des ouvrants.

Comment dégonder une porte
Après avoir ouvert la porte à 90° afin de la dégager de sa feuillure, on la soulève en forçant avec le pied sur un burin, engagé sous l'ouvrant et prenant appui sur un tasseau ; à défaut de ce simple levier, on peut également utiliser un pied-de-biche. Cela permet aux paumelles de sortir de leur logement.

Rectification du chant vertical
Il s'effectue au rabot après dépose de la porte. Afin d'améliorer les jeux, un chanfrein peut être ménagé sur l'arête verticale venant en fond de feuillure.

L'entretien des paumelles
Les rondelles de friction en laiton s'usent avec le temps. Le jeu inférieur de l'ouvrant se trouvant ainsi réduit, des frottements peuvent apparaître en partie basse.
Pour y remédier, il suffit de déposer la porte et de remplacer les rondelles usées par des rondelles neuves du même type. Attention ! Il existe deux diamètres possibles de rondelles : 6 ou 7 mm pour les paumelles de dimensions courantes.

La rectification de la déformation d'une porte à panneau
Par déformation des assemblages avec le temps, une telle porte a tendance à se mettre en parallélogramme. La porte frotte alors en partie basse du côté où elle vient battre dans sa feuillure.
Pour la remettre en état, on doit la déposer et rectifier au rabot ou à la lime la partie de chant en trop. On peut également rehausser légèrement la porte en plaçant une rondelle supplémentaire dans les paumelles ; mais cela risque de modifier également l'angle supérieur et intérieur. Si la déformation est assez prononcée, on renforce les assemblages de la porte en appliquant et en fixant des équerres métalliques encastrées qui reprendront les déformations et maintiendront les angles dans la bonne position.

Rectification des fixations d'une paumelle
Pour diverses raisons (fentes du bois, rupture de vis, etc.), il peut arriver que la fixation d'une paumelle prenne du jeu. La porte a tendance alors à se coincer. Après dépose de la porte et de la paumelle, on cheville efficacement chaque emplacement de vis, puis on repose paumelle et porte.

Rectification des gâches de serrure
Par suite des déformations du bois, les ouvertures de gâche peuvent ne plus correspondre à la position des pênes. Après repérage précis, il faut procéder, à l'aide d'une lime, aux rectifications nécessaires.

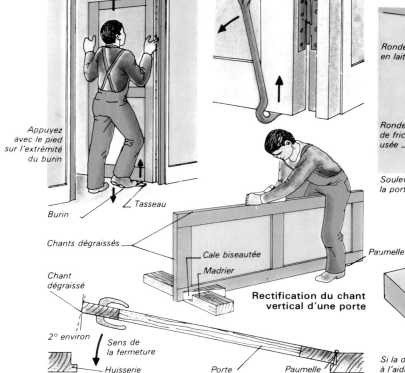

Comment dégonder une porte pour rectifications

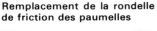

Remplacement de la rondelle de friction des paumelles

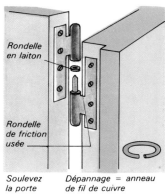

Rectification de la déformation en parallélogramme d'une porte à panneaux

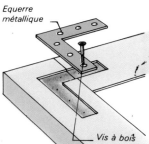

Si la déformation est notable il y a lieu de renforcer les assemblages de la porte à l'aide d'équerres métalliques encastrées

Rectification des fixations d'une paumelle

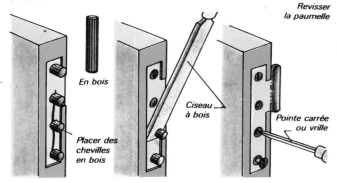

Le défaut de fixation en A entraîne des frottements en B

Rectification de la gâche d'une serrure (cas d'une serrure apparente)

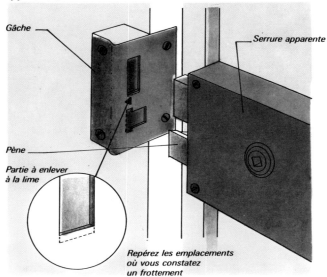

L'entretien des fenêtres

La plupart des opérations d'entretien des portes s'appliquent également aux fenêtres. En outre, on doit procéder :
- **à des inspections périodiques des traverses basses** : à ces occasions, il convient de nettoyer la gorge de décompression et de déboucher, si nécessaire, son trou d'évacuation vers l'extérieur ;
- **au décoincement d'une tringle de crémone** : le coincement se situe, en général, au droit du coulisseau intermédiaire ; il suffit donc de revoir sa position et surtout son calage ;
- **à la rectification des jeux excessifs entre ouvrants et dormants** : ces jeux anormaux proviennent, en général, des déformations du bois. Ils sont générateurs de déperditions calorifiques et, plus prosaïquement, de courants d'air désagréables. On y remédie en appliquant un mastic spécial vulcanisable et en le moulant par fermeture de la fenêtre.

Décoincement d'une tringle de crémone apparente

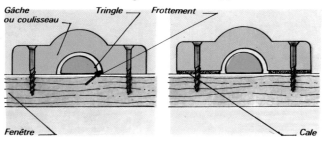

Rectification d'un jeu trop important entre ouvrant et dormant d'une fenêtre

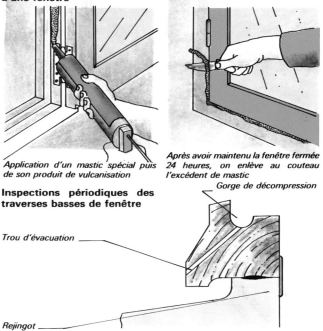

Inspections périodiques des traverses basses de fenêtre

303

8. la rénovation

336. Il faut refaire l'installation électrique

324. Améliorer l'isolation thermique

337. L'aération d'une maison ancienne

312. La transformation des murs existants

334. La rénovation de l'équipement sanitaire

314. La consolidation des planchers existants

316. Les modifications de planchers

310. Consolider ou assainir les murs

332. Le chauffage :
l'adapter ou le refaire

326. Refaire la couverture

306. Les possibilités de la rénovation

308. L'indispensable état des lieux

320. La consolidation des charpentes
322. La transformation des charpentes

318. Les planchers face
aux suppléments de charge

319. Rénover les planchers
de rez-de-chaussée

330. Le remplacement des fenêtres

328. Le réaménagement des cloisons
et des plafonds

Les possibilités de la rénovation

Rénover une construction ancienne pour en tirer le meilleur parti sans trahir son originalité, voilà une entreprise passionnante tentée maintenant de plus en plus souvent. Il semble d'ailleurs que les opérations de ce genre soient appelées à se multiplier encore, en raison bien sûr des choix de plus en plus restreints en matière de terrains à bâtir, mais aussi de l'attrait qu'exercent toujours aujourd'hui les constructions régionales traditionnelles.

Certes, les maisons anciennes ne sont plus adaptées, en général, à tous nos besoins actuels, notamment en matière de confort. De plus, fréquemment :
• les fenêtres sont étroites et donnent peu de jour,
• les planchers en bois peuvent poser des problèmes concernant leur durée de vie ou leurs déformations,
• la distribution de certaines pièces est à revoir.

En revanche, le plus souvent, ces maisons possèdent un cachet particulier. Leurs façades et leur couverture se révèlent bien intégrées à l'environnement ; en outre, leurs murs épais et leurs charpentes traditionnelles témoignent du sérieux de leur construction. En définitive, les avantages l'emportent souvent sur les inconvénients et ceux-ci peuvent être éliminés par une rénovation intelligente.

Suivant l'état et les dispositions de la demeure à rénover, les travaux de réfection et d'adaptation peuvent être plus ou moins importants et poser des problèmes particuliers. Le nouveau propriétaire devra faire preuve ici du maximum d'imagination et d'ingéniosité, et s'entourer d'avis autorisés ; mais les satisfactions qu'il pourra tirer d'une telle opération seront précisément à la mesure des difficultés qu'il aura eu à surmonter. Trois catégories principales d'intervention s'offrent à lui pour rénover l'ancienne demeure dont il dispose :
• la réfection des éléments vétustes,
• la transformation de la maison dans certaines de ses parties,
• l'agrandissement.

Seuls les travaux d'agrandissement nécessitent une demande de permis de construire. Les transformations de façades sans modification du volume extérieur ne donnent lieu qu'à une déclaration préalable à la mairie (voir page 61).

Les travaux de réfection

Ils peuvent concerner :
• **la réparation** des éléments détériorés, mais récupérables (défauts localisés d'enduit extérieur, fuite de canalisation, jeux des menuiseries, etc.) ;
• **le remplacement** des parties d'ouvrage arrivées au terme de leur « vie » (ensemble de la couverture, ravalement extérieur, chaudière, etc.).

L'éventail des travaux de rénovation

Exemples de travaux de transformation (sans modification du volume intérieur)

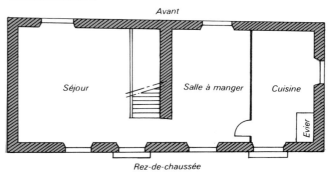

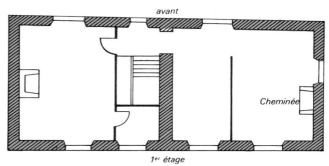

L'adjonction d'un plancher et de fenêtres

Exemples de travaux de transformation (sans modification du volume intérieur)

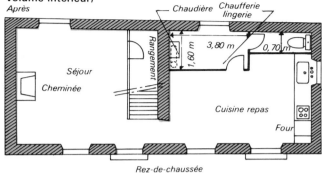

Rez-de-chaussée

1er étage La modification des cloisonnements

Exemples de travaux d'agrandissement

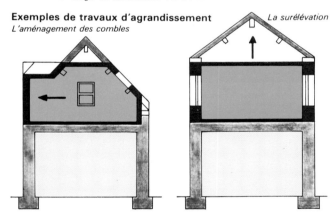

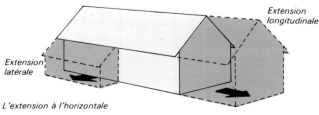

L'extension à l'horizontale

Les travaux de transformation

Suivant les cas, ils visent :
- **la modification des cloisons ou des murs intérieurs** : il convient de se rappeler, à ce propos, que :
- la suppression d'une cloison permet de réunir deux pièces moyennes ou petites pour en former une plus importante,
- l'adjonction d'une cloison permet de recouper une pièce trop grande pour en tirer deux locaux d'affectations plus personnalisées,
- le déplacement d'une cloison peut améliorer les possibilités d'aménagement d'un local ;
- **la modification des planchers** : celle-ci offre les trois possibilités suivantes :
- l'ouverture de trémies (voir page 316) permet la mise en place d'un escalier supplémentaire ou le passage de nouveaux conduits (eau, gaz, électricité, évacuation),
- la suppression d'une large zone de plancher permet de créer, par exemple, un séjour en duplex bordé de circulations en mezzanine à l'étage,
- l'adjonction d'un plancher intermédiaire permet au contraire de recouper un volume de hauteur trop importante et de récupérer ainsi un étage ;
- **la modification des ouvertures en façade** : elle se fait par agrandissement, déplacement, création ou suppression de certaines fenêtres ou portes ;
- **l'adjonction de nouveaux éléments de confort** : elle concernera essentiellement les équipements :
- de plomberie sanitaire (canalisations, appareils, robinets, raccordements à l'égout, etc.),
- de chauffage, à créer ou à améliorer,
- d'isolation thermique des parois extérieures,
- d'électricité et d'éclairage.

Les travaux d'agrandissement

Ils peuvent comprendre principalement :
- **l'aménagement des combles,** ce qui permet de récupérer de la surface habitable ;
- **la surélévation,** qui consiste généralement à ajouter un étage ;
- **l'extension à l'horizontale,** lorsque l'emprise du terrain le permet.

Les précautions indispensables à observer

Les travaux de rénovation ne doivent pas être effectués à la légère, surtout lorsqu'ils risquent d'affecter la solidité de la construction. Il faut savoir, en particulier, que des travaux de renforcement sont, a priori, à envisager lors de :
- la suppression, même partielle, d'un mur porteur ou d'un plancher,
- l'adjonction d'une cloison et surtout d'un plancher,
- la modification des ouvertures en façade,
- l'agrandissement de la construction.

De même, toute modification inconsidérée de certains éléments de confort peut entraîner de sérieuses perturbations contraires au but recherché. Le nouveau propriétaire devra donc choisir des dispositions nouvelles aussi compatibles que possible avec celles existantes ; pour ce faire, il aura intérêt à recueillir tous les avis autorisés souhaitables.

Les fiches qui suivent ont pour but de compléter ses informations sur les principes de solutions indiqués ci-dessus et dont l'éventail est, en fait, assez important.

L'indispensable état des lieux

Avant de fixer définitivement son choix sur une maison existante, il est important d'apprécier de façon objective son état général. Il convient de procéder pour cela à l'état des lieux. Une telle démarche est, en effet, essentielle si l'on ne veut pas faire un achat inconsidéré et s'exposer ensuite soit à des frais de rénovation excessifs, soit à certaines impossibilités matérielles d'exécution.

A priori, il n'est pas besoin d'être spécialiste pour se livrer aux investigations nécessaires. Dans un premier temps, on examine les points les plus importants de la construction, puis on dresse les plans nécessaires, à partir de mesures relevées sur place.

Principaux points à examiner lors de l'état des lieux

Disposition des lieux
- le nombre des pièces correspond-il aux besoins de la famille ?
- sinon, est-il possible de l'augmenter :
  - en modifiant les cloisonnements ?
  - en aménageant les combles ?
  - en agrandissant ?
- existe-t-il un garage ? Sinon, peut-on en aménager un ?
- existe-t-il un sous-sol ? Ce sous-sol est-il sec a priori ?

Etat général des murs de façade
- les murs présentent-ils des faux aplombs ou des « ventres » ?
- les enduits extérieurs sont-ils à refaire ? Sonnent-ils creux ?
- un ravalement général des peintures est-il à prévoir ?
- existe-t-il des fissures marquées ?
- y a-t-il des remontées d'humidité en pied ? Des pénétrations d'eau en parties courantes ?

Etat général de la charpente et de la couverture
- les charpentes présentent-elles des déformations notables ?
- sont-elles attaquées par les insectes ou la pourriture ?
- manque-t-il des tuiles ou des ardoises ?
- la couverture est-elle étanche ?

Etat général des planchers
- les planchers présentent-ils des déformations notables ?
- les plafonds sont-ils fissurés de façon importante ?

Etat des sols
- les revêtements de sols sont-ils à refaire en tout ou en partie ?

Etat des équipements
- y a-t-il un raccordement à l'égout ? Sinon, existe-t-il une fosse septique ?
- les équipements de la cuisine, de la salle de bains, des W.-C., sont-ils à refaire ?
- la pression de l'eau est-elle suffisante ?
- constate-t-on des fuites de canalisations ? Des mauvaises odeurs ?
- existe-t-il un chauffage central ? Si oui, ce chauffage est-il à transformer ?
- l'isolation des combles est-elle à prévoir ?
- les fenêtres sont-elles à changer ?
- l'installation électrique est-elle à refaire entièrement ?
- quelle est la puissance souscrite ?

Les relevés de plans nécessaires en vue de la rénovation

Les plans par niveaux
Cotés et établis à une échelle commode (par exemple : 2 cm pour 1 m), ils sont indispensables, notamment pour :
- repérer les murs porteurs,
- prévoir au mieux les remaniements éventuels de cloisons,
- déterminer le cheminement des nouvelles canalisations,
- préciser à l'avance la répartition du mobilier.

En général, étant donné l'ancienneté de la maison, il n'existe malheureusement aucun de ces plans. Il faut alors les faire établir et, si possible, par un cabinet d'architecte. Sinon, on peut procéder éventuellement soi-même aux relevés nécessaires, puis aux reports sur papier ou, mieux, sur calque (ce qui facilite les reproductions).

Il est toujours possible de se tirer d'affaire seul, mais il est plus efficace et plus rapide de prévoir l'assistance d'une ou de deux personnes pour procéder au relevé des cotes des différentes pièces. On doit disposer d'une boussole, d'un décamètre, d'un double mètre ainsi que d'un bloc de papier permettant de noter les dispositions schématiques des pièces et le résultat des mesures.

Chaque fois que cela est possible, il y a intérêt à mesurer les cotes « en cumulé » à partir d'une même origine. Le décamètre étant placé à zéro à partir d'une extrémité de mur, cela revient à mesurer successivement chaque angle d'ouverture en repartant toujours du même point de départ. Par différence, on obtient ensuite les cotes partielles. En opérant ainsi, on évite d'ajouter les unes aux autres les erreurs ou les « appréciations » de lecture. On peut, de plus, vérifier l'équerrage de chaque pièce en mesurant ses deux diagonales.

A partir de ces relevés effectués sur place, les plans sont ensuite établis sur planche à dessin, de façon précise et à une échelle appropriée (2 cm par mètre par exemple).

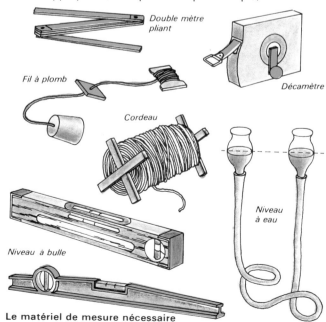

Le matériel de mesure nécessaire

Un plan avec report des cotes partielles et des cotes cumulées

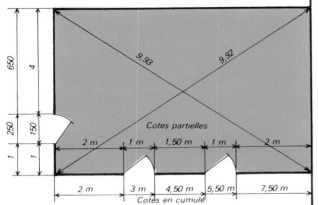

Les vues en élévation et les coupes

Ces vues se révèlent très utiles pour préciser les travaux de rénovation, notamment en ce qui concerne les modifications de façades ou de cloisonnements intérieurs. Elles s'obtiennent en relevant :
• de façon cumulée, les cotes en hauteur par rapport au sol naturel,
• les longueurs « hors tout » des façades, ainsi que leur épaisseur au droit des fenêtres,
• les hauteurs sous plafond et l'épaisseur des planchers (au droit des cages d'escalier, par exemple).

On combine ensuite ces cotes avec celles relevées horizontalement et l'on reporte le tout sur les plans en conservant la même échelle que celle adoptée pour les différents niveaux.

Les vues en élévation et les coupes sont utiles pour préciser les travaux de rénovation

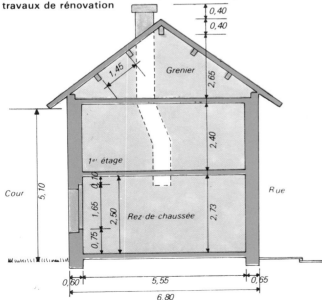

La vérification précise des niveaux

Cette vérification ne s'impose que si l'on veut :
• refaire les sols de certaines pièces,
• réunir deux pièces entre elles.

L'expérience montre, en effet, qu'il existe fréquemment des différences de niveaux sensibles entre les arases de planchers ou de plafonds de deux pièces contiguës ; des différences similaires peuvent aussi exister au sein d'une même pièce.

Pour contrôler de façon précise les niveaux, il faut procéder ainsi : on applique le double mètre contre un mur, son extrémité reposant sur le sol ; au moyen du crayon de charpentier, on trace un trait repère correspondant à la graduation 1 m. Si l'on dispose d'un niveau à eau, on reporte tout autour de la pièce des repères, de manière à tracer au cordeau une ligne périphérique horizontale. Si l'on ne dispose que d'un niveau à bulle, on fait tendre le cordeau par deux personnes jusqu'à ce que celui-ci devienne horizontal et passe par le repère.

Toutes les mesures, hauteur sous plafond, niveau du sol, hauteur des appuis de fenêtre, hauteur sous porte, sont ainsi rapportées à cette ligne périphérique qui joue le rôle d'un « zéro de référence ».

Comment tracer une ligne horizontale de référence de niveau avec un niveau à eau

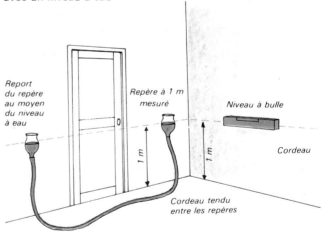

La ligne de référence permet de relever toutes les mesures

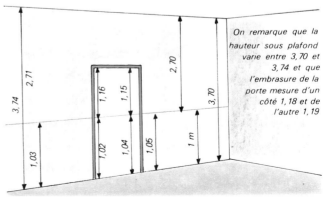

On remarque que la hauteur sous plafond varie entre 3,70 et 3,74 et que l'embrasure de la porte mesure d'un côté 1,18 et de l'autre 1,19

Consolider ou assainir les murs

Consolider ou assainir les murs constitue l'opération prioritaire en matière de rénovation. Selon les désordres constatés lors de l'état des lieux, les travaux pourront concerner :
- la reprise en sous-œuvre de certaines parties de mur,
- la réfection ou la mise en place de chaînages,
- l'élimination des zones humides en bas de mur,
- la reprise des fissures en parties courantes des maçonneries,
- la réfection ou le traitement des parements extérieurs.

D'une façon générale, dès que des fissurations notables viennent recouper un mur, il est important de vérifier, avant d'entreprendre tout travail, si les désordres sont stabilisés dans le temps ou si, au contraire, ils continuent à évoluer. Pour cela, il est intéressant de plaquer en travers des fissures principales des plots rectangulaires en plâtre dénommés « témoins ». Datés et bien accrochés à la maçonnerie, ces plots ne manqueront pas de se fissurer à leur tour si la crevasse qu'ils enjambent vient à s'accentuer.

La reprise en sous-œuvre des murs
Si certaines zones des murs présentent des signes manifestes de tassements de leur assise, c'est-à-dire des dénivellations importantes entre parties voisines accompagnées généralement de fissures de dislocation, il importe d'approfondir leur fondation, afin de les asseoir sur un sol suffisamment résistant. On procédera pour cela à une reprise en sous-œuvre des maçonneries concernées.

Il en est pratiquement de même si l'on veut, par exemple, créer un sous-sol venant « déchausser » le bas des murs existants. Par contre, si les tassements sont manifestement limités et stabilisés, il convient de s'en accommoder en procédant seulement à la reprise des fissures.

La reprise en sous-œuvre d'un bas de mur s'effectue obligatoirement par parties. On délimite des tronçons de mur de l'ordre de 1 à 1,50 m de longueur, puis on excave le terrain en dessous des tronçons impairs. On substitue alors au sol enlevé une maçonnerie qui permet de reporter les charges du mur sur un niveau de terrain plus résistant. Le raccordement de cette nouvelle maçonnerie avec l'arase ancienne des murs doit être soigneusement « maté » au mortier sec (voir page 312). Après un temps suffisant de durcissement (au moins 48 heures) des mortiers ainsi mis en œuvre, on reprend, à leur tour, les tronçons pairs. Pour plus de sécurité, on peut chaîner horizontalement l'ensemble des plots maçonnés, en disposant des aciers filants dans leurs arases inférieure et supérieure.

La réfection ou la mise en place des chaînages
Les murs des maisons anciennes sont généralement chaînés au niveau des planchers et de la toiture à l'aide de tirants métalliques (tiges rondes ou fers plats dénommés d'ailleurs « chaînes ») comportant un dispositif de mise en tension (« lanternes » sur tiges rondes, coins sur fers plats) et prenant appui de façon visible sur les parements extérieurs par des « ancres » (en S ou en X).

Il peut se faire que ces chaînages soient distendus ou inexistants. Il en résulte alors généralement soit des « ventres », soit des faux-aplombs, soit même des fissures de dislocation dans les maçonneries. Pour remédier à ces désordres, si les chaînages existent, il convient simplement d'accéder à leur tirant, puis de les remettre en tension, si possible en les chauffant au chalumeau, afin de faciliter la manœuvre ; un complément de tension des plus utiles sera ainsi obtenu lorsque le fer se rétractera en se refroidissant.

Si les chaînages se révèlent insuffisants, voire inexistants, il

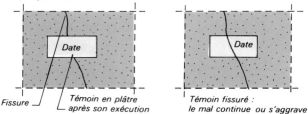

Utilisation de « témoins » en plâtre pour constater la stabilisation ou non d'une fissure importante

Travaux de reprise en sous-œuvre

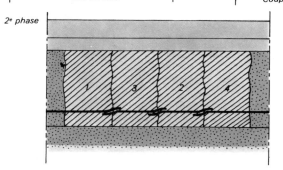

Tirant à tiges rondes et lanterne

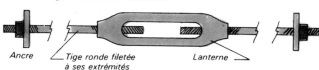

Tirant en fer plat avec coins et frette

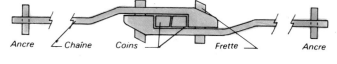

importe d'en créer de toutes pièces en s'inspirant des dispositions utilisées par le passé et particulièrement adaptées au cas des maçonneries classiques.
Bien entendu si, dans le cadre de la rénovation, on rehausse les murs ou si on les prolonge horizontalement, il convient de chaîner les nouvelles maçonneries à l'aide d'aciers filants disposés dans certains lits de joints.

L'élimination des zones humides en bas de mur
Les anciens murs ne comportent pas, en pied, de coupure étanche (voir page 80). De ce fait, si le sol est humide, des remontées capillaires sont possibles ; elles rendent insalubres les locaux concernés et s'accompagnent de dégradations des parements extérieurs et intérieurs. Afin de s'en débarrasser, deux solutions sont applicables :
• cas d'un sol peu perméable (terrain argileux) : il est possible d'assainir à l'aide d'un drainage (voir page 82) disposé à la périphérie de la maison ;
• cas d'un sol perméable (sable ou gravier) : le drainage du terrain est inapplicable et le plus simple est de disposer des drains d'assèchement « atmosphériques » (type Knappen ou similaire) en bas de mur à intervalles réguliers (de l'ordre de 1 à 2 m).
Dans un cas comme dans l'autre, après drainage, pour plus de sécurité, on peut doubler le mur humide par une cloison et ventiler vers l'intérieur le vide ainsi délimité.

La reprise des fissures courantes
Lorsqu'une fissure est manifestement stabilisée, il suffit de l'élargir soigneusement, puis de la reboucher au mortier « bâtard » de chaux et ciment avec éventuellement inclusion d'éclats de moellons, selon l'importance de la crevasse à reprendre.

La réfection ou le traitement des parements extérieurs
Les parties d'enduits cloquées ou sonnant le creux seront évidemment refaites à neuf. Si un enduit se révèle poreux et donne lieu à des infiltrations d'eau à l'intérieur, il convient de le repiquer puis de le refaire selon les règles habituelles (voir page 91).
Il est également possible de le recouvrir par un enduit extérieur d'imperméabilisation de façade agréé par le C.S.T.B. (dans ce cas, la réfection donne lieu à garantie décennale).
Une autre solution fréquemment appliquée dans le passé consiste à revêtir le mur par un habillage extérieur dénommé « bardage » et réalisé à l'aide d'éléments classiques de couverture tels que tavaillons en bois ou ardoises (voir pages 123 et 126).

La réfection des appuis de fenêtre
Dans les façades des maisons anciennes, il est très fréquent que les appuis de fenêtre en maçonnerie soient sérieusement dégradés du fait du temps, ou que la traverse basse de la menuiserie se trouve malencontreusement enrobée dans la partie haute de l'appui (voir page 135). De tels défauts s'accompagnent d'infiltrations d'eau et de dégradations assez sérieuses. Aussi convient-il de démolir les appuis concernés et de les refaire correctement en contrôlant à cette occasion l'état des fenêtres elles-mêmes ; si celles-ci sont dégradées, il convient également de les changer (voir les pages 328 et 329).

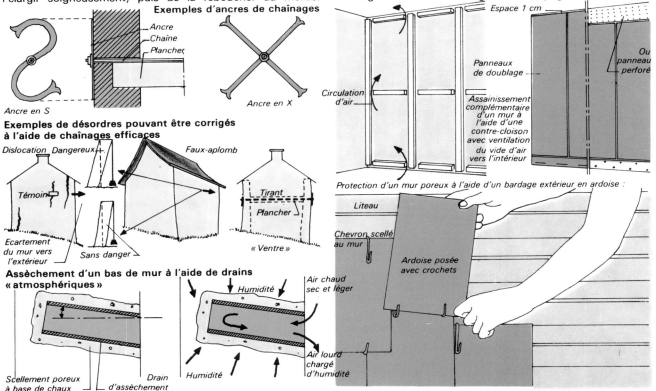

La transformation des murs existants

Dans le cadre de la rénovation et du « remodelage » d'une maison ancienne, quatre types de transformations peuvent intervenir sur les murs de façade ou de refend :
• la création ou l'agrandissement de baies (portes ou fenêtres) en façade,
• la suppression partielle ou totale de murs de refend intérieurs (ouvertures entre pièces),
• la surélévation des niveaux habitables,
• l'extension horizontale de la construction.

Les trois premières opérations, bien que classiques, nécessitent généralement l'avis d'un spécialiste, car elles peuvent mettre en cause la solidité de la construction.

Les 4 types de transformation des murs qui peuvent faciliter la rénovation

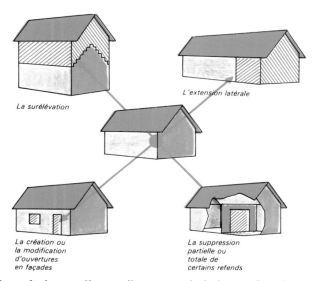

Les précautions avant de créer une ouverture dans un mur porteur

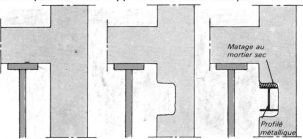

Les six phases d'une suppression de mur de façade

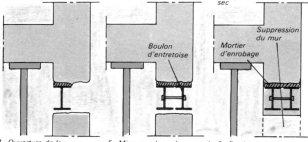

1. Etayage du plancher supérieur
2. Ouverture de la première saignée
3. Mise en place du premier profilé et matage au mortier sec
4. Ouverture de la deuxième saignée
5. Mise en place du second profilé et des boulons d'entretoise, puis matage
6. Désétayage, suppression du mur, enrobage au mortier des profilés métalliques

La création ou l'agrandissement de baies en façade

Dans une maison ancienne, les murs de façade et de pignon sont généralement porteurs à des degrés divers. Toute création ou agrandissement de baie dans un tel mur affecte donc la solidité et même la stabilité de la construction et nécessite le respect d'un processus rigoureux.

L'ouverture de la baie sera impérativement précédée par :
• l'étaiement général de l'extrémité du plancher immédiatement supérieur,
• la pose d'étrésillons en bois en travers des ouvertures existant éventuellement juste au-dessus de la future baie,
• la réalisation d'un linteau porteur en deux étapes.

Pour plus de commodité, le linteau est, en général, constitué par deux profilés métalliques, C ou I, que l'on met en place successivement dans des saignées appropriées, puis que l'on solidarise à l'aide de tiges boulonnées traversant des tubes d'entretoisement. Bien entendu, les profilés doivent déborder largement l'emprise de l'ouverture, afin de pouvoir reposer correctement sur les maçonneries qui l'encadrent. Si ces dernières sont insuffisantes ou douteuses, il convient de les remplacer par de nouvelles piles en briques pleines soigneusement assisées. De plus, les intervalles subsistant entre les ailes des profilés et le bord des saignées pratiquées doivent être soi-

La création de nouvelles piles d'appui sous linteau dans le cas de maçonneries douteuses

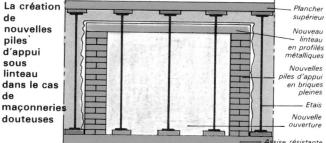

312

gneusement « matés » à l'aide d'un mortier gâché très sec et bourrés à coups de marteau.

Bien entendu, il convient, a priori, d'éviter d'ouvrir une nouvelle ouverture dans un mur porteur, soit sous l'appui d'une poutre maîtresse, soit de façon trop contiguë à une ouverture existante. De telles transformations entraîneraient, en effet, des travaux de consolidation très importants.

Cas où la création d'une ouverture est contre-indiquée

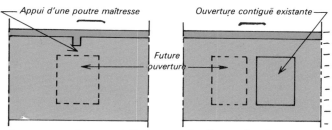

La suppression partielle ou totale d'un refend
Toute suppression, même partielle, d'une paroi verticale doit être précédée d'investigations suffisantes permettant de savoir si la paroi concernée est porteuse ou non de la zone des planchers ou des maçonneries qui la surmonte.

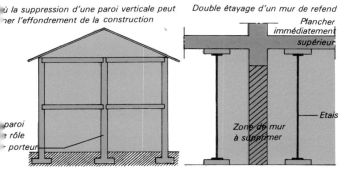

Il serait, en effet, très grave de supprimer sans précautions spéciales un mur porteur, en l'assimilant à une simple cloison de distribution. Un tel mur contribue, effectivement, comme ceux de façade, à la stabilité de la construction ; sa suppression, même partielle, doit donc s'effectuer en observant une série de précautions similaires à celles qui viennent d'être indiquées. Il convient toutefois de noter que les murs de refend supportent généralement deux extrémités de planchers, ce qui nécessite un double étayage.

La surélévation des murs
Cette opération se révèle beaucoup moins délicate que la précédente. Il convient principalement de s'assurer que les murs à surélever sont susceptibles de supporter sans dommage les nouvelles charges et surcharges que l'on veut leur appliquer ; cela implique que les maçonneries sont suffisamment résistantes et qu'elles reposent sur des fondations convenables. Bien entendu, les murs concernés ne doivent pas présenter de désordres tels que fissurations notables ou faux aplomb ; sinon, il importerait de procéder à leur consolidation (voir les pages 310 et 311). En cas de doute, on aura intérêt à consulter un spécialiste.

Le mode de surélévation est en lui-même des plus simples. Afin de ne pas rompre l'homogénéité de la construction, il convient d'adopter de préférence le même type de maçonnerie de moellons que celui des murs existants. Toutefois, au lieu d'être hourdées à la terre argileuse ou au mortier de chaux, les nouvelles maçonneries seront montées au mortier « bâtard » de chaux et de ciment ; elles seront chaînées de façon simple à l'aide d'aciers filants disposés dans certains lits de joints, notamment dans ceux correspondant à l'arase de départ, ainsi qu'à l'arase supérieure des nouvelles parties de murs.

On peut cependant, afin de réduire les charges introduites, réaliser la surélévation à l'aide de blocs creux de béton ou de terre cuite. Il conviendra alors de se montrer vigilant sur la qualité de ces matériaux ainsi que sur leur mise en œuvre (voir pages 86 à 91).

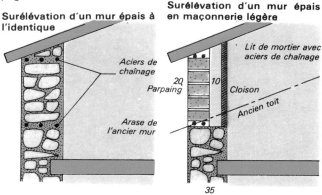

L'extension latérale des murs
Dès que l'on veut agrandir horizontalement une maison, on est conduit à prolonger les murs existants. Bien qu'une telle opération paraisse, a priori, particulièrement simple, elle implique que soient respectées certaines précautions ; sinon, des désordres risquent de se manifester à la jonction entre parties ancienne et nouvelle.

Ces précautions consistent essentiellement à ménager un joint franc de désolidarisation entre les murs de la maison existante et son extension ; une telle disposition permet, en effet, d'absorber leurs différences de comportement dans le temps en ce qui concerne les tassements de sol et les variations dimensionnelles des maçonneries. Bien entendu, il n'est pas nécessaire de marquer un joint si le sol est pratiquement incompressible (rocher par exemple) et si les maçonneries sont poursuivies à l'identique en moellons hourdés au mortier très pauvre en ciment.

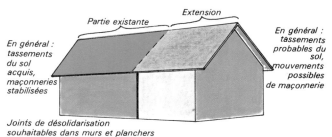

Joints de désolidarisation souhaitables dans murs et planchers

Problèmes posés par une extension latérale

La consolidation des planchers existants

Les planchers des maisons anciennes nécessitent souvent des travaux de consolidation, même s'ils ne doivent subir aucune modification de structures pendant la rénovation. Les travaux à prévoir dépendent de la nature du plancher ainsi que des constatations faites lors de l'examen de l'état des lieux.

Les principaux types de planchers anciens

Dans les maisons datant de plus de 50 ans, les structures porteuses des planchers ne sont pas réalisées en béton armé, mais sont constituées par des solives en bois ou en acier.

Les planchers en bois

Ce sont les plus répandus. Leurs solives courantes prennent appui sur les murs porteurs ou sur des poutres de refend elles-mêmes en bois. Les trémies d'escaliers ou de conduits de fumées sont bordées par des « chevêtres » (ou « linçoirs ») supportant les solives raccourcies dénommées « solives boiteuses ». Les chevêtres s'appuient sur des solives renforcées ou « solives d'enchevêtrure ». Sous les cloisons sont généralement disposées des solives doubles ou renforcées ; les poutres et les solives renforcées comportent souvent des ancrages dans les murs.
La face supérieure du plancher est constituée par un parquet ou par un revêtement reposant sur un platelage en bois. La face inférieure est constituée par un plafond en plâtre, à moins que les poutres et solives ne soient apparentes.

Les planchers à poutrelles métalliques

On les rencontre assez fréquemment dans les maisons de moins de 100 ans, notamment en plancher bas de rez-de-chaussée et même en étage.
Les remplissages entre poutrelles peuvent être réalisés :
• soit par des hourdis en plâtre et plâtras supportés par des tiges métalliques dénommés « entretoises » et « fantons » ;
• soit par des voûtains en briques pleines.

Les points essentiels à examiner lors de l'état des lieux

Si les solives sont en mauvais état, la résistance du plancher peut être compromise, donc un examen visuel sérieux est toujours nécessaire. Dans certains cas, il doit être complété par des recherches plus poussées au moyen de sondages.

La flexibilité

Il convient d'abord de vérifier que le plancher ne vibre pas d'une façon anormale quand on marche dessus ou quand on saute à pieds joints d'une faible hauteur (du haut d'une chaise par exemple).

Les déformations

Il faut ensuite vérifier qu'il n'y a pas de déformations anormales. Généralement, celles-ci se remarquent non seulement au manque de planéité générale du sol, mais aussi par la fissuration des cloisons, des revêtements ou des plafonds. Si de tels défauts sont constatés, il est indispensable de faire procéder à une étude plus approfondie portant sur la résistance des poutres et des solives. Une telle étude est toujours du ressort du spécialiste.

L'état des solives

Il faut ensuite se préoccuper des problèmes dus à l'humidité : y a-t-il des traces d'infiltration à travers les façades ou la toiture ? Les enduits de façade sont-ils en bon état ou, au contraire, écaillés et fissurés ? Y a-t-il des fissures dans les maçonneries ou des traces de remontées capillaires ? Dès que de tels indices existent, il faut examiner, pour chaque poutre ou solive, l'état de son appui sur la maçonnerie.
En particulier, pour les poutres ou solives en bois, certaines zones constamment humides peuvent être attaquées par les champignons. Il faut s'assurer aussi qu'il n'y a pas attaque importante par des insectes tel que le capricorne des maisons. En cas de doute, on doit faire appel à un spécialiste, surtout dans les régions où sévissent les termites (voir la page 105).
Pour les planchers à poutrelles métalliques, le risque est moins grand, mais il faut vérifier qu'il n'y a pas eu de corrosion excessive ni de taches de rouille ou de fissuration anormale du plafond.

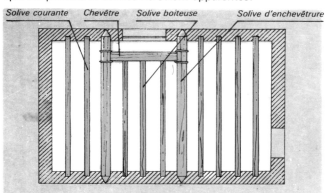

Pourriture d'un appui de solive (action combinée de l'humidité et des champignons)

Plancher métallique avec hourdis en plâtre et plâtras

Plancher métallique avec voûtains en brique pleine

La consolidation des planchers en bois

Elle concerne assez fréquemment :

La réfection de l'extrémité de certaines poutres ou solives

Dans leurs zones d'appui sur les maçonneries, les pièces de bois se révèlent assez vulnérables aux attaques des champignons et des insectes. Il convient alors de les étayer et d'éliminer les parties ligneuses attaquées.
- si les pièces dégradées doivent rester apparentes, il faut éviter que la réfection trop visible soit inesthétique. Pour cela on choisira l'une des trois opérations suivantes :
  - injection de résines Epoxy avec incorporation d'armatures en fibre de verre (licence Renofors, mise en œuvre par la société Lefèvre, 27, rue des Mathurins, 75008 Paris, tél. : 265.37.84) ;
  - mise en place d'un nouvel about en bois assemblé par boulons à tête fraisée sur la partie saine de la solive ;
  - allongement de la zone d'appui à l'aide d'une console en pierre ou d'une semelle en bois scellée dans la maçonnerie du mur.
- si les pièces dégradées doivent rester non apparentes, on peut se contenter, par exemple, de rapporter un nouvel about en bois fixé sur la partie raccourcie de la solive à l'aide de deux tôles boulonnées.

Réfection de l'appui pourri d'une solive apparente

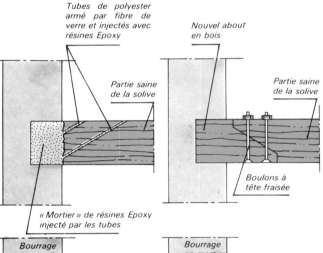

Réfection de l'appui pourri d'une solive non apparente :

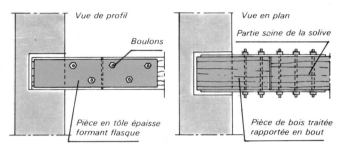

Le renforcement en parties courantes des pièces les plus fléchies

La remise en état des parties annexes telles que les remplissages, les plafonds, les platelages ne présente pas de difficulté majeure. Quant aux éléments porteurs défectueux, ils doivent être renforcés ou remplacés. Les renforcements seront conçus de façon que les charges soient transmises correctement jusqu'aux appuis ; leur détermination exacte est du ressort du spécialiste. Le plus souvent, la pièce défectueuse doit être doublée.

Le traitement des bois

Si la poutraison est attaquée par les champignons ou par les insectes, il faut d'abord identifier l'agent destructeur, puis appliquer un traitement curatif approprié. On se reportera pour cela aux indications fournies aux pages 105 et 299.

La réfection des planchers à poutrelles métalliques

Contrairement aux planchers en bois, les planchers à base d'acier ne posent pratiquement pas de problèmes majeurs en ce qui concerne leur tenue dans le temps. Ils risquent toutefois de subir une corrosion de la sous-face des poutrelles et de leurs entretoises ; d'où l'apparition de fentes et même de taches de rouille en plafond. Il suffit alors de dégager la partie inférieure des solives, de la décaper et de la passer au minium, puis de procéder aux raccords d'enduits en plafond.

Réfection partielle d'un plafond en plâtre sous solives métalliques

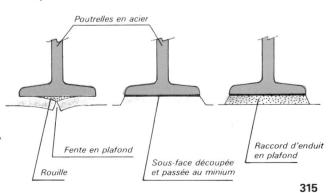

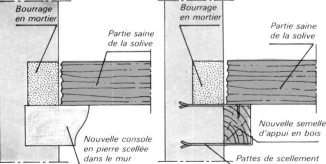

Les modifications de planchers

Pour rénover une maison ancienne, il est souvent nécessaire d'apporter des modifications aux planchers existants. C'est le cas notamment lorsqu'on veut mettre en place de nouveaux conduits ou un escalier supplémentaire, ajouter ou supprimer un niveau ou encore changer la nature de la face supérieure d'un plancher.

Ces modifications concernent fréquemment tout ou partie des structures porteuses des planchers, ainsi que les zones de murs qui les supportent. Afin de ne pas compromettre la solidité de la construction, ainsi que sa bonne tenue dans le temps, il y a donc lieu de recueillir l'avis d'un spécialiste, puis de confier les travaux de transformation à une équipe qualifiée.

L'ouverture de trémies
En reprenant la terminologie définie page 114 pour les planchers en bois, on procédera successivement aux opérations suivantes :
- étayer les solives concernées par la trémie puis les raccourcir par sciage ;
- renforcer selon les indications du spécialiste les solives latérales d'enchevêtrure (généralement en les doublant) ;
- mettre en place le chevêtre et l'assembler par des équerres métalliques boulonnées avec les solives d'enchevêtrure et les solives raccourcies dites « boiteuses » ;
- retirer les étais.

A noter que le processus à suivre est le même pour des solives métalliques.

Dans toute la mesure du possible, il importe de respecter au maximum les poutres principales qui, à défaut de murs porteurs, peuvent servir d'appui aux solivages de plancher. En effet, toute modification de ces poutres maîtresses implique la mise en œuvre de travaux importants de renforcement (création de poteaux intermédiaires ou de nouvelles poutres par exemple).

Cas où l'ouverture d'une trémie intéresse également une poutre maîtresse d'un solivage de plancher

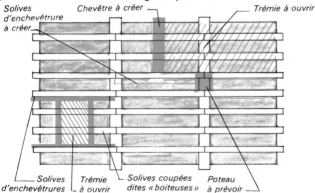

La suppression d'un plancher
C'est une opération qu'on envisage lorsqu'on veut, notamment, réaliser un séjour « en duplex » sur le rez-de-chaussée et le premier étage ou mettre en valeur une charpente de toiture. Quand on supprime complètement ou partiellement un plancher, il faut avant tout tenir compte des modifications que cela peut entraîner dans les structures de la maison. Cela est d'autant plus important que, en général, une zone donnée participe à la résistance et à la stabilité des zones adjacentes.

C'est ainsi que l'équilibre d'un balcon n'est plus assuré si l'on supprime le plancher dont il est le prolongement. De même, la suppression d'un plancher sur une partie de sa portée d'origine fait travailler en porte-à-faux la partie restante. De telles opérations de modifications sont donc contre-indiquées a priori, ou impliquent la consultation de spécialistes avertis.

La suppression même partielle d'un plancher implique d'équilibrer toutes les parties contiguës en « porte-à-faux »

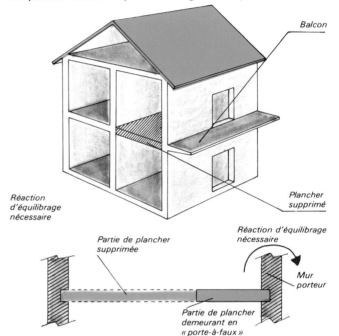

L'adjonction d'un plancher
On ajoute un plancher lorsqu'on veut recouper horizontalement le volume trop important d'un ancien bâtiment, d'une grange par exemple. Dans ce cas, le problème essentiel est de pouvoir assurer au nouveau plancher des appuis corrects. Pour y parvenir, on utilise, en général, les murs en maçonnerie existants. Il faut alors vérifier que ces derniers sont, du fait de leur nature, capables de résister au supplément de charge et qu'ils sont, par ailleurs, convenablement fondés. Ces appréciations sont, ici, du ressort du spécialiste qui pourra, en outre, préciser les dispositions à prévoir pour le nouveau plancher.

Investigations indispensables lors de la création d'un plancher

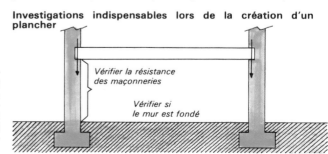

L'adjonction d'un balcon ou d'un auvent

Lorsque le site le mérite ou que l'on veut plus simplement agrandir une pièce sur extérieur, il peut être intéressant de prévoir un balcon en façade. De même, on peut être amené à envisager un auvent au-dessus, par exemple, d'une porte d'entrée.

Comme indiqué aux pages 98 et 99, une telle opération implique déjà, en construction neuve, le respect de précautions essentielles : dans le cas d'une maison à rénover, elle devient particulièrement délicate et nécessite, en général, la consultation d'un ingénieur-conseil.

Non seulement le mur concerné doit être capable de supporter les nouvelles charges introduites, mais encore l'équilibrage du balcon ou de l'auvent doit être assuré par une zone de plancher d'importance au moins équivalente et dont le solivage soit disposé perpendiculairement à la façade. Sinon, un effondrement accompagné d'accident de personnes est à redouter.

A priori, dans le cas d'une maison ancienne, il convient de supporter le balcon par des fers [que l'on solidarise individuellement aux solives existantes du plancher, qu'elles soient en bois ou en acier. Les nouveaux profilés sont ensuite associés à la dalle proprement dite du balcon réalisée en béton armé.

Exemple d'adjonction d'un balcon formant également auvent au-dessus de la porte d'entrée

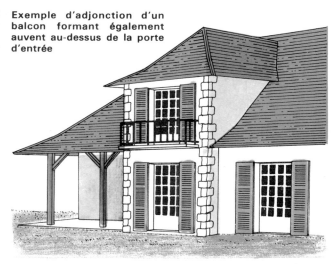

Détails constructifs pour l'adjonction d'un balcon

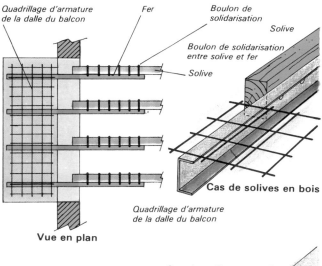

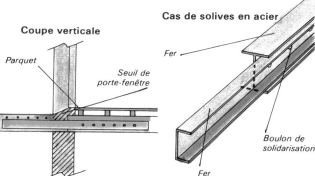

Le remplacement sur plancher en bois d'un parquet par un carrelage

Comme indiqué page 181, un carrelage ne peut être appliqué que sur une forme classique en mortier. Afin de récupérer l'épaisseur nécessaire (de l'ordre de 5 à 6 cm), il faut déposer les frises de parquet et leurs lambourdes, puis les recouper et les reposer en les arasant au niveau de la face supérieure des solives. On préserve ensuite le platelage en bois ainsi reconstitué à l'aide d'un film étanche, puis on applique la couche de mortier de pose, que l'on arme par précaution pour tenir compte des déformations possibles du support. Pour terminer, on vient sceller le carrelage sur la forme ainsi mise en œuvre.

Remplacement d'un parquet par un carrelage sur un plancher en bois

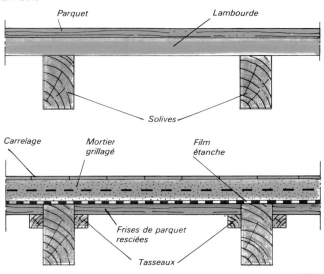

Les planchers face aux suppléments de charge

L'adjonction de nouvelles charges sur un plancher
Quand la maison comporte de vieux planchers, il faut être très prudent dans l'aménagement de locaux nouveaux. En effet, ces planchers ont le plus souvent une capacité portante qui n'excède pas 100 à 200 kg par m² ; or, la construction d'un carrelage et de cloisons apporte un supplément de charge du même ordre de grandeur ; un renforcement localisé ou général, voire la création de nouveaux points d'appui, peut donc se révéler nécessaire ; l'étude correspondante est alors généralement du ressort du spécialiste. Fréquemment, il peut être indispensable de rapporter des éléments porteurs complémentaires sous les charges concentrées.

Renforcement sous cloison nouvelle d'un plancher à solives apparentes

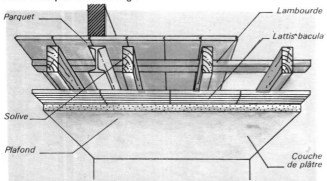

Renfort par profilé métallique. Sa mise en place nécessite le remaniement partiel du parquet bois ou du plafond

Cas des solivages en bois
Renforts localisés : Dans le cas d'un plancher en bois à solives apparentes, les éléments porteurs complémentaires seront constitués par de nouvelles solives intercalées aux endroits nécessaires. S'il existe un plafond, les renforcements se feront plutôt à l'aide de profilés métalliques, mais leur mise en place nécessitera soit de déposer puis de reposer le parquet, soit d'ouvrir le plafond et ensuite de procéder aux raccords indispensables.
Adjonction d'une dalle porteuse en béton armé : Il peut arriver que le solivage existant, bien que devenu insuffisant, mérite d'être conservé du fait de son aspect décoratif.

Il convient alors de réaliser, par-dessus, une dalle porteuse en béton armé, dont l'épaisseur et l'armature devront être déterminées par un spécialiste. Pour ce faire, on dégage soigneusement les anciennes solives, on les consolide le cas échéant et on les étaye. On rapporte ensuite un coffrage dont la sous-face demeurera apparente et on le recouvre par un film étanche protecteur. Sur ce platelage, on ferraille la dalle et on la bétonne en ayant soin de l'engraver suffisamment dans les murs porteurs périphériques. Les étais peuvent être retirés au bout d'un temps de durcissement suffisant (de l'ordre de deux à trois semaines).

Etayage des solives conservées

Coffrage et ferraillage de la dalle porteuse

Cas des solivages métalliques
Dans le cas d'un plancher à poutrelles en acier, le plus simple est de le renforcer en l'associant à une dalle en béton armé. Il suffit pour cela :
• de souder des « connecteurs » métalliques sur le dessus des poutrelles,
• d'armer la dalle par un léger ferraillage.
Cela permet de faire participer cette dalle à la résistance du support afin d'aboutir à un nouveau plancher mixte acier-béton armé, globalement plus performant que celui d'origine à poutrelles métalliques seules.

Réalisation d'un plancher mixte acier/béton armé

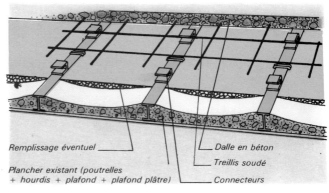

Rénover les planchers du rez-de-chaussée

Cas des anciens dallages sur terre-plein
Dans les maisons anciennes, les dallages sur terre-plein ne comportent pratiquement jamais de coupure étanche (voir page 80). De ce fait, des remontées d'humidité sont fréquentes et peuvent, de plus, s'accompagner de désordres dans certains revêtements de sol particulièrement sensibles à l'eau, tels que les planchers en bois.

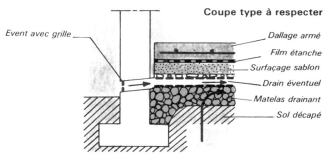

Coupe type à respecter

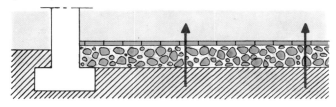

Remontées d'humidité à travers un ancien dallage sur terre-plein

Réfection du dallage : Pour remédier à une telle situation, le plus simple est de démolir le dallage existant, puis de rapporter soit une couche de pierres ou de gravier non sableux, soit un lit de briques creuses posées à plat. Une telle forme constitue une « rupture capillaire » vis-à-vis des remontées possibles d'humidité à partir du terrain naturel.
Par précaution, il convient de ventiler légèrement cette assise grâce à quelques faibles ouvertures pratiquées dans les murs périphériques ; de plus, après l'avoir surfacée au sable fin ou au mortier, on la surmonte d'un film étanche.

Exemple de réfection de dallage sur terre-plein

Démolition

Approfondissement

Nouveau blocage avec incorporation des canalisations

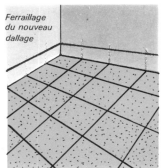

Ferraillage du nouveau dallage

On exécute ensuite un dallage en béton armé de 8 à 10 cm d'épaisseur tout à fait semblable à ceux des maisons neuves. Le nouveau revêtement de sol est enfin appliqué de façon classique sur le dallage ainsi rénové.

Création d'un plancher sur vide sanitaire : Si l'on dispose d'une hauteur sous plafond suffisante, la solution la plus rationnelle, mais aussi la plus coûteuse, consiste à démolir l'ancien dallage, puis à mettre en place un plancher sur vide sanitaire. Un tel plancher doit évidemment se trouver surélevé par rapport au sol ainsi décapé ; les évents destinés à ventiler sa sous-face doivent, d'ailleurs, être situés au-dessus du sol extérieur.
Les appuis des poutrelles de plancher nécessitent l'élargissement des murs de façade côté intérieur, ainsi que la création éventuelle d'une ou de plusieurs lignes de semelles intermédiaires. Afin de limiter les déperditions, les hourdis entre poutrelles seront d'un type isolant (voir les pages 93 et 143).

Remplacement d'un dallage sur terre-plein par un plancher sur vide sanitaire

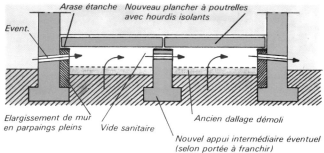

Cas des anciens planchers sur vide sanitaire ou sur cave
Il est fréquent que les planchers bas de rez-de-chaussée sur caves ou sur vides sanitaires présentent des signes manifestes de pourriture de leurs solives ou de corrosion de leurs poutrelles métalliques. Ces dégradations proviennent généralement des condensations qui se produisent à la sous-face de ces planchers en l'absence de toute aération.
Bien entendu, il convient de consolider les poutraisons ainsi amoindries, mais il importe aussi de supprimer les condensations. A cet effet, il est nécessaire de mettre en place des orifices de ventilation sur façades opposées et présentant une section totale de l'ordre du 1/1000 de la surface du plancher. De la sorte, se trouve créée une circulation d'air permanente qui suffit à assainir le plancher concerné. Ces dispositions peuvent d'ailleurs être complétées par l'isolation thermique des planchers, s'ils sont sur cave.

La consolidation des charpentes

Les charpentes anciennes sont réalisées à l'aide de pièces de bois massives de forte section. De conception généralement classique, les principales pièces sont dénommées : pannes, arbalétriers, entraits, poinçons, contre-fiches, etc., et occupent des positions précises.
Généralement, les divers éléments de la charpente ont une capacité de résistance largement suffisante s'ils sont en bon état, mais l'âge peut les avoir marqués. Souvent, les vieilles charpentes présentent de nombreuses irrégularités, qui font d'ailleurs une partie de leur charme. Certains défauts compromettant toutefois leur durée de vie doivent être détectés et corrigés en temps utile.

Les points essentiels à examiner lors de l'état des lieux
• **Pourriture des bois** : La première opération consiste à rechercher toutes les traces d'infiltration, qu'elles aient lieu à travers la toiture, à travers les murs pignons ou à travers les murs de façade. Partout où l'eau a pu imprégner le bois pendant de longues périodes, les risques de pourriture sont très importants, même si le bois paraît sain. Les appuis dans les maçonneries doivent être systématiquement vérifiés, ainsi que toutes les parties sur lesquelles on trouvera des traces montrant qu'elles ont été mouillées.
• **Attaques des insectes** : Il faut ensuite examiner si les attaques que la charpente a presque inévitablement subies de la part des insectes ne sont pas trop importantes. Si le bois s'écaille facilement en révélant de multiples galeries emplies de sciure, il peut être nécessaire de faire appel à un spécialiste. Le plus souvent, les attaques sont anciennes et la charpente ne contient plus d'insecte en activité. Attention, toutefois, au cas des charpentes récemment renforcées, et qui comportent donc des bois jeunes pouvant contaminer l'ensemble s'ils n'ont pas été traités de façon efficace. Dans les régions où des termites ont été signalés (voir page 105), un soin particulier doit être apporté à l'examen des charpentes pour repérer d'éventuelles galeries aboutissant à la toiture.
Sous les coups d'un marteau ou d'un maillet, une pièce de bois fortement attaquée rend un son mat (un bois sain rend au contraire un son clair). Il ne faut donc pas oublier d'ausculter la charpente. Il est bon aussi de la sonder de place en place à l'aide d'un poinçon.
• **Fentes les plus marquées** : Il faut aussi rechercher la présence de fentes ou de gerces pouvant nuire à la résistance. De tels défauts, généralement sans grande importance, peuvent être dangereux s'ils affectent les assemblages.
• **Garde au feu** : Un examen attentif des bois se trouvant à proximité des conduits de fumée est indispensable. Dans les vieilles maisons, il arrive que certaines poutres massives bordent ou même traversent des conduits de cheminées. Quand tout se passe bien, le bois se carbonise en surface et la couche isolante ainsi formée préserve le cœur, mais s'il y a eu dans le passé des feux de cheminée, la pièce peut être partiellement ou presque complètement détruite et ne repose que sur le bord du conduit de fumée.
• **Déformations** : Enfin, on peut se trouver en présence de déformations souvent très importantes des pièces fléchies. Les éléments les plus touchés sont généralement les pannes, surtout la panne faîtière, les entraits quand ils ne sont pas liés aux poinçons et, plus rarement, les arbalétriers.
La déformation des bois anciens provient essentiellement du fluage. Il s'agit d'un accroissement continu de la déformation, bien que la charge supportée reste constante. Ce phénomène, qui découle d'une transformation de la matière, finit par se stabiliser, mais la déformation devient permanente et il n'est

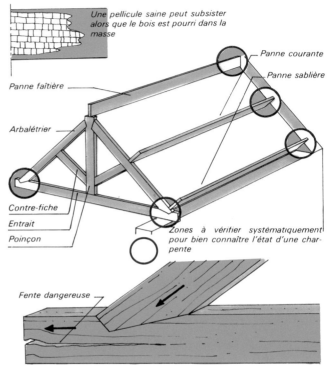

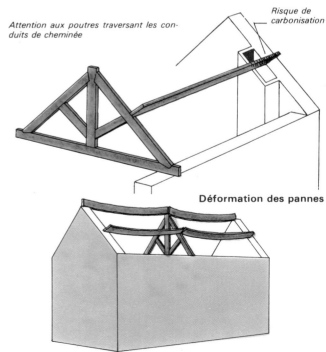

guère possible de redresser une grosse pièce ainsi déformée sans lui appliquer un effort important qui peut ne pas être compatible avec la bonne tenue du reste de la structure.

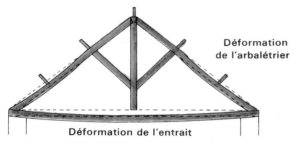

Déformation de l'arbalétrier

Déformation de l'entrait

Le traitement des bois
Si les charpentes sont attaquées par les champignons ou par les insectes, il convient, comme pour les planchers, d'identifier l'agent destructeur puis d'appliquer un traitement curatif approprié. On se reportera pour cela aux indications fournies aux pages 105 et 299.

La restauration des charpentes apparentes très dégradées
Dans le cas de charpentes anciennes possédant un cachet particulier et destinées à rester apparentes, il est possible de procéder à une restauration respectant les dispositions d'origine. Comme pour les solives de plancher en bois (voir page 315), il faut étayer les pièces dégradées, éliminer les parties non saines, puis injecter un mortier de résines Epoxy à partir de canaux judicieusement répartis.

Le renforcement des charpentes non apparentes
Il est possible de procéder ici à des consolidations simples, nettement moins onéreuses que le mode de restauration décrit précédemment.
Quand l'appui d'une pièce dans la maçonnerie est détérioré, on peut le renforcer à l'aide de profilés métalliques boulonnés. Dans le cas d'une ferme, si la résistance de l'assemblage arbalétrier-entrait est compromise, on peut utiliser des goussets métalliques. La détermination de la section des pièces métalliques et des boulons est le domaine du spécialiste.
De la même façon, les éléments présentant une insuffisance de résistance à la flexion peuvent être moisés à l'aide de profils métalliques ou de pièces de bois boulonnées.
Les grosses pièces, quand elles présentent des gerces ou fentes importantes, peuvent être cerclées à l'aide de colliers métalliques.
Les assemblages défectueux sont renforcés à l'aide de goussets métalliques ou de pièces de bois boulonnées.

La reprise des déformations
Les pièces élancées et relativement souples peuvent être redressées, puis maintenues en position par des liaisons complémentaires. Ce peut être, par exemple, le cas des entraits. Les grosses pièces, nous l'avons vu, ne peuvent pratiquement pas être redressées ; il faut donc soit les changer, soit s'accommoder de la déformation.
Certaines déformations peuvent aussi être limitées par l'adjonction d'éléments supplémentaires venant compléter la triangulation d'origine : contre-fiches pour soutenir les pannes faîtières, diagonales supplémentaires dans les fermes.

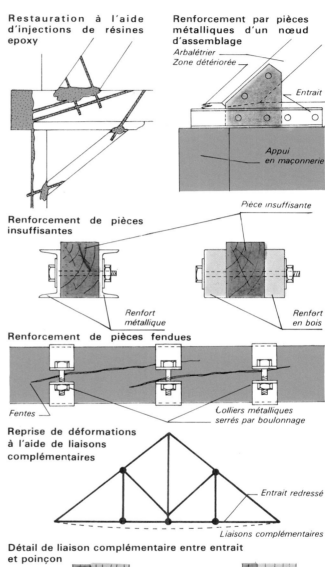

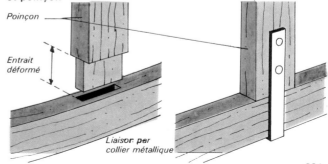

Détail de liaison complémentaire entre entrait et poinçon

321

La transformation des charpentes

On est amené fréquemment à pratiquer dans le toit des ouvertures nouvelles pour le passage de conduits de fumée ou pour l'installation de fenêtres ou de lucarnes ; cela conduit à effectuer des transformations relativement mineures n'intéressant pratiquement pas les pièces principales de charpente (fermes et pannes). Les problèmes deviennent beaucoup plus importants dès qu'il s'agit de modifier le type des fermes pour aménager un comble ou pour corriger certaines dispositions défectueuses dès l'origine et génératrices de désordres.

L'ajout d'un conduit de fumée et de sa souche
On disposera le conduit de fumée de telle façon qu'il ne coupe pas de pièce maîtresse comme les fermes et, si possible, les pannes. Seuls sont donc interrompus des « petits bois » comme les chevrons, les voliges ou les liteaux. Les travaux de transformation sont alors mineurs et ne présentent pas de difficulté particulière.
Il faut toutefois se préoccuper du poids de la souche extérieure d'habillage des conduits. Ce poids est évidemment d'autant plus important que la cheminée est plus haute et que, par conséquent, le conduit est plus éloigné du faîtage. La meilleure solution est d'adosser la souche à un mur en maçonnerie. Si cela est impossible, la charpente doit être renforcée en conséquence. Un joint doit assurer l'indépendance entre la souche et le conduit pour éviter les désordres dus aux déformations différentielles qui peuvent se produire entre la charpente et les parties maçonnées.

Création d'une fenêtre de toit

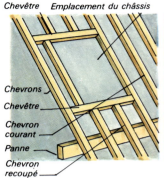

Suppression des liteaux de couverture

Modification d'une charpente pour la création d'un conduit de fumée et de sa souche d'habillage

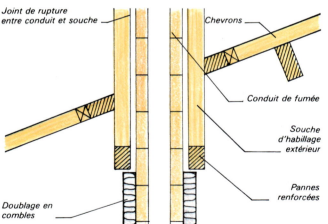

La création d'une fenêtre ou d'une lucarne
Ici aussi, il faut disposer les ouvertures de façon que seuls soient coupés des éléments secondaires. Tout le travail se limite alors à transformer le chevronnage et le voligeage. Néanmoins, l'intervention d'un personnel spécialisé peut devenir nécessaire. C'est le cas lors de la création de lucarnes.
Toujours dans le même cas, il faut se préoccuper du poids des parois latérales. Elles peuvent en effet être relativement lourdes si elles sont réalisées en maçonnerie. Si elles ne peuvent reposer directement sur la structure même de la maison, il faut prévoir un renforcement convenable de la charpente, c'est-à-dire des chevrons et éventuellement des pannes.

Exemples de modifications de charpente pour la création d'une lucarne

Lucarne à 2 pans avec fronton

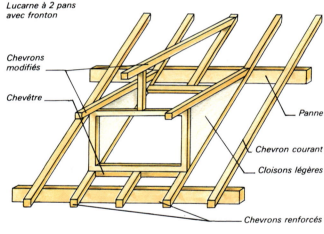

Lucarne rampante

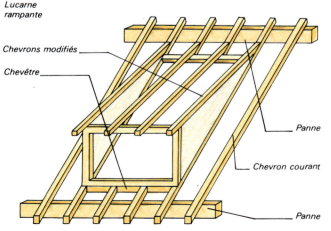

L'aménagement d'un comble

Les fermes classiques recoupent généralement le volume du comble par leur entrait, leur poinçon et leurs contre-fiches. Si l'on veut récupérer ce volume, il faut alors modifier chaque ferme en relevant son entrait à hauteur du futur plafond, en raccourcissant le poinçon et en supprimant les contre-fiches correspondantes.

Cela sollicite davantage en flexion les arbalétriers et nécessite par conséquent l'adjonction de « jambes de forces ». De plus, il convient de disposer un tirant au niveau du plancher afin de reprendre les poussées précédemment encaissées par l'entrait supprimé. Un tel travail nécessite toute une série de précautions et est évidemment affaire de spécialistes.

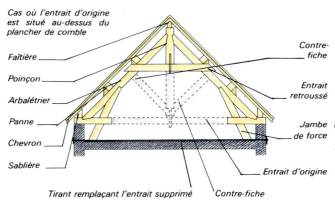

Cas où l'entrait d'origine est situé au-dessus du plancher de comble

Faîtière — Poinçon — Arbalétrier — Panne — Chevron — Sablière — Contre-fiche — Entrait retroussé — Jambe de force — Entrait d'origine — Tirant remplaçant l'entrait supprimé — Contre-fiche

Dans certains cas, l'entrait des fermes existantes n'est pas situé au-dessus du plancher à aménager mais arasé, au contraire, à son niveau ; on peut donc être tenté de s'en servir pour supporter les charges et surcharges du nouveau comble à aménager. Une telle solution est tout à fait contre-indiquée car chaque entrait n'a été pratiquement prévu à l'origine que pour supporter son poids propre. En pareil cas, des renforcements sont donc tout à fait indispensables a priori.

Lors de l'aménagement d'un comble, il peut être nécessaire d'ajouter une trémie d'escalier dans le plancher concerné. Cette trémie doit être disposée parallèlement aux fermes de façon à respecter leur entrait ou le tirant qui le remplace.

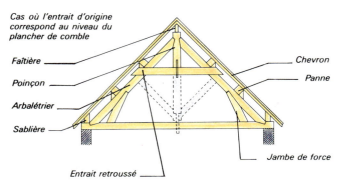

Cas où l'entrait d'origine correspond au niveau du plancher de comble

Faîtière — Poinçon — Arbalétrier — Sablière — Chevron — Panne — Jambe de force — Entrait retroussé

La modification d'une charpente mal conçue

Une charpente peut très bien être en bon état et se trouver pourtant à l'origine de désordres dans la maison. Le cas le plus fréquent concerne les maisons anciennes dans lesquelles des charpentes mal conçues provoquent des fissurations dans les maçonneries en exerçant sur celles-ci des poussées horizontales qui ne peuvent être équilibrées sans déplacement.

Souvent, cela se produit quand les fermes sont réduites à de simples poutres inclinées ou quand les fermes, tout en comportant une triangulation réduite, sont dépourvues d'entrait en partie basse. Dans un tel cas, deux solutions sont possibles, selon qu'on complète la triangulation de la charpente pour équilibrer les efforts horizontaux ou bien qu'on accepte que ces efforts s'appliquent sur les maçonneries, celles-ci étant renforcées en conséquence par des tirants transversaux.

Il est assez fréquent également que l'assemblage des arbalétriers sur les entraits s'effectue hors de la zone d'appui de ces derniers sur les murs. Une telle disposition n'est pas bonne car elle conduit à des sollicitations anormales des entraits. Dans ce cas, il faut renforcer ces derniers à l'aide, par exemple, de pièces métalliques boulonnées.

Exemple de charpentes mal conçues à l'origine et ayant provoqué des désordres dans les murs

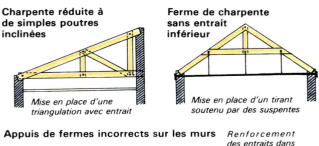

Charpente réduite à de simples poutres inclinées
Poussée — Poussée
Poussée — Poussée
Ferme sans entrait inférieur

Dans les deux cas ci-contre, on note des fissurations marquées en tête des murs du fait des poussées non reprises par la charpente.

Rectification de charpentes défectueuses

Charpente réduite à de simples poutres inclinées

Ferme de charpente sans entrait inférieur

Mise en place d'une triangulation avec entrait

Mise en place d'un tirant soutenu par des suspentes

Appuis de fermes incorrects sur les murs

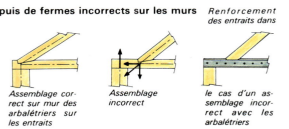

Renforcement des entraits dans

Assemblage correct sur mur des arbalétriers sur les entraits

Assemblage incorrect

le cas d'un assemblage incorrect avec les arbalétriers

323

Améliorer l'isolation thermique

La recherche en faveur des économies d'énergie a contribué à élargir encore la gamme des matériaux et des techniques d'isolation thermique, pourtant déjà étendue et diversifiée. Les solutions ne manquent donc pas pour améliorer les caractéristiques thermiques des maisons anciennes. Le problème n'en est pourtant pas devenu plus simple à résoudre.
Il importe en effet de choisir une politique d'isolation qui conduise à des économies effectives de chauffage sans nuire aux qualités propres des constructions anciennes. La question se pose, en fait, essentiellement pour les murs extérieurs dont l'inertie thermique, généralement importante, ne doit pas être mise hors jeu.
Une formule prudente consiste à traiter d'abord les défauts d'isolation les plus évidents et les plus faciles à corriger. On estimera ensuite les dépenses à engager en contrepartie des économies de fonctionnement et du gain de confort que l'on peut raisonnablement espérer d'une amélioration plus complète.

Isoler d'abord la toiture
C'est bien par la toiture qu'il faut commencer à résoudre le problème de l'isolation thermique. En effet, une réduction très importante des pertes thermiques est généralement facile à obtenir à ce niveau, que l'on soit en présence de combles perdus ou de combles habitables. Parmi les préoccupations qui doivent guider le choix du système d'isolation à mettre en œuvre, il faut retenir qu'une ventilation correcte en sous-face de la couverture est à maintenir. D'autre part, les isolants utilisés ne doivent pas augmenter sensiblement les risques de propagation d'incendie.
L'un des matériaux les plus employés pour l'isolation thermique des toitures est la laine minérale, qui présente incontestablement de grands avantages pour ce genre d'application. En effet, elle est souvent commercialisée sous forme de rouleaux ou de panneaux très souples tout à fait adaptés à un garnissage entre bois de charpente irréguliers. Plusieurs formules peuvent être envisagées pour poser un matelas de laine minérale dans les combles :

Tasseaux

Rouleau de 60 cm de large

La pose de la laine minérale entre des pièces de bois fixées aux chevrons permet de conserver une bonne ventilation de la couverture

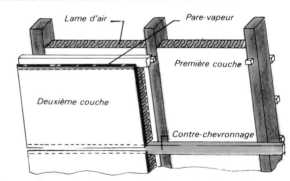

Une première couche de laine minérale peut être intercalée entre les chevrons eux-mêmes, mais en faible épaisseur pour conserver une lame d'air suffisante

Isolation en une ou deux couches pour combles non aménageables

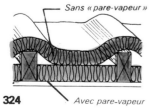
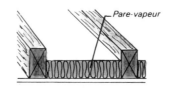

- **combles non utilisables** : La solution la plus simple et la plus sûre est de dérouler la laine minérale directement sur le plafond qui sépare les pièces habitables des combles. Cette façon de procéder ne perturbe pas la ventilation des combles et offre l'avantage d'être facile et rapide à mettre en œuvre, ce qui est très appréciable.
- **combles utilisables** : Si l'on souhaite rendre les combles habitables, il faut avoir recours à l'isolation sous rampants de toiture. Pour sauvegarder les espaces nécessaires à la ventilation de la couverture, il est conseillé de rajouter des traverses en bois sous les chevrons de telle sorte que l'isolant disposé entre les bois rapportés ne vienne pas au contact de la sous-face des éléments de couverture.
Ces pièces de bois peuvent être indifféremment placées parallèlement ou perpendiculairement aux chevrons. Si l'on prend

soin de les caler en fonction des irrégularités du chevronnage existant, on pourra s'en servir pour fixer des plaques qui formeront les parements sur lesquels viendront s'appliquer alors les revêtements de finition.

Avec un tel système, on peut adopter une épaisseur de laine minérale de 10 cm ou plus, en une ou deux couches. On obtient alors un gain d'isolation très avantageux par rapport au coût des travaux entrepris. D'autres précisions complémentaires pourront être trouvées dans les pages 118-119 qui évoquent ces mêmes problèmes lors d'une construction neuve.

Isoler les fenêtres

Autre cause de pertes thermiques importantes, les fenêtres et les portes extérieures méritent que l'on se préoccupe de leur isolation avant même d'envisager le traitement des murs.

Evidemment, et surtout si l'état des menuiseries existantes y incite, leur remplacement par des fenêtres neuves équipées de doubles vitrages et de joints d'étanchéité constitue la meilleure solution. En outre, les passages d'air froid seront alors pratiquement supprimés, ce qui contribuera aussi à l'amélioration du confort thermique.

Si les menuiseries existantes sont encore en bon état, on aura recours au système des vitrages rapportés, ou survitrages, soit à la solution de la double fenêtre. Mais cette dernière formule n'est avantageuse que si l'on recherche, par ailleurs, une isolation acoustique particulièrement efficace. La pose de survitrages représente donc la mesure la plus adaptée à la majorité des cas.

Il vaut mieux alors s'orienter vers des survitrages amovibles qui permettent un entretien facile des différentes vitres. Parallèlement, il importe de réduire les défauts d'étanchéité des menuiseries soit au moyen de joints en élastomère ou en métal, soit à l'aide de mastics synthétiques posés au pistolet extrudeur. Pour les portes extérieures, la mise en place de joints similaires peut être utilement complétée par l'adoption de seuils automatiques montés en partie basse.

Isoler le plancher du rez-de-chaussée

Là encore, il est souvent possible de réaliser à peu de frais des économies importantes de chauffage. Le cas le plus favorable se présente lorsqu'il existe un sous-sol. Il devient donc très simple de fixer des panneaux isolants (laine minérale, polystyrène expansé, etc.) en dessous du plancher du rez-de-chaussée. On peut alors procéder par collage ou par chevillage suivant la nature et l'état du plancher.

Si la maison n'est pas sur sous-sol le plancher du rez-de-chaussée est, en général, une sorte de dallage sur terre-plein. Les maisons anciennes sont, en effet, très rarement construites sur vide sanitaire. Plusieurs formules peuvent alors être envisagées suivant la qualité des revêtements de sol.

Si leur réfection s'impose en raison de leur état ou de leur aspect, jugé inesthétique, on saisira cette occasion pour recréer, sur le plancher mis à nu, les nouveaux sols en interposant une sous-couche constituée par des matériaux isolants appropriés aptes à recevoir les revêtements choisis.

Une autre solution, toujours en rapport bien sûr avec l'état des sols, consiste à démolir purement et simplement le dallage existant pour lui substituer une plate-forme en béton armé d'au moins 8 cm d'épaisseur coulée sur un lit de sable. On prendra alors les précautions préalables suivantes :
* mise en place d'un film plastique susceptible de s'opposer aux remontées capillaires d'humidité ;
* pose de panneaux isolants en périphérie du nouveau dallage (voir page 85).

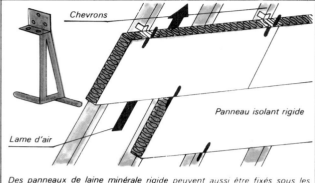

Des panneaux de laine minérale rigide peuvent aussi être fixés sous les chevrons au moyen de pattes spéciales

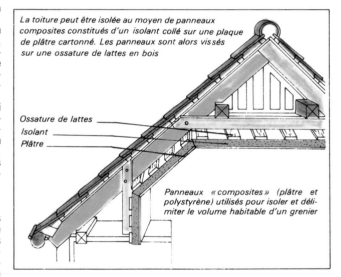

Panneaux « composites » (plâtre et polystyrène) utilisés pour isoler et délimiter le volume habitable d'un grenier

Isoler les murs

Il s'agit sans doute de l'opération la plus coûteuse et la plus délicate à réussir. Elle ne doit être entreprise qu'après une comparaison très étudiée entre les avantages et les inconvénients à en attendre. Il est sûr que si les murs existants sont peu épais et constitués de matériaux froids (granit par exemple), on devra se résoudre à les isoler. Dans ce cas, l'isolation par l'extérieur, qui est sans doute une très bonne formule, comporte l'inconvénient de masquer des maçonneries qu'il est parfois bien dommage de soustraire aux regards.

Mais l'isolation par l'intérieur a d'autres inconvénients, dont le moindre est d'être impuissante vis-à-vis des ponts thermiques. En fait, cette isolation intérieure provoque surtout une coupure thermique et hygrométrique entre l'atmosphère de l'habitation et les murs, dont l'inertie thermique et les réactions aux conditions climatiques extérieures sont alors pratiquement mises hors jeu.

Pour les différentes solutions d'isolation des murs extérieurs, on se reportera aux pages 142, dont les indications sont directement transposables au cas des maisons anciennes.

Refaire la couverture

Le caractère des maisons anciennes réside pour une grande part dans le dessin de leur toiture comme dans la matière et la forme de leurs éléments de couverture.

Le charme particulier des toits d'autrefois tient sans doute à la patine du temps, mais aussi et peut-être surtout aux irrégularités des faîtages ainsi qu'au gauche, au creux ou au bombé des versants. Autant de signes qui trahissent les charpentes faites de troncs et de branches d'arbre à peine équarris.

Loin de nuire aux qualités techniques des couvertures, ces lignes sans raideur, qui s'intègrent si bien aux courbes du paysage, doivent être absolument sauvegardées lorsqu'on refait la couverture, pour conserver aux maisons anciennes toute leur originalité et leur beauté.

Quand refaire la couverture ?

Les signes de faiblesse les plus évidents d'une couverture se traduisent par des défauts d'étanchéité. Mais, si une ou plusieurs fuites ne constituent pas une raison suffisante pour refaire complètement la couverture, l'absence de fuites apparentes n'est pas non plus le signe indiscutable d'une parfaite santé. Ainsi, les toitures sont parfois envahies par des mousses et des plantes grimpantes qui risquent de dissimuler un mauvais état général, dont elles peuvent d'ailleurs être en partie responsables.

On ne saurait donc trop vivement conseiller de prendre l'avis d'un spécialiste avant d'engager des dépenses relativement importantes. Toutefois, les cas limites sont assez facilement discernables. Ainsi, lorsque la toiture fuit en plusieurs endroits et que les éléments de couverture et les liteaux qui les supportent ont manifestement subi les outrages du temps, la réfection s'impose et doit être alors réalisée le plus rapidement possible pour éviter d'autres dégradations.

Ce qui peut être conservé

Dans la mesure du possible, les chevrons existants faits de branches d'arbre doivent être conservés, surtout s'ils sont en chêne ou en châtaignier. Ils peuvent paraître endommagés si l'on s'en tient à leur aspect extérieur. Mais il est fréquent que les attaques des insectes et de l'humidité n'aient pas atteint le cœur du bois. Le plus souvent, il s'agit de dégradations superficielles qui intéressent l'aubier, c'est-à-dire la zone la plus tendre située sous l'écorce des troncs et des branches d'arbres. La solidité des chevrons est alors pratiquement intacte, d'autant que leur section et leur nombre se révèlent souvent surabondants.

S'il est quand même nécessaire de renforcer le chevronnage, il vaut mieux éviter son remplacement systématique et lui préférer la mise en place de chevrons neufs supplémentaires qui seront intercalés entre les chevrons existants. On sauvegarde ainsi l'allure et le mouvement de la toiture. Il est bien sûr vivement conseillé de nettoyer les chevrons conservés, de les débarrasser de l'aubier attaqué et de les traiter au moyen de produits insecticides et fongicides. En contrepartie, le chêne ou le châtaignier ainsi remis en état présenteront une longévité certainement supérieure à celle d'un chevron neuf en sapin de bonne qualité.

Les liteaux, au contraire, sont en général à remplacer, sauf bien sûr quand il s'agit de liteaux en châtaignier refendus à la main, encore en bon état. Il suffira alors de les reclouer sans les déposer, car les clous d'origine sont presque toujours largement corrodés.

Pour les matériaux de couverture proprement dits, la proportion d'éléments réutilisables est essentiellement variable. Selon les cas, on pourra remplacer les éléments abîmés ou cassés, ou bien il faudra envisager de tout changer.

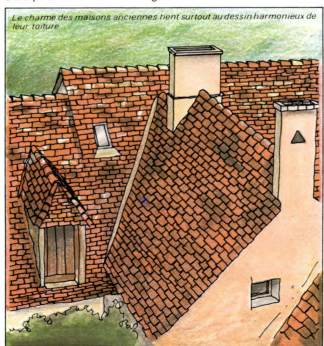
Le charme des maisons anciennes tient surtout au dessin harmonieux de leur toiture

Le modelé des toitures anciennes doit être respecté par les opérations de rénovation

Dans cette perspective, si la couverture existante n'a pas été modifiée par rapport à sa constitution initiale, on s'efforcera de remettre des matériaux de mêmes caractéristiques. Il faudra s'assurer que les pentes de la toiture sont bien compatibles avec le type de matériau et les recouvrements prévus.
Si l'on choisit de refaire la couverture avec des matériaux de réemploi, il vaut mieux qu'ils proviennent des environs pour éviter un changement de conditions climatiques trop important. Mais les opérations d'entretien seront toujours plus fréquentes que pour une couverture neuve, ne serait-ce que pour enlever les mousses qui s'y accrocheront plus facilement.
Les couvertures en matériaux neufs ont sans doute aujourd'hui de plus en plus des formes et des teintes tout à fait convaincantes pour rénover les toitures anciennes.

Des détails importants

La réfection de la couverture offre l'occasion de réaliser les différents ouvrages qu'implique parfois le réaménagement intérieur de la maison. Il s'agira, par exemple, de faire sortir en toiture les nouveaux conduits de fumée ou de ventilation, de créer des lucarnes pour éclairer les combles ou simplement de démolir les souches qui ne seront pas réutilisées.
Quoi qu'il en soit, les points les plus importants de la réfection de la toiture demeurent au niveau du faîtage, des rives, des souches et de toutes les singularités de la couverture. Outre les principes généraux évoqués aux pages 118 et suivantes, pour les toitures neuves, il est conseillé, lors d'une rénovation, d'utiliser pour les scellements et les finitions telles que les solins, du mortier bâtard de ciment blanc et de chaux blanche.
D'autre part, si on envisage de placer un écran en sous-toiture pour éviter notamment la pénétration de neige poudreuse, il faut le disposer de manière à conserver une ventilation efficace en sous-face de la couverture.
Enfin, généralement, les gouttières doivent être refaites en même temps que la couverture. S'il s'agit de chéneaux situés à l'aplomb de l'épaisseur des murs de façade, un soin tout particulier doit être apporté à leur exécution. Un examen attentif de l'état des murs permettra de déceler les infiltrations qui peuvent s'être produites sous les chéneaux sans laisser de traces visibles sur les parements des murs.

Toute une gamme de tuiles neuves spécialement traitées permet de retrouver l'allure des toitures anciennes

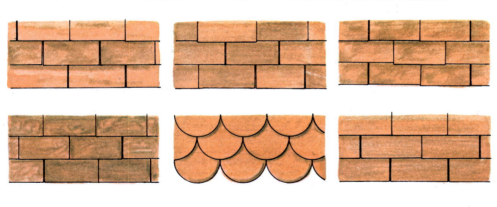

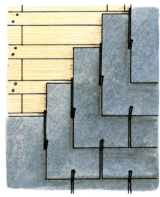

Des ardoises épaisses clouées donnent des toitures plus adaptées esthétiquement aux maisons anciennes que des ardoises minces posées au crochet

La réparation de la toiture peut être l'occasion de remplacer des tuiles à emboîtement par des tuiles plates ou des ardoises pour retrouver le mode de couverture d'origine

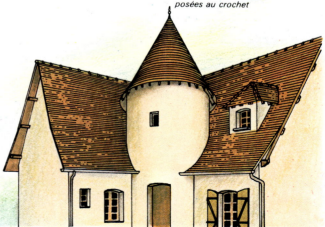

Le réaménagement des cloisons et des plafonds

Rares sont les maisons anciennes dont l'agencement intérieur n'est pas à remodeler plus ou moins profondément pour mieux correspondre aux conditions de vie actuelles. Ainsi, on sera amené le plus souvent à supprimer certaines cloisons pour en créer d'autres qui seront disposées différemment. Cependant, le contour général de l'espace délimité par les murs extérieurs constitue une donnée de base dont il faut s'accommoder.
Pour réussir la transformation, on devra donc s'attacher à imaginer un aménagement qui ne soit pas la simple transposition d'un plan de maison neuve, mais au contraire l'insertion des notions de confort contemporaines dans les volumes souvent intéressants des intérieurs anciens. Les modifications d'implantation de cloisons se répercutent en général aussi sur les plafonds, dont l'état demande souvent par ailleurs une révision sérieuse.

Les cloisons

Dans le domaine des cloisonnements intérieurs, il existe aujourd'hui un choix très large de matériaux et de procédés. La gamme s'étend des cloisons en briques creuses enduites au plâtre jusqu'aux panneaux amovibles à parements finis, en passant par des formules intermédiaires comme les carreaux de plâtre ou de terre cuite et les cloisons à âme alvéolaire entre parements en plaques de plâtre enrobé de carton (voir les pages 172 et 173).
Sur quels critères peut-on alors déterminer un choix ? Le premier dépend généralement de la résistance des planchers. En effet, des cloisons en briques ou en carreaux de plâtre, même alvéolés, représentent des charges localisées non négligeables qui peuvent obliger à renforcer un plancher existant. En pareil cas, il peut être avantageux de préférer des cloisons sèches en plaques de plâtre cartonné, qui sont moins lourdes.
Au contraire, si le plancher ne pose pas de problème de résistance ou de flexibilité, on peut éprouver des difficultés de découpe pour que la cloison épouse des contours tourmentés. C'est ce que l'on rencontre, par exemple, si l'on aménage des combles en souhaitant laisser apparentes les principales pièces de bois des charpentes. Ici, des cloisons en briques ou en carreaux de plâtre présenteront une plus grande souplesse d'utilisation.
D'autres critères qui peuvent être retenus concerneront par exemple l'isolation acoustique ou thermique. Dans ces domaines, il faut se reporter aux catalogues des fabricants ou aux Avis Techniques du C.S.T.B. pour comparer les performances respectives des diverses formules.
En outre, les maisons anciennes n'ont pas toujours des hauteurs sous plafond constantes et semblables à celles des maisons neuves, ce qui peut exclure l'emploi de cloisons en éléments de hauteur standardisée.
On peut encore évoquer les problèmes de délais d'exécution ou les salissures inhérentes au montage de certaines catégories de cloisons, qui peuvent dans des circonstances particulières devenir les éléments prépondérants du choix.

Les plafonds

Selon la constitution des planchers d'étage, diverses formules sont envisageables pour rénover les plafonds dans une maison ancienne.
Si l'on est en présence de planchers sur poutraison de bois, des plafonds en plâtre sur lattis peuvent avoir été réalisés dès l'origine ou ajoutés par la suite. Dans ce cas, on effectuera des sondages en pratiquant des trous dans les plafonds qui permettront de vérifier la possibilité de mettre au jour et de laisser apparentes les structures en bois. Dans l'hypothèse où les bois ne peuvent contribuer à la décoration, les plafonds en plâtre devront subsister et être rénovés suivant l'une des solutions évoquées plus loin.
Mais, si au contraire, les poutraisons méritent de rester apparentes, il faudra supprimer les plafonds qui les dissimulent et

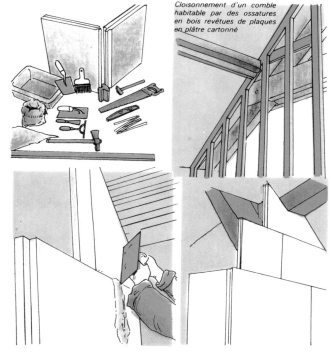
Cloisonnement d'un comble habitable par des ossatures en bois revêtues de plaques en plâtre cartonné

Pose de dalles décoratives sur résille métallique suspendue

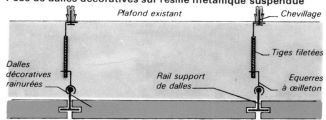

Plafond rapporté en frisette de pin fixée sur tasseaux

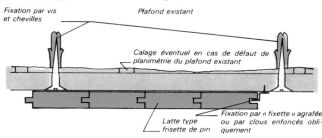

refaire un bacula, c'est-à-dire un plâtre sur lattes, entre les poutres, en dessous des lambourdes du parquet de l'étage. On pourra d'ailleurs profiter de ces travaux pour passer les conduits électriques nécessaires, entre poutres et parquet.
Quand on est contraint de conserver les plafonds, on peut être amené, suivant leur état, soit à les refaire totalement, soit à reboucher seulement quelques fissures. Dans les cas intermédiaires, les formules suivantes peuvent résoudre beaucoup de problèmes :
- **le collage de plaques de liège** : C'est l'un des moyens les plus simples de s'affranchir des fissures et des défauts de planimétrie. En effet, l'élasticité de ce matériau lui permet d'absorber facilement les déformations de son support, et l'aspect de surface du liège efface en quelque sorte les irrégularités des plâtres anciens. En outre, si l'on choisit un liège assez épais avec un grain rustique, on bénéficiera en même temps d'une correction acoustique très efficace par diminution du temps de réverbération des pièces (plus ce temps est important, plus la pièce est réputée sonore). Il existe d'autres matériaux commercialisés sous forme de plaques à coller destinées à recouvrir des plafonds. Dans ce domaine, le choix est bien sûr, affaire de goût.
- **la pose de frisette de pin** : Cette solution offre les mêmes avantages que le liège vis-à-vis des fissures et de la planimétrie du support, dans la mesure où la frisette est posée avec des clous ou des « fixettes » sur un réseau de tasseaux réglés et fixés par chevillage dans les plafonds (voir page 175). En outre, on peut toujours passer des conduits électriques entre support et frisette. Par contre, la correction acoustique est moins perceptible. Cependant, la frisette reste sans doute l'une des meilleures réponses au problème de l'habillage des rampants et des plafonds des combles aménagés pour l'habitation.
- **les plaques de plâtre cartonné** : Leur pose peut être réalisée comme pour la frisette, dont on retrouve alors la plupart des avantages. Il s'agit cependant d'une solution moins recherchée qui demande des travaux de finition plus importants. En outre, les joints entre plaques absorbent beaucoup moins de mouvements que les assemblages à rainures et languettes de la frisette.
- **les plafonds en dalles décoratives sur résille métallique suspendue** : Il en existe une très grande variété. Sans doute, la qualité décorative de ce genre de plafond peut être diversement appréciée. Cependant, un choix judicieux donnera certainement des résultats très intéressants sur le plan esthétique. Sous l'aspect purement technique, les plafonds suspendus offrent de grands avantages dont le moindre est de pouvoir dissimuler toutes sortes de canalisations, ainsi que d'anciennes moulures. On peut aussi y incorporer des systèmes d'éclairage originaux. Toutefois, la hauteur des pièces sera bien sûr diminuée assez sensiblement, ce qui peut être un gros inconvénient si la hauteur sous plafond initiale est voisine de 2,50 m. Il faut également penser à l'incidence de cette diminution de hauteur sur l'ouverture des fenêtres et éventuellement des portes.
- **les raccords de plafonds dénivelés** : Lorsque des cloisons ont dû être supprimées pour réaliser une pièce plus grande, les plâtres des plafonds initialement séparés par ces cloisons ne sont pratiquement jamais au même niveau. Pour retrouver un plafond que l'œil jugera plan, il faut repiquer le plâtre de part et d'autre de la trace des cloisons abattues, sur environ 0,60 m de largeur ou même davantage si la dénivellation à rattraper est importante. Ensuite, il reste à réenduire au plâtre la zone repiquée pour former une surface de rattrapage entre les deux niveaux de plafond.

Exemples de solutions pour fixer les résilles métalliques de certains types de plafonds suspendus

L'habillage de rampants sous toiture peut être réalisé avec des plaques de plâtre cartonné vissées sur les chevrons. Ces plaques peuvent être doublées d'un isolant thermique

Plafonds en dalles décoratives sur résille métallique suspendue

329

Le remplacement des fenêtres

Les fenêtres des maisons anciennes sont souvent équipées de vitrages extrêmement minces associés à des menuiseries relativement peu étanches à l'air. En outre, les bois peuvent être en plus ou moins bon état suivant le soin qui a pu être apporté à leur entretien. Enfin, il est fréquent que les pièces d'appui soient mal conçues au niveau de leur raccordement avec la maçonnerie. De ce fait, il est souvent plus simple d'envisager le remplacement systématique des fenêtres plutôt que de se livrer à une remise en état problématique et finalement coûteuse.

Le choix de nouvelles fenêtres

Par quoi remplacer les anciennes fenêtres ? C'est la question importante à laquelle il faut bien réfléchir. En général, deux orientations peuvent être prises : ou bien on décide de modifier la dimension des baies existantes, ou bien on les conserve en l'état.

Dans la première perspective, une bonne précaution consiste à définir les dimensions des futures ouvertures en fonction des fenêtres standardisées dont les cotes figurent dans les catalogues des fabricants.

Dans le second cas, il faut s'accommoder de la taille des baies et, sauf circonstance exceptionnelle, le recours aux fenêtres sur mesure est inévitable. Se pose alors le choix du modèle de fenêtre le mieux adapté et le plus économique. Mais, quelle que soit la solution que l'on retiendra, on doit s'attendre à des délais de fabrication de plusieurs semaines, voire de plusieurs mois.

Comme dans bien d'autres domaines, les fabrications sur mesure sont beaucoup plus coûteuses que les produits standardisés. Cependant, la situation particulière de l'aluminium anodisé est à souligner. En effet, les techniques de fabrication des fenêtres en aluminium sont telles qu'il n'y a pratiquement pas de différence entre un modèle standard et du sur mesure. Ce n'est pas, bien sûr, le cas des fenêtres en bois dont la fabrication en série est basée sur le réglage très précis de machines complexes. De ce fait, si la fenêtre en aluminium, qu'elle soit standard ou sur mesure, reste plus chère qu'une fenêtre en bois standard, elle revient au contraire nettement moins cher qu'une fenêtre en bois sur mesure.

La dépose des anciennes fenêtres

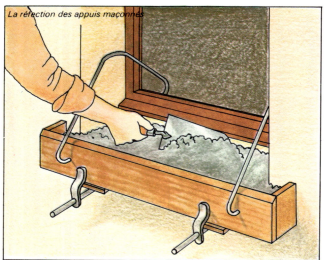

La réfection des appuis maçonnés

Les fenêtres à un seul ouvrant donnent un maximum de clarté et conviennent bien aux maisons anciennes

Le choix des vitrages

Lors du remplacement des fenêtres, se pose naturellement la question des vitrages. Les fabricants proposent actuellement la fourniture de fenêtres équipées en usine de leur vitrage. C'est là évidemment une très bonne formule, surtout s'il s'agit de doubles vitrages. Les doubles vitrages représentent un investissement non négligeable, mais le surcroît de confort et les économies de chauffage qui en résultent sont très appréciables et compensent largement le surcoût initial.

Un autre aspect à ne pas négliger concerne l'amélioration de l'éclairement des pièces. A ce sujet, si l'on ne modifie pas les ouvertures, on peut augmenter les surfaces vitrées dans les baies anciennes souvent étroites en adoptant des fenêtres à un seul ouvrant, sans meneaux ni petits bois. Cette solution donne, par ailleurs, de très bons résultats sur le plan de l'aspect extérieur, surtout lorsque les murs sont en pierres apparentes.

La pose des nouvelles fenêtres

Sans entrer dans le détail des opérations qui a été évoqué aux pages 132 à 139, il est important de souligner quelques points essentiels, à propos surtout de l'étanchéité à l'air et à l'eau. En premier lieu, il faut résoudre le problème des traverses basses ou pièces d'appui. Il est, en effet, fréquent dans les maisons anciennes que les traverses basses des fenêtres soient posées directement sur des appuis maçonnés sans rehausse. Il faut alors que les fenêtres neuves soient légèrement moins hautes que les anciennes, de manière à pouvoir recréer une rehausse, ou « rejingot », pour assurer une bonne étanchéité à l'eau. A ce sujet, on se reportera à la page 135.

Autre souci important, la réalisation d'un calfeutrement efficace entre les fenêtres et les murs doit être assurée au moyen d'un mastic polymérisable appliqué au pistolet à extrusion. Cette opération n'offre pas en général de difficulté particulière si l'on a conservé les feuillures dans lesquelles se trouvaient engagées les anciennes fenêtres.

Dans le cas de l'aluminium, les fenêtres peuvent être posées avec des précadres en acier galvanisé. Il s'agit d'encadrements que l'on fixe à la maçonnerie par scellement ou chevillage et dans lesquels viennent exactement s'emboîter les fenêtres. Ce système permet de ne poser les fenêtres qu'au dernier moment, après l'exécution des travaux salissants.

A ce propos, si les bâtis dormants existants sont encore en bon état, on peut aussi s'en servir comme précadres et y fixer une fenêtre en aluminium. Certains fabricants proposent d'ailleurs des modèles spécialement destinés à ce mode de pose.

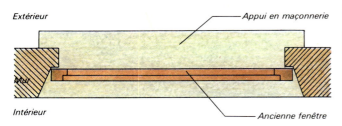

Changement d'une fenêtre en ébrasement

Les fenêtres en aluminium dans la rénovation

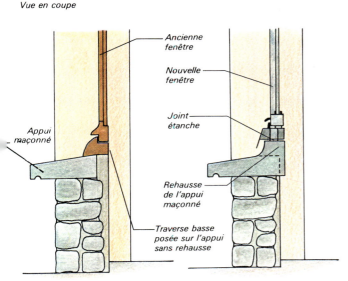

Le chauffage : l'adapter ou le refaire

La rénovation d'une installation de chauffage mérite une attention toute particulière, dans la mesure où les options à prendre seront décisives en matière d'économie de fonctionnement et de confort. A ce propos, on consultera utilement les pages 226 à 243 qui traitent du chauffage des constructions neuves.

Les incertitudes contemporaines touchant les sources d'énergie incitent d'abord à conserver, s'ils existent, ou à préférer, s'ils sont à créer, les systèmes de chauffage susceptibles de s'adapter avec un minimum de modifications à différentes sortes d'énergie.

Ce souci conduira donc à rechercher une production de chaleur centralisée, associée à un réseau de distribution qui la répartira dans chaque pièce. En cas de reconversion ultérieure à une autre source d'énergie, il suffira de modifier seulement l'organe de production de chaleur sans avoir besoin de retoucher le reste de l'installation.

Actuellement, cette formule correspond aux systèmes de chauffage à circulation d'eau ou d'air pulsé à partir d'une chaudière.

L'adaptation d'un chauffage existant

Certaines maisons anciennes sont déjà équipées d'une installation de chauffage central. On se trouve alors souvent en présence de radiateurs en fonte alimentés par des canalisations en acier d'assez gros diamètre, permettant un fonctionnement en thermosiphon à partir d'une chaudière également en fonte, prévue, le plus souvent, pour brûler du charbon.

Lorsque l'état général de l'équipement est satisfaisant, plusieurs modifications sont quand même utiles à apporter. La première concerne directement l'adaptation de la chaudière à un combustible d'utilisation plus pratique. Le choix se situe alors entre le fuel domestique, le gaz, voire l'électricité. A ce niveau, tout dépend de l'existence d'une solution de stockage ou de la proximité d'un éventuel réseau de distribution de gaz. A défaut de cette dernière possibilité de raccordement et si l'électricité ne peut être retenue pour des raisons d'isolation, il faudra se résoudre à aménager un emplacement pour le réservoir de stockage.

Les autres modifications qui peuvent s'imposer sont surtout liées à la répartition des radiateurs et au parcours des canalisations. Mais l'ampleur des travaux à entreprendre dépendra pour beaucoup de l'importance des projets de remaniement de l'espace intérieur de la maison. En effet, une redistribution assez largement repensée des pièces pourra obliger à supprimer certains radiateurs pour en rajouter d'autres. On peut alors tenter de réutiliser le matériel existant, à condition de tenir compte de son encombrement dans le nouvel agencement, ou bien décider de le remplacer par des corps de chauffe plus adaptés à l'habitat d'aujourd'hui.

Les constructeurs proposent en effet, actuellement, des produits très étudiés dont les dimensions peuvent résoudre beaucoup de problèmes. Il n'est d'ailleurs pas exclu d'intégrer des radiateurs en acier à une installation existante avec radiateurs en fonte. Cependant, dans la mesure où les conditions de fonctionnement en thermosiphon risquent de ne plus être maintenues, le recours à un accélérateur sera indispensable ; il offrira en outre une plus grande souplesse d'utilisation. En fait, l'adjonction d'un accélérateur est vivement conseillée dans tous les cas, même si l'on ne modifie pas les canalisations.

Le remaniement du chauffage peut aussi s'imposer à la suite d'une extension de la partie habitable ; il faut alors également penser à modifier en proportion la puissance de la chaudière. Pour les canalisations, il s'agit surtout d'une préoccupation d'ordre esthétique, à moins qu'elles ne soient corrodées par suite d'une vidange complète opérée depuis longtemps. Il faut alors reconstituer le circuit, mais avec des tubes de plus faible diamètre, donc plus discrets, ce que permettent les accélérateurs de circulation d'eau. Mais, qu'elles soient à remplacer ou à conserver, les canalisations doivent être calorifugées tout le long des parcours éventuellement situés en dehors de la partie chauffée de la maison. On réduira ainsi notablement les dépenses de chauffage.

Autre amélioration quasi indispensable : l'intégration d'un système de régulation, éventuellement couplé à une horloge programmable, qui procurera à la fois un confort et une économie très appréciables.

Une ancienne chaudière peut être remplacée par une chaudière au fuel domestique ou au gaz. Il existe des chaudières « polycombustibles » fonctionnant au fuel, au gaz ou à l'électricité. Des fabricants proposent des chaudières électriques à accumulation pouvant être couplées à des capteurs solaires.

Brûleur à fuel domestique

Brûleur à gaz

Chaudière au fuel domestique

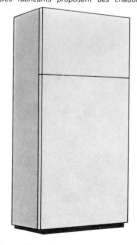

Chaudière électrique à accumulation

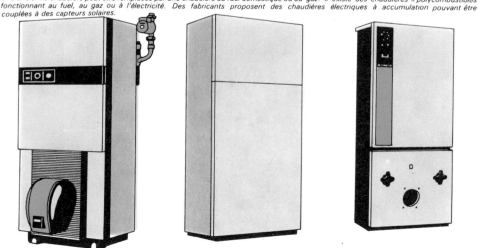

Chaudière polycombustible fuel - gaz - électricité

L'installation de chauffage est à créer

Dans bien des cas, l'installation de chauffage est à refaire entièrement, si elle n'est pas inexistante... Se pose alors le choix de l'énergie, du matériel et de son intégration dans l'aménagement intérieur projeté.

En fait, le choix de l'énergie est lié non seulement aux contraintes d'approvisionnement, mais aussi aux latitudes dont on dispose pour implanter la chaudière. Dans ce domaine, les circonstances peuvent être très diverses. On retiendra donc seulement deux cas assez fréquents.

Dans une première hypothèse, il peut exister un sous-sol ou des locaux annexes susceptibles d'accueillir une chaufferie. On peut alors y installer une chaudière au fuel domestique ou au gaz. Mais si de telles dépendances font défaut, la chaudière sera obligatoirement située à l'intérieur même de l'espace habitable et, dans ce cas, le gaz et l'électricité restent pratiquement les seules formules valables pour des raisons évidentes de propreté et de commodité. Il existe en particulier des chaudières murales au gaz et à ventouse qui ne nécessitent pas de conduit de fumée. Elles doivent être adossées à un mur extérieur.

Au niveau des corps de chauffe, toutes les ressources actuelles peuvent être exploitées : radiateurs en fonte, en acier ou en aluminium. On retiendra cependant que les radiateurs en acier sont les seuls à se présenter sous des formes extrêmement variées capables de résoudre presque toutes les difficultés d'implantation.

Au contraire, si l'on choisit un système de distribution de chaleur par air pulsé, la souplesse est beaucoup moins grande et, en l'absence de sous-sol, les gaines d'insufflation et éventuellement de reprise d'air doivent être disposées dans les plafonds des couloirs avec les sujétions de dissimulation que cela représente. En contrepartie, ces installations sont insensibles au gel et présentent donc un certain intérêt pour les maisons occupées à temps partiel.

Dans les chauffages à circulation d'eau chaude, il faut aussi organiser le tracé des canalisations qui vont alimenter les radiateurs. Pour les maisons anciennes, ce problème peut être plus facile à résoudre en adoptant systématiquement des tubes en cuivre et non en acier. En effet, à débit d'eau équivalent, les tubes en cuivre ont un diamètre extérieur plus faible que les tubes en acier, ils sont donc plus discrets. D'autre part, leur aptitude au façonnage les rend plus aptes à épouser la géométrie parfois compliquée des murs des maisons anciennes.

Le chauffage divisé

Le principe d'un chauffage pièce par pièce n'est pas, bien sûr, à écarter systématiquement.

Dans le cas de convecteurs électriques, le coût d'installation est nettement moins élevé que pour les systèmes précédents puisqu'il n'existe ni chaudière ni canalisations ou gaines de distribution. Mais pour que ce gain initial ne soit pas remis en cause par les frais de fonctionnement, il faut une amélioration de l'isolation thermique très importante, qui intervient donc indirectement dans le prix de revient de ce type de chauffage. Cependant, lorsque les approvisionnements en autres énergies sont difficiles à imaginer compte tenu des dessertes et des conditions locales, les convecteurs électriques constituent alors une solution intéressante.

On peut aussi penser aux convecteurs à gaz équipés de « ventouses » ou de « microventouses », qui permettent de se dispenser de conduits de fumée dans chaque pièce où ils sont installés. Mais ici, la différence de coût d'installation par rapport à un système à eau ou à air pulsé est beaucoup moins favorable. D'autre part, les pertes de chaleur ne se limitent pas à une seule évacuation de gaz brûlés ; elles sont à peu près proportionnelles au nombre de convecteurs puisque chacun d'eux rejette ses gaz brûlés encore chauds directement à l'extérieur. En outre, le débouché des ventouses en façade peut poser des problèmes d'ordre esthétique. Enfin, l'encombrement des appareils eux-mêmes est nettement plus important que celui d'un radiateur à eau ou d'un convecteur électrique, cela bien sûr à puissance égale.

L'un des avantages des radiateurs en acier réside dans la variété de leurs formes et de leurs dimensions.

La rénovation de l'équipement sanitaire

Objet d'innovations de plus en plus nombreuses et originales, l'équipement sanitaire reste sans doute l'un des soucis essentiels dans la rénovation des maisons anciennes. Les exigences actuelles en ce domaine sont, en effet, peu comparables aux besoins d'il y a seulement quelques dizaines d'années.
Aussi, les maisons anciennes sont-elles très rarement dotées du minimum de confort sanitaire devenu habituel et normal aujourd'hui. Cependant, en raison même des possibilités que proposent actuellement les fabricants, il devient relativement facile de résoudre le problème sanitaire dans la grande majorité des maisons quel que soit leur plan intérieur.

L'état de l'installation existante
Pour évaluer l'ampleur des travaux à entreprendre, il faut, d'un côté, examiner ce qui existe dans la maison, de l'autre, ce qui est nécessaire pour répondre aux besoins familiaux.
Le diagnostic doit porter d'abord sur la nature et l'état des canalisations en place. Si les tuyauteries sont en plomb, y compris pour l'alimentation en eau, on ne saurait trop vivement conseiller de tout refaire avec des matériaux plus sûrs et plus pratiques, comme on le verra plus loin. S'il s'agit de tubes en acier pour les arrivées d'eau, seul un examen du degré de corrosion interne permettra de dire s'ils peuvent être conservés. Néanmoins, il est plus prudent de les remplacer par principe.
Par contre, si les conduites principales d'évacuation sont en fonte et si elles ne présentent pas de fêlures, on peut, en général, les conserver sans risque. De même, si les canalisations sont en cuivre, on peut continuer à les utiliser sans inconvénient, sauf si les diamètres se révèlent insuffisants pour les modifications envisagées.
Les appareils sanitaires proprement dits seront à conserver ou à remplacer suivant leur état et leur aspect. Mais, le plus souvent, la robinetterie sera à changer systématiquement. On lui substituera des mélangeurs ou des mitigeurs plus pratiques, plus silencieux et de manœuvre plus agréable (voir les pages 212 à 215). Pour les autres problèmes, l'examen d'un cas extrême, où tout est à créer, permet d'aborder indirectement leur résolution.

L'implantation d'équipements sanitaires à créer
S'il est très simple d'amener une canalisation d'alimentation en eau à n'importe quel endroit d'une maison, on ne peut, par contre, évacuer correctement les eaux polluées que si les tuyauteries ont une pente et un diamètre suffisants sur un parcours sans trop d'obstacles. C'est donc en fonction des possibilités d'évacuation que les équipements sanitaires doivent être implantés. Cela est d'autant plus vrai pour les w.-c. en raison des diamètres nécessaires.
Lorsque la maison comporte un étage, il faut, en outre, examiner les conditions dans lesquelles se superposent les sanitaires de l'étage et ceux du rez-de-chaussée, toujours dans ce souci de collecter les eaux à évacuer.
L'implantation des équipements sanitaires ne peut pas être décidée indépendamment des possibilités de rejet des effluents vers le milieu naturel ou le réseau d'assainissement. Il est donc vivement conseillé d'étudier le parcours des canalisations sur un dessin de la maison vue en plan, mais aussi de le tracer sur des plans en coupe pour vérifier la possibilité de créer les pentes nécessaires. Il existe cependant des systèmes permettant de réduire le diamètre des canalisations de w.-c. Il s'agit notamment des broyeurs électriques, lesquels peuvent donc résoudre le problème s'il n'est vraiment pas possible de faire autrement.

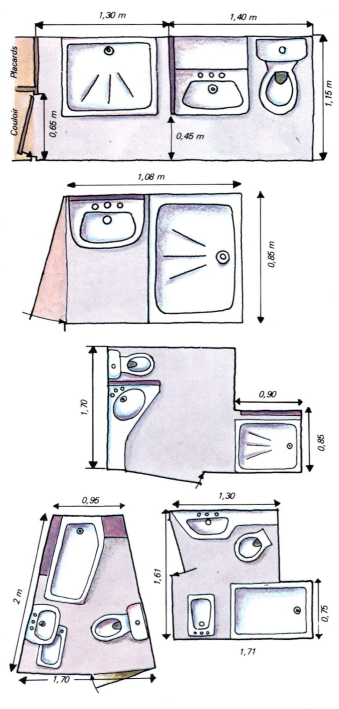

La diversité des appareils sanitaires permet de créer une salle de bains ou une seconde salle dans des espaces exigus ou au contour tourmenté

334

Les canalisations

Les problèmes à résoudre pour les canalisations sont principalement liés à la place dont on disposera pour les intégrer le plus discrètement possible à l'intérieur de la maison. Le choix s'orientera donc naturellement vers le cuivre et le plastique (P.V.C. par exemple) qui, à diamètres intérieurs égaux, présentent les plus faibles encombrements extérieurs.
En outre, ces matériaux offrent de grandes possibilités quand il s'agit d'adapter les canalisations à des tracés complexes. Mais on ne doit pas pour autant oublier de donner aux tuyauteries d'évacuation le parcours le moins accidenté possible afin d'éviter les engorgements et les bruits.
Pour les conditions de mise en œuvre et le choix des diamètres, on se reportera aux pages 202 et 205.

Des pièces adaptées

Lorsqu'une maison ancienne ne dispose pas de pièces réservées aux installations sanitaires, il faut donc les créer. En plus des problèmes de cloisonnement, il faut souvent aménager aussi les sols.
Ainsi, pour réaliser une salle de bains en étage, sur un plancher en bois, des mesures sont à prendre pour pallier les risques d'humidité. Une bonne solution, applicable d'ailleurs dans d'autres cas, consiste alors à réaliser une dalle mince en béton à l'emplacement de la salle d'eau. Pour un plancher en bois, cette opération sous-entend la dépose du parquet et des lambourdes, puis le coulage de la dalle sur un coffrage disposé au niveau des solives.
On peut donc obtenir de cette façon une épaisseur de béton d'environ 5 à 6 cm qui, associée à une armature en treillis soudé, offrira une résistance suffisante.

Les appareils sanitaires

Au contraire d'une maison neuve, où les dimensions des pièces destinées à recevoir des équipements sanitaires peuvent être déterminées en fonction de l'encombrement des appareils qui y seront installés, dans une maison ancienne, il faut adapter les appareils sanitaires à la place dont on dispose. Dans bien des cas, les maisons anciennes sont assez vastes pour ne pas soulever de problème ; cependant, il peut arriver que les contraintes liées aux écoulements obligent à utiliser un espace plus réduit ou de configuration particulière.
Mais la variété des fabrications actuelles est telle qu'il est presque toujours possible de loger un maximum d'équipements dans un minimum de place. C'est ainsi par exemple, qu'il existe des receveurs de douche, des lavabos et des baignoires qui affectent des formes si diverses que le moindre espace peut les accueillir. On propose même aujourd'hui des blocs de w.-c. équipés de lave-mains intégrés au réservoir de chasse.
Pour guider le choix du lecteur de façon plus précise, on peut distinguer deux solutions : la première est l'adoption d'appareils préassemblés en blocs compacts qui réunissent, par exemple, le lavabo, la baignoire et le bidet. En second lieu, on peut préférer un agencement personnalisé d'appareils sélectionnés suivant différents critères.
On doit penser à dissimuler les canalisations qu'on doit laisser facilement accessibles en cas d'incident. Les appareils encastrables dans des meubles qui offrent par ailleurs, des possibilités de rangement intéressantes constituent certainement l'une des solutions les plus adaptées aux maisons anciennes. En effet, derrière les meubles réalisés sur mesure, les tuyauteries seront soustraites aux regards. En ouvrant les portes ou en retirant les tiroirs, on pourra les atteindre.

Des coffres en panneaux de contre-plaqué démontables permettent de dissimuler les canalisations tout en réservant la possibilité de les réparer dans de bonnes conditions

L'association appareils sanitaires-meubles de rangement est une solution très pratique et qui offre aussi l'avantage de soustraire au regard la majeure partie des canalisations

Il faut refaire l'installation électrique

Bien souvent, l'installation électrique d'une maison ancienne est à refaire entièrement. Il s'agit à la fois d'un problème de sécurité et de confort. En effet, on se trouve presque toujours en présence de circuits électriques apparents non réglementaires, avec fils sous moulures ou sous tubes comportant des épissures, et des appareillages vétustes posés en applique sur les murs. En outre, compte tenu des équipements électroménagers dont on dispose couramment aujourd'hui, les fils et les prises de courant ne sont pas utilisables sans adaptation.

La modification du branchement

La première démarche à effectuer avant de refaire l'installation électrique concerne le branchement au réseau E.D.F. et donc la puissance à souscrire en même temps que l'emplacement du compteur et du disjoncteur général.
On doit donc d'abord estimer ses propres besoins compte tenu des équipements consommateurs d'électricité que l'on prévoit d'utiliser (voir les pages 248 et 249).
D'autre part, on détermine le nouvel emplacement du compteur en fonction du réaménagement intérieur projeté.
Il reste ensuite à prendre contact avec l'E.D.F. qui réalisera les modifications correspondantes.

Les prises de terre

Il n'existe pratiquement jamais de prise de terre dans les maisons anciennes. On devra donc en installer une et y penser le plus tôt possible. En effet, les autres travaux de rénovation impliquent parfois le creusement de tranchées pour aménager ou réparer des canalisations. La prise de terre peut alors être réalisée (comme indiqué aux pages 252 et 253) en plaçant au fond d'une telle tranchée avant son remblaiement un câble en cuivre nu, ou un feuillard en acier galvanisé. Si les travaux sont plus simples, on enfonce des piquets spéciaux dans le sol de la cave, par exemple, et à une profondeur qui peut varier suivant les terrains rencontrés. Les spécialistes disposent d'appareils de mesure permettant de déterminer la profondeur nécessaire dans chaque cas.

Les coupe-circuit

En complément du disjoncteur général et de la prise de terre, les différents circuits de la future installation seront protégés par des dispositifs de sécurité complémentaires : les coupe-circuit. A ce propos, on se reportera à la page 251 qui en précise les conditions d'emploi.

L'installation

Les principes déjà exposés précédemment (voir page 250) sont bien sûr applicables au cas des maisons anciennes et l'on s'y reportera utilement. Cependant, l'encastrement des conduits électriques pose des problèmes quelque peu différents. La maison étant déjà construite, il faut, en effet, trouver des moyens simples pour les dissimuler au mieux.
On peut évidemment envisager de pratiquer systématiquement des saignées dans les murs, les plafonds et les cloisons, mais on peut aussi profiter de la configuration de la maison et des autres travaux de rénovation pour éviter la plupart de ces saignées.
Ainsi, on choisira d'abord l'emplacement du compteur, de façon à utiliser un placard ou le dessous d'un escalier pour le loger à l'abri des regards. Si, par ailleurs, on a entrepris de refaire les revêtements de sol, on peut incorporer des conduits dans l'épaisseur des nouvelles chapes pour alimenter, par exemple, des prises de courant.
On peut aussi faire passer des conduits sous des parquets en étage et alimenter ainsi les points lumineux des plafonds des pièces du dessous. Pour l'éclairage de l'étage lui-même, on utilisera, par exemple, le grenier.
Une autre solution particulièrement adaptée à la rénovation consiste à poser des plinthes « électriques » qui sont, en réalité, une version moderne des anciennes moulures.
Enfin, si l'on a prévu la pose de doublages isolants sur les murs extérieurs, on peut aussi loger des conduits électriques dans leur épaisseur.
D'autres possibilités pourront exister si la maison est sur un sous-sol, dans lequel il est alors souvent facile d'installer les réseaux électriques qui desserviront le rez-de-chaussée.
Si d'anciens fils électriques existent dans l'épaisseur des planchers, il est souvent possible de s'en servir pour « aiguiller » ou « tirer » à leur place les nouveaux conducteurs.
La mise en œuvre de faux plafonds dans les couloirs permet aussi de créer des sortes de gaines techniques où l'on peut faire passer des conduits électriques.
Les encastrements qui nécessiteront des saignées peuvent donc être réduits aux seuls tronçons de conduits situés entre les plafonds ou les sols et les appareillages (interrupteurs, prises).

Pose de conduits lors de la réfection des chapes et des revêtements de sol

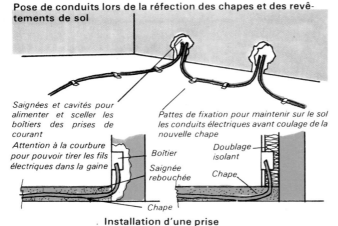

Installation d'une prise

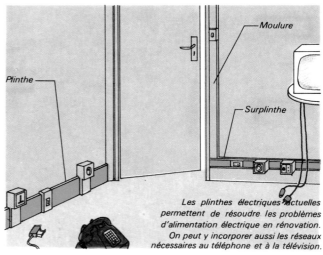

Les plinthes électriques actuelles permettent de résoudre les problèmes d'alimentation électrique en rénovation. On peut y incorporer aussi les réseaux nécessaires au téléphone et à la télévision.

L'aération d'une maison ancienne

L'amélioration des conditions de confort en hiver dans une maison ancienne suppose non seulement un renforcement de l'isolation thermique, mais aussi la suppression des passages d'air sous les portes et aux jointures des fenêtres.
Cependant, il peut être gênant, voire dangereux, de chercher à rendre une maison presque hermétique, surtout si l'on y utilise des appareils fonctionnant au gaz. Un minimum d'aération doit donc subsister en permanence. Certaines dispositions pourront, d'ailleurs, être semblables à celles des maisons neuves décrites aux pages 244 à 247, auxquelles on se reportera.

La cuisine
Il est indispensable de prévoir la ventilation de la cuisine pour évacuer les dégagements de vapeur d'eau et les fumées qui se produisent lors de la préparation des repas. Si l'on a amélioré l'étanchéité des menuiseries extérieures, il faut aménager une arrivée d'air particulière. Elle peut être située directement dans une paroi de la cuisine donnant sur l'extérieur, mais avec l'inconvénient de recréer un inconfortable courant d'air.
Une formule plus agréable consiste à disposer des entrées d'air autoréglables dans le haut des fenêtres d'une pièce principale attenante à la cuisine. Ainsi, en prévoyant un jour suffisant sous l'éventuelle porte de séparation entre les deux pièces, la cuisine sera alimentée par de l'air déjà réchauffé, sans gêne pour les occupants.
Il doit aussi exister un exutoire permettant le rejet à l'extérieur de l'air pollué. On pourra souvent utiliser à cette fin un ancien conduit de fumée après l'avoir remis en état, le cas échéant. On peut aussi se servir du conduit d'évacuation des gaz brûlés d'une chaudière si celle-ci est installée dans la cuisine.
Mais les cuisines des maisons anciennes sont assez fréquemment équipées d'une grande hotte couvrant tout un mur de la pièce. On peut donc la conserver en y adaptant éventuellement un système d'extraction mécanique, ou bien lui substituer une hotte moderne qui devra être raccordée au conduit existant par une tubulure métallique.
L'extracteur, ou la hotte, devra évidemment être implanté au-dessus de l'appareil de cuisson. L'avantage de disposer dans tous les cas d'une aspiration créée par un système mécanique permet à la fois d'améliorer le renouvellement d'air et de l'adapter aux besoins réels.

D'anciennes hottes ou cheminées de cuisines peuvent être réaménagées pour participer au décor en même temps qu'au renouvellement d'air

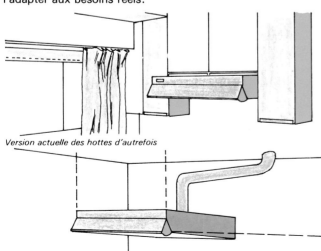
Version actuelle des hottes d'autrefois

Les salles d'eau et les W.-C.
Il n'est pas indispensable de ventiler en permanence les salles d'eau et les W.-C. si ces pièces disposent de fenêtres donnant sur l'extérieur. Mais les contraintes d'aménagement des installations sanitaires dans les maisons anciennes ne permettent pas toujours de remplir cette condition, sauf à créer des ouvertures supplémentaires qui peuvent poser d'autres problèmes. Des solutions analogues à celles qui ont été évoquées pour la cuisine sont alors à mettre en œuvre, dans des proportions cependant plus réduites.

La chaufferie
Si le générateur de chaleur qui alimente l'installation de chauffage consomme un combustible provoquant des dégagements de gaz nocifs, il doit être évidemment raccordé à un conduit de fumée. Mais il faut aussi alimenter les brûleurs en air frais. On peut ici aussi adopter des solutions comparables à celles qui ont été préconisées pour la cuisine. Par contre, si la chaudière est à ventouse, l'obligation d'une ventilation particulière disparaît (voir les pages 226 et 227).

Les pièces principales
Elles ne nécessitent pas obligatoirement une ventilation permanente. L'aération par l'ouverture des fenêtres constitue une mesure suffisante dans la plupart des cas. En outre, il est fréquent de conserver ou de construire une cheminée à feu ouvert au moins dans une pièce de séjour, ce qui favorise très fortement le renouvellement de l'air ambiant lorsqu'un feu est allumé.

Le séchoir ou le cellier
Dans les pièces réservées au lavage et surtout au séchage du linge, d'importants dégagements de vapeur d'eau se produisent. Il est donc nécessaire de créer une aération quasi permanente, ce qui présente d'ailleurs l'avantage de faire sécher le linge plus rapidement.

annexes

Les adresses utiles

Les organismes d'information

A l'échelon départemental ou régional
- Direction Départementale de l'Equipement (D.D.E.) : adresse précisée par les Services Techniques des mairies. Chaque D.D.E. intervient notamment dans les formalités de permis de construire, de prêts avec aide de l'Etat, etc. Elle peut, de plus, fournir les adresses des organismes ci-après :
- Agence Nationale pour l'Amélioration de l'Habitat (A.N.A.H.), qui possède un délégué dans chaque D.D.E.
- Centre d'Information Logement agréé par l'Association Nationale pour l'Information Logement (A.N.I.L.)
- Centre P.A.C.T. pour les travaux de rénovation
- Conseil en Architecture, Urbanisme et Environnement (C.A.U.E.)
- Fédération Départementale d'Habitat Rural (F.D.H.R.) regroupée à la Fédération Nationale de l'Habitat Rural (F.N.H.R.)
- Service Conseil Logement, affilié à la Fédération Nationale des Services Conseil Logement
- Union Régionale des Organismes de Consommateurs (U.R.O.C.) : la liste des U.R.O.C. et leurs adresses peut être demandée à l'Institut National de la Consommation (I.N.C.)

A l'échelon national et à caractère général
- Agence Nationale pour l'Amélioration de l'Habitat
  17, rue de la Paix - 75002 Paris
- Association Qualitel
  60, rue de la Chaussée-d'Antin - 75009 Paris
- Association Nationale pour l'Information Logement (A.N.I.L.)
  2, boulevard Saint-Martin - 75010 Paris
- Centre d'Etudes et de Documentation pour l'Equipement du Foyer (C.E.D.E.F.)
  Avenue d'Iéna - 75016 Paris
- Centre de Documentation et d'Information de l'Assurance (C.D.I.A.)
  2, rue Chaussée-d'Antin - 75009 Paris
- Fédération Nationale du Centre P.A.C.T.
  Place de Véne - 75013 Paris
- Fédération Nationale pour l'Habitat Rural (F.N.H.R.)
  27, rue de La Rochefoucauld - 75009 Paris
- Fédération Nationale des Services Conseil Logement
  46, rue de l'Echiquier - 75010 Paris
- Institut National de la Consommation (I.N.C.)
  80, rue Lecourbe - 75015 Paris
- Organisme Professionnel de Qualification et de Classification du Bâtiment (O.P.Q.C.B.)
  7, rue La Pérouse - 75784 Paris Cedex 16
- Union Nationale des Associations Familiales (U.N.A.F.)
  Place Saint-Georges - 75009 Paris

A l'échelon national, selon rubriques particulières
Bois
- Centre Technique du Bois (C.T.B.)
  10, avenue de Saint-Mandé - 75012 Paris

Butane, propane
- Comité Professionnel du Butane et du Propane
  4, avenue Hoche - 75008 Paris

Eclairage
- Association Française de l'Eclairage
  52, boulevard Malesherbes - 75008 Paris

Economies d'énergie
- Agence pour les Economies d'Energie (A.E.E.)

Electricité
- Association pour le Développement et l'Amélioration des Installations Electriques d'Immeubles (Promotélec)
  52, boulevard Malesherbes - 75008 Paris
- Comité National pour la Sécurité des Usagers de l'Electricité (CO.N.S.U.EL.)
  52, boulevard Malesherbes - 75008 Paris
- Union Technique de l'Electricité (U.T.E.)
  12, place des Etats-Unis - 75016 Paris

E.D.F.-G.D.F.
- Centre d'Information E.D.F.-G.D.F. du Bâtiment (CE.G.I.BAT.)
  42-46, rue du Rocher - 75004 Paris

Pétrole
- Comité Professionnel du Pétrole (C.P.P.)
  51, boulevard de Courcelles - 75008 Paris

Plomberie sanitaire
- Centre d'Information de Plomberie Sanitaire et d'Equipement Ménager (C.I.P.)
  60, rue de Maubeuge - 75009 Paris

Les organismes professionnels

- Fédération Nationale du Bâtiment (F.N.B.)
  3, avenue Kléber - 75016 Paris
- Ordre des Architectes
  140, avenue Victor-Hugo - 75116 Paris
- Service Technique de l'Assurance Construction (S.T.A.C.)
  2, rue du Pont-Neuf - 75001 Paris
- Syndicat des Contractants Généraux pour la Construction de Maisons Individuelles (CO.GE.MI)
  22, rue Chauchet - 75009 Paris
- Syndicat des Maisons Individuelles (S.M.I.)
  9, rue La Pérouse - 75784 Paris Cedex 16
- Union Nationale des Syndicats d'Architectes (U.N.F.S.A.)
  116, boulevard Raspail - 75006 Paris
- Confédération des Artisans et des Petites Entreprises du Bâtiment (C.A.P.E.B.)
  49, boulevard de Port-Royal - 75013 Paris
- Chambre Syndicale des Industries de la Piscine (C.S.I.P.)
  22, rue du Général-Foy - 75008 Paris
- Union Nationale des Techniciens de l'Économie de la Construction (U.N.T.E.C.)
  8, avenue Percier - 75008 Paris
- Syndicat National Professionnel des Métreurs-vérificateurs-spécialistes
  14, boulevard Montmartre - 75009 Paris
- Ordre des Géomètres experts
  40, avenue Hoche - 75008 Paris
- Fédération Nationale des Promoteurs Constructeurs (F.N.P.C.)
  106, rue de l'Université - 75007 Paris

La société de contrôle technique Socotec dont les agences en France sont les suivantes :

47000 AGEN, Tour Victor-Hugo
50, boulevard Carnot
Tél. : (58) 66.27.94

13090 AIX-EN-PROVENCE
Immeuble le Mansard "B"
Place Romée-de-Villeneuve
Tél. : (42) 59.51.47

20000 AJACCIO, Parc Belvédère - Route du Salario
Tél. : (95) 21.18.15

30100 ALÈS
25, rue Jules-Guesde
Tél. : (66) 52.13.24/52.01.95

80000 AMIENS, 4, rue de la 2e D.B.
Tél. : (22) 91.67.03

49002 ANGERS CEDEX
122, rue du Château-d'Orgemont
B.P. 206
Tél. : (41) 66.36.69

74000 ANNECY CRAN-GEVRIER
2, rue de la République
Tél. : (50) 57.19.08

62000 ARRAS, 7, place du Wetz-d'Amain
Tél. : (21) 21.61.49

92600 ASNIÈRES, 12, avenue Faidherbe
Tél. : 733.39.40

15000 AURILLAC, 13, rue du Palais-de-Justice
Tél. : (71) 48.41.58

84000 AVIGNON, 18, boulevard Saint-Michel
Tél. : (90) 82.12.36

20200 BASTIA
Résidence Plein-Sud
Avenue Paul-Giacobbi - Bât. D
Tél. : (95) 31.50.20/31.54.6.

64100 BAYONNE, Résidence "Pauln..
Allée Paulmy
Tél. : (59) 25.65.71 et 25.6.

90000 BELFORT
12, rue de Châteaudun
Tél. : (84) 21.51.45

25000 BESANÇON, 26, rue Chifflet
Tél. : (81) 81.18.12

34500 BEZIERS, 10, av. Enseigne-Albertini
Tél. : (67) 62.26.31

93153 BLANC-MESNIL
Centre d'affaires Paris-Nord
Le Continental - B.P. 306
Tél. : 865.42.37

41000 BLOIS
Résidence Le Haut-Plessis
111, rue du Bourg-Neuf
Tél. : (54) 78.97.82

33081 BORDEAUX CEDEX
Résidence du Parc-des-Chevaliers
Bâtiment A - 67, rue Chevalier
Tél. : (56) 44.90.16

62200 BOULOGNE-SUR-MER
Quai Gambetta - Building B
Tél. : (21) 30.05.74 et 30.25.29

01000 BOURG-EN-BRESSE
11, rue De-Lattre-de-Tassigny
Tél. : (74) 21.20.17

18000 BOURGES, Résidence Montaigu
1 ter, rue Cuvier
Tél. : (48) 24.34.62

38300 BOURGOIN-JALLIEU, 4, rue du Collège
Tél. : (74) 93.11.93

29200 BREST, 1, rue de Tourville
Tél. : (98) 44.54.66

19100 BRIVE, 5, boulevard du Salan
Tél. : (55) 23.18.67

14200 CAEN-HEROUVILLE-SAINT-CLAIR
Rue Marie-Curie,
Zone Industrielle "La Sphère"
Tél. : (31) 93.33.66

06400 CANNES, "Villa Pax"
160, avenue du Petit-Juas
Tél. : (93) 45.41.00

11000 CARCASSONNE, 14, rue du Palais
Tél. : (68) 47.94.86

71100 CHALON-SUR-SAÔNE
2 C, avenue Boucicaut
Pointe de la Colombière
Tél. : (85) 48.41.74

08100 CHARLEVILLE-MÉZIÈRES
4, place Henri-Dunant
Tél. : (24) 56.02.87

73000 CHAMBÉRY, 612, bd de Bellevue
Tél. : (79) 69.47.09

36000 CHATEAUROUX, 14, place Saint-Cyran
Tél. : (54) 34.95.05

50100 CHERBOURG, 61-63, rue Ludé
Tél. : (33) 43.21.77

63000 CLERMONT-FERRAND
10, rue Marmontel
Tél. : (73) 93.23.84

04000 DIGNE, 13, boulevard Victor-Hugo
Tél. : (92) 31.10.38

59140 DUNKERQUE
1, rue Emmery
Tél. : (28) 66.59.15

38130 ECHIROLLES
1, rue du Dr.-Pascal
Z.A. du Rondeau
Tél. : (76) 22.34.45

77309 FONTAINEBLEAU, 21, rue d'Avon
Tél. : 422.21.77

05000 GAP, 3, rue Roland-Garros
Tél. : (92) 51.61.39

21121 FONTAINE-LÈS-DIJON
Immeuble Broges IV
2, rue du Dauphiné
Tél. : (80) 43.11.34

17025 LA ROCHELLE, 62-64, av. E.-Grasset, Bât. C
Tél. : (46) 67.12.21

53000 LAVAL
40, boulevard Félix-Grat
Tél. : (43) 56.24.30

93350 LE BOURGET, 18, rue Pierre-Curie
Tél. : 837.35.76 et 837.35.77

76064 LE HAVRE
157, bd de Strasbourg
B.P. 1203
Tél. : (35) 21.25.21 et 21.29.49

72000 LE MANS
74, av. du Général-de-Gaulle
Tél. : (43) 24.98.05

43000 LE PUY
16, avenue Clément-Charbonnier
Tél. : (71) 09.11.93

59044 LILLE, 34, rue Jacquemars-Giélée
Tél. : (20) 57.34.03 et 54.64.55

87000 LIMOGES, 27, cours Bugeaud
Tél. : (55) 79.55.56

39000 LONS-LE-SAUNIER
Résidence Soleil et Vue
28, rue Pierre-Hebmann
Tél. : (84) 47.09.01

56108 LORIENT, 45, rue Amiral-Courbet
B.P. 354
Tél. : (97) 21.03.30

69427 LYON CEDEX 3 (LYON I et II)
Immeuble PDG La Part-Dieu
4, boulevard Eugène-Deruelle
Tél. : (7) 862.65.11

71007 MACON, 5, rue des Marans
B.P. 184
Tél. : (85) 38.66.54

13297 MARSEILLE CEDEX 02 (Ville et Province)
Château Sec Le Provence
10, boulevard de la Gaye
Tél. : (91) 75.91.30

77100 MEAUX, 12, rue Longperrier
Tél. : 434.26.30 et 424.26.31

57011 METZ
13, quai Félix-Maréchal
B.P. 686
Tél. : (8) 775.29.70

34000 MONTPELLIER, 130, avenue de Palavas
Tél. : (67) 92.19.25

03400 MOULINS-YZEURE
25, rue de la Baigneuse
Tél. : (70) 44.76.09

68055 MULHOUSE CEDEX
10, rue de l'Est - B.P. 1287
Tél. : (89) 45.67.27

54014 NANCY
84, quai Claude-Le-Lorrain
Porte Desilles, B.P. 3337
Tél. : (8) 335.48.86

44800 NANTES-SAINT-HERBLAIN
18, rue du Coutelier, Z.I.
Tél. : (40) 46.00.76

11100 NARBONNE
C.R.I. de Croix-Sud
Tél. : (68) 41.11.70

58000 NEVERS, 12, rue Saint-Genest
Tél. : (86) 57.27.31

06000 NICE, 18, rue du Congrès
Tél. : (93) 87.27.21

30039 NIMES, 67 bis, rue Roussy
Tél. : (66) 67.64.85

79000 NIORT
13, rue de l'Ancien-Champ-de-Foire
Tél. : (49) 24.27.74

94130 NOGENT-SUR-MARNE
6, place Pierre-Sémard
Tél. : 873.62.90

45000 ORLÉANS
Le Masséna
122, rue du Faubourg-Saint-Jean
Tél. : (38) 43.20.82/53.79.75

75040 PARIS CEDEX 01
(Est, Nord, Ouest)
4, rue du Colonel-Driant
Tél. : 233.21.83

24000 PÉRIGUEUX
1, rue Jean-Jaurès
Trélissac
Tél. : (53) 54.40.04

66000 PERPIGNAN
Résidence Concorde V
Boulevard Kennedy
Tél. : (68) 50.35.96

86000 POITIERS, 7, avenue Robert-Schumann
Tél. : (49) 47.55.66

95300 PONTOISE, 38, rue de Rouen
Tél. : 031.30.68

29106 QUIMPER CEDEX
25, rue Pen Ar Stang - B.P. 188
Tél. : (98) 90.24.1.

51095 REIMS, 10, rue Saint-Hilaire
Tél. : (26) 47.23.65

35100 RENNES
18, avenue du Sergent-Maginot
Tél. : (99) 65.07.99

42300 ROANNE-RIORGES
Rue Laurent-Franck
Lotissement Les Peupliers
Tél. : (77) 72.22.29

12000 RODEZ, 5, rue Paraire
Tél. : (65) 68.18.68

76140 ROUEN-LE PETIT QUEVILLY
69, rue Pierre-Sémard
Tél. : (35) 62.27.27

93110 ROSNY-SOUS-BOIS
5-7, allées des Écoles
Tél. : 528.60.00

22000 SAINT-BRIEUC
1, rue Villiers-de-l'Isle-Adem
Tél. : (96) 61.13.86

42009 SAINT-ÉTIENNE
97, cours Fauriel - B.P. 79
Tél. : (77) 25.01.17

91700 SAINTE-GENEVIÈVE-DES-BOIS
211, avenue Gabriel-Péri
Tél. : 015.67.62

35400 SAINT-MALO
68, Chaussée du Sillon
Tél. : (99) 56.17.33

44600 SAINT-NAZAIRE
28, rue du Général-de-Gaulle
Tél. : (40) 22.26.45

83700 SAINT-RAPHAEL
50, rue des Châtaigniers
Tél. : (94) 52.06.22 - 52.09.43

13300 SALON-DE-PROVENCE
641, boulevard des Blazots
Tél. : (90) 56.03.90/56.13.72/56.07.91

60300 SENLIS
Val d'Aunette
8, route de Creil
Tél. : (4) 453.50.22 et 453.52.25

67085 STRASBOURG,
5, rue Jacques-Kablé
Tél. : (88) 36.33.74

65000 TARBES
Résidence Marcadieu
Tél. : (62) 93.51.80

83200 TOULON
Les Roches Blanches
Avenue Amiral-de-Grasse
Tél. : (94) 22.03.42

31400 TOULOUSE
Rue Jean-Rodier, Z.I. de Montaudran
Tél. : (61) 20.11.52

37000 TOURS
24, avenue du Général-de-Gaulle
Tél. : (47) 64.54.80

10010 TROYES
1, avenue du Maréchal-de-Lattre-de-Tassigny
B.P. 2010
Tél. : (25) 81.01.21 et 81.23.54

26000 VALENCE,
27, rue Amblard
Tél. : (75) 43.41.25

59300 VALENCIENNES
Place Winston-Churchill
Résidence Vauban
Tél. : (27) 46.60.02 et 46.64.83

92170 VANVES, 6, avenue Pasteur
Tél. : 644.01.35

78000 VERSAILLES (I et II)
54, rue du Maréchal-Foch
Tél. : 950.78.85 et 950.54.68)

70000 VESOUL
4, place du Grand-Puits
Tél. : (84) 75.18.55)

94800 VILLEJUIF
114, boulevard Maxime-Gorki
Tél. : 726.58.63

- Siège social et direction générale :
  Tour Maine-Montparnasse
  33, avenue du Maine - 75755 Paris Cedex 15
  Tél. 538.52.73
- Services centraux techniques : Les Quadrants
  3, avenue du Centre - 78182 St Quentin en Yvelines
  Tél. 043.99.13

Dans le domaine spécifique de la Maison Individuelle, les agences Socotec peuvent vous faire bénéficier des interventions du centre Socotec Assistance le plus proche.

L'information du particulier

Les textes techniques réglementaires
Ces textes se trouvent résumés dans le présent livre. Toutefois, pour plus de détails, le lecteur pourra utilement se reporter aux documents particuliers ci-après :

- Documents diffusés par le Centre Scientifique et Technique du Bâtiment (C.S.T.B.),
  4, avenue du Recteur-Poincaré - 75016 Paris
  - Avis techniques concernant notamment :
    Boisseaux et conduits de fumée spéciaux
    Ciments colles, mortiers colles, adhésifs sans ciment
    Couvertures spéciales
    Panneaux isolants
    Planchers préfabriqués
    Revêtements de sols non traditionnels

  - Documents techniques unifiés (D.T.U.)
    D.T.U. 20-11 : Parois et murs en maçonnerie
          31-2 : Maisons traditionnelles à ossature en bois
          40-11 : Couvertures en ardoise naturelle
          40-12 : Couvertures en ardoise amiante ciment
          40-14 : Couvertures en bardeaux bitumés
          40-21 : Couvertures en tuiles à emboîtement ou tuiles canal
          40-22 : Couvertures en tuiles plates
          40-24 : Couvertures en tuiles béton
          40-31 : Couvertures en plaques ondulées d'amiante ciment
          43   : Etanchéité des toitures terrasses

- Normes diffusées par l'Association Française de Normalisation (A.F.NOR.), Tour Europe - 92080 La Défense Cedex 7.92
  - NF P 06-001 - Charges d'exploitation des bâtiments
  - NF P 06-002 - Garde-corps

La documentation des organismes professionnels
(voir adresses pages suivantes) comprenant notamment :
- E.D.F. : livret de l'usager

- Chambre Syndicale des Industries de la Piscine (C.S.I.P.)
  Cahier des charges applicable à la construction des piscines de techniques nouvelles
  Conditions générales de ventes et de garantie des piscines
  Piscines familiales et environnement

- Promotélec
  Locaux d'habitation, installations électriques intérieures

ainsi que d'assez nombreux documents diffusés par certains des organismes d'informations cités pages suivantes : A.E.E., A.N.A.H., C.T.B., Association Française de l'Eclairage, etc.

Les ouvrages spécialisés
- Guide du financement du logement neuf et ancien (1980) par Frédérik Schaufelberger, Editions du Moniteur
- J'aurai ma maison (1978) par François Cazenave et Robert Moran, Compagnie Française d'Editions
- La maison sur mesure (1977) par Jacques Tournus, Editions du Moniteur

La presse spécialisée
- Batiguide, 8, rue Richelieu, 75001 Paris
- La maison individuelle, 40, rue du Colisée, 75381 Paris Cedex
- Le particulier,
  21, boulevard Montmartre, 75082 Paris Cedex 2
- Piscines, 9, rue Condorcet, 94800 Villejuif

Les salons
- Batimat (biennal)
- Maisons individuelles (annuel)

index/lexique

table

Index / Lexique 1

Pour permettre au lecteur d'obtenir une information immédiate concernant tel ou tel terme dont la signification lui paraîtrait obscure, ou simplement pour retrouver rapidement un article à l'intérieur de l'ouvrage, nous avons dressé la liste, par ordre alphabétique, de tous les mots clefs composant cette encyclopédie.

Les chiffres en **gras** suivant ces mots renvoient, soit à la page où le sujet est exposé, soit aux pages dans lesquelles il reçoit une explication ou un développement importants.

Les chiffres en maigre, eux, renvoient aux pages où le sujet est cité, ou reçoit un complément d'information.

Quant aux chiffres en *italique*, ils indiquent les pages dans lesquelles le sujet est illustré. Pour certains mots techniques, enfin, vous trouverez directement la définition correspondante avec, le cas échéant, un numéro renvoyant à la page où le sujet est traité.

284 = explication principale ou développement important
284 = citation ou complément
284 = illustration

A

Abonnement E.D.F. : 248 / *249*
Abords : **287** / 296
Achat (d'un terrain) : 55
— d'une maison neuve : **60**
Achèvement des travaux d'équipement : 54
Acier (à adhérence améliorée) : 89
Acrotère : 131
Adaptation (aux besoins familiaux) : 15
Adoucisseur : appareillage permettant de réduire la quantité de calcaire dissous dans l'eau, ce qui supprime notamment le dépôt de tartre dans les canalisations. **203**
Aérateur : *213*
Aération : 14 / **224** / 246 / 247 / **337**
Affaissements (miniers et de fontis) : 37
Affouillement : 76
Agent immobilier : 60
Agrandissement : **307**
Agréé en architecture : 18 / 52 / 56
Agrément Socotec : 64
Aide personnalisée au logement : 58
Alarme : 154
— transmetteur automatique : 155
— sonore : 155
Alignement : 32
Alimentation en eau : 200
Ampère (A) : unité de mesure de l'intensité d'un courant électrique. 248.
Anode de protection : dispositif protégeant de la corrosion, notamment les chauffe-eau électriques. 203 / *211*
Antenne : **264** / 297
Antennes de télévision : 163
Antivol électronique : **154**
Appareillage électrique : **254**
Appareillage des maçonneries : dispositions particulières d'assemblage des maçonneries de mur et de dallage *88*

Appareils sanitaires : **216** / **217** / 218
Apport personnel : 58
Appuis : 94
Arbalétrier : pièce de ferme de charpente disposée parallèlement au versant de toiture et supportant les pannes. *104* / *108* / *323*
Arbre : 72 / *36*
Architecte diplômé : 18 / 52 / 54 / 56 / 60 / 293
Ardoise : 22 / 23 / 25 / 29 / 31 / 125 / 118 / 120 / 123 / 311
Remplacement de — : *299*
Arêtiers : pièce de charpente disposée à l'intersection de 2 versants de toitures. *108* / 120
Argile : 74
Arrivée (d'air frais) : 226
Armature : 69
Artisan : 18 / 52
Assemblage complexe : **14**
Assemblage (rainuré - bouveté)112
Asphalte : 131
Aspirateur dynamique : *167*
Association Française de Normalisation (A.F.N.O.R.) : 63
Assurance : 279 / 293
— Décès invalidité : 58
— Dommage : 294
— Incendie : 292
— Multirisques habitations : 292
— Responsabilité : 294
Attestation (d'assurance) : 52
— Consuel : 292
— Gaz de France : 292
— de qualité : 64
Auvent : 188
A-valoir : *166* / 167
Avis Technique : avis formulé par le Centre Scientifique et Technique du Bâtiment sur les procédés non traditionnels de construction. 63 / 86 / 91 / 92 / 104 / 112 / 113 / 123 / 134 / 153 / 164 / 172 / 177 / 182

B

Bacula : lattes de bois reliées mécaniquement et utilisées

dans la réalisation des plafonds en plâtre. 174
Baie (création ou agrandissement) : 312
Baignoire : 205 / 211 / **218**
Balcon : 15 / 97 / **98** / 317
Ballast : accessoire de tube fluorescent régularisant son fonctionnement. 257
Bande à larmier : bande métallique canalisant l'écoulement des eaux de pluie en les écartant de la sous-face d'une couverture, d'une saillie à bandeau, etc. *123*
Barbacane : orifice d'évacuation des eaux ménagé à travers un mur de soutènement. 289
Bardage : revêtement extérieur de façade réalisé à l'aide de plaques, de lames ou d'éléments de couverture (ardoises, etc.). 311
Bardeau : bande de feutre bitumé imitant les ardoises naturelles ; désigne également les écailles de bois utilisées en couverture et dénommées tavaillons. 29 / 118 / 120 / 123 / 158
Bardelis : plaquette en terre cuite écartant les eaux des rives latérales d'une couverture en tuiles canal. 120
Barre : *152 / 171*
Barreaudage : 151 / 189
Bastides : 27
« Bateau » de raccordement : 276
Bauge : mélange de paille hachée, d'argile et éventuellement de chaux, utilisé en remplissage de pan de bois. 22
Béarn : 25
Becquet : saillie de protection écartant les eaux de pluie. 32
Béton : **68**
— banché : 86 / 88
Bétonnière : 69
Bidet : 205 / **216** / 219
Bitume armé : feuille d'étanchéité à base de bitume et renforcée par une armature. 30 / 80 / 123
Blocage maçonné : *322*
Bloc creux de béton : 88
— creux de béton cellulaire : 88
— creux de béton ordinaire : 86
Bloc fenêtre : 87
Bloc-porte : **170**
Bloc plein de béton cellulaire : 86
Bois : 102 / 224
— Défauts du — : 102

Déformation du — : 320
Catégories de — : 102
Pourriture du — : 320
Traitement et préservation du — : **105** / 321
Boîte de connexion : 255
Bon fonctionnement : 294
Bonde : 206
Bouche autoréglable : 246
Bourrine : chaumière vendéenne. 24
Bouteilles (propane ou butane) : 236
Boutisses : pierre, brique ou parpaing dont la plus grande dimension est perpendiculaire à la façade d'un mur. 89
Branchement : 15 / **198** / 262 / 336
Coffret de — : 199
Brisis : versant inférieur d'un comble « à la Mansard ». 31
Brique : 328
Brique pleine : 86 / 172
— creuse : 86 / 88
Bruits : **206**
— aériens : 144 / 146
— d'impact : 145 / 149
— d'équipement : 14 / 145 / 146 / 148
— extérieurs : 148
Brûleur : 226 / 300
— de chaudière : *332*
Buanderie : 51
Bureau d'ingénierie : 18
Buron : ancienne bergerie. 28
Butane : **236**

Cabine de douche : *218*
Câble (coaxial) : 264
Cadastre : 19
Cailloux : 74
Calorifugeage : 202 / 230
Canalisations : 203 / **205** / 332 / 335
Diamètre des — : 202 / 204 / **230**
Dilatation des — : 207
— de chauffage : 230
Canalit : *118*
Canisse : lattis à base de roseaux utilisé notamment dans la réalisation des plafonds en plâtre. 174
Capricorne : insecte mangeur de bois qui perce des trous de 4 à 6 mm de diamètre. Il doit être combattu absolument. *105*
Capteur solaire : 227
Carreaux de plâtre : 172 / 328
— de faïence : 182
Carrelages : 176 / 178 / **182** / 317
Carrière : 37 / 74
Catalogue (de construction) : 46 / 54
Cellier : 51
Centrale électronique : 155
Centre Scientifique et Technique du Bâtiment (C.S.T.B.) : 63
Cers : vent particulier au Languedoc. 26
Certificat d'urbanisme : 19 / 32 / 57 / 60 / 198
— de conformité : 52 / 57 / 60 / 292
Chaînage : 52 / 89 / 96
— d'angles : 22
Chalet : 29 / 110 / 112 / 114
Chambre : 260
— des parents : 49
— des enfants : 49
Champignons : 105 / 315
Chape « flottante » : support de revêtement de sol désolidarisé du plancher et des murs et assurant l'isolation acoustique contre les bruits d'impact. 145 / 149 / 178
Charbon : 224
Charge combustible : 158
Charnières : 195
Charpente : 14 / 52 / 308 / **320** / **322**
— attaque des insectes : 320
Entretien de la — : **299**
— et ossatures en bois : 296
Chasse d'eau : 300
Chatière : dispositif de ventilation de comble disposé en partie haute ou basse d'une toiture. 119
Chaudière : 222 / 226 / 300 / 332
— à simple usage : 222
— mixte : 210 / 222
Chauffage : 12 / 14 / 15 / 53 / 220 / **222** / **224** / 230 / 232 / 234 / 236 / 237 / 238 / 239 / 240 / 241 / 242 / 243 / **332**
— à air pulsé : *222*
— central à eau chaude : *222* / **228** / 332 / 390
— électrique : 249
Entretien du — : **300**
Isolation thermique — : 297

— solaire : 227
Chauffe-eau : 210
— bains : 210
Chaufferie : 51
Chaume : 22 / 23 / 24 / 28 / 118 / **127** / 158
Chaumière : 23
Chaux naturelle : 68
— artificielle : 68
Cheminée : **166**
Chevêtre : poutre supportant les éléments porteurs (solives ou dalle) interrompus au droit d'une ouverture. 96 / 106 / 314 /
Chevronnière : mur pignon venant en saillie sur les rives latérales d'une couverture. 23 / 87
Chevron : pièce de bois disposée suivant le versant d'un toit prenant appui sur les pannes de charpente et supportant les liteaux ou le voligeage de la toiture. 104 / 108 / 109 / *323 / 326*
Choc thermique : 91
Chute : 206
Ciment : 70
— colle : 182
Circuit : 249 / 251
— électrique : **250**
Circulation : **50**
Classement A.E.V. : classement des fenêtres d'après leur étanchéité à l'air, à l'eau et leur résistance au vent. 134
Classement U.P. : classement des tapis et moquettes d'après leur résistance à l'usure et au poinçonnement. 177
Classement U.P.E.C. : classement général des revêtements de sol en fonction de leur comportement à l'usure, au poinçonnement, à l'eau et aux agents chimiques. 177 / 179
Clé : 190
Climat : 48
Clins : planches de bois utilisées en bardage extérieur disposées horizontalement et se recouvrant successivement. 112
Cloisons : **172** / **328**
— sèches : *173* / 328
— traditionnelles : *172*
Clos : 13
Clos et couvert : 296
Clôture : 34 / 53 / 189 / **268** / **270** / **272**
Plantation de — : 273
Coût de — : 32
Code de la construction et de l'habitation : 62
Coefficient d'occupation du sol

345

Index / Lexique 2

(C.O.S.) : 19 / 56
Coefficient G : coefficient précisant les déperditions thermiques d'une maison par unité de volume. 140 / 142 / 222 / 225
Coffrages : 69
Coffre (de volet roulant) : 14 / 146
Coffret de branchement : 250
Coin lecture : 260
— repas : 48 / 260
Colle : 177 / 183
Colombage : ossature en bois apparente d'un mur de façade. 22 / 25 / 30 / 115
Comblanchien : pierre calcaire dure. 178
Comble : 14 / **129** / *143* / 323 / 324
Combles aménagés : 47
Combustible : 224
Commande (tableau de) : *251.*
Compteur : 199 / 250 / 336
Concessionnaire : 18 / 198
Concurrence (mise en) : 52
Conduit de fumée : 14 / **162** / **164** / 226 / 300 / **322**
— électrique : 336
Conducteur : 255
Conducteur de protection : fil conducteur reliant à la prise de terre toutes les masses métalliques pouvant se trouver accidentellement sous tension électrique (en particulier en locaux humides). 252
Confort : 13
— acoustique : 14 / **144** / 148
— électrique : **248** / 250 / 251 / 252 / 253 / 254 / 255 / 256 / 257 / 260 / 267 / 274 / 275 / 336
Confort (prise) : *249.*
— sanitaire : 202 / 203 / 204 / 206 / 210 / 212 / 214 / 216 / 218 / 334 / 335
— thermique : **220** / 221 / 222 / 224 / 228 / 230 / 232 / 234 / 236 / 239 / 240 / 241 / 242 / 243
Connecteurs : 109 / *318*
Connection : *255.*
Console encastrée dans le mur d'adossement : *322*
Consommation d'énergie : *225.*
Consolidation : 310 / 311 / 314 / 316 / 320 / 321
Consuel : 249
Contreplaqué : 104 / 111 / 119 / 123
Contreventement : 108
Constructeur : 18 / 293
Construction (les points clefs) : 13

— de la maison : 15 / **54**
— de la maison par soi-même : **52**
— de la maison par d'autres : **54**
Contact direct : contact avec toute partie d'une installation électrique normalement sous tension (conducteur, etc.). 252
Contrat : 15/54
— précaution avant contrat : 60
— d'assurance : 53 / 55
— de construction de maison individuelle : 54
— d'entreprise : 52 / 54
— de promotion immobilière : 54
— de réservation : 55
— de vente : 55 / 60
— de vente d'immeuble à construire : 55
Contre-fiche : pièce de ferme de charpente perpendiculaire à l'arbalétrier et reliant celui-ci au poinçon (soulage en fait l'arbalétrier). 104 / 108
Contremarche : 50 / 100
Contrenoix : *133*
Contre-solin : garniture de mastic mise en place dans les feuillures de fenêtres avant pose du vitrage. 138
Contrevent : volet battant (par opposition à volet roulant). 152
Contreventement : 108
Contrôle technique : 18 / 54 / 60 / 294
Convecteur : 231 / 333
— électrique : 12 / 223
Coordination des travaux : 52
Corps de chauffe : 14 / **231**
Corps d'enduit : couche principale des enduits extérieurs appliquée sur le gobetis et avant réalisation de la couche de finition.
Corps : *253.*
Corrosion : **203**
Cote : 40
— en cumulé : 308
Couche de finition : 91
Couleur des parois : *186* / 258
Coupe-circuit : 251 / *301* / 336
— principal : 250
Coupe-tirage : organe de régulation de tirage d'une chaudière. *247*
Coupure étanche : dispositif d'étanchéité s'opposant aux remontées d'humidité en bas de mur ou à travers un dallage sur terre-plein. 80

Courant monophasé : courant électrique distribué avec un seul conducteur de phase. 248
Courant triphasé : courant électrique distribué avec trois conducteurs de phase. 248
Coupure étanche : 80
Courant monophasé : 248
— triphasé : 248
Court-circuit : 250/255
Coût : 15
Couvert : 13
Couverture : 12 / 14 / 52 / **118** / **122** / 124 / 128 / 130 / 308 / 324 / 326
— Durée, qualité, souplesse d'utilisation, poids au m² : 118
Entretien de la — : **299**
ou toiture-terrasse : 296
Points sensibles de la — : 19
— régionale : **126**
Support de la — : 119
Crémaillère : pièce découpée « en dents de scie » supportant les marches et éventuellement les contremarches d'un escalier. 100
Crémone : dispositif de fermeture des fenêtres. **192** / 303
Croupe : versant triangulaire de couverture limité latéralement par les arêtiers et en partie inférieure par l'égout. 120
Cuisine : 48 / 260 / 337
Plans de travail d'une — : 48
Cuisinières : 223
Cuvelage : 82
Cuvette : *243.*

Dallage sur terre-plein : 12 / **84** / 176 / 178 / 319
Dalle pleine : 92 / 174
— de compression : 97
Date de livraison : 54
Débarras : 50
Décibel (dB) : unité de mesure de l'intensité d'un son. 146
Déclaration de coordination : 55
— de fin de travaux : 53 / 55

— d'ouverture de chantier : 53/55
— de sinistre : 293
Défense (contre vol et effraction) : 150
— active : 154
— de gonds : 150
— passive : 150
— périphérique : 154
— volumétrique : 154
Déformation : 106 / 109
— du sol : 314
Dégâts d'insectes : 103
Dégraisseur : *209.*
Délai : 52
Démarches administratives : 15
— financières : 55
Déperditions : 85 / 140
Dévoiement : *163*
Dossier final de la maison : 292
Descentes : 121 / 204
Détendeur : 202
Devis : 15 / **44** / 55
— descriptif : 44 / 52
— estimatif : 44
— quantitatif : 44
Dilatation : 88
Direction Départementale de l'Equipement (D.D.E.) : 19 / 57 / 59
Discontinuité (dans l'âge des ouvrages) : 79
— dans la forme de la maison : 79
— dans la nature du sol : 78
— dans les niveaux des fondations : 78
Disjoncteur de branchement (ou disjoncteur général) : dispositif de protection général d'une installation électrique. 250 / 252 / **301** / 336
Disjoncteur divisionnaire : type de coupe-circuit à réarmement protégeant un circuit électrique particulier. 301
Documents techniques unifiés : 63
Dormant : encadrement de porte ou fenêtre scellé dans les maçonneries et destiné à recevoir les parties ouvrantes. 132 / *135* / *170*
Doublage isolant en comble : *322*
Double isolement : isolement renforcé d'un appareil électrique dispensant d'une mise à la terre. 253
Douche : 205 / 211 / **218**
Douchette : *217*
Drainage : 22 / 311
Drains atmosphériques : 311
Droit de passage : 34
Durabilité : 176 / 186

346

E

Eau : 68 / **198** / **200** / **202** / 203 / 204 / 206
Adduction d' — : 202
— chaude : 14 / 200 / 202 / **210** / 212
— de ruissellement : 72
Dureté de l' — : 203
— froide : 200 / 202 / 212
— ménagère : 200 / 204
— pluviale : 200 / **204** / 208
— usée : 200 / 204 / 208
— vannes : 200 / 204 / 208
Eblouissement : 258
Eboulis : 74
Echantignoles : pièces de bois triangulaires permettant la fixation et le calage des pannes sur les arbalétriers. *104*
Echarpe : pièce de bois disposée obliquement dans les volets ou dans les ossatures en bois (colombage) des murs. 22 / 110 / *115* / *152* / *171*
Echauffure : 103
Echelle : 40 / *299*
— de meunier : type d'escalier généralement assez incliné et ne comportant pas de contremarche. 100
Echelonnement des versements : 54
Eclairage : 14 / 297
— d'ambiance : 258
— des abords : **274**
— diffusé : 259
— direct : 258
— électrique : **256** / 258 / 259 / 260 / 261
— indirect : 258
— localisé : 258
— mixte : 259
Ecran anticontaminant : nappe de textile plastique non tissé appliqué directement sur un sol et s'opposant à la migration de ses particules fines (utilisé pour drainage ou dallage sur terre-plein). *289* 83
Economie d'énergie : 12 / 324
E.D.F. : 248

Effluents : ensemble des eaux usées et pluviales évacué par les égouts. **208**
Egouts : 121 / 208
— séparatif : 208
— unitaire : 208
Egrenage : action d'enlever les aspérités d'un parement avant application de son revête- ment. *187*
Electricité : 53 / 198 / 224 / 248 / 249 / 250 / 251 / 252 / 253 / 254 / 255 / 256 / 257 / 258 / 259 / 260 / 261 / 274 / 275 / 297 / 336
Electrocution : 251 / **252** / 301
Elément cornier : élément de terre cuite en forme d'équerre recouvrant les tuiles sur les arêtiers disposé en rive latérale d'une couverture en tuiles plates ou à emboîte- ment. *120*
Elément à rabat : élément de terre cuite en forme d'équerre. *120*
Eléments tridimentionnels : 113
— indissociables : 294
Emaux de Briare : *179*
Emergences : 121
Emmarchement : largeur utile d'un escalier. 100
Emission U.H.F. : 264
— V.H.F. : 264
Employeur (provisoire) : 52
Enduit : 91 / **184** / 311
— d'application à chaud (E.A.C.) : 130
— de lissage : 177
— d'extérieur d'imperméabi- lisation : 311
— d'imprégnation à froid (E.I.F.) : 130
— Parement plastique : 91
Energie : 224 / 248
Source d' — : 224 / 332
Consommation d' — : 225
Economies d' — : 232
Entrait : pièce de charpente dis- posée horizontalement en par- tie basse des fermes et équili- brant les poussées dévelop- pées par les arbalétriers. *104* / 108 / *321* / *323*
Entrait retroussé (ou faux entrait) : entrait déplacé vers le haut dans le cas d'un comble accessible. *323*
Entrée : 50
— d'air : 244 / **246** / 337
— d'air en façade : 14
— d'air frais : 246
Entrepreneur : 293
Entreprise : 18 / 52 / 54
Choix de l' — : 55

— générale : 18
Entretien : 176 / 186
— général : **296**
Entretoise : pièce reliant transver- salement les solives en bois ou en métal. *314*
— de répartition : 107
Entrevous : éléments évidés ve- nant s'emboîter entre les pou- trelles préfabriquées d'un plancher en béton armé. 92 / 96
Environnement : 15 / 49
Epandage souterrain : *209*
Epiplaque : *118*
Epissure : 255
Epurateur vertical : *209*
— à cheminement lent : *209*
Equerre : 194
Equipement : 308
Escalier : 15 / 50 / **100**
Escalier (balancement) : disposi- tion particulière des marches dans la partie tournante des escaliers. 101
— à crémaillère : 100
— droit : *100* / 101
— escamotable : 101
— hélicoïdal : *101*
— à quartier tournant : esca- lier comportant des parties courbes. *101*
limon : 100
Espace : 48
Espagnolette : 193
Etaiement : 97
Etanchéité : **90** / 130
— à l'eau : 14
Etat des lieux : 60 / **309**
Evacuation : **206**
— d'air vicié : **246**
— des eaux usées : 15
Diamètre d' — : 205
Event : 241
Evier : 205 / 211 / 216 / **217**
Extincteur : 159

F

Façade (entretien) : **298**
Facteur de réflexion d'une paroi : coefficient précisant le pour- centage de réflexion de la

lumière par une paroi. 258
Facture : 45
Faîtage : 120
Fenêtre : 14 / 132 / **134** / **135** / 151 / 192 / 245 / 296 / **303** / 311 / 322 / 325 / **330**
— à petits bois : 31
— double : 139 / 146 / 325
— en aluminium anodisé : 330
Fenêtre à gueule de loup : fenêtre traditionnelle dont les deux parties ouvrantes s'emboîtent verticalement par deux parties arrondies, l'une mâle dé- nommé « mouton » et l'autre femelle appelée « gueule de loup ». *133*
— industrialisée : 330
— marquage C.T.B. : 134
— pour toit en pente : 132 / 134
Fente : 103
Fenton : armatures des hourdis en plâtre disposées parallèle- ment aux poutrelles métal- liques porteuses. *314*
Ferme : triangulation de char- pente supportant de distance en distance les pannes de couvertures. **108**
Fermettes : petite ferme de type industrialisé posée à interval- les rapprochés et permettant de supprimer les pannes et les chevrons. **109**
Fermeture : 14
— persienne, volet : 298
— extérieure : **150** / 152
Feuillures : encoche ménagée notamment du côté extérieur dans les ouvrants de fenêtre pour la pose des vitrages. 138
Feutre bitumé : 123 / 130
Fiches : ferrures de rotation pou- vant éventuellement rempla- cer les paumelles de porte ou les charnières de placard. 104 / 195
Filtration (pour piscines) : 284
Financement : 15 / 52 / 55 / **58**
Fissures : **88** / 298 / 311
Fissuration : 94
— généralisée : *298*
— localisée : *298*
Flèche : 94
Flux lumineux : quantité de lumière émise par seconde, se mesure en lumens. 256 / 258
Fonctions : 46
Fondations : 15 / 52 / **78** / 79
— profondes : 75
Protection des — : 76
— superficielles : 75
Formes de pentes : 130

Index / Lexique 3

Formules (de révision des prix) : 45
— simplifiée : 56
Fosse septique : 209
Foyers fermés : 162
— ouverts : 162
Frais de bornage : 32
Frisette : 175 / 329
Fuel domestique : 224
　　Réservoir de — : 240
　　Stockage de — : 240 / 242
Fuites : 326

G

Gâchage : 70
Gâche : partie de la serrure fixée sur le dormant d'une porte et destinée à recevoir le pêne. 190 / 193 / 302
Garage : 51 / 276
Garantie : 52 / 54 / 279 / **293** / **294**
　　— biennale : 52 / 54 / 60 / 293
　　— décennale : 52 / 54 / 60 / 293
　　Dépôt de — : 55
　　— de parfait achèvement : 293
　　— extrinsèque : 54
　　— intrinsèque : 54
　　Retenue de — : 54
Garde au feu : distance de 0,16 m entre bois de charpente et conduit de fumée. 108 / **162** / 320
Garde au gel : profondeur minimale pour une région donnée mettant à l'abri du gel les fondations et les canalisations. 76
Garde-corps : **156** / 188
　　— d'eau : 206
Gaz : 198 / 224 / **234**
　　Distribution et utilisation du — : **234**
Gel : 76
Gélivité : 88
Générateur de chaleur : **226**
Génoise : égout de toiture en tuiles canal disposé en avancée et permettant de supprimer les gouttières. 26 / 27 / 121
Géomètre : 18
Giron : largeur de marche d'escalier **50** / 100
Glissement : 73
　　— de terrain : 74
Gobetis : mélange de sable, de ciment et de chaux assez liquide qui est projeté à la truelle sur un mur. 64
Golf : **277**
Gond : 194
Gonflement : 79
Gonflement potentiel : gonflement différé dans le temps d'un élément en terre cuite par reprise d'humidité. 88 / 174
Goutte d'eau : rainure ménagée en sous-face d'un élément exposé à la pluie et destiné à couper le cheminement de l'eau (synonyme : larmier). 99
Gouttière : 121 / 204
Granit : 23 / 91
Granito : 178
Graviers : 68 / 74
Grêle : **128** / 153
Grès cérame : 178
Gros œuvre : 13
Groupe de sécurité : dispositif de protection des chauffe-eau électriques contre les risques d'échauffement. 211
Guêpe du bois : 105

H

Habitation principale : 58
Harpe : élément décroché de maçonnerie destiné à liaisonner les assises d'un mur ou de deux murs perpendiculaires. 22 / 88 / 27
Hotte : 166 / 337
Hourder : réaliser les joints d'une maçonnerie. 71
Outeaux : 129
Humidité du sol : **80**
Hydrofuge de masse : 80
Hydrophile (isolant) : susceptible d'absorber l'eau. 91 / 140
Hypothèque : 19 / 58 / 60

I

Implantation : 15 / 52 / 78
Imprégnation à froid (E.I.F.) : 130
— à chaud (E.A.C.) : 130
Incendie : 158 / 224
Incombustible : 158
Indicateur Qualitel : 144
Indice de propagation de flamme : 158
Infiltrations d'eau : 90
Inflammable : 158
Insectes : 105 / 315
Installation électrique : **336**
　　Entretien de l' — : **301**
Intégration (au site) : 15
Intempérie : 53
Intensité (d'un courant électrique) : débit d'un courant électrique à travers un conducteur, se mesure en ampères (A). 248
Intercommunication : 262
Interrupteur : 254
　　— horaire : 254
Isolation acoustique : 139 / 146 / 176 / 178 / 217 / 218
　　— entre réseaux : 198
　　— phonique : 53 / 136 / 168 / 172
　　— thermique : 12 / 15 / 95 / 136 / 139 / **140** / **142** / 220 / 297 / **324**
Isolement (défaut de) : 250 / 243 / 256

J

Jalousie : 153
Jambe de force : pièce de bois soulageant les arbalétriers de ferme dans le cas d'entrait « retroussé ». 323
Jauge (de réservoir) : 241
Javelle : fétu de paille utilisé autrefois pour la couverture de certaines chaumières. 127
Jet d'eau : 135
Joint : 89 / 91 / 99
　　— de désolidarisation : 79 / 313
　　— de maçonnerie : 52
　　— torique : 204
Jour de souffrance : ouverture ne permettant pas de vue directe sur la propriété voisine. 34

K

Kilowatt-heure (kW/h) : unité de mesure des consommations électriques. 248

L

Label : 65
　　— Acotherm : 136 / 146
　　— Acoustique : 144
　　— A.V.I.Q. : 137
　　— Confort électrique : 249
　　— Confort tout électrique : 249
　　— C.T.B. - C.I. : 109
　　— C.T.B.F. : 105
　　— C.T.B.H. : 104
　　— C.T.B.X. : 104
Lait de chaux : 21
Landes : 25
Lambourdes : pièces de bois supportant les lames de parquet. 181

Lampes à incandescence : 256 / 258 / 275
Larmier : voir goutte d'eau. 99
Lattis : 174
Lauze : plaque de schiste plus ou moins régulière servant de couverture dans certaines régions. 25 / 28 / 29 / 119 / **126**
Lavabo : 205 / 211 / 216 / **219**
Lave-mains : 219
Législation technique : **62**
Lessivage : 187
Liaisons équipotentielles : liaisons par un même conducteur de protection de toutes les masses métalliques susceptibles d'être mises sous tension. 253
Ligne de foulée : *50* / 101
Limon : pièce de section constante supportant les marches d'un escalier. 74 / 100
Liner : poche souple pouvant assurer l'étanchéité d'une piscine. 283
Liteau : pièce de bois reposant sur les chevrons ou les fermettes et supportant les tuiles ou les ardoises. *104* / 109 / 123 / 326
Locaux humides : 255
Logement ancien : 59
Longrines : poutre en béton armé reliant les puits ou les massifs de fondation. 75
Lotissement : 18
Lucarne : 14 / 52 / **129** / 322 / 327
— à capucine : 22
— à la mansard : 31
Lumens : unité de mesure du flux lumineux. 256 / 258
Luminaire : 259 / 274
Lux : unité de mesure des niveaux d'éclairement. 256 / 258
Lyctus : insecte du bois. *118*

M

Maçonnerie : 86
Mairie : 19

Main-courante : 100
Mainlevée : opération annulant la prise d'hypothèque. 19
Maison : **112** / **113** / **114**
— à un ou plusieurs niveaux : 47
— d'Alsace et de Lorraine : **30**
— d'Aquitaine : **25**
— d'Auvergne et de la vallée du Rhône : **28**
— de Bretagne : **23**
— de Normandie : **22**
— de Provence : **27**
— d'Ile-de-France : **31**
— du Languedoc : **26**
— du Nord : **21**
— régionales : **20**
— à rénover : **60**
— de Savoie : **29**
— de Vendée et des Charentes : **24**
— en bois : **110**
— individuelle : 18
L'entretien général de la — : 296
Maître d'œuvre : celui qui conçoit et dirige la construction. 18
Maître d'ouvrage : propriétaire. 18
Manomètre (de chaudière) : 300
Marbre : 178 / 182
Marche : 100
Margelles : 287
Marquage : 68 / 122 / 118
Marque commerciale : 65
— de conformité N.F. - S.N.F.Q. : 191
— de qualité N.F. - C.T.B. : 65 / 169
— N.F. des robinets : 202 / 212
Marquise : 188
Mas provençal : 27
Mastic : 138 / 298
Matage (au mortier sec) : *312*
Matériaux traditionnels : 63
Meneaux porteurs : piliers de maçonnerie entre deux ouvertures rapprochées. 87
Menuiserie : 168 / 170 / 171
Entretien — : **302**
— extérieure : 53 / 132 / 135 / 298
— intérieure : 53
Métreur : 54 / 60
Milli-ampères (M.A.) : 248
Millithermie (par minute) : 210
Mines : 74
Mini-station d'épuration : 209
Mise à terre : 252
Mise hors d'eau : 54
Mise sous tension : 249
Mitigeur : 300 / 334

— mécanique : 212 / **214** / 215
— thermostatique : 212 / **215**
Mitoyenneté : 34 / 268
Modalités (de paiement) : 45 / 152
Modèles (de maisons) : 46
Modulation de fréquence : 264
Moellon : 31 / 86 / 88
Moignon : 204
Moquette : 176 / **180**
— aiguilletée : *180*
— nappée : *180*
— touffetée : *180*
Mortier : **68** / **70**
Composition du — : 70
Mortier colle — : 182
Utilisation du — : **71**
Matage au — sec : 312
Mouton : *133*
Mouvements de terre : 73
Multicouche : revêtement d'étanchéité en plusieurs couches. 131
Mur : 52 / **310** / **312** / 323
— de façade : **86** / **88** / 90 / 296 / 308
— de soutènement : **288**
— extérieur : 15 / **86** / **88** / 90 / *143*
— Extension latérale d'un — : 313
— porteur : 12
Surélévation d'un — : 313

N

Nappe d'eau : 74 / 82
Rabattement de la — : 82
Neutre : conducteur assurant le retour du courant électrique. 248 / 251 / 252 / 255 / *301*
Niveau (du fond de fouille) : 52
— d'éclairement : quantité (ou flux) de lumière reçue par seconde sur une surface d'un mètre carré. 256 / 258
Vérification du — : 309
Nœud : défaut du bois correspondant à l'enracinement des branches. 103

Noix : saillie en arc de cercle ménagée le long de la tranche verticale d'une fenêtre classique, venant s'emboîter dans la gorge correspondante ou contre-noix du dormant. *133*
Non-spécialiste : 13
Normes françaises : 63
— de qualité : 65
Noquet : pièce métallique en forme d'équerre assurant la liaison entre une couverture en ardoise ou en tuile et ses émergences. 120
Notaire : 60
Notice descriptive : 54
Noues : angle rentrant de deux versants de couverture. 121 / *130*
Noyau : 100
Nu : surface unie de parement utilisée comme repère pour mesurer les saillies ou retraits. *40*

O

Odeur : **206** / **244**
Ombre : 458
O.P.Q.C.B. : Organisme professionnel de Qualification et Classement du Bâtiment : 64
Opération immobilière : **18**
Option : **12**
Opus incertum : assemblage irrégulier de pierres ou de carrelages aux formes variées que l'on dispose au gré de leurs contours. *178*
— taillé : *178*
— appareillé : *178*
Organisme de prêt : 19 / 58
Orientation : 15 / 49 / 72
Outeau : lucarne de très petites dimensions. 129
Ouverture de chantier : 295
Ouvrant : partie mobile (ou battant) d'une fenêtre ou d'une porte. *170*
Ouvrant à la française : 132
— à l'anglaise : 132

Index / Lexique 4

Paillasse : 101
Palier : 101
Panne : pièce de charpente s'appuyant sur les fermes et supportant les chevrons. *104 / 321 / 323*
Panne courante : 104
— faîtière : 104 / *108*
— intermédiaire : *108*
— sablière : 104
Panneaux de particules de bois : 104 / 111 / 123
— préfabriqués : 86
Panneresse : pierre ou brique dont la plus grande dimension est parallèle à la façade d'un mur. *88*
Pannetonnage : opération consistant à attacher par-dessous certaines tuiles d'une couverture. 122
Pans de bois : 21
Parcelle : 18
Parclose : baguette rapportée se substituant au solin de mastic pour la pose de vitrages épais. 138
Pare-vapeur : film d'étanchéité destiné à arrêter la migration de la vapeur d'eau à travers une paroi. 130 / 140
Parfait achèvement : 294
Parpaings : 172
Parquet : **181**
— à l'anglaise : 181
— bâtons rompus : 181
— à points de Hongrie : 181
— mosaïque : 176 / 181
— traditionnel : 176
Parties « jour » : *146* / 148
— « nuit » : **146**
Patrimoine historique : 60
— immobilier : 60
Pattes à scellement : **194**
Paumelle : ferrure de rotation des ouvrants des portes et des fenêtres. 194 / 302
Pays basque : 25
Peinture : 53 / **184** / **186**
— extérieure : 298

Pénalités : 53 / 54
Penderie : 50
Pentes (de la toiture) : 327
Peinture : 194
Périgord : 25
Perméabilité à l'air : 14
Permis de construire : 15 / 52 / 55 / **56** / 60 / 279 / 292
— de démolir : 56 / **60**
Persiennes : 152
Perspective : 39
Petit bois : petits montants et petites traverses recoupant dans une fenêtre la surface du vitrage. *168*
Petites annonces : 60
Phase : 248 / 251 / 252 / 255 / 301
Pièce d'appui : 135 / 331
— pour chacun : 47
— pour chaque usage : 47
— mansardée : 47
Pièce de fond : *285*
Pièces de service : 173 / 177 / 244
Pièces principales : 177 / 244
Pièges de sol : 154
Pierre : 24 / 25 / 26 / 28 / **178** / 190
— de taille : 31
Pieux : 75
Pignons : 87
Piscine : **278** / **280** / **282** / 287
Abords de la — : **287**
Chauffage et entretien de la — : **286**
Hivernage des — : 286
Margelle autour de la — : 287
Plages autour de la — : 287
Traitement de l'eau de la — : **284**
Vidange de la — : 286
Pisé : synonyme de bauge ou torchis. 23
Placards : 50 / 171
Plafonds : 14 / 174 / **328**
Plafonds (plaques décoratives) : **174** / 329
Plan : 40 / **42** / **43** / 54 / 308
— d'architecte : 38
— de contrôle : 65
— de la maison : **46**
— de masse : 57
— d'exécution : 52
— d'occupation des sols : 19 / 32
— de récolement : 199
— de situation : 56
— de travail : 256 / 258
— d'urbanisme : 15
— et livret d'épargne-logement : 59
— technique : 38
Plancher : 296 / 308 / **314** / **316** / 318

— en bois : **106**
— à poutrelles : 92 / 96 / 174
— à poutrelles métalliques : 314 / 318
Déformation du — : 94
— du rez-de-chaussée : 325
— en béton : **92**
— en béton armé : **94**
— Supplément de charge du — : 318
— sur vide sanitaire : 319
Plantation : 34 / 53 / 268 / **273**
Plaque d'amiante : 123
— de plâtre : 175
— de plâtre cartonné : 329
— ondulée : 118
Plateau absorbant : *209*
Plâtre : 31 / **68**
Plinthe électrique : 254
Plomberie : 53 / 200 / 202 / 203 / 204 / 206 / 210 / 212 / 214 / **300**
— sanitaire : 297
Pluie (influence régionale) : 124 / **128**
Poêles : 223
Poinçon : pièce verticale reliant l'entrait au faîtage d'une ferme de charpente. 104 / 108 / *321 / 323*
Police (dommage - ouvrage) : 293
Pollution : 244
Pompe : 202
— à chaleur : 226
— de circulation : 228 / 300 / 332
Pompiers : 159
Ponçage : *187*
Pont thermique : 141
Portail : 189 / **269**
Porte : 192 / **302**
Blocs — : 170
— cloison : 171
— coupe-feu : 170
— d'entrée : 150
— de garage : 150
— -fenêtre : 31
— intérieure : *168* / 297
Porte-à-faux : 98
Portée libre : 94
Portiers électroniques : 262
Pourriture : 103
Poussée des terres : 288
Poutres : 106
Pouzzolane : lave volcanique. 28
Prédalles : 92
Presse-étoupe : dispositif assurant l'étanchéité des têtes de robinet. *213*
Prêt d'aide à l'accession à la propriété : 58
Ancien régime de — avec l'aide de l'État : 58
— conventionné : 58

— divers : 59
— H.L.M. : 58
— Nouveau régime des — avec l'aide de l'État : 58
— principal : 58
— secondaire : 58
Prime à la construction : 57
Prise d'air extérieure : *146*
Prise de courant : 249 / 251 / 254 / 255 / **275**
— de terre : 336
— murale de téléphone : 262
— de secteur et antenne : 264
Prix (ferme et définitif) : 52 / 54
Procédure : 57
Profil en long : coupe horizontale sur une chaussée. 276
Profil en travers : coupe transversale sur une chaussée. 276
Projection à l'italienne : basculement vers l'extérieur de volets, de persiennes, ou d'ouvrant de fenêtre. *153*
Promesse de vente : 60
PROMOTELEC : 249 / 255
Promoteur : 18 / 54 / 293
Propane : 224 / **236**
Réservoir à — : 238
Stockage du — : 238
Protection active : 154
— contre l'eau : 15
— contre l'eau et les fissurations : 99
— contre les insectes et les champignons : 14
— contre le vol et l'effraction : 14
Pouvoir calorifique : 224
Puissance : 248 / 256
— à souscrire : 248
— thermique (radiateurs et convecteurs) : 231
Pureau : longueur visible d'une tuile ou d'une ardoise. *122* / 124
Purge générale : *200* / 228 / 231
— de radiateur : 231 / *300*

Qualification : 52
— des entreprises : 64

Quincaillerie : 188 / 194
Queue de carpe : façonnage améliorant l'ancrage des pattes à scellement.
194

R

Raccordement : 52
— à l'égout : 199
Radiateur : 231 / 332 / *333*
— à gaz : 223
— à ventouse : *222*
— acier : *333*
Raidisseur : 96
Raidisseuse : 95
Ramonage : 159 / 163 / 300
Rampe : 100 / 156
Rangement : **50**
Ravalement : 53
Réaction au feu : 158
Réception : **293** / 295
Salle de — : 52
— des travaux : 13 / 54
Receveur de douche : 216 / 218
Reconnaissance des sols : **74**
Recouvrements : 327
Réducteur de pression : 146
Réfection : **306**
Refend : mur intérieur.
15 / 313
Réflecteur : 258
— diffuseur : 258
Regard : 83 / 300
Registre de réglage : 166
Règlement de copropriété : 55 / 60
— de la construction : 62
— d'urbanisme : 62
— sanitaire départemental : 62
Régulation : 14 / **332**
Régulateur de niveau : *285*
Relai « heures creuses » : 250 / 254
Relevés : 130
Remblais : 37 / 74 / 78 / 80 / 82 / 84
Remontée capillaire : 76 / 80 / 311 / *319*
Rénovation : 13 / 306 / 307 / 310 / 311 / 312 / 313 / 314 / 315 / 316 / 317 / 318 / 319 / 320 / 321 / 324 / 325 / 327 / 328 / 329 / 330 / 331 / 332 / *333* / 334 / 335 / 336 / 337
Représentation des équipements et du mobilier
40
— des portes et fenêtres : 40
Réseau d'alimentation : 198
— de drainage : 81
— d'évacuation : 198
— tout-à-l'égout : 33
Réserve : remarque restrictive consignée sur le procès verbal de réception des travaux.
52
Réservoir : 224
— de fuel domestique : **240**
— de propane : **236**
Résistance thermique : valeur caractérisant l'efficacité d'un isolant thermique.
140
Responsabilité : 279
— de 2 ans : 52 / 54 / 60 / 293
— de 10 ans : 52 / 54 / 60 / 293
Retard (dans les interventions des artisans) : 53
Retenue de garantie : 45 / 52 / 293
Retrait : réduction de volume dans le temps du béton ou du mortier.
70 / 88
Revêtement d'étanchéité : 12
— mural : **182**
— de sol : 14 / 149 / **176**
— thermoplastique : 179
Risque d'affouillement : 74
— d'éboulement : 36
— de glissement : 36
— d'inondation : 36
Rive : bord d'une couverture.
120
— biaise : *120*
— droite : *120*
Robinet à clapet : 212 / *213* / 300
— d'arrêt : 200 / 202
— de chasse : 146 / 219
— de gaz : 300
Marquage de — : 146
— thermostatique : 232
Robinetterie : **212** / 213 / 214 / 334
Roseau : 24
Rotation : 94
Rouille : 314
Ruellée : solin en mortier pouvant être réalisé en rive latérale d'une couverture.
120.

Sable : 68 / 70 / 74
Sablière : *110* / 115
Salle à manger : 48
Salle d'eau : 48 / 176 / 183 / 337
Salle de bains : 253
Sanitaire : 14 / 49
Sécurité : 13 / 100 / 156 / 158 / **274** / 336
Séjour : 48
Semelle filante : 75
Sens d'ouverture : 191 / 194
Serrure : **190** / 297 / 302
— à bec-de-cane : 190
— à deux pênes : 190
— à pêne dormant : 190
— à piston : 191
— de sûreté à pompe : 191
Main d'une — : 191
Serrurerie : **188** / 192
Service après-vente : 65
Servitudes : 15 / 57 / 268
— d'urbanisme : 32
— de voirie : 32
— de voisinage : **34**
Seuil : 81
Siphon : 206 / 300
Site classé : 57
— exposé : 124
— normal : 124
— protégé : 124
Skimmer : organe d'aspiration des impuretés flottant en surface de l'eau d'une piscine.
284
Socle antivibratile : 145
Sol argileux : 73
— cohérent : 74 / 76
— gonflements et retraits : **77**
— granuleux : 73 / 74 / 76
— rocheux : 74
Sole : pièce horizontale d'un pan de bois. 22 / *110* / 115
Solidarité du fabricant : 294
Solidité : 15
Solidité - impropriété à la destination : 294
Solive : 106 / 314
— boiteuse : 314
— d'enchevêtrement : 314
Sonde extérieure : 233
Sondage : 74
Sonnerie : 254
Sonomètre : appareil mesurant en décibels les niveaux sonores. *144*
Souche : 163 / **322**
Soupiraux : 151
Source d'énergie : 14 / **224**
Sous-sol : **51** / 296
Protection contre l'eau du — : **82**
Sous-toiture : 119
Ventilation de la — : 119
Film d'étanchéité de la — : 119
Sous-traitants (choix des) : 55
Stérilisation (épuration microbiologique pour eau de piscine) : 285
Subjectile : support d'une peinture. 184
Stockage : 224 / **236**
— des combustibles : 14
Suivi des travaux : 52
Surface (de la maison) : 47
— habitable : 47
Surintensité : 250
Survitrages : 139 / 325

Tableau : *153*
Tableau de commande et de répartition : 251
Taloche : outil de bois utilisé en maçonnerie et plâtrage pour étaler plâtre et ciment, il sert également à la confection des enduits.
71
Tampon de dégorgement : 200 / 207
Tapée : pièce rapportée verticalement sur la face extérieure des montants des dormants de porte ou de fenêtre pour fixer les persiennes.
135 / *153*
Tarif E.D.F. : 248
Tartre : **203**
Tassement : 37 / 72 / 74 / 77 / 79 / 84
— différentiel : 79

351

Index / Lexique 5

Taux d'humidité (relative à l'air) : 220
Tavaillon : écaille de bois utilisée en couverture ou en bardage. 29 / 112 / 118 / **126** / 158 / 311
Taxes de branchement : 32
— d'équipement : 198
— locale d'équipement : 32 / 57
— de raccordement à l'égout : 208
Té de réglage : 231
Techniques nouvelles : 63
Télécommande : 151
Télédistribution : 264
Téléphone : 198 / *262*
Télérupteur : 254
Télévision : 260 / 264
Température : 220
— d'ambiance intérieure : 220
— extérieure de référence : **221**
Teneur en eau : 74 / 77 / 84
Tennis : **277**
Tension : la différence de potentiel entre deux conducteurs électriques, se mesure en volts (V). 248
— basse (220 V) : 274
— très basse (12 V) : 274
Termites : *105*
Terrain : 12 / 15 / 54
— imperméable : 82
— perméable : 82
Terrassements : 52
— généraux : 73
Terrasson : versant supérieur d'un comble « à la Mansard ». 31
Terre cuite : 174
Terre-plein : 80
Terre végétale : 52
Textes réglementaires de base : 62
— techniques : 62
Thermo-siphon : circulation naturelle de l'eau dans une installation de chauffage central. 228
Thermostat d'ambiance : 233
Timbre d'office : *217*
Tirage : 166
Tirant : pièce métallique servant à chaîner les murs ou à remplacer les entraits de ferme. 310 / *323*
Titre hydrotimétrique : (T.H.) : caractérise la quantité de calcaire en suspension dans l'eau. 203
Toit : 31

Toiture : 12 / **120** / 122 / 126 / 128 / 324
— pente : 124 / 327
Recouvrement de — : 124
— terrasse : 12 / **130**
Tomette : élément de carrelage en terre cuite. 178
Torchis : mélange de paille hachée et d'argile. 21 / 23 / 24 / 29 / 115
Tourbe : nature de terrain très médiocre provenant de la décomposition de débris végétaux, à proscrire en fondation. 37
« Tout électrique » : 225
Traitement des bois : *299*
Tramontane : 26
Transformations : *307* / *312* / *313* / *316* / *317* / *318* / *319* / *324* / *325* / *329* / *330* / *331*
Treillis soudé : *92*
Trémie : 96 / 106 / 316
Travertin : pierre calcaire dure avec de nombreuses cavités naturelles. 178
Truelle : 71
Tube fluorescent : 256 / 258 / 274
Tuile : 21 / 24 / 28 / 120
— à emboîtement : 118 / 12 / 122 / 125
— canal : 28 / 118 / 122 / 125
— de Bourgogne : 28
— en béton : 118
— en terre cuite : 118
— flamande : 21
— plate : 22 / 25 / 30 / 31 / 120 / 122 / 125
— panne du Nord : 21
— romaine : 26 / 27
Remplacement des — : *299*
— tuiles mécaniques : *299*
— tuiles plates : *299*
— tuile vernissée : 28

U

U.S.E. ou N.F. - U.S.E. : 255

Vanne « trois voies » : *233*
Variateur de lumière : 254
Vase d'expansion : 228
Vent : 124
Vente (à l'état futur d'achèvement) : 55
— à terme : 55
Ventilation : 15 / 220 / 244 / **246**
— primaire : *201*
Véranda : 188
Vernis : *184* / 186
Vestiaire : 50
Vice apparent : 293
Vidange : 228 / 230
Vide sanitaire (ou terre-plein) : 12 / 80
Vide-sauce : *217*
Vitrage : 14 / 136 / 142 / 296
— double : **136** / *142* / 331
— isolant : **136**
Pose de — : **138**
— simple : **136**
Voies privées : *276*
Vol et effraction : 150
Volet : **152**
— roulant : 152 / *254*
Voligeage : 104 / 119 / 122
Volt (V) : unité de mesure de la tension d'un circuit électrique. 248
Volume de décompression : agrandissement localisé des joints de fenêtre destiné à arrêter et canaliser les infiltrations d'eau. 132
Volume enveloppe : volume délimité par le bord des baignoires ou des bacs à douche, où l'implantation des appareils électriques est proscrite. 253
Volume de protection : volume périphérique au volume enveloppe où seuls certains types d'appareils électriques peuvent être utilisés. 253
V.R.D. : 19
Vrillette : *105*
Vue et percement d'ouverture : 34

Watt (W) : unité de mesure définissant la puissance d'un appareil électrique. 248 / 256
W.-C. : 48 / 217 / **219** / 300 / 337

Z

Zone climatique : 140 / 142
— climatique d'hiver : 221
— de bruit : 144

Table des matières

Comment se servir de ce livre	8
Sommaire	10
Des options fondamentales	12
Pour réussir : s'informer et prendre conseil	13
Une maison est un assemblage complexe	14

1. Pour devenir propriétaire — 16

Les définitions qu'il faut connaître	18
Les maisons régionales d'aujourd'hui	20
Les maisons du Nord	21
Les maisons de Normandie	22
Les maisons de Bretagne	23
Les maisons de Vendée et des Charentes	24
Les maisons d'Aquitaine	25
Les maisons du Languedoc	26
Les maisons de Provence	27
Les maisons d'Auvergne et de la Vallée du Rhône	28
Les maisons de Savoie	29
Les maisons d'Alsace et de Lorraine	30
Les maisons d'Île de France	31
Avant d'acheter un terrain	32
Les servitudes du voisinage	34
Choisir un terrain sûr	36
Les plans : images de la maison	38
Pour tracer une perspective à partir d'un plan	39
Le langage des plans	40
L'interprétation critique d'un plan	42
La lecture des devis	44
Choisir le plan de sa maison	46
L'organisation des pièces à vivre	48
Les rangements, les circulations, le sous-sol	50
Assumer soi-même la construction de sa maison	52
Confier à d'autres la construction de sa maison	54
Le permis de construire	56
Pour financer la maison	58
L'achat d'une maison neuve ou à rénover	60
Le permis de démolir et de transformer	61
La législation technique	62
Exiger des marques de qualité	64

2. Les éléments du gros œuvre — 66

Le béton, le mortier et le plâtre	68
Préparation et utilisation des mortiers	70
Implanter la maison	72
La reconnaissance des sols	74
Les systèmes de fondation	75
La protection des fondations	76
Des fondations homogènes	78
Se protéger contre l'humidité du sol	80
Se protéger des venues d'eau en sous-sol	82
Les dallages sur terre-plein	84
Les murs extérieurs : un choix essentiel	86
Des murs sans fissures	88

Des murs étanches	90
Les planchers en béton armé	92
L'épaisseur d'un plancher en béton armé	94
Points singuliers des planchers à poutrelles	96
Les balcons	98
Les escaliers intérieurs	100
Le bois	102
Matériaux et structures en bois	104
Le traitement et la présentation du bois	105
Les planchers en bois	106
Les charpentes en bois des toitures	108
Les maisons en bois	110
Les maisons à ossature porteuse habillée	112
Les maisons à panneaux porteurs préassemblés	113
Les maisons en bois massif	114
Les maisons à ossature porteuse apparente	115

3. Les éléments de protection — 116

La couverture et son support	118
Les points sensibles d'une toiture	120
Les matériaux de couverture et leur mode de pose	122
Les pentes et les recouvrements des toitures courantes	124
Les couvertures régionales	126
Influence régionale des pluies et de la grêle	128
Pour habiter des combles : les lucarnes	129
Les toitures-terrasses	130
Les fenêtres	132
La fenêtre industrialisée	134
La pose des fenêtres	135
Les vitrages : simples ou doubles ?	136
La pose des vitrages	138
Améliorer l'isolation des fenêtres	139
L'isolation thermique	140
Le G : une note pour l'isolation thermique	142
Le confort acoustique	144
L'isolation acoustique	146
L'étendue du problème acoustique	148
Les fermetures extérieures	150
Les volets	152
Les antivols électroniques	154
Les garde-corps	156
Se protéger contre le feu	158

4. Les aménagements, les finitions — 160

Les conduits de fumée	162
Les matériaux pour conduits de fumée	164
Utiles et agréables : les cheminées	166
Les portes intérieures	168
Les blocs-portes et les portes spéciales	170
Les cloisons et les murs intérieurs	172
Les plafonds	174
Le revêtement des sols	176
Au sol : pierre, céramique ou plastique ?	178
Les moquettes	180
Les parquets	181

Les revêtements muraux protecteurs	182
Les peintures, vernis et enduits	184
Les systèmes de peinture	186
Les ouvrages de serrurerie	188
Les serrures	190
Les crémones	192
Le ferrage des menuiseries	194

5. Les éléments du confort — 196

Les branchements	198
L'eau, son circuit dans la maison	200
Le réseau de distribution d'eau	202
Contre le tartre et la corrosion	203
La collecte des eaux	204
Des évacuations sans odeurs ni bruits	206
Le rejet des effluents	208
La production d'eau chaude	210
La robinetterie	212
Les robinets à clapet	213
Les mitigeurs	214
Les appareils sanitaires	216
Les éviers	217
Les baignoires et les douches	218
Les lavabos, les bidets et W.-C.	219
Le confort thermique	220
Les températures extérieures de référence	221
Les systèmes de chauffage	222
Quelle source d'énergie choisir pour le chauffage ?	224
Les générateurs de chaleur	226
Le chauffage central à eau chaude	228
Les canalisations de chauffage	230
Les corps de chauffe	231
La régulation du chauffage	232
Le gaz dans la maison	234
Le stockage du gaz butane, propane	236
L'installation des réservoirs de propane	238
Les réservoirs de fuel domestique	240
L'installation de stockage de fuel domestique	242
L'aération de la maison	244
L'installation de ventilation	246
Le confort électrique	248
Les circuits électriques	250
La protection contre les risques d'électrocution	252
Les ressources de l'appareillage électrique	254
La pose du matériel électrique	255
L'éclairage électrique	256
Les systèmes d'éclairage	258
A chaque pièce ses éclairages	260
Le téléphone et le portier électronique	262
Les antennes, et la Hi-Fi	264

6. Les abords — 266

Les clôtures et la législation	268
Les portails	269
Les clôtures en maçonnerie	270
Les barrières de clôture, les palissades, les haies	272

L'éclairage des abords	274
Les voies privées	276
Le tennis et le golf	277
La piscine	278
Les piscines en béton et en maçonnerie	280
Les piscines de technique nouvelle	282
Le traitement de l'eau des piscines	284
Le chauffage et l'entretien des piscines	286
Les abords des piscines	287
Les murs de soutènement	288

7. Le guide du nouveau propriétaire — 290

Les obligations du futur propriétaire	292
La réception et les garanties	293
Les obligations légales de garantie	294
L'entretien général de la maison	296
L'entretien des façades	298
L'entretien de la charpente et de la couverture	299
L'entretien du chauffage et de la plomberie	300
L'entretien de l'installation électrique	301
L'entretien des menuiseries	302

8. La rénovation — 304

Les possibilités de la rénovation	306
L'indispensable état des lieux	308
Consolider ou assainir les murs	310
La transformation des murs existants	312
La consolidation des planchers existants	314
Les modifications de planchers	316
Les planchers face aux suppléments de charge	318
Rénover les planchers de rez-de-chaussée	319
La consolidation des charpentes	320
La transformation des charpentes	322
Améliorer l'isolation thermique	324
Refaire la couverture	326
Le réaménagement des cloisons et des plafonds	328
Le remplacement des fenêtres	330
Le chauffage : l'adapter ou le refaire	332
La rénovation de l'équipement sanitaire	334
Il faut refaire l'installation électrique	336
L'aération d'une maison ancienne	337

Annexes — 338

Les ouvrages à consulter	338
Les adresses utiles	340

Index-lexique — 343

Achevé d'imprimer en France par Pollina, 85400 Luçon - N° 13606
Dépôt légal : avril 1991 - N° d'édition : 3464